Schulisch-berufliche Übergänge im Kontext von Inklusion

Studie zu Unterstützungsstrategien für förderbedürftige junge Menschen

Yuliya Nepomyashcha

Reihe „Berufsbildung, Arbeit und Innovation"

Die Reihe **Berufsbildung, Arbeit und Innovation** bietet ein Forum für die grundlagen- und anwendungsorientierte Berufsbildungsforschung. Sie leistet einen Beitrag für den wissenschaftlichen Diskurs über Innovationspotenziale der beruflichen Bildung. Angesprochen wird ein Fachpublikum aus Hochschulen und Forschungseinrichtungen sowie aus schulischen und betrieblichen Politik- und Praxisfeldern.

Die Reihe ist in zwei Schwerpunkte gegliedert:
- Berufsbildung, Arbeit und Innovation (Hauptreihe)
- Dissertationen/Habilitationen (Unterreihe)

Weitere Informationen finden
Sie auf **wbv.de/bai**

Yuliya Nepomyashcha

Schulisch-berufliche Übergänge im Kontext von Inklusion

Studie zu Unterstützungsstrategien für förderbedürftige junge Menschen

wbv

Dissertation zur Erlangung des akademischen Grades: Doktorin der Philosophie (Dr. phil.)
Titel der Dissertation: Schulisch-berufliche Übergänge im Kontext von Inklusion – Eine qualitative Studie mit Fokus auf junge Menschen in den Förderschwerpunkten „Lernen" und „Geistige Entwicklung"
Promotion an der Fakultät für Humanwissenschaften der Otto-von-Guericke-Universität Magdeburg

Tag der Disputation 03.09.2021
Erstgutachter: Prof. Dr. Klaus Jenewein
Zweitgutachterin: Prof. Dr. Dina Kuhlee

Berufsbildung, Arbeit und Innovation –
Dissertationen/Habilitationen, Band 66

2021 wbv Publikation
ein Geschäftsbereich der
wbv Media GmbH & Co. KG, Bielefeld

Gesamtherstellung:
wbv Media GmbH & Co. KG, Bielefeld
wbv.de

Umschlagmotiv: 1expert, 123rf

Bestellnummer: 6004910
ISBN (Print): 978-3-7639-6788-9
ISBN (E-Book): 978-3-7639-6789-6
DOI: 10.3278/6004910w

Printed in Germany

Bibliografische Information der Deutschen Nationalbibliothek
Die Deutsche Nationalbibliothek verzeichnet diese Publikation in der Deutschen Nationalbibliografie; detaillierte bibliografische Daten sind im Internet über http://dnb.d-nb.de abrufbar.

Die freie Verfügbarkeit der E-Book-Ausgabe dieser Publikation wurde ermöglicht durch ein Netzwerk wissenschaftlicher Bibliotheken und Institutionen zur Förderung von Open Access in den Sozial- und Geisteswissenschaften im Rahmen der *wbv Open-Library 2021.*

Die Publikation beachtet unsere Qualitätsstandards für Open-Access-Publikationen, die an folgender Stelle nachzulesen sind:
https://www.wbv.de/fileadmin/webshop/pdf/Qualitaetsstandards_wbvOpenAccess.pdf

Großer Dank gebührt den Förderern der OpenLibrary 2021 in den Fachbereichen Erwachsenenbildung sowie Berufs- und Wirtschaftspädagogik:

Freie Universität **Berlin** | Humboldt-Universität zu **Berlin** | Bundesinstitut für Berufsbildung (BIBB, **Bonn**) | Deutsches Institut für Erwachsenenbildung Leibniz-Zentrum für Lebenslanges Lernen e. V. (DIE, **Bonn**) | Rheinische Friedrich-Wilhelms-Universität **Bonn** | Staats- und Universitätsbibliothek **Bremen** | Universitäts- und Landesbibliothek **Darmstadt** (TU Darmstadt) | Universität **Duisburg-Essen** | Universitäts- und Landesbibliothek **Düsseldorf** | Universitätsbibliothek J. C. Senckenberg (Goethe-Universität **Frankfurt am Main**) | Pädagogische Hochschule **Freiburg** | Universitäts- und Landesbibliothek **Münster** | Universitätsbibliothek **Hagen** | Martin-Luther-Universität **Halle-Wittenberg** | **Karlsruhe** Institute of Technology (KIT) | Universitätsbibliothek **Kassel** | Universitätsbibliothek **Koblenz-Landau** | Pädagogische Hochschule **Ludwigsburg** | Zentral- und Hochschulbibliothek **Luzern** (ZHB) | Universitätsbibliothek **Magdeburg** | Carl von Ossietzky-Universität (Universität **Oldenburg**) | Universitätsbibliothek **St. Gallen** | Bundesinstitut für Erwachsenenbildung (bifeb, **St. Wolfgang**) | **Vorarlberg**er Landesbibliothek | Pädagogische Hochschule **Zürich**

Inhalt

Abkürzungsverzeichnis ... 11

Abstract ... 17

1 **Einleitung** ... 19

2 **Forschungsanlass, Problemhintergrund und Anliegen der Arbeit** ... 21
2.1 Jugendliche und junge Erwachsene mit Behinderung im Übergang von der Schule in den Beruf ... 21
2.2 Anliegen, Fragestellungen und Struktur der vorliegenden Arbeit ... 28

3 **Inklusion – zwischen Forderung und Bedarf, Recht, Anspruch und Umsetzbarkeit** ... 31
3.1 Inklusion und inklusive Bildung in der aktuellen politischen und wissenschaftlichen Diskussion ... 31
3.2 Inklusion im Bildungs- und Berufsbildungsbereich sowie in der Arbeitswelt ... 36
3.2.1 Der Inklusionsbegriff ... 36
3.2.2 Die Bedeutung der Inklusion im Bildungs- und Berufsbildungsbereich ... 40
3.2.3 Inklusion in Beruf und Arbeit ... 47
3.3 Der normative Rahmen zur Inklusion und Teilhabe in Bildung, Ausbildung und Beschäftigung ... 57
3.3.1 Rechtliche Rahmenbedingungen zur Inklusion ... 57
3.3.2 Teilhabe von Jugendlichen und jungen Erwachsenen mit Förderbedarf ... 69
3.4 Inklusion von potenziellen Risikogruppen mit Behinderungen ... 75
3.4.1 Inklusion im Kontext von zugeschriebener Behinderung ... 75
3.4.2 Der Behinderungsbegriff ... 78
3.4.3 Behinderungsarten ... 96

4 **Wissenschaftlicher Erkenntnisstand** ... 117
4.1 Übergang Schule – Beruf ... 117
4.1.1 Übergangssystem ... 117
4.1.2 Ausbildungs- und Übergangsangebote für Jugendliche mit dem Förderschwerpunkt Lernen in Berlin ... 120
4.1.3 Förderprogramme und Initiativen im Übergangsfeld Schulabgang – Berufseinstieg in Sachsen-Anhalt ... 120
4.1.4 Bundesweite Angebote des Übergangssystems ... 122

4.2 Übergangsmöglichkeiten im Rahmen der Benachteiligtenförderung 128
4.3 Förderung von beruflichen Übergängen durch berufliches Rehabilitationssystem 129
4.4 Übergangsforschung 133
4.4.1 Übergangsforschung mit dem Fokus auf Jugendliche und junge Erwachsene mit Behinderung 133
4.4.2 Übergangsforschung mit dem Fokus auf die Wandlung der Übergangsverläufe 136
4.4.3 Bildungspolitische Initiative „Bildungsketten" 139
4.5 Theoretische Konstrukte zum Übergang Schule – Beruf 144
4.5.1 Theoretische Rekonstruktion der schulisch-beruflichen Übergänge von Jugendlichen und jungen Erwachsenen mit Förderbedarf 144
4.5.2 Überlegungen zu den scheiternden schulisch-beruflichen Übergängen 149
4.5.3 Vision der Bedingungen für das Gelingen des Übergangsprozesses Schule – Beruf 153
4.6 Forschungs- und Erkenntnisdefizit als Grundlage für die folgende empirische Untersuchung 157

5 Methoden der Datenerhebung und -auswertung 159
5.1 Forschungsdesign und Forschungsverfahren 159
5.1.1 Qualitatives Forschungsdesign und Forschungsmethodik 159
5.1.2 Grundlegendes Forschungsdesign und Ausrichtung der Studie 161
5.2 Forschungsfragen und Sampling 163
5.3 Deduktiv gebildete theoretische Konstrukte und hierzu entwickelte qualitative Hypothesen 165
5.3.1 Schulisch-berufliche Übergänge 165
5.3.2 Gründe für das Scheitern von schulisch-beruflichen Übergängen 167
5.3.3 Bedingungen für das Gelingen erfolgreicher schulisch-beruflicher Übergänge 174
5.4 Methode der Datenerhebung 178
5.4.1 Episodisches Interview nach Flick 178
5.4.2 Interaktive Vorbereitung auf die Interviewsituation 181
5.4.3 Entwicklung des Erhebungsinstrumentes 186
5.4.4 Vorbereitung, Durchführung und Nachbereitung der Datenerhebung 191
5.5 Methode der Datenauswertung 193
5.5.1 Qualitative Inhaltsanalyse nach Mayring 193
5.5.2 Gütekriterien der Datenauswertung 204

6 Darstellung der Forschungsergebnisse 209
6.1 Schulisch-berufliche Übergänge anhand des fallübergreifenden Kategoriensystems 209
6.2 Hindernisse am Übergang Schule – Beruf 222
6.3 Bedingungen des Gelingens am Übergang Schule – Ausbildung – Erwerbsleben 235

7 Diskussion der Ergebnisse 251
7.1 Interpretation der Forschungsergebnisse und deren Einbindung in den aktuellen Forschungsstand 251
7.2 Kritische Reflexion des Forschungsprozesses mittels inhaltsanalytischer Gütekriterien 269

8 Schlussfolgerungen und Ausblick 273
8.1 Zusammenfassung 273
8.2 Empirische Erkenntnisse 281
8.2.1 Schulisch-berufliche Übergänge bei Menschen mit den Förderschwerpunkten Lernen und geistige Entwicklung 281
8.2.2 Gründe für das schulisch-berufliche Übergangsscheitern der Zielgruppe 283
8.3 Bildungspolitische Konsequenzen und Empfehlungen für die Unterstützung der Zielgruppe 291
8.4 Empfehlungen für pädagogische Fachkräfte 293
8.5 Perspektiven für weitergehende Forschung 294

Literaturverzeichnis 295

Abbildungsverzeichnis 329

Tabellenverzeichnis 332

Autorin 333

Abkürzungsverzeichnis

Abb.	Abbildung
AbH	ausbildungsbegleitende Hilfen
AEMR	allgemeine Erklärung der Menschenrechte
AG BOA	Arbeitsgruppe Berufliche Orientierung und Ausbildung
AO-SF	Ausbildungsordnung Sonderpädagogische Förderung
AQJ	Arbeit und Qualifizierung für (noch) nicht ausbildungsreife Jugendliche, für benachteiligte Jugendliche (Ginnold 2008, S. 151)
BA	Bundesagentur für Arbeit
BaE/BüE	Berufsausbildung in einer außerbetrieblichen Einrichtung (wird z. T. auch mit BüE abgekürzt); für benachteiligte oder behinderte Jugendliche (ebd.)
BB	Berufsbildungsbereich einer Werkstatt für behinderte Menschen
BBB	Berufsbildungsbereich in der Werkstatt für behinderte Menschen (inklusive Eingangsverfahren) (ebd.)
BBiG	Berufsbildungsgesetz
BerEb	Berufseinstiegsbegleitung an Schule
BGBl	Bundesgesetzblatt
BGG	Behindertengleichstellungsgesetz
BGJ	Berufsgrundbildungsjahr
BIBB	Bundesinstitut für Berufsbildung
B-Kurs	Klasse für lernschwache Jugendliche
BMAS	Bundesministerium für Arbeit und Soziales
BMBF	Bundesministerium für Bildung und Forschung
BOM	Berufsorientierungsmaßnahmen
BOP	Berufsorientierungsprogramm
BQL	Berufsqualifizierender Lehrgang im 11. Schuljahr an Berufsschulen (ebd.)

BQL (FL)	Berufsqualifizierender Lehrgang im Förderschwerpunkt Lernen im 11.und 12. Schuljahr an Berufsschulen mit sonderpädagogischen Aufgaben (ebd.)
BRAFO-Projekt	Berufswahl Richtig Angehen – Frühzeitig Orientieren
BRK	Behindertenrechtskonvention
BvB	Berufsvorbereitende Bildungsmaßnahmen
BVJ	Berufsvorbereitungsjahr
BVGB/TRIDEM	betriebsintegrierte Berufsvorbereitung mit Qualifizierungsbausteinen an Berufsschulen; strukturell z. T. in BQL und neu als TRIDEM (ebd.)
BWP	Berufs- und Wirtschaftspädagogik
bzw.	beziehungsweise
Cedefop	Centre Europe´en de la Formation professionelle – EU; Zentrum für die Berufsbildung
d.h.	das heißt
DIA-AM	Diagnosemaßnahmen zur Feststellung der Arbeitsmarktfähigkeit
DIMDI	Deutsches Institut für medizinische Dokumentation und Information
DSM	Diagnostic and Statistical Manual of Mental Disorders
DUK	Deutsche UNESCO-Kommission
EAE	Ernst-Adolf-Eschke-Schule – stellt als Förderzentrum für schwerhörige und gehörlose Auszubildende Ambulanzlehrer/Ambulanzlehrerinnen zur Verfügung (Ginnold 2008, S. 151)
ebd.	ebenda
EQ	Einstiegsqualifizierung
EQ J	betriebliche Einstiegsqualifizierung für Jugendliche, bis 2010
ESF	Bundesprogramm des BMAS
et al.	et alteri – *und die jeweils anderen*
etc.	et cetera – *und die übrigen*
F	Förderschule
f.	folgende
ff.	fortfolgende

FP	Fachpraktiker-Ausbildung
GAT	das gesprächsanalytische Transkriptionssystem
gE	Förderschule mit dem Förderschwerpunkt geistige Entwicklung
GG	Grundgesetz für die Bundesrepublik Deutschland
GS	Grundschule
GSWD	Projekt „Gemeinsam schaffen wir das!" – betriebliche Berufsvorbereitung; Finanzierung für 2005/2006 und 2006/2007 (für 2007/2008 geplant)
H	Hauptschule
H	Hypothese
H/S	Hauptschule/Sekundarschule
HwO	Handwerksordnung
IAB	Institut für Arbeitsmarkt- und Berufsforschung
ICF	International Classification of Functioning
IFD	Integrationsfachdienst
IGS	Integrierte Gesamtschule
IHK	Industrie- und Handelskammer
IKEA	Ingvar Kamprad aus Elmtaryd bei Agunnaryd – ein multinationaler Einrichtungskonzern
IP	Interviewpartner oder -partnerin
IP...[1]m	Interviewpartner
IP...w	Interviewpartnerin
IQ	Intelligenzquotient
IW	Institut der deutschen Wirtschaft
K	Kategorie
Kap.	Kapitel
Kl.	Klasse
KMK	Kultusministerkonferenz der deutschen Bundesländer

1 ... – die Nummern der Interviewten von 1 bis 17

KOALA	Kooperationsverband für Ausbildung, Lernen und Arbeit – betriebsintegriertes 11. Schuljahr an einigen Berufsschulen, unsichere Finanzierung nach 2007 (ebd.)
Ko-Stelle	Koordinierungsstelle für die betriebliche Ausbildung behinderter Jugendlicher in Berlin und Brandenburg (Informationsstelle); bis Februar 2007 (Ginnold 2008, S. 151)
LB	Lernbehindertenschule
LOK	LernOrtKooperation zwischen Werkstätten für behinderte Menschen, Betrieben und Bildungsträgern (betriebliche Qualifizierung); bis Ende 2006 (ebd.)
LSE	Lernen, Sprache sowie emotionale und soziale Entwicklung
MDQM I	Modulare Duale Qualifizierungsmaßnahmen Stufe I (Berufsvorbereitung);ab 2006/2007 als Regelangebot fortgeführt (ebd.)
MDQM II	Modulare Duale Qualifizierungsmaßnahmen Stufe II (Ausbildung); ab 2006/2007 als Regelangebot fortgeführt (ebd.)
METRO	ein börsennotierter Konzern von Großhandelsunternehmen
MINT	Fächer Mathematik, Informatik, Naturwissenschaften und Technik
MOBILE	Betrieblicher Qualifizierungs- und Ausbildungsverbund für Jugendliche mit Lernschwierigkeiten (ambulante Unterstützung); bis Ende 2006 (ebd.)
MSB	Ministerium für Schule und Bildung des Landes Nordrhein-Westfalen
NeBS	Netzwerk Berliner Schülerfirmen an Schulen für Lernbehinderte und einigen Berufsschulen mit sonderpädagogischen Aufgaben (ebd.)
NSchG	Niedersächsisches Schulgesetz
o. J.	ohne Jahr bzw. ohne Jahresangabe
o. S.	ohne Seitenangabe
PSB	Partnerschaft Schule – Betrieb, Projekt der IHK Berlin (ebd.)
PSW	Partner: Schule – Wirtschaft; Einrichtung der Berliner Senatsverwaltung für Bildung, Jugend, Sport (ebd.)
S.	Seite
s.	siehe

SchuB	die hessische Variante der bundesweit angebotenen Praxisklassen (Maßnahme SchuB: Lernen und Arbeiten in Schule und Betrieb)
SGB	Sozialgesetzbuch
SprungBRETT	Projekt zur Beratung und Begleitung von Jugendlichen mit Lernschwierigkeiten beim Übergang Schule – Beruf; unsichere Finanzierung nach 2007 (ebd.)
Sek	Sekundarschule
SV Integration GB	Schulversuch zur Integration von Jugendlichen mit geistiger Behinderung an zwei Berufsschulen mit sonderpädagogischen Aufgaben; nicht abschlussorientiert (ebd.)
UN-Behindertenrechtskonvention	Übereinkommen der Vereinten Nationen über die Rechte von Menschen mit Behinderungen
UN-BRK	Übereinkommen der Vereinten Nationen über die Rechte von Menschen mit Behinderungen
UNESCO	United Nations Educational, Scientific and Cultural Organization
UN-KRK	die UN-Kinderrechtskonvention
Ü1, Ü2, Ü3	schulisch-berufliche Übergänge
Verbund	Berufsausbildung im Rahmen eines regionalen Ausbildungsverbundes (oder andere Formen); für benachteiligte Jugendliche (ebd.)
vgl.	vergleiche
WBS	WBS Gruppe (WBS TRAINING AG)
WfbM	Werkstatt für behinderte Menschen

Abstract

Fragen der inklusiven oder exklusiven Beschulung junger Menschen in den Förderschwerpunkten „Lernen“ und „Geistige Entwicklung“ an den Sekundar- und Förderschulen werden im Zusammenhang mit eingeschränkten Zugängen dieser Zielgruppe zum regulären Ausbildungs- und Beschäftigungssystem diskutiert. Dabei stehen pädagogische Fachkräfte in Bildungseinrichtungen und Betrieben bei der Bewältigung normativer Inklusionsanforderungen immer noch vor großen Herausforderungen.

Der bisherige Forschungs- und Erkenntnisstand verwies auf ungenügend untersuchte schulisch-berufliche Übergangsverläufe und stellt diese Zielgruppe in den Mittelpunkt der Untersuchung. Insbesondere die Bedingungen des schulisch-beruflichen Übergangsgelingens und die übergangshindernden Faktoren stehen im Fokus dieser qualitativen Studie. Die Forschungsergebnisse sollen nicht nur Hinweise zum Abbau von Zugangsbarrieren geben, sondern auch das Gelingen von schulisch-beruflichen Übergängen aus der subjektiven Perspektive der förderbedürftigen Menschen beleuchten.

Das Buch bietet – mit der Rekonstruktion schulisch-beruflicher Übergänge und der hinderlichen sowie förderlichen Bedingungen erfolgreicher schulisch-beruflichen Übergänge – einen spezifischen Einblick in das Übergangsgeschehen. Aus der Forschungsperspektive kann die Umsetzung der normativen Inklusionsanforderungen in Bezug auf neue Erkenntnisse der Studie als zentrale Bedingung des schulisch-beruflichen Übergangsgelingens betrachtet werden. Um dieses zu unterstützen, ist es erforderlich, die Ausbildungs- und Erwerbsteilhabe der Zielgruppe am regulären Bildungs- und Arbeitsmarkt zu fördern und insbesondere inklusive schulische und betriebliche Bildungsangebote auszubauen.

Questions of inclusive or exclusive education for young people in the special needs areas of "learning" and "mental development" at secondary and special needs schools are discussed in connection with the limited access of this target group to the regular training and employment system. At the same time, educational professionals in educational institutions and companies still face great challenges in coping with normative inclusion requirements.

The previous state of research and knowledge referred to insufficiently investigated school-vocational transition trajectories and places this target group at the centre of the investigation. In particular, the conditions of school-to-work transition and the factors that hinder a general transition are the focus of this qualitative study. The research results propose ways on how to reduce access barriers and also to shed light on the success of school-work transitions from the subjective perspective of the people in need of support.

The book offers a specific insight into the transition process by reconstructing school-to-work transitions and the conditions that hinder and promote successful school-to-work transitions. From a research perspective, the implementation of normative inclusion requirements can be seen as a central condition of successful school-to-work transitions. In order to support this, it is necessary to promote the target group's participation in training and employment in the regular education and labour market and, in particular, to expand inclusive school and company-based training opportunities.

1 Einleitung

„Nur indem man das Unerreichbare anstrebt, gelingt das Erreichbare.
Nur mit dem Unmöglichen als Ziel gelingt das Mögliche.“

Miguel de Unamuno

Ist es wirklich so unbestreitbar, dass Jugendliche und junge Menschen mit den Förderschwerpunkten Lernen und geistige Entwicklung keinen Zugang zu einer regulären Ausbildung in einem anerkannten Ausbildungsberuf erlangen können? Und stimmt es, dass diesen Menschen keine barrierefreie Beschäftigungsteilhabe ermöglicht werden kann? Sollte diese Menschengruppe nicht auch ihren Anspruch auf eine inklusive berufliche Bildung oder Beschäftigung geltend machen, statt sie, wie heute noch immer üblich, fast ausschließlich an Förderschulen zu beschulen?

Die Antwort hierauf fällt eindeutig aus. In einem demokratischen Land wie Deutschland sollten gar nicht erst solche Fragen notwendig werden. Es ist von entscheidender Bedeutung, die Ansprüche auf Inklusion umzusetzen, die nach Wocken ein Menschenrecht sei.

> „Das Recht auf [...] Sosein, Eigensein und Verschiedenheit.
> Das Recht auf [...] gleiche Rechte, Gleichwürdigkeit und Partnerschaft.
> Das Recht auf [...] Teilhabe, auf Zugehörigkeit und Solidarität“ (Wocken 2014, S. 9f.).

Statt ausgesondert zu werden, sollte eine Gesellschaft Menschen mit Beeinträchtigung die Bedingungen bieten, sich zu erwerbstätigen Persönlichkeiten (Pfahl 2011, S. 42) zu entwickeln. Wird den Betroffenen jedoch der Zugang zum Ausbildungssystem versperrt, verbleiben sie im Übergangssystem. Mit dem Abschluss in einem der Reha-Berufe gelten Menschen mit Beeinträchtigung dauerhaft als teilqualifiziert (Euler und Severing 2014, S. 11ff.). Am Arbeitsmarkt sollten alle vorhandenen Potenziale erwerbsfähiger Menschen genutzt werden. Folgt man dieser Logik, so darf der Arbeitsmarktzugang für beeinträchtigte Menschen nicht nur ein Lippenbekenntnis sein, sondern gelebte Wirklichkeit, die für Betriebe durchaus Chancen bereithält.

Dieser Problemaufriss verweist auf die besondere Rolle der schulisch-beruflichen Übergänge beeinträchtigter Menschen auf dem Weg zur Ausbildungs- und Erwerbsteilhabe. Insbesondere die Bedingungen des schulisch-beruflichen Übergangsgelingens und die übergangshindernden Faktoren stehen im Fokus dieser qualitativen Studie.

Auf der Grundlage der Ergebnisse dieser Studie bietet sich künftigen Arbeiten die Möglichkeit, erfolgreiche Unterstützungsstrategien abzuleiten. Dies sollte nicht nur zum Abbau von Zugangsbarrieren beitragen, sondern auch das Gelingen von schulisch-beruflichen Übergängen erleichtern.

2 Forschungsanlass, Problemhintergrund und Anliegen der Arbeit

2.1 Jugendliche und junge Erwachsene mit Behinderung im Übergang von der Schule in den Beruf

Der Übergang von der Schule in eine Berufsausbildung und ins Berufsleben fällt zeitlich häufig mit dem Übergang von Jugend- zum Erwachsenenalter und dem Verlassen des Elternhauses zusammen. Jugendliche und junge Erwachsene bilden eine heterogene Gruppe. Die Einzigartigkeit der Kinder und Jugendlichen ist insbesondere während der Schulzeit in Bezug auf die Entwicklungsfortschritte ersichtlich. Um die erforderlichen Entwicklungsziele der Schüler und Schülerinnen zu erreichen, werden die Kinder und Jugendlichen mit besonderem Förderbedarf beispielsweise an Förderschulen gesondert beschult. Obwohl das Schulsystem jedem Individuum die Entwicklungsmöglichkeit bieten soll, sich zu einer mündigen, verantwortungsvollen, selbstbestimmenden und handlungsfähigen Persönlichkeit zu entwickeln, sind nicht alle Schulabsolventen und Schulabsolventinnen in der Lage, den Übergang in eine weiterführende berufliche Qualifizierung zu schaffen, um anschließend den gewünschten Beruf auszuüben. Immer seltener erfolgen die genannten Übergangsverläufe direkt, und nicht für jeden enden sie, wie gesellschaftlich erwartet wird, mit einer Teilhabe am ersten Arbeitsmarkt. Darüber hinaus vollziehen sich diese Verläufe in einer komplexen berufsbiografischen Entwicklung mit zahlreichen Wendepunkten und Ausbildungsabbrüchen. Insbesondere Menschen mit einer Behinderung sind davon betroffen.

Bergs und Niehaus setzten sich mit der Ratifikation der UN-Behindertenrechtskonvention aus dem Jahr 2006 (Artikel 24 Abs. 5) hinsichtlich der Rechte von Menschen mit Behinderungen im regulären dualen Berufsbildungsbereich auseinander. Sie kamen zu dem Schluss, dass sich seit Veröffentlichung der Konvention kaum etwas geändert hat (Bergs und Niehaus 2016, S. 3). Auch Wocken beklagt, dass Inklusion nach wie vor „ein großes, ideales Programm [...] und keine bereits vorhandene empirische Realität" (Wocken 2014, S. 43) sei. Bestätigt werden Bergs, Niehaus und Wocken von der Studie Eulers und Severings. So konnten sie zeigen, dass Jugendliche mit einem Förderschwerpunkt seltener eine betriebliche Berufsausbildung absolvieren, weil sie in aller Regel in sogenannten Reha-Berufen in eigenen, für behinderte Menschen eingerichteten Werkstätten ausgebildet werden (Euler und Severing 2014, S. 11 ff.). Daraus ergeben sich schlechtere Chancen am Arbeitsmarkt für die Betroffenen (ebd.). Zwar werden die beeinträchtigten Beschäftigten in den Werkstätten für behinderte Menschen für bestimmte Beschäftigungsbereiche qualifiziert, doch steht ihnen lediglich die Möglichkeit offen, auf dem zweiten Arbeitsmarkt tätig zu werden.

Sie schaffen jedoch sehr selten den Übergang in eine sozialversicherungspflichtige Beschäftigung.

Die modernen Werkstätten für behinderte Menschen versuchen dennoch, den Zugang für arbeitsmarktbenachteiligte, heterogene Menschengruppen ohne Behinderung zu gewährleisten, um die Beschäftigungsbereiche inklusiver zu machen. Für die erbrachten Leistungen erhalten Werkstattbeschäftigte jedoch weder Tariflöhne noch Mindestlöhne (Biermann 2013, S. 47 f.).

> „Beispielsweise stellt die Bundesarbeitsgemeinschaft der Werkstätten für behinderte Menschen ihr Konzept Maßarbeit vor (BAG: WfbM 2011). Danach soll eine ‚umgekehrte' Integration erfolgen und Werkstätten als kommunale Kompetenzzentren auch andere Personenkreise aufnehmen, z. B. ehemalige 1 Euro-Jobber, SGB II-Bezieher, Langzeitarbeitslose u. ä." (Biermann 2013, S. 48)

Der erweiterte Zugang für die Arbeitsplatzsuchenden zu den Werkstätten für behinderte Menschen löst keinesfalls das Problem der beruflichen Teilhabe am allgemeinen Arbeitsmarkt. Die staatliche Erwartung in Bezug auf die Erwerbstätigkeit seiner Bürger und Bürgerinnen bleibt dementsprechend unerfüllt. Die Betrachtung der Teilhabe am Arbeitsmarkt aus dem sonderpädagogischen Blickwinkel führt unweigerlich zum Auftrag des deutschen Bildungssystems zurück, eine mündige Persönlichkeit zu entwickeln. Dieser Bildungsauftrag bleibt unerfüllt.

Im Allgemeinen besteht der staatliche Auftrag des deutschen Bildungswesens darin, jeden seiner Teilnehmerinnen und Teilnehmer zur Reife zu formen (Pfahl 2011, S. 42).

> „Zugleich steht das Bildungssystem in einem engen Zusammenhang mit den Produktionsverhältnissen einer Gesellschaft, da es auf Qualifikationsvermittlung ausgerichtet ist und im Sinne einer Vorbereitung auf die Erwerbstätigkeit der Bereitstellung von Arbeitskräften dient." (ebd.)

Das deutsche Berufsausbildungssystem sieht vor, dass alle jungen Menschen durch eine Ausbildung oder eine Übergangsmaßnahme von der Schule in die Arbeitswelt gelangen. Bei Menschen mit Beeinträchtigung soll darauf geachtet werden, dass eine ausgewählte Beschäftigung ihr physisches und psychisches Wohlbefinden nicht gefährdet und mögliche Verletzungsgefahren in der jeweiligen Berufstätigkeit zum Beispiel beim Drehen, Sägen etc. verhindert werden. Zur beruflichen Teilhabe und deren Umsetzung bestehen bereits intensive Diskussionen. Experten diskutieren den Anspruch von Jugendlichen mit einem Förderschwerpunkt, wie diese in eine inklusive berufliche Bildung einbezogen werden können, um ihre berufliche Teilhabe zu gewährleisten (Biermann 2015). Sie berücksichtigen jedoch nicht die Erlebnisse und Erfahrungen bei Übergangsverläufen von Betroffenen, die ihre Entscheidung zu ihrer eigenen beruflichen Tätigkeit unter individuellen biografischen Gesichtspunkten treffen oder auch fremdbestimmen lassen. Deswegen sollen in diesem Forschungsprojekt Erfahrungen und Erlebnisse von beeinträchtigten Menschen auf ihrem Weg in eine Berufstätigkeit untersucht werden.

Nau verweist dabei auf den Zusammenhang des Forschungsgegenstandes mit der Entwicklung des Ausbildungs- und Arbeitsmarktes sowie den Prognosen bzgl. des Fachkräftemangels.

> „Vor allem für technische Berufe wird spätestens für das Jahr 2030 ein enormer Fachkräfteengpass vorausgesagt. Diese Prognose leitet sich aus den aktuellen Trends auf dem Ausbildungs- und Arbeitsmarkt ab. Zu diesem Schluss kam zumindest eine Studie der gemeinsamen Qualifikations- und Berufsfeldprojektionen des Bundesinstituts für Berufsbildung (BIBB) und des Instituts für Arbeitsmarkt- und Berufsforschung (IAB), welche sich vor allem aus regionalen Ergebnissen zusammensetzt. [...] Deutschlandweit wird der Engpass vor allem in technischen Berufen relevant sein." (Nau 2016)

Einzelne Regionen Deutschlands werden jedoch unterschiedlich stark betroffen sein. Dies ist vor allem auf die wirtschaftliche und demografische Situation in den Regionen zurückzuführen. Allerdings ist in fast allen Regionen Deutschlands mit Engpässen zu rechnen, insbesondere bei Fachkräften mit einem mittleren Bildungsabschluss. Lediglich in Baden-Württemberg hat der Abschluss der beruflichen Bildung traditionell einen höheren Stellenwert als in anderen Bundesländern. Der Anteil der Jugendlichen, die über keinen Bildungsabschluss verfügen, ist hier besonders niedrig. Was jedoch die einzelnen Berufsfelder und Regionen betrifft, so werden ihre fachkräftemangel-bezogenen Merkmale sehr unterschiedlich sein. Der Mangel an qualifizierten Arbeitskräften macht sich vor allem in Berufen bemerkbar, die einen beruflichen Abschluss oder eine Weiterbildung erfordern. Wie bereits angedeutet, wird der Engpass insbesondere im technischen Bereich spürbar. Der Mangel zeigt sich nicht nur bei Elektro-, Bau-, Vermessungstechnikern und Vermessungstechnikerinnen, technischen Zeichnern und Zeichnerinnen, sondern auch bei Biologen und Biologinnen, Physikern und Physikerinnen und Chemielaboranten und Chemielaborantinnen (Nau 2016).

Der Fachkräftemangel in technischen Berufen stieg in Anlehnung an den MINT-Report des Instituts der deutschen Wirtschaft (IW) im Jahr 2018 um 12 %. Insgesamt fehlten 338.000 Fachkräfte. Das sind 42.000 Fachkräfte mehr im Vergleich zum Vorjahr (Gilman 2018).

Laut der Jobmarkt-WBS-Studie ist ein zunehmend wachsender Mangel an qualifizierten Arbeitskräften in technischen Berufen zu verzeichnen. So stieg die Nachfrage nach technischem Personal im Vergleich zu 2018 um fast 10 Prozent. Vor allem Elektroniker und Elektronikerinnen werden benötigt. Auch Mechatroniker und Mechatronikerinnen, Industrie-Mechaniker und Industrie-Mechanikerinnen werden gesucht (Alberto 2019).

Insbesondere während der Corona-Krise seit März 2020 hat es in Deutschland eine Zunahme der Kurzzeitarbeitsplätze und einen deutlichen Rückgang der offenen Stellen gegeben. Infolgedessen zeigen auch die MINT-Berufe deutliche Anzeichen einer Verlangsamung – so hat sich beispielsweise der Abstand zwischen den MINT-Berufen entgegen dem typischen saisonalen Wachstum an Arbeitsplätzen von 193.500 Ende Februar auf 152.600 Ende April 2020 deutlich verringert. Im Gegensatz dazu ist die Nachfrage in den IT-Bereichen mit 39.700 Personen nach wie vor groß (Anger et al. 2020).

Besonders für die hier betrachtete Zielgruppe Menschen mit Behinderung ist es kaum mehr für jede Person möglich, in einem der oben genannten Beschäftigungsbereiche eingesetzt zu werden. Die Chancen hängen maßgeblich von der Qualifizierung, der beruflichen Handlungsfähigkeit und dem Behinderungsgrad ab. Indes könnten Absolventen und Absolventinnen eines Fachpraktiker-Abschlusses einen großen Beitrag bei der Bewältigung des Fachkräftemangels in technischen Beschäftigungsfeldern leisten.

In Anlehnung an statistische Daten des IAB kann bei Jugendlichen mit Lernbehinderung oder mit dem Förderschwerpunkt Lernen, einer leichten geistigen Entwicklungsstörung und einer psychischen Beeinträchtigung ein besonderes Potenzial gesehen werden, perspektivisch ihr Erwerbsleben auf dem ersten Arbeitsmarkt zu beginnen. Diese Menschengruppen treten nach dem Absolvieren der BvB-Maßnahmen in der Kombination mit einer Ausbildung häufig in ihr Erwerbsleben auf dem ersten Arbeitsmarkt ein und verbleiben auch nach einem Beschäftigungsjahr im Betrieb (Reims, Tisch und Tophoven 2016, S. 5 ff.).

Ausgebildet werden diese Jugendlichen überwiegend außerbetrieblich integrativ. In der Regel werden dabei fachtheoretische bzw. fachpraktische außerbetriebliche Unterweisungen vollständig neben dem betrieblich-praktischen Bestandteil absolviert (ebd., S. 6). Weit über die Hälfte der lernbehinderten Jugendlichen befindet sich zwölf Monate nach dem Rehabilitationsabschluss in einem sozialversicherungspflichtigen Beschäftigungsverhältnis (ebd., S. 7). Ca. ein Fünftel der Menschen mit geistigen Beeinträchtigungen bzw. psychischen Einschränkungen sind auch nach zwölf Monaten seit ihrer Eingliederung in eine sozialversicherungspflichtige Beschäftigung stabil tätig geblieben (s. Abb. 1).

Die statistischen Daten des IAB – der Forschungseinrichtung der Bundesagentur für Arbeit – zeigen, dass zwei Fünftel aller behinderten Jugendlichen eine Lernbehinderung aufweisen. Die Hälfte aller lernbehinderten Jugendlichen befand sich im Jahr 2014 im Alter zwischen 17 und 20 Jahren und verfügte über einen Hauptschulabschluss. Weitere 30 ProzentProzent der lernbehinderten Jugendlichen erreichten einen Förderschulabschluss (ebd., S. 4).

Zunehmend berichten die deutschen Rehabilitationseinrichtungen über die komplexer werdenden Rehabilitationsfälle mit Mehrfachbeeinträchtigungen. Beispielsweise kann bei einer Lernbeeinträchtigung zusätzlich eine psychische Einschränkung vorliegen und umgekehrt kann bei einer psychischen Beeinträchtigung eine Lernbehinderung bestehen (Reims et al. 2020, S. 43).

In der folgenden Abbildung findet sich keine Berücksichtigung von Mehrfachbeeinträchtigungen.

Zwar verringert sich der Anteil der lernbehinderten Jugendlichen aufgrund der demografischen Entwicklung, jedoch bleibt die Unterstützung dieser Behindertengruppe aufgrund des besonderen statistisch nachgewiesenen Erwerbspotenzials und der Gruppengröße (überwiegend über 50 % aller Menschen mit Behinderung) weiterhin von besonderer Bedeutung (Abb. 1).

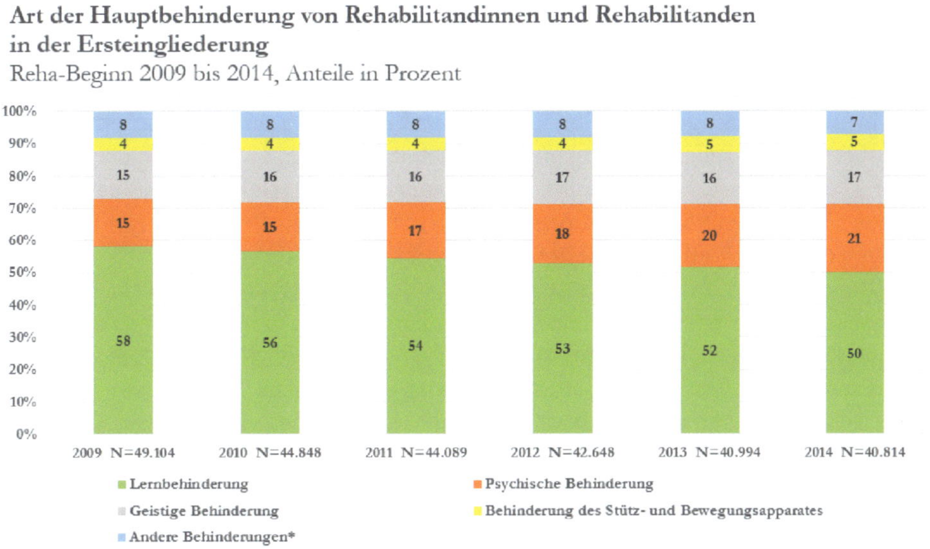

* Organische Behinderung, Sehbehinderung, neurologische Behinderung, Hörbehinderung und sonstige Behinderungen

Abbildung 1: Das Verbleiben von Rehabilitandinnen und Rehabilitanden in einer sozialversicherungspflichtigen Beschäftigung zwölf Monate nach dem Rehabilitationsabschluss (eigene Darstellung nach Reims, Tisch und Tophoven 2016, S. 4)

Die Studie zur gemeinsamen Qualifikations- und Berufsfeldprojektion des Bundesinstituts für Berufsbildung (BIBB) und des Instituts für Arbeitsmarkt- und Berufsforschung (IAB) macht unter anderem auch Unternehmen darauf aufmerksam, dass in technischen Berufen bis spätestens 2030 ein enormer Fachkräfteengpass spürbar wird (Nau 2016). In Handwerksbereichen und in der Altenpflege etc. ist der Fachkräftemangel bereits jetzt zu bemerken und nicht mehr als Zukunftsszenario zu betrachten (Gutensohn 2020).

Es stellt sich die Frage, ob Jugendliche oder Menschen mit einer Behinderung gar nicht in der Lage sind, einen handwerklich-technischen Beruf zu erlernen bzw. auszuüben. Von Interesse ist, zu klären, wo die Zulassungs- bzw. Verwirklichungsgrenzen liegen.

Der Umgang mit dem Anspruch an eine inklusive berufliche Bildung bleibt bis heute eher normativ bestimmt. Insbesondere für Jugendliche mit Behinderung bestehen Zugangsbarrieren zur regulären Berufsausbildung und einer anschließenden Beschäftigung (Thielen, Katzenbach und Schnell 2013, S. 7 f.).

Trotz eines Paradigmenwechsels als Folge der Verabschiedung der UN-Konvention über die Rechte von Menschen mit Behinderungen gab es bisher keine wesentlichen Veränderungen in den Übergangsprozessen. Nach wie vor bestehen behinderungsspezifische Maßnahmen zur Trennung von Sonderschulen und gering qualifizierten Berufsvorbereitungs- und Ausbildungsformen. Auch behindertenspezifische Maßnahmen zur Trennung von Sonderschulen und geringer qualifizierten Formen der beruflichen Bildung und Ausbildung bleiben weiterhin bestehen (Jochmaring 2019, S. 335 ff.).

Konkrete Bedingungen für das Übergangsgelingen in eine Berufsausbildung und in eine Beschäftigung von Jugendlichen und Menschen mit spezifischem Förderbedarf sind unter anderem im technischen Bereich bislang kaum untersucht. Mit der Erforschung von realen Übergangsverläufen sollen sowohl erfolgreiche als auch misslungene Wege dieser Menschen über eine berufliche Qualifizierung in eine Tätigkeit auf dem ersten bzw. auf dem zweiten Arbeitsmarkt aufgezeigt werden.

Im europäischen Vergleich zeigt sich die Jugendarbeitslosenquote in Deutschland sehr niedrig, tendiert gar dazu, in den kommenden Jahren weiter zu sinken. Einige junge Menschen vor allem mit Förderbedarf sind jedoch zunächst nicht in der Lage, von der Schule in eine Berufsausbildung zu wechseln. Sie nehmen daher an einer oder mehreren Maßnahmen des sogenannten Übergangssystems teil, etwa einem berufsvorbereitenden Jahr. Junge Menschen, die den Übergang von der Schule in eine Berufsausbildung oder ins Berufsleben nicht schaffen, sehen sich oft zudem mit verhaltensbezogenen, emotionalen oder kognitiven Problemen konfrontiert.

In Anlehnung an Schropp können in diesen Fällen Unterstützungsmaßnahmen, die auf die Stärkung individueller Kapazitäten abzielen, wirksame Anstöße für eine erfolgreiche Entwicklung schaffen. Diese Aussagen beziehen sich auf die benachteiligten Jugendlichen und liefern keine Forschungsergebnisse in Bezug auf die Zielgruppe von Menschen mit spezifischem Förderbedarf (Schropp 2018, S. 1).

Neben den Besonderheiten des beruflichen Übergangssystems in Deutschland für Jugendliche mit Förderbedarf, den präventiven Maßnahmen zur Integration in eine Berufsausbildung bzw. Beschäftigung und dem Überblick in Bezug auf Modellversuche im Übergangsfeld Schule – Beruf werden (im Kapitel 4) die darauffolgenden Beiträge von Linten und Prüstel (2013, 2015); Hensen (2014); Thielen, Katzenbach und Schnell (2013); Biermann (2013,2015); Bilndl, Thielen (2013); Doose (2013); Kauz, Uphoff und Schellong (2013) und Ginnold (2008, 2009) als Ausgangsbasis für die Untersuchungen im Rahmen des Forschungsprojektes genutzt. Außerdem werden die Bezüge zu den Menschen mit Förderbedarf verdeutlicht. Anschließend wird das theoretische Konstrukt des Forschungsgegenstandes dargestellt. Dabei werden die bereits bekannten schulisch-beruflichen Übergänge von Menschen mit Förderbedarf skizziert und sowohl die Bedingungen für das Gelingen des Übergangs Schule – Erwerbsleben als auch die möglichen Ursachen für misslungene Übergänge diskutiert.

Die Literaturdokumentation zum „Übergangssystem und Übergangsmanagement: Studien, Gutachten und Forschungsbeiträge“ (Linten, Prüstel 2013) bietet einen breiten Überblick zu Forschungsinitiativen bzw. Forschungsergebnissen des Forschungsfeldes der letzten Jahre. Allerdings fehlt in Anlehnung an diese Literaturdokumentation die Betrachtung der lernbeeinträchtigten Jugendlichen.

Nach Dannenbeck (2011) sollte aufgrund der fehlenden Erkenntnisse ein besonderes empirisches Augenmerk auf biografische Faktoren, unter anderem auf den Übergang von der Schule in eine Ausbildungsstätte aus Sicht der Betroffenen etc. gelegt werden (Hensen et al. 2014, S. 11). Zwar sind seit 2017 erste Erkenntnisse zum

Übergang in die 1. Schwelle aus der subjektiven Perspektive von benachteiligten Jugendlichen verfügbar, jedoch bleibt die Wahrnehmung von Menschen mit besonderem Förderbedarf ebenso unberücksichtigt (Sari und Kenner 2017, S. 114 ff.).

In seinem Aufsatz „Schwierige Jugendliche – prekäre Übergänge?" bietet Walther „ein[en] biografische[n] und international vergleichende[n] Blick auf Herausforderungen im Übergang vom Jugend- in das Erwachsenenalter" (Walther 2013, S. 13 ff.) und geht dabei auf die prekären Übergangsverläufe von migrierten jungen Erwachsenen ohne die spezifische Fokussierung auf die Förderbedürftigen ein.

Ein Beitrag von Biermann widmet sich im Hinblick auf das Inklusionserfordernis der UN-Behindertenrechtskonvention den Fortschritten der Benachteiligtenförderung bzw. der beruflichen Rehabilitation. Trotz eines Wechsels der sozial- bzw. behindertenpolitischen Einstellungen, die sich in der Abhängigkeit von Experten und Institutionen äußert und größere Autonomie hervorruft, weist Biermann auf die immer noch eingeschränkten Partizipationsmöglichkeiten für Benachteiligte und junge Menschen mit Behinderung hin. Menschen mit Behinderungen und Beeinträchtigungen sind besonders von den Folgen eines tiefgreifenden Wandels auf dem Arbeitsmarkt betroffen. Neben den Veränderungen in ganzen Sektoren und Berufsfeldern erfolgt eine starke Segmentierung der Berufsbildung, die viele Herausforderungen an die Bildungsakteure sowohl im Berufsschulwesen als auch in den Ausbildungsbetrieben bei der individuellen Förderung und zielgruppengerechten Qualifizierung der Auszubildenden mit sich bringt. Die strukturellen Veränderungen in der Gesellschaft verschärfen die soziale Ungleichheit vor allem in Bezug auf die Teilhabe von benachteiligten bzw. behinderten Menschen. Aufgrund all dieser Veränderungen legt Biermann sein Augenmerk auf die Erforschung der Leistungsfähigkeit von innovativen Konzepten der beruflichen Integration bei der Bewältigung der entstandenen komplexen Herausforderungen. Darüber hinaus ist Biermann zu der Schlussfolgerung gekommen, dass die Best-Practice-Beispiele vor allem dänische Produktionsschulkonzepte (wie verzahntes Arbeiten und Lernen) während der beruflichen Bildung bei der curricularen Umgestaltung von akademischen Ausbildungen bzw. bei der Weiterbildung der Akteure der beruflichen Rehabilitation eine Chance für die Umsetzung der Teilhabe von benachteiligten und behinderten Menschen bieten (Biermann 2013, S. 61 f.).

Bilndl und Thielen stellen die Übergangswege der Abgänger und Abgängerinnen der SchuB-Klassen dar. Im Fokus der Untersuchung steht die SchuB-Zielgruppe, die sich an einem präventionsorientierten Konzept des Übergangs in Förder- und anderen Regelschulen beteiligte, in dem das Lernen an einer eigenen Schule mit dem Arbeiten im Betrieb verbunden wurde. Bilndl und Thielen stellten die Ergebnisse einer Verbleibsstudie der SchuB-Absolventen und -Absolventinnen vor. Das präventionsorientierte Konzept des Übergangs ist eine hessische Version der deutschlandweit angebotenen Praxisklassen. In diesen Klassen absolvierte die Risikozielgruppe wöchentliche Praxistage in ausgewählten Betrieben und erfuhr die individuelle sozialpädagogische Begleitung sowohl auf dem Weg zum Erwerb eines Hauptschulabschlusses als auch während des Übergangs in eine berufliche Ausbildung oder in die Arbeitswelt.

Die Untersuchungsergebnisse zeigten, wie unterschiedlich sich die Wege der Jugendlichen nach der Schule entwickelten. Darüber hinaus sensibilisiert der Beitrag von Bilndl und Thielen ein bewusstes Wahrnehmen der Komplexität der Übergangsplanung, deren Herausforderungen durch ein präventives Übergangsmanagement in keiner Weise erfüllt werden (Bilndl und Thielen 2013, S. 65 ff.).

Doose schreibt über die Inklusionsmöglichkeiten von Menschen mit geistiger Beeinträchtigung in Zusammenhang mit dem Beitritt in eine Werkstatt für behinderte Menschen (WfbM). Dabei hebt er „das Potenzial der [p]ersönlichen Zukunftsplanung als ein mögliches Konzept pädagogischer Übergangsbegleitung“ (Thielen, Katzenbach und Schnell 2013, S. 11) hervor.

Der Aufsatz von Kauz, Uphoff und Schellong beleuchtet die Sonderbedingungen der Übergänge von Menschen mit geistiger Behinderung. Im Mittelpunkt der Untersuchung stehen die Passagen aus den biografischen Interviews einer jungen, geistig behinderten Frau und deren Mutter. Die Auswertungsergebnisse beleuchten den Aspekt der Ablösung der jungen Frau vom Elternhaus und untersuchen wesentliche Faktoren zur unterstützenden Selbstbestimmung (ebd., S. 11 f.).

Diese Aspekte stellen eine wichtige Rolle im Rahmen dieses Forschungsvorhabens dar.

Bereits seit 2009 liegen die Ergebnisse der vergleichenden Studie von Ginnold zum „Übergang von Schülerinnen und Schülern mit dem Förderschwerpunkt Lernen aus Sonder- und Integrationsschulen in Ausbildung und Erwerbsleben“ vor. Obwohl die Bezeichnung des Themas unter anderem den Schwerpunkt Erwerbsleben umfasst, war ihr Forschungsvorhaben auf die Rekonstruktion der Übergänge von lernbehinderten Jugendlichen an der ersten Schwelle beschränkt. Geforscht wurde unter Rückgriff auf Methoden wie teilnehmende Beobachtung, Sichtung von Fallaktenanalysen (Analyse von Lebensläufen etc.) bzw. Auswertung von Projektdatenbanken, eine Verbleibrecherche und eine schriftliche Befragung.

Den Mehrwert der Arbeit bilden die Erläuterungen eines allgemeinen und auf Berlin bezogenen Modells „für die Abbildung der unübersichtlichen Angebotsstrukturen im Übergang Schule-Beruf“ (Ginnold 2009, S. 1) bzw. darauf bezogener Forschungsergebnisse und exemplarischer Aufzählungen von bestehenden übergangsfördernden und -hemmenden Faktoren. Die Autorin betont, dass ihre Studie lediglich die ersten Ergebnisse in diesem Forschungsfeld wiedergibt, und ruft zu tiefergehenden Untersuchungen der beruflichen Perspektiven von lernbehinderten Jugendlichen im Übergangsverlauf auf (Ginnold 2009, S. 12).

2.2 Anliegen, Fragestellungen und Struktur der vorliegenden Arbeit

Diese Aufforderung verweist auch auf ungenügend untersuchte Übergangsverläufe von jungen Menschen mit den Förderschwerpunkten Lernen und geistige Entwicklung und stellt diese Zielgruppe in den Mittelpunkt des Forschungsvorhabens. Defizitär bleiben sowohl Erkenntnisse über die gelungenen als auch über die misslungenen schulisch-beruflichen Übergangsverläufe.

Die bisherigen forschungsrelevanten Erkenntnisse wurden stets nur aus Sicht von Experten beleuchtet; die Zielgruppe selbst und ihre Perspektive bleiben weitgehend unerforscht. Deshalb werden die subjektiven Sichtweisen betreffender junger Menschen anhand der gelungenen und misslungenen schulisch-beruflichen Übergangsverläufe untersucht.

Das besondere Interesse dieser Studie besteht in der Klärung folgender zentraler Forschungsfragen:

- Welche schulisch-beruflichen Übergänge erfolgen bei Menschen mit den Förderschwerpunkten Lernen und geistige Entwicklung?
- Welche Gründe für das Scheitern von schulisch-beruflichen Übergängen können aus der Perspektive der interviewten Personen identifiziert werden?
- Welche Bedingungen für das Gelingen erfolgreicher schulisch-beruflicher Übergänge können aus der Perspektive der interviewten Personen identifiziert werden?

Die übergeordnete Fragestellung dieses Forschungsprojektes lautet:

Welche Bedingungen fördern oder behindern erfolgreiche schulisch-berufliche Übergänge bei Menschen mit den Förderschwerpunkten Lernen und geistige Entwicklung?

Um zu rekonstruieren, wie sich die Übergangsverläufe der Menschen gestalten, welche Gründe für das Scheitern von schulisch-beruflichen Übergängen bestehen und wie spezifische Übergänge aus der Sicht von Etikettierten gelingen können, wurden Personen mit den Förderschwerpunkten Lernen und geistige Entwicklung untersucht. Die Voraussetzung für die Auswahl von Probanden, die als Menschen mit den genannten Förderschwerpunkten einen (erfolgreichen) Weg in die Berufstätigkeit genommen haben, bildet ihre Ausbildung oder Beschäftigung.

Dazu existieren besondere Schwierigkeiten in Bezug auf den Feldzugang. Generell gestaltete sich der Zugang zur Zielgruppe problematisch. Demzufolge wurde der Untersuchungsfokus auf all jene zugänglichen Fälle ausgerichtet, in denen Menschen mit den Förderschwerpunkten Lernen und geistige Behinderung sich entweder in einer Ausbildung befinden, eine Ausbildung erfolgreich absolviert haben und/oder bereits beschäftigt sind. Aufgrund datenschutzrechtlicher Bestimmungen wurde der Feldzugang häufig blockiert. Das Hindernis, an geeignete Probanden und statistische Daten zu kommen, erschwerte das Forschungsvorhaben enorm.

Die Struktur der Arbeit orientiert sich am Gang des Forschungsprozesses. Die empirische Studie baut auf dem vorhandenen Erkenntnisstand auf, der im theoretischen Teil (Kapitel 3 und 4) erarbeitet und dokumentiert wird. Sowohl die Methode der Datenerhebung und der Datenauswertung als auch die Forschungsergebnisse und die davon abgeleiteten Konsequenzen werden im empirischen Teil der Arbeit (5. und 6. Kapitel) dargestellt. Dabei ist unter anderem davon auszugehen, dass die Übertragbarkeit forschungsrelevanter Erkenntnisse, die wesentlich die Zielgruppe der Benachteiligten und speziell Menschen mit Migrationshintergrund sowie Migrationsherkunft fokussiert, auf die förderbedürftigen Menschen im Rahmen dieser Untersuchung überprüft wird. Auch wenige vorliegende Befunde, die auf die Zielgruppe zugeschnitten sind, werden überprüft sowie je nach Gegebenheit vertieft. Demzufolge werden nach der Fragestellung dieser Studie mehrere Hypothesen aus bestehenden Erkenntnissen entwickelt, verifiziert oder widerlegt.

Im darauffolgenden 7. Kapitel werden die empirischen Befunde mit den theoretischen Erkenntnissen und – in gebündelter Form im letzten Abschnitt der Arbeit (Kapitel 8) – zu zentralen inhaltstragenden Aussagen zusammengeführt. Die Forschungsergebnisse in Form eines empirisch fundierten Konstrukts zur Sicherung der angemessenen (Berufs-) Bildungs- und Beschäftigungsteilhabe von jungen Menschen mit Förderbedarf finden sich, unter Hervorhebung neuer Erkenntnisse und Herausarbeitung von Schlussfolgerungen und Empfehlung für angehende sowie bestehende pädagogische Fachkräfte, am Schluss der Arbeit wieder.

3 Inklusion – zwischen Forderung und Bedarf, Recht, Anspruch und Umsetzbarkeit

3.1 Inklusion und inklusive Bildung in der aktuellen politischen und wissenschaftlichen Diskussion

Das Thema „Inklusion“ und „Inklusive Bildung und Beschäftigung“ ist hochaktuell und wird nach wie vor kontrovers diskutiert. Leitlinien seitens der UNESCO, des Grundgesetzes, der UN-Konvention und der Kultusministerkonferenz spielen dabei eine entscheidende Rolle (Zoyke und Vollmer 2016, S. 7).

Die im deutschsprachigen Raum andauernden Inklusionsdiskurse über den Abbau der Diskriminierung von Menschen mit Behinderung führten zur Veränderung der Betrachtungsweise bzw. Deutung der „Sonderschulbedürftigkeit“, die seit den 50er-Jahren in Deutschland als Kategorie des Förderbedarfs Anwendung fand. In Anlehnung an die Bestimmung der Kultusministerkonferenz der Bundesländer (KMK) wurde die „Sonderschulbedürftigkeit“ in „Förderschwerpunkte“ umbenannt (Powell und Wagner 2014, S. 180).

Die Umbenennung der Sonderschulbedürftigkeit in Förderschwerpunkte oder auch die Bezeichnung „der/die Behinderte“ in „Mensch mit einer Behinderung“ wurde initiiert, um die Diskriminierung von betroffenen Personen zumindest zu reduzieren, wenn sie nicht vermieden werden kann.

Was früher als Behinderung verstanden wurde, reflektierte die Gesellschaft in der jüngeren Vergangenheit zunehmend, sodass neue Erklärungsmuster und Bezeichnungen gefunden wurden. Die damit in Zusammenhang stehende Etikettierung – die zugeschriebene Behinderung von Menschen mit Förderbedarfen – wird ebenso häufig hinterfragt.

Um die bildungspolitische Leitidee der Inklusion nachzuvollziehen, soll in einem späteren Kapitel der Arbeit die Rekonstruktion des bildungspolitischen Inklusionsdiskurses nachgezeichnet werden.

Infolge des gesellschaftlich-politischen Konsenses entstanden in den 1990er-Jahren der Grundgedanke inklusiver Bildung sowie das weltweite Aktionsprogramm „Bildung für alle“, welche als bildungspolitische Leitziele der UNESCO in Deutschland zu verstehen sind (DUK – Deutsche UNESCO-Kommission 2014, S. 4 ff.). Dabei soll bildungsbereichsbezogene Inklusion die Voraussetzung sowohl für die Umsetzung des Aktionsplans „Bildung für alle“ (Bonner Erklärung zur inklusiven Bildung in Deutschland 2014, S. 248) als auch für die Steigerung der Bildungsqualität sicherstellen.

Die bildungspolitische Forderung, „alle Menschen in ihrer jeweiligen Einzigartigkeit wertzuschätzen und allen die gleichen Möglichkeiten zu eröffnen, ‚an qualitativ hochwertige Bildung teilzuhaben und ihre Potenziale zu entwickeln' (DUK – Deutsche UNESCO-Kommission 2014, S. 9)" (Zoyke und Vollmer 2016, S. 8), bleibt auf der Ebene der normativen Grundgedanken untergeordnet.

Einer der größten Meilensteine in der Frage der Implementierung von Inklusion stellte der 2014 gehaltene Gipfel „Inklusion – Zukunft der Bildung" dar. Der Gipfel verwies auf die Herausforderung bei der Umsetzung einer inklusiven Bildung. In die inklusionsbezogenen „Leitlinien für Bildungspolitik" sind die Gipfelergebnisse zu Evaluierungszwecken eingeflossen. Anhand dieser Leitlinien und der daraus abgeleiteten Leitfragen kann bis heute die Qualität der Umsetzung inklusiver Maßnahmen im deutschen Bildungssystem gemessen werden (DUK 2014, S. 4 ff.).

Mit dem Übereinkommen der Vereinten Nationen über die Rechte von behinderten Menschen im Jahr 2006 wurde die argumentationsfähige Grundlage für die UN-Behindertenrechtskonvention 2008 geschaffen. Im Jahr 2009 wurde die Konvention schließlich in Deutschland ratifiziert. Bis 2013 folgten 130 Staaten weltweit (Powell und Wagner 2014, S. 180).

Seitdem versucht Deutschland seiner Verpflichtung – die Sicherstellung eines inklusiven Bildungssystems – nachzukommen. Dies stellt Deutschland vor große Herausforderungen. Denn im internationalen Vergleich wurden im Jahr 2012 in Deutschland vier Fünftel der Schüler und Schülerinnen mit sonderpädagogischem Förderbedarf an Förderschulen unterrichtet (ebd.). Laut der kritischen Stellungnahmen von Degener (2009) und Aichele (2010) – Experten im menschenrechtlichen Bereich – war diese unbefriedigende Situation der Sonderschüler und Sonderschülerinnen in Bezug auf die UN-Konvention nicht kompatibel. Blanck (et al. 2012, 2013) schlug den Bundesländern vor, umfassende schulpolitische Reformen sowie Transformationen in Richtung Inklusion vorzunehmen und in Deutschland ein inklusives Schulsystem zu verankern. Bereits im Jahr 2014 wurden in mehreren Bundesländern neue inklusionsbezogene Regelungen ausgearbeitet. Darüber hinaus ergab sich in Anlehnung an Dietze (2011) eine nicht nur bundeslandexterne, sondern auch bundeslandinterne Umsetzungsvielfalt. Erdsiek-Rave (2010, S. 39) betonte, dass Bayern im Vergleich zu den reformvorreitenden Bundesländern wie Bremen, Berlin, Schleswig-Holstein und Brandenburg die segregierende Förderbeschulung starr beibehielt (Powell und Wagner 2014, S. 180).

Viele möglichst positive Veränderungen sollen hervorgerufen werden. Insofern steht Inklusion „für Fortschritte, Humanisierung, ein Mehr an Selbstbestimmung, Anerkennung und Gerechtigkeit" (Burtscher et al. 2014, S. 68).

Neben dem Diskurs um „Inklusion", „inklusive Bildung" und die Leitidee „Bildung für alle" rücken eine inklusive (Aus-)Bildung und die Frage einer nachhaltigen Integration in eine darauffolgende Beschäftigung in den Mittelpunkt.

Bei der inklusiven beruflichen Bildung ist die Vorstellung vom gemeinsamen Lernprozess in einer anerkannten Berufsausbildung verbreitet, so wie es laut Euler „im Berufsbildungsgesetz auch für Menschen mit Behinderungen als ‚Normalfall' ausgewiesen wird" (Zoyke und Vollmer 2016, S. 16). In Anlehnung an Zoyke und Vollmer wird die leitende Idee der Inklusion öfters mit normativen Zielvorstellungen in Zusammenhang gebracht (ebd., S. 17).

> „Für den Kontext der Berufsbildung und die Idee inklusiver Berufsbildung sind die Artikel 24 (Bildung) und 27 (Arbeit und Beschäftigung) des Übereinkommens von besonderer Relevanz. Begleitend hierzu gibt es eine Reihe von konkretisierenden Gesetzgebungsprozessen (z. B. die Reformen der Schulgesetze und der Lehrerbildungsgesetze in den Ländern), Empfehlungen und Beschlüsse (z. B. der Beschluss „Inklusive Bildung von Kindern und Jugendlichen mit Behinderungen in Schulen" KMK 2011) sowie Aktionspläne (maßgeblich der Nationale Aktionsplan der Bundesrepublik Deutschland 2011 und länderspezifische Aktionspläne; vgl. zu den vielfältigen Aktivitäten auch Biermann 2015, S. 25 ff.)." (Zoyke und Vollmer 2016, S. 7)

Daraus folgt, dass das Streben nach Umsetzung der Inklusion in der beruflichen Bildung und am Arbeitsmarkt zur Entwicklung eines gesetzlichen Rahmens führte (siehe Kapitel 3.3.1). Demzufolge veränderte sich nicht nur die Gesetzgebung der Schuleinrichtungen, sondern auch der Lehrerbildung bzw. -weiterbildung. Auf der nationalen und länderspezifischen Ebene wurden strategische Handlungspläne zur Verwirklichung der Inklusion ausgearbeitet.

Das Ziel der beruflichen Bildung besteht darin, alle Auszubildenden in die Lage zu versetzen, den ausgewählten Beruf zu beherrschen. Beruflich qualifizierten Fachkräften soll der Einstieg in die Berufswelt bzw. das Sammeln von entscheidenden beruflichen Erfahrungen ermöglicht werden (BBiG § 1 Art. 3). Gegenwärtig ist es jedoch für viele Unternehmen je nach Branche, Beruf und Region problematisch, in Zeiten des hohen und zunehmend steigenden Fachkräftebedarfs beruflich qualifizierte Beschäftigte zu akquirieren (Wieland und Thies 2017, S. 5). Unter diesem Gesichtspunkt gewinnt die Idee der inklusiven beruflichen Bildung an Bedeutung. Es bedarf allerdings vieler Reformschritte, der Wandlung von Einstellungen und der Bereitschaft von Bildungsakteuren, um die Idee aufzugreifen bzw. umzusetzen. Zugleich benötigt die Umsetzung viel Zeit und Investitionen.

Im Rahmen einer Podiumsdiskussion zum Thema „Fachkräfte mit Behinderung" hat sich Verena Bentele (Behindertenbeauftragte der Bundesregierung) gemeinsam mit Abgeordneten aus Betrieben, Verbänden, Ämtern und Politik über die Einstellungschancen von Menschen mit Behinderung ausgetauscht. Einleitend betonte sie die Wichtigkeit der Arbeit, die identitätsstiftend und ein bedeutsamer Bestandteil von gesellschaftlicher Teilhabe sei. Nebenbei stellte sie fest, dass der Zugang zum ersten Arbeitsmarkt für behinderte Menschen immer noch nicht selbstverständlich sei. Ihrer Meinung nach sollten alle vorhandenen Potenziale innerhalb des Fachkräftemangels genutzt werden, um den Inklusionsgedanken bzw. den Zugang zum Arbeitsmarkt von Menschen mit Behinderung nicht nur als Herausforderung, sondern als eine Chance für Betriebe zu sehen. Die Behindertenbeauftragte diskutierte die Bedeutung der Beseitigung bürokratischer Hindernisse für die Berufsbildung und die Arbeit von Menschen mit Behinderung. Sie betonte, dass Ämter stärker auf die Unternehmensbedürfnisse fokussiert sein müssen und an der Umsetzung der Inklusion arbeiten sollen. Die Gesellschaft ist daran interessiert, die Menschen so lange wie möglich am Arbeitsplatz zu halten. Umso wichtiger ist es, über die Inklusion von behinderten Menschen zeitnah nachzudenken. Die enorme Herausforderung scheint dabei ein unternehmensbezogener Mentalitätswandel zu sein. Auf dem Weg zur Inklusion von Menschen mit Behinderung müssten endlich Hemmnisse und Zugangsbarrieren bei den Personalverantwortlichen überwunden werden (Laroche 2016).

Im Kontext schulisch-beruflicher Übergänge beeinträchtigter Menschen könnte die genannte Überwindung von Hemmnissen und Zugangsbarrieren bei den Personalverantwortlichen zur Ausbildungs- und Beschäftigungsbereitschaft der Betriebe beitragen.

Mehrere Autoren bringen zum Ausdruck, dass „Inklusion mehrheitlich gewünscht bzw. befürwortet wird [...] (vgl. Euler; Enggruber/Ulrich; Enggruber/Rützel; Galiläer/Ufholz)" (Zoyke und Vollmer 2016, S. 17). Gleichzeitig stellen sie jedoch fest, dass die konkrete praktische Umsetzung Zweifel bzw. Hemmnisse hervorruft.

Euler thematisiert diese öffentlich vorgebrachte normative Inklusionsvorstellung. Er bezieht sich dabei auf die Autorengruppe der Bildungsberichterstattung aus dem Jahr 2014 (S. 198 ff.) und kommt zur folgenden Aussage.

> „Im öffentlichen Raum besitzt die Diskussion einerseits eine hohe Aktualität mit einer entsprechend hohen Intensität. Andererseits entsteht häufig der Eindruck, dass Gesagtes und Gemeintes nicht immer harmonieren. Da wird viel politisch Korrektes verlautbart, mit Lippenbekenntnissen zu sozialer Verantwortung und gelebter Toleranz aufgerufen. Wer ist schon gegen Inklusion? Aber sobald konkretes Handeln gefordert ist, wachsen die Zweifel, unhinterfragte Vorurteile, Einwände und Widerstände." (Euler 2016, S. 28)

Euler nimmt dabei nicht nur Bezug auf den normativen Impetus der intensiv geführten Inklusionsdebatte. Er wirft den beteiligten Akteuren außerdem vor, den eigens auferlegten Ansprüchen keine Taten folgen zu lassen. Ziele verblieben Worthülsen, Anteilnahme, Lippenbekenntnisse, ohne die real bestehenden Probleme der Inklusion zu lösen.

Zoyke und Vollmer (2016, S. 11) zitieren Enggruber und Ulrich mit der Aussage, die Umsetzung der inklusiven Bildung erfordere viel Zeit und könne erst zum Jahr 2020 realisiert werden. Zu dieser Schlussfolgerung kamen Enggruber und Ulrich auf der Grundlage von Auswertungsergebnissen des BIBB-Expertenmonitors 2013.

Die Analyse der verfügbaren Literatur ergab keine verlässlichen Informationen darüber, welche Fortschritte in der inklusiven beruflichen Bildung im Jahr 2020 zu vermerken sind. Dementsprechend bleibt die inklusive berufliche Bildung nach wie vor normativ bestimmt. Dennoch haben sich mehrere Inklusionsbetriebe gegründet, die viele förderbedürftige Menschen beschäftigen (Rehadat Verzeichnisse 2019).

Logischerweise scheint die gegenwärtige Situation sehr kontrovers und komplex zu sein, da ein traditionell selektierendes System mit gut etablierten Strukturen und professionellen Rollen sowie Routinen nicht innerhalb einiger Jahre in ein anderes umgewandelt werden kann, insbesondere wenn der politische Wille dazu fehlt und entsprechende Unterstützungsprogramme in unzureichender Quantität und Qualität verfügbar sind.

Es überrascht nicht, dass politische und institutionelle Interessen die Inklusion in ein Konzept verwandelt haben, das mit dem System kompatibel ist und die Forderungen nach einem auf den Menschenrechten basierenden Wandel ignoriert. Parallel zu den laufenden Standardisierungsprogrammen müssen aber auch die menschenrechtlichen Inklusionsforderungen erfüllt werden. Für viele Mitwirkende ist das ein Konflikttest (Hinz 2018, S. 18).

Die Frage, wie inklusiv das deutsche Berufsbildungssystem in seiner Bildungspraxis ist, erfordert eine tiefere Auseinandersetzung mit dem Inklusionsverständnis (Zoyke und Vollmer 2016, S. 17). Die Deutungsmuster der Inklusion sind vielfältig und differenziert.

Manche Studien untersuchen in Anlehnung an Euler das gemeinsame Lernen von Schülern und Schülerinnen mit und ohne sonderpädagogischen Förderbedarf anhand von psychosozialen Merkmalen und schulischen Leistungen. Andere Studien beschäftigen sich, so Euler und Neumann (et al. 2010), mit der Frage der Zielerreichung der Integration der von Inklusion betroffenen Zielgruppen in berufliche Bildung bzw. Beschäftigung. Allerdings stellen sowohl Baethge und Euler auf Basis des Bildungsberichtes 2014 als auch Vollmer und Heister (2013) sowie Niehaus (et al. 2012) fest, dass die situative Abbildung der Integration aufgrund von undifferenzierten statistischen Daten für das gesamte Berufsbildungssystem schwer dargestellt werden kann (Zoyke und Vollmer 2016, S. 17).

Die genannten Autoren beschreiben ein derzeit unlösbares Dilemma dahingehend, dass eine fehlende oder unzureichend differenzierte Statistik keine Abbildung der Berufsbildungs- oder Beschäftigungssituation von Menschen mit Förderbedarf liefern kann. Einige Ursachen hierfür könnten im Datenschutz zu suchen sein, andere in dem Versuch zu vermeiden, sich den Vorwürfen der Diskriminierung auszusetzen.

Ganz anders sieht die Datenlage im Rahmen der beruflichen Rehabilitation aus. In Anlehnung an Berichte von Gruber, Rauch und Reims (2016) sind Maßnahmen der beruflichen Rehabilitation der Bundesagentur für Arbeit nach wie vor erfolgversprechend, da hier die Daten effizient erhoben werden.

Gruber, Rauch und Reims (2016, S. 143 ff.) weisen eine relativ hohe, schnelle sowie dauerhafte Re-Integrationsquote von Rehabilitanden nach „und interpretieren diese als Hinweis darauf, dass dieses (Teil-)System der Fördermaßnahmen zur (Wieder-)Herstellung der Erwerbsfähigkeit behinderter oder von Behinderung bedrohter Menschen und damit zur Teilhabe am Leben in der Gesellschaft beitrage. Offen bleibt an dieser Stelle jedoch weitgehend, welche besonderen Strukturen, Konzepte, Merkmale etc. dieses Teilsystems zum Erfolg beigetragen haben" (Zoyke und Vollmer 2016, S. 17).

Angesichts der aktuellen Inklusionsdebatte stellt Euler fest, „dass sich zumindest ein Teil der bildungspolitischen Debatten über Inklusion weniger mit der Bildung von Menschen, sondern eher mit der Bildung von Begriffen befasst" (Euler 2016, S. 28).

Wie fruchtbar diese Begriffsbildung erfolgt und welche Konsequenzen daraus folgen, wird im nächsten Unterkapitel dargestellt.

3.2 Inklusion im Bildungs- und Berufsbildungsbereich sowie in der Arbeitswelt

3.2.1 Der Inklusionsbegriff

Im letzten Kapitel wurde Eulers Feststellung zitiert, die besagt, dass sich die bildungspolitische Inklusionsdebatte den vielfältigen Inklusionsbegriffen widmet, anstatt inklusive Bildung zu implementieren (vgl. Euler 2016, S. 28). Dementsprechend weisen die Rechercheergebnisse zum Inklusionsbegriff darauf hin, dass es unterschiedliche Deutungen bzw. zahlreiche wissenschaftliche Ansätze zu der Thematik gibt.

> „Der Begriff der Inklusion taucht schon im Mittelalter auf. Er bezeichnete die ‚Mönche oder Nonnen, die sich freiwillig einschließen oder gar einmauern ließen, um sich in Askese oder Gebet zu versenken' (van der Locht 2008, 3). Die ursprüngliche Bedeutung von Inklusion ist ‚also nicht Einbeziehung in das große Ganze, sondern Wegschließen von der Welt' (ebd.). An dieser Stelle wird deutlich, dass Inklusion exklusive Momente beinhaltet, sodass beide Phänomene ineinander verzahnt sind und nicht losgelöst vom anderen Begriff zu verstehen sind." (Koch 2015, S. 76)

Inklusion ist kein vollständig neues Phänomen. In Anlehnung an Hinz (2013) erfolgte der Anstoß der Inklusionsdebatte in den 1970er-Jahren in den USA (Zoyke und Vollmer 2016, S. 7 f.).

Bei Diskursen im Sinne der Inklusion handelt es sich in der ersten Linie um Prozesse, welche sich auf Menschen mit Behinderungen konzentrieren, die in der Lage sein sollen, Bildung gemeinsam mit nichtbehinderten Menschen unter gleichen Bedingungen, jedoch dem individuellen Bedarf entsprechend zu erhalten.

Die umsetzungsbezogenen Überlegungen führten nach Hinz (2013) sowie Werning und Baumert (2013, S. 40) nicht nur zur Frage, wie die Bildungsangebote strukturell sowie prozessual gestaltet werden sollen, sondern zur Feststellung, dass im „inklusiven" Lernprozess der Umgang mit Heterogenität eine entscheidende Rolle spielt (Zoyke und Vollmer 2016, S. 7 f.). Denn eine heterogene Zusammensetzung der Lerngruppe erfordert die Vielfalt des didaktisch-methodischen Repertoires von Lehrkräften und impliziert die breite Palette von differenzierten Lernleistungen von Schülern und Schülerinnen, welche dem Erkenntnis- und Erfahrungsaustausch von Lernenden dient und deren Wissenshorizont erweitert. In Anlehnung an Westphal (2010, S. 189) ist die Heterogenität in Bezug auf Lern- und Leistungsfortschritte als bereichernde Vielfalt zu begreifen. Außerdem bietet die Heterogenität eine reale Chance, den bereits bestehenden bzw. zu erwarteten Fachkräftebedarf zu sichern (Jablonka und Westhoff 2014, S. 63 ff.).

Im weiterführenden Diskurs wurde in Anlehnung an Hinz (2013) sowie Werning und Baumert (2013, S. 40) einerseits die Chancengleichheit jedes Menschen in Bezug auf die persönliche Entwicklung ihrer individuellen Potenziale thematisiert. Andererseits liegt der Diskussionsfokus auf der chancengleichen Gestaltung von Bildungsstrukturen und -prozessen unabhängig davon, ob das Individuum irgendwelche besonderen Lernbedürfnisse hat, gesonderte soziale sowie ökonomische Voraussetzungen mitbringt oder eine bestimmte Geschlechterzugehörigkeit aufweist (Zoyke und Vollmer 2016, S. 7 f.).

Aus der wissenschaftlichen, bildungspolitischen sowie berufs- und bildungspraktischen Perspektive konzentriert sich die Diskussion auf Fragen der gesellschaftlichen und beruflichen Integration von Menschen mit Behinderung sowie deren beruflicher Rehabilitation. In den Diskurs fließen auch die Aspekte der Benachteiligtenförderung sowie des Umgangs mit Heterogenität und Diversität ein. Die genannten Schwerpunkte stammen aus unterschiedlichen Disziplinen: „[I]nsbesondere Berufspädagogik, Sozialpädagogik, Sonderpädagogik, Diversity-Studies, Gender Studies etc." (Zoyke und Vollmer 2016, S. 8), leisten ihren Beitrag und schaffen bei der Thematisierung der Inklusion in ihrer Gesamtheit eine gewisse Interdisziplinarität.

Im Verhältnis zur beruflichen Bildung verweist der Inklusionsbegriff situationsbedingt auf den längst sichtbaren demografischen Wandel und den spürbaren Fachkräftemangel. Vor diesem Hintergrund scheint die ressourcenbasierte Nutzung von verborgenen Potenzialen aller bisher ausgegrenzten Sondergruppen sinnvoll zu sein. Dafür sollen die „Chancen für die berufliche Integration von bisher am Übergang in Ausbildung und Beschäftigung auf dem ersten Arbeitsmarkt gescheiterten Personengruppen, insbesondere von benachteiligten und Teilgruppen behinderter Menschen" (Zoyke und Vollmer 2016, S. 8) verbessert werden. Dementsprechend werden Diskussionen darüber geführt, „ob die Tradition der Ausbildung benachteiligter und behinderter Menschen in speziellen Einrichtungen und/oder Maßnahmen weitestgehend abgelöst werden kann, soll oder muss und wie adäquate Bildungsangebote für alle potenziellen Auszubildenden entwickelt werden können, sollen oder müssen" (Zoyke und Vollmer 2016, S. 8).

An der Stelle setzt Eulers Diskussion ein, er versucht über nachfolgende Fragen deutlich zu machen, dass es bei der Inklusion um ein Konzept geht, welches sowohl theoretisch als auch politisch vieler Voraussetzungen bedarf.

> „Ist es denn nicht so, dass Menschen mit Behinderung weniger leistungsfähig, weniger belastbar sind und mehr Aufwand verursachen? Benötigen sie nicht eigene Schutzräume, damit sie sich so entwickeln, dass sie nach einem erfolgreichen Entwicklungsprozess dann integriert werden und ein ‚normales' Leben führen können?" (Euler in Zoyke und Vollmer 2016, S. 28)

In jeder Frage lassen sich viele Aspekte identifizieren, die zugleich in ihrer logischen Abfolge die Antworten suggerieren (Euler in Zoyke und Vollmer 2016, S. 28).

Bei der Betrachtung von Auszubildenden und deren Lehrkräften kommt beispielsweise Wocken zur Aussage, dass alle Auszubildenden „zunächst so anzunehmen [sind], wie sie tatsächlich sind, und nicht so, wie wir sie gerne hätten" (Wocken 2014, S. 25). Dementsprechend könnten auch junge Menschen mit Beeinträchtigung nach dem Schulabschluss in eine berufliche Ausbildung übergehen. Ausgehend von ihrem Entwicklungsstand könnten sie weiter gefördert werden, statt bestimmte Erwartungen von Betriebsverantwortlichen und dem Ausbildungspersonal hinsichtlich der Ausbildungsreife zu erfüllen. Das Ausbildungspersonal hat, seiner Meinung nach, auch „nicht das Recht, nur (leistungsstärkere Auszubildende) ihrer Wahl zu unterrichten“ (ebd., S. 26). Bei der Ausübung eines Ausbildungsberufes soll die Eignung von Bewerbern und Bewerberinnen eine entscheidende Rolle spielen. Viele behinderte, benachteiligte, leistungsschwache Jugendliche können ebenso wie Leistungsstarke in einem ausgewählten Beruf Stärken haben.

In Anlehnung an Tenorth (2013, S. 9) wird „Inklusion pädagogisch nicht mehr als Beschulung aller Heranwachsenden, sondern als gemeinsame Beschulung aller verstanden“ (Euler und Severing 2014, S. 8), wobei auf die individuellen Bedürfnisse jeder Einzelnen eingegangen werden soll.

Der englische Pädagoge Booth (2008) bietet eine differenzierte Betrachtung der Inklusion in drei Ebenen an und kommt zur Schlussfolgerung, dass eine einzelne Ebene bedingt bleibt und erst die drei Ebenen in ihrer Ganzheit eine inklusive Perspektive ermöglichen (Hinz 2012, S. 3 f).

Auf der ersten Ebene geht es um die „Teilhabe von Personen“, welche besagt, dass „(a)lle Menschen [...] die Chance haben [sollen], an gesellschaftlichen Aktivitäten und Bereichen teilzuhaben, unabhängig von ihren Fähigkeiten und Unterstützungsbedarfen“ (ebd., S. 3).

Die zweite Ebene thematisiert „Barrieren in Systemen“, u. a. auch im Schulsystem. An dieser Stelle tritt die Problematik des Umgangs mit Heterogenität und deren Komplexität in den Vordergrund. Das Zusammenstellen von Zulassungs- bzw. Ausgrenzungskriterien stellt nebenbei eine Herausforderung dar (ebd., S. 4).

Mit der „Umsetzung von inklusiven Werten“ befasst sich die dritte Inklusionsebene nach Booth.

> „Hier spielen Aspekte wie Gleichheit, Rechte, Partizipation, Lernen, Gemeinschaft, Anerkennung von Vielfalt, Vertrauen und Nachhaltigkeit, aber auch zwischenmenschliche Qualitäten wie Mitgefühl, Ehrlichkeit, Mut und Freude eine zentrale Rolle. Und hier erreicht die Reflexion innerhalb des Systems eine andere Tiefe, wenn sie sich ihre Werte, auf denen sie basiert – und das tut jedes System, die Frage ist nur, wie weit dies bewusst geschieht –, bewusstmacht und Entscheidungsprozesse ansteuert.“ (Hinz 2012, S. 4)

Im Hinblick auf Tenorths Ausdifferenzierung des Inklusionsverständnisses merkt Hinz (2012) an, dass Inklusionskonzepte, die die Barrierefreiheit für eine ausgegrenzte Gruppe zu erreichen versuchen, nicht ausreichend seien. Von großer Bedeutung wäre ein systematischer Qualitätsansatz mit klarer Orientierung an inklusiven Werten in bestimmten Situationen bzw. Diensten (ebd.).

Vor allem Fairness und Gerechtigkeit im Sinne der Chancengleichheit sind für die Verbreitung und Verinnerlichung inklusiver Werte sowie für den Rückgang der sozialen bzw. bildungsbezogenen Ungleichheit grundsätzlich. Die genannten inklusionsagilen Prozesse gehen mit der Integration und Exklusion einher.

Was Inklusion im Kontext der Bildung betrachtet und inwiefern sie sich von Integration unterscheidet bzw. sich gegenüber Exklusion oder Separation abgrenzt, muss dabei noch expliziter untersucht werden.

Die im Englischen verfasste Behindertenrechtskonvention definiert den Inklusionsbegriff als „inclusive education system". Die Behindertenrechtskonvention in der deutschen Fassung bietet die Übersetzung von „an inclusive education system" in „integratives Bildungssystem" an (Euler 2016, S. 28). Diese Übersetzung ist das Ergebnis einer öffentlichen Absprache der Bundesregierung mit den Vertragsstaatenregierungen von Österreich, der Schweiz und Liechtenstein (Riedel 2010, S. 45), infolge deren nahestehender Begriff inklusiv durch den Begriff integrativ ersetzt wurde. Bemerkenswert ist, dass die deutsche Sprachgemeinschaft Belgiens den Begriff inklusiv verwendete.

> „Nach Art. 24 Abs. 1 S. 2 BRK dieser Fassung gewährleisten die Vertragsstaaten u. a. ein integratives Bildungssystem auf allen Ebenen, um einen diskriminierungsfreien Zugang von Behinderten zum Bildungssystem zu verwirklichen. [...] Erwähnenswert ist, dass bereits die deutsche Fassung der Salamanca-Erklärung aus dem Jahr 1994 den Begriff inklusiv mit integrativ übersetzte." (Isecke 2013, S. 17)

Die KMK (2011) verwendet den Inklusionsbegriff als Synonym für Integration, versteht darunter optimierte Integration von Menschen mit Behinderung in ein Regelsystem und thematisiert die Abschaffung von Sondereinrichtungen (Dorrance 2015, S. 54). An dieser Stelle ist ein klarer Schritt hin zu einer inklusiven Allgemeinbildung erkennbar.

Feuser beschreibt Integration als „Wiederherstellung eines Ganzen [... mittels] Verbindung einer Vielfalt von einzelnen Personen oder Gruppen zu einer gesellschaftlichen und kulturellen Einheit" (Feuser 2013, S. 25). In seiner Logik bilden Integrationsprozesse die Voraussetzung für das Erreichen der Inklusion. Zwar ermöglicht Integration „die gleichberechtigte und gleichwertige Teilhabe an Bildung für Alle" (ebd., S. 27), diese Bildungsprozesse erfolgen allerdings nicht im Rahmen einer gemeinsamen Beschulung, wie es etwa Tenorth vorsieht.

Laut Katzenbach steht der Begriff Integration im Zusammenhang mit Duldung und die Inklusion mit Zugehörigkeit (Rost 2010). Zwischen der Zulassungs- und Zugehörigkeitsbedeutung herrschen gravierende Unterschiede.

Aus der pädagogischen Perspektive versucht Inklusion die bestehenden Integrationsmechanismen zu durchbrechen „und umzukehren, indem es die gesellschaftlichen Struktur- und Organisationsbedingungen auf deren Exklusionseffekte, Teilhabebarrieren und Selbstbestimmung verhindernde Bedingungen überprüft und [infrage] stellt" (Dannenbeck 2014, S. 92). Das Inklusionsverständnis beruht auf einer generellen Zugehörigkeit zur vielfältigen Gesellschaft, welche in ihrer Vielfalt akzeptiert, wertgeschätzt bzw. gefördert werden soll. Alles, was Fremdbestimmtheit, Segregation und/oder Separation von bestimmten Personengruppen betrifft sowie gesonderte und zeitliche Einschränkungen von Lerneinheiten vorsieht, wird im Rahmen der Inklusion abgelehnt.

> „Vielmehr verbirgt sich hinter dem menschenrechtlichen Konzept der Inklusion die Forderung nach einer grundlegenden Haltung der Gesellschaft, ihrer Institutionen und Akteurinnen und Akteure, die durch eine bejahende und die Vielfalt als Bereicherung wahrnehmende Einstellung und Praxis ausgezeichnet ist." (Merz-Atalik 2014, S. 163)

Es wird auch hinterfragt, ob die bestehenden Möglichkeiten der integrativen Beschulung in Deutschland mit der UN-Konvention übereinstimmen. Die integrative Bildung setzt die Anpassung der zuvor „Aussortierten" an die Bedingungen der Regelschule oder anderer Bildungsinstitutionen voraus. Im Gegensatz dazu sieht inklusive Bildung die Anpassung von Bildungseinrichtungen an individuelle Bedürfnisse bzw. Besonderheiten von Lernenden vor und fördert vorhandene Schüler und Schülerinnen in ihrer Gesamtheit, ohne diese in homogene Gruppen zu separieren (Wernstedt 2010, S. 12).

Im Sinne der Integration wird bewusst nach Menschen mit und ohne Behinderung anhand ärztlicher Gutachten unterschieden (Höchst und Masyk 2013, S. 8; Burtscher et al. 2014, S. 27). Wird der Inklusionsbegriff in Zusammenhang mit Behinderung gestellt, so wird „Integration" zu einem Modell, bei dem ein Mensch mit Behinderung infolge von individuellen Hilfen in die Lage versetzt wird, in einem bestehenden Organisationsnetzwerk zurechtzukommen. Im Falle von „Inklusion" wird sich die gesamte Organisation so verändern, dass auf individuelle Hilfen in homogenen Gruppen zum größten Teil verzichtet wird (Müller 2014, S. 88).

> „So handelt es sich [...] bei der Inklusion um eine unabdingbare Leitidee für das Handeln und die Ausrichtung von Systemen und Strukturen, Praktiken und Kulturen. Diese veränderte Perspektive ist eine, wenn nicht gar die größte reformerische Herausforderung für das in Deutschland nach wie vor stark selektierende Schulsystem in den kommenden Jahren." (Merz-Atalik 2014, S. 163)

3.2.2 Die Bedeutung der Inklusion im Bildungs- und Berufsbildungsbereich

Da das deutsche Schulsystem eine starke Selektierung vorsieht, haben die ausgesonderten Kinder und Jugendlichen kaum die Möglichkeit, sich mit der komplexen Weltwirklichkeit im gemeinsamen schulischen Umfeld auseinanderzusetzen und sich auf ihren eigenen schulisch-beruflichen Übergang vorzubereiten. Zwar bedürfen die Kinder und Jugendlichen mit Förderschwerpunkt einer individuellen Betreuung, allerdings benötigen sie gleichermaßen Kommunikation und Austausch mit leistungsstärkeren Schülern und Schülerinnen. Nur so ist es den Schülern mit Förderschwerpunkt möglich, soziale Barrieren abzubauen und durch den gegenseitigen Austausch Erkenntnisfortschritte zu erreichen. Durch den ständigen Kontakt der leistungsstärkeren Schülerschaft zu den Mitschülern und Mitschülerinnen mit Förderbedarf soll die Andersartigkeit der Förderbedürftigen zur Normalität werden. Die in einer heterogenen Schülerschaft aufgewachsene Generation sollte die enormen Unterschiede in der beruflichen Konkurrenz zwischen Leistungsstarken und -schwächeren entschärfen. Somit würden sich auch die Chancen bieten, den förderbedürftigen Schülerinnen und Schülern Teilhabe am gemeinsamen Bildungsgeschehen und der Arbeitswelt zu gewährleisten.

Im Rahmen des Forschungsprojektes wurden Menschen mit Förderbedarf interviewt, die während der eigenen Schulzeit fast durchgängig die Förderschulförderung erlebten. Um besser nachvollziehen zu können, wie schulisch-berufliche Übergänge der Interviewten erfolgten und was die Interviewten dabei erfahren haben, ist es erforderlich, sich mit dem deutschen Schulsystem auseinanderzusetzen.

Das deutsche Schulsystem zeichnet sich durch Leistungsorientiertheit, Konkurrenz und Stigmatisierung für die sogenannten Schulverlierer und -verliererinnen aus (Becker 2015, S. 37). Nach wie vor dominiert im Schulbereich die Separation – die Aussonderung von Kindern und Jugendlichen, die von der Norm abweichen (Euler und Severing 2014, S. 129).

Eine Schullaufbahn endet normalerweise mit dem jeweiligen allgemeinbildenden Abschluss. Dabei erwarben im Schuljahr 2014 in Bezug auf die altersspezifische Zielgruppe nur sechs Prozent der Schulabgänger und Schulabgängerinnen keinen Schulabschluss. Bei den Förderschulen sieht dies völlig anders aus. Über die Hälfte der Förderschulabsolventen (54,4 %) erreichten im Abgangsjahrgang 2014 keinen allgemeinbildenden Schulabschluss (Statistisches Bundesamt 2016, S. 35). Infolgedessen wird der Einstieg in einen Beruf enorm erschwert (ebd., S. 34).

> „So sieht Inklusion in der Berufsausbildung aus: Von den jährlich rund 50.000 Schulabgängern mit sonderpädagogischem Förderbedarf finden nur etwa 3.500 einen betrieblichen Ausbildungsplatz."[2] (Bildungsklick 2014)

Nur etwa zehn Prozent[3] der Förderschulabsolventen und -absolventinnen fanden 2014 einen Ausbildungsplatz. Ein Teil von ihnen wird in einer WfbM ausgebildet, versucht einen Reha-Beruf ihrer Wahl zu erlernen oder verbleibt in diesem geschützten Raum weiterhin als Beschäftigte. Bestehen für einige behinderte junge Menschen keine Ausbildungs- und Beschäftigungsmöglichkeiten, erleben die Betroffenen einen weiteren Separations- bzw. Exklusionsschritt (Euler und Severing 2014, S. 129). In Anlehnung an Euler und Severing kann der Übergang Schule – WfbM nicht nachverfolgt werden (ebd., S. 123). Alle anderen Abgänger und Abgängerinnen einer Förderschule haben kaum eine Chance, in den Arbeitsmarkt einzusteigen (Statistisches Bundesamt 2016, S. 34).

Bei der Betrachtung der aktuelleren Inklusionszahlen, Daten und Fakten kann festgehalten werden, dass ein zunehmend größerer Anteil von Kindern und Jugendlichen mit und ohne sonderpädagogischen Förderbedarf gemeinsam beschult werden, dass allerdings die Exklusionsquote von 4,9 Prozent im Schuljahr 2008/2009 bis auf 4,3 Prozent im Jahr 2016/2017 stetig sehr schwach absinkt. Damit betrifft die Exklusion immerhin noch 60 Prozent der Kinder und Jugendlichen mit Förderbedarf (Aktion Mensch o. J.).

An dieser Stelle wird deutlich, dass mindestens im allgemeinbildenden Bereich Umsetzungsfortschritte der Inklusion bemerkbar sind. Generell soll jede Form der Ausgrenzung, des Ausschlusses aller potenziellen Risikogruppen von Jugendlichen (Exklusion) sowie ihre separierende Aussonderung (Separation) vermieden werden.

---

2 50.000 ist eine geschätzte Zahl. Im Jahr 2014 haben 36.176 Schüler und Schülerinnen eine sonderpädagogische Förderung in Förderschulen beendet (Statistische Veröffentlichungen der Kultusministerkonferenz 2018, S. XXI).

3 Eigene Berechnung (Statistische Veröffentlichungen der Kultusministerkonferenz 2018, S. XXI und Bildungsklick 2014).

In Anlehnung an Katzenbach sollen auf Benachteiligung bzw. Exklusion beruhende Hindernisse bei der Umsetzung von Inklusion jedoch nicht unterschätzt werden (Burtscher et al. 2014, S. 67).

> „Darüber hinaus macht Katzenbach am Beispiel der Erwachsenenbildung deutlich, dass die Realisierung von Inklusion weniger darauf beruhen wird, benachteiligende bzw. exkludierende Mechanismen aufzulösen, sondern sie hinsichtlich ihrer negativen Wirkungen für Menschen mit Behinderungen möglichst weitgehend zu entschärfen" (ebd.).

Katzenbach geht davon aus, dass nicht für jeden Betroffenen und nicht zu jeder Zeit der Zugang zur beruflichen Bildung und zum Beschäftigungssystem erreicht werden kann. Daher thematisiert er auch die Frage nach Zugangsbedingungen und -voraussetzungen, die das Gelingen von Inklusion ermöglichen sollen (Burtscher et al. 2014, S. 68).

Auf dem Weg zur Inklusion lassen sich unterschiedliche Exklusions-, Separations- und Integrationsprozesse erkennen. Inklusion beginnt erst „im Kopf" aller Beteiligten in ihren interdisziplinären pädagogischen Haltungen und Einstellungen zum gemeinsamen „miteinander und voneinander" Lernen (Höchst und Masyk 2013, S. 13). Dies betrifft sowohl Schüler und Schülerinnen bzw. Auszubildende mit und ohne Beeinträchtigung als auch Lernende „mit unterschiedlichen sozialen, sprachlichen und kulturellen Biographien" (Dechow, Reents und Tews-Vogler 2014, S. 7).

In der aktuellen Debatte hat sich das Inklusionsverständnis schleichend verschoben. Der aktuelle Inklusionsdiskurs bietet zwei Vorstellungen der inklusiven Bildung an. „Kontrovers wird vor allem diskutiert, ob es unter dem Stichwort ‚Inklusion' allein um die Teilhabe von Menschen mit Behinderungen geht" (Enggruber und Ulrich 2016, S. 59). Dabei ist zu verzeichnen, dass Inklusion im engeren Sinne auf die Bildung von Menschen mit Behinderungen abzielt. Im weiteren Sinne zieht inklusive Bildung nicht nur Menschen mit Behinderung in Betracht, sondern bezieht sich auch auf alle Benachteiligten beim eingeschränkten Zugang zur Bildung (Pool Maag und Jäger 2016, S. Abstract) und somit auch zum Arbeitsmarkt. Die gemeinsame Teilhabe gilt nicht nur für Menschen mit Behinderung als Menschenrecht, sondern auch für alle anderen, denen der Zugang zur Bildung verwehrt ist (Enggruber und Ulrich 2016, S. 59). Sie seien von „Exklusion bedroht" (Burtscher et al. 2014, S. 11).

> „In diesem weiteren Sinne wäre ein inklusives Bildungssystem erreicht, wenn alle Menschen – unabhängig von ih7ren individuellen Fähigkeiten, ihrem Geschlecht, ihrer sozialen und ethnischen Herkunft, einer Behinderung im engeren Sinne oder anderer persönlicher Merkmale – Zugang zu allen Angeboten des Bildungssystems haben und bei Bedarf individualisiert gefördert werden" (Enggruber und Ulrich 2016, S. 60).

Unabhängig davon, ob die Inklusion im engeren Sinne in Bezug auf Menschen mit Behinderung oder im weiteren Sinne auf die Gruppe von Benachteiligten ausgerichtet ist, soll die bisher separierte Beschulung Änderungen erfahren. Die bestehenden Bildungsinstitutionen sollen sich so weit verändern, dass es keine Hinderungsgründe mehr gibt, junge bzw. erwachsene Menschen abgesehen von ihren vielfältigen individuellen Bedürfnissen bzw. Voraussetzungen gemeinsam zu bilden (ebd.).

Im Rahmen sozialer Inklusion bzw. Exklusion haben Bildungseinrichtungen eine entscheidende Bedeutung, „weil sie den Spielraum biografischer Entscheidungen über Teilhabemöglichkeiten erweitern können“ (Burtscher et al. 2014, S. 11). Gemeinsam beschulte Jugendliche und junge Erwachsenen können von den Erkenntnisfortschritten ihrer leistungsstärkeren Mitschüler und Mitschülerinnen profitieren und sich die regulären beruflichen Bildungsgänge erschließen.

In Anlehnung an Werning und Baumert (2013, S. 38) liegt der Fokus von Inklusion nicht unbedingt auf lernenden Menschen, sondern auf den Bildungseinrichtungen, welche sich an spezifische Bedürfnisse und Interesse der Menschen anpassen sollen. Ahrens (2014, S. 281) meint, dass die Gestaltung bzw. Organisation von Bildung jeden Lernenden hinsichtlich seiner individuellen Bedürfnisse und Potenzialförderung erreichen soll. Dabei sollen sowohl die Differenzierung nach Behinderung, Lernschwierigkeiten und Ausbildungsreife etc. als auch die separierende Aufteilung von Lernenden in verschiedene homogene Gruppen zum Förderungszweck entfallen (Enggruber und Ulrich 2016, S. 60).

Ein Widerspruch ergibt sich hierzu in Bezug auf die individuellen bedarfsbezogenen schulischen Nachhilfen, welche allerdings in Gruppen mit wenigen Leistungsunterschieden angeboten werden.

Unter Einbezug der UN-Behindertenrechtskonvention tritt im Rahmen der deutschen Politik der Inklusionsbegriff im engeren Sinne mit der Fokussierung auf behinderte Menschen in den Vordergrund (BMAS – Bundesministerium für Arbeit und Soziales 2011; Autorengruppe Bildungsberichterstattung 2014, S. 158).

> „Nach Artikel 1 der UN-Behindertenrechtskonvention zählen zu ‚Menschen mit Behinderungen‘ jene, ‚die langfristige körperliche, seelische, geistige oder Sinnesbeeinträchtigungen haben, welche sie in Wechselwirkung mit verschiedenen Barrieren an der vollen, wirksamen und gleichberechtigten Teilhabe an der Gesellschaft hindern können‘. Diesem Verständnis wird in den deutschen Schul- und Sozialgesetzen bisher nicht gefolgt, sondern es finden sich dort eher medizinisch ausgerichtete Begriffsbestimmungen. Zudem wird – so auch in der Berufsbildungsstatistik – das personenbezogene Merkmal ‚Behinderung‘ nicht immer erfasst.“ (Enggruber und Ulrich 2016, S. 60)

Die berufsbildungsbezogenen Überlegungen von Enggruber und Rützel (2014) führten zu den Fragen, mit welchen und mit wie vielen ausbildungsinteressierten Menschen mit Behinderung gerechnet werden soll. Diese Fragen bleiben unbeantwortet, solange die statistischen Daten bzw. die Befragungen von Menschen mit einem sonderpädagogischen Förderbedarf in Bezug auf ihre Ausbildungsinteressen fehlen. Allerdings kann die Zahl der Förderschulabgänger und -abgängerinnen in Betracht gezogen werden.

Laut der KMK-Vorgaben beinhalten die Schulgesetze unter anderem einen Indikator zur Feststellung eines „sonderpädagogischen Förderbedarfs“ bei Schülern und Schülerinnen mit einer zu klassifizierenden Behinderung. Sowohl in den Sozialgesetzen III und IX als auch in der Berufsbildungsstatistik entfällt dieser Indikator (Autorengruppe Bildungsberichterstattung 2014).

> „Dennoch beziehen sich Dieter Euler und Eckart Severing (2014) darauf und schätzen auf der Basis von Schulstatistiken, dass jährlich rund 50.000 Jugendliche mit einem anerkannten sonderpädagogischen Förderbedarf die allgemeinbildenden Schulen verlassen und damit als jene mit ‚Behinderungen' gerechnet werden können. Ihre Teilhabe an Berufsausbildung wäre dann durch geeignete Reformen sicherzustellen." (Enggruber und Ulrich 2016, S. 61)

Viele Veränderungen sind im allgemeinbildenden Schulbereich bereits eingetreten. Eine erfolgreich gestaltete inklusive Allgemeinschulbildung versucht heutzutage einer separierenden Beschulung entgegenzuwirken. Nach wie vor bleibt der Zugang zum dualen Berufsbildungssystem für viele Ausbildungsinteressenten und -interessentinnen aufgrund schwieriger Passung zwischen Angebot und Nachfrage (Matthes und Ulrich 2014, S. 5 ff.) bzw. jahrelanger geringer betrieblicher Ausbildungsplatzangebote verschlossen (Enggruber und Ulrich 2016, S. 61). Enggruber und Ulrich meinen, dass Zugangsbarrieren zur dualen Ausbildung über eine Sensibilisierung zum Inklusionsverständnis sowohl im engeren als auch im weiteren Sinne abgebaut werden könnten. Infolgedessen sollten alle möglichen Behinderungen und Benachteiligungen berücksichtigt und somit auch die Teilhabe aller Jugendlichen und jungen Erwachsenen im dualen Berufsbildungssystem aufrechterhalten werden (ebd.).

Inklusion bezieht sich sowohl im engeren als auch im weiteren Sinne auf unterschiedliche gesellschaftliche, soziale und bildungspolitische Auswirkungen (Burtscher et al. 2014, S. 65).

Unabhängig davon, ob Inklusion im engeren oder weiteren Sinne „favorisiert [wird], lässt sich allenthalben beobachten, dass die mit der Einführung des Begriffs verfolgten Ziele oftmals bis ins Gegenteil verkehrt werden" (Burtscher et al. 2014, S. 27).

Beispielsweise ist der Terminus „Diskriminierung" als ein Gegenbegriff zur Inklusion zu betrachten (Burtscher et al. 2014, S. 18). Pieper und Mohammadi bezeichnen Inklusion als limitiert.

> „Limitiert insofern, als Inklusion nicht allen Gesellschaftsmitgliedern, sondern nur jenen [zuteilwird], die im Sinne gegenwärtiger ökonomischer Effizienzkriterien als ‚produktiv genug', ‚anpas4sungsfähig' und ‚optimal verwertbar' angesehen werden. Menschen oder Differenzen, die den ableistischen Produktivitätsmaßstäben nicht gerecht werden, sehen sich weiterhin mit den Praktiken gesellschaftlicher Aussonderung konfrontiert." (Pieper und Mohammadi 2014, S. 239)

Wie limitierte Inklusion bzw. Exklusion sowie Segregation und Marginalisierung zustande kommen, besagen die Studienergebnisse über den Zugang zum ersten Arbeitsmarkt von Pieper und Mohammadi. Die genannten Prozesse fangen in den Biografien mehrfach diskriminierter Menschen früher als gedacht an. Sobald bei Menschen mit Behinderung von nachschulischen Lebenswegen die Rede ist und eine

Entscheidung getroffen werden muss, kommen Bildungseinrichtungen wie (Sonder-) Schulen sowie die Bundesagentur für Arbeit zum Einsatz. In den meisten Fällen greifen die Sonderschullehrer und -lehrerinnen mit ihren Empfehlungen bei der Planung der weiteren Lebenswege, insbesondere bei Absolventen und Absolventinnen ohne einen anerkannten Schulabschluss, zu massiv ein. Außerdem wird den Empfehlungen einiger Mitarbeiter und Mitarbeiterinnen der Bundesagentur für Arbeit zu viel Gewicht beigemessen (ebd.).

> „Das geschieht oft, ohne dass die betroffenen Menschen hinreichend über Rechte und unterschiedliche Möglichkeiten informiert werden oder die Chancen eines wirksamen Mitsprache- und Widerspruchsrechts in Anspruch nehmen können. So beschreibt Saliah, deren Eltern aus Marokko kommen, dass sie nach der Sonderschule für Körperbehinderte ‚in der Werkstatt für behinderte Menschen gelandet' sei – wie sie es ausdrückt – obwohl sie eigentlich einen Realschulabschluss machen wollte." (Pieper und Mohammadi 2014, S. 239)

Inklusion ist ein menschenrechtliches Prinzip zur sozialen Eingliederung der gesamten Bevölkerung. Dieses Grundprinzip ist unter dem Ausschluss von Diskriminierung für alle Menschen universell. Darüber hinaus ist Inklusion nicht auf bestimmte Zielgruppen ausgerichtet. Tatsächlich sind aber auch im Bereich der schulischen und beruflichen Bildung die Chancen auf gesellschaftliche Teilhabe je nach persönlichen Voraussetzungen begrenzt bzw. ungerecht verteilt (Jochmaring, Schreiner, Wansing und Westphal 2016, S. 82). Darüber hinaus sind die Chancen zur Teilhabe am Arbeitsmarkt für Menschen mit Behinderung nicht immer gegeben.

Diskriminierung beginnt bereits bei der Zuordnung von Menschen mit Besonderheiten, die dem Normalitätskonstrukt nicht entsprechen bzw. dem Konstrukt der Abweichung von der Normalität oft diesbezüglich zugeordnet werden. Bei derartiger Diskriminierung werden sowohl die Lebensmöglichkeiten als auch das Denken, Handeln sowie Fühlen von Betroffenen massiv beeinflusst. Eine Person wird bei der Zuordnung zur Normalität als privilegiert betrachtet, die andere durch das eigene Anderssein ausgegrenzt. Dabei ordnen sich die Normalen selbst nur indirekt der Kategorie der Normalen und Leistungsfähigen, Privilegierten, Bevorzugten und Berechtigten zu und beteiligen sich kaum an den Diskussionen über Zugänge, Barrieren, Ausgrenzungen von Betroffenen und deren Diskriminierungen. Selbstverständlich empfinden sie allerdings die von Inklusion betroffenen Personen als Andere, Abweichende und weniger Wertvolle (Flieger, Melter, Melter und Schönwiese 2014, S. 347 f.). Daher bedarf es dringend der Verschmelzung von Normalität und Anderssein. Damit sind eine zunehmende Begegnung und ein gemeinsames Lernen und Leben von Menschen mit Behinderung und ohne Beeinträchtigungen gemeint. Das Zusammengehören in einer demokratischen Gesellschaft muss zum Alltag werden.

> „Das Erlernen von Toleranz, Empathie und Solidarität braucht unabdingbar die Erfahrung der Verschiedenheit in der Gemeinsamkeit: Wo nur Gleiche sich begegnen, sind Toleranz, Empathie und Solidarität selbstverständlich oder überflüssig.

> [...] Demokratie und Inklusion sind seelenverwandt, sind zwei Seiten einer Medaille. Demokratie ist die politische Seite von Inklusion, Inklusion ist die gesellschaftliche Seite von Demokratie. In der Demokratie wie in der Inklusion geht es gleichermaßen um die ‚Bewältigung der Andernheit in der gelebten Einheit' (Buber 1986, S. 55). In diesem Sinne ist inklusive Bildung demokratische Bildung par excellence." (Wocken 2014, S. 30)

Die Herausforderungen einer inklusiven demokratischen Bildung erfordern die absichtsreiche Zusammenarbeit aller gesellschaftlichen Mitglieder.

Verschiedenes zu erkennen bzw. zu erfahren, sieht allerdings keine diskriminierende Zuordnung von andersartigen Menschen vor, sondern fordert in einer demokratischen Gesellschaft zum Erwerb des bewussten Miteinanderkönnens auf (Wocken 2014, S. 30) und bietet Impulse „für neues Lernen" (ebd., S. 49). Heterogenität kommt dabei pädagogisch gesehen als vorausgesetzte Herausforderung bzw. Stimulus für das Lernen und die Entwicklung vor. In Anlehnung an Wocken ist Inklusion „eine Antwort auf ‚diversity'" sowie „ein gleichberechtigtes Miteinander der Verschiedenen und der Verschiedenheiten" (ebd.). Seiner Meinung nach sind alle sowohl gleich als auch verschieden. In dem Zusammenhang lässt sich Inklusion aus der demokratietheoretischen, (im Hinblick auf Grundsätze von Freiheit, Gleichheit und Solidarität), aus der menschenrechtlichen und heterogenitätspädagogischen Perspektive begründen (ebd., S. 49).

Müller merkt dabei an: „Wo von Inklusion die Rede ist, ist von der menschlichen Freiheit die Rede". Er betrachtet Freiheit als Inklusionsziel und meint, dass eine Inklusion nur dann gelingen kann, wenn man alle Normierungsversuche relativiert und den betroffenen Menschen genug Freiheit für Gestaltungsräume zur Verfügung stellt (Müller 2015, S. 11, 47). Die häufig zitierten Schwerpunkte in diesem Themenbereich sind folgende:

„• „barrierefreie und gleichberechtigte Zugänge zu allen Wirtschafts-, Kultur- und Freizeitbereichen sollen eingerichtet werden;
- Mitbestimmung in allen Lebensbereichen soll gewährt werden;
- freie Lebensgestaltung und freie Wahlmöglichkeiten sollen auch innerhalb von Betreuungsverhältnissen realisierbar sein;
- keine strukturbedingte Exklusion in der Bildungs- und Arbeitswelt;
- keine Orientierung an den Defiziten eines Menschen, sondern an seinen spezifischen Talenten;
- niemand soll in Sonderwelten abgeschoben werden, stattdessen sollen Assistenzsysteme inmitten der Gesellschaft etabliert werden;
- Dialoge sollen auf Augenhöhe stattfinden." (Müller 2015, S. 11, 17)

Aufgrund einer Behinderung und Ausgrenzungsauswirkungen kann der Dialog schwerfallen. Deswegen soll mindestens ein innerer Monolog darüber geführt werden, wie ein betroffener Mensch vor der Ausgrenzung und deren Auswirkungen war, um den Jugendlichen und jungen Erwachsenen mit Förderbedarf den Übergang in eine chancenreiche berufliche Bildung und danach in eine Beschäftigung zu ermöglichen. Diese Herausforderung bezieht sich nicht nur auf die Betriebs- und Personalverantwortlichen, die Lehrkräfte an den Schulen und in Betrieben sowie deren Beschäftigte, sondern auch an jede Person, die Menschen mit besonderem Förderbedarf begegnet. Betrachtet werden sollte die Vorstellung, inwieweit sich jeder von uns unter denselben Entwicklungsbedingungen verändert hätte. Eine aufmerksame bzw. respektvolle Haltung den Betroffenen gegenüber sorgt dafür, dass Inklusion keine Illusion mehr bleibt (Müller 2015, S. 20 f.[4]). Nur dann können die Übergangsverläufe von Menschen mit Förderbedarf im Beruf mit Erfolg verbunden und Ausbildungsabbrüche vermieden werden.

In Anlehnung an Mayrhofer (2009, S. 5) beschreibt Koch Inklusion als

> „einen Weg und ein Ziel zugleich, nämlich eine Gesellschaft, die eine Perspektive für diskriminierte Menschen auf Teilhabe an Werten, auf Teilhabe an Systemen und auf Teilhabe von Individuen in den Blick nimmt und anstrebt." (Koch 2015, S. 88)

Darauf bezogen scheint Inklusion kein inhaltsloser Begriff zu sein, sondern reproduziert eine bedeutsame gesellschaftliche Haltung (ebd.) unabhängig davon, ob es um Bildungs- oder Berufsteilhabe geht.

Um über die gelungenen und misslungenen schulisch-beruflichen Übergänge Rückschlüsse zu ziehen, sollen im nächsten Kapitel insbesondere die Chancen von Menschen mit Förderbedarf beim Einstieg in den Beruf bzw. bei der Aufnahme einer Beschäftigung dargestellt und diskutiert werden.

3.2.3 Inklusion in Beruf und Arbeit

Eine gezielte Suche nach verlässlichen Studien zum Bereich „Inklusion auf dem Arbeitsmarkt" bringt nur wenige zutreffende Ergebnisse hervor. Nach wie vor ist eine Debatte um den Inklusionsbegriff vornehmlich im Elementar- und im schulischen Bereich vorhanden.

In Anlehnung an Studien von Jäckel et al. (2010), Mecklenburg und Storck (2010), Watzke (2005) und Hoffmann (2004) tauchen solche mit Inklusion zusammenhängenden Begriffe wie „Integration", „Teilhabe" oder „Rehabilitation" auf. In mehreren dieser Studien spielt die berufliche Inklusion eher eine nachrangige Rolle und wird daher kaum beforscht (Riecken und Jöns-Schneider 2014, S. 159).

> „Die Veröffentlichungen zur beruflichen Inklusion weis[en] zudem einige Besonderheiten auf. Es gibt kaum kontrollierte Querschnitts-, Langzeit- und Evaluationsstudien. Dafür gibt es zahlreiche Einzelfallbeschreibungen zu unterschiedlichen Themen, bei denen sich oftmals rehabilitative und inklusive Fragestellungen vermischen. Die Veröffentlichungen in diesem Bereich sind selten durch mittelfinanzierte Forschungsprojekte entstanden. Statistische Daten liegen ebenfalls nur begrenzt vor, so dass weder generalisierbare noch differenzierte Aussagen über berufliche Inklusionsprozesse von Menschen mit Behinderungen getroffen werden können." (Riecken und Jöns-Schneider 2014, S. 159)

Lediglich regional bedingte Inklusionsprozesse im Beruf liefern beachtenswerte Forschungsergebnisse, die sich in Initiativen kommunaler Teilhabeplanung für die benannten Zielgruppen widerspiegeln.

4 In Anlehnung an Gesprächsaufzeichnungen von Levinas, Emmanuel 2008.

Besonders gewinnbringende Lektüre für den kommunalen Bereich bietet Suffolks Handbuch, das auf der Grundlage des „Index for Inclusion“ erarbeitet sowie vom Brokamp (2011) übersetzt und überarbeitet wurde. Das Handbuch hat einen Leitbildcharakter und soll kommunal agierende Akteure und Akteurinnen nicht nur bei der Umsetzung ihres inklusiven Handelns im jeweiligen Aufgabenspektrum unterstützen, sondern zu den initiierten Veränderungsprozessen in diesem Bereich beitragen (Riecken und Jöns-Schneider 2014, S. 160).

Unabhängig von einer vorliegenden oder abwesenden Behinderung stehen junge Heranwachsende vor der Aufgabe, sich für einen passenden Beruf zu entscheiden bzw. Alternativen zu überlegen. Themen wie Berufsfindung, Neuorientierung oder berufliche Weiterbildung sind besonders geläufig (Bieker 2005, S. 12 ff., 313 ff.; Lindmeier 2006, S. 15 ff.; Hirsch 2006, S. 128 ff.; Stein 2009, S. 16 ff.; Hensen et al. 2014, S. 21). Sowohl Behinderte als auch von einer Behinderung bedrohte Menschen bedürfen vielfältiger und individueller Inklusionsorte, die zwar vorhanden, aber deutlich begrenzt sind (Steinhart 2008, S. 29 ff.). Um das Angebot weiter auszubauen, veranlasste das Bundesland Baden-Württemberg im Jahr 2008 die Gründung eines Teilhabeausschusses, der beauftragt wurde, „gemeinsame Grundlagen zur Förderung von Übergängen für wesentlich behinderte Menschen zum allgemeinen Arbeitsmarkt“ zu erarbeiten (Kommunalverband für Jugend und Soziales Baden-Württemberg 2008).

Da die Basis jeder Gesellschaft die Erwerbsarbeit all ihrer Mitglieder bildet, ist es erforderlich, die schulisch-beruflichen Übergänge entlang der Biografieverläufe jedes gesellschaftlichen Mitglieds und insbesondere der Menschen mit Behinderung zu fördern. Nur in einem entsprechenden Arbeitsumfeld ist es möglich, ihre persönliche Entwicklung bzw. ihre Potenziale zu verwirklichen.

In der Regel erreichen Menschen einen gesellschaftlichen Status, weisen beruflich definierte Biografieverläufe und diverse Qualifizierungswege auf (Becker 2015, S. 77).

> „Arbeit besitzt in unserer Gesellschaft eine nicht zu unterschätzende inklusionsfördernde Wirkung. Sie ist wesentliche Grundlage zur Verbesserung einer selbstbestimmten Teilhabe. Nicht wenigen Menschen bleiben bisher jedoch solche Teilhabechancen verwehrt.“ (Unger 2015, S. 179)

Menschen mit und ohne Behinderung, denen die berufliche Teilhabe verwehrt bleibt, können zur Gruppe der Erwerbslosen gezählt werden.

Schaffen es Betroffene, der Erwerbslosigkeit zu entgehen, so geraten sie überwiegend in atypische Beschäftigungsverhältnisse, die durch eine Befristung oder eine Tätigkeit in Teilzeit gekennzeichnet sind. Minimale Wochenstundenzeiten oder geringfügige Beschäftigungen sind eher die Regel denn die Ausnahme. Die Betroffenen bekommen in der Regel seltener Weiterbildungsmöglichkeiten und können somit auch nur mit geringeren Aufstiegschancen rechnen (N. und U. Schuster 2013, S. 151 f.).

Im Vergleich zu den erwerbslosen Menschen mit Behinderung nutzen die geringfügig Beschäftigten mit Beeinträchtigungen meist die Chance am zweiten Arbeitsmarkt, beispielsweise in einer WfbM. Aus welchem Grund Weiterbildungen entweder von den Betroffenen nicht wahrgenommen oder am Beschäftigungsort nicht angeboten werden, können die Auswertungsergebnisse des Forschungsprojektes verdeutlichen. Abgesehen von komplexen Hintergründen geht die Schere zwischen der Teilhabe am zweiten und am ersten Arbeitsmarkt weiter auseinander.

Unger bezeichnet einen „Arbeitsmarkt für alle" als nach wie vor oberstes Ziel im Diskurs über einen inklusiven Arbeitsmarkt (Unger 2015, S. 167). Nach Booth (2013) konzentriert sich die Hauptaufgabe einer inklusiver werdenden Arbeitswelt auf die wachsende berufliche Teilhabe aller Personengruppen sowie auf die respektvollere Beachtung von Vielfalt (Unger 2015, S. 179). Nach Einschätzung von Unger benötigt der deutsche Arbeitsmarkt alle Menschen. Jeder sollte das Recht auf eine Beschäftigung wahrnehmen können. Dies benötigen schon „die im Kontext des demografischen Wandels entstehenden gesellschaftspolitischen wie ökonomischen Handlungserfordernisse" (Unger 2015, S. 180).

Bei Fokussierung der Aufmerksamkeit auf ausgegrenzte Personengruppen in der Arbeitswelt ist es sinnvoll, die bestehenden Ausgangssituationen und die Handlungsbedingungen im Hinblick auf die inklusive Arbeitswelt zu analysieren sowie die arbeitsmarktbezogenen Inklusionsgrenzen zu diskutieren. In diesem Zusammenhang ist es zwingend, eine Antwort einerseits auf die Frage zu geben, wer welche Arbeitsmöglichkeit zu welchen Konditionen erhält, und andererseits auf die Frage, wie es um die Partizipationschancen verschiedener Personengruppen in der Arbeitswelt steht. Eine derartige Analyse ist eine Voraussetzung für die Entwicklung langfristiger arbeitsmarktpolitischer Strategien bzw. Einstellungen auf dem haltungswandelnden Weg „zu einer inklusiveren (Arbeits-)Gesellschaft" (ebd., S. 147 ff.).

Insbesondere im Zusammenhang mit der Inklusion in der Arbeitswelt konzentriert sich die Eingliederung oft ausschließlich auf die Gruppe von Menschen mit Behinderung (Unger 2015, S. 150).

> „Von beruflicher Inklusion wird gesprochen, wenn eine Tätigkeit in irgendeiner Weise wirtschaftlich ist und zugleich zu einer ‚gleichberechtigten Teilhabe am Arbeitsleben in einem offenen, integrativen und den Menschen mit Behinderung zugänglichen Arbeitsmarkt führt' (Beauftragte der Bundesregierung für die Belange behinderter Menschen 2009)" (Riecken und Jöns-Schneider 2014, S. 149).

Um eine inklusionsorientierte gesamtgesellschaftliche Werthaltung aller agierender Akteure am Arbeitsmarkt zu forcieren, bedarf es deren Befähigung in Fragen des Umgangs mit der wachsenden Heterogenität und der Mitgestaltung einer inklusiven Arbeitswelt. In der Realität finden diese Prozesse lediglich marginal statt (Unger 2015, S. 147, 169).

Dabei sollen gesellschaftlich agierende Mitarbeiter und Mitarbeiterinnen über gute Qualifikationen, Selbstständigkeit, Flexibilität und Problemlöseorientierung verfügen, damit Arbeitsmarktinklusion und deren Herausforderungen erreicht werden können (ebd., S. 166).

> „Allerdings wäre es naiv darauf zu hoffen, dass der notwendige Kurswechsel sich allein aus der Einsicht in die Notwendigkeit speist und damit wirkungsmächtig wird. Deswegen ist es zwingend, diesen Kurswechsel durch aktives Handeln einzuleiten." (Hofmann und Steffen 2013, S. 164)

Es bedarf der unternehmerischen Bereitschaft, den Menschen mit Behinderung im eigenen Unternehmen nicht nur zu begegnen und aufmerksam zu sein, sondern diese auch aktiv durch die Beschäftigungsbegleitung zu unterstützen und den eigenen Fachkräftenachwuchs abzusichern.

Aufgrund der demografischen Entwicklung wandelt sich Schritt für Schritt die deutsche Arbeitswelt (Unger 2015, S. 153). Sie wird zunehmend „international vernetzter, weiblicher und älter [...,] zugleich volatiler, komplexer, flexibler sowie individueller" (ebd., S. 179). Einige Auswirkungen des demografischen Wandels sind bereits spürbar. Neben den aus dem Arbeitsmarkt scheidenden älteren Arbeitnehmern, dem verringerten Arbeitskräftepotenzial und weniger verfügbarem Nachwuchs tritt zunehmend ein steigender Fachkräftebedarf und in manchen Branchen ein regional bedingter Fachkräftemangel in den Vordergrund (Maier et al. 2014). Dennoch sind die folgenden positiven Veränderungen zu beobachten.

> „Im Gegensatz zu früheren Jahren mit hoher Arbeitslosigkeit und starker finanzieller Belastung des arbeitsmarktpolitischen Budgets sinkt die Arbeitslosenzahl, die Erwerbstätigkeit – auch die sozialversicherungspflichtige Beschäftigung – steigt, die Beschäftigungsquote der Älteren hat sich verbessert, mehr Frauen wollen arbeiten und finden zunehmend adäquate Beschäftigungsmöglichkeiten, die wirtschaftlichen Rahmenbedingungen sind stabil und die Beiträge zur Arbeitslosenversicherung konnten gar mehrfach gesenkt werden; international genießt die deutsche Arbeitsmarktentwicklung hohes Ansehen." (Unger 2015, S. 154)

Auch der Koalitionsvertrag der neuen Bundesländer vom Jahr 2013 konstatiert, dass die Aufnahmefähigkeit des Arbeitsmarktes in Deutschland enorm gestiegen ist und die Beschäftigung ein Rekordniveau erreicht hat (Koalitionsvertrag 2013, S. 7, 65).

Aus dem Datenreport des Statistischen Bundesamtes 2013 ist ersichtlich, dass der Anteil der Erwerbstätigen seit Anfang der 90er-Jahre um 2,8 Millionen gewachsen ist. Die Qualität dieser Entwicklung ist im verringerten Arbeitsvolumen der Gesamtbevölkerung (um 2 Milliarden Stunden) zu erkennen. Die Ursachen dafür sind in einer enormen Arbeitsumverteilung bei Erwerbstätigen beispielsweise in Teilzeitarbeit, Geringfügig- und Kleinstbeschäftigung etc. zu suchen (Becker 2015, S. 78).

Wie bereits angedeutet, kann die Teilhabe von Menschen mit Behinderung in diesen Arbeitsmodellen konstatiert werden.

Wie Unger anmerkt, sollte eine Gesellschaft sich nicht allein an der ökonomischen Leistungsfähigkeit ihrer Mitglieder und ihrer internationalen Vergleichbarkeit messen. Sie sollte sich auch daran messen, wie sie ihre Teilhabemöglichkeiten auf dem Arbeitsmarkt gestaltet (2015, S. 169).

> „Der Arbeitsmarkt entwickelt sich zu einem sog. Arbeitnehmermarkt und bietet demnach den heutigen und künftigen Arbeitskräften deutlich mehr Beschäftigungs- und Entwicklungsperspektiven als in der Vergangenheit." (Unger 2015, S. 154)

Dementsprechend können einige verbesserte Teilhabechancen erwartet werden. Ob sich dies auf alle zu inkludierenden Personengruppen unserer Gesellschaft auswirkt, ist fraglich. Für mehrere Betroffene sind bessere Teilhabemöglichkeiten zu diagnostizieren. Bei manch anderen sehen berufliche Perspektiven allerdings weniger erfolgversprechend aus. (Unger 2015, S. 154) Unger hält sogar fest, „dass ein Teil dieser Personengruppen so starke Einschränkungen aufweist, dass eine reguläre, auskömmliche Beschäftigung auf dem ersten Arbeitsmarkt (unter aktuellen Rahmenbedingungen) als sehr unwahrscheinlich angesehen werden muss" (ebd., S. 156). Allerdings bleiben bestimmte Arbeitszweige und Branchen deutlich unterbesetzt. Aufgrund des gesteigerten Verlangens vieler Jugendlicher, eine akademische Laufbahn einzuschlagen, und des daraus resultierenden Mangels an Auszubildenden sehen beispielsweise die Zugangsmöglichkeiten niedrig qualifizierter Arbeitskräfte in den Handwerksbereich wesentlich günstiger aus. Dadurch kann nicht nur das vorhandene „Inklusionspotenzial" genutzt, sondern auch die Arbeitsmarktteilhabe der beeinträchtigten Personen verbessert werden (Unger 2015, S. 165).

Auch eine selbstständigere, flexiblere und nachhaltigere Ausgestaltung der eigenen Erwerbsbiografie bzw. kontinuierlicher Kompetenzerwerb von Betroffenen sind entscheidend, um die bestehenden Standortvorteile bzw. die Wettbewerbsfähigkeit im deutschen Raum nicht zu gefährden (ebd., S. 167). Nicht nur die ausbildenden Betriebe, sondern insbesondere die Menschen mit Behinderung sollten sich dieser Chancen bewusst sein.

Zu diesen hier dargestellten Perspektiven kommt aktuell die Besonderheit der weltweiten Pandemieentwicklung hinzu. Das Covid-19-Virus beeinträchtigt das gegenwärtige Arbeitsleben und den Alltag aller Geschäftsgruppen sehr stark. Insbesondere auf das Berufsleben behinderter Menschen nimmt die Krise einen enormen Einfluss. Umso nötiger ist es derzeit, Menschen mit Behinderungen die Homeoffice-Beschäftigung zu ermöglichen (Gersdorff 2020). Trotz der Corona-Krise sollten die Bemühungen um die Schaffung eines inklusiven Arbeitsmarkts und größere Barrierefreiheit weiterhin verfolgt werden. Der Behindertenbeauftragte der CDU/CSU-Bundestagsfraktion, Wilfried Oellers, betrachtet das Handeln in Zeiten der Corona-Krise „auch als Ansporn, nicht nur im Sprint während der Krise, sondern auch auf der Langstrecke auf dem Weg zu mehr Inklusion nicht nachzulassen. Hier stehen für [sie] die Themen inklusiver Arbeitsmarkt, Umsetzung des Bundesteilhabegesetzes und die Schaffung eines barrierefreien Sozialraums in allen Lebensbereichen weiter oben auf der Agenda" (Koch 2020).

Unabhängig davon, ob die Beschäftigungschancen behinderter Menschen weitestgehend nicht ausgeschöpft sind, werden Menschen ohne entsprechende Einschränkungen als konkurrenzfähiger betrachtet und somit die Eingliederungsmöglichkeiten von Unterrepräsentanten und Unterrepräsentantinnen verringert (ebd., S. 162).

> „Obwohl Untersuchungen belegen, dass dem weitaus größten Teil der Betriebe die Konsequenzen und Handlungserfordernisse der demografischen Entwicklung bekannt sind, so betreibt nur ein geringerer Teil der Unternehmen eine professionelle, demografiesensible oder auch inklusionsorientierte Personalversorge[5] (vgl. Unger 2013 wie auch Papmehl 2013: S. 226 f. und S. 230 ff. sowie Hofmann/Steffen 2013)." (Unger 2015, S. 168)

Insbesondere der Zugang zu Bildungsmöglichkeiten in allen Lebenslagen für alle Menschen wird häufig als ein Schlüsselfaktor für den Erfolg einer inklusiven Arbeitswelt (Brümmer et al. 2011, S. 51 ff.) und eines eigenverantwortlichen Lebens (Schmillen und Stüber 2014, Unger 2015, S. 161 f.) gesehen.

An dieser Stelle geht es um die inklusive Bildung und die Problematik der beruflichen Übergänge von verschiedenen Menschengruppen in ein inklusives Arbeitsumfeld ebenso wie um die angemessene Ausgestaltung von zukünftigen Arbeitsplätzen für Menschen mit Förderbedarf (Unger 2015, S. 148, 163). Bei der Ausgestaltung von inklusionsgerechten Arbeitsplätzen sollten jedoch atypische Beschäftigungsmöglichkeiten wie geringfügige Beschäftigung und Zeitarbeit etc. vermieden werden. Insbesondere Frauen und geringqualifizierte junge Erwachsene unter 30 sowie ältere Personen ab 50 Jahren geraten in solche atypischen Beschäftigungssituationen (ebd., S. 159).

Auch psychisch erkrankte Menschen, deren Teilhabe auf dem tatsächlich inklusiven Arbeitsmarkt oftmals ohnehin schwierig ist, sehen sich hiervon betroffen. Sowohl für diese Personen als auch für sich in der Umgebung befindende Menschen muss eine erhöhte Verletzungsgefahr am Beschäftigungsort bzw. im Arbeitsprozess ausgeschlossen werden, die bei hoch technisierten Arbeitsabläufen oft unabdingbar ist. Ihnen bleibt daher meist nur ein Arbeitsverhältnis in einer WfbM als Möglichkeit einer sozial verträglicheren beruflichen Teilhabe (Kubek 2012, S. 287 ff.). Hensen et al. (2014, S. 152) sehen Inklusion erst dann erreicht, „wenn die Teilhabemöglichkeiten den Wunsch- und Wahlmöglichkeiten von Menschen mit Beeinträchtigung" entsprechen.

Nach diesem subjektiven Inklusionsverständnis ist auch eine Entwicklung von neuartigen Modellen mit Inklusionsoptionen zwischen dem allgemeinen und zweiten Arbeitsmarkt denkbar. Dabei sollen allerdings die bestehenden bzw. schutzgebenden Arbeitsortstrukturen sowohl in ihrer Verfügbarkeit als auch in ihrer Qualität bereichert werden (Dittrich 2005; Schlummer 2005; Mecklenburg und Storck 2010; Walter und Basener 2013, 2012; Basener 2011; Wenzel 2011; Fischer et al. 2011; Eichner 2011; Becker et al. 2011; Hensen % 2014, S. 152). Als Grundlage für die Qualitätsverbes-

---

5 Das Wort „Personalvorsorge" bezieht sich auf die vielseitige inklusionsorientierte Personalarbeit in Betrieben „wie beispielsweise eine demografiesensible betriebliche Personalentwicklung, Begleitung von Geringqualifizierten, Älteren oder Migranten an Weiterbildungsprogrammen, innovative Arbeitsmodelle für Personen mit Betreuungsaufgaben oder ältere Arbeitnehmer bzw. für Menschen mit gesundheitlichen Einschränkungen, Ausbildung von jungen Menschen mit Leistungsminderung bzw. generell das Angebot eines Ausbildungsplatzes etc." (Unger 2015, S. 168).

serung vorhandener Arbeitsortstrukturen können beispielgebend Qualitätskriterien nach Kubek (2012) dienen.

Wenn berufliche Inklusion im Einzelfall tatsächlich an ihre Grenzen stößt, soll eine berufliche Teilhabe auf dem zweiten Arbeitsmarkt erfolgen.

> „Eine Beschäftigung auf dem zweiten Arbeitsmarkt ist aus systematischer Perspektive eine ‚Risikobearbeitung in Sondersystemen', ‚Simulation von Inklusion' oder ‚stellvertretende Inklusion im Rehabilitationssystem' (Wansing 2005, S. 28). Jede Form von rehabilitativen Leistungen ist somit ein Inklusionsersatz." (Riecken und Jöns-Schneider 2014, S. 152)

In allen anderen Fällen wird die Inklusion von Betroffenen in den ersten Arbeitsmarkt angestrebt.

Ebenso kann die Integration von Menschen mit Behinderung als ein Inklusionsersatz betrachtet werden. So beschloss das BIBB 2009 berufsspezifische Integrationsempfehlungen in fünf folgenden Berufsbereichen:

- Verkauf,
- Hauswirtschaft,
- Metall,
- Büro und
- Holz (Rundbrief Ausbildung 2011, S. 9).

Die Integration von beeinträchtigten Menschen soll auf der Grundlage einer persönlichen Förderplanung unter der Anleitung von rehabilitationspädagogisch zusatzqualifiziertem Ausbildungspersonal erfolgen und „die Anschlussfähigkeit in eine Ausbildung in einem staatlich anerkannten Ausbildungsberuf" (ebd. 2011, S. 10) gestatten. Die Integration im beruflichen (Aus-) Bildungssystem setzt in Anlehnung an berufsspezifische Musterempfehlungen die betrieblichen Ausbildungsinhalte voraus, die zur Erreichung der beruflichen Handlungsfähigkeit der Betroffenen in einem einheitlich und diskriminierungsfrei bezeichneten Beruf führen (ebd.).

Vor allem die unterrepräsentierten Personengruppen bedürfen verbesserter Chancen auf berufliche Teilhabe auf dem ersten Arbeitsmarkt. Diese Möglichkeiten können mittels des optimierten Übergangs von Schulabsolventen und Schulabsolventinnen in eine ausgewählte berufliche Ausbildung bzw. in eine anschließende Tätigkeit erreicht werden. Die Sensibilisierung für das lebenslange Lernen mittels Ausbau von Beschäftigungsfähigkeit spielt dabei eine entscheidende Rolle (Unger 2015, S. 150, 180).

Nicht selten fehlt eine vollständige Übereinstimmung eines durch Arbeitgeber definierten Arbeitsplatz- sowie Anforderungsprofils mit dem vorhandenen Kompetenzangebot eines Arbeitnehmers. Eine Behebung vorhandener Einschränkungen sowie eine Entfaltung bestehender Potenziale führt oft dazu, dass dieser Prozess einerseits lange dauern bzw. nur mittels kontinuierlicher individueller Unterstützung ermöglicht werden kann. Darauf bezogene Ergebnisse sichern andererseits in der Regel kein Erhalten einer beständigen, befriedigenden und selbstbestimmten Erwerbsarbeit (Dederich 2013, S. 58 ff.; Unger 2015, S. 151).

Das heißt, dass anstatt einer einseitigen Anpassung von betroffenen Personen an die zukünftigen Anforderungen nebenbei auch eine Weiterentwicklung von Arbeitsmarktstrukturen bzw. Rahmenbedingungen im Sinne einer inklusiven, auf das Individuum orientierten und gestalteten Arbeitswelt erfolgen soll, ohne die bestehenden Arbeitsmarktmechanismen zu gefährden (Unger 2015, S. 151, 178).

> „In Anlehnung an Sell (2011a) [...] kann zudem eine langfristige, attraktive (ggf. 100 %) Förderung direkt für Betriebe zur Verfügung stehen, die inklusive Arbeitsplätze (im Sinne eines sozialen Arbeitsmarktes) einrichten. Diesem Gedanken folgend, könnten aus Integrationsbetrieben möglicherweise Inklusionsfirmen werden." (Unger 2015, S. 178)

An dieser Stelle wurde eine unsichere Vermutung in Richtung der Umorientierung von Integrationsbetrieben in Inklusionsfirmen geäußert. Die realen Fortschritte dieser Umwandlung belegen die Rehadat-Verzeichnisse (2019, 2020).

Dabei stellt sich nicht unbedingt die Frage, inwieweit Menschen mit Beeinträchtigung für die Aufnahme in Bildungsinstitutionen geeignet sind, sondern inwieweit Bildungs- bzw. Arbeitseinrichtungen Inklusion von betroffenen Menschen ermöglichen (Riecken und Jöns-Schneider 2014, S. 151).

Auf der persönlichen Ebene erweist sich laut Bäcker et al. (2010, S. 389 ff.) die erwerbsbezogene Arbeit nicht nur als Voraussetzung sozialer Anerkennung, Zugehörigkeit und Teilhabe, sondern auch als Selbstbildoptimierung im Rahmen der Identitätsbildung (Unger 2015, S. 148 f.). In Anlehnung an Giarini und Liedtke (Ende der 90er-Jahre) ist jede produktive Arbeitsleistung „der augenfälligste und grundlegendste Ausdruck unserer Persönlichkeit und unserer Freiheit. Wir sind zuallererst das, was wir tun" (Becker 2015, S. 125).

Wenn man den eigenen Berufswunsch präzisieren kann und sich mit dem gewählten Beruf identifiziert, erfolgt die Entfaltung der persönlichen Biografie. Werden das Berufsziel bzw. der zuvor markierte Status erreicht, heißt es für Menschen mit und ohne Beeinträchtigungen, dass die berufliche Sozialisation der jeweiligen Person gelungen ist. Eine frühere Realisierung eigener Berufsziele erhöht die Wettbewerbsfähigkeit der Betreffenden ungemein.

An dieser Stelle ist allerdings ein Phänomen zu beobachten, das sowohl mit dem Streben nach Steigerung der Konkurrenzfähigkeit von Jugendlichen und der Zeitintensität ihrer schulischen und beruflichen Bildung als auch mit dem daraus resultierenden Jugendraubbau in Verbindung steht. Nicht jeder ist geeignet und fähig, ausgewählte Berufe zu beherrschen und deren Anforderungen zu entsprechen bzw. zugleich einem anforderungsentsprechenden fachlichen Wettbewerb nachzugehen. Infolgedessen können die nicht besonders Geeigneten als sogenannte Bildungsverlierer und -verliererinnen bezeichnet werden (Becker 2015, S. 125 f.).

Um den Schicksalen von Bildungsverlierern und -verliererinnen entgegenzuwirken, sollten inklusive Schul- und Übergangswege sowie Arbeitswelten geschaffen werden.

> „Der Weg in eine inklusive Arbeitswelt ist jedoch nicht voraussetzungsfrei. [...] Es bedarf demnach entsprechender Rahmenbedingungen und Anreize, die alle Menschen einladen und ermutigen, gelingende Inklusionserfahrungen zu sammeln." (Unger 2015, S. 180)

Die gegenwärtige Arbeitswelt zeichnet sich durch die Wissensorientierung bzw. durch das Streben zum kompetenten, professionellen Handeln aus, um permanent neuen Herausforderungen gerecht zu werden bzw. daran gebundene Weiterentwicklung sowohl von Arbeitnehmern und Arbeitnehmerinnen als auch von Arbeitgebern und Arbeitgeberinnen zu veranlassen (Unger 2015, S. 150). Nach Arnold et al. (2000) können infolgedessen in der Regel ungleiche Teilhabemöglichkeiten nicht verringert, sondern ausgelöscht werden (ebd.).

Das Streben, die ungleichen Teilhabemöglichkeiten zu bewältigen, spiegelt sich in den arbeitsmarktpolitischen Entscheidungen der Bundesregierung wider.

Gemäß dem Koalitionsvertrag der neuen Bundesregierung aus dem Jahr 2013 soll der deutsche Arbeitsmarkt im Bereich der Inklusion gestärkt werden. Dabei wird das Inklusionsverständnis in Zusammenhang mit Menschen mit und ohne Behinderung gesetzt und somit auf Inklusion im engeren Sinne beschränkt. Das Wort Integration steht im Vordergrund des Vertrages. Der Fokus einer aktiven Arbeitsmarktpolitik wird auf die Begleitung von Integrationsprozessen behinderter Menschen im allzugänglichen Arbeitsmarkt gelegt. Neben dem genügend qualifizierten Jobcenter-Personal in Fragen der Problemerkennung, Fachberatung und Vermittlung von behinderten Menschen soll auch die Sensibilisierung der Arbeitgeberschaft für Potenzialerkennung von Betroffenen und deren Beschäftigung gefördert werden. Hohes Ansehen bzw. eine Stärkung sollen dabei alle ehrenamtlich engagierten Integrationshelfer und -helferinnen erfahren. Die Bundesregierung ist davon überzeugt, dass durch die Zusammenarbeit mit Sozialpartnern und Sozialpartnerinnen Bezug nehmend auf die Inklusionsinitiative für berufliche Ausbildung und Beschäftigung die Integrationsversuche der oben genannten Risikogruppen intensiviert werden. Unter Einhaltung der Rücktrittsrechte sollen die Übergänge zwischen dem ersten Arbeitsmarkt und Werkstätten für Menschen mit Behinderung ermöglicht werden (Koalitionsvertrag 2013, S. 78 ff.).

Bevor die Arbeitsmarktinklusion erfolgen kann, bedarf es einer Förderung des kompetenten professionellen Handelns bei Menschen mit Behinderung.

Deswegen hatte die Bundesregierung im Jahre 2013die Entscheidung getroffen den Ausbildungspakt zur „Allianz für Aus- und Weiterbildung" gemeinsam mit den Sozialpartnern und Sozialpartnerinnen bzw. Bundesländern zu erarbeiten (Koalitionsvertrag 2013, S. 23 f.).

> „Ziel der Allianz ist die Umsetzung der Ausbildungsgarantie in Deutschland. Kein junger Mensch darf zurückbleiben oder wertvolle Lebenszeit in Warteschleifen verlieren. Zusammen mit den Partnern in der Allianz unterstützen wir Jugendliche mit schlechteren Startchancen insbesondere durch ausbildungsbegleitende Hilfen und die assistierte Ausbildung. Die Ausbildungsqualität wollen wir in den Blick nehmen und Ausbildungsabbrüchen vorbeugen. Die Eingliederung junger Menschen mit Behinderungen in eine Berufsausbildung (Inklusion) ist uns dabei ein besonderes Anliegen. Die Maßnahmen des Über-

gangssystems und zur Förderung beruflicher Ausbildung werden wir gemeinsam mit den Ländern überprüfen und auf eine vollqualifizierende betriebliche Berufsausbildung hin ausrichten." (Koalitionsvertrag 2013, S. 23)

In dem Ausbildungspakt wurden nicht nur die Herausforderung nach der Gewährleistung der Ausbildungsgarantie und der Vorbeugung von Warteschleifen und Ausbildungsabbrüchen, sondern auch die Überprüfung der Angebote des Übergangssystems und der Ausrichtung einer hochqualitativen betrieblichen Berufsbildung für alle thematisiert.

Es ist kein Geheimnis, dass insbesondere für Menschen mit Behinderung der Arbeitsweltzugang erschwert ist. Um bessere berufliche Perspektiven für Jugendliche mit Behinderungen zu erschließen, machen sich viele betroffene Eltern Gedanken und erkennen, dass Zugangsbarrieren in eine Beschäftigung bei Menschen mit Behinderung die folgenden Ursprünge haben:

- Einerseits sind Unternehmen (mit über 16 Mitarbeitern und Mitarbeiterinnen) gesetzlich zu einer „Ausgleichsabgabe der jeweiligen Landesregierung" (Neukirchen 2012, S. 118) verpflichtet, wenn sie den festgesetzten Teil (6 %) ihrer Arbeitsplätze nicht Menschen mit Behinderung anbieten können. Damit werden sowohl die rehabilitationsbezogenen Unterstützungsangebote der Bundesagentur für Arbeit als auch die Wohnungen sowie Werkstätten für behinderte Menschen in den Schwerpunkten wie Bau, Ausstattung bzw. Erhalt anteilig finanziert. Bisher wird eine bedeutsame Steigerung dieser Ausgleichsabgabe politisch stark kritisiert und ist daher nicht umsetzbar. Allerdings könnte eine Erhöhung der Abgabe zur Schaffung von inklusiven Arbeitsplätzen führen.
- Andererseits schafft die Teilhabe an einer WfbM keine Möglichkeiten, mitten im realen Arbeitsgeschehen mit allen anderen Menschen Erfahrungen zu sammeln bzw. beruflich tätig zu werden. In der Regel bestehen diese Werkstätten aus eigenen Gebäuden, bestimmten Produktionshallen bzw. Lagern an einem ausgegrenzten Ort. Dort sind alle beschäftigten Zielgruppen je nach unterschiedlicher Behinderungsform dem jeweiligen Tätigkeitsbereich zugeordnet. Sind die betroffenen Personen in der Lage, bestimmte Aufträge von Unternehmen des freien Arbeitsmarktes zu erledigen, erhalten sie entsprechend eigener Leistung ein Taschengeld (in Höhe von 80 bis max. 200 Euro). Auch die Sozialabgaben werden für diese Beschäftigten bezahlt. Zwar sind diese Menschen beruflich versorgt, jedoch haben sie keine realen Chancen, in der Zukunft in den ersten Arbeitsmarkt einzumünden und berufliche Zufriedenheit wie andere Beschäftigten zu erleben (Neukirchen 2012, S. 118 f.).

Nicht nur die Ausgleichsabgabe für Menschen mit Behinderung ist gesetzlich geregelt. Auch für den Ausbildungs- und Arbeitsbereich wurde der für Inklusion notwendige gesetzliche Rahmen entwickelt. Welchen Einfluss dieser gesetzliche Rahmen auf die berufliche Bildung und die Beschäftigung von Menschen mit Behinderung hat, soll im nächsten Kapitel erörtert werden.

3.3 Der normative Rahmen zur Inklusion und Teilhabe in Bildung, Ausbildung und Beschäftigung

3.3.1 Rechtliche Rahmenbedingungen zur Inklusion

Das Recht auf die Teilhabe ist nicht nur universell, sondern auch uneingeschränkt und selbstverständlich. Darüber hinaus gehen die rechtlichen Grundlagen der Inklusion einem menschenrechtlichen Prinzip der gesellschaftlichen Teilhabe, dem Ausschluss von Diskriminierung und dem Gleichheitsgebot nach.

Die Durchsetzung des Rechts auf Bildung und Beschäftigung von Menschen mit Behinderungen ist ein Gesetz, das unmittelbar für alle Beteiligten am Bildungs- und Arbeitsmarktprozess gilt.

Laut Grundgesetz Artikel 3 (3) darf „[n]iemand [...] wegen seiner Behinderung benachteiligt werden" (Bundesamt für Justiz o. J.a, GG Art. 3 Abs. 3).

Der Artikel 12 (1) des Grundgesetzes garantiert den in Deutschland lebenden Menschen „das Recht, Beruf, Arbeitsplatz und Ausbildungsstätte frei zu wählen" und deutet in demselben Absatz daraufhin, dass die „Berufsausübung [...] durch Gesetze oder aufgrund eines Gesetzes geregelt werden" (in ebd.) kann. Darüber hinaus definiert Absatz (2) des 12. Artikels desselben Gesetzes die Verpflichtung zum Arbeiten und besagt, dass „Niemand [...] zu einer bestimmten Arbeit gezwungen werden [darf], außer im Rahmen einer herkömmlichen allgemeinen, für alle gleichen öffentlichen Dienstleistungspflicht" (Bundesamt für Justiz o. J.a, GG Art. 12 Abs. 1, 2).

Unter der Betrachtung des Inklusionsbegriffes im engeren Sinne richtet sich der Untersuchungsfokus direkt auf die Gruppe von Menschen mit Behinderung und deren gesellschaftlicher Teilhabe. Auch im Übereinkommen der UNO-Generalversammlung vom Dezember 2006 geht es um die Rechte von behinderten Menschen. (N. und U. Schuster 2013, S. 23).

Artikel 3 Absatz c dieses Übereinkommens thematisiert das Recht von Menschen mit Behinderung auf „die volle und wirksame Teilhabe an der Gesellschaft und Einbeziehung in die Gesellschaft" (BGBL – Bundesgesetzblatt 2008 II, S. 1424).

Allerdings ist das Teilhabephänomen durch den gesellschaftlichen, bildungs- und beschäftigungsbezogenen Kontext etc. vielfältig. Ebenso komplex und dynamisch ist die Erklärung des Behinderungsbegriffes.

Die Präambel der UN-Konvention hält fest, „dass das Verständnis von Behinderung sich ständig weiterentwickelt und dass Behinderung aus der Wechselwirkung zwischen Menschen mit Beeinträchtigungen und einstellungs- und umweltbedingten Barrieren entsteht, die sie an der vollen, wirksamen und gleichberechtigten Teilhabe an der Gesellschaft hindern" (ebd., S. 1420). Demnach wird in der Präambel v die Wichtigkeit betont, „dass Menschen mit Behinderungen vollen Zugang zur physischen, sozialen, wirtschaftlichen und kulturellen Umwelt, zu Gesundheit und Bildung sowie zu Information und Kommunikation haben, damit sie alle Menschenrechte und Grundfreiheiten genießen können" (ebd., S. 1422).

Der Artikel 4 der UN-Konvention definiert die allgemeinen Verpflichtungen der Vertragsstaaten. Im 1. Absatz geht es um die Gewährleistung und Förderung der

„volle[n] Verwirklichung aller Menschenrechte und Grundfreiheiten für alle Menschen mit Behinderung ohne jede Diskriminierung aufgrund von Behinderung“ (BGBL – Bundesgesetzblatt 2008 II, S. 1424). Des Weiteren sollen entsprechend Artikel 4 Absatz 1 a der UN-Konvention „alle geeigneten Gesetzgebungs-, Verwaltungs- und sonstigen Maßnahmen zur Umsetzung der in diesem Übereinkommen anerkannte Rechte“ (ebd.) ergriffen werden. Nach Artikel 4 Absatz 1 e werden „alle geeigneten Maßnahmen zur Beseitigung der Diskriminierung aufgrund von Behinderung durch Personen, Organisationen oder private Unternehmen“ ins Leben gerufen (ebd., S. 1425).

Damit eine möglichst umfassende und gleichberechtigte Teilhabe an der Bildung von behinderten Menschen erreicht werden kann, sollen laut Artikel 24 (3) bestimmte geeignete Maßnahmen zur Förderung von lebenspraktischen Fähigkeiten und sozialen Kompetenzen ergriffen werden (ebd., S. 1437).

Mit der Anerkennung des Rechtes von Menschen mit Behinderung auf Bildung und der Verwirklichung dieser Rechte ohne Diskriminierung und Wahrung der Chancengleichheit soll im Sinne des Artikel 24 (1) „ein integratives Bildungssystem auf allen Ebenen“ (ebd., S. 1436) sichergestellt werden. Zwar wird die Entfaltung des Selbstwertgefühls, der Persönlichkeit, der Begabung und der Kreativität ebenso wie der geistigen und körperlichen Fähigkeit sowie der Befähigung zur wirklichen gesellschaftlichen Teilhabe von Betroffenen angestrebt, umstritten bleibt jedoch, ob ein integratives System das Erreichen der genannten Ziele gewährleisten kann (ebd.). Das deutsche Wort „integrativ“ erleichtert die Umsetzung und wirkt bisher herrschender Separierung im Bildungsbereich entgegen, verzögert jedoch die Entstehung bzw. Entwicklung eines inklusiven Bildungssystems, über welches es in der UN-BRK tatsächlich geht.

> „Die UN-Konvention über die Rechte von Menschen mit Behinderung, die Deutschland im Jahr 2008 ratifiziert hat, verpflichtet die Vertragsstaaten zur Gewährleistung eines Inklusiven Bildungssystems. Dies stellt das Sonderschulwesen und in letzter Konsequenz das gegliederte Schulsystem insgesamt in Frage.“ (Blanck, Edelstein und Powell 2014, S. 97)

Des Weiteren wird im Artikel 24 (2) darauf verwiesen, dass Menschen mit Behinderung wie alle anderen Menschen das Recht auf allgemeine Bildung haben. Aufgrund einer Behinderung dürfen die betroffenen Kinder und Jugendlichen aus dem allgemeinbildenden System nicht ausgeschlossen werden. (BGBL – Bundesgesetzblatt 2008 II, S. 1436 f.) Um möglichst viele betroffene Kinder mit Behinderung entsprechend ihres Entwicklungsstandes abzuholen und ihnen somit die Teilnahme am Unterricht im Regelschulbereich zu ermöglichen, muss sich das Schulsystem auf ihre besonderen Bedürfnisse einstellen und die erforderlichen Schulanlagen bzw. Schulausstattungen beschaffen (Eikötter und Küstermann 2014, S. 259 ff.).

Es ist utopisch, zu denken, dass alle Sonder- und Förderschulen geschlossen oder verboten werden könnten (Wrase 2015, S. 45). In der ursprünglichen Entwurfsfassung der UN-BRK wurde den Eltern die Möglichkeit eingeräumt, sich zwischen einer Regel- und einer Förderschule zu entscheiden und somit ihr Wahlrecht zu beanspruchen, wenn es dem Wohl ihres Kindes dient. Der Vorschlag wurde abgelehnt und durch eine Verpflichtung zur inklusiven Schule ersetzt (Eikötter und Küstermann 2014, S. 252). Die ersten Umsetzungsschritte können an den Förderschulen mit dem

Förderschwerpunkt Lernen beobachtet werden. Dort sind Kinder im Grundschulalter kaum zu sehen (ebd., S. 262). Die Erziehungsberechtigten müssen „ihr Kind zwingend an einer allgemeinen Grundschule anmelden. Die Förderschule nimmt Schüler und Schülerinnen im Förderschwerpunkt Lernen erst ab dem 5. Schuljahrgang auf (§ 14 Abs. 4 S. 2 NSchG)" (ebd., S. 263).

> „Inklusion darf nicht zum Zwang werden, denn wirkliche soziale Teilhabe ist nicht garantierbar. Sie muss von positiven Einstellungen der Beteiligten getragen sein. Nicht jedes Kind mit einer Behinderung, das organisatorisch inkludiert ist, erlebt sich auch als akzeptiert und zugehörig. Für jedes Kind sollte der Lernort zur Verfügung stehen, an dem es nicht nur gut lernen kann, sondern in dem es sich auch wohl fühlt. [...] Nur wenn Krankheit und Beschwernisse als etwas menschlich Normales anerkannt würden, könnten sich Behinderte und Kranke als wirklich zugehörige Menschen begreifen." (Jacobs 2013, S. 53)

Unter diesen Umständen könnte die Betreuung von Betroffenen in einer Sondereinrichtung stattfinden, wobei die Teilhabe im Regelbereich primär ist und eine zwangsweise Beschulung in einer Sondereinrichtung ausgeschlossen werden soll (Wrase 2015, S. 45).

Sonder-/Förderschulen werden „durch Art. 24 UN-BRK zwar nicht kategorisch verboten, die systematische Aussonderung behinderter Personen aus dem allgemeinen Bildungssystem stellt allerdings eine Vertragsverletzung dar" (Eikötter und Küstermann 2014, S. 252).

Um das Vertragsverletzungsproblem zu lösen, zum Wohle des Kindes mit Behinderung zu handeln bzw. das Wohl von anderen Kindern ohne Behinderung nicht zu gefährden, können die sogenannten Schranken zur Anwendung kommen, welche in der UN-BRK nicht vorgesehen sind. Dabei soll das Recht auf inklusive Bildung im Einzelfall diskutiert werden. Obwohl die Begriffsdefinition „Kindeswohl" in der UN-KRK/UN-BRK nicht aufgenommen wurde, soll die Rechtsprechung dem Kindeswohl gerecht werden. An dieser Stelle scheint „der Kindeswohlaspekt als Schranke für den Zugangsanspruch" (ebd., S. 253) im allgemeinen Bildungsbereich zu wirken.

Einen Kompromiss zwischen inklusiver Schulbildung und Sonderschulwesen schlägt Wrase vor.

> „Die Implementation einer ‚qualitativ hochwertigen inklusiven Schulbildung', wie sie Art. 24 BRK verlangt, ist zudem mit erheblichen Aufwendungen verbunden, die die Länder oft nicht ohne [w]eiteres zu tragen bereit sind. Dies gilt besonders, wenn nicht zugleich ein Prozess der konsequenten Auflösung der Förderschulen und der Umorganisation sonderpädagogischen Förderung an die allgemeinen Schulen betrieben wird, sondern – wie in den meisten Ländern – zumindest vorläufig Doppelstrukturen aus Förderschulen und integrativen allgemeinen Schulen geschaffen werden." (Wrase 2015, S. 47)

Für die Umsetzung dieses BRK-Artikels empfiehlt Wrase, die vorhandenen Ressourcen der sonderpädagogischen Einrichtungen an den allgemeinen Schulen für den Aufbau einer inklusiven Bildung zu nutzen. Somit werden inklusive Bildungsstrukturen an die Fördereinrichtungen gebunden bleiben, wobei die institutionelle Finanzierung weiterhin erfolgen kann bzw. die im Einzelfall zugewiesenen Kinder und Jugendlichen eine entsprechende Förderung erhalten würden (ebd.).

Um die Doppelfinanzierung einer kostenaufwendigen Doppelstruktur „Sonderschule plus Integration“ zum Beispiel in Bayern zu vermeiden, wurde das Ziel verfolgt „die sonderpädagogische Förderung langfristig in die allgemeinen Schulen zu verlagern und Sonderschulen in ‚Schulen ohne Schüler‘ zu verwandeln“ (Blanck, Edelstein und Powell 2014, S. 102).

Rein theoretisch entspricht diese Idee auch den Forderungen der UN-BRK und macht den allgemeinen Bildungsbereich besser zugänglich. Wie sieht es aber mit der Teilhabe von jungen Menschen mit Behinderung an der beruflichen Bildung bzw. Weiterbildung aus?

In Anlehnung an Artikel 24 (5) soll dieser Zielgruppe ein barrierefreier Zugang nicht nur zur Berufs- und Erwachsenenbildung, sondern auch zum allgemeinen Hochschulsystem ermöglicht werden. Dabei ist es notwendig, angemessene Vorkehrungen zu treffen (BGBL – Bundesgesetzblatt 2008 II, S. 1437 f.).

Die inklusive Allgemeinbildung (in Anlehnung an Art. 24 (1) UN-BRK) in Verbindung mit dem barrierefreien Zugang zu einer Berufs- und Erwachsenenbildung (gemäß Artikel 24 (5)) sollten zum gelungenen schulisch-beruflichen Übergang von jungen Menschen mit Behinderung beitragen.

Das Recht auf Arbeit ist längst in der AEMR im Artikel 23 verfasst und speziell für Menschen mit Behinderung im Artikel 27 (1) UN-BRK konkretisiert. Allerdings erscheint die Formulierung des Rechts an manchen Stellen fragwürdig zu sein. Es kann nicht bestritten werden, dass jeder Mensch das Recht genießen soll, seinen eigenen Lebensunterhalt durch eigene Arbeitsleistung zu verdienen. In dem Artikel wird festgehalten, dass Menschen mit Behinderung das Recht haben, „in einem offenen, integrativen und für Menschen mit Behinderungen zugänglichen Arbeitsmarkt und Arbeitsumfeld frei gewählt oder angenommen“ (ebd., S. 1439) zu werden. Inwieweit der Arbeitsmarkt zugleich als offen und integrativ bezeichnet werden kann, soll im Folgenden diskutiert werden. Denn die Formulierung trägt einen Widerspruch in sich und wirft einige Fragen auf. Ist ein offener Arbeitsmarkt nicht zugleich inklusiv? Sollte der Arbeitsmarkt, dem in Zukunft ein sich zuspitzender Fachkräftemangel droht, nicht bereit sein, sich an die Bedürfnisse potenzieller Arbeitnehmer mit Behinderung anzupassen? Soll der Arbeitsmarkt im integrativen Sinne lediglich die Anpassung der potenziellen Arbeitnehmer und Arbeitnehmerinnen erwarten? Für diese Fragen müssten die Akteure des Arbeitsmarktes jedoch erst sensibilisiert werden (Eikötter und Küstermann 2014, S. 264).

Eine Behinderung darf nicht als ein diskriminierendes Hindernis sowohl bei der Beschäftigtenauswahl, Weiterbeschäftigung oder beim beruflichen Aufstieg als auch bei den Aufwendungen für die voraussetzungsreichen Einstellungs- und Beschäftigungsbedingungen ausschlaggebend sein (ebd.).

Wiederum sollen Arbeitgeber und Arbeitgeberinnen auf die gleichwohl gerechten bzw. günstigen, sicheren und gesundheitsfördernden Arbeitsbedingungen achten, für angemessene Vorkehrungen sorgen, Chancengleichheit auch bei der Entlohnung der gleichwertigen Beschäftigung garantieren und ihre behinderten Arbeitnehmer und Arbeitnehmerinnen vor Belästigung jeder Art schützen (ebd., S. 264 f.).

Eine unvermeidbare Voraussetzung für eine Beschäftigungsaufnahme bildet eine abgeschlossene Berufsausbildung. Dementsprechend soll Menschen mit Behinderung der wirksame Zugang nicht nur zu den beruflichen Beratungsprogrammen, sondern zur allgemeinen beruflichen Bildung bzw. Weiterbildung ermöglicht werden (ebd., S. 265). Demzufolge sollte eine angemessene fachliche Berufsausbildung den einwandfreien Übergang in eine Beschäftigung ermöglichen.

Nicht weniger wichtig ist es in Anlehnung an Artikel 27 (1) e, „Beschäftigungsmöglichkeiten und beruflichen Aufstieg auf dem Arbeitsmarkt sowie die Unterstützung bei der Arbeitssuche, beim Erhalt und der Beibehaltung eines Arbeitsplatzes und beim beruflichen Wiedereinstieg zu fördern“ (BGBL – Bundesgesetzblatt 2008 II, S. 1440).

Besonders hilfreich für den barrierefreien Zugang zum Arbeitsmarkt ist die gegenseitige Begegnung von Menschen mit Behinderung und Arbeitgebern und Arbeitgeberinnen am Arbeitsmarkt. Beispielsweise können behinderte Menschen während eines Praktikums Arbeitserfahrungen sammeln. Arbeitgeber und Arbeitgeberinnen können wiederum erfahren, welche Voraussetzungen erfüllt werden müssen, um angemessene und behindertengerechte Arbeitsplätze anzubieten. Generell soll laut UN-BRK Artikel 27 (1) j das Sammeln von realen Arbeitserfahrungen durch behinderte Menschen auf dem offenen Arbeitsmarkt gefördert werden (ebd.).

Eine andere Art der Unterstützung von Menschen mit Behinderung gewährleisten nach Artikel 27 (1) k Programme im Rahmen der beruflichen Rehabilitation, die für den Erhalt des jeweiligen Arbeitsplatzes gemeinsam mit dem Rehabilitanden und der Rehabilitandin und sich dafür bereit erklärenden Arbeitgebern und Arbeitgeberinnen sorgen und den Wiedereinstieg im ausgewählten Beruf anstreben (ebd.).

Des Weiteren stellt das Behindertengleichstellungsgesetz (BGG) im Abschnitt 2, § 7 (2) die Definition der Benachteiligung und die Verpflichtung vor, der Benachteiligung von Menschen mit Behinderung durch einen „Träger öffentlicher Gewalt“ entgegenzuwirken (Bundesamt für Justiz o. J.b, BGG Abschn. 2 § 7 Abs. 2).

In Anlehnung an § 64 (Berufsbildung) des Berufsbildungsgesetzes (BBiG) sollen Menschen mit Behinderung (SGB IX § 2 Abs. 1 Satz 1) in anerkannten Ausbildungsberufen (§ 65) ausgebildet werden (Bundesamt für Justiz 2005, BBiG § 64). In diesem Zusammenhang regelt § 65 (1) insbesondere „die zeitliche und sachliche Gliederung der Ausbildung, die Dauer von Prüfungszeiten, die Zulassung von Hilfsmitteln und die Inanspruchnahme von Hilfeleistungen Dritter“ (Bundesamt für Justiz 2005, BBiG § 65) und erklärt unter (2), wie der „Berufsbildungsvertrag mit einem behinderten Menschen [...] in das Verzeichnis der Berufsausbildungsverhältnisse (§ 34) einzutragen“ (ebd.) ist.

Nach § 66 (Ausbildungsregelungen der zuständigen Stellen) unter Absatz (1) können „die zuständigen Stellen auf Antrag der behinderten Menschen oder ihrer gesetzlichen Vertreter oder Vertreterinnen Ausbildungsregelungen entsprechend den Empfehlungen des Hauptausschusses des Bundesinstituts für Berufsbildung“ (Bundesamt für Justiz 2005, BBiG § 66) treffen. Dabei erfolgt die Formulierung der Sonderregelungen für eine Ausbildung unter Berücksichtigung der Behinderungsart und

-schwere nur in dem Fall, dass eine Ausbildung in einem anerkannten Ausbildungsberuf ausgeschlossen ist.

Darüber hinaus sollen die Ausbildungsinhalte für behinderte Menschen unter Beachtung der Arbeitsmarktlage bzw. Arbeitsmarktentwicklung aus den Inhalten anerkannter Ausbildungsberufe erarbeitet werden (ebd.).

Außerdem ist auch in der Handwerksordnung (HwO) in § 42k festgeschrieben, dass Menschen mit Behinderung (SGB IX § 2 Abs. 1 Satz 1) in anerkannten Ausbildungsberufen ausgebildet werden sollen (Bundesamt für Justiz o. J.c, HwO § 42k).

Ebenso sind im § 42l unter Absatz (1) die „Regelungen nach den §§ 38 und 41 [...] die besonderen Verhältnisse behinderter Menschen festgehalten. Dies gilt insbesondere für die zeitliche und sachliche Gliederung der Ausbildung, die Dauer von Prüfungszeiten, die Zulassung von Hilfsmitteln und die Inanspruchnahme von Hilfsleistungen Dritter" (Bundesamt für Justiz o. J.c, HwO § 42l).

Für behinderte Personen, die aufgrund der Art und Schwere ihrer Behinderung keinen Anspruch auf eine Ausbildung in einem anerkannten Beruf haben, erlässt die Handwerkskammer gemäß § 42 m auf Antrag der behinderten Person oder ihres gesetzlichen Vertreters Ausbildungsregelungen entsprechend den Empfehlungen des Hauptausschusses des Bundesinstituts für Berufsbildung. Diese Inhalte der Ausbildungen sind auf der Grundlage der Anforderungen anerkannter Ausbildungsberufe unter Beachtung der arbeitsmarktbezogenen Situation und Entwicklung zu definieren. „Im Antrag nach Satz 1 ist eine Ausbildungsmöglichkeit in dem angestrebten Ausbildungsgang nachzuweisen" (Bundesamt für Justiz o. J.c, HwO § 42 m).

Bei der Zusammenstellung der Zwischen-, Abschluss- und Gesellenprüfungen unter Bezugnahme auf besondere Belange von Menschen mit Behinderung sollen Empfehlungen des Hauptausschusses des Bundesinstituts für Berufsbildung vom 24. Mai 1985 beachtet werden (Vollmer und Frohnenberg 2014, S. 12).

Neben einer Vielzahl an Instrumenten zur Förderung der Arbeit und Beschäftigung von Menschen mit Behinderung gibt es die Möglichkeit, bestimmte Leistungen zur Teilhabe am Arbeitsleben und Maßnahmen (im Sinne SGB IX) zu nutzen (Eikötter und Küstermann 2014, S. 275). Im Allgemeinen lassen sich die Leistungen zur Teilhabe am Arbeitsleben in Leistungen

- an Menschen mit Behinderung gemäß SGB IX § 49 (buzer.de o. J.b),
- an Arbeitgeber entsprechend § 50 (ebd.) und
- an Werkstätten für behinderte Menschen nach § 56 (buzer.de o. J.b) unterteilen.

Menschen mit Behinderung haben Anspruch auf berufliche Rehabilitation. Im Rahmen der beruflichen Rehabilitation können Rehabilitanden und Rehabilitandinnen:

- die Hilfen zum Erlangen eines Arbeitsplatzes (§ 49 Absatz 3, Nr. 1) erhalten,
- Leistungen zur Aktivierung und beruflichen Eingliederung (§ 49 Absatz 3, Nr. 1) beantragen,
- eine Berufsvorbereitung mit anschließender beruflicher Grundausbildung (§ 49 Absatz 3, Nr. 2) sowie
- eine individuelle betriebliche Qualifizierung (§ 49 Absatz 3, Nr. 3) in Anspruch nehmen (ebd.).

Außerdem besteht die Möglichkeit, sich beruflich anzupassen, weiterzubilden und einen schulischen Abschluss nachzuholen (SGB IX § 49 Absatz 3, Nr. 4). Auch eine betriebliche oder überbetriebliche Berufsausbildung (§ 49 Absatz 3, Nr. 5) ist vorgesehen, sofern diese noch nicht erreicht ist. Die berufliche Rehabilitation sieht ebenso die Inanspruchnahme eines Gründungszuschusses nach SGB III vor (§ 49 Absatz 3, Nr. 6). Nebenbei können sonstige Hilfen wie beispielsweise die Bereitstellung eines Beförderungsdienstes wahrgenommen werden (§ 49 Absatz 3, Nr. 7) (ebd.).

Die Aufgabe des Übergangssystems und vor allem des Übergangsmanagements besteht primär darin, vorhandene Möglichkeiten auszuschöpfen. Dabei fällt insbesondere die produktive Verzahnung aller beteiligten Bildungsakteure und -akteurinnen ins Gewicht: Die involvierten Einrichtungen, wie Kammern, Ämter, Agenturen und Unternehmen sind auf Basis des rechtlichen Rahmens angehalten, die schulisch-beruflichen Übergänge zu optimieren.

In der Regel werden Leistungen der beruflichen Rehabilitation durch die zusätzlichen Leistungen der medizinischen, psychologischen sowie pädagogischen Hilfen (SGB IX § 49 Absatz 6) ergänzt (ebd.).

Um eine entsprechende geeignete und sozialversicherungspflichtige Beschäftigung zu erlangen, können behinderte Menschen mit einem besonderen Unterstützungsbedarf eine unterstützte Beschäftigung beanspruchen, welche in eine betriebliche Qualifizierung (§ 49 Absatz 3 (3)) unter Betreuung eines Jobcoachs und bei Bedarf in eine Berufsbegleitung untergliedert ist (ebd.).

Eine derartige systematische Unterstützung von Menschen mit Behinderung wird während des Übergangsprozesses und darüber hinaus begleitet und kann zu guten Teilhabeergebnissen beitragen und prekären Übergangsverläufen vorbeugen.

Eine betriebliche Qualifizierung beginnt mit der unterstützten Arbeitsplatzsuche und einer betrieblichen Erprobung während des Einstiegs, geht in die Einarbeitung und Qualifizierung über und endet mit der Stabilisierungsphase, die eine nachhaltige Beschäftigung absichern soll. Wird eine Berufsbegleitung bedarfsorientiert notwendig, soll mittels gezielter Unterstützung in Krisensituationen bzw. Trainings etc. das bereits bestehende Arbeitsverhältnis gesichert werden (Eikötter und Küstermann 2014, S. 271).

Erklären sich Arbeitgeber und Arbeitgeberinnen bereit, einen Menschen mit Behinderung auszubilden und/oder einzustellen, wird ihnen die Möglichkeit eingeräumt, je nach Bedarf folgende Zuschüsse einzufordern:

- Ausbildungszuschüsse zur betrieblichen Ausführung von Bildungsleistungen (SGB IX § 50 Absatz 1 Nr. 1),
- Eingliederungszuschüsse (§ 50 Absatz 1 Nr. 2),
- Zuschüsse für Arbeitshilfen im Betrieb (§ 50 Absatz 1 Nr. 3) und
- Leistungen für teilweise oder volle Kostenerstattung für eine befristete Probebeschäftigung (buzer.de o. J.b).

Für Schwerbehinderte gelten im Rahmen des Schwerbehindertenrechts Sonderregelungen, die der Förderung zu deren Beschäftigung dienen. Zu diesen besonderen Regelungen zählen die Ausführungen zum besonderen Kündigungsschutz (SGB IX § 50

Absatz 4 Nr. 1 und 2), die Integrationsfachdienste (§ 50 Absatz 6 Nr. 9 und § 193 Absatz 1), die Integrationsprojekte gemäß §§ 132 ff. (buzer.de o. J.c) und die Ausgleichsabgabe nach §§ 77 ff. (buzer.de o. J.b).

In Anlehnung an Hensen sind die Werkstätten die „bekannteste und wohl am häufigsten genutzte Einrichtung der beruflichen Rehabilitation für Menschen mit Behinderung [...]. Leistungen in anerkannten *Werkstätten für behinderte Menschen* werden erbracht, um die Leistungs- oder Erwerbstätigkeit der behinderten Menschen zu erhalten, zu entwickeln, zu verbessern oder wiederherzustellen, die Persönlichkeit dieser Menschen weiterzuentwickeln und ihre Beschäftigung zu ermöglichen oder zu sichern (§ [56] SGB IX)“ (Eikötter und Küstermann 2014, S. 272).

Sobald Menschen mit Behinderung eine Ausbildung abgeschlossen oder sich in einen Beruf oder eine Tätigkeit eingearbeitet haben und in die Lage versetzt werden, ein Mindestmaß an wirtschaftlich brauchbarer Arbeitsleistung zu erbringen, ist eine Werkstatt verpflichtet, die betroffenen Personen gemäß § 56 SGB IX aufzunehmen. Während des Eingangsverfahrens wird drei Monate lang überprüft, ob die jeweilige Werkstatt der geeignete Arbeitsort für die behinderte Person ist und welche Tätigkeit übernommen werden kann. Darauf aufbauend wird versucht, während einer maximal zwei Jahre dauernden Berufsausbildung die Leistungs- oder Erwerbsfähigkeit möglichst weit zu entwickeln, zu verbessern oder wiederherzustellen. Anschließend wird die Entscheidung getroffen, ob die behinderte Person entweder vorläufig oder auf Dauer in bestimmten Arbeitsbereichen der Werkstatt eingesetzt werden kann. (buzer.de o. J.b)

Die Werkstätten bieten den Menschen mit Behinderung laut Hensen (et al. 2014) eine „faktisch ausschließliche und alternativlose Beschäftigung“ (ebd., S. 272). Dies widerspricht den Rechtslegungen der UN-BRK (ebd.) und macht Nachbesserungen zwingend.

Da die genannten Förderleistungen in dem einen oder anderen Maß der Umsetzung der UN-BRK-Forderungen dienen können, sollen diese auch weiterhin wahrgenommen, beachtet bzw. genutzt werden.

Manche Autorinnen und Autoren, so etwa N. und U. Schuster (2013, S. 23), bezeichnen die in der UN-Konvention niedergeschriebene Rechte als die zur Inklusion beitragende Grundlage, welche die Konkretisierung von „bestehenden Menschenrechte[n] für die Situation und Belange von Menschen mit Behinderung [anbietet] und staatliche Verpflichtungen festlegt“ (Eikötter und Küstermann 2014, S. 242).

Anhand von normativen Vorgaben des Rechtsrahmens der Inklusion wird der Logik gefolgt, dass unsere Gesellschaft und das Schulsystem verpflichtet sind, sich den Bedürfnissen von behinderten Menschen anzupassen. Stattdessen erfolgt die Integration dieser Zielgruppe auf allen sozialisierenden Ebenen innerhalb der Gesellschaft (Wrase 2015, S. 41). Demzufolge sind Menschen mit Behinderung indirekt gezwungen, sich auf die bestehenden gesellschaftlichen Normen und die Gegebenheiten von Bildungssystemen einzustellen. Dieses Realitätsparadox in Deutschland, in dem anstatt der Umsetzung der Inklusion die gesellschaftliche oder schulsystemische Integration der Zielgruppen mit besonderen Bedürfnissen erfolgt, steht dem zur

Inklusion beitragenden Gesetz entgegen und fordert zum Umdenken auf (N. und U. Schuster 2013, S. 23).

Bereits seit 2009 ist das zur Inklusion beitragende Zustimmungsgesetz (vom 21. Dezember 2008) infolge der Unterzeichnung der UN-BRK (2009) zu „ein[em] verbindliche[n] Bestandteil der deutschen Rechtsordnung im Rang eines Bundesgesetzes geworden (Art. 59 Abs. 2 S. 1 GG)“ (Eikötter und Küstermann 2014, S. 239).

Das gezielte Bestreben nach Verwirklichung von Grundfreiheiten beginnt mit der Handlungsorientierung auf die folgenden allgemeinen Grundsätze

- der Nichtdiskriminierung (Artikel 3 b) und der Chancengleichheit (ebd. e),
- der gesellschaftlichen Teilhabe und Einbeziehung (ebd. c),
- der geschlechtsspezifischen Gleichberechtigung (ebd. g) und
- der Achtung der Fähigkeits-/Kompetenzentwicklung von Kindern und Jugendlichen mit Behinderung sowie
- der Achtung des Rechtes auf das Aufrechterhalten ihrer Identität (ebd. h) (BGBL – Bundesgesetzblatt 2008 II, S. 1424).

Mit der UN-BRK-Ratifikation und dem Unterzeichnen des Übereinkommens seitens Deutschland wurden auch internationale und innerstaatliche[6] Überwachungsinstitutionen und Verantwortliche für die Unterstützung der UN-BRK-Verwirklichung ebenso wie für den Einsatz bei individuellen Beschwerden festgelegt (Fakultativprotokoll[7] zum UN-BRK Artikel 1). Können gravierende oder systematische Verletzungen nachgewiesen werden, wird ein Untersuchungsverfahren eröffnet. Nach der Überprüfung von Beschwerdeergebnissen werden diese dem jeweiligen Vertragsstaat übermittelt. Innerhalb von sechs Monaten nach dem Eingang der Ergebnisse ist der Vertragsstaat verpflichtet, wiederum seine Stellungnahme einzureichen und im Weiteren aktiv mitzuwirken. Bei einer Verletzung von Rechten eines behinderten Menschen sollen Sanktionen in Kraft treten oder Entschädigungsansprüche erfüllt werden (Netzwerk Menschenrechte 2013).

> „Um die Zielsetzungen der UN-BRK planvoll und strukturiert, d. h. in der Abstimmung der Ziele aufeinander, umsetzen zu können, bedarf es für die jeweilige Ebene der Erstellung detaillierter und übersichtlich strukturierter Aktionspläne“ (Jacobs 2013, S. 46).

Bereits im Jahr 2013 wurden in den meisten Bundesländern Aktionspläne zur Umsetzung der UN-BRK entworfen. Durch die Entwicklung von Aktionsplänen wird die Entstehung einer nachhaltigen solidarischen Kultur erwartet. Doch selbst die besten Aktionspläne laufen ohne aktive Ausgestaltung ins Leere. Nur die Gestalter und Gestalterinnen einer inklusiven Wirklichkeit, sowohl im Bildungs- als auch im Arbeitsbereich, sind die entscheidenden Erfolgsfaktoren aller Aktionspläne (Jacobs 2013, S. 46, 55).

6 Zu den innerstaatlichen Anlaufstellen gehören: Deutsches Institut für Menschenrechte (DIMR), Bundesministerium für Arbeit und Soziales (BMAS), Inklusionsbeirat mit vier Fachausschüssen (1) Gesundheit, Pflege, Prävention, Rehabilitation; 2) Freiheits- und Schutzrechte, Frauen, Partnerschaft, Familie und Bioethik; 3) Arbeit und Bildung; 4) Mobilität, Bauen, Wohnen, gesellschaftliche Teilhabe, Information und Kommunikation) und Antidiskriminierungsstelle des Bundes (ADS) (Eikötter & Küstermann 2014, Tabelle 2, S. 246).

7 Rechtsgrundlage für die Beschwerdeverfahren

Im Bildungswesen sind Reformen im Zuge der UN-BRK unvermeidbar. Angelehnt an Powell (2011) verschaffen Blanck, Edelstein und Powell (2014) insofern einen Überblick über die Veränderungsprozesse.

> „In Deutschland gibt es nach wie vor massive Reformhindernisse, ist doch das Sonderschulwesen hierzulande gesellschaftlich tief verwurzelt. Weltweit ist die Institutionalisierung sonderpädagogischer Fördersysteme auf sehr unterschiedlichen Entwicklungspfaden verlaufen: So gibt es in den nordischen Ländern inklusive Gesamtschulsysteme, in vielen Ländern Kontinentaleuropas, darunter Deutschland, binär strukturierte Systeme mit allgemeinen [Schulen] und Sonderschulen und zunehmend, wie in den USA, Systeme mit einem Kontinuum unterschiedlicher Organisationsformen zwischen schulischer Segregation und vollständiger Inklusion." (Blanck, Edelstein und Powell 2014, S. 98)

Infolge aktueller Reformen des Sonderschulwesens in Deutschland haben sich die Beschäftigten dieses Bereiches unterschiedlich positioniert. Einige der sonderpädagogischen Professionellen halten an der Überzeugung fest, dass nur am Förderschulort in homogenen Lerngruppen durch entsprechend qualifizierte Sonderpädagogen und Sonderpädagoginnen ein angemessener und erfolgversprechender Umgang mit behinderten Kindern und Jugendlichen gewährleistet werden kann. Daran entsprechend ist das Interesse der sonderpädagogischen Akteure zum Fortbestehen des Sonderschulwesens geknüpft (ebd., S. 98 f.).

> „Deren Auflösung wäre für sie zunächst mit beruflichen Veränderungen und daher mit Unsicherheiten verbunden, die unter anderen ihre Arbeitsbedingungen und Besoldung betreffen. Als Sachverständige sind sie eine mächtige Akteursgruppe, die ihre professionellen Überzeugungen und ihre bislang im Wesentlichen auf die Erhaltung des Sonderschulwesens ausgerichtete beruflichen Interessen sehr vielen Jahrzehnten politisch wirksam artikuliert hat." (ebd., S. 99)

Andere sind der Meinung, dass die angestrebten Reformen sehr viel Aufwand bzw. zusätzliche Kosten mit sich brächten. Nicht nur rechtliche Grundlagen und Diagnoseverfahren zur Feststellung des Förderbedarfs erfordern eine Revision, sondern alle pädagogischen Praktiken erfordern Anpassungen. Während sonderpädagogische Lehrkräfte auf den allgemeinbildenden Bereich vorbereitet werden sollten, empfiehlt sich für die allgemeinbildenden Lehrkräfte, sonderpädagogische Kompetenzen zu erwerben und sich für inklusive Aspekte zu sensibilisieren (Blanck, Edelstein und Powell 2014, S. 98 f.).

Es ist schwer vorherzusagen, welche „weiteren Folgen die UN-Konvention für das Bildungssystem in Deutschland mittel- und langfristig haben wird" (ebd., S. 103). Sehr viel hängt davon ab, wie die deutsche Rechtsprechung das Wort „Inklusion" anstelle „Integration" auslegt. Weiterhin besteht eine wesentliche Abhängigkeit darin, „ob daraus ein individueller Rechtsanspruch auf gemeinsamen Unterricht an allgemeinen Schulen abgeleitet wird" (ebd.).

Damit die inklusiven Schulreformen gelingen und somit die UN-BRK-Verpflichtungen umgesetzt werden können, bedarf es insbesondere „eine(r) systematische(n) und langfristig angelegte(n) Strategie zur Überwindung bestehender Reformhindernisse“ (ebd., S. 104).

In Anlehnung an Poscher et al. (2008, S. 24 f.) führt das Prinzip der Inklusion neben den Auswirkungen auf das Recht (zum Beispiel der Kindertageseinrichtungen und des Schulwesens) in Deutschland zu den entscheidenden Veränderungen auf allen Bildungssystemebenen (Wrase 2015, S. 41, 44).

Bildung unterliegt nach wie vor den Entscheidungen auf der Länderebene (GG Artikel 30, 70 Absatz 1) (Bundesamt für Justiz o. J.a). Daher existieren in den einzelnen Bundesländern eigene Landesschulgesetze (Eikötter und Küstermann 2014, S. 255).

Heutzutage sieht man in Regelschulen viele Kinder und Jugendliche mit Behinderung, die mit ihren Mitschülern und Mitschülerinnen ohne Behinderung gemeinsam ihrer allgemeinen Schulpflicht nachgehen, ohne ausgesondert und auf eine Förderschule verwiesen zu werden. In diesen Regelschulen findet eine inklusive Bildung mit einigen Integrationselementen statt, die sich an der Berücksichtigung von besonderen Bedürfnissen von Schülern und Schülerinnen mit Behinderung erkennen lässt. Darüber hinaus werden während mancher Unterrichtseinheiten viele Kinder und Jugendliche gesondert in homogenen Gruppen betreut (Eikötter und Küstermann 2014, S. 237 f.).

Ein besonderes Augenmerk gewinnen die Rechtsrahmen für das Behindertenrecht im Bereich der Berufsbildung und im Arbeitsprozess.

> „Jugendliche, die eine betriebliche Ausbildung anstreben, werden insbesondere nach dem Berufsbildungsgesetz (BBiG) und der Handwerksordnung (HwO) ausgebildet. Beide Normen bieten Rahmenbedingungen in Form von Nachteilsausgleichen, die Jugendliche mit Behinderungen die Möglichkeiten eröffnen sollen, engen qualifizierten und anerkannten Berufsabschluss im dualen System zu erlangen.“ (Ramm 2017, S. 1)

Zukünftig soll bei der Betrachtung der beruflichen Ausbildung in Deutschland für Menschen mit Behinderung (nach § 64 BBiG) „die Ausrichtung an einer anerkannten Berufsausbildung und an betrieblichen Praxisphasen favorisiert“ (Zoyke und Vollmer 2016, S. 18, S 29) werden. Scheint dieses Ziel kaum umsetzbar zu sein, soll wenigstens eine inhaltliche bzw. von den anerkannten Ausbildungsberufen abgeleitete Orientierung der angebotenen Berufsvorbereitung bzw. beruflichen Bildung stattfinden (Zoyke und Vollmer 2016, S. 18).

> „Dies zeigt sich insbesondere in den Ausbildungsregelungen für Jugendliche mit besonderer Art und Schwere der Behinderung gemäß § 66 Berufsbildungsgesetz und § 42 m Handwerksordnung – den Fachpraktikerberufsausbildungen – oder bei der Reform der beruflichen Bildung in den Werkstätten für behinderte Menschen (vgl. Neugebauer/ Bauer).“ (Ebd.)

Kann ein Nachteilsausgleich (§ 65 BBiG) nicht angewendet werden, soll die oben genannte theoriegeminderte Fachpraktiker-Ausbildung auf der Basis von Ausbildungsregelungen durch die zuständige Stelle auf Antrag von behinderten Menschen oder deren gesetzlichen Vertretern und Vertreterinnen erarbeitet werden. Sofern ein Nachweis zu der Ausbildungsmöglichkeit des jeweiligen Antragstellers oder der jeweiligen Antragstellerin in dem ausgewählten Ausbildungsgang eingereicht ist, sind die Empfehlungen des Hauptausschusses des Bundesinstituts für Berufsbildung bei der Entwicklung einer Fachpraktiker-Ausbildung zu beachten. Auch die inhaltliche Ausgestaltung soll von der Arbeitsmarktlage ausgehen, die Entwicklungstendenzen am Arbeitsmarkt berücksichtigen und die Grundlagen des jeweiligen anerkannten Ausbildungsberufes aufweisen (Zoyke und Vollmer 2016, S. 29).

Nebenbei können ausbildungsbegleitende Hilfen (AbH) bzw. Zuschüsse an Auszubildende sowie Betriebe beansprucht werden. Ist eine Berufsausbildung unter Gewährung des Nachteilsausgleichs nicht erreichbar, kann beispielsweise eine Arbeitsförderung oder unterstützte Teilhabe von Menschen mit Behinderung im Rahmen der beruflichen Rehabilitation beantragt werden:

> „Auch das BBiG und die HwO eröffnen mit ihren Sonderregelungen in § 66 BBiG bzw. § 42 m HwO die Ausbildung in sog. Fachpraktikerberufen, in begründeten Ausnahmefällen aufgrund von Art und Schwere der Behinderung." (Ramm 2017, S. 1)

Leider erfolgt die Ausbildung in Fachpraktikerberufen überwiegend außerbetrieblich in den Berufsbildungswerken und nur manchmal in Betrieben (Zoyke und Vollmer 2016, S. 18).

> „Obwohl mit dem Bundesteilhabegesetz (BTHG) ab 01.01.2018 die Einführung einer Leistungsgruppe zur Teilhabe an Bildung geplant ist, vermögen diese Leistungen wahrscheinlich kaum, auch bedingt durch den eingeschränkten Trägerkreis, auf die berufliche duale Ausbildung zu wirken. Wie bereits angedeutet, sollte zukünftig kritisch überprüft werden, ob die Chance zur Annäherung an den inklusiven Arbeitsmarkt durch das mögliche Instrument ‚Budget für Ausbildung' nicht vertan wurde." (Ramm 2017, S. 3)

Eine Ausbildung bzw. Beschäftigung von Menschen mit Behinderung in Sondereinrichtungen ist im Sinne der UN-BRK nicht erwünscht. Die bisher vielfach faktisch nachgewiesene Alternativlosigkeit einer Ausbildung und anschließender Beschäftigung von Betroffenen in sogenannten Werkstätten für behinderte Menschen[8] der Behindertenwerke, Berufsbildungswerke oder Berufsförderungswerke etc. soll ausnahmsweise als eine notwendige angemessene Vorkehrung erfolgen. Vielmehr sollen Menschen mit Behinderung in den allgemeinen Arbeitsmarkt aufgenommen werden (Eikötter und Küstermann 2014, S. 237 f.).

Oftmals wird auch infrage gestellt, ob jede Art von Behinderung bzw. diagnostizierter Beeinträchtigung in der Rechtsprechung der BRK wahrgenommen bzw. angewendet wird.

8 Die Eingliederung der Abgänger und Abgängerinnen einer WfbM in den ersten Arbeitsmarkt bedarf einer tiefgreifenden Analyse der Bedingungen für das Gelingen im Übergangsprozess. Einen Umkehrschluss hierzu können empirische Befunde der misslungenen Übergänge ermöglichen. Die untersuchte Zielgruppe erfuhr mehrere Diagnostiken ihrer Beeinträchtigungen und erhielt auf dieser Grundlage die Unterstützung des Rehabilitationssystems.

> „Die Definition der BRK verzichtet bewusst auf einen Rückgriff auf medizinische Normen und damit zusammenhängende Festlegungen von Normabweichungen (vgl. Bernstorff 2007, S. 1048). Auch die mit Blick auf Art. 1 BRK vielfach gebrauchte Bezeichnung als medizinisch-soziales Behinderungsmodell erscheint infolgedessen als zu eng (vgl. auch Welti 2010, Rn. 20 ff.). Wie Art. 1 BRK etwa durch die ausdrückliche Nennung der intellecutal impairments erkennen lässt, schließt die BRK vielmehr auch solche Beeinträchtigungen psychologischer bzw. seelischer Natur mit ein, die nicht die engen WHO-Klassifikationen erfüllen (vgl. auch Rux 2009, S. 222 f.).“ (Wrase 2015, S. 52)

Dies betrifft vor allem diagnostizierte Beeinträchtigungen in den Förderbereichen Lernen und sozial-emotionaler Entwicklung (Wrase 2015, S. 52 f.). Im Zuge der Auseinandersetzung mit der UN-BRK wurde festgestellt, „dass Menschen nicht nur durch gesundheitliche Einschränkungen von Funktionsfähigkeit und Aktivitäten behindert sind, sondern auch durch gestaltbare Kontextfaktoren behindert werden“ (Welti 2011, S. 55). Als „gestaltbare Kontextfaktoren“ bezeichnete Welti die entscheidenden persönlichen Faktoren von Menschen mit Beeinträchtigung und die Einflussfaktoren aus ihrer Umgebung.

Sowohl in der UN-BRK als auch im Sozialgesetzbuch zur Rehabilitation und Teilhabe behinderter Menschen (SGB IX) sowie im Bundesteilhabegesetz (BTHG aus 2016) spielen die Teilhabe als der grundlegende Ansatz und die Zielsetzung sowie das davon abgeleitete Teilhaberecht die zentrale Rolle (Bartelheimer et al. 2020, S. 6 f.). Das nächste Kapitel soll nicht nur zum Teilhabeverständnis beitragen und den Teilhabebegriff zu den zusammenhängenden Begriffen wie Partizipation, Inklusion und Integration in Beziehung setzen, sondern auch den Überblick über die weiteren Teilhabebereiche nach Bartelheimer und Henke (2018) sowie Bartelheimer et al. (2020) verschaffen.

3.3.2 Teilhabe von Jugendlichen und jungen Erwachsenen mit Förderbedarf

Nicht nur die Menschen ohne Behinderungen, sondern auch die Menschen mit Beeinträchtigungen haben den Wunsch, chancengleich zu leben, selbstbestimmt die Entscheidungen zu treffen, eine eigene Familie zu gründen, soziale Beziehungen zu haben und einen Lieblingsberuf je nach eigenem Talent auszuüben. Die förderbedürftigen Menschen, die sich bewusst oder auch unbewusst dazu entscheiden, eigene Ziele zu verfolgen, sind automatisch in bestimmte Lebenssituationen einbezogen und erfüllen somit ihr Teilhabebedürfnis. Sind förderbedürftige Menschen lange Zeit auf Teilhabeleistungen angewiesen, fällt es ihnen möglicherweise schwerer, selbstständig zu handeln und Hilfe zur Selbsthilfe zu initiieren.

Um ein Verständnis von Teilhabe zu erreichen, soll eine umfassende Analyse des Teilhabebegriffes durchgeführt werden. Laut Lexikon zur beruflichen Teilhabe wird unter der Teilhabe die Beteiligung des Menschen in einer Lebenslage verstanden (Institut der deutschen Wirtschaft Köln, REHADAT 2020a). In Anlehnung an Beck (2013, S. 5; Beck et al. 2018) impliziert der Teilhabebegriff den Rechtsanspruch und Leistungsausgleich unter der Perspektive der umfassenden Beteiligung. Teilhabe bedingt soziale Zugehörigkeit und soziale Stellung von Individuen und Menschengruppen.

Dabei prägen zwischenmenschliche Beziehungen innerhalb der Gesellschaft das Verhältnis zu Partizipation, Integration oder Inklusion (Bartelheimer et al. 2020, S. 49).

Der Ansatz der Partizipation nimmt die Auswirkungen hochkomplexer gesellschaftspolitischer Impulse in den Blick. Er geht davon aus, dass „gesellschaftliche und soziale Gegebenheiten durch das Individuum selbst formbar und gestaltbar sind" (ebd. 2020, S. 50). Außerdem wird Partizipation in Anlehnung an Scheu und Autrata (2013, S. 266 f.) als eine vielversprechende und erfüllbare Chance betrachtet, die im Sinne der „Horizonterweiterung" durch handelnde Subjekte identifiziert und gebraucht werden soll. Dieses soll nicht nur der Bildung des Bewusstseins dienen, sondern auch zur Steigerung der Motivation und Handlungsbereitschaft beitragen und zum selbstbestimmten Handeln befähigen (Bartelheimer et al. 2020, S. 51).

Der Partizipationsbegriff nimmt seinen Ursprung in politischen Zusammenhängen. Wie die Idee der Teilhabe baut er auf das demokratische Grundprinzip auf und richtet sich dabei sowohl auf der gesellschaftlichen wie auch auf der unternehmensbezogenen Ebene auf das Beteiligungssubjekt aus (ebd., S. 49).

Während Teilhabe vordergründig Menschen betrachtet und ihnen die unterschiedlichen Chancen der Lebensführung bietet, beabsichtigt der Inklusionsprozess nicht nur den Aufbau bzw. Umbau von bestehenden handlungspraktischen Strukturen, sondern gleichermaßen die Ausgestaltung neuer, inkludierender Architekturen und den Abbau überkommener, exkludierender Strukturen. Dementsprechend erhalten gesellschaftliche Mitglieder Möglichkeiten, in unterschiedliche gesellschaftliche Systeme, Teilsysteme, verschiedene Institutionen und Organisationen oder auch in Gruppen etc. miteinbezogen zu werden (Bartelheimer et al. 2020, S. 52 f.).

Obwohl das Verständnis der Integration deutliche Unterschiede gegenüber dem Teilhabe- und Inklusionsbegriff darstellt, werden diese Begriffe ins Verhältnis miteinander gebracht und häufig auch synonym verwendet.

Während Teilhabe und Partizipation auf Individuen fokussiert sind und sich Inklusion mit der Ausgestaltung von Systemen beschäftigt, zielt Integration neben der Systemintegration als Zusammenhalt sozialer Einrichtungen auf die Sozialintegration im Hinblick auf die zwischenmenschlichen Beziehungen und Handlungen von betroffenen Personen in ihrem sozialen Umfeld. Im Vergleich zur Inklusion richtet sich die Integration neben der Fokussierung auf das Subjekt nicht auf die Anpassung von System bzw. der gesellschaftlichen Teilhabebedingungen, sondern auf die Anpassung von förderbedürftigen Menschen und deren Eingliederungsprozess in die bestehenden und neuen Systeme und Strukturen etc. (ebd., S. 54 f.) Jedoch geht es auch in Bezug auf Integration immer wieder um die Teilhabe von betroffenen Menschen.

In Anlehnung an Bartelheimer et al. kann die Teilhabe zu dem theoretischen Konstrukt der Lebenslage in dem Wohlfahrtansatz, zu dem Befähigungskonzept der Wohlfahrt- oder Lebensqualitätsmessung und zum theoretischen Konstrukt der Leistung bzw. Leistungsfähigkeit sowie zu den Verwirklichungschancen Bezug nehmen (ebd., S. 20 ff.).[9]

9 Eine vertiefte Auseinandersetzung mit den genannten theoretischen Modellen würde den Rahmen dieser Arbeit sprengen.

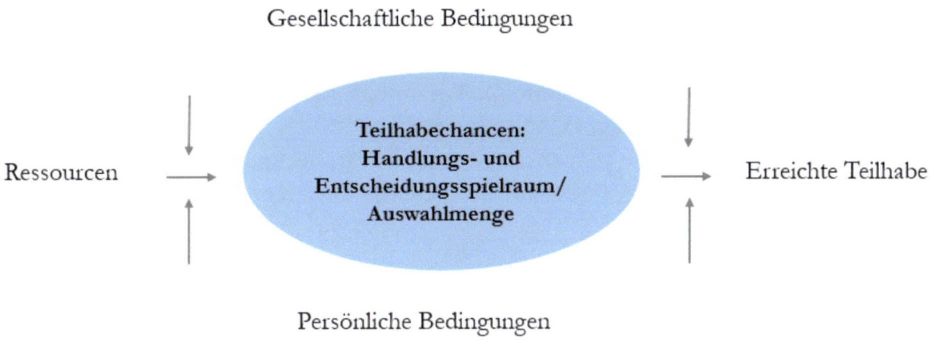

Abbildung 2: Wie Teilhabe entsteht – ein Grundmodell (Bartelheimer und Henke 2018, S. 17 sowie Bartelheimer et al. 2020, S. 32, eigene Darstellung)

In Anlehnung an Abb. 2 hängt die von einer Person beabsichtigte Teilhabe einerseits von den vorhandenen Ressourcen dieser Person ab. Andererseits ist es entscheidend, ob die vorhandenen gesellschaftlichen Strukturen inklusiv ausgestaltet oder physisch für die förderbedürftigen Personen unzugänglich oder durch soziale Ausgrenzungsmechanismen eingeschränkt sind. Diese Ressourcen tragen häufig einen materiellen Charakter und äußern sich in strukturellen Gesellschaftsbedingungen und in persönlichen Voraussetzungen, die „von körperlichen Funktionen über erworbene Eigenschaften wie z. B. Bildungsstand und Fertigkeiten bis zu den Präferenzen, Werthaltungen und Informationen reichen“ (Bartelheimer et al. 2020, S. 32) können.

Während Menschen ohne Behinderung zielgerichtet und überwiegend barrierefrei ihre Teilhabe erreichen, „wird eine Person mit gesundheitlichen Einschränkungen in einer durch Barrieren geprägten Umgebung für vergleichbare Teilhabeoptionen mehr Ressourcen einsetzen müssen“ (ebd.). Auf dieser Grundlage können Menschen nach der Einschätzung ihrer Chancen aus den zugänglichen Teilhabemöglichkeiten wählen. Entsprechend der Logik von Bartelheimer et al. gelingt die Teilhabe immer dann, wenn die teilhabenden Subjekte in die beabsichtigten, für sie wichtigen Lebensbereiche gelangen und dies mit ihrer Lebensweise vereinbaren können (Bartelheimer et al. 2020, S. 32 f.).

> „Erst eine biografische Perspektive kann zeigen, wie Teilhabeeinschränkungen und gelingende Teilhabe über die Lebensphase hinauswirken, in der sie erlebt werden, wie Benachteiligungen oder Vorteile im Lebensverlauf kumulieren und wie sich Spielräume der Lebensführung erweitern oder verengen. Es kommt daher auf die zeitliche Ordnung von Optionen, Wahlentscheidungen und Teilhabeergebnissen an – in einzelnen Lebensphasen und über den gesamten Lebensverlauf.“ (ebd., S. 36)

Diese Deutungsweise von Bartelheimer et al. entspricht der Logik dieses Forschungsprojektes. Gerade auf Basis der episodisch-biografischen Lebensgeschichten von Menschen mit Förderbedarf erfolgt im empirischen Teil der Arbeit die Analyse der schulisch-beruflichen Übergangseinschränkungen und gelingenden Teilhabebedingungen an den Übergängen Schule – Beruf. Diese Teilhabeereignisse koppeln sich im Laufe des Lebens, und je nachdem wie erfolgreich die Teilhabebarrieren überwunden werden, wird die Lebensführung des Subjekts erweitert oder eingeschränkt. Sowohl in den einzelnen Lebensabschnitten als auch über den gesamten Lebensweg hängt vieles von der zeitlichen Chancenabfolge, Wahlmöglichkeiten, getroffenen Entscheidungen und teilhabebezogenen Handlungsergebnissen ab.

Schuntermann (2009) ist davon überzeugt, dass in Bezug auf die Aktivitäten beispielsweise von betroffenen Personen die Teilhabe mit „Leistungen" grundlegend gleichgestellt werden kann.

> „Die Dominanz des Aktivitätenkonzepts zeigt sich auch in der Ausdifferenzierung der ICF-Komponente ‚Aktivitäten/Teilhabe', in der neun Lebensbereiche unterschieden werden:
> 1. Lernen und Wissensanwendung,
> 2. Allgemeine Aufgaben und Anforderungen,
> 3. Kommunikation,
> 4. Mobilität,
> 5. Selbstversorgung,
> 6. Häusliches Leben,
> 7. Interpersonelle Interaktion und Beziehungen,
> 8. Bedeutende Lebensbereiche,
> 9. Gemeinschafts-, soziales und staatsbürgerliches Leben" (Bartelheimer et al. 2020, S. 22).

Die genannten Lebensbereiche koppeln sich und treffen aufeinander (Deutscher Bundestag 2018, S. 84 f.). Anhand dieses Konzepts kann nachverfolgt werden, inwieweit die förderbedürftige Person sich in dem jeweiligen Lebensbereich beteiligt und welche Teilhabeleistungen für ihre Unterstützung erforderlich sind.

Derzeit können aus dem soziopolitischen Diskussionsgebrauch des Teilhabebegriffs und den konzeptionellen Zusammenhängen die folgenden sieben Kernkomponenten der Teilhabe abgeleitet werden (s. Abb. 3).

Wie bereits angedeutet, stellt die Teilhabe den Zusammenhang zwischen dem jeweiligen Subjekt und strukturellen, gesellschaftlichen sowie sozialen Bedingungen dar. Hierbei lässt sich eine interaktive Wechselwirkung erkennen (ebd., S. 43). Je nach Handlungsfeld und Lebensbereich kann die Teilhabe im Bildungs- und Beschäftigungsbereich sowie im gemeinschaftlichen Leben nach Kastl (2017, S. 236) als eine positive Mitbeteiligung oder nach Bartelheimer et al. „als positive Norm" (2020, S. 15) begriffen werden.

Das Teilhabekonzept weist eine Subjektorientierung auf und kann die Erklärungsansätze der gesellschaftlichen Kontextbedingungen liefern. Im Spannungsfeld zwischen Mikro- und Makroebene der Teilhabe verfolgt der Teilhabeansatz unterschiedliche Chancen der selbstbestimmten Lebensweise. Die gesellschaftliche Teilhabe bringt Anerkennungschancen mit sich und kann durch aktiv handelnde Subjekte erlangt werden. Aktiv handelnde Personen identifizieren eigene Bedürfnisse, analysieren Chancen und Ressourcen und treffen aufgrund der Wahlmöglichkeiten Entscheidungen. Sie erschließen, definieren und verwirklichen ihre Ziele. In diesem Zusammenhang tritt die Erreichbarkeit der Teilhabe in den Vordergrund (Bartelheimer et al. 2020, S. 44 f.).

Abbildung 3: Sieben wesentliche Kernelemente des Teilhabebegriffs nach Bartelheimer et al. (Bartelheimer et al. 2020, S. 43 ff., eigene Darstellung)

Der Teilhabebegriff zeichnet sich durch die Mehrdimensionalität aus.

> „Die konkrete Dimensionierung von Teilhabe kann nicht endgültig aus dem Teilhabebegriff selbst abgeleitet werden (vgl. Engels 2006, S. 6). Das heißt, aus dem Begriff selbst ergibt sich nicht unmittelbar, welche Lebensbereiche für Teilhabe wichtig sind." (Bartelheimer et al. 2020, S. 46)

Jedoch soll der Teilhabebegriff einerseits alle denkbaren gemeinschaftlichen Lebensbereiche beleuchten und andererseits deren Dimensionen in ein Verhältnis zueinander bringen. Darüber hinaus können Bedingungen von unterschiedlichen Lebensbereichen im Gegensatz zueinander stehen. Deswegen ist es von großer Bedeutung für die betroffenen Personen, die eigene Lebensweise mit konfliktbehafteten Lebensbereichen in Einklang zu bringen (ebd.).

Der Teilhabebegriff steht im Zusammenhang mit dem Leitkonzept der sozialen Gerechtigkeit. Im Sinne „gleichberechtigter Teilhabe" und von „Teilhabegerechtigkeit" treten schützende Spielräume der Teilhabe, alternative Wahlmöglichkeiten und Umsetzungschancen in den Vordergrund.

> „Alle sollen die Möglichkeit haben, sich für die Optionen der Lebensführung, für Handlungspraktiken zur Verfolgung von Interessen zu entscheiden." (ebd.)

Dabei geht es nicht um die gleiche Lebensweise, sondern um eine ausgeglichene Aufteilung der Erreichbarkeitsräume über Optionsmöglichkeiten unter dem Ausdruck der Anerkennung der menschlichen Vielfalt (ebd.).

Als ein gesellschaftlich politischer Grundgedanke zielt die Teilhabe auf die Aktivierung bzw. Mobilisierung des Lebens jeder einzelnen Person entsprechend der eigenen Sichtweise im Sinne der Gleichberechtigung, Anerkennung und Mitbestimmung (Schäfers und Wansing 2020, S. VII). Darüber hinaus handelt es sich darum, „dass Menschen mit Behinderungen Zugang zu gesellschaftlich anerkannten Lebensmöglichkeiten haben. Leistungen zur Teilhabe sollen dafür Ressourcen vermitteln, Benachteiligungen vermeiden und Barrieren abbauen. Dabei wird Teilhabe in Beziehung gesetzt mit Selbstbestimmung und statt einer beschützenden Versorgung wird die Unterstützung einer individuellen Lebensführung in den Mittelpunkt gestellt" (Bartelheimer et al. 2020, S. 8).

Das Teilhabekonzept ist facettenreich und bezieht sich im Hinblick auf Menschen mit Förderbedarf auf mehrere Lebensbereiche und Situationen.

Die Teilhabeforschung beschäftigt sich interdisziplinär mit den verschiedenen Lebenslagen und Lebensbereichen von Menschen, deren Teilhabe eingeschränkt ist (Schäfers und Wansing 2020, S. VII), und verweist im Rahmen der Rehabilitation und Behindertenhilfe auf gesellschaftspolitische Handlungsfelder wie Grundsicherung und Beschäftigungsförderung, Wohnungslosenhilfe, Migration und Flucht sowie Kinder- und Jugendhilfe (Bartelheimer et al. 2020, S. 1 ff.).

Um ein menschenwürdiges Leben zu führen, sind viele erwerbsfähige und auf allumfassende Unterstützung angewiesene Menschen mit Behinderung auf die Leistungen der Grundsicherung nach SGB II angewiesen. Einer allseitigen Hilfe zur Selbsthilfe (im Sinne der Arbeitsförderung gemäß SGB II) bedürfen viele erwerbsfähige Menschen, um den Übergang in eine Beschäftigung erreichen zu können. Diese erwerbszentrierte Grundannahme deutet darauf hin, dass die eigenständige, finanziell sichernde Teilhabe auf Bildungsaktivitäten und sicherer Wohnlage bzw. auf dem Gesundheitszustand beruht und im Rahmen der Grundsicherung kaum möglich ist. Demgemäß – und in Anlehnung an Reis und Siebenhaar (2015) – ist es zielführend, die Teilhabe von förderbedürftigen Menschen in allen Teilhabebereichen umfassend zu fördern (Bartelheimer et al. 2020, S. 9 f.).

Über die soziale Teilhabe wird häufig im Kontext der Langzeitarbeitslosigkeit bzw. Erwerbsunfähigkeit gesprochen (ebd.). Das Handlungsfeld des SGB II bzw. die soziale Teilhabe und die Frage nach dem Unterstützungsumfang der Selbstbestimmung und Eigenbeteiligung der erwerbsunfähigen Hilfebedürftigen beim Erlangen der Teilhabe werden nach wie vor kontrovers diskutiert.

Starke Stigmatisierung wegen Misserfolgen und ständiger Anpassungsdruck von Menschen mit Förderbedarf führen häufig dazu, dass die Betroffenen eigene Ansprüche, berufliche Bildung und Beschäftigung aufgeben und mit ihren Teilhabeversuchen aufhören. In diesem Fall erfolgt in Anlehnung an Ginnold (2008, S. 180) eine Verlagerung der Teilhabeversuche auf andere erwerbsunabhängige, haushaltsnahe, kultur- und freizeitbezogene Lebensbereiche etc. So konnte zum Beispiel Orthmann (2005, S. 139) zeigen, wie lernbehinderte Förderschulabsolventinnen ihr Interesse allein auf die Mutterrolle konzentrierten, um ihre eigenen Bedürfnisse zu befriedigen (Ginnold 2008, S. 180).

Da es im Rahmen dieser Arbeit um Menschen mit den Förderschwerpunkten Lernen und geistige Entwicklung geht, soll in den folgenden Kapiteln diskutiert werden, ob diese Zielgruppe den Behinderungsbegriff der BRK erfüllt und die Konventionsrechte beanspruchen kann (Wrase 2015, S. 52 f.). Bevor diese Frage geklärt wird, bedarf es einer Auseinandersetzung mit der Wahrnehmung von zu inkludierenden potenziellen Risikogruppen – bestehend aus Menschen mit Behinderung und Menschen mit besonderem Förderbedarf.

3.4 Inklusion von potenziellen Risikogruppen mit Behinderungen

3.4.1 Inklusion im Kontext von zugeschriebener Behinderung

Um die Orientierung im Alltagsleben aufrechtzuerhalten, sind Individuen stets bemüht, so schnell wie möglich begründete Zuordnungen zu treffen und Einordnungen vorzunehmen. Begegnen sie einem Menschen zum ersten Mal, beginnen sie automatisch, das Gegenüber nach erlebten Dingen und bestehenden Normen zu bewerten. Dabei spielt beispielsweise das Geschlecht der Person eine Rolle. Kann hier nicht eine eindeutige Zuordnung getroffen werden, so kommt es zu Irritationen. Es wird also versucht, komplexere soziale Konstellationen zu reduzieren, anstatt eine Heterogenität anzuerkennen.

Nach Boban und Hinz (2008, 2009a) ist es deswegen kein Zufall, dass „Inklusion im deutschen wie im internationalen Kontext von vielen Autoren und Autorinnen vorschnell mit Beeinträchtigung und Behinderung in Zusammenhang gebracht" (Hinz 2012, S. 1) wird.

> „Dass dies durch die Ratifizierung der UN-Konvention für die Rechte von Menschen mit Behinderungen verstärkt wird, ist einerseits produktiv, weil es die Diskussion verstärkt und im Bildungsbereich auch deutlich verändert – von der Frage des Ob zur Frage des Wie –, andererseits wird die Gefahr der Verengung und der ‚Sonderpädagogisierung' der Inklusion damit größer" (ebd.).

Die vielfältigen Diskurse über Inklusion und somit über „teils synonym, teils differenziert verwandte Be- bzw. Zuschreibungen wie Behinderung, Benachteiligung, Beeinträchtigung, Störung, sonderpädagogischer Förderbedarf etc." (Zoyke und Vollmer 2016, S. 8) lassen sich als eine soziale Konstruktion der Beziehung zwischen individueller Förderbedürftigkeit und dem gesellschaftlichen Umgang mit ihr begreifen. All diese Begriffe lassen sich „als soziale Konstruktion der Wechselbeziehung zwischen individueller Beeinträchtigung und dem gesellschaftlichen Umgang mit ihr" (ebd.) erklären. Werning und Baumert (2013, S. 146) gingen davon aus, dass Inklusion nicht an Menschen mit Behinderung etc. gebunden werden kann, jedoch an den Lernorten des Bildungssystems anknupft (Zoyke und Vollmer 2016, S. 8). Hierbei sind Zugänglichkeit, Individualisierung, Anschlussfähigkeit und Durchlässigkeit die wichtigsten Indikatoren einer inklusiven Berufsbildung (ebd.).

Die Zuschreibung von Sondermerkmalen der Menschen erfolgt in verschiedenen Kontexten und kann bezogen auf das Bildungssystem sowohl bestimmte spezifische Maßnahmen vorsehen als auch einige gesonderte Leistungsansprüche definieren (Zoyke und Vollmer 2016, S. 33).

Zu den genannten spezifischen Maßnahmen zählen die schulischen und außerschulischen Bildungsgänge des Übergangssystems und berufsvorbereitende Übergangsmodelle ohne beruflich qualifizierte Abschlüsse. In solche Übergangsverläufe geraten Benachteiligte und vor allem Menschen mit Behinderung.

Wansing und Westphal sind der Meinung, dass Behinderung auch als Resultat politisch-rechtlicher Strukturen bzw. Praktiken erklärt werden kann. (Wansing und Westphal 2014, S. 17) In Anlehnung an BRK (Präambel, e) betonen die Autoren und Autorinnen eine stärkere Berücksichtigung kontextuell bedingter Faktoren und begreifen den Behinderungsbegriff als eine Benachteiligungsform (BGBL – Bundesgesetzblatt 2008, II, S. 1420).

> „Die internationale ‚Classification of Functioning Disability and Health (ICF)' operationalisiert in ihrem bio-psycho-sozialen Modell von Behinderung Kontextfaktoren, die den gesamten Lebenshintergrund eines Menschen umfassen, nämlich sowohl Umweltfaktoren (materielle, soziale und einstellungsbezogene Faktoren) als auch Personenfaktoren (z. B. Geschlecht, Alter, Migrationserfahrungen, ethnische Zugehörigkeit, Bewältigungsstile)" (Wansing und Westphal 2014, S. 19).

Bei der Umsetzung der Teilhabe von betroffenen Personen können die gegebenen Kontextfaktoren sowohl ressourcenreich und somit förderlich als auch hinderlich sein. Das DIMDI – Deutsches Institut für medizinische Dokumentation und Information (2010, S. 22) charakterisiert die Entstehung einer Behinderung als „das Ergebnis oder die Folge einer komplexen Beziehung zwischen dem Gesundheitsproblem eines Menschen und seinen personenbezogenen Faktoren einerseits und den externen Faktoren, welche die Umstände repräsentieren, unter denen das Individuum lebt, andererseits" (Wansing und Westphal 2014, S. 19). Um die Teilhabe der beeinträchtigten Menschen zu verwirklichen, die bestehenden Barrieren abzubauen und Diskriminierung in allen gesellschaftlichen Bereichen zu vermeiden, sollen neben der menschlichen Vielfalt unterschiedliche Beeinträchtigungen und deren Bedeutung sowie alle zeitlich, materiell und soziokulturell bedingten Folgen berücksichtigt werden (ebd.).

Da eine Behinderung als eine subjektive Bestimmung betrachtet werden kann, ist kein Zusammenhang mit nur individuellen Eigenschaften von Menschen mit Behinderung ersichtlich (ebd.). Kommt eine festgestellte Behinderung infolge einer Zuschreibung zustande, kann die Eindeutigkeit der jeweiligen Diagnose infrage gestellt werden (Zoyke und Vollmer 2016, S. 33).

Außerdem können die Zuschreibungen abhängig vom Hintergrund und Aufgabenbereich der zuschreibenden Einrichtungen völlig unterschiedliche Ergebnisse liefern. Damit lässt sich nach der Autorengruppe Bildungsberichterstattung (2014, S. 179) der bundesweit schwankende Schüleranteil mit dem diagnostizierten sonderpädagogischen Förderbedarf erklären. So wurden etwa in den Jahren 2012 und 2013 zum Beispiel in Mecklenburg-Vorpommern über 10 Prozent aller Schüler und Schülerinnen Förderschulen zugewiesen, während in Rheinland-Pfalz lediglich bei rund 5 Prozent ein Förderbedarf diagnostiziert wurde (Zoyke und Vollmer 2016, S. 33).

> „Dass es sich um Zuschreibungen handelt, wird auch daran deutlich, dass mit der Ausdifferenzierung des Systems der Förderung von behinderten Menschen ganz unterschiedliche Typologien von Behinderung zum Einsatz kommen. So entwickelten sich im schulischen System unterschiedliche Förderschwerpunkte (Lernen, emotionale und soziale Entwicklung, geistige Entwicklung, körperliche und motorische Entwicklung, Sehen, Hören, Sprache), im Bereich der Berufsbildungswerke werden die Rubriken Lern-, Körper-, Sinnes-, psychische, geistige und Mehrfachbehinderung unterschieden (vgl. Niehaus u. a. 2012, S. 56; Seyd und Schulz 2012, S. 78).“ (Zoyke und Vollmer 2016, S. 33)

Bei der Feststellung des sonderpädagogischen Förderbedarfs in einem oder mehreren Förderschwerpunkten werden die betroffenen Persönlichkeiten in ihrer Kompetenz und in ihren Entwicklungsmöglichkeiten meistens unterschätzt. Werden Kompetenzen von Kindern und Jugendlichen „nicht oder unzureichend erkannt bzw. anerkannt“ (Ziemen 2013, S. 23), wird die Entwicklung von Betroffenen durch die entstandene Stresssituation massiv beeinflusst und ihre Zukunftsperspektiven verstellt.

Zurzeit lassen sich zwei Kategorien der Inklusion im engeren Sinne in der deutschsprachigen Literatur nach wie vor identifizieren. Man wird entweder als „behinderte Person“ oder „nichtbehinderte Person“ erachtet. Diese konstruierte Unterscheidung nähert sich dem Ordnungsprinzip und befördert die Diskussionen über Normalität oder Anomalität, über die Vertrautheit oder Fremdheit (Langner 2015, S. 16).

Die genannten Unterscheidungen durch Langer lassen es zu, den Inklusionsbegriff durch die Behinderung als weitere Kategorie zu erweitern:

> „Mit Behinderung als Konstrukt wird der Fokus auf den Prozess der Benachteiligung gelegt [...]. Dieser Prozess beschreibt ein Behindertwerden und Behindern, der als solcher notwendigerweise mit der Analyse der Praktiken/Diskurse/Interaktionen, die Behinderung herstellen und mit dem Wechselspiel von Inklusion und Exklusion in unterschiedlichen Bereichen [...] verbunden ist.“ (Langner 2015, S. 23)

Ziemen versteht den Behinderungsbegriff als ein sozial konstruiertes und stetig reproduziertes Produkt, das in „Denk-, Wahrnehmungs- und Handlungsschemata“ sowie im Selbstverständnis von Menschen wiedergefunden werden kann (Ziemen 2013, S. 59).

Je nachdem wie eine Behinderung verstanden und interpretiert wurde, konnte eine Zuschreibung in Bezug auf eine oder mehrfache Beeinträchtigungen erfolgen. Diese Aussonderung behinderte vor allem in der Vergangenheit den Regelschulbesuch von Menschen mit etikettierter Behinderung und ließ meist nur eine Sonder- oder Förderschulkarriere zu. Die behindernden Konsequenzen für die berufliche Zukunft der Betroffenen werden noch während der Schulzeit vorweggenommen. Darüber hinaus erfolgen die schulisch-beruflichen Übergänge der förderbedürftigen

Menschen meist prekär und zeichnen sich durch berufsbildungsbezogene bzw. betriebliche Zugangsbarrieren auf dem Weg zum ersten Arbeitsmarkt aus.

Wie bereits angedeutet, existieren unterschiedliche Ansätze zum Verständnis von Behinderung. Im Folgenden sollen diese Ansätze überblicksmäßig dargestellt und in Zusammenhang mit der Zielgruppe des Forschungsprojektes gebracht werden.

3.4.2 Der Behinderungsbegriff

3.4.2.1 Ansätze des Behinderungsbegriffs unter dem Aspekt der Ausbildungs- und Beschäftigungsteilhabe

In Deutschland unterscheidet der Gesetzgeber nicht nach Art oder Gruppe der Behinderung, sondern unternimmt den Versuch, den Behinderungsterminus universell zu definieren. Ziel ist es, die verschiedenen Arten von Behinderung zu berücksichtigen und vielfältigen Lebenswirklichkeiten, wie sie insbesondere in Interaktion mit der Umwelt zustandekommen, Rechnung zu tragen. Das SGB IX nach BTHG § 2 Abs. 1 (BUZER.DE o. J.d), das 2016 verabschiedet wurde, beschreibt Behinderung daher wie folgt:

> „Menschen mit Behinderungen sind Menschen, die körperliche, seelische, geistige oder Sinnesbeeinträchtigungen haben, die sie in Wechselwirkung miteinstellungs- und umweltbedingten Barrieren an der gleichberechtigten Teilhabe an der Gesellschaft mit hoher Wahrscheinlichkeit länger als sechs Monate hindern können. Eine Beeinträchtigung nach Satz 1 liegt vor, wenn der Körper- und Gesundheitszustand von dem für das Lebensalter typischen Zustand abweicht. Menschen sind von Behinderung bedroht, wenn eine Beeinträchtigung nach Satz 1 zu erwarten ist." (BUZER.DE o. J.c)

Das Alltagsverständnis dessen, was unter einer Behinderung zu verstehen ist, dreht sich im weitesten Sinne um ein medizinisches Modell, das nach verschiedenen Indizes zu klassifizieren sei (Vollmer und Frohnenberg 2014, S. 61), wie etwa ICD-10[10] (Bundesinstitut für Arzneimittel und Medizinprodukte 2020) und DSM-5[11] (American Psychiatric Association 2015).

> „In Anknüpfung an den amerikanischen Philosoph Christopher Boorse weist beispielsweise Thomas Schramme [2003, S. 68] darauf hin, dass es so etwas gibt wie Funktionsnormen, die sich aus dem gattungstypischen Körperbau, aus anatomischen Strukturen und physiologischen Prozessen gleichsam ablesen lassen und damit so etwas wie Maßstäbe für ‚medizinische Normalität' liefern" (Kastl 2010, S. 57).

Demnach sei eine Behinderung eine gesundheitliche Beeinträchtigung. Kastl stellt jedoch fest, dass das „medizinische Modell" der Behinderung nicht genügend begründet werden kann (Kastl 2010, S. 48). Er betont, dass bei der Betrachtung von Behinderung die Unterscheidung von impairment und disability eine entscheidende

10 10. Revision der internationalen statistischen Klassifikation der Krankheiten
11 5. Auflage des diagnostischen und statistischen Leitfadens psychischer Störungen

Rolle spielt. Dabei bezieht sich impairment nach Oliver (1996, S. 35) auf eine objektive Schädigung der anatomischen Struktur oder des physischen Prozesses. Disability bedeutet hingegen eine Einschränkung der Aktivität und den damit verbundenen allgemein nachteiligen sozialen Status. Dieses Verständnis hat mit physischer Konstitution nur wenig gemein, sondern betrachtet Behinderung allein als eine Folge sozialer Unterdrückung (Kastl 2010, S. 49).

Durch diese Logik inspiriert, entstand im Rahmen der Aktion Sorgenkind (Anfang der 90er-Jahre) der deutsche Slogan „Man ist nicht behindert, man wird behindert" (Kastl 2010, S. 49). Weiterführend diskutiert Kastl, dass die Betroffenen eher „durch etwas bei etwas behindert" (ebd., S. 127) werden. An der Stelle hinterfragt Kastl das Vorhandensein einer Behinderung. Er ermutigt alle für eine Feststellung der Behinderung verantwortlichen Akteure zum kritischen Hinterfragen von „gesellschaftliche[n] Deutungen und Konstruktionen von Behinderung" (Kastl 2010, S. 127). Auf diese Weise versucht er, die Zuschreibung einer Behinderung zu vermeiden, um die daraus entstehenden Konsequenzen zu verhindern. Die festgestellte, allerdings in der Realität vermeintliche Behinderung kann für die Bildungs- und Berufsbiografie der betroffenen Person schwerwiegende Folgen haben und sich sowohl in dem abweichenden Verhalten von Menschen verfestigen als auch in den Zugangsbarrieren zu einer Berufsausbildung und zu einer darauffolgenden Beschäftigung widerspiegeln.

Zu klären bleibt allerdings, was eine Behinderung eigentlich ist, wenn diese „weder ‚Krankheit' noch ‚Barriere'" (Kastl 2010, S. 115) ist. In Anlehnung an Altman (2001, S. 97) und Degener (2006, S. 1) ist „eine einheitliche Definition der Behinderung [...] weder in der internationalen Gesetzgebung noch in der Wissenschaft vorhanden" (Schoenberg 2013, S. 13). Darüber hinaus sind die Konzepte und Theorien, die Behinderung als medizinisches, soziales oder wirtschaftliches Problem erklären, sehr unterschiedlich (Schoenberg 2013, S. 14). Um ein umfassendes Verständnis von Behinderung zu erhalten, sollte eine Verbindung von sozialwissenschaftlichen und medizinischen Sichtweisen mit der Erfahrungsperspektive von betroffenen Menschen berücksichtigt werden (Kastl 2010, S. 115). Dabei ist es notwendig, nicht nur bestimmte Ursachen für mögliche Abweichungen und Zusammenhänge von funktionellen Schädigungen und Behinderung zu beachten, sondern auch den Grad der Abweichung und Operationalisierungsfähigkeit zu betrachten (Schoenberg 2013, S. 14).

> „Denn die Behinderung ist zwar auch, aber eben nicht *ausschließlich* eine Funktion der Schädigung. Sie tritt in Interaktion mit allen Lebensbedingungen und kann von daher eine zeitliche und biographische Dynamik beziehen.
>
> Behinderung wäre so gesehen im Unterschied zu Krankheit idealtypisch eine Kategorie des Leben-Könnens, nicht eine des Sterben-Müssens. Mit Behinderungen *kann* man leben, an Krankheit *muss* man – letztlich – sterben." (Kastl 2010, S. 118)

In dem Zusammenhang kann die Behinderung als eine bestehende oder erst entstandene Lebensordnung beschrieben werden. Bei einer solchen Lebensordnung kann von außen eine professionelle Unterstützung hinzugezogen werden, die nach bestimmten Kernaufgaben ausdifferenziert werden kann. Denkbar wären medizinische

Aktivitäten zur Behandlung und Heilung akuter oder chronischer Erkrankung(en). Ein anderes Aufgabengebiet läge bei Pflegediensten, die Betroffene bei der Bewältigung des Alltags unterstützen. Außerdem könnten Menschen mit Behinderung im Rahmen der Pflegedienstleistung gefördert und gestärkt werden (Kastl 2010, S. 119 f.).

Aus der sozialwissenschaftlichen Perspektive des Behinderungskonstrukts nach Cloerkes (1997) in Anlehnung an Goffman folgt, dass Behinderung als eine Normalitätsabweichung und Andersartigkeit betrachtet sowie als Stigma erklärt werden kann (Langner 2015, S. 20). Cloerkes' Definition von Behinderung lautet folgendermaßen:

> „Eine Behinderung ist eine dauerhafte und sichtbare Abweichung im körperlichen, geistigen oder seelischen Bereich, der allgemein ein entschieden negativer Wert zugeschrieben wird. ‚Dauerhaftigkeit' unterscheidet Behinderung von Krankheit. ‚Sichtbarkeit' ist im weiteren Sinne das ‚Wissen' anderer Menschen um die Abweichung" (Cloerkes 2007, S. 8).

Kastl erweitert die Cloerkes´sche Definition von Behinderung um die Berücksichtigung eines gegebenen „schädigenden/pathologischen Prozess(es)" (Kastl 2010, S. 121). Dabei unterscheidet er eine Abweichung von einer Behinderung, welche einem pathologisch zugeschriebenen Prozess unterliegt und infolge sozialer Produktionen entstanden ist. Die meisten Schädigungen bzw. Behinderungen wurden durch solche Faktoren wie Umweltveränderungen, „armuts- bzw. ungleichheitsbedingte Mangel-, Risiko- und Belastungslagen" (ebd., S. 129 f.) gesellschaftlich verursacht.

Auch Degener (2006, Kapitel 2) stellt das soziale Konzept der Behinderung als Folge der sozialen Bedingungen dar. Er geht einen Schritt weiter und beschreibt eine Behinderung als eine komplexe Konstruktion, welche auf Aktivitäten und Kontexten des soziopolitischen Umfeldes (Bickenbach et al. 1999) beruht. Dabei verantworten die Ursachen einer Behinderung die sozialen Faktoren, welche keinen Zusammenhang zwischen funktionellen Schäden und einer Behinderung selbst aufweisen, diskriminierenden Charakter haben und daher schwer zu messen sind (Schoenberg 2013, S. 21 ff.).

Diskussionswürdig bleibt nach wie vor das gängigste Behinderungskonzept der Reha-Praxis im Sinne der International Classification of Functioning (ICF). Die von der Weltgesundheitsorganisation erstellte Klassifikation beschreibt nicht nur den funktionalen Zustand der Gesundheit und der Behinderung, sondern auch der Beeinträchtigung der sozialen Partizipation sowie der darauf Einfluss nehmenden umwelt-, personen- und kontextbezogenen Faktoren (Kastl 2010, S. 122 f.).

Die ICF befasst sich nicht nur mit medizinischen, sondern auch mit sozialen Aspekten. Dabei zieht die zugrunde liegende Definition der Behinderung nach ICF sowohl persönliche Merkmale wie auch den Gesundheitszustand oder die soziale Umgebung des Betroffenen in Betracht (Schoenberg 2013, S. 24).

> „Die ICF enthält nichts anderes als eine sehr umfangreiche und geordnete Auflistung biologisch-physischer, psychologischer und sozialer Funktionszusammenhänge und der auf diese Funktionszusammenhänge einwirkenden Faktoren. […] [E]inbezogen sind dabei auch kognitive und psychologische Funktionen wie etwa: Bewusstsein, Orientierung, Antrieb, Aufmerksamkeit, Wahrnehmen." (Kastl 2010, S. 122)

Autoren der ICF verwenden den Behinderungsbegriff als eine übergeordnete Bezeichnung für bestimmte funktions- und strukturdeterminierte Schädigungen sowie aktivitäts- und partizipationsbezogene Beeinträchtigungen (s. Abb. 4). Kastl weist darauf hin, dass Behinderung kein Oberbegriff für eine Schädigung, ein Gesundheitsproblem und gleichzeitig ein Teilhabeproblem sein könne. Unabhängig davon, ob eine Schädigung oder ein Gesundheitsproblem vorliegt, sind die Betroffenen mit einem Teilhabeproblem konfrontiert. (ebd., S. 124) Außerdem betont Kastl, dass Behinderung mit Blick auf die Anforderungsnormen für sich genommen noch keine Teilhabebarriere sein könne, jedoch nach einem gesellschaftlichen Barriere-Modell vorgestellt wird (ebd., S. 116).

Wird versucht, das IFC-Modell auf Menschen mit Lernbehinderung anzuwenden, erweist sich die Lernbeeinträchtigung der betroffenen Person als zentral. Menschengruppen mit einer leichten geistigen Entwicklungsstörung haben ebenso wie Menschen mit Lernbehinderung Schwierigkeiten die Lernaktivität aufrechtzuerhalten.

Unter Berücksichtigung sowohl individueller wie auch gesellschaftlicher Umweltfaktoren kann festgehalten werden, dass eine beruflich ungelernte Person kaum Möglichkeiten zur Teilhabe am ersten Arbeitsmarkt hat. Diese mangelnde Chance kann als eine Teilhabebarriere betrachtet werden. Der Logik in Abbildung 4 zufolge besteht die Aufgabe der Teilhabeplanung in der Identifikation von kontextabhängigen Förderfaktoren der jeweiligen Person. Im Rahmen der Analyse der kontextabhängigen Förderfaktoren sollten jene individuellen Unterstützungshilfen festgelegt werden, die Menschen mit Förderbedarf einen günstigen Übergang in den Arbeitsmarkt bzw. in das Berufsbildungssystem ermöglichen (Zelfel 2007, S. 206).

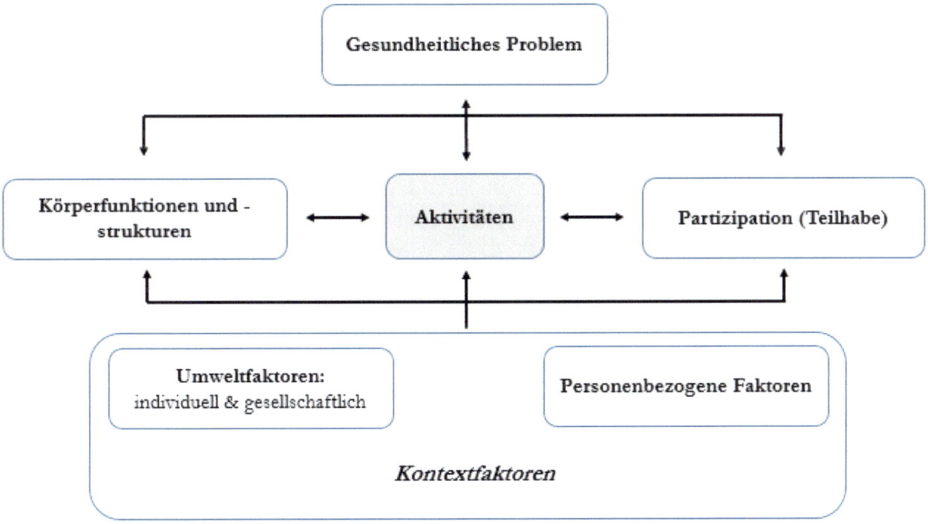

Abbildung 4: Komponenten der ICF nach WHO (2001, S. 23)

Unbestritten bleibt das Verständnis der ICF hinsichtlich einer Behinderung. Darunter versteht die ICF „eine komplexe relationale Wirklichkeit, [...(einen)] Interaktionseffekt eines schädigenden Prozesses mit der Gesamtheit der sozialen, ökonomischen, psychologischen Lebensbedingungen" (Kastl 2010, S. 125). Das ICF-Modell ermöglicht eine kritisch und analytisch unabhängige soziologische Betrachtung und damit die Feststellung, ob eine Behinderung wirklich vorliegt oder lediglich vermutet wurde. Der Fokus der Überprüfung liegt dabei auf der Ebene der komplexen Wechselwirkungen von Schädigung, Kompetenz, Anforderungen im Handlungsbereich und von sozialer Teilhabe. (ebd.)

Das ICF-Modell verfügt über ein optimales Deutungsmuster in Bezug auf das Behinderungsphänomen und identifiziert gleichzeitig seine Schwachstellen.

Zwar bietet ICF eine allgemein nachvollziehbare Basis für das Denken und Handeln bei der Planung der Teilhabe am Arbeitsleben, jedoch findet sie noch keine Anwendung in dem Bereich der beruflichen Rehabilitation. Nicht nur die einheitliche Fachsprache für die differenzierten Berufsgruppen, sondern auch die Prinzipien der Gleichberechtigung, des Nachteilsausgleichs und der Selbstbestimmung sind für die umfassende und bereichsübergreifende Förderung von Menschen mit Behinderung beim Übergang in eine berufliche Ausbildung und Beschäftigung unverzichtbar. Das ICF-Modell ist allerdings ein unzureichend standardisiertes Verfahren, weshalb das Modell an der praktischen Umsetzung scheitert. Einerseits ist es nicht ausreichend standardisiert, zeitaufwendig und hinsichtlich seiner Items nur ungenügend ausdifferenziert. Andererseits weist es Codierungsschwierigkeiten auf. Denn es beruht auf subjektiven Erweiterungen, denen es an fokussierten Assessment- bzw. Diagnoseinstrumentarien und Klassifizierungen von an Personen gerichteten Kontextfaktoren mangelt. Um diese Schwachstellen zu beheben, bedarf es einer Entscheidungsabfolge. Da die Entscheidungsgrundsätze immer noch unbestimmt bleiben, werden sie weiterhin diskutiert.[12] (Zelfel 2007, S. 201 ff.)

Bei der Betrachtung des Behinderungsbegriffes geht es sowohl bei dem ICF-Modell als auch im Sinne des sozialen Konstruktivismus um die Konstruktion der Wirklichkeit. Gemäß dem sozialen Konstruktivismus wird Behinderung als eine Konstruktion der Wirklichkeit verstanden, die nach Dederich (2009) einerseits beobachterbedingt ist und andererseits die Entwicklung eines „nicht defizitäre[n] Behinderungs- und Menschenbild[es]" (Langner 2015, S. 20) zum Ziel hat. Nach Jantzen trägt Behinderung keinen „naturwüchsige[n]" Charakter, sondern steht eher im Zusammenhang mit berufsbezogener Leistungskraft eines Individuums und kann „als ‚Arbeitskraft minderer Güte' (Jantzen 1987:30)" (Langner 2015, S. 21) definiert werden. Der gleichen Meinung ist Feuser: Behinderung versteht er als Produkt gesellschaftlicher, wirtschaftlicher bzw. sozialer Prozesse. Aufgrund psychisch, sozial und biologisch bedingter Beeinträchtigungen können die gesellschaftlichen Minimalerwartungen an die Entwicklung eines Individuums, seine Leistungsfähigkeit und Einsatzmöglichkeiten in Produktions- und Verbrauchsprozessen nicht erfüllt werden (Feuser 2001, S. 25 ff.). Die Ursachen für derartige Entwicklungen der betroffenen Personen sind

12 Ausführlichere Diskursergebnisse können in Hirschberg (2009, S. 299 ff.) nachverfolgt werden.

nach Feuser in der vorurteilsbasierten Vorenthaltung von Lerninhalten und Lernmöglichkeiten sowie in der ausgrenzenden sozialen Bindung der Betroffenen zu suchen. Sehr viel hängt davon ab, wie diese Personengruppe gesellschaftlich wahrgenommen wird und welches Umgangsformat sich daraus ergibt. Viele Entwicklungspsychologen kommen auf vergleichbare Erkenntnisse und betonen die Wichtigkeit des sozialen Austauschs (Feuser 2001, S. 25 ff.).

> „Lew Wygotski und Alexander Lurija und andere haben mit ihren Arbeiten zur Entwicklungspsychologie gezeigt, dass es für die menschliche Entwicklung des Dialogs mit anderen Menschen und mit der gegenständlichen Umwelt bedarf.“ (Langner 2015, S. 21)

Wygotski erklärt Behinderung als Ergebnis eines nicht gelungenen sozialpädagogischen Dialogs, „indem die individuellen Ausgangs- und Entwicklungsbedingungen nicht angemessen wahrgenommen werden und im Dialog auf ihnen nicht aufgebaut werden“ (ebd., S. 22) kann.

Zum kulturwissenschaftlichen Konstrukt von Behinderung gehören laut Foucault zwei entscheidende theoretische Erklärungsansätze: die Phänomenologie und die Diskurstheorie. Dederich (2009, S. 15 ff.) beschreibt die Phänomenologie als eine kulturbezogene Ordnungsform des Andersseins bzw. der oft körperbezogenen Fremdartigkeit. Im Rahmen der Diskurstheorie wird hingegen erforscht, ob Behinderung medizinisch geprägt ist und zum krankheitsbedingten Konstrukt erklärt werden könne oder als eine Normabweichung des jeweiligen Individuums zu verstehen ist. (Langner 2015, S. 22 ff.) Es sollte jedoch beachtet werden, dass Behinderung – ausgenommen bei Erkrankung – i. d. R. nicht behandelbar ist und unheilbar bleibt (Kastl 2010, S. 117, 120).

Die kulturwissenschaftliche Studie von Schönweise bietet „eine Typologie des Blickes auf Menschen mit Behinderung“ (Langner 2015, S. 23). Dabei hat sich eine Unterscheidung nach einem staunenden, medizinischen, vernichtenden, mitleidigen, instrumentalisierten und ausschließenden Blick auf Menschen mit Behinderung ergeben (ebd., S. 22 ff.).

Wird Behinderung als eine physische Realität betrachtet, so kann davon ausgegangen werden, dass betroffene Personen aus sich so gewachsen, geworden, entstanden sind und nicht gemacht wurden (Kastl 2010, S. 43 f.). Allerdings kann eine physische Behinderung auch infolge eines Unfalls hervorgerufen werden.

Kastl beschreibt Behinderung als eine Abweichung, die nicht festgelegt ist, negativ beurteilt werden könne und einen Körperbezug aufweist. Diese Abweichungen von Wahrnehmungs- und Verhaltensanforderungen sind durch Situationen und soziale Verallgemeinerung bedingt. Aufgrund eines beeinträchtigenden pathologischen Prozesses und dessen hinderlicher Auswirkungen sowie an Interaktion scheiternder Umweltbedingungen werden die gemeinten Abweichungen deutlicher. Behinderung erweist sich als eine relationale Wirklichkeit und hängt davon ab, ob das Individuum selbst und seine Umgebung bestimmte Abweichungen wahrnehmen, diese bewerten und ausdeuten können. Nicht nur der Umfang, die Gültigkeit und der Inhalt von Anforderungsstandards, sondern auch Schädigungsursachen und Diagnoseexperten spielen bei einer Behinderungszuschreibung eine wesentliche Rolle (Kastl 2010, S. 108).

Die soziologisch geprägte Behinderungsdefinition nach Kastl bietet eine Abgrenzung vom Benachteiligungs-, Kompetenz- und Krankheitsverständnis sowie dem Verständnis des Andersseins und lässt Übereinstimmungen mit allen erwähnten Aspekten und reibungslose Übergänge zu. Zwar führt in Anlehnung an Kastl eine zugeschriebene Behinderung zu einer allumfassenden Benachteiligung, bleibt jedoch von einem Schädigungsbezug und einer Körpergebundenheit weit entfernt (ebd., S. 115).

Dadurch, dass Krankheit in der Regel heilbar ist und Behinderung eine Beständigkeit aufweist, wird der Unterschied deutlich. Auch das Anderssein unter den Umständen einer fehlenden Schädigung ist eher ein heterogenes Merkmal als der Ausdruck einer Behinderung. (ebd.)

Aus Sicht der deutschen Soziologin Waldschmidt (2004, S. 368) hat Behinderung weniger mit dem Naturursprung, der vermeintlichen Objektivität, den Schädigungen oder Beeinträchtigungen medizinischer und biologischer Art, sondern eher mit dem gesellschaftlich bzw. kulturell bedingten Unterscheidungsmerkmal zu tun. Ihrer Meinung nach wird Behinderung infolge eines Herstellungsprozesses zugeschrieben und konstruiert. Behinderung ist für die Soziologin ein diffuser Oberbegriff für verschiedene körperbezogene und kognitive Merkmalsausprägungen, die das ausgrenzende Stigma eines sozialen Charakters, einer Anomalie und einer begrenzten Fähigkeit in sich tragen (Kastl 2010, S. 47).

Unabhängig davon, ob eine Schwerbehinderung oder eine einfache Beeinträchtigung vorliegt, bezieht sich eine Behinderung aus der Jobcoaching-Perspektive auf etwas sehr Persönliches. Beispielsweise setzt sich in einer Bewerbungssituation jede Person mit eigenen Stärken und Schwächen auseinander und wird sich der eigenen „ungeliebten" Eigenschaften bewusst. Wie alle anderen Menschen können behinderte Personen „ihre offensichtlichen Grenzen meistens nicht verbergen, manche wollen das auch gar nicht" (Hötten und Hirsch 2014, S. 37). Es wird gar nicht daran gedacht, dass menschliche Schwachstellen als Entwicklungschancen wahrgenommen werden könnten. Um diese Entwicklungschancen von betroffenen Personen zu unterstützen, ist es erforderlich, die Bedingungen für das Gelingen der erfolgreichen schulisch-beruflichen Übergänge zu erforschen, um den möglichen Ursachen eines misslungenen Überganges vorzubeugen.

> „Menschen, denen die Akzeptanz ihrer Unzugänglichkeiten und Einschränkungen gelungen ist, sind meistens eine Bereicherung für die Gemeinschaft. Das gilt auch in Betrieben." (ebd.)

Allerdings schreiben die gesellschaftlichen Mitglieder und Betriebsverantwortlichen dem überwiegenden Anteil von Menschen mit Behinderung durch ihr abweichendes Verhalten das persönliche Defizit in Form von mangelnden Kompetenzen zu (Frommberger 2010, S. 21 ff.), weshalb sie die meisten Versuche der Betroffenen verhindern, den Zugang zur regulären Berufsbildung und zum Arbeitsmarkt zu erlangen (Thielen, Katzenbach und Schnell 2013, S. 8).

Bevor die eigentliche Diskussion über die Übergangsverläufe von Menschen mit Förderbedarf in das Berufsausbildungs- und Beschäftigungssystem tiefergehend betrachtet wird, sollen im nächsten Kapitel der Zusammenhang zwischen dem Behinderungsbegriff und den stigmatisierenden Zuschreibungen, deren Entstehen sowie der Etikettierungsansatz erläutert werden.

3.4.2.2 Behinderung im Rahmen des Etikettierungsansatzes

Gesellschaften, die aus verschiedenen sozialen Gruppen bestehen, leben in aller Regel nach den von ihnen festgelegten Verhaltensregeln. Immer wieder werden sie versuchen, diese Regeln zu bestimmten Zeiten unter bestimmten Umständen und Situationen einzuhalten. In diesem Fall können die Verhaltensregeln als richtig oder falsch interpretiert werden (Becker 2014, S. 25). Menschen, die sich nicht an die Regeln halten und ein abweichendes Verhalten zeigen, unterscheiden sich von anderen sozialen Gruppen. Aufgrund des abweichenden Verhaltens und der Besonderheiten werden auch Menschen mit Behinderungen etikettiert.

Der Etikettierungsansatz wurde von Usarski als alternative Erklärung abweichender Verhaltensweisen (Devianz) einer Person oder Menschengruppe(n) beschrieben. Er führt den theoriegeschichtlichen Diskurs über Devianzsoziologie, die ihren Ursprung in den USA um 1960 nimmt und seither Gegenstand großer Kontroversen war. Usarski stellt die Devianzssoziologie als eine Art Antagonisten zu herkömmlichen Ansätzen vor: Dem interaktions- bzw. definitionsorientierten Ansatz stellt der den normativ-objektivistischen gegenüber (Usarski 2007, S. 1).

Mit der Wende zum Symbolischen Interaktionismus gegen Ende der 60er-Jahre wurde die Devianzsoziologie neu betrachtet. In Deutschland fand sie unter verschiedenen Bezeichnungen Eingang in die Wissenschaft: So ist die Soziologie abweichender Verhaltensweisen unter anderem bekannt als „Reaktionsansatz", „Prozessualer Ansatz", „Konstitutionsansatz", „Definitionsansatz" oder „Stigmatisierungsansatz". Am häufigsten wurde die Devianzsoziologie als „Etikettierungsansatz" oder als „Labeling Approach" bezeichnet (Usarski 2007, S. 1).

Gegenwärtig erreichte der Stand der Theorieentwicklung eine Nach-Labeling-Phase, die sich durch einen Wandel von Forschungsfragen und Schwerpunkten im Rahmen einer inhaltlichen Neuorientierung, neuer Perspektiven sowie einer Neukonzeptionierung bemerkbar macht (ebd.).

Die soziologische Herkunft der „Neuen Perspektiven" spiegelt sich „nicht nur in der kriminologischen Diskussion [...], sondern im größeren Umfang [der] soziologische[n] Literatur" (Rüther 1975, S. 22) wider. Zum zentralen Thema der Diskussion werden insbesondere

- soziologische Kriminalitätstheorien in Anlehnung an Haferkamp (1972) und Springer (1973),
- das Erklärungsmodell der Kriminalitätsverteilung von Sack gemäß dem prozessualen Interaktionsansatz,
- die Ausarbeitungen von Sacks Anhängern zur Erweiterung des Erklärungsmodells von Sack,

- die Theorie des abweichenden Verhaltens nach Wiswede (1973), Böhnisch und Lothar (1974, S. 313–319), Opp (1974),
- der Definitionsansatz des psychisch abweichenden Verhaltens von Keupp (1972, 1973 etc.),
- Beiträge zur Obdachlosenproblematik,
- Aufsätze zum Hinterfragen von Labeling-Thesen,
- theoretische Überlegungen zu abweichenden Karrieren von Jugendlichen von Cicourel und Kitsuse,
- zahlreiche Übersetzungen amerikanischer Labeling-Klassiker sowie
- die Theorie des abweichenden Verhaltens in der Kinder- und Jugendhilfe nach Krüger betrachtet (Rüther 1975, S. 22 f., 46 ff., 176 ff.).

Im Rahmen des devianzsoziologischen Paradigma-Wettbewerbs sind mehrere terminologische Vergleichspaarungen wie täter- versus normorientierter Ansatz, ätiologischer versus definitionsorientierter Ansatz, factor versus labeling approach oder ätiologisches versus Kontrollparadigma entstanden. Diese Paarungen veranschaulichen die bisherigen entgegengesetzten Konzepte des Etikettierungsansatzes und des gängigen Erklärungsmodells vom abweichenden Verhalten, weisen auf divergierende Herangehensweisen zu dem jeweiligen Objektbereich hin und betonen deren identitätsstiftende Merkmale aus unterschiedlichen Perspektiven (Usarski 2007, S. 1).

Die abwechslungsreiche Schwerpunktsetzung im Rahmen der devianzsoziologischen Forschung und deren vorangekommener Stand der Theorieentwicklung weisen darauf hin, dass der Etikettierungsansatz kein allgemeingültiges Theoriekonstrukt anbietet, sondern die theoretischen Überlegungen einzelner Devianzsoziologen in Hinsicht auf Abweichungsphänomene (ebd.) zusammenträgt, ohne dabei die selektive Meinungsvielfalt oder die Hinwendung zu bestimmten Einzelfragen zu verdrängen (Ferchhoff und Peters 1981, S. 8).

Da eine Behinderung im Gegensatz zum Normhandeln ein abweichendes Verhalten darstellt, kann sie auch als Abweichungsphänomen mit einem adaptiven Theoriekonstrukt gedeutet werden.

Statt das zu erforschende abweichende Verhalten invariant verbunden mit verschiedenen verursachenden Faktoren zu betrachten, soll entsprechend des neuen Ansatzes nach Keupp (1972, S. 162) und Schur (1969, S. 310) der gesamte Prozess vom Definieren zum Interagieren und darüber hinaus vom Reagieren auf entscheidende Verhaltensweisen und deren interaktive Auswirkungen wegweisend analysiert werden (Rüther 1975, S. 23). Dieser Ansatz ist „in eine allgemein-soziologische Diskussion eingebettet“ (Usarski 2007, S. 2), in der es um angemessene Rekonstruktion der sozialen Wirklichkeit geht und in welcher in Anlehnung an Wilson die erkenntnistheoretische Konfrontation des Normativen mit dem Interpretativen vorgenommen wird.

Als Vertreter des interpretativen Paradigmas übernahm Wilson die Schützsche Kritik an der normativen Soziologie insofern, als sie die Wirklichkeit der Alltagswelt als selbstverständlich annimmt und zu bewältigen versucht (ebd., S. 3). Dieses zugrunde liegende deduktive Erklärungsmodell ist lediglich in der Lage, bestimmte soziale Phänomene anhand ausschließlich materieller Sinnesdaten zu beschreiben, ohne bestimmte Bedeutungen zu erkennen, die von den jeweiligen Beobachter-Interpretationen abhängig sind.

Demzufolge wird die Gefahr identifiziert, dass eine anscheinend genügend begründete alltägliche Wirklichkeit ohne kritische Reflexion in sozialwissenschaftlichen Kategorien erfasst wird (ebd.). Die vorliegende qualitative Studie wird daher den Versuch unternehmen, immer wieder die alltägliche Realität der Menschen mit Behinderung auf theoretischer Ebene und anhand der gegebenen Interviews zu reflektieren.

Vertreter des interpretativen Paradigmas heben den Gesellschaftsbegriff hervor. Laut Berger und Luckmann wird das, was unter Gesellschaft verstanden wird, „im wechselseitigen Bezug interagierender Individuen erzeugt, tradiert und modifiziert, [... weshalb es] theoretisch immer rückführbar auf subjektiv sinnvolle Tätigkeiten miteinander kommunizierender Menschen bleiben [muss]" (Usarski 2007, S. 4). Soziale Phänomene sind somit nicht als real gegebene Phänomene einer wie auch immer gearteten Wirklichkeit anzunehmen. Vielmehr sind soziale Phänomene Teil einer objektbereichsbezogenen Wirklichkeit. Wirklichkeit ist somit nichts anderes als das Produkt einer kollektiven Bestimmung, die infolge von Bedeutungszuschreibung entsteht. Weicht das Verhalten eines bestimmten Handlungsmusters von einem zustande gekommenen Konsens ab, kann unter anderem von Beeinträchtigung oder Behinderung die Rede sein. Dabei betonen die Etikettierungstheoretiker, dass die Kategorien, auf denen die Verhaltensidentifikation beruhen, nicht automatisch in einer gegebenen Situation gelten, sondern in einer interpretierenden Weise auf die beobachteten Äußerungen angewandt werden sollten. Daher sollten die beobachteten Handlungen von den äußeren Deutungen dieser Handlungen getrennt werden. Obwohl diese Handlungsinterpretation als wesentliches Element des Erkenntnisprozesses ineinander verwoben ist, bleibt sie theoretisch diskriminierend. Gesellschaftsmitglieder können im Rahmen der Devianzerhebung in Bezug auf Behinderungsphänomene selbst als Abweichende (Menschen mit Behinderung) oder Konforme (Menschen ohne Behinderung) betrachtet werden (Usarski 2007, S. 4).

> „Im Sinne dieser theoretischen Prämissen erscheint ein gesellschaftlich wahrgenommenes Devianzphänomen als Ergebnis von Zuschreibungsprozessen, in deren Verlauf einzelnen Handlungen, ganzen Handlungsabläufen, Individuen oder sozialen Gruppen das Etikett ‚abweichend' verleihen wurde." (ebd., S. 5)

Um dieses Missverständnis zu kompensieren, wendet sich der Etikettierungsansatz zunehmend der Lebenswelt derer zu, die als Abweichler – die deviant Etikettierten – bezeichnet werden (ebd., S. 6). Auch in dieser Arbeit werden in Bezug auf den lebensweltorientierten Etikettierungsansatz die Menschen mit Förderbedarf als Abweichler oder auch als deviant Etikettierte herangezogen.

Im Rahmen des Labeling Approach-Ansatzes soll die individuelle Sicht des Subjekts bezogen auf sein eigenes abweichendes Verhalten eine innere Akzeptanz finden, um die Auswirkung nicht konformer Interpretationen von Seiten des Umfeldes auf sein soziales Handeln auszuschließen. Sowohl die Mitglieder der Gesellschaft im Alltag als auch die deduktiv orientierten Sozialforscher verweisen unreflektiert auf in der Praxis wirksame Definitionen von Abweichungen. Somit empfinden die Repräsentanten des neuen devianzsoziologischen Paradigmas die implizite Sympathie gegenüber den Rechtlosen und Benachteiligten. Das Paradigma zeigt sich offen, die Außenseiter zu verstehen, und verfolgt das Ziel, den Etikettierten (in dem Fall Menschen mit Behinderung) das gleiche Recht zuzuerkennen und von Andersdenkenden gehört zu werden (Usarski 2007, S. 6 f.).

Um eine vergleichbare gesellschaftliche Sensibilisierung zu erreichen und die heterogenitätsbezogenen Verhaltensabweichungen zu akzeptieren, ist es grundlegend wichtig, insbesondere Interaktionsprozesse und deren Ergebnisse aus dem interaktionistischen Blickwinkel zu betrachten.

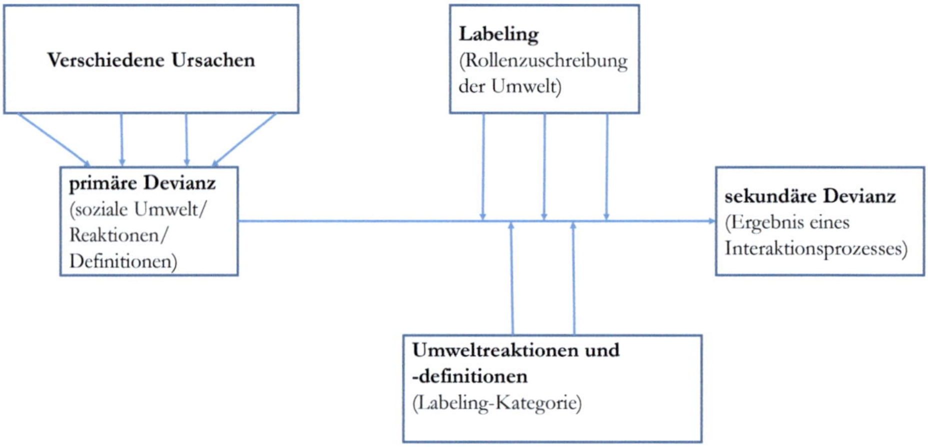

Abbildung 5: Die Abgrenzung der primären von sekundärer Devianz (eigene Darstellung, Rüther 1975, S. 29)

Der Labeling Approach-Ansatz unterscheidet das abweichende Verhalten in primär und sekundär. Während primäre Devianz sich mit der Ausarbeitung von gesellschaftlich akzeptierten Abweichungen beschäftigt, befasst sich das Konzept der sekundären Devianz mit der interaktionistischen Perspektive nicht akzeptierten Verhaltens (s. Abb. 5) (Ferchhoff und Peters 1981, S. 54 ff.).

Damit die negativen Auswirkungen des Etikettierungsprozesses vermieden werden können, ist es sinnvoll, sich mit dem Zustandekommen sekundärer Verhaltensabweichungen zu beschäftigen.

Lemert unterscheidet „‚sekundäre Abweichung', die als Folge gesellschaftlicher Reaktionen und Rollenzuschreibungen gesehen wird, von primären abweichenden Verhaltensweisen, die durch bestimmte Normen vordefiniert, in der Gesellschaft sehr verbreitet sind und die verschiedensten Ursachen haben können, die jedoch als nicht relevant und nachforschenswert angesehen werden" (Rüther 1975, S. 28).

Nach der primären Devianz bestimmt nur das soziale Umfeld durch seine Reaktionen und Definitionen, ob der betroffenen Person auch eine abweichende Rolle zugewiesen wird, die sie dann einnimmt und entsprechend handelt.

Der Grund für die entscheidende sekundäre Abweichung liegt ausschließlich in den Rollenzuschreibungen der Umwelt (labeling). Sie stabilisieren deviante Verhaltensweisen im dynamischen Interaktionsprozess, „in dem abweichende Rollen zugeschrieben und akzeptiert werden“ (Rüther 1975, S. 28).

Die Umweltreaktionen und -definitionen bilden eine Labeling-Kategorie und begründen somit das stabilisierte abweichende Verhalten (ebd., S. 28 f.).

Zu verhindern ist die Stabilisierung des abweichenden Verhaltens, die infolge der Umweltreaktionen bzw. Umweltdefinitionen eintritt und bei dem Betroffenen zur Selbstdefinition wird.

Tannenbaum, der „Umweltdefinitionen und -reaktionen“ (1938, 1951) als Ursachen eines abweichenden und kriminellen Verhaltens annimmt, verweist auf die andere Erklärungsnatur von physiologisch bzw. psychologisch bedingten Abweichungen (Rüther 1975, S. 27).

Lemert stellt die Abgrenzung der primären von sekundärer Devianz visuell etwas präziser dar (s. Abb. 6).

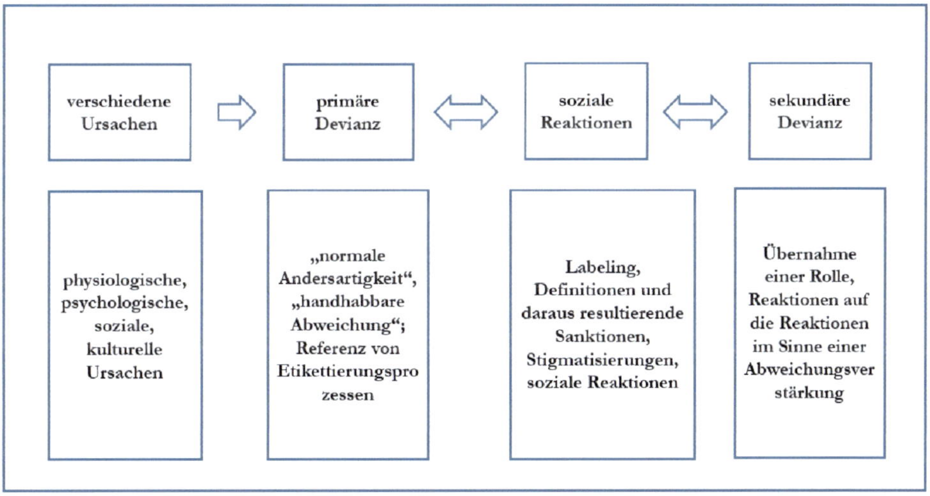

Abbildung 6: Primäre und sekundäre Devianz nach Edwin M. Lemert (eigene Darstellung, Kastl 2010, S. 186)

Wie bereits angedeutet, geht Lemert (1975, S. 432) davon aus, dass es viele verschiedene Ursachen für ein Verhalten geben kann, das in dem einen oder anderen Sinne gegen eine Norm verstößt und aus einer Fülle sozialer, kultureller, psychologischer und physiologischer Faktoren resultiert (Kastl 2017, S. 185).

Nach Lemerts (1975, S. 433) existieren zwei paradoxe Begriffe: ganz normale und unnormale Andersartigkeit. Die daraus resultierenden Probleme werden im Rahmen der übernommenen Zustandsbezeichnungen gemeinsam bearbeitet. Dies kann sowohl durch eine Verminderung der Abweichung erfolgen, indem man sie als normale Andersartigkeit (als ein sehr häufiges Phänomen) betrachtet, als auch durch mäßige Steuerung und Kontrolle, die die grundsätzlichen Kompromisse des gesellschaftlichen Miteinanders unwesentlich beeinflussen. Erkennbar ist dies am Beispiel des Einparkens mit dem Auto: Viele Menschen verletzen tagtäglich gesellschaftlich definierte Normen beim Parken. Somit erfüllen diese Menschen keine an Normen gekoppelte Verhaltenserwartungen und werden dafür gemahnt und/oder bestraft. In dem Fall wird der Status dieser Menschen erst mal nicht infrage gestellt und auf der Ebene der normalen Andersartigkeit eingestuft. (Kastl 2017, S. 185) Ein treffendes Beispiel für normale und unnormale Andersartigkeit gibt Kastl. Er beschreibt die Situation von mehreren gehörlosen Menschen auf einer Insel namens Martha´s Vineyard. Da es um eine Gruppe von gehörlosen Menschen geht, ist es für die dort lebende Bevölkerung nachvollziehbar, dass diese Menschengruppe nichts hören kann und sich somit von den übrigen Bevölkerungsgruppen der Insel abhebt. Diese primäre Devianz ist weder durch die Wahrnehmung der Menschen beeinflussbar noch durch andere Faktoren, wie das Selbstbild der gehörlosen Menschen, bedingt. Es ist auch begreifbar, dass dies in manchen Situationen auf umschriebene funktionale Einschränkungen zurückzuführen ist und quasi als normale Andersartigkeit nach Lemert betrachtet werden kann. Denkbar ist es auch, am Beispiel der gehörlosen Menschen von Martha's Vineyard den Fall von sekundärer Devianz zu beschreiben. Würde etwa ein gehörloser Inselbewohner den Weg auf das Festland antreten, um einen neuen Job zu finden, würde er dort mit gänzlich anderen Eigenschaften und Etikettierungen konfrontiert werden (ebd., S. 185).

> „So gesehen könnte aber primäre Devianz mindestens zweierlei meinen:
> - einen eignen Typus des Umgangs mit sozialer Abweichung bzw. abweichendem Verhalten;
> - eine Vorstufe im Prozess des Erzeugens einer sekundären Devianz, also eine zeitliche Phase." (ebd.)

Dieser Logik zufolge entsteht sekundäre Devianz immer dann, wenn primäre Devianz zum Ausgangspunkt von Etikettierungsprozessen und daraus resultierenden verweigernden gesellschaftlichen Reaktionen wird (ebd., S. 186).

Die sekundäre Abweichung besteht also darin, stereotype Erwartungsmodelle anderer Menschen an die Eigenschaften des Betroffenen in das eigene Selbstwertgefühl – also in das eigene Selbstkonzept – zu übernehmen (ebd.).

> „Dem gehen nicht mehr übersehbare Etikettierungs- (= ‚Labeling', Bezeichnungs-) Prozesse und damit verknüpfte gesellschaftliche Reaktionen voraus. Diese Reaktionen können aversiv sein (Sanktionen, Strafen, Wegsperren, Einschränken) aber auch wohlmeinend (Betreuung, Behandlung, Fürsorge). Sie können auf der Ebene von Einstellungen, Kommunikationen oder Handlungen liegen. Die Folge ist aber immer etwas, was man in der Kybernetik eine ‚Abweichungsverstärkung' oder ‚positives Feedback' nennt (Watzlawick u. a. 1985: 32). Erst diese, durch die sozialen Reaktionen hervor gerufenen Abweichungen zweiter Ordnung nennt Lemert ‚sekundäre Devianz'." (Kastl 2017, S. 186)

Bei der erneuten Betrachtung des Beispiels eines gehörlosen Inselbewohners, der auf dem Festland arbeiten möchte, kann festgestellt werden, dass der Betroffene „mit der Zuschreibung einer generalisierten Handlungsunfähigkeit konfrontiert“ (ebd.) wird. Aufgrund der problematischen Verständigung tritt diese Handlungsunfähigkeit dann tatsächlich ein. Infolgedessen ändert sich das bisherige Selbstverständnis des Betroffenen, was noch bislang mit der Vorstellung verbunden war, dass es ganz normal sei, als Inselbewohner gehörlos zu sein.

Die empirische Unterscheidung zwischen primären und sekundären Abweichungen ist allerdings problematisch, wenn sie nicht exakt mit dem rekonstruierten Phasenverlauf in Verbindung gebracht werden kann – wie im Falle eines Bewohners von Martha’s Vineyard, der sich auf das Festland begibt. Oftmals beginnen Etikettierungsprozesse und die damit einhergehenden aversiven gesellschaftlichen Reaktionen so früh, dass primäre und sekundäre Abweichungen nur analytisch unterschieden werden können.

Zunächst spricht Lemert von einem Aufschaukelungsprozess, dessen Ergebnisse gefunden werden können. Ein logischer Fehlschluss des Reaktions- bzw. Etikettierungsansatzes, so Becker (1981, S. 176), sei, dass Verhaltensabweichung als eine Folge der Etikettierung aufgefasst wird, die allerdings erst als eine Reaktion auf die Verhaltensabweichung beschrieben wird. Becker (1981, S. 169) macht auch deutlich, dass die damit zusammenhängenden methodischen und logischen Probleme schlicht aus dem historischen Charakter der Handlungen resultieren (Kastl 2017, S. 187).

Er schlägt vor, in einzelnen empirischen Fällen den Nachweis und die Anleitung zu suchen, sodass das Definieren eine Wirkung erzielt. Er empfiehlt, eine empirische Forschungsfrage zu entwickeln, die nicht an die Aussagen der Befragten gestellt, sondern an konkret beobachtbare Fälle gerichtet wird. Dies sollte wohl auch in der Behindertensoziologie verfolgt werden. Allerdings muss man sich darauf einstellen, dass eine solche Analyse außerordentlich komplex ist. Denn sie erfordert sowohl die Beobachtung von Etikettierten als auch die Rekonstruktion vieler kleiner empirischer Details, bei der in mühevoller Kleinarbeit Beweise und Spuren einbezogen werden (ebd.).

Da der neue Ansatz nach Lemert, Keupp (1972, S. 162) und Schur (1969, S. 310) die prozessbezogene Analyse des Definierens, Interagierens und Reagierens vorsieht und die sekundäre Devianz auf der interaktionistischen Sichtweise beruht, ist auch die Theorie des Symbolischen Interaktionismus bedeutsam (Rüther 1975, S. 23).

Die Theorie des Symbolischen Interaktionismus charakterisiert interaktive Prozesse und ist auf die Beiträge von Mead und Cooley zurückzuführen. Zu den Leitgedanken der sozialpsychologischen Theorie gehört, dass das Individuum im Zuge seiner Auseinandersetzung mit sozialen Symbolen ein Selbstbild (self) – Identität – erlangt, das maßgeblich von den Interpretationen geprägt ist, die dieses Individuum anderen Menschen in der Relation zu sich selbst zuschreibt (ebd., S. 24). Die Kernaussage hierbei ist, dass der Mensch mehr als nur eine biologische Person ist, weil er sich über die Sprache in sinnvollen Symbolen verständigen kann. Indem man sprachliche Symbole verwendet, wird sich das interagierende Individuum seiner Situation als Gegenüber bewusst. Demzufolge erfolgt seine Interaktion bzw. Reaktion im behavioristischen Sinne auch bewusst (Rüther 1975, S. 23).

Um abzuschätzen, wie sich das eigene Handeln auf andere auswirkt, erfolgt die Introspektion des Selbst von außen, als wäre der Betrachter für diesen Moment gleichzeitig jemand anderes. In diesem Sinne ist das Selbst eng mit dem Bewusstsein verbunden (Gudehus und Wessels 2018, S. 97).

> „Das Selbst wird aus zahlreichen Me's gebildet, die in verschiedenen Interaktionen mit anderen entstehen. [...] Der Mensch stellt sich somit vor, wie unbestimmte Andere das eigene Verhalten deuten. [...] So entsteht ein Bewusstsein von der Wirkung und der Bedeutung eigener Handlungen." (ebd., S. 98)

Im Grunde genommen ist ein Mensch in der Lage, den Erwartungen, die andere an ihn stellen, gerecht zu werden. Sein Selbst enthält dementsprechend hauptsächlich zwei Bestandteile, die persönliche I[13] und Me[14], Definitionen, Interpretationen und Erwartungen an andere beinhalten. Das Me kann auch als subjektive Komponente einer sozialen Rolle beschrieben werden (Rüther 1975, S. 24).

Nicht nur die soziale Rolle der betroffenen Person, sondern auch die soziale Situation hat bei der Etikettierung eine Schlüsselfunktion.

Nach Keupp geht es bei der Interaktion um den Transfer von Interpretationen über die Person und die gesamte soziale Situation, denen Verhaltensfunktionen zugeordnet werden. Der Grundgedanke von Thomas macht deutlich, dass sie als real definierte Situationen auch in ihren Folgen real bleiben (ebd.).

Die beschriebenen Interaktionen von persönlichen I und Me erfolgen in einem selbstwahrnehmungsbezogenen Veränderungsprozess. Erleben Menschen mit Behinderung sich als Verhaltensabweichler, erfolgt daraus die Selbstabgrenzung von der sogenannten Außenwelt. Im Rahmen des Forschungsprojektes wirkt sich diese Selbstabgrenzung sowohl im Kontext des Übergangs in die berufliche Bildung als auch in die Beschäftigung am ersten Arbeitsmarkt negativ aus. Deswegen ist es nach Mead (1973, S. 82) sinnvoll, den eigenen Erfolg zu sichern. Damit ein Teilnehmer oder eine Teilnehmerin erfolgreich ist, muss er bzw. sie sich instinktiv an die anderen anpassen (Gudehus und Wessels 2018, S. 97).

Beim Übertragen beispielsweise der Situation der sozialen Abweichung auf das Phänomen Behinderung lässt sich Folgendes feststellen: Wird eine Person durch ihre Umgebung als behindert wahrgenommen, fühlt sie sich als behindert. Sie verinnerlicht die zugeschriebenen Merkmale eines behinderten Menschen und handelt folglich auch dementsprechend. In einer solchen Situation isoliert sich die Person von der Außenwelt und ihren allgemeingültigen Normen. Währenddessen nimmt die Etikettierung bzw. Stigmatisierung gegenüber dem betroffenen Menschen zu. Dies führt dazu, dass sowohl das *Me* als auch abweichende Identitäten entstehen. Obwohl Mertons (Rüther 1975, S. 24 f.) die Bedeutung der Meadschen Theorie auf das Konzept

13 Mead spricht vom „I" als Bestandteil einer frei handelnden Persönlichkeit, indem sie sich so zeigt, wie sie in Wirklichkeit ist (Keller 2009, S. 56).

14 Die Art und Weise, wie man sich selbst aus der Perspektive der anderen sieht, oder die Fremdwahrnehmung, beschreibt das „Me" nach Mead (ebd.).

einer kriminellen Karriere[15] anwendet, kann diese Bedeutung auf das Konzept der Karriere eines behinderten Menschen übertragen werden (ebd.).

In Wirklichkeit hat das Labeln von förderbedürftigen Lernenden bereits während der Schulzeit spürbare Konsequenzen. Sie kommen in Beschlüssen des Lehrpersonals und der Bildungseinrichtungen zum Ausdruck, die Kindern und Jugendlichen zukünftige Entwicklungschancen nicht nur eröffnen, sondern durchaus auch verschließen können (Pfahl 2011, S. 59).

> „Für das deutsche Schulsystem ist hier an Versetzungen von einer Klasse zur nächsten zu denken, aber auch an die Feststellung eines besonderen Förderbedarfs, der Eingruppierung in Leistungskurse oder der Übergangsempfehlung auf weiterführende Schulen." (Gomolla und Radtke 2009, S. 59 f.)

Sowohl Murphys Differenzierung der soziologischen Konzepte als auch Cloerkes (2014) „in seinem Modell der widersprüchlichen Normen in der sozialen Reaktion auf Behinderung" (Kastl 2017, S. 199) gelangen trotz völlig unterschiedlicher theoretischer Wege zu weitgehend übereinstimmenden Einschätzungen und Ergebnissen. Cloerkes differenziert nach den sogenannten „originären Reaktionen" (ebd.) auf Behinderung und „offiziell erwünschten Reaktionen" (ebd.). Dabei basieren originäre Reaktionen auf Behinderung auf elementaren soziokulturellen Mustern der Körperwahrnehmung, die sehr früh im Verlauf der Sozialisation erlangt wurden. Diese verbindet Cloerkes mit wahrnehmungs- und sozialpsychologischen Mechanismen, die der Abwehr, Projektion, Angst vor Unbekanntem und vor Verlust eigener Körperintegrität dienen. Offiziell erwünschte Reaktionen werden durch universelle, ethisch konstruierte gesellschaftliche Normen und Wertekomplexe unterstützt. Diese wiederum hängen auch mit sozialpsychologischen Mechanismen wie der Identifikation mit behinderten Menschen zusammen. Diese Situation führt zu einer strukturellen Mehrdeutigkeit, die sich sowohl in Haltungen als auch in dem äußeren Verhalten zeigt und zu völlig übereinstimmenden Phänomenen beiträgt. Laut Murphy geht es dabei um Unsicherheit über das Verhalten, Beschwerden, Spannungen und Stress. Der beschriebene Interaktionsprozess gibt eine pathologische soziale Situation wieder und ist durch Steifheit, Angst, Peinlichkeit oder anscheinend krampfhafte Heiterkeit gekennzeichnet. Letztlich sei es nur konsequent, wenn Menschen ohne Behinderungen versuchten, diese äußerst unangenehmen Erfahrungen den Betroffenen von vornherein durch den Weg der scheinbaren Akzeptanz zu erleichtern bzw. diese Situation zu vermeiden. In jedem Fall ist die weitgehende Isolation von Menschen mit Behinderungen wieder eine Folge dessen (Kastl 2017, S. 199 f.).

Zusammenfassend versucht der Symbolische Interaktionismus im ethnomethodologischen Sinne die subjektive Perspektive der sozial erlebten Wirklichkeit zu analysieren bzw. zu interpretieren, statt alles normativ und objektiv vorzudefinieren (Rüther 1975, S. 25). Allerdings scheint es einseitig zu sein, lediglich situative und normative Bedeutungen sowie subjektive Situationsdefinitionen zu betrachten.

15 Eine solche negative Einstufung kann weitreichende Folgen für die Menschen mit Förderbedarf haben.

Ein bestimmtes beständiges, intersubjektiv vergleichbares System von Definitionen, das verschieden ausgestaltet werden kann und sowohl normative als auch interpretative Paradigmen zulässt, scheint realitätsnäher zu sein (ebd., S. 27).

In Anlehnung an Brusten und Hurrelmann (1973, S. 9), Keupp (1972, S. 202), Albrecht (1973a, S. 797), Falk und Steinert (1973, S. 43) wird auch die mangelnde Beachtung gesellschaftlicher, soziostruktureller Faktoren betont, die den Prozess der Situationsdefinition auf der mikrosozialen Ebene beeinträchtigen (Rüther 1975, S. 25).

Nicht nur Potenziale und Perspektiven stehen im Zusammenhang mit der Etikettierungstheorie, sondern auch deren kritische Aspekte.

Kritik an der Etikettierungstheorie blieb natürlich nicht aus: Insbesondere die enormen Probleme bei der Operationalisierung ihrer Begriffe (Hartmann 1967, S. 63) wurde ihr stets zur Last gelegt, etwa weil sie bei der empirischen Überprüfung des dynamischen Karrieremodells große Hürden verursachte (ebd., S. 26). Da das abweichende Verhalten als kein objektiver Sachverhalt, sondern mehr als Prozess der sozialen Definition zu verstehen ist, bringt diese Etikettierung als „eine sich selbst erfüllende Prophezeiung (self-fulfilling prophecy)" (Münch 2007, S. 347) eine betroffene Person „auf den Weg einer ‚abweichenden Karriere'" (ebd.). In Anlehnung an Beckers Studie über Außenseiter wird das deviante Verhalten als eine Karriere verstanden, „die eine Abfolge hat und in der es eine wichtige Rolle spielt, als Abweichler etikettiert zu werden" (ebd.).

Dabei definierte Becker das abweichende Verhalten als ein Verhalten, das nicht den Regeln der Gruppe entspricht und deshalb von der Gruppe als abweichend bezeichnet wird. Becker verweist auf die sozial bedingte Natur des Abweichlers oder Außenseiters. Jeder Mensch kann Verhalten in unterschiedlicher Art und Weise als abweichend und die Betroffenen als Außenseiter klassifizieren. Was aus Sicht einer Gruppe abweicht, kann aus Sicht einer anderen Gruppe als konform betrachtet werden. Jede abweichende Verhaltensweise oder die Vorstellung, dass eine Person ein Außenseiter ist, gilt als Verstoß gegen die Regeln einer Gruppe, die fähig ist, die Regeln für korrektes Verhalten festzulegen. Ein Verstoß gegen diese Regeln macht die Betroffenen zu Außenseitern (Münch 2007, S. 347 f.).

Darüber hinaus stellte Becker einen folgenden phasenartigen Karriereverlauf des Abweichlers zusammen (ebd., S. 350 f.).

Die Karriere eines Abweichlers fängt mit einer Verletzung von Normen an, die verschiedene Gründe haben können. Eine Behinderung kann eine dieser Ursachen sein, ebenso wie Unkenntnis, kriminelle Beteiligung usw. (s. Abb. 7). Der eingeschlagene Lebensweg eines Abweichlers führt selten zur Normsetzung zurück. Das passiert in der Regel durch die eigene Absicht, seine Identität zu bewahren. Eine weitere Ursache ist die Verurteilung durch andere, die abweichende Handlungen ablehnen, die auf bestimmte Umstände zurückzuführen sind. Diese Kräfte bringen einen Menschen auf dem Weg seiner angestrebten Karriere voran. Ist eine Person jedoch unfähig, sich in eine reguläre Karriere zu integrieren, wird ihr Verhalten als ständig von der Norm abweichend empfunden (ebd., S. 349).

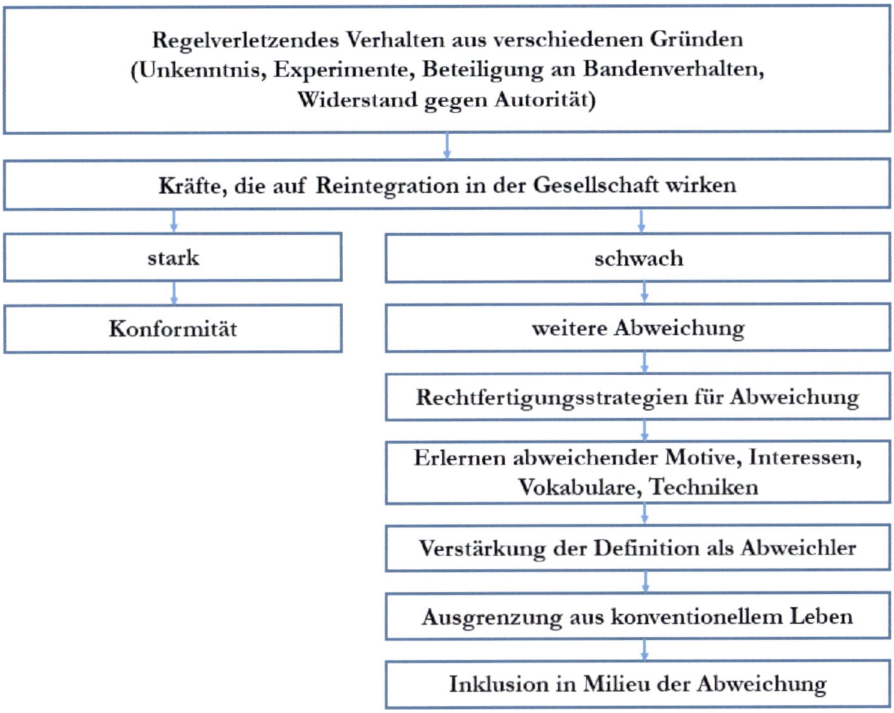

Abbildung 7: Phasen einer Karriere des Abweichlers (eigene Darstellung nach Münch 2007, S. 351)

Angesichts des immer weiter fortschreitenden Rückzugs der Menschen sollte ihr Verhalten bei der Lösung des Konflikts zwischen dem Festhalten an traditionellen Normen und der Verletzung dieser Normen in ihrem Verhalten gerechtfertigt sein und einer weiteren Untersuchung bedürfen. Eine derartige Ausrede hält die Fähigkeit einer Person aufrecht, mit Abweichungen von traditionellen Normen zu leben.

In Abb. 7 verweist Becker auf die Neutralisierungstechniken nach Sykes und Matza (1957), welche die eigene Verantwortung für die Handlung und den durch die Handlung verursachten Schaden mit Abweichungen unterschätzt. Dabei wird die Handlung unter Berücksichtigung der erfolgten Umstände als fehlerfrei verstanden, Loyalität gegenüber einer gleichgesinnten Gruppe entwickelt und die eigene Handlung als rechtmäßig begriffen (Münch 2007, S. 349 f.).

Wenn eine Person unangemessen handelt, begibt sie sich konsequent in eine abweichende Position bzw. Karriere. Das erfolgt in Anlehnung an Becker in aller Regel dann, wenn die betroffenen Personen keine normale Karriere erleben, verstärkt die oben genannten Neutralisierungstechniken anwenden, abweichend motiviert und interessiert sind sowie persönliche Etikettierung und Zuschreibung zu einer abweichenden Gruppe erfahren (ebd., S. 350). Zunehmend identifizieren sich dann die Betroffenen mit der Gruppe aus Menschen mit Behinderung, grenzen sich von den anderen Menschen ab und fühlen sich innerhalb der ihnen zugeschriebenen Gruppe anscheinend wohl.

3.4.3 Behinderungsarten

3.4.3.1 Förderschwerpunkt Lernen

Wer die Menschen mit Behinderung beim Übergang von Schule in das Berufsleben bzw. während der Ausbildung und am Arbeitsplatz begleitend unterstützen möchte, sollte mit den verschiedenen Arten von Behinderungen vertraut sein. Um Fragen der Behinderung bzw. der immanenten Förderschwerpunkte umfassend zu betrachten, ist es erforderlich, sich folgende Fragen zu stellen: Was sind die Merkmale des jeweiligen Behindertentyps? Welche Hindernisse sind mit bestimmten menschlichen Beeinträchtigungen verbunden und welche Art von Unterstützung ist verfügbar?

Statt das Wort Behinderung(en) für die menschlichen Beeinträchtigungen zu nutzen, schlug die Kultusministerkonferenz 1994 vor, hierfür die Sonderbedürftigkeit und den sonderpädagogischen Förderbedarf sowie daraus abgeleitet sonderpädagogische Förderschwerpunkte zum Ausdruck zu bringen (Sekretariat der Ständigen Konferenz der Kultusminister der Länder in der Bundesrepublik Deutschland 1994, S. 2).

> „Mit der Beschreibung [eines s]onderpädagogischen Förderbedarfs ist ein Verständnis von Behinderung verbunden, das die Bedeutung für den Bildungs- und Lebensweg der Betroffenen, die Folgen für die Aneignungsweisen, für das Lern- und Sozialverhalten, die Auswirkungen auf das psychische Gleichgewicht vor dem Hintergrund schulischer Anforderungen in den Vordergrund rückt. Das behinderte Kind und der behinderte Jugendliche dürfen dabei nicht nur unter dem Blickwinkel ihrer Behinderung gesehen werden; eine Behinderung stellt immer nur einen Aspekt der Gesamtpersönlichkeit des Kindes bzw. des Jugendlichen dar; Anknüpfungspunkte für die Förderung sind ihre jeweils bereits entwickelten Fähigkeiten." (ebd., S. 7)

In den „Empfehlungen zur sonderpädagogischen Förderung in den Schulen in der Bundesrepublik Deutschland" (Sekretariat der Ständigen Konferenz der Kultusminister der Länder in der Bundesrepublik Deutschland 1994, S. 2 ff.) und in zahlreichen Werken werden allerdings nach wie vor die Schlagwörter wie Behinderung, Sonderbedürftigkeit, sonderpädagogischer Förderbedarf und sonderpädagogische Förderschwerpunkte nebeneinander verwendet.

Zu den häufigsten Arten der Behinderung – und somit zu den sonderpädagogischen Förderschwerpunkten – zählen laut einer statistischen Auflistung der Kultusministerkonferenz:

- Lernen,
- Sehen,
- Hören,
- Sprache,
- körperliche und motorische Entwicklung,
- geistige Entwicklung,
- emotionale und soziale Entwicklung,
- Lernen, Sprache und emotionale und soziale Entwicklung (LSE)[16],

16 Zusätzliche Sammelkategorie, welche im Rahmen des Beschlusses der Kommission für Statistik der KMK vom 21.02.2013 aufgenommen wurde (Dokumentation Nr. 223 KMK 2020, S. XIII).

- Förderschwerpunkt übergreifend bzw. ohne Zuordnung[17] und
- Kranke.[18] (Dokumentation Nr. 223 KMK 2020, S. XIII).

Eines der zentralen Ziele der sonderpädagogischen Förderung ist es, Behindertenkoordinatoren aus einem oder mehreren Entwicklungsbereichen mit Bildungsaufgaben zu verbinden bzw. vertraut zu machen. Dies gilt insbesondere für die häufigen Verbindungen zwischen lernbezogenen, motorischen und sprachlichen Behinderungen und Fragen der emotionalen und sozialen Entwicklung, die eine individuell-fördernde und umfassende Unterstützung notwendig machen. Bei Kindern und Jugendlichen mit schweren Mehrfachbehinderungen müssen verschiedene Förderschwerpunkte berücksichtigt werden, um eine Grundversorgung zu gewährleisten (Dokumentation Nr. 223 KMK 2020, S. 123).

Dem Lexikon der Inklusion des Landes Nordrhein-Westfalen zufolge haben Kinder und Jugendliche mit dem Förderschwerpunkt Lernen „Beeinträchtigungen im Lern- und Leistungsverhalten sowie häufig Probleme mit der Wahrnehmung, der Merkfähigkeit, der Aufmerksamkeit, dem Lerntempo oder der Ausdrucksfähigkeit. Die Lern- und Leistungsausfälle sind schwerwiegender, umfänglicher und langandauernder Art" (Justiz-ONLINE 2018, § 4 Abs. 2 AO-SF).

Der Begriff Lernbehinderung wurde im Zuge der Reorganisation des Sonderschulwesens in den 1960er-Jahren als schulorganisatorischer Begriff in den fach- und amtssprachlichen Gebrauch eingeführt, um die normativen Rückstände der gesellschaftlichen Schulstandards in Deutschland darzustellen. Diese Diagnose ist somit durch einen internen Leistungsrückstand sowie ein Missverhältnis zwischen sozialen und normativen Erwartungen geprägt (Grünke und Groshe 2014, S. 76 f.).

In einem Steckbrief Förderschwerpunkt Lernen lässt sich ein sonderpädagogischer Förderbedarf anhand einer altersnormativen Abweichung des Lern- und Leistungsvermögens identifizieren:

> „Die zeigt sich in einem langdauernden und umfänglichen Schulleistungsversagen [...]. In der Regel geht dies mit einer Beeinträchtigung der Intelligenz einher, die aber nicht so schwerwiegend ist, dass es sich um eine geistige Behinderung handelt." (Schlamp und Schlamp-Diekmann 2013, S. 30)

Lernbeeinträchtigungen, die hauptsächlich durch Sprachschwierigkeiten, emotionale und soziale Probleme oder psychische Störungen, körperliche Einschränkungen oder Seh- und Hörbehinderungen verursacht werden, gehören nicht zur Gruppe der Lernbehinderungen. Wiederum ist es nicht unüblich, dass Lernbehinderungen im Zusammenhang mit derartigen funktionellen Beeinträchtigungen auftreten, da der Kern

17 „Diese Kategorie berücksichtigt, dass die Schülerschaft einer Klasse nicht sinnvoll einem bestimmten Förderschwerpunkt zuzuordnen ist bzw. dass die Schülerinnen und Schüler einer Klasse noch keinem sonderpädagogischen Förderschwerpunkt zugeordnet sind" (ebd.)

18 „Neben den Schülern mit sonderpädagogischer Förderung werden Schülerinnen und Schüler an Schulen für Kranke im Interesse einer vollzähligen Ausweisung als solche statistisch erfasst und an der Förderschule gezählt, jedoch nicht in die Förder- und Förderschulbesuchsquote einbezogen" (ebd.).

der Definition darin besteht, dass die schulischen Leistungen sehr schlecht sind. (Selter o. J. Modifikation 2020)

Eine Lernbehinderung wird als eine besonders ausgeprägte Form der Nichterfüllung bei der bewussten und aktiven Verarbeitung bzw. Verinnerlichung von Wissen angesehen.

Dabei zeigen sich die Einschränkungen insbesondere bei der Aneignung kognitiv-verbaler und abstrakter Lerninhalte wie Rechnen, Lesen oder Schreiben. In sehr begrenztem Umfang nehmen die Betroffenen auch spezielle Lehr- und Lernhilfen in Anspruch (Grünke und Groshe 2014, S. 76 f.).

Die prozessorientierte Sichtweise behauptet, dass die Ursachen einer Lernbehinderung in einer Wechselwirkung aus unterschiedlichen Belastungsfaktoren liegen. Diese haben häufig „entwicklungs- und lernerschwerende biologische“ (ebd.) sowie umweltbezogene Hintergründe. In Anlehnung an Weiß (2004) treten sie außerdem im Zusammenhang mit ungünstigen schulischen Bedingungen des Lehr- und Lernprozesses auf (Hofmann-Lun 2011, S. 9).

> „Im Sozialgesetzbuch IX § 2 Art. 2 werden ‚Menschen mit Lernbehinderung‘ in die Bestimmungen zum Erwerb eines Behindertenstatus eingeschlossen. Gefördert werden soll die Teilhabe und Rehabilitation. Die Bundesarbeitergemeinschaft der Berufsbildungswerke (BAG-BBW 2013) bezeichnet Lernbehinderung ‚als Sammelbegriff zur Umschreibung verschiedener Formen längerfristig erschwerten Lern- und Leistungsverhaltens‘. Die Tatsache, dass in vielen Förderbereichen eine staatliche Unterstützung an den Status der Behinderung gebunden ist (vgl. z. B. § 19 SGB III), macht verständlich, dass auch der *Bundesverband zur Förderung von Menschen mit Lernbehinderung e. V.* vorschlägt, ‚den Begriff lerbehindert trotz all seiner Unschärfe ohne schlechtes Gewissen weiterhin so zu verwenden‘ (Lernen Fördern 1998, 4).“ (Ellinger 2013, S. 20)

Nicht nur während der Schulzeit, sondern auch während der beruflichen Ausbildung sind die Menschen mit dem Förderschwerpunkt Lernen, oder anders ausgedrückt Menschen mit Lernbehinderung, mit lernbezogenen Problemen konfrontiert. Daher erhalten die Betroffenen im Rahmen der beruflichen Rehabilitation die Unterstützung am Übergang Schule – Beruf bzw. die Finanzierung von Nachhilfekursen. Es besteht außerdem die Möglichkeit, Integrationsfachdienste in Anspruch zu nehmen.

Während der Ausbildung sollen die Erwachsenen bzw. Jugendlichen mit Lernbehinderung auf einen angemessenen Zeitaufwand für das Lösen von Aufgaben und die erforderlichen Lernkapazitäten geprüft werden. Auch werden das Abstraktionsvermögen und die Handlungsorganisation, der Lerntransfer, die personale Abhängigkeit und die extrafunktionalen Schlüsselfunktionen beobachtet. Hinsichtlich des Zeitaufwandes sollen die Betroffenen lernen, für das Lernen bzw. Arbeiten mehr Zeit zu investieren. Angesichts der Lernkapazität sollen sie in die Lage versetzt werden, sicher Elementarwissen zu erwerben sowie konzentriert mit dem grundlegenden und veranschaulichenden Lernstoff nach überschaubaren Lernschritten zu arbeiten. Während des Lehrprozesses sollte jedoch das abstrakte Wissen bildhaft, handlungsorientiert, eindeutig, praxisorientiert und lebensnah vermittelt werden. Die Handlungsorganisation soll in der Arbeit mit Betroffenen durch deutlich nachvollziehbare Handlungsanweisungen durch Beispiele und Vorbilder sowie durch durchgängige Rückmeldungen sichergestellt werden. Bei dem Lerntransfer sollen die gängigsten Situationen und detaillierte Vorgänge eingeübt werden, um flexiblere Arbeitsweisen einzuüben. Von großer Bedeutung ist dabei die persönliche Zuwendung.

Darüber hinaus sollen vertraute Beziehungen zu den Menschen mit Lernbehinderung aufgebaut werden. Diese sollten verlässlichen, fortlaufenden und planmäßigen Charakter haben, aber auch auf der emotionalen Ebene eine lehrreiche Atmosphäre zwischen ausgeglichener Nähe und Distanz, Grenzsetzung und Sicherung der Handlungsspielräume, angemessenem Reflektieren und Handeln schaffen. Der Lern- und Arbeitsprozess soll bei den Betroffenen auf die erfolgreiche Förderung von persönlichen und sozialen sowie fachlich-methodischen Schlüsselfähigkeiten abzielen (Vollmer und Frohnenberg 2014, S. 31).

Gelingt eine Berufsausbildung von Menschen mit Lernbehinderung, haben die Betroffenen die Chance, entsprechend den eigenen beruflichen Entwicklungsfortschritten in den Beschäftigungsmarkt einzutreten, wenn sie betrieblich unterstützt und in das Beschäftigungssystem aufgenommen werden. Aus psychologischer Perspektive hört das Lernen von Menschen nie auf. Manche lernen und verändern dementsprechend ihr Verhalten schnell. Einige Personen hingegen verbringen mit Lernprozessen viel Zeit. In Bezug auf das lebenslange Lernen und eine Beschäftigung kann behauptet werden, dass Menschen mit Lernbehinderung auch im außerschulischen Umfeld, vor allem, wenn sie beschäftigt sind, zum Lernen motiviert werden. Ob die Betroffenen es allein schaffen können, ist von dem Grad der Lernbehinderung abhängig. Schaffen sie es nicht, sind die betroffenen Personen auf Unterstützung angewiesen.

Die Lernbehinderung manifestiert sich in aller Regel beim Besuch der Schule. Die Lernbehinderung, wie sie in der Regel beim Schulbesuch attestiert wird, ist aufgrund der Etikettierung bereits eine Form der sozialen Benachteiligung, wenn sie auch möglicherweise keine sichtbaren Schäden hinterlässt. Diese Aussage bezieht sich auch auf eine leichtere Form einer geistigen Behinderung, da es keine präzisen Kriterien zur Unterscheidung zwischen einer Lernbehinderung und einem leichten Grad geistiger Behinderung gibt (Kastl 2010, S. 153).

In Statistiken zu schwerbehinderten Menschen nach Art der Behinderung sind unter Störungen die beeinträchtigte geistige Entwicklung und die geistige Behinderung zusammengefasst. Kastl verweist darauf, dass die Lernbehinderung zu den Störungen der geistigen Entwicklung gehört (s. Abb. 8) (Kastl 2010, S. 38).

Da es im Rahmen dieses Forschungsprojektes mindestens einen Fall eines Förderschulbesuchs mit dem Förderschwerpunkt geistige Entwicklung gab, ist es erforderlich, näher auf die Frage einzugehen, ob eine Lernbeeinträchtigung mit Fokus auf eine leichte geistige Behinderung eine Form der Mehrfachbeeinträchtigung ist. Dass viele der interviewten Personen von unterschiedlichen Phasen der psychischen Beeinträchtigungen in ihrem Leben berichteten, legt nahe, dass eine tiefergehende Diskussion von großer Bedeutung ist.

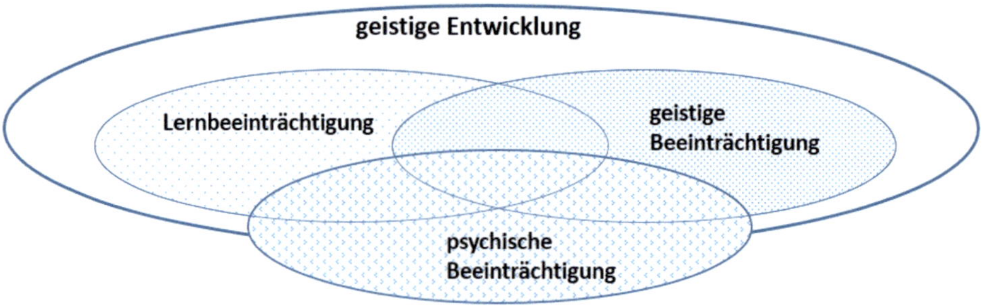

Abbildung 8: Schematische Darstellung des Verhältnisses der Begriffe psychische Störung und geistige Entwicklung, bestehend aus Lernbeeinträchtigungen bzw. geistigen Beeinträchtigungen (eigene Darstellung)

Eine Lernbehinderung „kann an ihren Rändern nicht immer zweifelsfrei von einer leichten geistigen Behinderung und einer weniger umfänglichen, zeitlich begrenzten Lernschwäche abgegrenzt werden" (Vollmer und Frohnenberg 2014, S. 30). Diese Bemerkung von Vollmer und Frohnenberg zeigt, dass es notwendig scheint, die Abgrenzung des Förderschwerpunkts Lernen von geistigen Behinderungen genauer zu betrachten.

3.4.3.2 Förderschwerpunkt geistige Entwicklung

Liegt eine geistige Entwicklungsbeeinträchtigung vor, ist es erforderlich, die Entwicklung in den „kognitiven, sprachlichen, senso- und psychomotorischen, emotionalen und sozialen" (Dokumentation Nr. 223 KMK 2020, S. 125) Fähigkeits- und Kompetenzbereichen der Betroffenen intensiv zu fördern. Das schulische Lernen auf dem Gebiet der kognitiven Funktionen und der Entwicklung von Menschen mit geistiger Entwicklungsstörung ist permanent und schwerwiegend beeinträchtigt. Es gibt zahlreiche Belege dafür, dass Kinder und Jugendliche sowie die betroffenen Erwachsenen langfristige Unterstützung benötigen, um auch nach dem Schulabschluss ein unabhängiges Leben führen zu können. Diese Lernenden brauchen besondere Unterstützung bei der Entwicklung der Wahrnehmung, der Sprache, des Denkens und Handelns oder bei der Förderung der selbstständigen Lebensführung und der Persönlichkeitsentwicklung (Justiz-ONLINE 2018, § 5 AO-SF).

Mindestens einer Interviewperson der vorliegenden Studie kann eine schwerwiegende geistige Beeinträchtigung unterstellt werden. Da keine diagnostizierten Belege vorliegen, kann das weder behauptet noch widerlegt werden.

Das Lexikon zur beruflichen Teilhabe weist auf das Fehlen einer klaren und allgemeingültigen Begriffsbestimmung der geistigen Behinderung hin. Darüber hinaus bilden Menschen mit geistigen Behinderungen keine geschlossene Gruppe mit klar definierten Merkmalen. Der Begriff fungiert als Sammelbegriff „für vielfältige Erscheinungsformen und Ausprägungsgrade intellektueller Einschränkungen und affektiven Verhaltens" (Institut der deutschen Wirtschaft Köln, REHADAT 2020b). Die Weltgesundheitsorganisation (WHO) charakterisiert „geistige Behinderung oder auch Intelligenzminderung als Zustand von verzögerter oder unvollständiger Entwicklung der geistigen Fähigkeiten" (ebd.). Besonders betroffen seien die Fähigkeiten, zu denken, zu sprechen sowie die motorischen und sozial-emotionalen Funktionen (ebd.).

Zu den kognitiven Fähigkeiten gehören grundlegende Befähigungen, die sich auf das Lernen, Planen und Argumentieren beziehen. Dabei fallen den betroffenen Personen die Situationsanalyse und Verallgemeinerungen schwer (Frick-Salzmann 2020, S. 3).

Eine geistige Behinderung hat verschiedene Ausprägungen und variiert zwischen der leichten bzw. schweren geistigen Behinderung. In der Regel lassen sich die betroffenen Kinder und Jugendlichen beschulen und die Menschen im Erwachsenenalter umschulen bzw. trainieren. Bei einer schweren geistigen Behinderung sind die Menschen nicht in der Lage, eine zusammenhängende verbale Kommunikation zu führen. Die Bandbreite von Diagnosen ist groß und verwirrend. Meist bleibt es unmöglich, eine Diagnose zu stellen. (ebd.)

Eine geistige Behinderung zeigt sich bereits im Kindes- oder Jugendalter und kann sehr unterschiedliche Ausprägungen zeigen. Hierbei ist anzumerken, dass, wenn die geistige Leistungsfähigkeit bei Erwachsenen im mittleren oder höheren Alter nachlässt, nicht automatisch von einer geistigen Behinderung die Rede ist (Institut der deutschen Wirtschaft Köln, REHADAT 2020b).

Da Betroffene einer geistigen Behinderung häufig leiden, kann eine geistige Behinderung nicht als Krankheit betrachtet werden. Beobachtbar sind Phänomene wie Einschränkung oder Verzögerung der gedanklichen Entwicklung. Auch sind Ursachen einer geistigen Wachstumshemmung vielfältig. So können sie durchaus genetisch bedingt sein, wie es etwa beim Down-Syndrom der Fall ist. Doch auch äußere Einflüsse können eine geistige Behinderung nach sich ziehen, so etwa als Folge eines schweren Alkoholismus oder infolge einer Hirnhautentzündung oder eines Sauerstoffmangels während der Geburt. Unter Umständen kann gar ein Unfall zu einer geistigen Behinderung führen. Wie bereits angedeutet, kann eine geistige Behinderung sowohl in der Kindheit als auch vor, während oder nach der Geburt eintreten (Frick-Salzmann 2020, S. 4).

Der überwiegende Teil (etwa 85 %) aller Menschen mit einer geistigen Behinderung weisen eine leichtere Form dieser Beeinträchtigung auf. Erhalten die betroffenen Menschen mit leichter geistiger Behinderung eine adäquate Unterstützung und angemessene Förderung, sind diese durchaus in der Lage, nicht nur schulische, sondern auch berufliche Qualifikationen zu erlangen, um erfolgreich am gesellschaftlichen Leben teilzunehmen (Institut der deutschen Wirtschaft Köln, REHADAT 2020b).

Bei der Definition einer geistigen Behinderung reicht es dementsprechend nicht aus, allein einen niedrigen IQ, soziale Anpassungsprobleme, kognitive Entwicklungsrückstände oder Verhaltensprobleme in Betracht zu ziehen. Vielmehr soll der Mangel an Persönlichkeitsentwicklung in Bezug auf emotionale und soziale, sexuelle, religiöse und moralische Aspekte berücksichtigt werden (Došen 2018, S. 23).

Eine geistige Beeinträchtigung kann in Kombination mit einer psychischen Störung erfolgen (DIMDI – Deutsches Institut für Medizinische Dokumentation und Information 2020). Die oben genannten Aspekte sind in Fällen der Kombination einer geistigen Behinderung mit psychischen Störungen von großer Bedeutung (Došen 2018, S. 23).

3.4.3.3 Psychische Beeinträchtigung bei Menschen mit den Förderschwerpunkten Lernen und geistige Entwicklung

Psychische Gesundheit zeichnet sich durch ein soziales Wohlergehen aus, das die bestmögliche Entwicklung und ein angemessenes Beziehungssystem miteinschließt (Rümke, 1969).

In Anlehnung an Vaillant (2003, S. 160, 1373 ff.) sind unter der Bezeichnung psychische Gesundheit unterschiedliche psychosoziale Faktoren versammelt: die Befähigung zum Lieben, zum Arbeiten, optimistisch zu denken, ein mündiges Leben zu führen, angemessene soziale bzw. emotionale Intelligenz zu zeigen, sich persönlich wohlzufühlen und über geeignete Anpassungsstrategien an die Umwelt zu verfügen.

Sind diese Befähigungsaspekte nicht ausreichend ausgeprägt, verhält sich die betroffene Person abweichend. Dementsprechend nimmt sie ein ungünstiges Umfeld und misslungene Kommunikationssituationen als belastend wahr, fühlt sich ständig überfordert und/oder verliert schnell ihr psychisches Gleichgewicht.

3.4.3.4 Weitere Behinderungsarten

Förderschwerpunkt Sehen

Aufgrund Blindheit oder anderer schwerwiegender Sehstörungen erfolgt in der Regel die sonderpädagogische Förderung im Schwerpunkt Sehen (MSB – Ministerium für Schule und Bildung des Landes Nordrhein-Westfalen 2020). Die betroffene Person benötigt dann Unterstützung in Mobilität oder beim Erwerb lebenspraktischer Fertigkeiten. Die Aktivierung des Restsehens und das Training der taktil-kinetischen Wahrnehmung und der auditiven Sprachwahrnehmung sind entscheidend für die Informationsbeschaffung. Darüber hinaus ist der Einsatz aller geeigneter technischer Mittel zur Kompensation und Bekämpfung der Behinderung unerlässlich (Dokumentation Nr. 223 KMK 2020, S. 126).

Je erfolgreicher die Förderung im Schwerpunkt Sehen verläuft und die Beherrschung der Anwendung von technischen Hilfsmitteln eingeübt wurde, desto höher sind die Chancen von betroffenen Personen, in eine Ausbildung bzw. Beschäftigung überzugehen. Diverse Angebote ermöglichen eine gezielte Suche nach Ausbildungsstellen[19] für sehbehinderte Personen. Stellenangebote für Menschen mit Sehbehinderung betreffen auch die Beschäftigungsmöglichkeiten in etablierten Berufsbereichen wie die Heilerziehungspflege, Physiotherapie sowie Alten- und Krankenpflege etc.[20]

19 Über die Ausbildungsmöglichkeiten für Menschen mit Blindheit oder schwerwiegender Sehstörung informiert beispielsweise der Deutsche Blinden- und Sehbehindertenverband e. V. (Institut für berufliche Aus- und Weiterbildung o. J.) unter <https://www.dbsv.org/ausbildung-beruf.html>. Zugriff: 01.01.2021, 17:29 MEZ.

20 Viele Stellenangebote für Menschen mit Sehbehinderung (Kimeta.de o. J.) können dem folgenden Link entnommen werden <https://www.kimeta.de/stellenangebote-sehbehinderte>. Zugriff: 01.01.2021, 17:32 MEZ.

Förderschwerpunkt Hören

Bei Kindern und Jugendlichen mit dem Förderschwerpunkt Hören können infolge der Taubheit oder Hörschädigung schwerwiegende Lernbeeinträchtigungen auftreten. Taubheit liegt vor, wenn auditive Informationen aus der Umwelt nicht aufgenommen werden können. Andererseits liegt ein Hörverlust vor, wenn Schülerinnen und Schüler trotz des Gebrauchs von Hörgeräten Schallinformationen aus ihrer Umgebung nur eingeschränkt wahrnehmen können, erhebliche Beeinträchtigungen in der Sprach- und Sprechentwicklung oder im Kommunikations- und Lernverhalten oder eine erhebliche Beeinträchtigung in der zentralen Verarbeitung von Hörerlebnissen diagnostiziert werden (Justiz-ONLINE 2018, §7 AO-SF).

Diese Förderbedürftigkeit erfordert die Befähigung zur „auditiven Wahrnehmung und des Umgehen-Könnens“ (Dokumentation Nr. 223 KMK 2020, S. 127) mit eigener Hörbeeinträchtigung. Nach dem Schulabschluss ergeben sich für Menschen mit Gehörlosigkeit die Ausbildungs- und Beschäftigungschancen[21] insbesondere in Bereichen der sozialpädagogischen Assistenz bzw. Erziehung.

Körperliche und motorische Entwicklung

Auch in der Betrachtung von Kindern und Jugendlichen mit körperlichen und motorischen Störungen zeigt sich, dass diese Art der Beeinträchtigung direkte Auswirkungen auf viele Bereiche der Entwicklung haben kann. So sehen sich die Betroffenen nicht nur mit Problemen in der Körperbeherrschung, ihrer bewussten Körperkenntnis oder ständigen Kontrolle der Körpersinne konfrontiert, sondern weisen zudem große Probleme in der Körperorientierung und der Entwicklung der eigenen motorischen Struktur auf (Justiz-ONLINE 2018, §6 AO-SF).

> „Das schulische Lernen ist auf Grund erheblicher Funktionsstörungen des Stütz- und Bewegungssystems, Schädigungen von Gehirn, Rückenmark, Muskulatur oder Knochengerüst, Fehlfunktion von Organen oder schwerwiegenden psychischen Belastungen infolge andersartigen Aussehens dauerhaft und umfänglich beeinträchtigt.“ (BASS – Bereinigte Amtliche Sammlung der Schulvorschriften NRW 2016)

Der Übergang von Menschen mit körperlichen und motorischen Störungen in eine Berufsausbildung bzw. Beschäftigung kann je nach Grad der Behinderung sehr unterschiedlich verlaufen. So könnte schon mit kleinen Korrekturen der Barrierefreiheit einer Arbeitsumgebung den Betroffenen die Arbeit in einem Büro[22] ermöglicht werden. Barrierefreie Arbeitsumgebungen sind allerdings bis dato eher die Ausnahme als der Regelfall. Bei der Stellensuche treffen Menschen mit körperlich-motorischer Beeinträchtigung daher auf nur wenige Ergebnisse. Eher noch werden sie an etliche Informationszentren verwiesen, ohne wirklich Abhilfe zu schaffen.

---

21 In etlichen Berufen gibt es Ausbildungs- und Beschäftigungsmöglichkeiten für Menschen mit Gehörlosigkeit (Institut für berufliche Aus- und Weiterbildung o. J., s. <https://ausbildung-fuer-gehoerlose.ibaf.de/unsere-ausbildungen/>). Zugriff: 01.01.2021, 17:35 MEZ.

22 Wie die barrierefreie IT Arbeitsplätze schaffen kann (MARLEM-SOFTWARE o. J.), kann dem folgenden Link entnommen werden <https://www.marlem-software.de/marlemblog/2019/01/10/barrierefreie-it-schafft-arbeitsplaetze/>. Zugriff: 01.01.2021, 17:50 MEZ.

Förderschwerpunkt Sprache

Bei Kindern und Jugendlichen mit dem Förderschwerpunkt Sprache liegt eine Beeinträchtigung der kommunikativen Art vor. In der Kommunikation beeinträchtigte Menschen erleben die Verzögerung in ihrer persönlichen und sozialen Entwicklung, die sich auch auf das schulische Lernen niederschlagen. (Justiz-ONLINE 2018, § 4 Abs. 3 AO-SF) Eine sonderpädagogische Sprachförderung soll Hilfe schaffen: Das Ziel ist es, die Betroffenen in die Lage zu versetzen, den Gebrauch von gerichteter Sprache zu entwickeln und das situative Sprachhandeln zu fördern. Die allgemeine Kommunikationsfähigkeit soll verbessert werden (Dokumentation Nr. 223 KMK 2020, S. 124).

Die sprachliche Kommunikation und die Verwendung von Fachsprachen sind in jedem Beschäftigungsfeld von großer Bedeutung. Beim Arbeiten mit Maschinen und Werkzeugen beispielsweise im handwerklichen Bereich kann die sprachliche Kommunikation des jeweiligen Mitarbeiters in den Hintergrund treten. Trotz aller Widrigkeiten finden sich durchaus Ausbildungs- und Beschäftigungschancen im assistenzgestützten technischen Bereich für Menschen mit sprachlicher Beeinträchtigung.

Emotionale und soziale Entwicklung

Eine sonderpädagogische Förderung bemüht sich im Förderbereich der emotionalen und sozialen Entwicklung um ein hohes Maß an Verständnis. Betroffene bedürfen besonderer und persönlicher Aufmerksamkeit und pädagogisch-psychologischer Unterstützung, um grundlegende Verhaltensmuster zu etablieren (Dokumentation Nr. 223 KMK 2020, S. 124). Kinder und Jugendliche mit Förderschwerpunkt emotionale und soziale Entwicklung haben oft Schwierigkeiten, die Welt um sie herum adäquat wahrzunehmen. Die oft vorliegenden konfliktreichen familiären oder sozialen Probleme sind für die Betroffenen zu anstrengend. Sie sind so verschlossen und bildungsfern, dass sie sich im Klassenzimmer nicht angemessen entwickeln können und ihre eigene Entwicklung oder die ihrer Klassenkameraden gestört oder bedroht ist. Diesen Schülern muss geholfen werden, ihre Umwelt anders wahrzunehmen sowie ein angemessenes Verhalten und ein positives Selbstwertgefühl zu entwickeln (Justiz-ONLINE 2018, § 4 Abs. 4 AO-SF).

3.4.3.5 Behinderung nach Art und Grad in Zahlen im Kontext der sonderpädagogischen Förderung und beruflichen Bildung

Um die reale Situation der Verteilung von Behinderungsarten je nach Förderschul-, Berufsbildungsform etc. zu begreifen, soll im Folgenden eine Analyse der aktuellen statistischen Daten vorgenommen werden.

Die KMK (2020) bietet einen statistisch vergleichenden Überblick der sonderpädagogischen Förderung in Schulen im Zeitraum von 2009 bis 2018. Dabei berücksichtigt die Dokumentation Nr. 223 die oben beschriebenen Förderschwerpunktarten. Insgesamt lag die Zahl der Kinder und Jugendlichen mit sonderpädagogischer Förderung in Deutschland im Jahr 2018 bei etwa 556.300 (DOKUMENTATION NR. 223 KMK 2020, S. XV).

Sonderpädagogische Förderung und die Fortschritte der Inklusion an den allgemeinbildenden Schulen in Zahlen

Mehr als ein Drittel aller Förderbedürftigen (192.600 = 34,6Prozent) waren im Jahr 2018 Schüler und Schülerinnen mit dem Förderschwerpunkt Lernen (s. Abb. 9, s. Tab. 2). Über zwei Drittel, 352.000 (63,3 %), entfiel auf andere Förderschwerpunkte. Nicht nur der Förderschwerpunkt Lernen war stark repräsentiert, sondern auch die Förderschwerpunkte geistige Entwicklung, Sprache sowie emotionale und soziale Entwicklung. Hierbei gilt es anzumerken, dass die Anzahl der Schüler und Schülerinnen mit Förderschwerpunkt emotionale und soziale Entwicklung seit 2009 von 12,2 % auf 17,2 % angestiegen ist – eine bemerkenswerte Entwicklung, die einer genaueren Analyse bedarf (DOKUMENTATION NR. 223 KMK 2020, XVI).

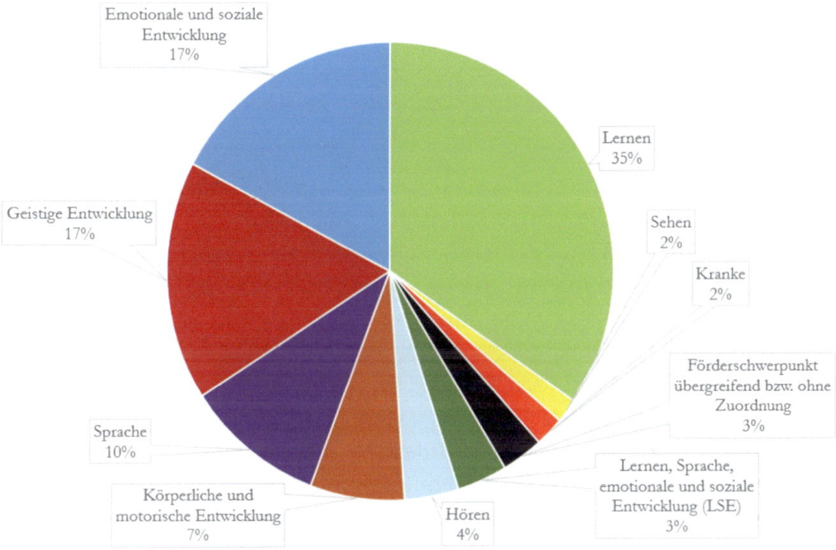

Abbildung 9: Sonderpädagogisch geförderte Schülerinnen und Schüler an Schulen – Verteilung nach Förderschwerpunkten (Dokumentation Nr. 223 KMK 2020, S. XV, eigene Darstellung)

Wenn die Zahl der Kinder und Jugendlichen mit sonderpädagogischem Förderbedarf in allgemeinbildenden Schulen und Sonderschulen im vollzeitschulpflichtigen Alter seit 2009 verglichen wird, zeigt sich, dass der Schüleranteil an allgemeinbildenden Schulen von 6,0 % auf 7,4 % (= Förderquote[23]) gestiegen ist (s. Tabelle 1).

23 Die Förderquote bezeichnet den Anteil der sonderpädagogisch geförderten Schüler und Schülerinnen (Dokumentation Nr. 223 KMK 2020, S. XVI).

Tabelle 1: Förderquoten Schülerinnen und Schüler mit sonderpädagogischer Förderung in allgemeinen Schulen und Förderschulen nach Förderschwerpunkten 2018 gesamt (Dokumentation Nr. 223 KMK 2020, S. XVI, eigene Darstellung)

Förderschwerpunkt	Schüler - Anzahl -	Förderquote - In % -
Lernen	192.600	2,61
Sehen	9.385	0,13
Hören	21.875	0,30
Sprache	56.345	0,76
Körperliche und motorische Entwicklung	37.661	0,51
Geistige Entwicklung	94.192	1,28
Emotionale und soziale Entwicklung	95.765	1,30
Förderschwerpunkt übergreifend bzw. ohne Zuordnung	16.863	0,23
Lernen, Sprache, emotionale und soziale Entwicklung (LSE)	19.954	0,27
Kranke	11.677	
Insgesamt	**556.317**	**7,39**

Tabelle 2: Schülerinnen und Schüler in Förderschulen und Förderschulbesuchsquote nach Förderschwerpunkten 2018 (Dokumentation Nr. 223 KMK 2020, S. XVIII, eigene Darstellung)

Förderschwerpunkt	Schüler - Anzahl -	Förderquote - In % -
Lernen	85.196	1,16
Sehen	4.590	0,06
Hören	10.455	0,14
Sprache	28.696	0,39
Körperliche und motorische Entwicklung	23.866	0,32
Geistige Entwicklung	81.519	1,11
Emotionale und soziale Entwicklung	41.439	0,56
Förderschwerpunkt übergreifend bzw. ohne Zuordnung	14.129	0,19
Lernen, Sprache, emotionale und soziale Entwicklung (LSE)	19.954	0,27
Kranke	11.148	
Insgesamt	**320.992**	**4,20**

In Anlehnung an die Daten der Tabellen 1 und 2 kann behauptet werden, dass weit über die Hälfte der Schüler und Schülerinnen (107.404 = 55,77 %) mit dem Förderschwerpunkt Lernen 2018 in allgemeinbildenden Schulen unterrichtet wurden. Über die Hälfte der Kinder und Jugendlichen mit den Förderschwerpunkten Sehen (4.795 = 51,09 %), Hören (11.420 = 52,21 %), emotionale und soziale Entwicklung (54.326 = 56,73 %) haben eine allgemeinbildende Schule besucht. Weniger als die Hälfte der Kinder und Jugendlichen mit den Förderschwerpunkten Sprache (27.649 = 49,07 %) und körperliche sowie motorische Entwicklung (13.795 = 36,63 %) wurden in allgemeinen Schulen sonderpädagogisch gefördert.

Das belegt, dass die inklusive Beschulung von Kindern und Jugendlichen mit den Förderschwerpunkten an allgemeinbildenden Schulen nicht nur bildungspolitische Unterstützung der Inklusion auf normativer Ebene erlebt, sondern sich auch in der Realität weiterentwickelt.

Schüler und Schülerinnen mit dem Förderschwerpunkt geistige Entwicklung (81.519 = 86,55 %) wurden dagegen weiterhin fast vollständig an Sonderschulen unterrichtet (Dokumentation Nr. 223 KMK 2020, S. XVI ff.).

Für die Zielgruppe der geistig beeinträchtigten Kinder und Jugendlichen wird offenbar nach wie vor eine auf die Förderschule zugeschnittene Bildung als erforderlich angesehen.

Im Vergleich zum Vorjahr ist die Zahl der Förderschüler und -schülerinnen im Jahr 2018 um gut 3.500 gestiegen (Dokumentation Nr. 223 KMK 2020, S. XVII).

Seit 2009 bis einschließlich 2017 ist die Förderschulbesuchsquote kontinuierlich gesunken. Nur im Jahr 2018 konnte ein leichter Anstieg um 0,04 % (s. Abb. 10) beobachtet werden (ebd.).

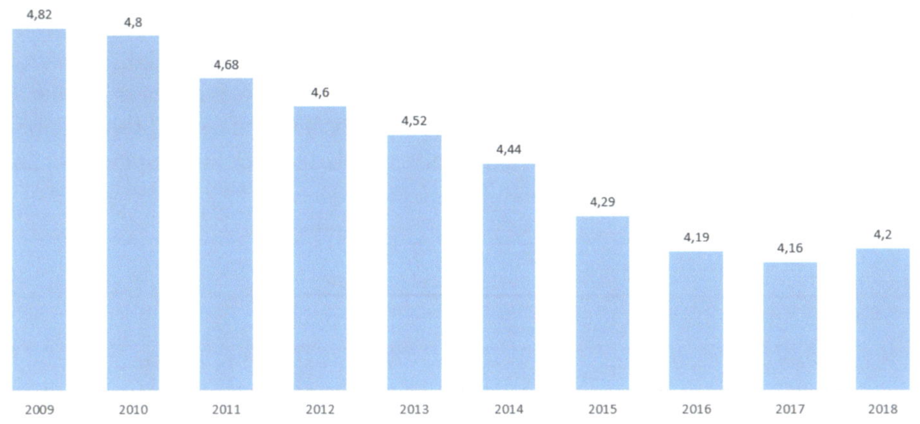

Abbildung 10: Förderschulbesuchsquote 2009 bis 2018 (Dokumentation Nr. 223 KMK 2020, S. XVII, eigene Darstellung)

In demselben Zeitraum entwickelte sich der Anteil der sonderpädagogischen Förderung an allgemeinbildenden Schulen. Seit 2009 hat sich die Beschulung von förderbedürftigen Kindern und Jugendlichen an allgemeinen Schulen mehr als verdoppelt (s. Abb. 11) (Dokumentation Nr. 223 KMK 2020, S. XX).

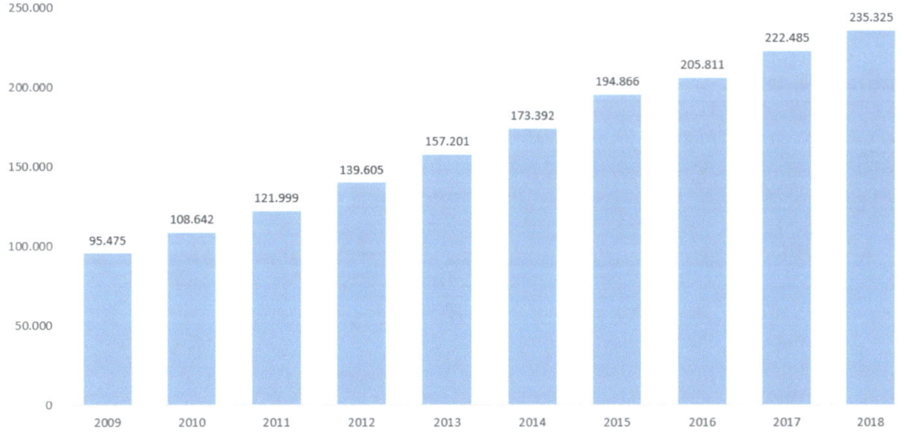

Abbildung 11: Entwicklung der Schülerinnen und Schüler mit sonderpädagogischer Förderung an allgemeinen Schulen 2009–2018 (Dokumentation Nr. 223 KMK 2020, S. XX, eigene Darstellung)

Abb. 12 erweitert die bisherigen Datenergebnisse und macht deutlich, dass nicht nur die Schüler und Schülerinnen mit einer geistigen Beeinträchtigung, sondern auch kranke Kinder und Jugendliche sowie Mehrfachbeeinträchtigte im Sammelförderschwerpunkt LSE (Lernen, Sprache sowie emotionale und soziale Entwicklung) fast vollständig oder sogar komplett an Förderschulen unterrichtet werden.

Knapp 32.952 Schüler und Schülerinnen erlangten 2018 einen Förderschulabschluss (s. Tabelle 3). Im Vergleich zum Vorjahr sind es ca. 720 Absolventen (-2,1 %) weniger. Lediglich ein Fünftel (7.700 = 23,5 %) der Förderschulabgänger und -abgängerinnen haben den Hauptschulabschluss erworben. Die anderen Förderschulabsolventen und -absolventinnen (23.800 = 72,1 %) haben keinen Förderschulabschluss erreicht. Ca. 4 Prozent (1.354) haben die besuchte Förderschule mit einem mittleren Abschluss absolviert. Nur sehr wenigen Förderschulabsolventen und -absolventinnen (91 = 0,3 %) ist es gelungen, eine Hochschulreife zu erlangen (Dokumentation Nr. 223 KMK 2020, S. XXIII).

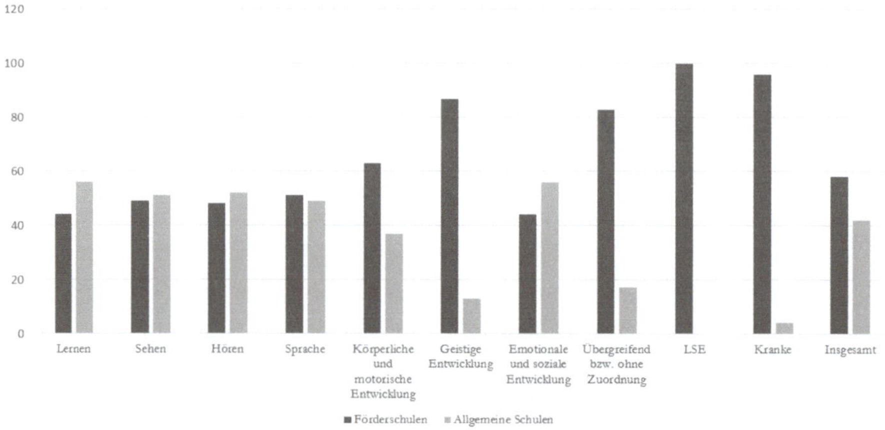

Abbildung 12: Verteilung der Schülerinnen und Schüler mit sonderpädagogischer Förderung in allgemeinen Schulen und Förderschulen nach Förderschwerpunkten 2018 (Dokumentation Nr. 223 KMK 2020, S. XXII, eigene Darstellung)

Tabelle 3: Abgänger und Abgängerinnen, Absolventen und Absolventinnwn mit sonderpädagogischer Förderung in Förderschulen nach Abschlussqualifikationen 2018 (Dokumentation Nr. 223 KMK 2020, S. XXIII, eigene Darstellung)

Förderschwerpunkt	**Abgänger und Abgängerinnen, Absolventen und Absolventinnen**	**Verteilung in %**
Abgänger und Abgängerinnen, Absolventen und Absolventinnen Insgesamt	**32.952**	**100,0**
Davon - ohne Hauptschulabschluss	23.765	72,1
davon mit Förderschwerpunkt Lernen	12.174	36,9
davon mit sonstigen Förderschwerpunkten	11.591	35,2
- mit Hauptschulabschluss	7.742	23,5
- mit mittlerem Abschluss	1.354	4,1
- mit Fachhochschulreife	-	-
- mit Hochschulreife	91	0,3

Die Entwicklung des Anteils der Schüler und Schülerinnen aus dem Ausland sank im Zeitraum von 2009 bis 2015 von 13,8 Prozent auf 10,0 Prozent. In den Jahren 2016 und 2017 stieg die Zahl der ausländischen Schüler und Schülerinnen von 4,1 Prozent (2015–2016) auf 7,8 Prozent (2016–2017) leicht an (ebd., S. XXIII und 50, eigene Berechnung). Ca. 40.000 Kinder und Jugendliche mit Migrationshintergrund und -herkunft wurden im Jahr 2018 in Förderschulen sonderpädagogisch gefördert. Im Vergleich zum Vorjahr waren das knapp 4.500 (+12,5 %) Schüler und Schülerinnen mehr (ebd., S. XXIV).

Tabelle 4: Anteil an allen Schülern und Schülerinnen im Schwerpunkt 2018 (Dokumentation Nr. 223 KMK 2020, S. XXIV, eigene Darstellung)

Schüler und Schülerinnen nach Nationalität	**Anteil an allen Schüler und Schülerinnen im Schwerpunkt .... in %**		
	Lernen	Sonstige	Insgesamt
Deutsche Schüler und Schülerinnen	85,3	88,3	87,5
Ausländische Schüler und Schülerinnen	14,7	11,7	12,5
Insgesamt	100	100	100

In Deutschland wurden 2018 ca. 15 Prozent (18.212 = 14,7 %) der Schüler und Schülerinnen mit Migrationshintergrund und -herkunft im Förderschwerpunkt Lernen an Förderschulen sonderpädagogisch gefördert (s. Tabelle 4) (ebd.).

Zugang zur beruflichen Bildung von jungen Menschen mit Förderbedarf in Zahlen

Da keine aktuellen statistischen Daten über den Zugang zur beruflichen Bildung und die Berufsbildungsabschlüsse der Förderschulabgänger und -abgängerinnen auffindbar sind, wird die Situation der Jugendlichen und jungen Erwachsenen mit sonderpädagogischem Förderbedarf der Jahrgänge 2011/2012 und 2012/2013 beleuchtet (Autorengruppe Bildungsberichterstattung 2014, S. 183 f.).

In Anlehnung an die statistischen Ämter des Bundes und der Länder im Rahmen der Sonderauswertung der Schulstatistik (ebd.) begannen 2.612.483 Schüler und Schülerinnen mit und ohne sonderpädagogische Förderung im Schuljahr 2011/2012 ihre Berufsausbildung in unterschiedlichen Schularten. 61.866 Berufsschülerinnen und -schüler wurden sonderpädagogisch betreut.

Rund 42.903 Förderbedürftige (2,8 Prozent der gesamten Teilzeit-Berufsschülerpopulation) wurden im Jahrgang in Teilzeit-Berufsschulen[24] aufgenommen (s. Ta-

24 Teilzeit-Berufsschulen sind Pflichtschulen, in denen junge Menschen in der beruflichen Erstausbildung eingeschrieben, erwerbstätig oder arbeitslos sind. Ziel der Pflichtschulen ist es, die allgemeine Ausbildung der Schüler zu erweitern und eine theoretische Grundausbildung zu ermöglichen, die sie für den Einstieg in den Beruf benötigen. In der Regel werden Teilzeit-Berufsschulen von Jugendlichen nach Abschluss der obligatorischen Vollzeit-Schulausbildung bis zum Alter von 18 Jahren oder vor Abschluss der praktischen Berufsausbildung besucht.
Die Ausbildung erfolgt in der Regel in Form einer Teilzeitausbildung an zwei Tagen in der Woche oder in Form einer Blockausbildung in gemeinsamen Vollzeitabschnitten. Sie ist eng mit der Ausbildung in einem Betrieb oder in einem überbetrieblichen Ausbildungszentrum verbunden. Die kooperative Form des Berufsgrundbildungsjahres (duales System) ist entweder Teilzeit- oder Blockausbildung. Auf Bundesebene gehören diese Schulen zu den Teilzeit-Berufsschulen. (Statistisches Bundesamt 2010)

belle 5). Weniger als ein Drittel der Absolventen und Absolventinnen mit sonderpädagogischem Förderbedarf (14.163 = 29 Prozent aller BVJ-Beteiligten) gingen 2011/2012 in das Berufsvorbereitungsjahr (BVJ). Den Zugang zu den Berufsfachschulen erhielten lediglich 4.300 (1 Prozent aller Berufsfachschülerinnen und -schüler) der Förderschulabgänger und -abgängerinnen des Schuljahres 2011/2012. Von rund 29.622 BGJ-Schülerinnen und -schülern verfügten lediglich 221 Personen (0,7 %) über einen Förderschulabschluss.

Tabelle 5: Schülerinnen und Schüler mit und ohne sonderpädagogische Förderung an beruflichen Schulen 2011/2012 nach Schularten und Geschlecht (Statistische Ämter des Bundes und der Länder, Schulstatistik 2014, eigene Berechnungen)

Schulart	Schülerzahl insgesamt	Darunter mit sonderpädagogischer Förderung					
		Insgesamt		Davon nach Geschlecht			
				Männlich		Weiblich	
	Anzahl		in %	Anzahl	in %	Anzahl	in %
2011/12							
Teilzeit-Berufsschulen	1.558.964	42.903	2,8	27.969	65,2	14.934	34,8
Berufsvorbereitungsjahr	48.941	14.163	28,9	8.552	60,4	5.611	39,6
Berufsgrundbildungsjahr in vollzeitschulischer Form	29.622	221	0,7	190	85,8	31	14,2
Berufsfachschulen	455.212	4.346	1,0	2.639	60,7	1.707	39,3
Sonstige berufliche Schulen*	519.744	234	0,0	95	40,6	139	59,5
Insgesamt	2.612.483	61.866	2,4	39.444	63,8	22.423	36,2

* Berufsaufbauschulen, Fachoberschulen, Fachgymnasien, Berufsober-/Techn. Oberschulen, Fachschulen, Fachakademien

Nach den Förderschwerpunkten macht der Förderschwerpunkt Lernen über die Hälfte (50,9 % = 21.880) aller Jugendlichen an den Teilzeit-Berufsschulen aus. Etwas geringer (ca. 39 % = 5.577) fiel der Anteil der Beteiligten mit dem Förderschwerpunkt Lernen am Berufsvorbereitungsjahr aus. Nur 221 Absolventen und Absolventinnen mit sonderpädagogischer Förderung wechselten in das vollzeitschulische Berufsgrundbildungsjahr (BGJ). Der Anteil von Lernenden mit dem Förderschwerpunkt Lernen im BGJ lag bei über 87 Prozent (193 von allen Schülerinnen und Schülern mit dem Förderschwerpunkt Lernen). Eine Analyse der Geschlechterverteilung der Kohorte des Schuljahres 2011/2012 ergab, dass sie sich aus zwei Dritteln Männer und einem Drittel Frauen zusammensetzte (s. Tabelle 5).

Auffällig ist, dass knapp ein Drittel der Besucher und Besucherinnen aller genannten Bildungsgänge keinem Schwerpunkt zugeordnet werden konnten. Dies wirft Fragen zu den Kriterien für die Datenzuordnung oder Organisation von Bildungsgängen auf und bleibt zu klären.

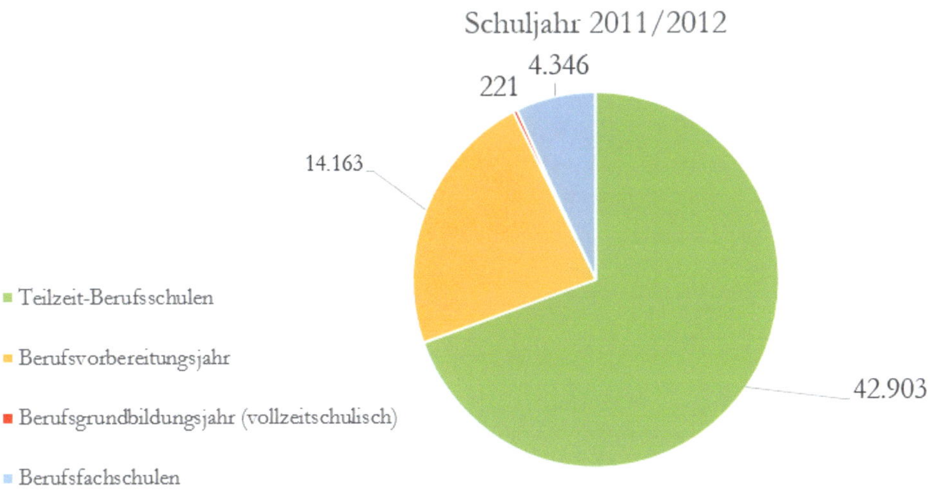

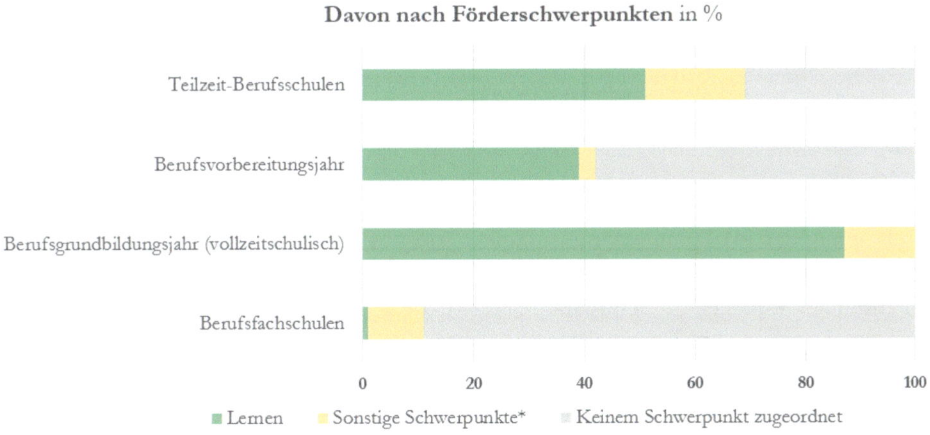

* Sehen, Hören, Sprache, Körperliche und motorische Entwicklung, Geistige Entwicklung, Emotionale und soziale Entwicklung, förderschwerpunktübergreifend

Abbildung 13: Berufsschülerinnen und Schüler mit sonderpädagogischer Förderung im Schuljahr 2011/2012 nach Schularten und Förderschwerpunkten (Autorengruppe Bildungsberichterstattung 2014, S. 184, eigene Darstellung)

In der Kohorte 2012/2013 erlangten mehr als 37.000 Absolventen und Absolventinnen mit sonderpädagogischem Förderbedarf (1,4 Prozent der gesamten Teilzeit-Berufsschülerpopulation) den Zugang zu den Teilzeit-Berufsschulen. Im Vergleich zum Vorjahr waren es rund 6.000 Absolventen und Absolventinnen weniger. Der Anteil der Auszubildenden der Teilzeit-Berufsschulen mit Förderschwerpunkt Lernen lag in diesem Jahr bei ca. 55 Prozent. Dies betraf 20.534 aller Schülerinnen und Schüler mit dem Förderschwerpunkt Lernen.

Tabelle 6: Schülerinnen und Schüler mit und ohne sonderpädagogische Förderung an beruflichen Schulen 2012/2013 nach Schularten und Geschlecht (Statistische Ämter des Bundes und der Länder, Schulstatistik 2014, eigene Berechnungen)

Schulart	Schülerzahl insgesamt	Darunter mit sonderpädagogischer Förderung					
		Insgesamt		Davon nach Geschlecht			
				Männlich		Weiblich	
	Anzahl		in %	Anzahl	in %	Anzahl	in %
2012/13							
Teilzeit-Berufsschulen	1.519.244	37.139	2,4	24.003	64,6	13.137	35,4
Berufsvorbereitungsjahr	48.810	11.031	22,6	6.800	61,6	4.231	38,4
Berufsgrundbildungsjahr in vollzeitschulischer Form	28.217	769	2,7	538	70,0	231	30,0
Berufsfachschulen	436.948	3.974	0,9	2.822	71,0	1.152	29,0
Sonstige berufliche Schulen*	524.179	580	0,1	320	55,3	260	44,8
Insgesamt	2.557.398	53.494	2,1	34.484	64,5	19.010	35,5

* Berufsaufbauschulen, Fachoberschulen, Fachgymnasien, Berufsober-/Techn. Oberschulen, Fachschulen, Fachakademien

Ungeachtet des Rückgangs der Zahl neuer Auszubildender stieg der Anteil der Beteiligten mit Förderschwerpunkt Lernen im Vergleich zum Vorjahr um weitere 5 Prozent. In ähnlicher Weise ist im Schuljahr 2012/2013 die Zahl der Besucher und Besucherinnen des Berufsvorbereitungsjahres (BVJ) von 14.163 auf 11.031 zurückgegangen. Im Vergleich zum Vorjahr blieb der Anteil von Jugendlichen mit dem Förderschwerpunkt Lernen am BVJ fast unverändert. Obwohl sich der Anteil von Beteiligten am vollzeitschulischen Berufsgrundbildungsjahr fast vervierfacht hat, ist die Zahl der Jugendlichen mit dem Förderschwerpunkt Lernen beim BGJ 2012/2013 zurückgegangen (s. Abb. 13, Abb. 14). Gleichzeitig wurde die Jahrgangsgruppe heterogener, da die Beteiligung von Jugendlichen mit den Förderschwerpunkten Sehen, Hören, Sprache, körperliche und motorische Entwicklung, geistige Entwicklung, emotionale und soziale Entwicklung im BGJ (über 60 %) zunahm (Abb. 14) (Autorengruppe Bildungsberichterstattung 2014, S. 184).

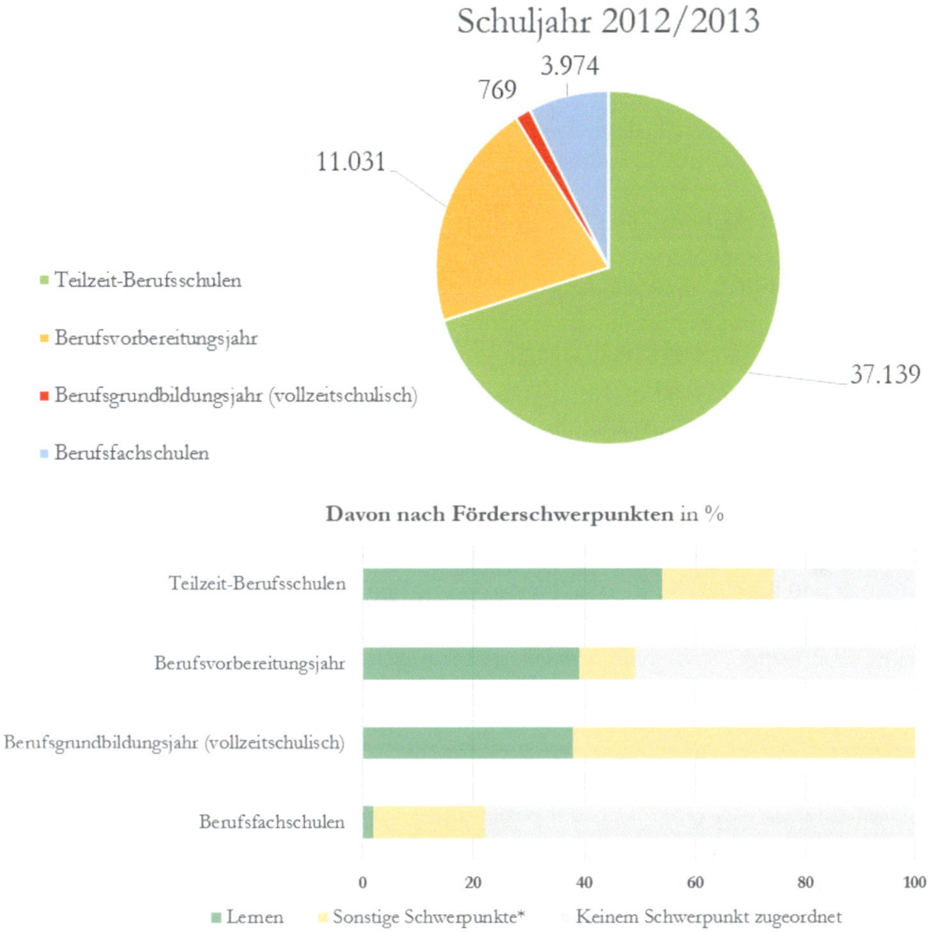

* Sehen, Hören, Sprache, Körperliche und motorische Entwicklung, Geistige Entwicklung, Emotionale und soziale Entwicklung, förderschwerpunktübergreifend

Abbildung 14: Berufsschülerinnen und Schüler mit sonderpädagogischer Förderung im Schuljahr 2012/2013 nach Schularten und Förderschwerpunkten (Autorengruppe Bildungsberichterstattung 2014, S. 184, eigene Darstellung)

Im Jahr 2017 berichtete Lange, dass sich die inklusive Berufsbildung bundesweit immer noch ganz am Anfang befände.

> „In Bayern, Hamburg, Niedersachsen und Rheinland-Pfalz wurden Modellversuche zur Inklusion in der beruflichen Bildung eingerichtet, in Bayern und Niedersachsen sind diese bereits ausgelaufen. Konzepte zur flächendeckenden Umsetzung der gewonnenen Erkenntnisse liegen bislang nicht vor.
>
> Rheinland-Pfalz, Schleswig-Holstein und Thüringen fokussieren ihre Bemühungen um eine inklusive berufliche Bildung auf den Übergang Schule-Beruf. Baden-Württemberg, Brandenburg, Bremen, Mecklenburg-Vorpommern und Nordrhein-Westfalen haben die Anzahl der Sonderpädagog/-innen an ihren beruflichen Schulen erhöht. In Berlin

> wurde ein Schulpsychologisches und inklusionspädagogisches Beratungs- und Unterstützungszentrum auch für den Bereich der beruflichen Bildung eingerichtet.
>
> Hesse, Saarland, Sachsen und Sachsen-Anhalthalt haben bislang noch keine Anstrengungen zur Stärkung der Inklusion in der beruflichen Bildung unternommen, die über die Teilnahme an länderübergreifenden Projekten oder bundesweiten Initiativen hinausgehen" (Lange 2017, S. 47).

Das heißt, dass die berufliche Bildung noch immer vor großen Herausforderungen steht, was die Umsetzung der Inklusion, des inklusiven Zugangs für Menschen mit Behinderung und deren Förderung angeht.

Die Ergebnisse der Studie des Instituts der deutschen Wirtschaft über Menschen mit Behinderung in der dualen Ausbildung stellt fest, dass knapp ein Viertel der Auszubildenden mit Förderbedarf im Zeitraum von 2010 bis 2015 im dualen System eingegliedert war. Etwa 12 Prozent aller Betriebe bildeten im Jahr 2015 förderbedürftige Jugendliche aus. Der überwiegende Anteil dieser Auszubildenden hatte eine Lernbehinderung. Die Dauer der dualen Ausbildung variierte dabei von dreieinhalb bis zwei Jahren. Der Anteil der theoriereduzierten Fachpraktikerausbildung für Menschen mit Behinderung betrug rund ein Zehntel. 40 Prozent aller Ausbildungsbetriebe mit Erfahrungen in der Ausbildung von Menschen mit Behinderung sind in Anlehnung an die Studienergebnisse bereit, weiterhin die Förderbedürftigen auszubilden. Doch selbst 80 Prozent der Ausbildungsbetriebe mit beschäftigten behinderten Menschen kritisieren die fehlenden Bewerbungen der Betroffenen und betonen diesen Fakt als größtes Hindernis für ein höheres Engagement ihrerseits. Darüber hinaus wünschen sich drei Viertel dieser Betriebe mehr Unterstützungsleistungen wie sozialpädagogische Betreuung und feste externe Ansprechpartner und -partnerinnen, die während der Ausbildung von Menschen mit Behinderungen begleitend zur Verfügung stehen können (Institut der deutschen Wirtschaft Köln, REHADAT 2015).

Laut der Analyse des Bundesinstituts für Berufsbildung zum Stand der Ausbildung nach § 66 BBiG, § 42 m HwO und ReZA von behinderten Menschen bilden zwischen 20 und 40 Prozent der Betriebe Förderbedürftige aus. Rund 14 Prozent aller Ausbildungsbetriebe bilden seit 2012 beeinträchtigte Menschen nicht nur in Reha-Berufen (rund 36 %), sondern vollzeitschulisch (über 58 %) und in verschiedenen weiteren Formen aus. Zu verzeichnen ist, dass der praktische Teil der Ausbildung für behinderte Menschen zu 60 Prozent direkt im Unternehmen stattfindet. Darüber hinaus kann ein leichter Rückgang der vollzeitschulischen Ausbildung beobachtet werden. Knapp über ein Drittel der Betriebe bildet in kooperativer Form beispielsweise gemeinsam mit einem Berufsbildungswerk aus. Im Jahr 2015 befanden sich ca. 46 Prozent der Abgänger und Abgängerinnen von verschiedenen Berufsbildungsgängen nach § 66 BBiG/§ 42 m HwO in einer Beschäftigung. Im Vergleich zu den Teilzeitbeschäftigten (14 %) waren über die Hälfte dieser Absolventen und Absolventinnen (ca. 30 %) vollzeitbeschäftigt. Nur ca. 2 Prozent der Absolventen und Absolventinnen dieser Kohorte sind in eine geringfügige Beschäftigung übergegangen. Etwa 12 Prozent der Abgänger und Abgängerinnen haben keinen Beschäftigungsplatz gefunden und wurden umgeschult. Arbeitslos oder nicht ausgebildet sind jedoch 35 Prozent aller Abgänger und Abgängerinnen geblieben (Institut der deutschen Wirtschaft Köln, REHADAT 2020c).

In Anlehnung an den Datenreport zum Berufsbildungsbericht wurden im Jahr 2019 in Berufen für Menschen mit Behinderung 7.668 neue Verträge gemeldet. Dies macht 1,5 Prozent aller neu abgeschlossenen Ausbildungsverträge aus (Institut der deutschen Wirtschaft Köln, REHADAT 2020d).

Bezug nehmend auf Vollmer soll die historisch etablierte Berufsbildung dahingehend überprüft werden, ob sie in der berufsbildenden Landschaft die berufliche Handlungsfähigkeit von Menschen mit Behinderung fördern und somit die berufliche diskriminierungsfreie Teilhabe von Betroffenen ermöglichen kann. Diskutiert werden sollte außerdem die Frage der Angemessenheit von Berufsbildungsstrukturen, Instrumenten und Berufsbildungsangeboten (Vollmer 2020, S. 41).

Um die unterstützende Bereitschaft der Betriebe zu entfalten, Menschen mit Behinderung auszubilden und in ihre Betriebe zu übernehmen, sollte dabei verstärkt der Nachteilsausgleich[25] zum Einsatz kommen. Diese Bedingung des Gelingens beim direkten Übergang von Menschen mit Förderbedarf nach dem Berufsbildungsabschluss soll in den Vordergrund für alle Bildungsakteure und die Inklusion unterstützenden Institutionen treten.

Schwerbehinderung nach Grad

Der Vollständigkeit halber sei darauf hingewiesen, dass alle genannten Beeinträchtigungen hinsichtlich des Grades der Schwerbehinderung unterschieden werden.

Nach § 1 des neunten Sozialgesetzbuches werden Personen für *behindert* befunden, wenn ihre physische Funktion, ihre geistige Fähigkeit oder ihre psychische Gesundheit für mehr als sechs Monate von dem für ihr Alter typischen Zustand abweicht und dadurch ihre Teilhabe an der Gesellschaft gestört ist (BUZER.DE o. J.b). Diese Beteiligungsstörung wird als *Grad der Behinderung* durch medizinische Experten in einem System definiert. Die Bezeichnung *schwerbehindert* ist eine rechtliche Kategorie.

> „Menschen gelten als schwerbehindert, wenn ihnen ein GdB von 50 oder mehr zuerkannt wurde. Liegen mehrere Behinderungen vor, so wird die ‚schwerste' Behinderung ausgewiesen." (Kastl 2010, S. 37 f.)

In Anlehnung an die Schwerbehindertenstatistik des Statistischen Bundesamtes sind die Ursachen von Behinderung entweder angeboren, durch Unfall bedingt (Arbeit/Verkehr etc.) oder krankheitsbedingt (s. Abb. 15) etc. (Rehadat Statistik 2019).

25 Die Ausbildungs- und Prüfungspraxis erfordert bei der Anwendung des Nachteilsausgleichs die besonderen Rahmenbedingungen. Eine differenzierte Betrachtung des Nachteilsausgleichs von Menschen mit Behinderung im Ausbildungsverhältnis kann im „Handbuch für die Ausbildungs- und Prüfungspraxis" (Vollmer und Frohnenberg 2014) nachgelesen werden.

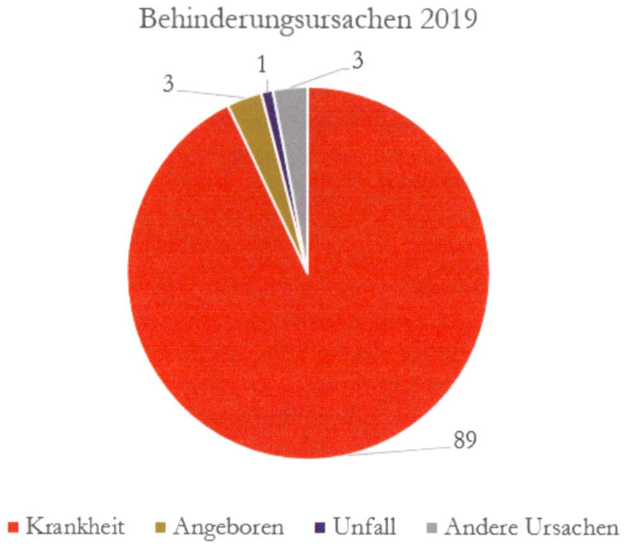

Abbildung 15: Statistik der schwerbehinderten Menschen. Behinderungsursachen 2019 (in %) n = 7,9 Mio. (ebd., eigene Darstellung)

Bei der Betrachtung des Grades einer Behinderung unter 50 können die oben genannten Ursachen durch „unterschiedliche Umweltfaktoren, gesellschaftliche Strukturen und Gegebenheiten sowie individuelles und kollektives Verhalten" nach Degener (2006, S. 2) erweitert werden (Schoenberg 2013, S. 15).

Schwerbehinderte Auszubildende und gleichgestellte Menschen mit Behinderung (gemäß § 151 Absatz 4 SGB IX) können unter bestimmten Voraussetzungen von vielen Leistungen zur Teilhabe an ihrer Ausbildung und Beschäftigung profitieren (BUZER.DE o. J.b). Hierzu gehören beispielsweise Ausbildungsgeld und Übergangsgeld entsprechend § 122 SGB III (BUZER.DE o. J.a), begleitende Hilfen im Arbeitsleben sowie Nachteilsausgleiche.

Eine anerkannte Schwerbehinderung steht im engen Zusammenhang mit den wirtschaftlichen Anreizen für die ausbildenden und arbeitgebenden Betriebe. Zu diesen Anreizen gehören sowohl der Anspruch auf die verschiedenen Leistungen wie Zuschüsse zur Ausbildungsvergütung nach § 73 SGB III (BUZER.DE o. J.a), für Arbeitshilfen im Betrieb und für die Kosten einer Berufsausbildung als auch für die Veranlagung der Ausgleichsabgabe.

Trotz der genannten wirtschaftlichen Anreize für ausbildende Betriebe und unabhängig davon, ob und bis zu welchem Grad eine Behinderung vorliegt, erleben die Betroffenen Zugangsschwierigkeiten zur beruflichen Bildung oder vor allem zum ersten Arbeitsmarkt.

4 Wissenschaftlicher Erkenntnisstand

4.1 Übergang Schule – Beruf

4.1.1 Übergangssystem

Um die Bedingungen des Gelingens oder die Ursachen des Scheiterns beim Übergang von Menschen mit Förderbedarf in eine berufliche Ausbildung bzw. in eine anschließende Beschäftigung zu untersuchen, bedarf es der gründlichen Auseinandersetzung mit dem Verständnis der schulisch-beruflichen Übergänge mit den Angeboten des Übergangssystems sowie mit der aktuellen Übergangsproblematik. Darüber hinaus werden im folgenden Kapitel nicht nur die führenden theoretischen Ansätze der Übergangsforschung und die Entwicklungen der Förderung der beruflichen Rehabilitation, sondern auch die bestehenden Konzepte der Übergangsgestaltung dargestellt.

Die meiste Literatur zum Themenfeld Übergang Schule – Beruf definiert den Übergang als Wechselprozess von jungen Menschen von der Schule zum Einstieg in eine Berufsausbildung (Benner 2020).

Diese Deutungsweise verweist auf den Zusammenhang der Übergangsthematik mit dem Übergangssystem, das in Anlehnung an Ginnold (2008, S. 10) als der Übergang der ersten Schwelle von der allgemeinbildenden (Förder-) Schule über die Berufsvorbereitungsphase in eine Berufsbildung oder in eine berufliche Ausbildung zu verstehen ist (s. Abb. 16). Nigges-Gellrich und Schmidt (2013, S. 307) betonen, dass diejenigen, die nach dem Schulabschluss keinen direkten Übergang erreichen, in den Bildungsgängen bzw. Maßnahmen des Übergangssystems ohne berufliche Qualifizierung aufgehalten werden. Zu diesen Angeboten des Übergangssystems zählen diverse berufsvorbereitende Maßnahmen (zum Beispiel BvB, BVJ, BGJ mit den integrierten Qualifizierungsbausteinen gemäß § 69 BBiG) und zahlreiche Bildungsgänge an Berufs- und Berufsfachschulen, die zu keinem anerkannten Berufsabschluss führen (Baethge, Solga und Wieck 2007, S. 14 f., 54 f.; BIBB 2020a).

Die folgende Abbildung zeigt in vereinfachter Form, welche Hürden beeinträchtigte Jugendliche beim Übergang in den Arbeitsmarkt zu nehmen haben. Es wird außerdem deutlich, wie verwirrend und unübersichtlich die vorhandenen Angebotsstrukturen gegenwärtig beim Übergang sind.

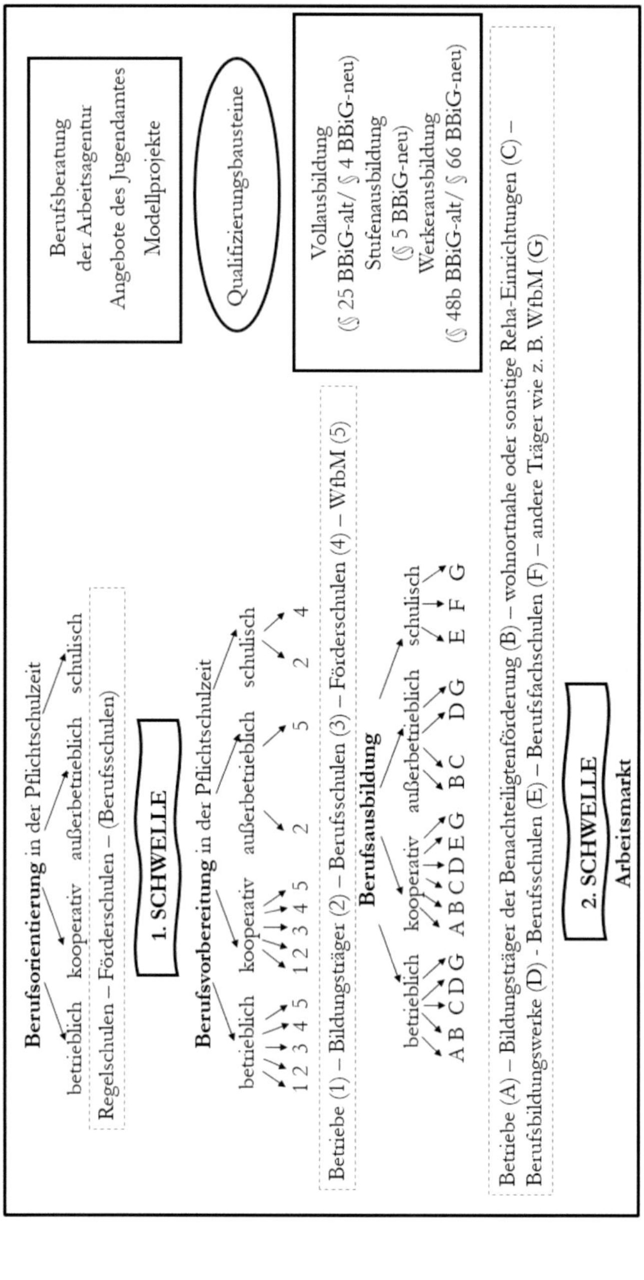

Abbildung 16: Grundstruktur des Übergangssystems mit Anbietern und Hauptlernorten (Ginnold 2008, S. 110, eigene Darstellung)

Innerhalb der drei Segmente Berufsbildung, Benachteiligtenförderung und berufliche Rehabilitation (Biermann 2013, S. 58) besteht für Schulabgänger und Schulabgängerinnen die Möglichkeit zwischen den vier folgenden Formen zu wählen:

- betriebliche Berufsbildung,
- betriebsnahe oder auch sogenannte kooperative bzw. verzahnte Ausbildung,
- außerbetriebliche sowie
- vollzeitschulische Ausbildung.

Die Bezeichnungen der Ausbildungsformen verweisen nicht nur auf die eigene Organisationsform, sondern auch auf deren Hauptlernorte. Die betriebliche, sogenannte duale Ausbildung erfolgt parallel an zwei Lernorten sowohl in einem Betrieb als auch an einer Berufsschule. In diesem Fall steht der Betrieb als Lernort im Vordergrund (Ginnold 2008, S. 104 f.).

In gleichberechtigten Partnerschaften mit Ausbildungsbetrieben erfüllen Berufsschulen einen gemeinsamen Bildungs- und Erziehungsauftrag. Die Aufgaben der Berufsschule konzentrieren sich entsprechend den Anforderungen der Berufsbildung nicht ausschließlich auf die allgemeinbildenden, fachtheoretischen, berufsbezogenen und berufsübergreifenden Bereiche (KMK 2019, S. 2), sondern auch auf die Unterstützung der dualen, betriebsnahen und außerbetrieblichen Berufsbildung. Eine Berufsschule bereitet junge Menschen auf eine Berufsausbildung vor oder bietet ihnen ein begleitendes kompetenzorientiertes Bildungsprogramm zur jeweiligen Berufstätigkeit hinführend an (ebd.).

An einer betriebsnahen oder auch an einer kooperativen Berufsbildung beteiligen sich verschiedene Bildungseinrichtungen und betriebliche Strukturen mit bestimmten Praktikumsplätzen an vielfältigen Lernorten. Häufig findet die vollzeitschulische Ausbildung überwiegend in Räumen einer Berufs- oder Fachschule statt. Ab und zu wird diese Ausbildungsform durch bestimmte Praktikumsphasen erweitert (Ginnold 2008, S. 104 f.).

Beim Übertragen all dieser Ausbildungsformen auf die Übergangsphase Schule – Berufsbildung (erste Schwelle) können entsprechend der jeweiligen Ausbildungsform den jungen Förderbedürftigen verschiedene Maßnahmen angeboten werden.

Im Rahmen einer betrieblichen Maßnahme können Betriebsführungen, ein berufsorientierendes Praktikum oder eine betriebliche Berufsvorbereitung sowie im besten Fall eine betriebliche Ausbildung zur Auswahl stehen. Wenn es um kooperative Formen einer Ausbildungsmaßnahme geht, handelt es sich immer um mindestens zwei miteinander kombinierte Lernorte. Dementsprechend kann eine kooperative Ausbildung, eine Ausbildung im Verbund und eine Berufsvorbereitung sowohl in einem Betrieb, bei einem Bildungsträger und/oder an einer Berufsschule absolviert werden (Ginnold 2008, S. 105).

Die häufigste Form der beruflichen Bildung im Rahmen der beruflichen Rehabilitation ist die außerbetriebliche Ausbildung. Auch in der Benachteiligtenförderung wird diese Ausbildungsform bevorzugt. Während einer außerbetrieblichen Maßnahme können vor allem berufsorientierende Praktika und Berufsvorbereitungen durchgeführt werden. Eine gelungene berufspraktische Orientierung kann zum Aufbau einer Bindung zwischen einem Praktikanten, einer Praktikantin und einem ausgewählten Betrieb beitragen (ebd.).

Die vollzeitschulischen Maßnahmen dienen in Bezug auf die förderbedürftigen jungen Menschen in der Regel dem Nachholen von Schulabschlüssen oder deren Verbesserung. (ebd.)

Nicht nur an der ersten Schwelle beim Übergang Schule – Berufsausbildung gibt es unterstützende Maßnahmen, sondern auch beim Übergang Berufsausbildung – Erwerbstätigkeit. Zu den unterstützenden Maßnahmen beim Übergang an der zweiten Schwelle gehören berufliche Beratungen, Trainingsmaßnahmen, verschiedene Zusatzqualifizierungen und finanzielle Arbeitgeberförderungen (Ginnold 2008, S. 106).

4.1.2 Ausbildungs- und Übergangsangebote für Jugendliche mit dem Förderschwerpunkt Lernen in Berlin

Exemplarisch hat Ginnold auch die Übergangsmaßnahmen für Jugendliche mit dem Förderschwerpunkt Lernen in Berlin erarbeitet (s. Abb. 17).

Nicht nur die zahlreichen Übergangsmaßnahmen zur Integration in eine Berufsausbildung bzw. Beschäftigung haben zum Ziel, die jungen Menschen mit Förderbedarf bei der Teilhabe am Ausbildungs- und Beschäftigungsmarkt zu unterstützen. Auch die modernen, je nach Bundesland vielfältigen, übergangsfeldbezogenen Programme und Modellversuche etc. bezwecken eine Integration der Betroffenen.

4.1.3 Förderprogramme und Initiativen im Übergangsfeld Schulabgang – Berufseinstieg in Sachsen-Anhalt

So sind beispielsweise in Sachsen-Anhalt im Übergangsfeld Schulabgang – Berufseinstieg folgende Förderprogramme, Projekte und Initiativen für Menschen mit Beeinträchtigung vorgesehen:

- das Förderprogramm „Initiative Inklusion" (gefördert durch BMAS im Zeitraum von 2011 bis 2018),
- die Beratung bei den Kammern in Fragen der Inklusion,
- transparente Berufsorientierung während der Schulzeit,
- Praxistage,
- das produktive Lernen an Schulen und in Betrieben in besonderen Schulklassen der 8. und 9. Jahrgänge,
- das regionale Übergangsmanagement Sachsen-Anhalt (RÜMSA – das durch ESF geförderte Förderprogramm des Ministeriums für Arbeit, Soziales und Integration) sowie
- „Unterstützung des Übergangs geistig behinderter sowie weiterer schwerbehinderter Schülerinnen und Schüler in Arbeit und Beruf" (Institut der deutschen Wirtschaft Köln, Rehadat 2020).

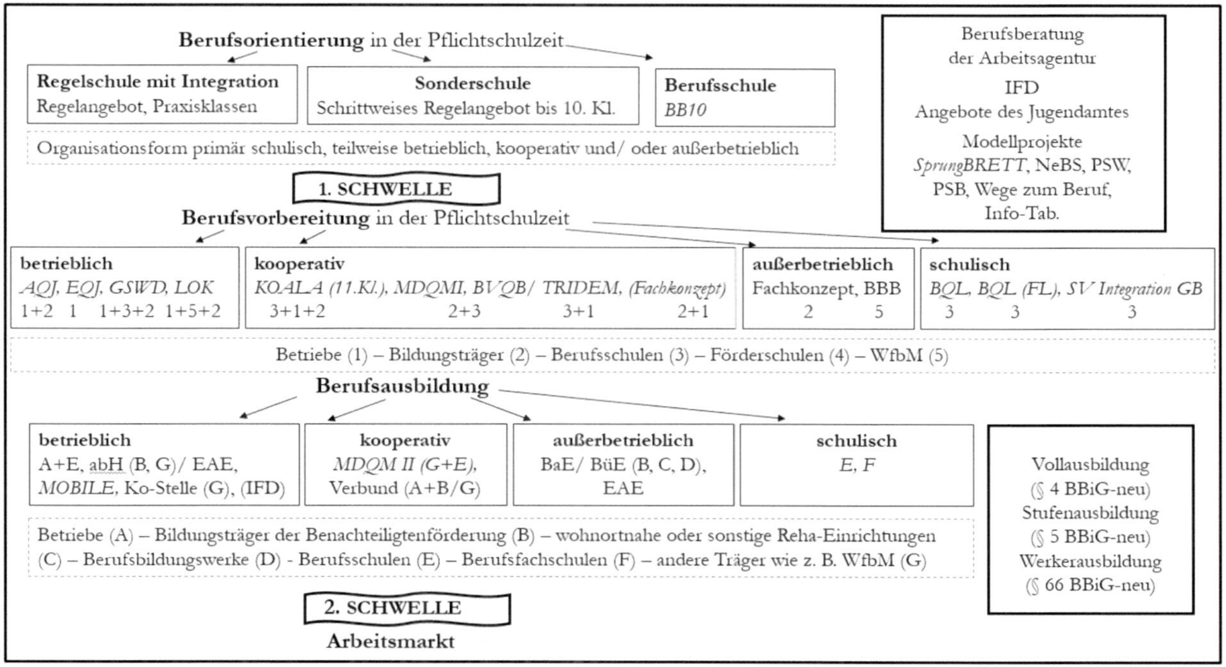

Abbildung 17: Maßnahmen für Jugendliche mit Lernschwierigkeiten im Berliner Übergangssystem ab dem Sommer 2005, Stand 30.06.2007 (Ginnold 2008, S. 153, eigene Darstellung*)

* Die detaillierte Beschreibung des Angebotes des Berliner Übergangssystems würde die Rahmen dieses Forschungsprojektes sprengen. Daher sind die Abkürzungen von aufgelisteten Maßnahmen im Abkürzungsverzeichnis zu finden.

Ziel des Programms „Initiative Inklusion" ist die Umsetzung der UN-Behindertenrechtskonvention durch die Steigerung der Ausbildung bzw. Erwerbsarbeit von Menschen mit Schwerbehinderung in Sachsen-Anhalt. Dabei soll die Berufsorientierung der genannten Zielgruppe im Rahmen der Gleichstellung gefördert werden (ebd.).

Das Angebot der Handels-, Industrie- und Landwirtschaftskammern auch in Sachsen-Anhalt richtet sich auf die projektbezogene Inklusionsberatung der Repräsentanten der Wirtschaft, zu denen ausbildungs- bzw. aufnahmefähige Betriebe und Unternehmen gehören und die sich in Fragen der Ausbildung, des Betriebspraktikums und des Übergangs von jungen behinderten Menschen in eine Beschäftigung erkundigen möchten (ebd.).

Auch das Netzwerk Berufswahl-SIEGEL bietet abwechslungsreiche und transparente Berufsorientierungsinformationen für die bestehenden und angehenden Lehrkräfte in Sachsen-Anhalt an (ebd.).

Die Praxistage während der Schulzeit sind im Rahmen des BRAFO-Projektes zum festen Bestandteil des Schulangebotes geworden. Das Angebot richtet sich vor allem an die Schüler und Schülerinnen an Hauptschulen. Bereits ab der 7. Klasse besteht für die Schülerinnen und Schüler die Möglichkeit, an den Praxistagen teilzunehmen. Um den Anteil der Schulabgänger und Schulabgängerinnen ohne einen regulären Abschluss (auch an Sekundarschulen in Sachsen-Anhalt) zu verringern, den Übergang in eine Berufsausbildung zu unterstützen und Ausbildungsabbrüche zu vermeiden, wurde das produktive Lernen in Schule und in einem Betrieb eingeführt (ebd.).

Das RÜMSA-Förderprogramm dient der stärkeren Abstimmung bzw. Vernetzung aller Kooperationspartner und deren regionaler Angebote zur Teilhabe an einer Berufsausbildung bzw. Beschäftigung.

Ein Modellprojekt des Landes Sachsen-Anhalt unterstützt seit 2012 geistig behinderte bzw. schwerbehinderte junge Menschen beim Übergang Schule – Ausbildung – Beschäftigung in den ersten oder wenigstens in den zweiten Arbeitsmarkt. Gestartet wurde das Modell im Rahmen der „Initiative Inklusion" an über 40 Förderschulen mit dem Förderschwerpunkt geistige Entwicklung. Später folgten Förderschulen für Körper- und Sinnesentwicklung. Die inklusiven Übergänge von Betroffenen werden durch die vier Integrationsdienste begleitend unterstützt. Dabei kann mit vielfältigen Praktika am regulären Arbeitsmarkt durchaus eine selbstbestimmte Teilhabe am Erwerbsleben erprobt werden (Institut der deutschen Wirtschaft Köln, Rehadat 2020).

4.1.4 Bundesweite Angebote des Übergangssystems

Bei der gezielteren Analyse des Übergangssystems mit seinen zahlreichen Angeboten stellt sich die Frage nach seiner Aufgabe.

> „Eine wesentliche Funktion des Übergangssystems besteht darin, Jugendliche, die den Übergang in eine berufliche Vollqualifizierung nicht erfolgreich bewältigt haben, diesbezüglich zu unterstützen. Betrachtet man das Übergangssystem aus der *pädagogischen* Perspektive des ‚Förderns', dann rücken weitere Aufgaben dieses Systems in den Vordergrund: Unterstützung dabei, Autonomie, Kompetenzerwerb und Kompetenzentwicklung entfalten zu können und gleichberechtigte soziale Teilhabe […] zu ermöglichen." (Nigges-Gellrich und Schmidt 2013, S. 312)

Als Teilsystem der beruflichen Ausbildung wurde das Übergangssystem in die Abbildung von deutschen Bildungsorten neben der dualen Berufsbildung aufgenommen (Konsortium Bildungsberichterstattung 2006, S. 20). Der Ursprung der Entstehung des Übergangssystems ist auf die mangelnde Aufnahmefähigkeit und die abnehmende Funktionalität des dualen Berufsbildungssystems (Schmidt 2011, S. 32 f.) zurückzuführen.

Kurz vor dem Übergang von der beruflichen Ausbildung ins Erwerbsleben stehen junge Menschen vor dem Dilemma einer zunehmenden Distanz der auch vom Übergangssystem unterstützten berufsfachschulischen bzw. außerbetrieblichen Berufsbildung von eigentlicher Erwerbstätigkeit (Müller 2008, S. 13 f.). Dieses Dilemma besteht in der räumlichen Distanz, da eine vollzeitschulische bzw. außerbetriebliche Ausbildung keine Aneignung von praktischen Erfahrungen an dem zukünftigen Beschäftigungsort und damit keine Entwicklung der beruflichen Handlungsfähigkeit ermöglicht. Die Ursachen hierfür sind nach Müller auch in dem deutlichen Engpass dualer Ausbildungsstellen zu suchen (ebd.). Die kurzfristigen diskontinuierlich laufenden Praktika erzielen keinen erwarteten Bindeeffekt und vertiefen keine praktischen Erfahrungen von Auszubildenden. Diese Trennung erschwert den Übergangsprozess vor allem für Menschen mit Förderbedarf enorm. In diesem Zusammenhang stellt sich die Frage nach den Bedingungen für das Gelingen eines Übergangs der zweiten Schwelle von der Ausbildung in eine Beschäftigung von Menschen mit Förderbedarf.

Die Analyse der sich in dem Übergangssystem befindenden Abgänger und Abgängerinnen der allgemeinbildenden Schulen bzw. Förderschulen in der Periode zwischen 2005 und 2019 (s. Abb. 18) bestätigt, dass das duale System gegenüber dem schulischen Berufssystem und dem Übergangssystem nur unwesentlichen Schwankungen unterliegt und bedeutsam bleibt. Die Inanspruchnahme des schulischen Berufssystems bleibt mit kleinen jährlichen Abweichungen fast konstant. Der Umfang von Beteiligten an Übergangsmaßnahmen minderte sich seit 2005 (417.648) bis zum Jahr 2019 (255.282) um fast die Hälfte.

Die hohe Auslastung des Übergangssystems im Zeitraum von 2005 bis 2011 ist auf eine angespannte Arbeitsmarktlage und gestiegene Arbeitslosigkeit zurückzuführen. In den Jahren 2015 und 2016 erfolgte eine vermehrte Einmündung in das Übergangssystem. Diese lässt sich anhand der Zuwanderung von Schutz- und Asylsuchenden im Ausbildungsalter erkennen (Institut Arbeit und Qualifikation der Universität Duisburg-Essen 2020).

Junge Absolventen und Absolventinnen von Förderschulen bleiben mit bis zu 63 Prozent dauerhaft im Übergangssystem oder in fragmentierten Übergangsverläufen verhaftet. Der Anteil an Förderschulabgängern und -abgängerinnen mit Hauptschulabschluss beträgt innerhalb der gesamten Hauptschulabschluss-Kohorte 14 Prozent. Da nicht alle Förderschulabgänger und -abgängerinnen über einen Schulabschluss verfügen, gestalten sich die Übergänge von Betroffenen überwiegend langwierig und, wie bereits angedeutet, fragmentiert. Um wenigstens einen Hauptschulabschluss zu erreichen, verbleiben viele der Menschen mit Förderbedarf in Berufsvorbereitungsmaßnahmen des Übergangssystems (Autorengruppe Bildungsberichterstattung 2016, S. 167).

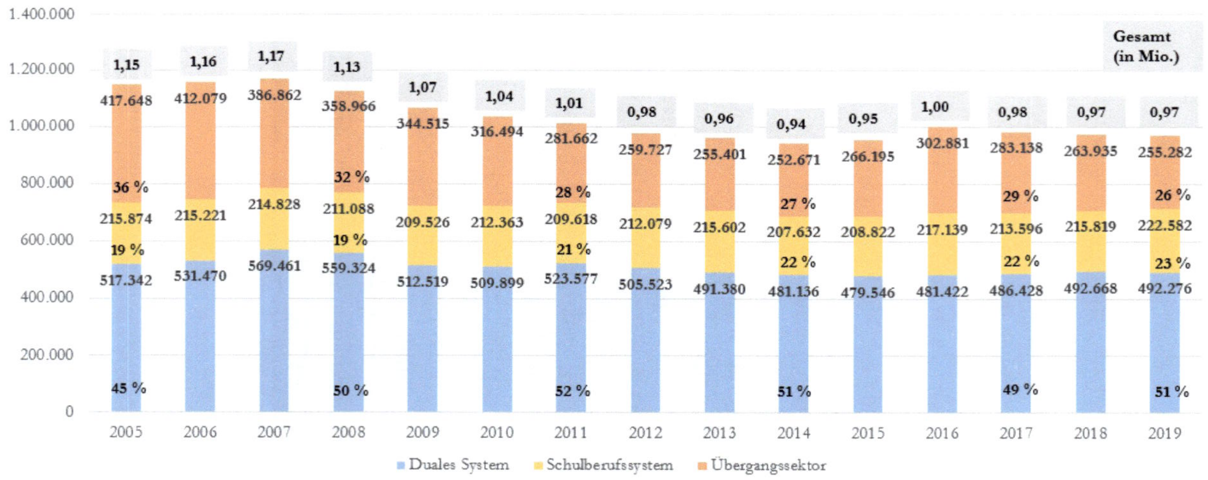

Abbildung 18: Verteilung der Neuzugänge auf die drei Sektoren des beruflichen Ausbildungssystems 2005 bis 2019 (Autorengruppe Bildungsberichterstattung 2020, S. 152, eigene Darstellung)

Im Zeitraum von 2011/2012 bis 2016/2017 (s. Abb. 19) erreichten lediglich 5 Prozent aller Förderschulabgänger und -abgängerinnen der 4. Startkohorte (Welle 1 bis 10) einen stabilen Übergang ins Schulberufssystem (in Ausbildungsgänge von Berufsfachschulen). Ein Viertel der Förderschulkohorte ist mit einer Verzögerung in das duale System eingemündet. Der direkte bzw. stabile Übergang in die duale Berufsbildung ist lediglich 7 Prozent der Förderschulabsolventen und -absolventinnen gelungen. Über 60 Prozent aller Förderschulabgänger und -abgängerinnen haben diverse Maßnahmen des Übergangssektors absolviert. Ca. 26 % der jungen Menschen erlebten einen fragmentiertern bzw. instabilen Übergangsverlauf.

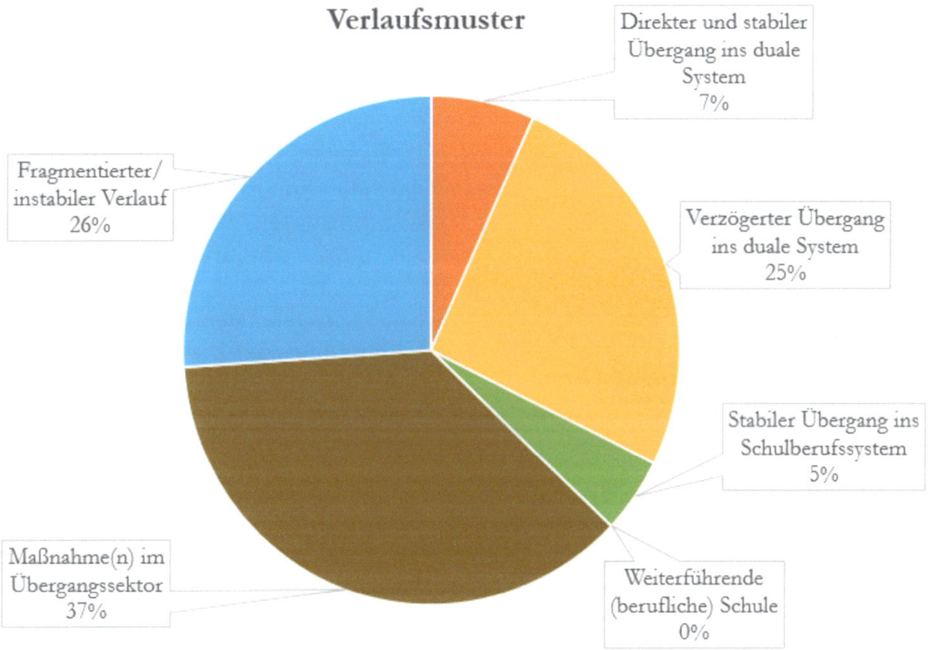

Abbildung 19: Verlaufsübergänge der Förderschulabsolventen und -absolventinnen (Autorengruppe Bildungsberichterstattung *2020, S. 167*[26]*, eigene Darstellung*)

Wie bereits angedeutet, haben geringqualifizierte Jugendliche aufgrund ihrer persönlichen Bildungsvoraussetzungen (Abschlusszeugnisse und -leistungen) kaum eine Chance, am Ausbildungsstellenmarkt eine Ausbildungsstelle zu erhalten (Nigges-Gellrich und Schmidt 2013, S. 307 f.). Einerseits können diese geringen Übergangschancen durch einen bedarfsorientierten Umfang von angebotenen Ausbildungsstellen erklärt werden. Andererseits sind die Zugangsbarrieren zu einer Ausbildung auf strukturelle Wirtschaftsveränderungen globaler Maßstäbe und auf den technologischen innovativen Wandel in deutschen Betrieben zurückzuführen. Zudem spielt in

26 Verlinkung mit der Excel-Tabelle E4_2020 ist über die „Tab. E46web" auf Seite 167 zu finden. Quelle: LIfBi, NEPS Startkohorte 4, Welle 1 bis 10 (2011/12 bis 2016/17), doi:10.5157/NEPS:SC4:10.0.0, gewichtete Daten

der Argumentation der Wirtschaft das Konstrukt der „Ausbildungsreife" als eine der individuellen Bildungsvoraussetzungen eine entscheidende Rolle für den Zugang zu einer Ausbildung. Der in den Mittelpunkt rückende Fachkräftemangel ist nach wie vor stark durch die Diskussion um mangelnde Ausbildungsreife geprägt. Gegenwärtig werden – bei steigender gesellschaftlicher Nachfrage nach Ausbildungsstellen – die aktuellen Problemlagen mit einer rückläufigen Ausbildungsreife begründet (ebd., 309). Um der rückläufigen Ausbildungsreife entgegenzuwirken, werden „darauf abgestimmte Maßnahmen entwickelt und dokumentiert" (Maier und Vogel 2013, S. 9).

Aufgrund des Fachkräftemangels und des demografisch bedingten rückläufigen Nachfrageüberhangs sollen die Ausbildungsplatzsuchenden im dualen System zukünftig mehr Chancen für die berufliche Ausbildung erhalten. Allerdings wird es, so Maier und Vogel (2013, S. 14), nicht für alle die Chance geben, eine Stelle zu erhalten. Es ist daher damit zu rechnen, dass das Übergangssystem nach wie vor bestehen bleiben wird.

Statt den Mangel an Ausbildungsstellen zu betonen, werden als Ursachen der Kompetenzdefizite von Betroffenen deren „mangelnd(e) Kulturtechniken, Lernschwäche bzw. Lernbeeinträchtigung, fehlende Sozialkompetenzen, schlechte Schulnoten bis hin zum Verlust von Tugenden wie Höflichkeit, Arbeitsmotivation, Engagement oder Pünktlichkeit" (Dobischat, Kühnlein und Schurgatz 2012, S. 12) kritisch diskutiert. Die betroffenen Personen werden für ihre nicht ausgeprägten Kompetenzmerkmale verantwortlich gemacht (Thielen, Katzenbach und Schnell 2013, S. 8), ohne „die strukturellen, bildungs- und arbeitspolitischen und ökonomischen Bedingungen, die die Problematik des Übergangs von der Schule in den Beruf [hervorruft]" (Maier und Vogel 2013, S. 9) zu berücksichtigen.

Strittig ist auch, dass der Übergang Schule – Beruf laut Definition nur auf die erste Schwelle des Übergangs begrenzt ist. Wenn es um die Bezeichnung Beruf geht, handelt es sich nicht nur um eine berufliche Ausbildung unterschiedlicher Art, sondern auch um die Beschäftigung in der Arbeitswelt. Wie bereits angekündigt, unterliegt unsere Arbeitswelt Modernisierungs- bzw. Wandlungsprozessen. Dementsprechend soll sich die Teilhabe jedes gesellschaftlichen Mitglieds entsprechend der eigenen Stärken und Schwächen gestalten und durch ein unterstützendes Instrumentarium oder eine beratende Expertise hinsichtlich der Umsetzung von sich stetig ändernden Arbeitsabläufen ergänzt werden.

Die Kreativität des jeweiligen Mitarbeiterteams ist hierbei für die Betriebe von großer Bedeutung. Die Unterstützung des Kollegiums ist erforderlich, unabhängig davon, ob junge Menschen mit Förderbedarf während des Übergangsverlaufs ein Praktikum in einem Betrieb absolvieren bzw. bereits ihre Ausbildung durchlaufen oder beschäftigt sind. Der Arbeitsort ist dabei Teil eines inklusiven Systems und sollte gemeinsam mit der förderbedürftigen Person interagieren.

In manchen Berufen ist es durchaus möglich, dass Menschen ohne einen beruflich qualifizierenden Abschluss auf dem zweiten oder sogar auf dem ersten Arbeitsmarkt tätig sind. In vielen Stellenanzeigen zu diversen Berufen ist zu lesen, dass ein qualifizierter Berufsabschluss von Vorteil sei. Dies schließt nicht aus, dass eine förderbedürftige Person beim Übergang der zweiten Schwelle für die Ausführung von bestimmten einfacheren Tätigkeiten angenommen werden kann. Allerdings werden die Übergänge Schule – Berufsausbildung und Schule – Arbeitsleben immer problematischer. In den vergangenen 30 Jahren vervielfältigte sich die Landschaft an Übergangsmaßnahmen, die je nach identifiziertem Problembereich den betroffenen Menschen bei der Bewältigung von persönlichen Schwierigkeiten bei der Einmündung in den Arbeitsmarkt hilfreiche Unterstützung gewährleisten sollten (Maier und Vogel 2013, S. 13). Angesichts der großen Menge unterschiedlicher Übergangsmaßnahmen ist es für Menschen mit Förderbedarf und deren Angehörige sehr schwer, den Überblick zu behalten (Ginnold 2008, S. 61). Infolge dieses Maßnahme-Dschungels und aufgrund der vielfachen Verkettung von Übergangsmaßnahmen entstehen sogenannte Maßnahmenkarrieren. Diese erweisen sich als höchst problematisch, da Betroffene immer wieder in Warteschleifen geraten. Neben der Unüberschaubarkeit und der Verkettung von Wartezeiten kommt es zu „teils wiederholte[r] Teilnahme von Jugendlichen an denselben oder ähnlichen Maßnahmen" (ebd., S. 14), was zur Verschwendung von Lebenszeit und Bildungsinvestitionen führt. Um diese Probleme strategisch zu bewältigen und die Qualitätssteigerung von Übergangsmaßnahmen zu sichern, bedarf es eines lokalen Übergangsmanagements, das die Vorortvernetzung aller Bildungsakteure initiiert und einen Raum für die gegenseitigen Absprachen schafft (ebd., S. 13 ff.).

Außerdem ist – durch die Schaffung spezieller Bildungsangebote im Übergangssystem – eine Verschiebung der Übergangsprobleme von der ersten Schwelle auf die zweite zu beobachten. So können beispielsweise Menschen mit Förderbedarf wegen fehlender beruflicher Qualifizierung nicht in den Arbeitsmarkt eintreten (Spies und Tredop 2006, S. 13).

> „Die sich verschärfende Übernahmeproblematik in eine Dauerbeschäftigung zeigt an, dass eine Benachteiligung nicht damit aufhört, wenn ein Jugendlicher einen (betrieblichen oder außerbetrieblichen) Ausbildungsplatz erhalten hat. Der geläufige Ausspruch ‚Jede Ausbildung ist besser als keine Ausbildung' führt nicht selten genug zu einer (langfristig wirkenden) Fehlqualifizierung. Die sich an die Ausbildung anschließenden Maßnahmen (Plural!) sind wiederum mit der Gefahr verbunden, dass Jugendliche trotz zusätzlich erworbener Qualifikationen stigmatisiert werden (können). Die Folge ist, dass strukturell wirkende Probleme so mit unter von den Jugendlichen gleichsam internalisiert werden, d. h. die fehlende Integration wird als individuelle Schuld wahrgenommen." (ebd.)

Viele Anzeichen sprechen dafür, dass sich die Periode der berufsbiografischen Instabilität von förderbedürftigen Menschen über den gesamten Lebenszyklus erstreckt, nur um sich durch viele beschäftigungsbezogene Übergänge anpassen zu können (Maier und Vogel 2013, S. 14). Unter der Betrachtung der oben genannten Problematik kann der Nutzen solcher Übergangsmaßnahmen, deren Effektivität und Gestaltung zur Debatte gestellt werden.

Basendowski und Werner (2010, S. 64 ff.) beziehen sich auf Ginnolds Studie (2008) und betonen, dass die Übergangsprobleme von jungen Menschen mit Förderschwerpunkt Lernen wesentlich schärfer als bei anderen Risikogruppen seien. Infolge dieser Übergangsprobleme seien nach Thielen, Katzenbach und Schnell „viele dieser jungen Menschen auf unsichere, zeitlich befristete, körperlich anstrengende und schlecht bezahlte Tätigkeiten im Niedriglohnsegment verwiesen" (Thielen, Katzenbach und Schnell 2013, S. 8).

4.2 Übergangsmöglichkeiten im Rahmen der Benachteiligtenförderung

Vom Mangel an Ausbildungsstellen sind insbesondere diejenigen jungen Menschen betroffen, die über keinen oder über einen lediglich gering qualifizierten Abschluss verfügen und nach Ginnold (2008, S. 66) einem Fördersystem als Benachteiligte zugeordnet wurden. Dieser Risikogruppe wird ein besonderer Förderbedarf etikettiert, der unter der Kategorie der Benachteiligung auch subsumiert ist (Thielen, Katzenbach und Schnell 2013, S. 8).

Zu den benachteiligten Jugendlichen zählen unter anderen „lernbeeinträchtigte Jugendliche: Absolventinnen und Absolventen aus Sonderschulen für Lernbehinderte, Jugendliche ohne Hauptschulabschluss und unter bestimmten Voraussetzungen auch mit Hauptschulabschluss" (Ginnold 2008, S. 69). Insbesondere betrifft es die Gruppe förderbedürftiger junger Menschen, die für eine betriebliche oder außerbetriebliche Ausbildung die ausbildungsbegleitenden Unterstützungshilfen benötigen und keine Unterstützung im Rahmen der beruflichen Rehabilitation in Anspruch nehmen können (ebd.).

In der Regel haben diese Risikogruppen im Rahmen der Benachteiligtenförderung die Möglichkeit, sowohl die Beratungsangebote des Jugendamtes als auch die berufsorientierenden bzw. berufsvorbereitenden Maßnahmen der Bundesagentur für Arbeit sowie die bereits erwähnten ausbildungsbegleitenden Hilfen während der betrieblichen und außerbetrieblichen Ausbildung in Anspruch zu nehmen. Mit der Absicht, den Übergang in den ersten Arbeitsmarkt zu erreichen, stehen auch die Übergangshilfen der zweiten Schwelle am Übergang in eine Beschäftigung des ersten und vor allem des zweiten Arbeitsmarktes an einer WfbM zur Auswahl (Ginnold 2008, S. 70 f.).

Um den Zugang zur außerbetrieblichen Ausbildung zu erhalten, müssen die Betroffenen eine Berufsvorbereitung beispielsweise an einer Berufsschule oder während einer berufsvorbereitenden Maßnahme absolvieren (ebd., S. 71).

Die außerbetriebliche Ausbildung erfolgt in der Regel an einer Bildungseinrichtung oder bei einem Bildungsträger. Dabei setzt sich die außerbetriebliche Ausbildung aus Fachpraxis, Förderunterricht und sozialpädagogischer Begleitung zusammen. Im besten Fall beteiligen sich an der außerbetrieblichen Ausbildung zusätzlich Berufsschulen und Praktikumsbetriebe. Mit der Erweiterung der Berufsvorbereitung durch Qualifizierungsbausteine (gemäß Änderungen im neuen BBiG § 1 Abs. 1 u.1a) wurde das Ziel verfolgt, die Chancen von Betroffenen beim nachfolgenden Übergang in eine betriebliche Ausbildung und in eine anschließende betriebliche Übernahme zu erhöhen (BIBB 2020b).

Daneben existieren verschiedene Modelle der betriebsnahen Ausbildung, die unterschiedlich bezeichnet werden (wie zum Beispiel: kooperative, verzahnte Ausbildung oder Verbundausbildung). Die Fachpraxisstunden dieser Ausbildungsart werden sowohl in einem Betrieb wie auch in einer außerbetrieblichen Ausbildungsstätte geleistet. Daneben besuchen die Auszubildenden eine Berufsschule und erhalten ausbildungsbegleitende Unterstützung. Diese dreijährige betriebsnahe Ausbildung kann beispielsweise im ersten Ausbildungsjahr an einer außerbetrieblichen Bildungseinrichtung und im zweiten und dritten Ausbildungsjahr in einem Betrieb stattfinden (BMBF – Bundesministerium für Bildung und Forschung 2005, S. 61, 67, 259; Ginnold 2008, S. 105 f.).

Eine betriebliche Ausbildung kann nach Bedarf durch ausbildungsbegleitende Hilfen bei einem Bildungsträger ergänzt werden. In diesem Fall erhalten die Auszubildenden neben dem fachpraktischen Teil im Betrieb und dem fachtheoretischen Teil in einer Berufsschule die Möglichkeit, am Stütz- bzw. Förderunterricht teilzunehmen und während der Ausbildung sozialpädagogische Begleitung zu beanspruchen (Ginnold 2008, S. 74).

Thielen, Katzenbach und Schnell (2013, S. 8) denken die Maßnahmen für einen inklusiven Übergang weiter. Sie weiten den Fokus und merken an, dass sich Inklusionsanstrengungen gleichermaßen auf Jugendliche mit Migrationshintergrund richten sollten, da diese eine besonders benachteiligte Gruppe am Ausbildung- und Arbeitsmarkt bildeten. Thielen, Katzenbach und Schnell erkennen jedoch allgemein strukturelle Übergangsprobleme für Migrantinnen und Migranten. Lösungen für einen niedrigschwelligen Zugang zum Arbeitsmarkt wurden bislang nur für Menschen mit Behinderung durch ein übergreifendes berufliches Rehabilitationssystem erarbeitet (ebd.).

Über die Produktivität und darüber, was ein solches berufliches Rehabilitationssystem leisten könne, soll im folgenden Kapitel diskutiert werden.

4.3 Förderung von beruflichen Übergängen durch berufliches Rehabilitationssystem

Berufliche Rehabilitation wird im deutschen Raum überwiegend durch die Bundesagentur für Arbeit bzw. ihre regionalen Niederlassungen verantwortet. Sie zeichnet sich durch die vielfältigen Maßnahmen und Leistungen aus, die Teilhabe am Berufsleben von Menschen mit Behinderung bzw. Förderbedarf unterstützen sollen (Ginnold 2008, S. 78). Die wesentlichsten leistungsrechtlichen Grundsätze der beruflichen Rehabilitation sind das SGB IX und SGB III.

Zur Zielgruppe der beruflichen Rehabilitation zählen behinderte Menschen (gemäß § 19 SGB III), unter anderem Menschen mit Lernbehinderung, deren Chancen für die gesellschaftliche Teilhabe und Teilhabe am Arbeitsmarkt aufgrund der Art oder des Grades der Behinderung (nach § 2 Abs. 1 SGB IX) nicht bloß kurzfristig verringert sind. Aufgrund dieses Chancenmangels erfordert diese Zielgruppe eine angemessene Art und Weise der Hilfe bei der Teilhabe am Berufs- und Arbeitsleben (Statistik der Bundesagentur für Arbeit 2020).

Die fundamentale gesetzliche Begriffsbestimmung kann § 2 Abs. 1 des SGB IX (BGBl I S. 3234) entnommen werden.

> „Menschen mit Behinderungen sind Menschen, die körperliche, seelische, geistige oder Sinnesbeeinträchtigungen haben, die sie in Wechselwirkung mit einstellungs- und umweltbedingten Barrieren an der gleichberechtigten Teilhabe an der Gesellschaft mit hoher Wahrscheinlichkeit länger als sechs Monate hindern können. Eine Beeinträchtigung nach Satz 1 liegt vor, wenn der Körper- und Gesundheitszustand von dem für das Lebensalter typischen Zustand abweicht. Menschen sind von Behinderung bedroht, wenn eine Beeinträchtigung nach Satz 1 zu erwarten ist." (BUZER.DE o. J.b)

Dabei ist zu beachten, dass die Förderschulabgänger und -abgängerinnen mit während der Schulzeit festgestelltem Förderbedarf in der Nachschulzeit nicht automatisch als Menschen mit Behinderung gelten (Ginnold 2008, S. 78). Spezifiziert wird diese Begriffsbestimmung im § 19 Abs. 1 des SGB III (geänderte Fassung von 2020, 14.07.2020, S. 1683) durch die Aufnahme der Menschen mit Lernbehinderung in die Gesetzgebung.

> „Behindert im Sinne dieses Buches sind Menschen, deren Aussichten, am Arbeitsleben teilzuhaben oder weiter teilzuhaben, wegen Art oder Schwere ihrer Behinderung im Sinne von § 2 Abs. 1 des Neunten Buches nicht nur vorübergehend wesentlich gemindert sind und die deshalb Hilfen zur Teilhabe am Arbeitsleben benötigen, einschließlich lernbehinderter Menschen" (Bundesamt für Justiz o. J.d, SGB III § 19).

Da beeinträchtigte Förderschulabgänger und -abgängerinnen, wie oben beschrieben, nicht automatisch als behindert gelten, sind die betroffenen Absolventen und Absolventinnen angehalten, sich einer psychologischen Begutachtung zu unterziehen (Ginnold 2008, S. 78 f.). Bei einem Verdacht auf Behinderung wird der ärztlich-psychologische Dienst der Agentur für Arbeit zurate gezogen, um die individuellen Bedürfnisse für eine zielgerichtete berufliche, auf die Persönlichkeit zugeschnittene Förderung zu ermitteln. Alternativ können sowohl die Behinderung als auch ihre Folgen durch vorgelegte externe Gutachten angemessen nachgewiesen werden (ebd., S. 123).

Die daraus abgeleiteten Leistungserfordernisse zielen zunächst darauf ab, anhand passgenauer Maßnahmen bei der beruflichen Rehabilitation „die Erwerbsfähigkeit von Menschen mit Behinderungen entsprechend ihrer Leistungsfähigkeit [zu] erhalten, her[zu]stellen oder wiederher[zu]stellen, um ihre Teilhabe am Arbeitsleben möglichst auf Dauer zu sichern" (Statistik der Bundesagentur für Arbeit 2020).

Bei der Entscheidung für eine angemessene Fördermaßnahme sind jedoch nicht nur gesetzliche Grundlagen, sondern auch die pädagogischen Bestimmungen des Beratungspersonals erforderlich.

> „Selbst wenn eine erhebliche Behinderung vorliegt und ein hoher Grad der Behinderung festgestellt worden ist: Wenn eine Eingliederung ohne Leistungen oder lediglich mit allgemeinen, auch nichtbehinderten Menschen zur Verfügung stehenden Leistungen zu erreichen ist, gelten die betroffenen Menschen nicht als behindert im Sinne des § 19 SGB III. [...] Die Entscheidung darüber [...] trifft die Beraterin/der Berater für behinderte Menschen." (Ginnold 2008, S. 79)

Liegt eine Schwerbehinderung – bei einem Grad der Behinderung von mindestens 50 (s. Unterkapitel 3.4.3.5) – vor, wird von einer Fördermaßnahme im leistungsbezogenen Sonderbereich in aller Regel abgesehen. Bei einem Grad der Behinderung von unter 30 haben die Betroffenen den Anspruch auf die Gleichstellung mit schwerbehinderten Rehabilitandinnen und Rehabilitanden (ebd., S. 79).

Da das Förderziel nicht durch allgemeine Leistungen der beruflichen Rehabilitation im Übergangsverlauf des Berufs- und Arbeitslebens erfüllt werden kann, sollten die Art und der Grad der nachgewiesenen Behinderung auch besondere Zuwendungen (gemäß §§ 117 ff. SGB III) nach sich ziehen. Zu diesen besonderen Leistungen am Übergang der ersten Schwelle Schulabgang – Ausbildung gehören:

- Maßnahmen zur Berufsvorbereitung und Ausbildung (BvB – Berufsvorbereitende Bildungsmaßnahmen, Reha-bMA – besondere Maßnahmen zur Ausbildungsförderung im Rahmen der Ersteingliederung),
- Weiterbildungsmaßnahmen (Reha-bMW – besondere Maßnahmen zur Weiterbildung),
- eine berufliche Eignungsanalyse (Reha-EA – Eignungserklärung bzw. Berufsfindung, darüber hinaus DIA-AM – Diagnosemaßnahmen zur Feststellung der Arbeitsmarktfähigkeit) sowie
- eine Eignungsprüfung für den Berufsbildungsbereich beispielsweise an einer anerkannten WfbM, an einem Berufsbildungswerk oder einer anderen Reha-Einrichtung (Statistik der Bundesagentur für Arbeit 2020).

> „Nur im Ausnahmefall sind so genannte theoriereduzierte Ausbildungen nach § 48b BBiG-alt bzw. § 66 BBiG-neue – auch Werkerausbildungen genannt – durchzuführen" (Ginnold 2008, S. 83).

Dies bedeutet: Bevor die Entscheidung über eine Ausbildung der jeweiligen beeinträchtigten Person in einem Reha-Beruf (gemäß § 66 BBIG/§ 42r HWO) getroffen wird, soll die Möglichkeit einer Ausbildung in einem anerkannten regulären Ausbildungsberuf überprüft werden.

Die besonderen Leistungen am Übergang der zweiten Schwelle Ausbildung – Erwerbstätigkeit umfassen:

- die weiteren Hilfen zur Förderung der Teilhabe am Berufsleben (Reha-EF – Einzelfallförderung, THB – Teilhabebegleitung),
- der Begleitauftrag eines Integrationsfachdienstes (IFD) und
- die Beschäftigungsteilhabe von Rehabilitandinnen und Rehabilitanden mit einem spezifischen Unterstützungsbedarf (Reha-UB – Unterstützte Beschäftigung) (Statistik der Bundesagentur für Arbeit 2020).

Um die Umsetzung der Teilhabe am Arbeitsleben von förderbedürftigen Menschen zu unterstützen, werden die staatlich finanzierten Eingliederungszuschüsse für Arbeitgeber[27] angeboten, um Betreuungs- oder Begleitungsdienstleistungen der Integrationsfachdienste zu gewährleisten. Finanziert werden dabei u. a. die Durchführung von Integrationsprojekten, die Unterstützung spezieller Integrationsfirmen oder die Bereitstellung von Arbeitsplatzassistenten (Ginnold 2008, S. 80 f.; Biermann 2013, S. 40).

Die individuelle Berufswegplanung im Rahmen der beruflichen Rehabilitation beruht auf Grundprinzipien wie Freiwilligkeit, Selbst- bzw. Mitbestimmung, wirtschaftliche und sparsame sowie wunsch- und wahlorientierte Entscheidungen des Beratungspersonals unter der Berücksichtigung von Eignung, Neigung und Leistungsfähigkeit der Betroffenen (Ginnold 2008, S. 80).

Im Rahmen der beruflichen Rehabilitation ist es den Rehabilitationsträgern im Jahr 2020 gelungen, fast 42.000 Menschen mit Lernbehinderung und gleichgestellte Personen bei der Ersteingliederung in den Beschäftigungsmarkt deutschlandweit zu unterstützen (s. Abb. 20). Wiedereingegliedert wurden über 800 lernbehinderte Menschen.

Gesamt: Summe seit Jahresbeginn/gleitender 12-Monatsdurchschnitt bei den Eintritten und beim Bestand (N = 42.618; 33,2 %); Stand in Deutschland: September 2020

Abbildung 20: Rehabilitanden und Rehabilitandinnen in Maßnahmen zur Förderung der Teilhabe von Menschen mit Lernbehinderung am Arbeitsleben (Statistik der Bundesagentur für Arbeit 2020, eigene Darstellung)

Zu bemängeln ist die Statistik der Bundesagentur für Arbeit insbesondere hinsichtlich der Differenzierung der Erst- und Wiedereingliederung. Es bleibt außerdem unklar, ob die Rehabilitanden im ersten oder zweiten Arbeitsmarkt verbleiben.

Die beauftragten Einrichtungen der Behindertenhilfe bieten nicht nur die Teilhabeunterstützung am Arbeitsmarkt, sondern auch eine intensive Betreuung in weiteren Bereichen des Lebens. Auf diese Weise können berufsvorbereitende Maßnahmen und berufliche Erstausbildungen in Berufsbildungswerken ergriffen werden, womit sich den Betroffenen die Möglichkeit bietet, einen Wohnheimplatz und diverse Freizeitprogramme in Anspruch zu nehmen. (Thielen, Katzenbach und Schnell 2013, S. 8)

27 Finanzielle Leistungen an Arbeitgeber (BIH Integrationsämter o. J.) sind unter dem folgenden Link zu finden: https://www.integrationsaemter.de/Leistungen-An-Arbeitgeber/507c/index.html. 27.10.2020 00:49 MEZ.

> „Für Menschen mit einer geistigen Behinderung [zu denen auch die Menschen mit Lernbehinderung gezählt werden] halten die Werkstätten für behinderte Menschen (WfbM) einen Berufsbildungs- und Arbeitsbereich vor" (ebd.).

Im Prinzip ist es wichtig, an einer WfbM die behinderten Menschen wenigstens auszubilden und zu beschäftigen. Bei wesentlichen Entwicklungsfortschritten sollen die Betroffenen die Möglichkeit erhalten, in den ersten Arbeitsmarkt überzugehen. Der rechtliche Anspruch auf Inklusion im Sinne der UN-Behindertenrechtskonvention ist bis zum gegenwärtigen Zeitpunkt in dieser Hinsicht nicht durchgesetzt.

In Anlehnung an Hirsch und Lindemeier (2006) ist die Inanspruchnahme von Berufsvorbereitungsmaßnahmen und integrativen Ausbildungs- und Beschäftigungsmodellen grundsätzlich denkbar und wünschenswert. Allerdings finden diese Angebote nach wie vor keine Anwendung (Thielen, Katzenbach und Schnell 2013, S. 8 f.).

> „Vor diesem Hintergrund verfügen junge Menschen mit Behinderungen nur über sehr begrenzte Möglichkeiten, ihren Übergang nach eigenen Wünschen und Bedürfnissen zu gestalten. Die Übergangswege unterliegen noch immer weitreichenden institutionellen Beschränkungen. [... Der] Übergang in die Berufs- und Arbeitswelt [ist] nach wie vor mit dem Eintritt in zielgruppenspezifische Fördersysteme verbunden. Zudem erweist sich der Ausbildungs- und Arbeitsmarkt als stark segmentiert." (Thielen, Katzenbach und Schnell 2013, S. 9)

Nicht nur der Zugang zum regulären Ausbildungs- und Arbeitsmarkt erweist sich als höchst problematisch, sondern auch eine barrierefreie Ausgestaltung der Ausbildungs- und Arbeitsplätze unter angemessenen Arbeitsbedingungen.

Stark betont wird durch Thielen, Katzenbach und Schnell das sonderpädagogische Dilemma, das sowohl die Ausgestaltung als auch die Umsetzung der Inklusion im Rahmen der Allgemeinbildung verantwortet. Gleichzeitig soll damit die inkludierte Schülerschaft, „die durch erhebliche soziale Ungleichheiten und die grundsätzliche Gefahr von gesellschaftlicher Exklusion gekennzeichnet ist" (Thielen, Katzenbach und Schnell 2013, S. 9), auf den schulisch-beruflichen Übergang vorbereitet werden.

4.4 Übergangsforschung

4.4.1 Übergangsforschung mit dem Fokus auf Jugendliche und junge Erwachsene mit Behinderung

Der Gegenstand der ausbildungs- und beschäftigungsbezogenen Übergangsforschung wird nicht nur aus funktional-struktureller Perspektive zunehmend komplexer: Jugendliche mit Behinderung sehen sich unzähligen Bildungseinrichtungen und Angeboten gegenüber, die den schulisch beruflichen Übergang unterstützen sollen. Dabei ist im Rahmen des vorliegenden Forschungsprojektes insbesondere die subjektive Sicht der benachteiligten Menschen, genauer: Menschen mit den Förderschwerpunkten Lernen und geistiger Entwicklung, von besonderem Interesse.

Beide der oben genannten Perspektiven sind, so Kutscha, „über die biografische[n] Verlaufsmuster und Karrieren miteinander gekoppelt“ (Kutscha 2008, S. 71) und haben gesamtwirtschaftliche Auswirkungen (Stein, Kranert und Hascher 2020, S. 20).

> „Schulabschlüsse sind keine hinreichende Bedingung mehr für einen Ausbildungsplatz, Ausbildungsabschlüsse garantieren keineswegs qualifizierte und abgesicherte Arbeitsplätze, und Übergänge innerhalb des Beschäftigungssystems verlaufen nicht ohne weiteres mehr in den Gleisen der so genannten Normalbiografie. Das alles vollzieht sich im Rahmen einer Übergangsgesellschaft, in der die Strukturen der herkömmlichen Wirtschafts- und Sozialforschung noch wirksam sind, aber die Dynamik des technischen, ökonomischen und sozialen Wandels sich Bahn bricht.“ (Kutscha 2008, S. 71)

Wie von van Gennep (1986) – einem Klassiker der Übergangsforschung – anmerkt, werden Statusübergänge als die für die jeweilige Person gebundenen und gesellschaftlich geregelten Mobilitätsprozesse verstanden. Diese Mobilitätsprozesse erfolgen in der Regel zwischen einzelnen Übergangsereignissen und einem Übergangswechsel von einer zu der anderen sozialen Lage. Unter diesen Umständen hängt das individuelle Handeln mit institutionellen Bestimmungen und gesellschaftlichen Anforderungen zusammen. Nach Kutscha (2008, S. 73) zeichnen sich Übergänge durch historische bzw. sozial determinierte Risikosituationen beispielsweise in schulischen oder beruflichen Kontexten aus.

In Anlehnung an die klassische Bildungsentscheidungstheorie nach Erikson und Jonsson (1996) sowie Boudon (1974) kann das Modell der Bildungswahl auf die Entscheidungen der Eltern hinsichtlich der Bildung ihrer Kinder zurückgeführt werden. Den höchstwahrscheinlich größtmöglichen Bildungserfolg ihrer Kinder verbinden die Eltern mit dem größten Nutzen beim „Erwerb von Statusmerkmalen wie Einkommen oder soziales Prestige“ (Becker 2009, S. 114). Bei berufswahlbezogenen Entscheidungsprozessen spielen die persönlichen Erwartungswerte der Eltern eine entscheidende Rolle. Dabei beruhen die subjektiven Erwartungswerte der Eltern auf einem Vergleich von einzelnen Handlungsmöglichkeiten in Bezug auf das Einkommen aus den relevanten Bildungsabschlüssen. Parallel hierzu erfolgt die Einschätzung der Chancen ihres Kindes, den ausgewählten Bildungsweg erfolgreich abzuschließen (Becker 2009, S. 114).

Dabei ist die Wahl der allgemeinbildenden Schulform aufgrund des Förderbedarfs der Kinder und Jugendlichen gegenwärtig nur eingeschränkt möglich. Die Entscheidung hinsichtlich der bildungsinstitutionellen Zuordnung unterliegt den für die Intelligenz- und Förderdiagnostik zuständigen Instanzen. Außerdem vernachlässigt das Boudon-Modell die Selbstbestimmung der Lernenden, ihre bildungs- und berufsbezogene Wahl. Sehr häufig vertreten die Eltern oder betreuende Personen die sogenannte unterstützte Selbstbestimmung von Menschen mit Behinderung während des beruflichen Übergangsprozesses. Der wiederum beruht auf innerfamiliären und institutionellen Festlegungen. Auch deswegen lässt sich das Boudon-Modell rationaler Bildungswahlentscheidungen und die optimierte Grundannahme der Wert-Erwartungs-Theorie im Übergangsbereich der ersten Schwelle nur unter sehr eingegrenzten Bedingungen anwenden.

In der Auswertung der Studie „Probleme der Auszubildenden in der Eingangsphase der Berufsausbildung im Einzelhandel" des niederrheinischen IHK-Bezirks (Kutscha 2008, S. 76) können folgende Forschungsschwerpunkte für die Klärung der Kriterien der Berufswahl angeführt werden:

- Gründe für die Auswahl des jeweiligen Berufes,
- Zugangsbarrieren zum persönlichen Wunschberuf,
- Ausgestaltung des Bewerbungsprozesses von Menschen mit Förderbedarf und
- Ursachen für Ausbildungsabbrüche, mit deren Konsequenzen, sich für einen anderen Beruf zu entscheiden.

Nach Kutscha (2008, S. 77) lässt sich auch der Übergang zur zweiten Schwelle – von der Berufsbildung in das Erwerbsleben – anhand des Deutungsansatzes des Boudon-Modells bzw. der Wert-Erwartungs-Theorie gleichermaßen unvollständig erklären. Vor allem die Messung der Tragfähigkeit von Schlüsselkompetenzen für den Verbleib von Menschen mit Förderbedarf im Beruf sei zu komplex. Einerseits ist eine solche Messung der Tragfähigkeit von Schlüsselkompetenzen wegen des persönlichen Ausdrucks von Kompetenzen förderbedürftiger Menschen unter der Beachtung der kontinuierlichen Weiterförderung ihrer Schlüsselkompetenzen am Arbeitsplatz kompliziert und nur innerhalb einer WfbM umsetzbar. So bereiten insbesondere die Messkriterien von Schlüsselkompetenzen wie Kommunikations-und Kooperationsfähigkeit, die Befähigung zum selbstgesteuerten Lernen und Leistungsmotivation sowie Selbstkompetenz (Müller 2008, S. 428) enorme Schwierigkeiten. Andererseits ist eine Schlüsselkompetenzmessung von Menschen mit Förderbedarf im Rahmen des Forschungsprojektes nicht überprüfbar, da es keine Langzeitstudie mit den unterschiedlichen Messpunkten ist. Kutscha beschreibt diese Widrigkeiten wie folgt:

> „Übergangs- und Verbleibforschung hat in den vergangenen Jahrzehnten eine Fülle an Daten geliefert. Aber weder konnte sie sich als eine sich selbst tragende Forschungsdomäne etablieren, noch ist es gelungen, zentrale theoretische Grundlagenfragen zu erklären. Die Ausdifferenzierung, Entstandardisierung und Flexibilisierung von Übergangsstrukturen sind beobachtbare Resultate der modernen Gesellschaft im Übergang. Sie provozieren wissenschaftliche Fragen an die Übergangsforschung in Bezug auf Funktionalität und Funktionsstörungen des Verhältnisses von Bildungs- und Beschäftigungssystem. Allerdings erfordert die erhöhte Problemkomplexität der ‚Übergänge im Übergang' eine Mehrdimensionalität, wie sie mit Konzepten der rationalen Wahl und Wertewartung nicht zu erreichen sein wird." (Kutscha 2008, S. 79)

Daher fordert Kutscha, die theoretische Entwicklung der Übergangsforschung zu fördern und empirisch zu belegen (ebd., S. 79 f.).

Demzufolge ist es sinnvoll, das Augenmerk auf die Gegebenheiten des gegenwärtigen Übergangsgeschehens in Bezug auf die oben genannte Ausdifferenzierung, Entstandardisierung und Flexibilisierung von Übergangsstrukturen zu richten.

4.4.2 Übergangsforschung mit dem Fokus auf die Wandlung der Übergangsverläufe

Die beobachtbare Flexibilisierung der Arbeit und die Institutionalisierung der Übergangsstrukturen sowie die Entstandardisierung der Lebensläufe (Walther 2013, S. 17) verweist auf die vielfältigen Übergangsverläufe. Die gegenwärtigen Übergänge zeichnen sich grundlegend durch die Diskrepanz zwischen einem normalen und einem abweichenden Lebenslauf aus. Im Rahmen der aktuellsten international vergleichenden Übergangsstudie von Walther wird das Übergangsgeschehen bzw. die Gestaltung von Übergängen als das Konzept der Übergangsregime aller Betroffenen bezeichnet (Walther 2020, S. 143 ff.).

Laut Walther lassen sich aus der Bewältigungsnotwendigkeit entstandardisierter Übergänge vier Handlungsprinzipien ableiten, die auf den subjektiven Entscheidungsprozessen von Betroffenen auf Selbstverwirklichung, Wertgefühl und Authentizität beruhen. Dabei geht es nicht nur um das selbstständige Treffen und Verantworten von Entscheidungen, sondern auch um die Wahlmöglichkeiten im demokratischen Sinne und den Anspruch auf die Auswahl eigener Beschäftigung (Walther 2013, S. 23).

Ein weiterer, das vorliegende Forschungsprojekt ergänzender Punkt ist die Frage nach dem selbstständigen Wohnen förderbedürftiger Menschen.

So merkt Kastl (2017, S. 230 f.) an, dass für viele Menschen mit Behinderung eine Inklusion in den Arbeitsmarkt nicht zu erwarten ist, weshalb es oft wichtig ist, mindestens in ihrem Privatleben über eine eigene Mietwohnung zu verfügen.

> „Die Wohnung ist zugleich eine soziale Institution, normativ, durch soziale Anerkennung konstituiert und nicht nur durch die räumliche Umgrenzung. In der Abgeschlossenheit und Abschließbarkeit der Wohnung dokumentiert sich ein Verhältnis wechselseitiger sozialer Anerkennung und eine Rechtsbeziehung. Dem Wohnungsinhaber obliegt die Regulierung der Öffnung oder Schließung der Grenzen der Wohnung. Er hat das Recht, Personen und Sachen in die Sphäre seiner Wohnung einzubeziehen oder auszuschließen. Durch die Anerkennung der Abgrenzung eines persönlichen Raumes ist zugleich eine Dimension sozialer Nahe und des Abstandes hergestellt." (Kastl 2017, S. 231)

Am Beispiel einer psychisch beeinträchtigten Frau aus dem Projekt „Selbstständig Wohnen" berichtet Kastl (2017, S. 214) über die Möglichkeit der Betroffenen, sich nach langjährigen stationären Behandlungen durch die Annahme der Rolle einer Wohnungsmieterin befreiter und etwas selbstständiger zu fühlen.

Bisher wandte sich die Übergangsforschung nur sehr selten und überwiegend oberflächlich der Adoleszenzphase als Lebensphase der Ablösung von starker familiärer Abhängigkeit, der Entwicklung von Autonomie bzw. von eigener persönlicher bzw. beruflicher Identität zu.

Während der Adoleszenzphase befinden sich junge Menschen nicht nur im Prozess der körperlichen Reifung, sondern auch in dem Spagat zwischen den Erwartungen der Gesellschaft und den eigenen Zielen und Werten (Kauz, Uphoff und Schellong 2013, S. 147). Kauz, Uphoff und Schellong konnten zeigen, dass Menschen mit geistiger Behinderung besondere Schwierigkeiten bei der Ablösung vom Elternhaus haben. Infolgedessen werden diese Menschen nicht selten in einem Heim der WfbM aufgenommen. Da die meisten Probleme von behinderten Menschen durch deren Bezugspersonen gelöst werden, sind neben dem begrenzten Zugang zur Peer Group auch die Mobilität und Selbstständigkeit dieser Menschengruppe stark beeinträchtigt (ebd., S. 151).

> „Jugendliche mit sog. [g]eistiger Behinderung haben in der Regel keine Wahl, was ihren Beruf, ihre Arbeitsstelle betrifft und auch wenige Wahlmöglichkeiten in Bezug auf Lebens- und Wohnformen." (Ebd.)

Die Folgen der beschriebenen Entselbstständigung wurden auch im Rahmen des Forschungsprojektes immer wieder deutlich: Der Mangel an Selbstständigkeit und die fehlende persönliche und berufliche Handlungsfreiheit hinterlassen beobachtbare Spuren in den Übergangsverläufen. Betroffen sind davon nicht allein Menschen mit geistiger Behinderung, sondern auch Menschen mit anderen Beeinträchtigungsmerkmalen. Mit der fehlenden oder unausgeprägten Selbstständigkeit erklären sich auch die zumeist prekären und langwierigen Übergangsverläufe.

Eine deutsch-britische Vergleichsstudie (Evans und Heinz 1994; Evans 2002) und das YOYO-Projekt (Walther und Plug 2006, Walther u. a. 2006) konnten zeigen, dass sich die diversen Übergangsverläufe wie glatte, aufsteigende, institutionell korrigierte und alternative, stagnierende sowie absteigende Verläufe nachzeichnen lassen (Walther 2013, S. 17).

Die glatten Übergangsverläufe geschehen in chronologischer Abfolge: Der Übergang von der Schule in eine Ausbildung erfolgt ebenso problemlos wie der anschließende Wechsel in eine Erwerbstätigkeit. Es sind keinerlei Abbrüche im Übergangsprozess erkennbar (Walther 2013, S. 17).

Zeigen jene Schulabgänger und Schulabgängerinnen ohne Beeinträchtigung eine überdurchschnittliche Berufsbildungsanstrengung, wodurch sie ein höheres Bildungsniveau erlangen, so können diese Übergangsverläufe als aufsteigend betrachtet werden (ebd.).

Sowohl glatte als auch aufsteigende Übergänge sind für Menschen mit Förderbedarf nicht relevant. Dennoch können für diese Menschengruppe die institutionell korrigierten, alternativen und stagnierenden sowie absteigenden Übergangsverläufe die Realität abbilden.

Die institutionell korrigierten Übergänge zeichnen sich durch Abbrüche oder Übergangsscheitern, beispielsweise beim Übergang Schule – Berufsbildung, aus. Diese negativen Erfahrungen von Betroffenen werden in der Regel durch Hilfsmaßnahmen des Übergangssystems kompensiert. Dieses System arbeitet gezielt darauf hin, dass Betroffene „auf den normalbiografischen Pfad [einer] reguläre[n] Ausbildung oder Erwerbsarbeit zurückgeführt werden" (ebd.).

Entscheiden sich diejenigen Schulabgänger und Schulabgängerinnen für den Wechsel der vorgegebenen Laufbahnen, zum Beispiel für den Ausbildungsabbruch zugunsten einer selbstständigen Beschäftigung, so handelt es sich um alternative

Übergangsverläufe. Diese Übergänge sind in der Regel mit hohen Risiken verbunden, führen allerdings auch zu mehr beruflicher Identifikation (ebd.).

Die stagnierenden Übergangsverläufe sind durch permanente Ausbildungsversuche und Abbrüche der regulären Maßnahmen gekennzeichnet. Eine nachhaltige berufliche Etablierung bleibt aus (Walther 2013, S. 17 f.).

Diverse Krisen und berufliche Werdegangsrisiken drängen Betroffene weiter in prekäre soziale Verhältnisse. Diese Übergangsverläufe lassen sich demnach als absteigend bezeichnen (ebd.).

Tabelle 7: Mögliche Übergangsverläufe zwischen Schule und Arbeitswelt (Walther 2013, S. 18, eigene Darstellung)

Risiken	**Verlaufstyp**				
Geringe Risiken	**Glatt**	Schule	Ausbildung	Arbeit	
	Aufsteigend	Schule	Weiterführende Schule	Ausbildung	Arbeit
Mittlere Risiken	**Institutionell „korrigiert"**	Schule	BVJ	Ausbildung	Arbeit
	Alternativ	Schule	Ausbildung	Abbruch	Selbstständigkeit
Hohe Risiken	**Stagnierend**	Schule	BVJ	Ausbildung	Abbruch
	Absteigend	Schule	BVJ	Arbeitslosigkeit	Krise

Während institutionell korrigierte und alternative Übergänge die Anzeichen der mittleren Verlaufsrisiken darstellen, sind die stagnierenden und absteigenden Übergänge den höheren Werdegangsrisiken ausgesetzt (s. Tabelle 7) (ebd.).

> „Diese Typologie dient primär heuristischen Zwecken. Als deskriptives Modell ist sie zu statisch, um die Dynamik von Übergängen zu erfassen – Übergänge können eine Zeit lang stagnieren, dann korrigiert werden und eventuell auch eine alternative oder aufsteigende Richtung nehmen – und sie ist sicher nicht vollständig. Was sie aber verdeutlicht ist, dass die soziale Wirklichkeit komplexer ist als die herrschende Dichotomie gelingender versus scheiternder Übergänge, dass Risiken mit der Distanz zum Normallebenslauf zunehmen und dass Übergangsverläufe weder nur strukturell noch nur individualisierend erklärt werden können." (ebd., S. 18)

Zwar beziehen sich die Schlussfolgerungen und das Modell der Typisierung von Walther auf Fallbeschreibungen von Menschen mit Migrationsherkunft und Migrationshintergrund, dennoch können diese Aussagen unter der Berücksichtigung von komplexer sozialer Wirklichkeit auf die Menschen mit Förderbedarf übertragen werden und einige Erkenntnisse hinsichtlich der gelungenen und misslungenen Übergänge liefern.

4.4.3 Bildungspolitische Initiative „Bildungsketten“

Schulisch-berufliche Übergänge erfüllen nicht nur eine wesentliche gesellschaftliche Funktion für die Berufsausbildung in Deutschland, sondern auch für die qualifikationsspezifischen Arbeitsmarktbedarfe. Entlang der Bildungsketten ist es möglich, die vielfältigen Übergangsverläufe der ersten Schwelle von Jugendlichen sowohl während der Schulzeit mit Fokus auf die Berufsorientierung als auch nach dem allgemeinbildenden (Förder-) Schulabschluss schrittweise zu analysieren.

Im September 2010 wurde die Initiative des Bundesministeriums für Bildung und Forschung „Bildungsketten bis zum Ausbildungsabschluss“ ins Leben gerufen (Jeger 2011, S. 6). Ursprünglich war die Förderung bis 2014 geplant und wurde im Sinne der Nachhaltigkeit über den geplanten Zeitraum verlängert (BMBF-Internetredaktion 2017).

Von 2015 bis 2018 wurde die Initiative Bildungsketten zu einem wesentlichen Bestandteil der Allianz für Aus- und Weiterbildung (BIBB 2019).

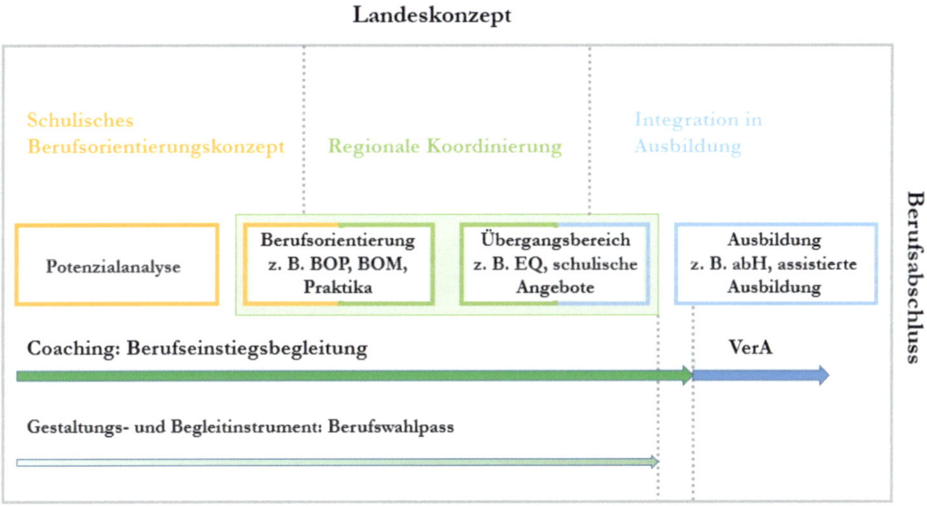

Abbildung 21: Übersicht Gesamtkonzept der Initiative Bildungsketten (BIBB 2019)

Die Initiative verfolgt das Ziel, die schulische Bildung über die optimierten Angebote des Übergangssystems mit der beruflichen Bildung systematisch zu verzahnen (s. Abb. 21) und „frühzeitig bereits während der Schulzeit eine Verantwortungsgemeinschaft zwischen den Akteuren der genannten drei Bereiche zu entwickeln“ (Thiele 2011, S. 6). Dem erfolglosen Übergang junger Menschen von der Schule in eine anerkannte Berufsausbildung soll entgegengewirkt werden.

Thiele ist davon überzeugt, dass die Initiative nicht nur das Potenzial hat, Schulabbrüche zu vermeiden und Warteschleifen zu verhindern, sondern auch,

> „effiziente Übergänge in die duale Ausbildung und deren Absolvierung insbesondere für förderbedürftige junge Menschen – auch durch Stärkung der betrieblichen Verantwortung für die Ausbildungsvorbereitung – zu erreichen und damit last not least dem durch den demografischen Wandel drohenden Fachkräftemangel zu begegnen.“ (Ebd.)

Die Bildungsketten-Initiative richtet ihren Fokus auf solche Jugendliche, die über keinen Schulabschluss verfügen und/oder weder einen direkten noch indirekten Übergang in eine Berufsausbildung erreichen. Die Ursachen dafür sind vielfältig. Sehr häufig haben diese Jugendlichen keine Vorstellung von ihren beruflichen Perspektiven. In der Folge finden sie keinen Ausbildungsplatz oder treffen Fehlentscheidungen bei der Wahl ihres Berufsbildungsplatzes, was zu vermehrten Ausbildungsabbrüchen führt. Unvermeidbare Konsequenzen sind dann ein zunehmend spürbarer Fachkräftebedarf, unbesetzte Ausbildungsplätze in Betrieben und deren ausbildungsbezogene unrentable Investitionen sowie ausbildungsplatzsuchende junge Menschen (BMBF-Internetredaktion 2017).

Im Rahmen der Initiative Bildungsketten werden längst verfügbare BMBF-, BMAS-, BA- und Länder[28]-Förderprogramme[29] sowie neue, bestehende und angepasste Förderinstrumente nach gegenseitiger Abstimmung eingesetzt (BMBF-Internetredaktion 2017).

Die individuelle Unterstützung der Jugendlichen beginnt bereits während der Schulzeit und strebt den direkten Übergang in eine Berufsbildung bis hin zum Berufsstart an. Die drei verzahnten Instrumente können zum Erreichen des Ziels der Initiative führen und sind in Abbildung 22 dargestellt (ebd. sowie Jeger 2011, S. 6 f.).

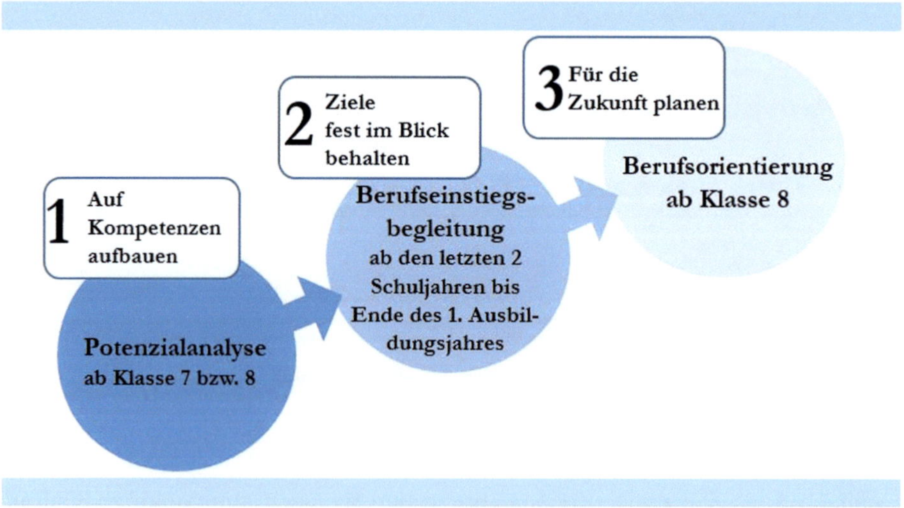

Abbildung 22: Die Bildungsketten: von der Schulbank bis zum Berufsstart (Jeger 2011, S. 7)

28 Bisher sind Bund-Länder-Vereinbarungen mit folgenden Ländern abgeschlossen: Hamburg, Hessen, Rheinland-Pfalz, Nordrhein-Westfalen, Thüringen, Brandenburg und Baden-Württemberg (BIBB 2019). Die weiteren Vereinbarungen sind vorgesehen (BMBF-Internetredaktion 2017). Bis Ende 2016 sollten bundesweit Bund-Länder-BA-Vereinbarungen abgeschlossen werden (BMAS Meldungen 2015).

29 Folgende Förderprogramme werden im Zuge der Umsetzung der Initiative in Anspruch genommen: BOP: BMBF Berufsorientierungsprogramm (seit 2008); Berufseinstiegsbegleitung: BMBF (2010–2014), ESF-Bundesprogramm (seit 2015); BMBF „Verhinderung von Ausbildungsabbrüchen - VerA“ etc. (BMBF-Internetredaktion 2017 sowie Thiele 2011, S. 6 f.).

Einsatzorte der Bildungsketten-Initiative sind Haupt- und Förderschulen. Mit der Potenzialanalyse und anschließenden Werkstatttagen startet an diesen Schultypen ab der 7. bzw. 8. Klasse die individuelle Berufsorientierung (ursprünglich BOP: BMBF Berufsorientierungsprogramm) von Schülern und Schülerinnen. Die Potenzialanalyse soll den Schülern und Schülerinnen ihre Stärken, Neigungen, unsichtbare Potenziale und Talente bewusst machen, zeigt jedoch auch Förderbedarfe[30] auf (BMBF-Internetredaktion 2017 sowie Thiele 2011, S. 6 f.).

Auf der Bildungsketten-Konferenz Ende 2016 schlug verdi-Bereichsleiterin Uta Kupfer vor, die oben genannte Potenzialanalyse nicht einmalig, sondern begleitend einzusetzen, um die Evaluierung der Berufsorientierung voranzutreiben und den Entwicklungsprozess der individuellen Berufsorientierung besser in den Griff zu bekommen, sodass dieser besser nachvollzogen werden kann (Kupfer 2016).

Beim Feststellen einer sonderpädagogischen Förderbedürftigkeit auf Basis der durchgeführten Potenzialanalyse wird den betroffenen Schülern und Schülerinnen empfohlen, die Berufseinstiegsbegleitung[31] in Anspruch zu nehmen, einen schulischen bzw. außerschulischen Förderplan gemeinsam zu entwickeln und mit allen Beteiligten (Bildungslotsen als Mentoren, Schülern und Schülerinnen, Eltern etc.) abzustimmen (BMBF-Internetredaktion 2017 sowie Thiele 2011, S. 6 f.).

> „Diese Jugendlichen werden dann außerschulisch individuell und kontinuierlich über mehrere Jahre – in Problemfällen bis hin zum Ausbildungsabschluss – von hauptamtlichen, pädagogisch versierten Bildungslotsen betreut. [...] Sie haben den Auftrag, die Jugendlichen als Mentoren persönlich zu unterstützen und zu betreuen, jeweils individuelle Lösungen für Probleme in der Bildungskarriere zu entwickeln und zu realisieren und dabei eng mit den regionalen Bildungs- und Förderinstitutionen zusammenzuarbeiten." (Thiele 2011, S. 7)

Ab der 8. Klasse kommt die praxisnahe Berufsorientierung von Schülern und Schülerinnen zum Einsatz, die handlungsorientiert unter der Anleitung von erfahrenen Ausbildern verläuft und das Kennenlernen von drei verschiedenen Berufsfeldern über einen Zeitraum von mindestens zwei Wochen vorsieht.

Die praxisnahe Berufsorientierung erfolgt in überbetrieblichen bzw. wirtschaftsnahen Einrichtungen. Dort erhalten Jugendliche die Möglichkeit, ihre Neigungen auszutesten, Stärken und Talente zu erproben sowie praktische Erfahrungen zu sammeln und das erworbene Schulwissen im praktischen Nutzen (zum Beispiel: Mathematik im Bauwesen) zu begreifen.

Die Ergebnisse des jeweiligen Schrittes der Berufsorientierung können beispielsweise in einem Berufswahlpass oder ähnlichen Dokumenten – sogenannten Gestaltungs- und Begleitinstrumenten – festgehalten werden.

30 Unter dem Förderbedarf ist laut Rehadat Lexikon das Bedürfnis nach bestimmten zielgerichteten sonderpädagogischen Fördermaßnahmen zu verstehen (Rehadat Lexikon 2020a).

31 BMBF-Sonderprogramm im Zeitraum von 2010–2014, seit 2012 in § 49 SGB III Regelinstrument aufgeführt, seit 2015 ESF-Bundesprogramm des BMAS.

In dieser Art und Weise werden Schüler und Schülerinnen über die gesammelten persönlichen Einblicke auf ihre künftige Berufswahlentscheidung vorbereitet bzw. bei ihrer Entscheidungsfindung begleitet (Thiele 2011, S. 7).

Das Hauptanliegen der Initiative besteht in einem schnellen Übergang in eine berufliche Ausbildung, die auf Basis der Kooperation zwischen Schule, wirtschaftlicher und betrieblicher Ausbildungsvorbereitung ausgebaut werden soll.

Für Jugendliche mit ausbildungsbezogenen Schwierigkeiten ist es möglich, während der Ausbildungsbegleitung (seit 2015 BMBF Förderprogramm; BIBB JOBSTARTER-VERA) Unterstützung von ehrenamtlichen Coaches – sogenannten Senior-Expertinnen und -Experten sowie „Experten im Rahmen der Initiative ‚Verhinderung von Ausbildungsabbrüchen – VerA'" (BMBF-Internetredaktion 2017) zu erhalten.

Bei der Entwicklung der Bildungsketten-Initiative fanden gegenseitige Abstimmungen mit dem BMAS und der Bundesagentur für Arbeit statt. Die ursprünglichen Erfahrungen der Berufseinstiegsbegleiter wurden dabei berücksichtigt.

Um eine höchstmögliche Kohärenz zu erzielen, wurde die Bundesagentur für Arbeit „mit der Durchführung des Einsatzes der ‚BMBF'-Bildungslotsen beauftragt" (Thiele 2011, S. 7). Das Besondere an diesem BA-Auftrag besteht darin, dass die BMBF-Bildungslotsen zur Durchführung von Potenzialanalysen bei der Auswahl von Jugendlichen sowie bei dem Schließen von individuellen Fördervereinbarungen verpflichtet sind. Anschließend sollen die BMBF-Begleiter über einen längeren Zeitraum einsatzbereit sein.

Außerdem erfolgte mit der Bundesagentur für Arbeit eine weitere kontinuierliche Abstimmung der Umsetzungsqualität. Grundlegend dafür ist eine Verwaltungsvereinbarung, welche bei der Realisierung der Berufseinstiegsbegleitung im Rahmen der Bildungsketten-Initiative als Regelwerk für Ausschreibungs- bzw. Auswahlverfahren galt. (ebd.)

Die oben genannten eingesetzten Förderinstrumente sind im Gegensatz zu ihrer strategischen Verzahnung und systematischen, bundesweit kohärenten Durchführung der durchgesetzten Förderphilosophie nicht neu (ebd.).

Zunehmend wichtiger ist es, die bestehenden Erfolg versprechenden und anschlussfähigen Instrumente bei Bedarf zu optimieren bzw. zu kombinieren, anstatt den Instrumentenkasten ständig zu erweitern. In Anlehnung an Thiele können ausbildungsbegleitende Hilfen und Einstiegsqualifizierung sinnvoll kombiniert werden, um beispielsweise betriebliche Ausbildungsvorbereitung von leistungsschwächeren Jugendlichen mit „Klebeeffekt"[32] in die Ausbildung auszubauen (ebd.).

> „Aber auch das Übergangssystem in seiner Gesamtheit muss auf den Prüfstand. Nach BMBF-Studien bestanden bereits 2008 über 190 Bundes- und Landesförderprogramme im Übergangssystem." (Thiele 2011, S. 8)

32 Ein sogenannter Klebeeffekt kann durch praktische Anteile in einem Betrieb durch eine betriebliche Maßnahme erzielt werden und äußert sich in einer anschließenden Ausbildungs- und/oder Beschäftigungsaufnahme.

Dem BMBF obliegt die Aufgabe, die bestehende Palette von Bundes- und Landesförderprogrammen im Übergangssystem auf Effizienz zu prüfen, prioritär wirksame Förderungsinstrumente zu nutzen und somit die gezielte Optimierung zu unterstützen (ebd.).

Im Rahmen der Bildungsketteninitiative-Evaluierung von schulisch-beruflichen Übergängen und der Bewertung von Fördermaßnahmen soll das Übergangssystem flexibler, kohärenter und praxisreicher werden. Um die möglichst direkteren Übergänge in eine Ausbildung bzw. Beschäftigung zu erzielen, sollen bundesweit gültige Übergangsstrategien entwickelt werden. Auf der Grundlage eines Praxisbeispiels des Landes Baden-Württemberg wurde gezeigt, wie anhand der Neugestaltung der Übergangszeit durch die individuelle Begleitung und den deutlich größeren Anteil der Betriebspraktika der vermisste Klebeeffekt – Anbindung an einen Ausbildungsplatz – gesichert wurde (Schröder und Schulte 2019, S. 8).

Demzufolge kann der Zugangsmangel zu einer regulären Ausbildung durch Dualisierung der Ausbildungsvorbereitung, Qualifizierungsbausteine bzw. Berufsqualifizierung sowie durch ein ganztägiges Berufsschulangebot (ebd., S. 14) schrittweise bewältigt werden.

Bis zum jetzigen Zeitpunkt stellen die beteiligten Akteure der Bildungsketten-Initiative fest, dass die Berufseinstiegsbegleitung die zentrale Maßnahme der Übergangsbegleitung ist. Im Verlauf der Bildungsketten-Konferenz 2016 stellten sich die Experten die Fragen nach künftigen Verbesserungen, günstigeren Rahmenbedingungen sowie optimalen Bedingungen für das Gelingen erfolgreicherer Übergänge (Schulte 2016).

Vier Jahre hintereinander (seit 2016) finden jährlich bundesweite Basisseminare zur Berufseinstiegsbegleitung statt. Die Seminare richten sich an die Neulinge der Initiative Bildungsketten und deren Sensibilisierung in Fragen ihres Berufsbegleitungsauftrages und fokussieren auf ein breites Handlungsspektrum sowie ihre komplexere Begleiter-Rolle. Ziel der Seminare ist die Erweiterung der Kenntnisse von beteiligten Experten und der Erwerb des Basiswissens im Hinblick auf die Berufseinstiegsbegleitung, „BerEb an Schule“ und „Integration in Ausbildung“ (GEBIFO 2019) und die Initiierung des gegenseitigen Austausches.

Hierbei geht es vor allem im Rahmen des Forschungsprojektes um die schulisch-beruflichen Übergangserlebnisse von Menschen mit den Förderschwerpunkten Lernen und geistige Entwicklung sowohl während der ersten Schwelle (Schule – Berufsausbildung) als auch während der zweiten Schwelle (Ausbildung – Erwerbsleben). Des Weiteren geht es um die Analyse der Hindernisse dieser Übergänge und der Bedingungen des Übergangsgelingens. Auf der Basis des wissenschaftlichen Erkenntnisstandes werden im nächsten Kapitel die theoretischen Konzepte der genannten Forschungsschwerpunkte ausgearbeitet. Diese fokussieren sich auf das Übergangssystem, die Vielfalt von Übergangsverläufen und die Übergangsforschung,

4.5 Theoretische Konstrukte zum Übergang Schule – Beruf

4.5.1 Theoretische Rekonstruktion der schulisch-beruflichen Übergänge von Jugendlichen und jungen Erwachsenen mit Förderbedarf

In der Fachliteratur sind vielfältige Schlagwörter zu diesem Thema zu finden. Diese sind:

- „Übergänge in Ausbildung und Beruf", „Übergangsgeschehen: [v]on der Berufsorientierung über die Entwicklung auf dem Ausbildungsmarkt bis hin zur Durchlässigkeit zwischen beruflicher Bildung und Hochschulbildung" (BIBB 2020c),
- „Übergangsmanagement", „Überbrückungsmaßnahme", „Übergangssystem", „Übergang" (Batzel 2017, S. 34), „Übergang von der Schule ins Berufsleben/Übergang vom Bildungs- bzw. Ausbildungssystem ins Erwerbsleben" (Cedefop 2008, S. 189),
  - „Erstausbildung [...] vor dem Übergang ins Erwerbsleben [...] in Form einer schulischen Vollzeitausbildung oder einer alternierenden Ausbildung [...] bzw. in Form der Lehrlingsausbildung" (Cedefop 2008, S. 100), „Prozess des Übergangs vom Bildungssystem ins Beschäftigungssystem", „Übergangsprozess" – „Beendigung eines formalen Bildungs- oder Ausbildungsgangs" und „Eintritt in eine stabile Beschäftigung", „Weg bis zur endgültigen Eingliederung", „Beratungs- und Orientierungsangebot" (ebd.), „Übergang vom Bildungs- bzw. Ausbildungssystem ins Erwerbsleben" (ebd., S. 192).

Ein Übergang zeichnet sich durch einen Prozess aus. Der Übergang Schule – Beruf ist ein komplexer und differenziert zu betrachtender Prozess, der von vielen Einflussfaktoren und Bedingungen abhängig ist (Cedefop 2008, S. 189).

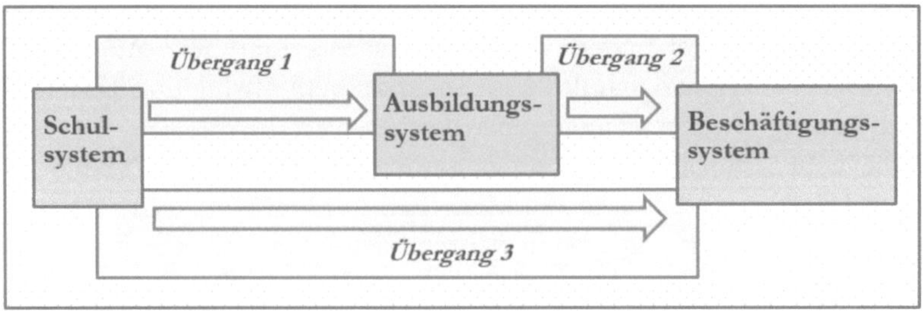

Abbildung 23: Die systembezogenen schulisch-beruflichen Übergänge (eigene Darstellung)

Unter der Betrachtung der chronologisch biografisch begleitenden Bildungskette als Ausgangsbasis für den Rekonstruktionsprozess der Übergänge sind generell und in Bezug auf die Menschen mit Förderbedarf drei Übergangsverläufe denkbar (s. Abb. 23).

In Anlehnung an Studienergebnisse des Instituts für Regionale Innovation und Sozialforschung (2001) wird in Zusammenhang mit den schulisch-beruflichen Übergängen nach drei Typen von Übergangslaufbahnen unterschieden. Grundsätzlich wird dabei zwischen direkten und prekären (1), teilqualifizierten (2) und beruflich qualifizierten Übergangsverläufen differenziert (Institut für Regionale Innovation und Sozialforschung – IRIS 2001, S. 4 ff.).

Am Übergang der ersten Schwelle (Übergang 1) soll der Wechsel der Schulabgänger in das berufliche Bildungssystem resultieren. Wenn der Übergang direkt erfolgt und die Ausbildung erfolgreich abgeschlossen wird (ebd.), kann der Übergang der zweiten Schwelle (Übergang 2) auch direkt stattfinden; vor allem wenn eine betriebliche Ausbildungsstätte den beruflich qualifizierten oder teilqualifizierten Absolventen in die reguläre Beschäftigung übernimmt (ebd.).

Läuft die Konkretisierung der Berufswegplanung angemessen und ist die Ausbildungsstelle vorhanden, kann ein Übergang der ersten Schwelle erfolgen (Interne Präsentation der Agentur für Arbeit 2015, S. 8).

Oft geschehen die Übergänge nicht direkt, sondern prekär. Insbesondere Menschen mit Förderbedarf sind davon betroffen. Ein prekärer Übergang der ersten Schwelle zeichnet sich in der Regel durch das andauernde Verbleiben im Übergangssystem (Thielen, Katzenbach und Schnell 2013, S. 7) aus. Betroffene geraten aufgrund der erschwerten Ausbildungszugänge in „berufsvorbereitende Warteschleifen" (ebd., S. 13), die auf die „gestiegenen Anforderungen in vielen Ausbildungsberufen" (ebd.) etc. zurückzuführen sind.

Ein Übergang von Menschen mit Förderbedarf ins Beschäftigungssystem (Übergang 3) kann auch ohne Qualifizierung erfolgen. Die Betroffenen können in einer WfbM auf dem zweiten Arbeitsmarkt beschäftigt werden. Nur sehr selten gelingt ein Übergang in den ersten Arbeitsmarkt. Wenn er denn erreicht werden sollte, enden die Betroffenen zumeist in unterbezahlten und wenig fordernden Berufen. Dennoch geraten Menschen mit Behinderung, ihrer beruflichen Qualifikationen oder Berufserfahrungen zum Trotz, in die Langzeitarbeitslosigkeit. Was genau während solcher Übergangsverläufe geschieht, soll in den folgenden Ausführungen näher beleuchtet werden.

Während der Suche nach geeigneten Interviewpartnern und -partnerinnen für die vorliegende Studie wurde der Kontakt zu den entscheidenden regionalen Trägern der Förderung am Übergang Schule – Beruf der Stadt Magdeburg aufgenommen. Die Verantwortlichen des Bereiches der beruflichen Rehabilitation der Bundesagentur für Arbeit Magdeburg arbeiten eng mit der Berufsbildungsabteilung der Handwerkskammer Magdeburg, mit Schulen, außerbetrieblichen Ausbildungsstätten und dem Integrationsfachdienst Magdeburg/Stendal zusammen.

Im Dialog mit dem regionalen Netzwerk wurden die Dienstleistungen der Wohnortnahen Beruflichen Rehabilitationseinrichtungen (WBR) und die grundlegenden Regularien einer verzahnten Ausbildung bis hin zur Beschäftigung analysiert.[33]

Der erste Übergang Schule – Ausbildung beginnt bei Jugendlichen mit Förderschwerpunkt Lernen in der Regel kurz vor dem Abschluss der allgemeinen Bildung in der 8. und 9. Klasse (s. Abb. 24). Zur Berufsorientierung werden Berufsberatungsan-

33 Mehr zu den Dienstleistungen (Schwager, Zink und Schörner 2017, o. S.)

gebote geschaffen, die die Entscheidung für einen Beruf begleiten. Oft stehen hierbei Beratungsfachkräfte des Bereiches berufliche Rehabilitation der Bundesagentur für Arbeit zur Seite (Interne Präsentation der Agentur für Arbeit 2015, S. 2 ff. sowie interne Präsentation der Agentur für Arbeit o. J., S. 30).

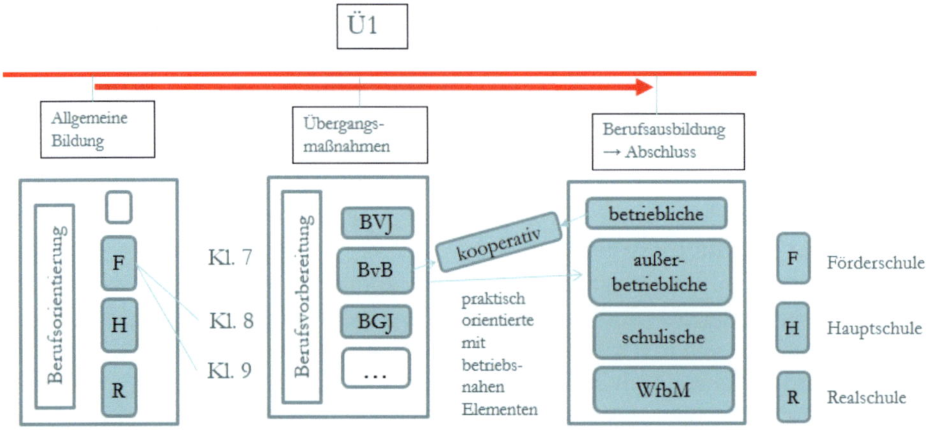

Abbildung 24: Übergang Schule – Überbrückungsmaßnahme(n) – Ausbildung (eigene Darstellung)

Da reformbedingt immer wieder Versuche unternommen werden, an den regulären Schulen Kinder und Jugendliche mit Förderschwerpunkten auszubilden, können sie auch an den Integrationsschulen einen Hauptschulabschluss, einen erweiterten Hauptschulabschluss und einen Realschulabschluss erreichen (IGS List 2017). Je nach Schulform beginnt die Berufsorientierungsphase der Betroffenen ab der 7. Klasse. (BMBF o. J.)

Wird das Angebot der beruflichen Rehabilitation nach dem Abschluss der Förderschule auf freiwilliger Basis in Anspruch genommen, findet die Unterstützung der betroffenen Person bei der Teilhabe am Arbeitsleben kontinuierlich weiter statt. Nach der erneuten Festlegung des Förderbedarfs einer betroffenen Person werden die Möglichkeiten der Berufsvorbereitung geprüft. Das heißt, dass die meisten Rehabilitanden und Rehabilitandinnen nach dem Schulabgang erst mal in das Übergangssystem je nach Eignung und Erfüllung von Voraussetzungen übernommen werden. Um die Schulpflicht zu erfüllen und den Schulabschluss nachzuholen, werden die Förderbedürftigen in das Berufsvorbereitungsjahr zugewiesen. Liegt ein Schulabschluss vor, können die förderbedürftigen Jugendlichen ein Berufsgrundbildungsjahr oder überwiegend eine praktisch orientierte Berufsvorbereitung BvB an den überbetrieblichen Ausbildungsstätten in Kombination mit Praktika und betriebsnaher Ausbildung absolvieren (Interne Präsentation der Agentur für Arbeit 2015, S. 5 ff.).

Die Kombination der betrieblichen theoriereduzierten Ausbildungsbestandteile mit außerbetrieblichen Ausbildungen findet im Rahmen einer Facharbeiter-Ausbildung (sogenannter Fachpraktikerausbildung nach § 66 BBiG/42 m HWO wie Fachpraktiker und Fachpraktikerin Hauswirtschaft, Fachpraktiker und Fachpraktikerin

Metallbau etc.) statt und führt zum teilqualifizierten Abschluss, wofür die zuständigen Kammern verantwortlich sind (ebd., S. 13).

> „Die Entwicklung in der letzten Zeit geht jedoch wieder stärker in Richtung kooperativer und vor allem betrieblicher Maßnahmen, weil die Übernahmewahrscheinlichkeit in Ausbildung und Arbeit dort nachweislich höher liegt. Es wird vom so genannten ‚Klebeeffekt' gesprochen." (Ginnold 2008, S. 105)

Der oben genannte regionale Partnerverbund, bestehend unter anderem aus der Arbeitsgruppe Berufliche Orientierung und Ausbildung (AG BOA), „schafft Voraussetzungen und Bedingungen für fließende Übergänge zwischen den Maßnahmen und vermeide[t] dadurch Brüche in der Entwicklung" (Schwager, Zink und Schörner 2017) der Qualität des beruflichen Rehabilitationsvorganges. Der Prozess der beruflichen Rehabilitation dehnt sich dabei entlang der institutionellen Kette in der Verzahnung von dem Schulabgang über die berufliche Vorbereitung und berufsvorbereitende Bildungsmaßnahmen (BvB), über die berufliche Regelausbildung (gemäß §§ 4 BBiG/25 HwO) oder die Ausbildung in Berufen für Menschen mit Behinderung (nach §§ 66 BBiG/42d, HwO) im Rahmen des Erstausbildungssystems bis zur Integration in eine Beschäftigung aus (Interne Dokumentation des Rehabereiches SBH Südost Magdeburg o. J., o. S.).

Im Gegensatz hierzu zeichnet sich die vollzeitschulische Ausbildung durch eine hohe Abbruchquote aus (Interne Präsentation der Agentur für Arbeit 2015, S. 13).

Erfüllen junge Menschen mit Förderbedarf die Voraussetzungen zur Aufnahme in Übergangsmaßnahmen nicht, wird der Versuch unternommen, die Betroffenen zunächst bei einem Berufsbildungswerk oder an einer WfbM in einen Berufsbildungsbereich und danach in eine Beschäftigung einzugliedern (ebd., S. 15).

Erfolgt die Eingliederung in eine WfbM über ein Eingangsverfahren, geschieht damit der erste Übergang in den Berufsbildungsbereich der WfbM und anschließend der zweite Übergang in eine Beschäftigung dieser Einrichtung. Während des Eingangsverfahrens wird die Eignung der Fördereinrichtung festgestellt. Gleichzeitig wird überprüft, inwieweit der oder die Betroffene auf dem allgemeinen Arbeitsmarkt vermittelt werden könnte. Danach wird in der Regel die Entscheidung getroffen, in welchem internen Berufsbild eine Berufsbildung möglich ist (Interne Dokumentation der Pfeifferschen Stiftungen Magdeburg o. J., o. S.).

Eine zweijährige Ausbildung in einem internen Berufsfeld einer WfbM bereitet die Auszubildenden auf die Arbeit unter Anleitung an einem behindertengerechten Arbeitsplatz vor, wobei insbesondere die Individualität der Person berücksichtigt sowie die Persönlichkeitsentwicklung und lebenspraktische Fähigkeiten angestrebt werden (s. Abb. 25) (Interne Dokumentation der Pfeifferschen Stiftungen Magdeburg o. J., o. S.).

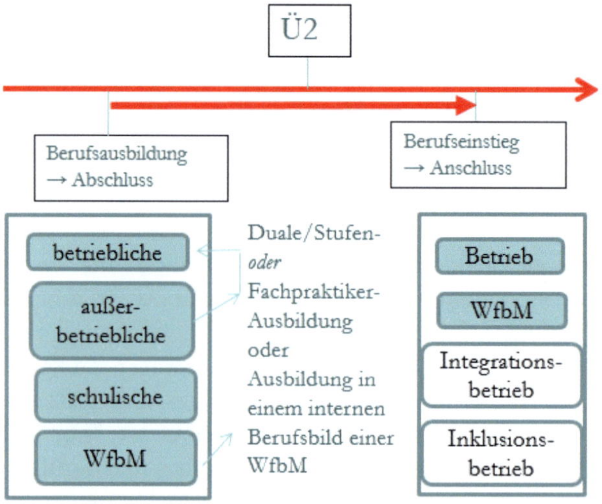

Abbildung 25: Ü2: Übergang Ausbildung – Beruf (eigene Darstellung)

Das Ziel einer anerkannten WfbM ist es, durch die Befähigung der Beschäftigten eine Tätigkeit in dieser geschützten Umgebung zunächst auszuüben und in einem weiteren Schritt den ersten Arbeitsmarkt zu erreichen.

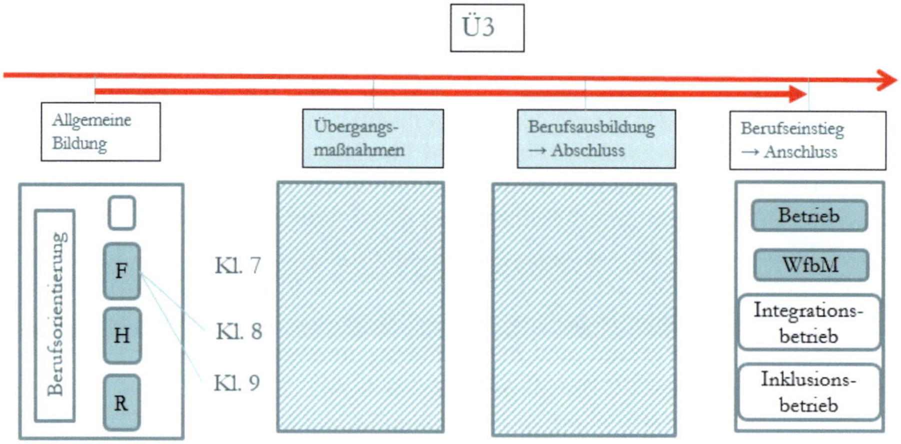

F – Förderschule, H – Hauptschule, R – Realschule

Abbildung 26: Ü3: Übergang Schule – Berufseingliederung (eigene Darstellung)

Integrationsbetriebe haben einen gesellschaftlichen Sonderauftrag, der darin besteht, Arbeitsplätze für Menschen mit schweren Behinderungen zu schaffen. Dabei ist die Arbeitsumgebung so auszugestalten, dass eine integrative und gleichberechtigte Teilnahme am allgemeinen Arbeitsmarkt ermöglicht wird (Rehadat Verzeichnisse 2019, Vorwort).

Wie bereits oben angedeutet, ist es denkbar, dass Menschen mit Förderbedarf ohne berufliche Qualifizierung, ohne theoriereduzierte Fachpraktiker-Ausbildung oder auch ohne Ausbildung an einer WfbM die Eingliederung auf dem ersten Arbeitsmarkt erreichen. Dies ist insbesondere in solchen Tätigkeitsbereichen möglich, in denen angelehnt an ausgeschriebene Stellenanzeigen keine berufliche Qualifizierung vorausgesetzt wird (s. Abb. 26).

4.5.2 Überlegungen zu den scheiternden schulisch-beruflichen Übergängen

Das Übergangsgeschehen erfolgt je nach Lebensalter in mehreren Bereichen des Lebens eines Menschen und umfasst bestimmte Zeiträume. Sobald ein Kind eine Kindertagesstätte besucht, findet seine Entwicklung an mehreren Sozialisationsorten statt. Lebt ein Kind im familiären Umfeld und besucht es eine Kindertagesstätte, sind diese Sozialisationsorte die eigene Familie und die Kita. Verfügt ein Kind nicht über eine Familie oder ist aus bestimmten Gründen aus seinem familiären Umfeld ausgeschieden, ist seine Sozialisationsinstanz auf eine Heimeinrichtung begrenzt. Die genannten Beispiele zeigen, dass sich Kinder bereits in diesem frühen Alter in denkbar unterschiedlichen Lebenssituationen wiederfinden. Das Gleiche gilt für Übergangsmöglichkeiten.

Über viele Jahre hinweg wurden Übergänge von Kindern von der Übergangsforschung vernachlässigt (Stauber, Rieger-Ladich und Wanka 2020, S. 5).

> „Der Übergang in die Kita und von dort in die Grundschule gilt längst genauso als subjektiv zu bewältigender, institutionell zu gestaltender und diskursiv thematisierter Übergang wie der aus einer Familie in eine andere oder der aus dem Zustand der Krankheit in den der Gesundheit. Übergänge interessieren schon allein deshalb, weil sie ein Problempotenzial in sich tragen — und auch dann, wenn keine Risikogruppe im Fokus steht: Sie verweisen auf Unsicherheit und Ungewissheit, auf Offenheit und Kontingenz, auf Ungleichheiten und Differenzen, auf Möglichkeiten des Gelingens und Scheiterns." (Stauber, Rieger-Ladich und Wanka 2020, S. 5)

Häufig werden Übergänge von Jugendlichen beim Eintritt ins Berufsleben von anderen Umbrüchen begleitet (ebd., S. 19). Somit können die misslungenen Übergänge von der Schule in eine Berufsausbildung bzw. Beschäftigung als Dropout-Prozesse (ebd., S. 23) betrachtet werden. Nach Montada, Lindenberger und Schneider (2012, S. 54) stellt sich während des nachschulischen Übergangs neben dem Wechsel in eine berufliche Qualifizierung ein biologischer Reifungsprozess auf dem Weg der Identitätsentwicklung als die entscheidende Entwicklungsaufgabe im Jugendalter ein (Stauber, Rieger-Ladich und Wanka 2020, S. 19).

In Anlehnung an Oerter und Dreher (2008, S. 317) überschneidet sich diese Aufgabe seit der Schulzeit jedoch mit unterschiedlichen Konfliktfeldern, so etwa familiäre oder Peer Group-bezogene Spannungen, oder Konflikte, die aus der schulischen Umwelt hervorgehen (Stein, Kranert und Hascher 2020, S. 19). Außerdem setzt die berufliche Ausrichtung der Jugendlichen je nach Wahl unterschiedliche Fähigkeitspotenziale voraus (ebd., S. 19).

> „Im Gesamtbild können diese Herausforderungen der Jugendlichen in Form dreier Krisen systematisiert werden (vgl. Kranert & Stein 2019, 216 f.): eine *Entwicklungskrise*, verstanden als die Anforderungen der Identitätsentwicklung, eine *Lebenskrise* als Kategorie für die Umbrüche in der Lebensrealität der Jugendlichen – und eine *Individualkrise* im Sinne der möglichweise zusätzlich vorhandenen soziokulturellen und psychischen Belastungen. Eine Kumulation von Belastungen oder problematischen Faktoren in diesen drei Krisen kann die Teilhabeprozesse der Jugendlichen an der beruflichen Bildung – und weiter gedacht am Erwerbsleben – erschweren oder sogar verhindern." (Ebd.)

Menschen mit einem besonderen Förderbedarf erleben unweigerliche Entwicklungsverzögerungen. Dementsprechend verlangsamt erfolgt ihre Identitätsentwicklung. Diese Belastungen können durchaus zum Scheitern der Teilhabe an der Berufsausbildung führen und den Weg in die Arbeitslosigkeit ebnen.

> „Kritisch für die Konstruktion einer beruflichen bzw. personalen Identität gestaltet sich jedoch das Scheitern bei der Ausbildungsplatzsuche trotz erheblicher Anstrengungen, verbunden mit Arbeitslosigkeit oder dem Abgleiten in ungelernte Tätigkeiten" (Zoelch und Thomas 2010, 115).

Die erlebten Übergangsabbrüche in einem sozialkulturell eingeschränkten Umfeld belasten die Betroffenen psychisch, was in manchen Fällen psychotherapeutische Unterstützung erforderlich macht. In Anlehnung an Düggeli und Kinder (2013, S. 211) können negative Erfahrungen von Menschen mit Förderbedarf beispielsweise wegen Mobbingerlebnissen (Lenzen, Brunner und Resch 2016, S. 103) zum Verlust der Selbstwirksamkeit und der Hoffnung führen. Dies führt letztlich zur Beeinträchtigung des leistungsfähigen und persönlichen Verwirklichungskonstrukts.

Lorenzen (2014, S. 140), Bojanowski und Ratschinski (2010, S. 85) lasten das Scheitern schulisch-beruflicher Übergänge dem jeweiligen Individuum an. Diese Zuschreibung ist zu eng gefasst und stark an das Bedeutungskonstrukt der Integration angelehnt.

Eine andere Perspektive nehmen Granato, Milde und Ulrich (2018, S. 3) ein. Sie gehen davon aus, dass das Scheitern schulisch-beruflicher Übergänge auf die ablehnenden Haltungen des Ausbildungspersonals oder der Arbeitgeber zurückzuführen ist. Ablehnungen werden in der Regel damit begründet, dass manche Bewerber und Bewerberinnen „in bestimmten Bereichen wie etwa den sozialen Kompetenzen oder formalen Qualifikationen nicht diejenigen Merkmale auf[weisen], welche sich potenzielle Arbeitgeberinnen und Arbeitgeber wünschen" (Stein, Kranert und Hascher 2020, S. 20). Viele Schüler und Schülerinnen verlieren ihre Motivation und erleben „Misserfolge und Versagen" (HHS – Hermann-Hesse-Schule 2016, S. 3 f.). Dadurch lässt sich das Konstrukt des Übergangsscheiterns durch eine institutionsbezogene Ebene im Sinne des Inklusionsverständnisses erweitern. Auch nach Sieglen (2019, S. 11) ist das Übergangsscheitern nicht nur auf die persönlichen Faktoren zurückzuführen.

> „Somit gibt es Hinweise darauf, dass schulische Ansätze zur Förderung von Übergangsprozessen nicht nur person- bzw. merkmalsbezogen, sondern umfassender auf Ebenen des sozialen Umfelds bzw. systemisch wirksam werden sollten, um diesen Erkenntnissen Rechnung zu tragen" (Stein, Kranert und Hascher 2020, S. 20).

Zusammenfassend kann festgehalten werden, dass das Übergangsscheitern sowohl von den Faktoren der Mikro- und Mesoebene als auch der Makroebene beeinflusst wird. Aufgrund der Auftragsgefährdung der gesellschaftlichen Teilsysteme stellt das Misslingen der Übergänge ein gesellschaftliches Problem dar (Lorenzen 2017, S. 185).

Volkswirtschaftlich gesehen besteht ein großes Interesse der Gesellschaft an der Sicherstellung der beruflichen Teilhabe all ihrer Mitglieder (Stein, Kranert und Hascher 2020, S. 20). In Anlehnung an Bojanowski und Eckert (2012, S. 9) ist das Übergangssystem beauftragt, durch wirksame Maßnahmen die Ausbildungs- und Beschäftigungsteilhabe von Betroffenen zu unterstützen bzw. ihre Beteiligungschancen zu erhöhen. Allerdings ist nach Balz (2010, S. 3) die Wirksamkeit des Übergangssystems fraglich. Anstatt den Übergangsauftrag zu erfüllen, kommt es im Übergangssystem zu andauernden bzw. leistungslosen Warteschleifen (Bojanowski 2012, S. 127) und damit zur weiterführenden Exklusion und zum Ausbildungsausschluss von betroffenen jungen Menschen (ebd., S. 128 f.).

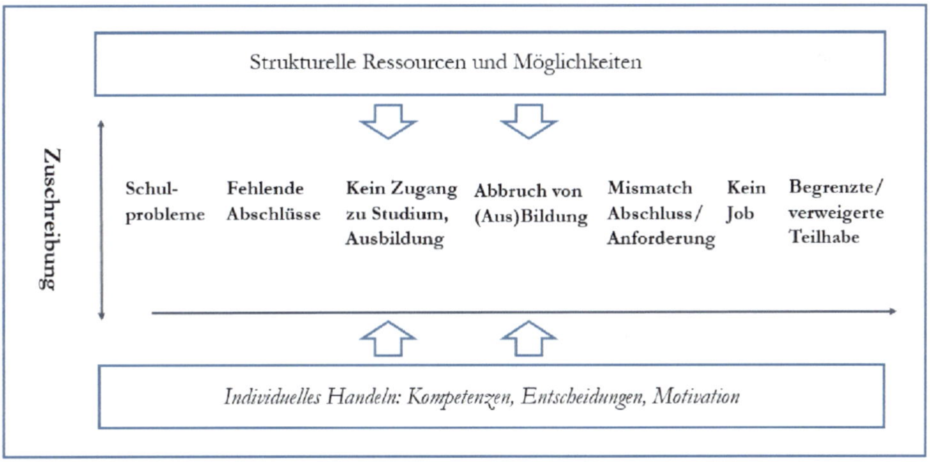

Abbildung 27: Konstellationen von Benachteiligung nach Pohl und Walther 2006 (Walther 2013, S. 16)

Statt nur die individuellen Defizite hervorzuheben, ist es wichtiger, den Zusammenhang zwischen strukturellen und persönlichen Aspekten zu analysieren. Walther und Pohl haben diesen Versuch unternommen: In ihren Ausführungen stellen sie den Zuschreibungszusammenhang zwischen struktureller Ebene mit dem individuellen Handeln dar. Danach bewegen sich die Deutungsmuster der Zuschreibung nach dem Schema in Abbildung 27. Der fehlende Zugang zu einer Ausbildung ist häufig auf die Zuschreibungen von Ausbildungsinstitutionen und -betrieben zurückzuführen. Einerseits werden diese Zuschreibungen durch die mangelnden Kompetenzen von beeinträchtigten Menschen begründet. Andererseits ergeben sich die Zuschreibungen wegen fehlender Schulabschlüsse von benachteiligten und evtl. beeinträchtigten Menschen. Dennoch kann in Anlehnung an das Zuschreibungsschema betont werden, dass auch wenn es den Betroffenen mithilfe der Unterstützung bestimmter

Übergangsmaßnahmen gelingt, eine Ausbildung zu erlangen, diese wegen Fehlentscheidungen, mangelnder Motivation oder nicht erfüllter Anforderungen abgebrochen wird. Infolgedessen könnten weitere Zuschreibungen erfolgen, wonach aufgrund des fehlenden beruflichen Abschlusses kein Arbeitsplatz auf dem Arbeitsmarkt gefunden wird.

Nach Ginnold zeichnen sich die Übergangsverläufe von jungen Menschen mit Beeinträchtigung aufgrund stigmatisierender Zuschreibungen und mangelnder Ausbildungsreife durch biografische Brüche, erschwerte Zugänge zur Berufsbildung sowie über die eingeschränkten Berufswahlmöglichkeiten aus. Öfters entspricht eine absolvierte Ausbildung nicht dem Wunschberuf, was sich in Maßnahmenkarrieren oder der mangelnden Motivation spiegelt. Für viele Menschen mit Förderbedarf bleibt der Zugang zur Ausbildung blockiert. Dadurch scheitert ihre berufsbildungsbezogene Teilhabe bereits am Übergang der ersten Schwelle (Ginnold 2008, S. 178).

Stauber und Walther (2004, S. 60) verweisen darauf, dass die berufsbezogenen Second-Choice-Optionen die Ursachen des unzureichenden Durchhaltevermögens seien und immer wieder zu frühzeitigen Abbrüchen einer Ausbildung (25 %) führen. Das berufsberatende Personal der Bundesagentur für Arbeit versucht, das Übergangsgeschehen in Richtung angemessener und außerbetrieblich verfügbarer Berufsfelder zu steuern. Werden Betroffene von beratenden und unterstützenden Institutionen alleingelassen, so verlieren sie die Hoffnung in das gesellschaftliche Unterstützungssystem (Stauber und Walther 2000, S. 33).

> „*Ausbildungsabbrüche* sind als Ausdruck unterschiedlicher Konflikte zu betrachten. Sie können als ungenügende Berufsorientierung und Vorbereitung auf die Ausbildungsrealität interpretiert werden. Sie können jedoch auch Folge der o. g. Prinzipien ‚Unterkommen' und ‚Second-choice-Optionen' sein. Oder sie bieten den Jugendlichen die Chance, den Ausbildungsabbruch als Flucht bzw. Ausweichen vor Konflikten in der Ausbildung zu nutzen." (Ginnold 2008, S. 180)

In Anlehnung an Stauber und Walther (2000, S. 32) werden die Ausbildungsabbrüche nicht verborgen, sondern erkennbar gemacht. Dadurch wird das Übergangsproblem deutlich.

Seit dem Jahr 1999 besteht nach Stein ein Forschungsbedarf zu den schulisch-beruflichen Übergängen. Er richtete seine Aufmerksamkeit auf die Übergangsproblematik der Absolventen und Absolventinnen der Förderschulen mit dem Schwerpunkt Lernen (Stein 1999, S. 504) und stellte fest, dass „häufiges Misslingen der beruflichen Integration [...] zu erheblichen Frustrationen bei den Jugendlichen" (ebd., S. 502) führte.

Hierbei wird der Zusammenhang zwischen den Ursachen der misslungenen Übergangsversuche von Menschen mit Förderbedarf und den Bedingungen des Gelingens am Übergang Schule – Beruf offensichtlich. Eine tiefere Erkenntnis über die Ursachen des Scheiterns an schulisch-beruflichen Übergängen könnte im Rahmen einer systematischen Auseinandersetzung mit den Bedingungen des Übergangsgelingens gewonnen werden.

Auf der Basis der Studienergebnisse zur „Rekonstruktion der individuellen Entwicklungsverläufe im Übergang Schule-Beruf" (Ginnold 2009, S. 11) wurden nicht nur bedeutsame Unterschiede in Bezug auf die Übergänge von den Absolventen und Absolventinnen aus den Integrationsschulen und Förderschulen erkennbar: Es konnten außerdem die fördernden und hemmenden Faktoren im Übergang Schule – Beruf abgeleitet werden.

> „Die schulische Integration scheint somit die individuellen Chancen für einen gelingenden Übergang in die Ausbildung zu verbessern. *ABER*: Das Bedingungsgefüge im Übergang Schule-Beruf ist zu komplex, um es allein auf den Faktor Beschulungsart zu reduzieren." (Ginnold 2009, S. 11)

Besonders hemmend am Übergang Schule – Beruf fand Ginnold (ebd.) im Rahmen ihrer Studie die Beschulung von jungen Menschen mit Lernbeeinträchtigung (insbesondere von Mädchen) an den Förderschulen. Ein weiterer hemmender Faktor ist die nicht überschaubare Vielfalt der Übergangsangebote bzw. die Komplexität des Übergangssystems im Allgemeinen, auch die ausgesonderte Statuszuweisung beispielsweise in Bezug auf die Schulart und die Bundesagentur für Arbeit. Viele junge Menschen mit Förderbedarf nahmen die Empfehlungen einer außerbetrieblichen Ausbildung mit sonderpädagogischer Unterstützung als Unterdrückung wahr. Frustrierend und hemmend empfanden die Betroffenen auch die Notwendigkeit eines psychiatrischen Gutachtens im Rahmen des Zuweisungsverfahrens.

Die in diesem Kapitel beschriebenen Überlegungen zu den scheiternden schulisch-beruflichen Übergängen umfassen neben den vereinzelten empirisch nachgewiesenen wissenschaftlichen Erkenntnissen die gedanklichen Anstöße für einige theoretische Ableitungen. Dadurch werden bestimmte Erkenntnisdefizite verdeutlicht. Im Rahmen dieses Forschungsprojektes werden die angedeuteten gedanklichen Anstöße als Basis für die weiterführende Untersuchung genutzt. Darauf aufbauend werden im nächsten Kapitel die denkbaren Bedingungen des Gelingens am Übergang von Schule in den jeweiligen Beruf diskutiert.

4.5.3 Vision der Bedingungen für das Gelingen des Übergangsprozesses Schule – Beruf

Wie bereits angesprochen, ist nach Arndt (2017) jeder Übergang als ein zusammenhängender (Bildungs-)Prozess zu betrachten. Aus inklusionspädagogischer Perspektive kann ein Übergangsprozess vom Schulabgang zum Berufsleben erst dann gelingen, wenn die bestehenden Bildungs- und Unterstützungsangebote im Übergangsverlauf situationsbedingt und inhaltlich gut vorbereitet verwirklicht werden. Die Überlegungen Arndt bewegen sich entlang der Logik der Kontinuität, die sich nicht nur auf Bildungsinhalte, Ziele und Zeiten, sondern auch auf Beratungs- und Begleitungsangebote während des Übergangsprozesses beziehen (Arndt 2017).

Eine angemessene und zielgerichtete pädagogische Begleitung soll auf Grundlage von „Selbstwirksamkeitserfahrungen" (HHS – Hermann-Hesse-Schule 2016, S. 4) zu Erfolgserlebnissen führen.

Alle genannten Kontinuitätsaspekte sollen auf der personellen Ebene stabil bleiben, stark miteinander *verzahnt* sein und für Menschen mit Beeinträchtigung erlebbar gemacht werden. Darüber hinaus sollen die Faktoren für das Gelingen der schulisch-beruflichen Übergänge zur Qualitätssteigerung des kompletten Übergangsverlaufs beitragen (Arndt 2017).

Arndt interpretiert den schulisch-beruflichen Übergang als eine Zeitspanne für die Orientierung und das Kennenlernen von unterschiedlichen Arbeitsfeldern und berufliche Beschäftigungen, welche meistens fachpraktisch bzw. fachtheoretisch vertieft werden. Da Arndt den Übergang als Bildungsprozess betrachtet, geht sie davon aus, dass junge Menschen mit Beeinträchtigung im Übergangsprozess in ihren Fähigkeiten, Fertigkeiten und Kompetenzen ganzheitlich gefördert sowie in ihrer Entwicklung gestützt werden. Die Autorin hebt die zu erlangende und weiterzuentwickelnde Fach-, Sozial- und Individualkompetenz von Menschen mit Förderbedarf als Basis für ihre wirtschaftliche Unabhängigkeit und den Zugang zur arbeitsmarktbezogenen oder gesellschaftlichen Teilhabe hervor.

Arndts Überlegungen sind nur in Bezug auf jene Bildungsangebote des Übergangssystems plausibel, die an der ersten Schwelle oder auch im Hinblick auf die Berufsausbildungsphase, die in die Einmündung am ersten oder ausnahmsweise am zweiten Arbeitsmarkt übergeht, geboten werden.

Dem Inklusionsanspruch entsprechend sollen die förderbedürftigen jungen Menschen gemäß ihren Fähigkeiten, Neigungen, Interessen und Wünschen zu den persönlichen beruflichen Entscheidungen herangetragen und systematisch miteinbezogen werden (Arndt 2017).

Da sich der Übergangsprozess während der nachschulischen Phase nicht nur auf die berufliche, sondern auch auf die einflussreiche private Sphäre der jeweiligen Person bezieht, sind die förderbedürftigen Menschen auf der psychosozialen Ebene mit den anderen Lebensbereichen – der eigenen Wohnlage, dem Ausbau sozialer Beziehungen und anderen Alltagsbedürfnissen – konfrontiert. Demzufolge müssen die persönlichen Lebenslagen von Betroffenen und die sich daraus ergebenden übergangshemmenden Faktoren bei der individuellen Ausgestaltung der schulisch-beruflichen Übergänge berücksichtigt werden (ebd.).

> „So individuell unterschiedlich die jeweiligen Ausgangssituationen der Jugendlichen und jungen Erwachsenen sind, so unterschiedlich müssen auch die Wege und Unterstützungsangebote sein, um den jungen Menschen die Teilhabe in den verschiedenen Bildungsphasen und letztlich auch am Berufsleben zu ermöglichen (Arndt 2017).

Arndt zufolge müssen die Bildungsangebote durchlässig sein. Sie sollten nicht nur einer flexibleren methodisch-didaktischen Ausgestaltung unterliegen, sondern auch beim Verfolgen der Kontinuität des Übergangsprozesses untereinander stark inhaltlich und strukturell verzahnt werden.

Die Autorin stellt fest, dass nach wie vor ein erheblicher inklusionsbezogener Handlungsbedarf besteht. Dies bezieht sich sowohl auf die barrierefreien Zugänge zu inklusiven schulisch-beruflichen Übergängen und zur Teilhabe an der Ausbildung und am Arbeitsleben, die die festgelegten Qualitätsstandards erfordern. Sie sollten sowohl auf die individuellen Bedürfnisse von förderbedürftigen Menschen zugeschnitten sein und auch für eine überfachliche und inklusive methodisch-didaktische Ausgestaltung aller Bildungsangebote Orientierung bieten. Außerdem ist es dringend notwendig, alle Bildungsangebote von der Berufsorientierung, Berufsvorbereitung bis hin zur Ausbildung und Qualifizierung so weit wie möglich am regulären Arbeitsmarkt und somit an der realen Arbeitswelt auszurichten.

> „Ein ausschlaggebendes Merkmal für das Gelingen des Übergangs von der Schule in die Ausbildung und in das Berufsleben ist die Beratung und Begleitung der Jugendlichen und jungen Erwachsenen während dieses Prozesses. Wie relevant diese ist, insbesondere bei Jugendlichen mit hohem Unterstützungsbedarf, beweisen immer wieder Erfahrungen aus der Praxis. Die Begleitung des Übergangs und insbesondere auch die Nachbetreuung und Krisenintervention sind für eine langfristige Sicherung der Beschäftigung auf dem allgemeinen Arbeitsmarkt sehr relevant und in verschiedenen Bereichen praktisch erprobt (zum Beispiel durch die Integrationsfachdienste).“ (Arndt 2017)

Die Unterstützungsleistungen der Beratungs- bzw. Begleitungsdienste stützen sich auf die bereits verfügbaren Erfahrungen von Fachexperten und Fachexpertinnen und richten sich einerseits auf die jungen förderbedürftigen Menschen und andererseits auf die Ausbildungs- bzw. Beschäftigungsbetriebe, um das Gelingen der schulisch-beruflichen Übergänge zu sichern. Darüber hinaus können die überregionale Vernetzung der Integrationsfachdienste und anderer Beratungs- bzw. Begleitungsdienstleister zur Qualitätsverbesserung der Steuerung von Übergangsverläufen beitragen (ebd.).

In Anlehnung an Arndt besteht eine der Schlüsselvoraussetzungen für den Erfolg eines inklusiven schulisch-beruflichen Übergangs im Engagement aller Beteiligten bei der Umsetzung der inklusiven Bildungsansprüche förderbedürftiger Menschen. Dies erfordert einerseits eine intensive Auseinandersetzung beispielsweise im Rahmen der Fort- und Weiterbildung mit der Inklusions- und Übergangsthematik sowie genauere Kenntnisse zu inklusiver Didaktik und andererseits die Unterstützung von multiprofessionellen Beratungskräften.

Die Überlegungen von Arndt sind eindeutig der inklusionspädagogischen Perspektive – der Expertenperspektive – zuzuordnen. Aus diesem Grund verbleibt sie mit ihren Ausführungen bei der Perspektive der Experten. Der subjektiven Wahrnehmung der Betroffenen, insbesondere in Hinsicht auf die Bedingungen für das Gelingen von schulisch-beruflichen Übergängen, trägt sie in ihren Ausführungen keine Rechnung.

Die Studienergebnisse der „Rekonstruktion der individuellen Entwicklungsverläufe im Übergang Schule-Beruf“ (Ginnold 2008, o. S.) von Integrations- und Sonderschülern und -schülerinnen bieten einen Überblick der folgenden fördernden Übergangsfaktoren, die als Bedingungen eines gelungenen Übergangs Schule – Beruf herangezogen werden konnen.

Den Ergebnissen zufolge ist die Beschulung an einer Integrationsschule für junge Menschen mit dem Förderschwerpunkt Lernen förderlich. Hilfreich sind auch berufsorientierende betriebliche Praktika während der Schulzeit. Außerdem zeigt sich ein qualifizierter Schulabschluss als ein fördernder Faktor im schulisch-beruflichen Übergang. Darüber hinaus ist eine „institutionsunabhängige, individuelle Beratung und Begleitung im Übergang“ (Ginnold 2009, S. 11) für einen gelungenen schulisch-beruflichen Übergang von entscheidender Bedeutung.

Das Vorhandensein einer betrieblichen Qualifizierung oder Ausbildung sichert laut den Studienergebnissen die Teilhabe am Ausbildungsmarkt und bietet die Möglichkeit, eine berufliche Qualifizierung zu erlangen und die Grundvoraussetzung für den Übergang in eine Beschäftigung abzusichern. Auch eine kontinuierliche Begleitung während der betrieblichen Qualifizierung oder Ausbildung ist häufig erfolgversprechend (ebd.).

Wie die Ergebnisse von Stauber und Walther (2000, S. 28–33) nahelegen, sind die unterschiedlichen übergangsbezogenen Bewältigungsstrategien mit Verzögerung beachtenswert. Diese Strategien zeichnen sich vor allem durch „Warten, Flexibilität und Mobilität, Auseinandersetzungen mit Zuschreibungen, Absenken der eigenen Ansprüche, Verlagerung auf andere Lebensbereiche, Ausbildungsabbruch und Absenken der Erwartungen an das Unterstützungssystem“ (Stauber und Walther 2000, S. 28–33) aus.

Aufgrund der beruflichen Alternativlosigkeit ist Aufschub eine der gängigsten Strategien der Schulabgänger und Schulabgängerinnen, was in einem engen Zusammenhang mit der erzwungenen Verzögerung am Übergang Schule – Berufsbildung – Beschäftigung steht. Um mehr Akzeptanz auf dem Ausbildungsmarkt zu erreichen und die formalen Zugangsvoraussetzungen mehr oder weniger zu erfüllen, versuchen die Betroffenen mittels des Verbleibens in berufsvorbereitenden Übergangsmaßnahmen die fehlenden Hauptschulabschlüsse nachzuholen oder die bestehenden Zeugnisse beispielsweise mit einem Realschulabschluss aufzuwerten. Diese Art des strategischen Wartens mit dem Ziel, im eigenen Wunschberuf später tätig zu werden, ist jedoch für Menschen mit Förderbedarf ungeeignet (Ginnold 2008, S. 178 f.).

Ein anderer strategischer Ansatz beschreibt die Flexibilität der Berufswünsche. Junge Menschen, so wird angenommen, akzeptieren alle beruflichen Vorschläge und sind bereit, in ähnliche oder alternative Berufe auszuweichen, um überhaupt eine Ausbildung zu absolvieren und in eine Beschäftigung einzusteigen. Laut Stauber und Walther (2000, S. 30) und auch Heinz u. a. (1987) erfolgt die Berufswahl ausbildungs- und arbeitsmarktbedingt. Im Laufe des Lebens wird die getroffene Berufswahlentscheidung durch die Betroffenen anders interpretiert. Bojanowski, Eckardt und Ratschinski (2004, S. 13) bekräftigen diese Aussage und halten fest, dass die Arbeitsmarktintegration von benachteiligten bzw. in dem Fall förderbedürftigen jungen Menschen nicht auf Basis der selbstbestimmten Berufswahlentscheidung erfolgt, „sondern über eine Berufszuweisung“ (Ginnold 2008, S. 179). Eine weitere Strategie auf dem Weg in den Ausbildungsmarkt besteht in der Erhöhung der Flexibilität in der Mobilität (ebd.). Auch diese Strategie eignet sich allerdings nicht für die Risikogruppe der Menschen mit Förderbedarf. Nach Stauber und Walther (2000, S. 31) bevorzugen Menschen mit Förderbedarf die Strategie des Absenkens der persönlichen Ansprüche, und zwar nicht nur während der Ausbildungsplatzsuche, sondern auch in der Erwartung des Scheiterns bei der Suche nach einem Arbeitsplatz. „Ein Ausweichen auf bewältigbare oder vorhandene Alternativen erscheint als Ausweg" (Ginnold 2008, S. 179).

Auf die denkbaren Übergangsstrategien für junge Menschen mit Förderbedarf verweisen die Untersuchungsergebnisse zu den Lebenslaufübergängen nach Heinz (2000, S. 180) in Übereinstimmung mit den Bewältigungsstrategien nach Stauber und Walther (Ginnold 2008, S. 180). Diese denkbaren Strategietypen, die sich z. T. durch passive Bewältigung des problembehafteten Übergangshandelns auszeichnen, bestehen im Schritt-für-Schritt- und Mal-sehen-was-kommt-Übergangshandeln. Während das „Schritt-für-Schritt-Übergangshandeln [...] durch die längere Suche nach einer interessanten Berufstätigkeit und einer relativ diffusen Berufswahl gekennzeichnet" (ebd.) ist, wird das Mal-sehen-was-kommt-Übergangshandeln aus dem abweichenden Verhalten von Beteiligten mit den Erfahrungen aus unqualifizierten Beschäftigungen, Arbeitslosigkeit und/oder Ausbildungsmaßnahmen ersichtlich (Ginnold 2008, S. 181).

Nicht zu vernachlässigen, so Lorenzen (2017, S. 185), sei das Gelingen von schulisch-beruflichen Übergängen nicht nur für das jeweilige Individuum, sondern auch für unsere Gesellschaft. Insbesondere im betriebswirtschaftlichen Kontext und auf der Ebene der Inklusionsanforderungen ist das Gelingen von großer Bedeutung.

Das Interesse dieses Forschungsanliegens begründen die in diesem Unterkapitel dargestellten theoretischen Überlegungen und die Untersuchungsanstöße zu den Bedingungen gelungener Übergänge. Um das Übergangsgelingen von jungen Menschen mit Förderbedarf zu unterstützen und zu sichern, sollen entsprechend der bisherigen Erkenntnisdefizite schulisch-berufliche Übergänge der ausgewählten Zielgruppe zuerst rekonstruiert und danach fokussiert auf Ursachen misslungener Übergänge untersucht werden. Eine im Anschluss vorgenommene Analyse des erhobenen Datenmaterials soll die Bedingungen des Gelingens von schulisch-beruflichen Übergängen beleuchten und bestimmte Unterstützungsempfehlungen für beteiligte Bildungsakteure und das soziale Umfeld liefern.

Diese Intentionen bilden den Ausgangspunkt für die im Folgenden dargestellte empirische Studie.

4.6 Forschungs- und Erkenntnisdefizit als Grundlage für die folgende empirische Untersuchung

Unter dem Übergang Schule – Beruf wird der Wechsel vom Schulabgang in eine berufliche Qualifizierung und darüber hinaus der Einstieg ins Beschäftigungssystem verstanden. Allerdings ist dieser Wechselprozess sehr komplex und von vielen Einflussfaktoren auf der Mikro-, Meso- und Makroebene abhängig. Individuelle, soziale und strukturelle Faktoren ermöglichen oder hemmen Übergänge (Balz 2010, S. 38). Problematisch sind dabei insbesondere misslungene Übergänge von Menschen mit

Förderbedarf, da sie ihre berufsbildungs- und beschäftigungsbezogene Teilhabe verhindern.

Das Ziel des Forschungsprojektes bzw. das Erkenntnisdefizit besteht darin, die erlebten Übergangsverläufe von Menschen mit den Förderschwerpunkten Lernen und geistige Entwicklung zu rekonstruieren. Um die Unterstützungsmöglichkeiten von Betroffenen erschließen zu können, sollen die misslungenen und gelungenen Übergänge analysiert werden.

Um die vorliegenden Forschungsziele zu erreichen, bedarf es einer gründlichen Auseinandersetzung mit denkbaren schulisch-beruflichen Übergangsoptionen unter der Berücksichtigung unterschiedlicher Lebenslagen förderbedürftiger Menschen. Die schulisch-beruflichen Übergangsverläufe sollen durch die nachvollziehbare Darstellung ihrer Merkmale präzise beschrieben werden und eindeutigere theoriegeleitete Erklärungskonstrukte liefern. Darüber hinaus sind die theoretischen Überlegungen zur Definition der gelungenen und misslungenen schulisch-beruflichen Übergänge grundlegend.

5 Methoden der Datenerhebung und -auswertung

5.1 Forschungsdesign und Forschungsverfahren

5.1.1 Qualitatives Forschungsdesign und Forschungsmethodik

Der Schwerpunkt dieses Kapitels liegt in der detaillierten und systematischen Darstellung des qualitativen Forschungsdesigns bzw. der Forschungsmethodik. Dabei werden alle Forschungsschritte vorgestellt, die der Beantwortung der gestellten Forschungsfragen dienen und somit zum Erkenntnisgewinn beitragen. Im nächsten Schritt soll diskutiert werden, inwieweit genau die qualitativen Forschungsmethoden im Rahmen des Forschungsprojektes angewendet werden.

In den 1970er-Jahren wurden qualitative Forschungsmethoden, etwa das offene Interview, wie es in den USA bereits Anwendung fand, im deutschsprachigen Raum adaptiert. Zunehmend wurde die quantitative Forschung in methodologischen Diskussionen auf den Prüfstand gestellt und zu einer eigenständigen Disziplin. Diese Eigenständigkeit ist jedoch weiterhin diskussionswürdig, denn die Bezeichnung bedeutet, dass der qualitative Ansatz ein eigenes Forschungsobjekt hat oder entwirft, indem er soziale Phänomene auf eine bestimmte Art und Weise berücksichtigt und erforscht (Bortz und Döring 2006, S. 306 f.).

Nach Becker (1996) umfasst qualitative Forschung ein bestimmtes Verständnis der Beziehung von Untersuchungsgegenstand und Methode. Darüber hinaus sollte die qualitative Forschung einzelne konzeptionelle, methodische und empirische Stufen des Forschungsprozesses stärker berücksichtigen (Flick 2017, S. 122 f.).

Auf der Grundlage einer relativ kleinen Stichprobe von Personen erlauben qualitative Forschungsmethoden eine umfassende Erforschung eines Gegenstandes oder eines spezifischen Problems. Neben der quantitativen Forschung liefert der systematische Einsatz qualitativer Methoden auch zuverlässige und objektive Untersuchungsergebnisse. Im Gegensatz zu quantitativen Methoden, die die Darstellung der Realität wesentlich vereinfachen, spiegeln qualitative Methoden die Komplexität der Wirklichkeit wider.

> „Qualitative Forschung hat den Anspruch, Lebenswelten ‚von innen heraus' aus Sicht der handelnden Menschen zu beschrieben. Damit will sie zu einem besseren Verständnis sozialer Wirklichkeit(en) beitragen und auf Abläufe, Deutungsmuster und Strukturmerkmale aufmerksam machen." (Flick, Kardorff und Steinke 2017, S. 14)

Hierbei ist anzumerken, dass qualitative Daten für genaue Schätzungen und die Darstellung der Zusammenhänge nicht immer ausreichen. Allerdings ist es oft unmöglich, aufgrund des Mangels an zufriedenstellenden theoretischen Schlussfolgerungen über das zu untersuchende Thema und des begrenzten Zugangs zu den Probanden quantitative Methoden beispielsweise in Form einer Umfrage zusammen mit methodisch qualitativen Interviews anzuwenden.

Die große Anzahl qualitativer Befragungsoptionen wirft die Frage auf, nach welchen Kriterien im Einzelfall eine Technik ausgewählt werden sollte. Qualitative Methoden werden teilweise gezielt für bestimmte Fragestellungen erarbeitet und lassen sich nicht im gleichen Maße wie standardisierte Methoden auf andere Themen übertragen (Bortz und Döring 2006, S. 308 f.).

Da Menschen mit den Förderschwerpunkten „Lernen" und „ geistige Entwicklung"in Kombination mit psychischer Beeinträchtigung häufig enorme Schwierigkeiten mit dem Sprachverständnis und sprachlicher Reproduktion von zeitaufwendigen erinnerungsbezogenen Denkprozessen haben (Vollmer und Frohnenberg 2014, S. 30 ff.), wäre ein narratives Interview eine nur wenig geeignete Methode, um schulisch und berufsbiografisch fokussierte Übergangsverläufe von den Interviewten zu erfahren. Dementsprechend ist es notwendig, im Voraus herauszufinden, mit welchen kognitiven Anstrengungen das Forschungsthema verbunden ist, da manche Erfahrungen ohnehin schwer zu begreifen, schwer zu erkennen oder sogar unbewusst sind. (Bortz und Döring 2006, S. 309) Dies erfordert nicht nur einen erhöhten Zeitaufwand und die Verwendung der Leichten Sprache[34], sondern auch eine gedächtnisstützende Technik. Hierzu sind beispielsweise bildhafte thematische Übersichten in der Darstellungsform eines Lebensbaums und die moderierte Dokumentation der Lebensgeschichte von Interviewten in Form eines Lebensweges (Methode des dokumentierten Bewahrens von Erinnerungen) gut geeignet.

Bei der Arbeit mit Lebensgeschichten zu schulisch-beruflichen Übergängen, die teils als biografisches Material betrachtet werden können, scheint es sinnvoll, die Exemplifikation als Strategie zu bevorzugen, da diese erlaubt, exemplarische Auszüge aus dem teils biografischen Material heranzuziehen. Weil die Suche nach der Theorie entsprechender Information zielgerichtet erfolgt, funktioniert eine Exemplifikation in der Praxis immer (Bortz und Döring 2006, S. 347).

In Bezug auf die Exemplifikationsstrategie erscheint das episodische Interview nach Flick eine geeignete Methode der Datenerhebung zu sein. Sie kombiniert situationsbedingte narrativ-episodische Wissenselemente mit dem semantischen Wissen und konzentriert sich somit darauf, die Konzentration und die Erinnerung von Interviewten auf spezifische thematische Bereiche beim Erzählen der eigenen Lebensgeschichte zu fokussieren (Flick 2017, S. 238).

Ein weiteres Merkmal qualitativer Methoden ist, dass die Grenzen zwischen Datenerfassung und Analyse oft verwischt sind oder beide Prozesse nebeneinander erfolgen. Bei einem qualitativen Interview muss der Interviewer die Antworten mental während des Interviews analysieren, um angemessene Folgefragen zu formulieren. (Bortz und Döring 2006, S. 308) Das bedeutet, dass die Analyse der Ergebnisse wäh-

34 Leichte Sprache bezeichnet eine Form des sprachlichen Ausdrucks, die besonders leicht zu verstehen ist. Die Aufbereitung von Texten wird durch illustrierte Bilder erweitert. Die einfach lesbare und verständliche Form ist darauf ausgerichtet, Sprachbarrieren vor allem für die Menschengruppen mit gering ausgebauten sprachlichen Fähigkeiten zu reduzieren und ihnen den Zugang zu Informationen zu eröffnen. (Rehadat Lexikon 2020b)

rend der Datenerhebung verläuft und damit die fortdauernde Reflexion des Datengewinnungsprozesses unterstützt.

Qualitative Interviewmethoden werden verwendet, um die subjektive Sicht der Akteure auf vergangene Ereignisse, zukünftige Pläne, Meinungen, Beschwerden über Gesundheit, Beziehungsprobleme, Arbeitserfahrung usw. zu ermitteln. Ein Merkmal qualitativer Interviewtechniken ist, dass der Interviewprozess weniger vom Interviewer als vielmehr von den Befragten gesteuert wird. Ein offenes Interview bietet nur wenig Struktur für Befragende. Die Interviewer setzen nur einen Rahmen und lassen die Befragten ohne jeden Einfluss erzählen. Dabei können offene Fragen streng genommen nicht als Interview im engeren Sinne bezeichnet werden, da es keinen typischen Frage-und-Antwort-Stil gibt. Aus diesem Grund werden sie oft Forschungs- und Feldgespräche genannt. In qualitativen Interviews spielen die Interviewer nicht die Rolle der distanzierten Befragenden, sondern jene der engagierten, freundlichen und emotional engagierten Gesprächspartner, die flexibel auf die Befragten reagieren und deren Reaktionen genau reflektiert wiedergeben (ebd., S. 308 f.).

> „Qualitative Befragungen arbeiten mit offenen Fragen, lassen den Befragten viel Spielraum beim Antworten und berücksichtigen die Interaktion zwischen Befragtem und Interviewer sowie die Eindrücke und Deutungen des Interviewers als Informationsquellen." (ebd., S. 309)

Die Klärung der Gütekriterien in Vorfeld des Erhebungsprozesses sollte nicht unterschätzt werden. Hier spielen die subjektiven Erfahrungen eine entscheidende Rolle. Diese lassen sich in sechs Dimensionen einteilen, wozu im Einzelnen Realitätsbezug, Zeitdimension, Reichweite, Komplexität, Gewissheit und Strukturierungsgrad gezählt werden. Um einer Annäherung an die Realität, so gut es geht, gerecht zu werden, sollte zwischen der Vorstellung, den Beschreibungen und auch zwischen Erinnerungen und zukünftigen Plänen im Rahmen der Zeitdimension unterschieden werden. Die Reichweite sollte also nicht mit der Alltagsroutine verbunden sein, sondern der Lebensgeschichte entsprechen. Bei der Betrachtung der Komplexität sollte die Aufmerksamkeit von einer einfachen Personenbeschreibung auf die Charakterisierung verlagert werden. Zu unterscheiden sind Vermutungen vom Erfahrungswissen (Dimension: Gewissheit) (ebd.).

Zu den in diesem Forschungsprojekt verwendeten qualitativen Methoden, die in den folgenden Kapiteln näher erläutert werden, gehören das episodische Interview nach Flick und die qualitative Inhaltsanalyse nach Mayring.

5.1.2 Grundlegendes Forschungsdesign und Ausrichtung der Studie

Das Forschungsprojekt zielt darauf ab, empirische Erkenntnisse über die herrschenden Bedingungen des Gelingens und die bestehenden Gründe für das Scheitern im Übergang von Menschen mit den Förderschwerpunkten „Lernen" und „geistige Entwicklung" in manchen Fällen in Kombination mit psychischer Beeinträchtigung von der Schule in eine Beschäftigung im Kontext von Inklusion zu gewinnen.

Abbildung 28 stellt systematisch alle Untersuchungsschritte des Forschungsprojektes dar.

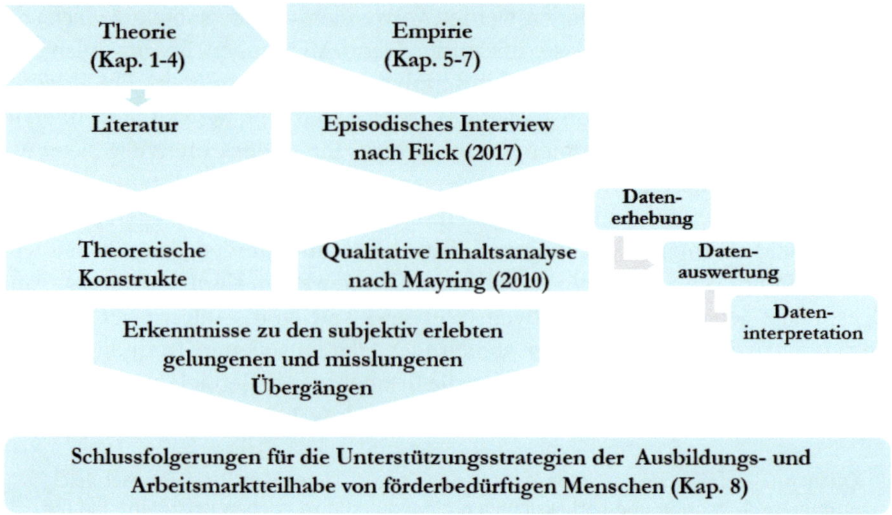

Abbildung 28: Grundlegendes Forschungsdesign des Projektes (eigene Darstellung)

Die Arbeit setzt sich aus einem theoretischen und einem empirischen Teil zusammen. Nach der thematischen Einführung (Kap. 1 und 2), in der die Problemstellung erläutert und die Relevanz des Forschungsvorhabens begründet wurde, erfolgt die theoretische Fundierung des Forschungsanliegens im Hinblick auf die inklusive allgemeine und berufliche Bildung sowie Beschäftigung (Kap. 3) im Kontext der normativen Anforderungen. Nach Erörterung der rechtlichen Rahmenbedingungen wurden die Teilhabegrundsätze beleuchtet. Anschließend wurde das Behinderungsverständnis diskutiert sowie Behinderungsarten mit der Fokussierung auf die Förderschwerpunkte Lernen und geistige Entwicklung dargestellt.

Auf Grundlage der Situationsdarstellung bewegt sich die weiterführende Literaturauswertung und Dokumentenanalyse entlang der Übergangsthematik Schule – Beruf unter der Betrachtung der genannten Zielgruppe, die eigene Ansprüche an eine inklusive berufliche Bildung und Beschäftigung aufgrund des fehlenden Zugangs zu den anerkannten Ausbildungsberufen häufig aufgibt. Ausgehend von der Definition des Übergangs als ein Wechsel zwischen den schulisch-beruflichen Sozialisationsinstanzen in eine Beschäftigung werden die Angebote des Übergangssystems und dessen positive und negative Leistungseffekte thematisiert und diskutiert. Nach der Darstellung der Unterstützungsleistungen für Menschen mit Förderbedarf im Rahmen der Benachteiligtenförderung und der beruflichen Rehabilitation liegt der Schwerpunkt dieses Forschungsprojektes auf den bislang gewonnenen Erkenntnissen der Übergangsforschung in Bezug auf die untersuchte Zielgruppe und auf die bildungspolitische Initiative Bildungsketten. Das zugrunde liegende Konzept der Bildungsketten wird im weiteren Forschungsverlauf als erweiterter theoretischer Anstoß für die

Rekonstruktion von schulisch-beruflichen Übergängen von Menschen mit Förderbedarf genutzt.

Auf Basis von Ergebnisausschnitten diverser Studien der vergangenen 20 Jahre und den inklusionspädagogischen Perspektiven ausgewählter Experten soll in den folgenden Ausführungen das theoretische Konstrukt zu miss- bzw. gelungenen Übergängen weiter vertieft werden. Anhand dieses theoretischen Konstrukts wird die Erhebung von empirischen Daten aufbereitet. Die Erfahrungen und Erlebnisse von Menschen mit Förderbedarf werden mittels episodischer Interviews nach Flick erhoben und unter Anwendung der qualitativen Inhaltsanalyse nach Mayring ausgewertet. Die zusammengefassten Ergebnisse werden dargestellt, interpretiert und anhand von inhaltsanalytischen Gütekriterien nach Mayring ausgewertet. Abschließend werden Schlussfolgerungen für die Unterstützungsstrategien der Ausbildungs- und Arbeitsmarktteilhabe von förderbedürftigen Menschen aus den Studienergebnissen für die Nutzung von angehenden und tätigen pädagogischen Fachkräften abgeleitet.

Das Grundgerüst des Forschungsprojektes bilden drei grundlegende Fragen, welche am Anfang dieses Kapitels als Zielsetzung beschrieben sind und im nächsten Abschnitt dargestellt werden.

5.2 Forschungsfragen und Sampling

Um die Gestaltung der Übergangsverläufe, Übergangshindernisse und Bedingungen des Gelingens von schulisch-beruflichen Übergängen aus der Perspektive von Menschen mit Förderbedarf rekonstruieren zu können, bedarf es einer ausreichenden Anzahl an Interviewpartnern und -partnerinnen, die den Auswahlkriterien des Forschungsprojektes entsprechen. Wie in der qualitativen Forschung vorgesehen, wurden Auswahlentscheidungen auf mehreren Ebenen des Forschungsprozesses getroffen. Diese Entscheidungen bezogen sich nicht nur auf die untersuchten Personen in einer bestimmten Zielgruppe und auf gegenstandsbezogene Situationen, sondern auch auf die Auswahl innerhalb des erhobenen Datenmaterials[35] und die Auswahl der herausgearbeiteten Forschungsergebniss[36] (FLICK 2017, S. 262).

Der Feldzugang zur Zielgruppe war aus vielen Gründen, insbesondere durch sorgfältig zu beachtende Regelungen zum Schutz personenbezogener Daten für eine sensible Zielgruppe, äußerst erschwert. Verschiedene in Angriff genommene Verfahren zur Sicherung des Zugangs zum Forschungsfeld erwiesen sich als nicht realisierbar, so dass die Entscheidung erforderlich war, die Studie – im Sinne einer explorativen Forschung – auf eine eng begrenzte Region zu beschränken und hier bestehende Kooperationsbeziehungen der Universität zu Einrichtungen, die im Handlungsfeld tätig sind, zu nutzen.

35 Die Auswahl der Auszuge des erhobenen Datenmaterials ist der Bestandteil des Kap. 5.5.1.1–5.5.1.2. Bei der qualitativen Inhaltsanalyse nach MAYRING (2010) mit der Technik der zusammenfassenden Inhaltsanalyse erfolgt diese Auswahl im ersten Analyseschritt, in dem aus dem gesamten erhobenen Datenmaterial Analyseeinheiten bestimmt und die für die Forschungsfrage irrelevanten Inhalte des Datensatzes ausgelassen werden.

36 Die Darstellung ausgewählter empirischen Ergebnisse zu den Forschungsfragen findet sich in den Kap. 6–7.1.

Trotz einer Reihe von Hindernissen gelang es letztlich, die Zugänglichkeit zu den untersuchten Personen zu gewährleisten. Der Schwerpunkt lag in dem Fall nicht auf spezifischen Auswahlverfahren, sondern eine Auswahl nach Maßgabe der Zugänglichkeit war letztlich zu akzeptieren. In diesem Zusammenhang spielten Gatekeeper eine entscheidende Rolle für den Feldzugang im Rahmen des qualitativen Forschungsdesigns.

Die untersuchten Personen wurden nach dem Zufallsprinzip angesprochen und – wie im Folgenden dargestellt – zielgerichtet ausgewählt. Entsprechend der Zielsetzung dieser Studie sollten Menschen mit den Förderschwerpunkten Lernen und geistige Entwicklung in die Interviews einbezogen werden, die eine Ausbildung absolviert haben, sich in diversen Formen einer Berufstätigkeit befinden und bei denen gelungene oder misslungene Übergänge vom Schulsystem ins Beschäftigungssystem zu verzeichnen sind. Die darauf bezogenen Erfahrungen und Erlebnisse wurden im Rahmen dieses Forschungsprojektes empirisch erhoben und ausgewertet.

Um die Untersuchungserkenntnisse zu ergänzen und zu vervollständigen, wurden zwei unterschiedlichen Fallgruppen gebildet und nach festgelegten Kriterien noch vor Studienbeginn ausgewählt. Das bedeutet, dass jedes Element des Samplings auf der Grundlage eines Kriterienrasters gezogen wird. Neben den gegenstandsbezogenen Auswahlkriterien waren im Rahmen der Studie Morses (1994, S. 228) Informationskriterien (Merkens 2017, S. 294) relevant. Diese Kriterien umfassten das Verfügen der Interviewten über das gegenstandsbezogene Wissen und Erfahrungen, ihre Fähigkeit zum Nachdenken und sich zu verständigen sowie ihre vorauszusetzende Bereitschaft, interviewt zu werden und die dafür notwendige Zeit aufzubringen.

Um eine möglichst breite Variabilität schulisch-beruflicher Übergangsfälle darzustellen, wurden nicht nur Fälle mit erfolgreichem, sondern auch solche mit erfolglosem Übergang erforscht. Dadurch wird die Stichprobe auf die Auswahl verschiedener Fälle innerhalb der jeweiligen Fallgruppe konzentriert. Eine Verallgemeinerung der Forschungsergebnisse ist über die Qualität der Sampling-Entscheidungen angestrebt, in quantitativer Hinsicht ist diese nicht intendiert.

Auf freiwilliger Basis erklärten sich insgesamt 17 Personen zu einem Interview bereit. Dadurch setzt sich das Sampling aus vier Absolventen und Absolventinnen einer überbetrieblichen Bildungsstätte (1. Fallgruppe) und dreizehn Beschäftigten einer WfbM (überwiegend aus dem technischen Bereichsfeld, 2. Fallgruppe) zusammen.

Die Auswahl der Interviewten an einer WfbM dauerte drei Monate. Mehrmals wurden verschiedene Werkstätten besucht, über die Untersuchung berichtet und zu gemeinsamen Treffen eingeladen. Ein Gatekeeper bat die Unterstützung bei allen Besuchen an und sensibilisierte zur Verwendung der leichten Sprache. Das Kennenlernen und die Kommunikation mit den zukünftigen Interviewpartnern und -partnerinnen hat eine Vertrauensbasis gesichert. Die Absolventen und Absolventinnen einer überbetrieblichen Ausbildungsstätte wurden durch eine Gatekeeperin kontaktiert und zum Interview eingeladen.

Die im Vorfeld geführten Gespräche mit Gatekeepern der ausgewählten Einrichtungen unterstützten die Akquise und Auswahl von Interviewpartnern und -partnerinnen. Dadurch wurde sichergestellt, dass die folgenden Forschungsfragen beantwortet werden können:

- Welche schulisch-beruflichen Übergänge erfolgen bei Menschen mit den Förderschwerpunkten Lernen und geistige Entwicklung?
- Welche Gründe für das Scheitern von schulisch-beruflichen Übergängen können aus der Perspektive der interviewten Personen identifiziert werden?

Um einen umfassenden Überblick über die erlebten schulisch-beruflichen Übergänge bei Menschen mit den Förderschwerpunkten Lernen und geistige Entwicklung zu ermöglichen, fiel die Auswahlentscheidung auf die beiden folgenden Fallgruppen:

- Die 1. Fallgruppe, bestehend aus den Absolventinnen und Absolventen einer überbetrieblichen Ausbildungsstätte, die erfolgreichen schulisch-beruflichen Übergänge über die erste und zweite Schwelle.
- Zu der 2. Fallgruppe zählten die Beschäftigten einer WfbM. Da sie auf dem zweiten Arbeitsmarkt tätig sind und im Berufsbildungsbereich der Werkstatt im Rahmen einer Qualifizierungsmaßnahme ausgebildet wurden, konnten Gründe für das Scheitern von schulisch-beruflichen Übergängen in reguläre Berufsbildung und Beschäftigung untersucht werden.

Da die Forschungsfragen richtungsweisend den inhaltlichen Schwerpunkt des Forschungsprojektes aufzeigen, sollen sie operationalisierbar und damit überprüfbar sein. Um die Überprüfbarkeit zu sichern, bedarf es die Erarbeitung der vergleichbaren theoretischen Konstrukte für jede Forschungsfrage. Die Ausgangsbasis zur Erarbeitung der deduktiv abgeleiteten theoretischen Konstrukte wird in Kap. 4.5 beschrieben.

5.3 Deduktiv gebildete theoretische Konstrukte und hierzu entwickelte qualitative Hypothesen

5.3.1 Schulisch-berufliche Übergänge

Auf Grundlage der vorliegenden Forschungserkenntnisse und weiterführenden Überlegungen (s. Kap. 4.5.1) wird die Frage nach den schulisch-beruflichen Übergängen herausgearbeitet. Folgende Übergänge sind zu beobachten:

- drei schulisch-berufliche Hauptübergänge (s. Abb. 23):
  - Übergang 1: Übergang Schule – Ausbildungssystem (Übergang erster Schwelle)
  - Übergang 2: Übergang Ausbildungssystem – Beschäftigungssystem (Übergang zweiter Schwelle)
  - Übergang 3: Übergang Schule – Beschäftigungssystem

- Übergänge innerhalb des jeweiligen Systems (innerhalb des Schulsystems durch den Wechsel zwischen den unterschiedlichen Schularten; innerhalb des Berufsbildungssystems durch den Ausbildungswechsel etc.)

Aus den Studienergebnissen des Instituts für Regionale Innovation und Sozialforschung (2001, S. 4 ff.) lassen sich folgende Hypothesen ableiten:

- *H1: Bei Menschen mit den Förderschwerpunkten Lernen und geistige Entwicklung können drei Typen von Übergangsverläufen erkannt werden: direkte und prekäre (1), teilqualifizierte (2) und beruflich qualifizierte (3).*
- *H2: Erfolgt ein direkter Übergang von der Schule in eine (teilqualifizierte und/oder beruflich qualifizierte) Ausbildung, kann auch ein Übergang von der Ausbildung in eine Beschäftigung im regulären Arbeitsmarkt geschehen.*
- *H3: Bei Menschen mit den Förderschwerpunkten Lernen und geistige Entwicklung führen prekäre Übergänge zum Verbleiben im „Übergangssystem" bzw. in „berufsvorbereitenden Warteschleifen" (Thielen, Katzenbach und Schnell 2013, S. 7).*
- *H4: Bei Menschen mit den Förderschwerpunkten Lernen, geistige Entwicklung und psychische Beeinträchtigung kann ein Übergang in eine Beschäftigung im regulären Arbeitsmarkt auch ohne Qualifizierung funktionieren.*
- *H5: Erfolgt kein Übergang von der absolvierten Schule in eine Ausbildung bzw. in eine Beschäftigung, werden die Betroffenen langzeitarbeitslos und verlagern ihre Teilhabeversuche in andere Lebensbereiche (z. B. Haushalt, Kultur, Freizeit, Mutter- oder Vaterschaft etc.) (Ginnold 2008, S. 180).*

Um die vorhandenen und zu erhebenden Forschungsergebnisse zu systematisieren, wird das „Modell belastbarer Faktoren für den Dropout am Übergang Schule-Beruf" (Stein, Kranert und Hascher 2020, S. 26, Abb. 2) als Grundlage herangezogen.

Sowohl die Einflussfaktoren als auch die Anforderungsbereiche des Modells von Stein, Kranert und Hascher (s. Abb. 29) können auf Menschen mit den Förderschwerpunkten Lernen und geistige Entwicklung übertragen werden. Die grundlegenden Einflussfaktoren dieses Modells lassen sich um zwei weitere Felder erweitern.

Dementsprechend konnte in Bezug auf den Übergang der ersten Schwelle Schule – Berufsbildung das schulische Lernen durch das berufliche Lernen ergänzt werden. Die drei unten gezeigten Felder der gesellschaftlichen Anforderungsdimensionen lassen einen engen Zusammenhang zum Berufsaspekt erkennen. Nicht nur schulisches, sondern auch berufliches Lernen sind aus den Lernleistungen der jeweiligen Person im Rahmen der schulischen bzw. beruflichen Integration, Inklusion und der gesellschaftlichen Teilhabe ersichtlich.

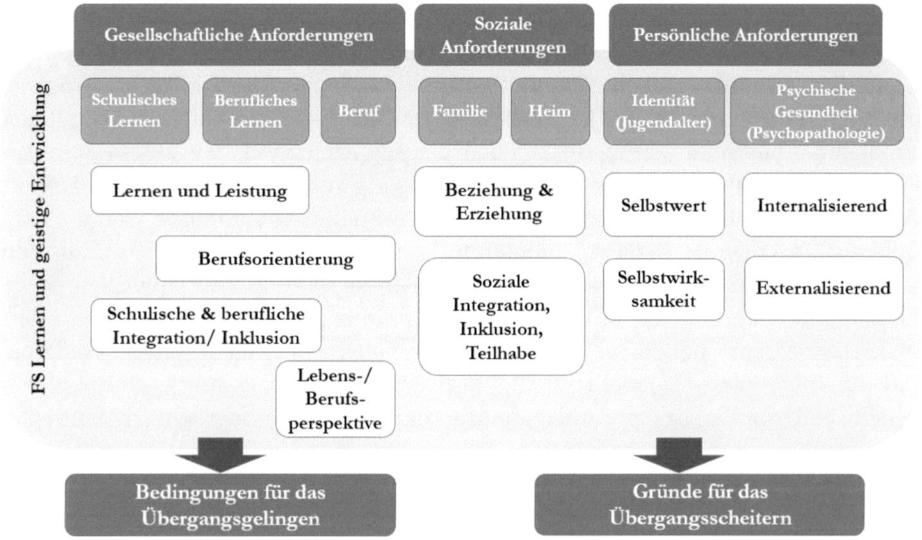

Abbildung 29: Modell belastbarer Faktoren bei den misslungenen bzw. gelungenen schulisch-beruflichen Übergängen (Stein, Kranert und Hascher 2020, S. 26, erweiterte eigene Darstellung)

Im Gegensatz zum Modell von Stein, Kranert und Hascher bezieht sich die Berufsorientierung innerhalb des erweiterten Modells auf alle drei Einflussfaktoren der gesellschaftlichen Anforderungen, statt lediglich den direkten Zusammenhang zum beruflichen Aspekt in Betracht zu ziehen.

Gehen beeinträchtigte Personen einer praxisnahen, ausgewählten Beschäftigung nach, bietet sich ihnen eine gute Lebensperspektive. Erfolgt dann auch noch die Teilhabe im (Berufs-) Bildungs- und Beschäftigungssystem, kann sogar von einer Erfüllung der gesellschaftlichen Grundfunktionen eines Menschen gesprochen werden.

Da nicht alle Kinder oder Jugendlichen in einer Familie aufwachsen, sondern z. T. auch in einem Heim, ist es sinnvoll, diese beiden Unterstützungsfaktoren der Beziehungs- und Erziehungsebene und auch die Prozesse der sozialen Integration, Inklusion und der Teilhabe zusammen zu betrachten.

Im Rahmen der Identitätsentwicklung im Jugendalter spielen das Selbstwert- und Selbstwirksamkeitsempfinden eine entscheidende Rolle. Daneben ist die Herausbildung einer widerstandsfähigen psychischen Gesundheit, die sich sowohl in intrapersonalen als auch in äußerlichen Auffälligkeiten widerspiegelt, von herausragender Bedeutung.

Das beschriebene Modell kann die systematische Rekonstruktion der Gründe eines Scheiterns schulisch-beruflicher Übergänge (s. Kap. 4.5.2) unterstützen.

5.3.2 Gründe für das Scheitern von schulisch-beruflichen Übergängen

Während der schulisch-beruflichen Übergänge erleben viele junge Menschen vor allem mit Förderbedarf zahlreiche Umbruchsituationen in verschiedenen Lebensbereichen. Insbesondere nachschulische Übergänge fallen in Anlehnung an Montada,

Lindenberger und Schneider (2012, S. 54) mit einem biologischen Reifungsprozess zusammen, der die persönliche Identitätsbildung bzw. Identitätsentwicklung prägt (Stein, Kranert und Hascher 2020, S. 19). Diese identitätsstiftenden Wechselprozesse kollidieren einerseits mit Peer Group-bezogenen Interessen und andererseits mit den familiären Änderungen etwa hinsichtlich der Wohnsituation. Mit einem Schulabschluss fällt beispielsweise die Phase der Ablösung vom Elternhaus (Kauz, Uphoff und Schellong 2013, S. 151) oder vom Heim zusammen. Das autonome Wohnen hebt Kastl als Merkmal der sozialen Anerkennung hervor (Kastl 2017, S. 230 f.). Mit den genannten Anforderungsaspekten überschneiden sich schulische Umwelten sowie die Berufsorientierung, die die Ausbildung bestimmter Fähigkeitspotenziale erfordert (ebd.). Dementsprechend kann das Übergangsscheitern von Menschen mit Förderbedarf durch komplexe, parallel laufende Wechselprozesse im Hinblick auf die gesellschaftlichen, sozialen und persönlichen Anforderungen begründet sein (s. Abb. 30).

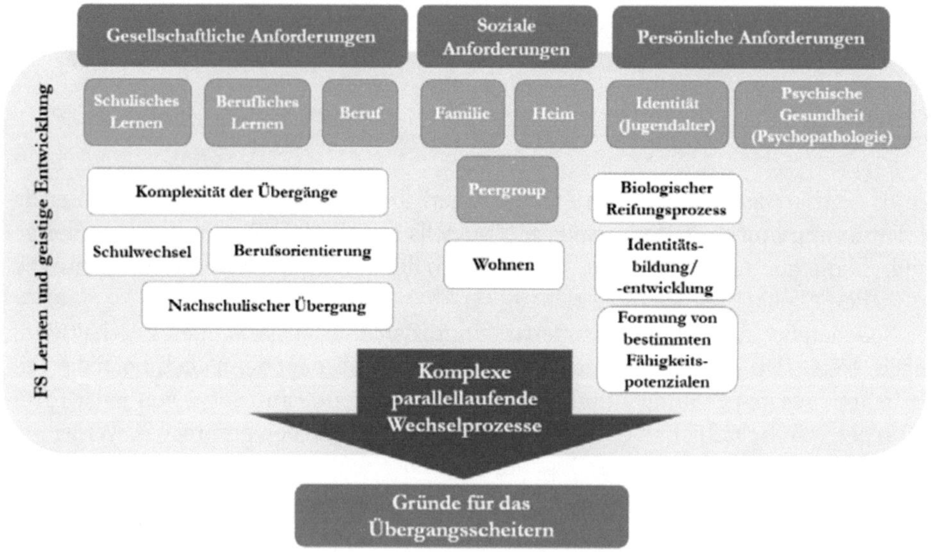

Abbildung 30: Komplexe parallellaufende Wechselprozesse als Gründe für das Übergangsscheitern (Stein, Kranert und Hascher 2020, S. 26, komprimierte und zugleich erweiterte eigene Darstellung)

Aus diesem Zusammenhang kann die folgende Hypothese entwickelt werden:

H1: Die Fülle von komplexen, parallel laufenden Übergängen und Wechselprozessen überfordert Menschen mit den Förderschwerpunkten Lernen, geistige Entwicklung und führt wegen Bildungs- und Entwicklungsverzögerung dieser Zielgruppe häufig zum Scheitern des schulisch-beruflichen Übergangs.

Nach Kranert und Stein (2019, S. 216 f.) stehen junge Menschen gleichzeitig vor gesellschaftlichen, sozialen und persönlichen Herausforderungen. Diese Herausforderungen können als Krisensituationen betrachtet werden. Kranert und Stein verbinden die

Entwicklungskrise (s. Abb. 31) mit den Anforderungen der Identitätsentwicklung. Jedoch steht diese Entwicklungskrise im Zusammenhang mit den Entwicklungsprozessen innerhalb der schulischen bzw. beruflichen Umwelten und somit auch im Zusammenhang mit den gesellschaftlichen Anforderungen. Im Kontext dieser Anforderungen sind Jugendliche mit den Umbrüchen in ihrer Lebenswirklichkeit konfrontiert. Nebenbei erleben sie eine Individualkrise, die auf soziokulturelle oder psychologische Belastungen zurückzuführen ist. Die Gesamtbelastung dieses Verbundes aus drei Krisen hat hemmende Auswirkungen auf die berufsbildungs- und arbeitsmarktbezogene Teilhabe (Stein, Kranert und Hascher 2020, S. 19).

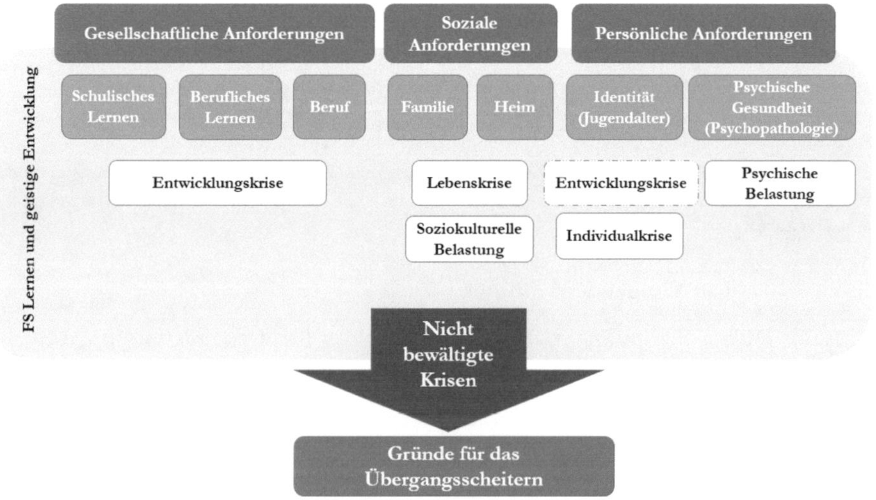

Abbildung 31: Nicht bewältigte Krisen als Gründe für das Übergangsscheitern (Stein, Kranert und Hascher 2020, S. 26, komprimierte und zugleich erweiterte eigene Darstellung)

Hierauf bezogen lässt sich in Bezug auf die Systematisierung der Krisenerlebnisse eine weitere Hypothese formulieren:

H2: Da Menschen mit Förderbedarf nicht immer in der Lage sind, die gekoppelten Krisen des Jugendalters selbstständig zu bewältigen, können deren schulisch-berufliche Übergänge scheitern.

In Anlehnung an Stein, Kranert und Hascher (2020, S. 19) erfordert eine ausgewählte berufliche Ausrichtung im Rahmen der Berufsorientierung das Vorhandensein bzw. die Entwicklung bestimmter Persönlichkeitspotenziale.

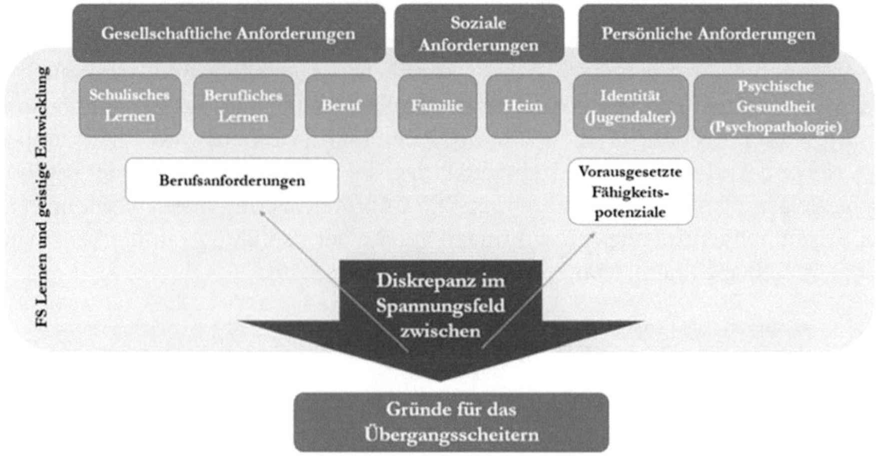

Abbildung 32: Diskrepanz zwischen den Berufsanforderungen und Fähigkeitspotenzialen als Grund für das Übergangsscheitern (Stein, Kranert und Hascher 2020, S. 19; S. 26, komprimierte und zugleich erweiterte eigene Darstellung)

Hierauf bezieht sich folgende Hypothese:

H3: Ist die Diskrepanz im Spannungsfeld zwischen den Berufsanforderungen (gesellschaftliche Herausforderungen) und vorausgesetzten Fähigkeitspotenzialen sowie persönlichen Eigenschaften (persönliche Herausforderungen) zu verzeichnen (s. Abb. 32), ist das Übergangsscheitern absehbar.

Bei der Suche nach einem geeigneten Ausbildungsplatz strengen sich auch viele Menschen mit Förderbedarf und ihre Bezugspersonen während der Bewerbungsphase an (s. Abb. 33). Trotz ernsthafter Bemühungen der Betroffenen wird der Aufbau einer beruflichen und persönlichen Identität der Betroffenen aufgrund scheiternder Ausbildungsplatzsuche gehemmt. Infolgedessen verlieren junge Menschen mit Förderbedarf nicht nur das Selbstwirksamkeitsgefühl, die Hoffnung und Motivation, sondern werden arbeitslos oder weichen in ungelernte Beschäftigungen aus. In Anlehnung an Zoelch und Thomas wirkt sich die von ihnen konstatierte unzureichende Unterstützung von stark Unterstützungsbedürftigen durch Berufsberater und Berufsberaterinnen der Bundesagentur für Arbeit in manchen Fällen deprimierend aus. Mit dem bloßen Verweis auf die agentureigenen Angebote fühlen sich die Betroffenen lediglich alleingelassen und geben die weitere Ausbildungsplatzsuche auf (Zoelch und Thomas 2010, S. 115).

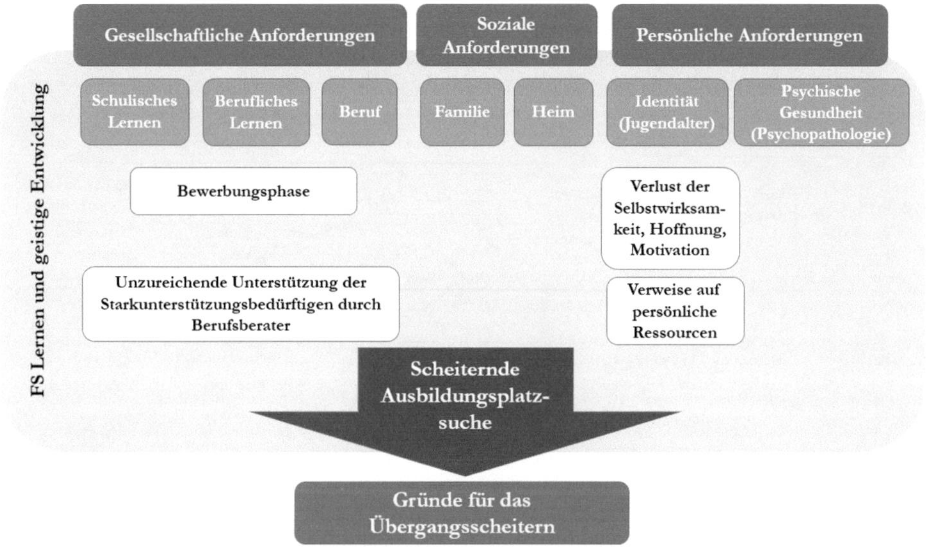

Abbildung 33: Scheiternde Ausbildungsplatzsuche als Grund für das Übergangsscheitern (Stein, Kranert und Hascher 2020, S. 26, komprimierte und zugleich erweiterte eigene Darstellung)

Zusammenfassend kann daraus die folgende Hypothese entwickelt werden:

H4: Eine unangemessene und diskontinuierliche amtliche Unterstützung der Betroffenen während der Bewerbungsphase führt zum Scheitern der Ausbildungsplatzsuche.

Zum schulisch-beruflichen Übergangsabbruch können viele hemmende Faktoren führen. Gründe sind nach Ginnold (2009, S. 11) eine Feststellung der Förderbedürftigkeit, -schulzuweisung und -schulbeschulung. Weitere hemmende Einflüsse sind auch die Zuweisung in eine außerbetriebliche praxisfernere Ausbildung mit sonderpädagogischer Unterstützung sowie die Feststellung eines sonderpädagogischen Förderbedarfs. Selbst die unüberschaubare Vielfalt der Übergangsangebote, die daraus resultierende Komplexität des Übergangssystems und das Verbleiben in andauernden, leistungslosen Warteschleifen (Bojaniwski 2012, S. 127 f. sowie Ginnold 2008, S. 14) sind Faktoren, die als Gründe für ein Scheitern des Übergangs in Betracht gezogen werden können (s. Abb. 34).

Negative Erfahrungen (Düggeli und Kinder 2013, S. 211) wie etwa Mobbingerlebnisse (Lenzen, Brunner und Resch 2016, S. 103) oder „Misserfolge und Versagen" (HHS – Hermann-Hesse-Schule 2016, S. 3 f.) wirken sich auf den Übergangsprozess aus und verursachen ein Abbauen der Selbstwirksamkeit, der Hoffnung und Motivation. Sie führen zu Frustration und starker psychischen Belastung.

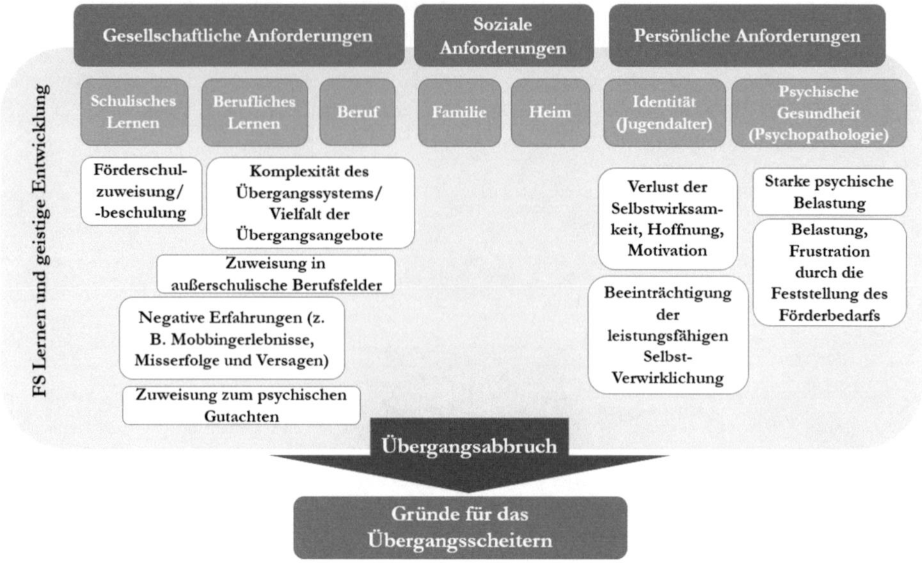

Abbildung 34: Übergangsabbruch als Grund für das Übergangsscheitern (Stein, Kranert und Hascher 2020, S. 26, komprimierte und zugleich erweiterte eigene Darstellung)

Hieraus lassen sich folgende Hypothesen formulieren:

H5: Die Feststellung des Förderbedarfs und die Aussonderung in eine Förderbeschulung sowie weitere psychologische Gutachten und Statuszuweisungen programmieren den schulisch-beruflichen Übergangsabbruch vor.

H6: Negative Erfahrungen, Misserfolge und Versagen führen zum Übergangsscheitern.

H7: Das Verbleiben in Warteschleifen des Übergangssystems führt zur Exklusion und ist ein Anzeichen für das Übergangsscheitern.

In Anlehnung an Walter und Pohl kann das Fehlen eines Zugangs zu einer Ausbildung oder zu einer Erwerbstätigkeit auf stigmatisierende Zuschreibungen[37] zurückgeführt werden. Aufgrund mangelnder Kompetenzen (persönliche Defizite) fehlen den Betroffenen Schulabschlüsse (s. Abb. 35). Eine Ausbildungsreife, die formal zur Ausübung einer Beschäftigung qualifiziert, bleibt in der Folge unerreicht. Erleben Menschen mit Förderbedarf derartige Zugangseinschränkungen aufgrund der persönlichen Entwicklungsverzögerung, steigt deren Frustration und Demotivation (Walther 2013, S. 16).

37 Bei der Auseinandersetzung mit den strukturell und individuell bedingten Zuschreibungen handelt es sich bei Walther (2013, S. 16) um die Konstellationen von Benachteiligung nach Pohl und Walther (2006). Dadurch, dass Menschen mit Förderbedarf beim Zugang zur Ausbildung und Beschäftigung benachteiligt werden, können die Konstellationen von Benachteiligung auf die Zielgruppe übertragen werden.

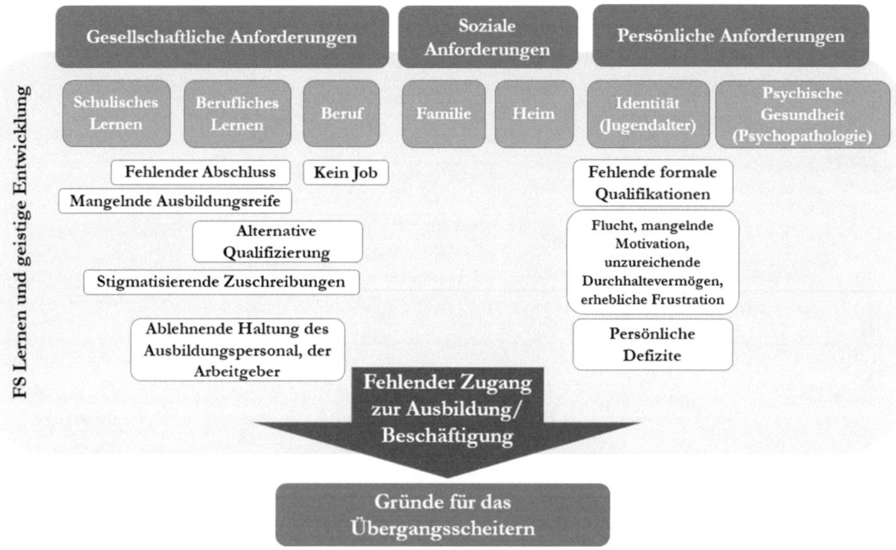

Abbildung 35: Fehlender Zugang zur Ausbildung und/oder Beschäftigung als Grund für das Übergangsscheitern (Stein, Kranert und Hascher 2020, S. 26, komprimierte und zugleich erweiterte eigene Darstellung)

Diese stigmatisierenden Zuschreibungen äußern sich nach Granato, Milde und Ulrich (2018, S. 3) auch in den mangelnden Kompetenzen und formalen Qualifikationen der beeinträchtigten Bewerber und in der damit begründeten ablehnenden Haltung des Ausbildungspersonals sowie der Arbeitgeber und Arbeitgeberinnen. Das Scheitern der schulisch-beruflichen Übergänge von Betroffenen (Stein, Kranert und Hascher 2020, S. 20) ist die Folge. Weder das Vorhandensein eines betrieblichen oder außerbetrieblichen Ausbildungsplatzes noch eine Fehlqualifizierung können eine Stigmatisierung beim Zugangsanspruch in eine Beschäftigung ausschließen (Spies und Tredop 2006, S. 13).

In diesem Zusammenhang kann folgende Hypothese formuliert werden:

H8: Werden die stigmatisierenden Zuschreibungen weiterhin gesellschaftlich definiert, werden die Zugangsbarrieren für die förderbedürftigen Menschen weiterhin existieren.

Nicht nur die ungenügende Berufsorientierung bzw. Berufsvorbereitung, sondern auch die Fehlentscheidungen bei der Berufswahl (Walther 2013, S. 16) sowie eingeschränkte Berufswahlmöglichkeiten (Thielen, Katzenbach und Schnell 2013, S. 9) bzw. die Annahme der „Second-choice-Optionen“ (Stauber und Walther 2004, S. 60) können frühzeitige Ausbildungsabbrüche verursachen (s. Abb. 36). Dadurch werden die Betroffenen versuchen zu flüchten und Konflikten während der Ausbildung auszuweichen (Ginnold 2008, S. 180).

Aufgrund der starken psychischen Belastung durch Ausbildungsabbrüche werden Betroffene demotiviert und frustriert (Stauber und Walther 2004, S. 60).

Hieraus kann die folgende Hypothese formuliert und während der Erhebung und Auswertung von Daten überprüft werden:

H9: Fehlende oder fehlgetroffene Berufswahlentscheidungen, eingeschränkte Berufswahlmöglichkeiten und die Inanspruchnahme der Second-choice-Optionen resultieren in einem frühzeitigen Ausbildungsabbruch.

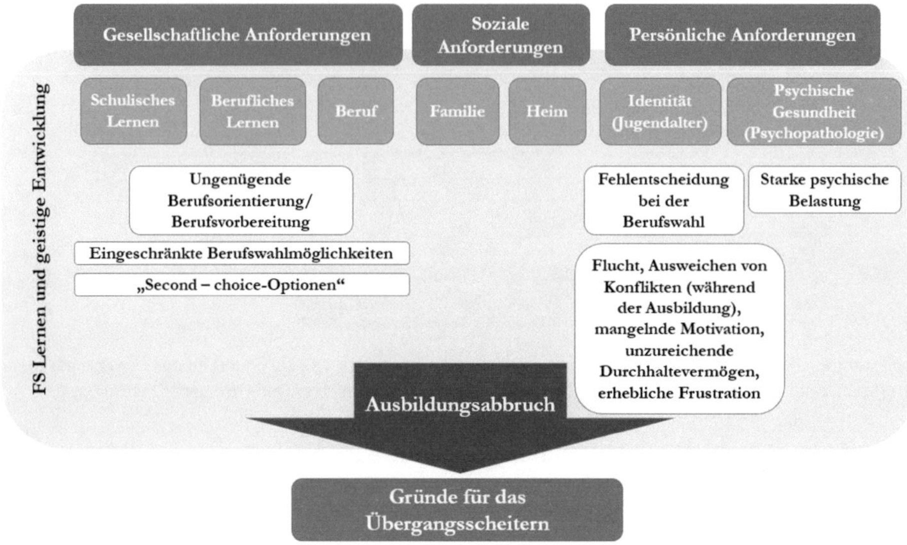

Abbildung 36: Ausbildungsabbruch als Grund für das Übergangsscheitern (Stein, Kranert und Hascher 2020, S. 26, Ausschnitt der Originalgrafik durch eigene Darstellung erweitert)

Das beschriebene Modell belastbarer Faktoren kann die systematische Rekonstruktion nicht nur von Gründen für scheiternde schulisch-berufliche Übergänge, sondern auch von Bedingungen des Übergangsgelingens (s. Kap. 4.5.3) unterstützen. Die empirischen Daten der in den vergangenen Jahren vorgelegten Studienergebnisse sollen gemeinsam mit den dargestellten theoretischen Konstrukten die empirische Erhebung des vorliegenden Forschungsprojektes flankieren.

5.3.3 Bedingungen für das Gelingen erfolgreicher schulisch-beruflicher Übergänge

Während der schulisch-beruflichen Übergänge erleben Menschen mit Förderbedarf nicht nur misslungene Umbrüche in verschiedenen Lebensbereichen, sondern sie können potenziell auch erfolgreiche Übergangserfahrungen sammeln. Ein Schwerpunkt dieses Forschungsprojektes bezieht sich auf die Ermittlung von Bedingungen für gelungene Übergänge. Dementsprechend werden im Folgenden neben den Überlegungen zu den Bedingungen des Übergangsgelingens einige wenige bereits erforschte Übergangsfaktoren dargestellt, die einem Gelingen förderlich erscheinen.

Besonders erfolgreiche Maßnahmen, so die Studienergebnisse von Ginnold, sind die Beschulung von Menschen mit Förderschwerpunkt Lernen an den Integrationsschulen, ihre Berufsorientierung und der Einsatz betrieblicher Praktika während der Schulzeit. Besonders günstig wirkt sich außerdem das Vorhandensein eines qualifizierten Schulabschlusses aus (s. Abb. 37). Ginnold nennt daneben die „institutionsunabhängige, individuelle Beratung und Begleitung im Übergang“ (Ginnold 2009, S. 11) und das Erlangen von betrieblichen Qualifizierungen oder Berufsbildungen als Erfolgsfaktoren für gelungene Übergänge. Darüber hinaus sei eine kontinuierliche Begleitung der Qualifizierungs- und Ausbildungsvorgänge Erfolg versprechend.

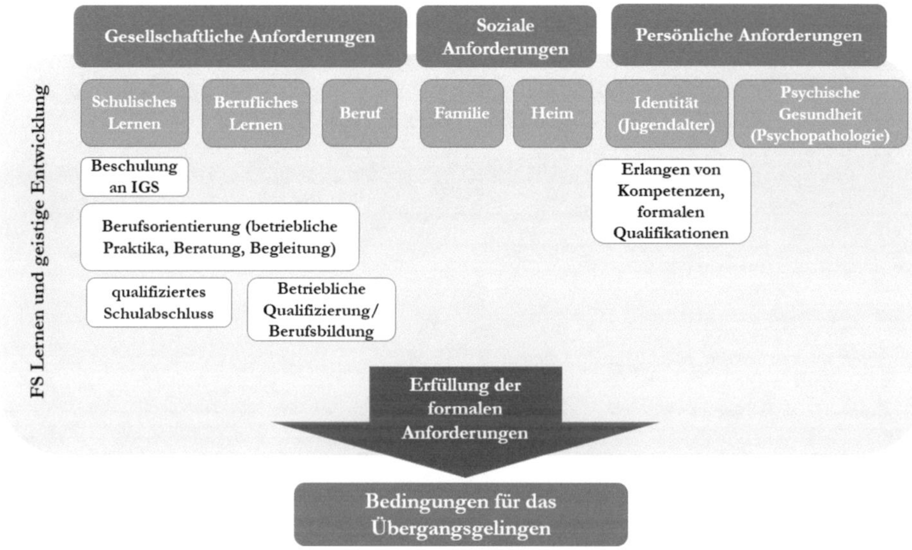

Abbildung 37: Erfüllung der formalen Anforderungen als Bedingung für das Übergangsgelingen (Stein, Kranert und Hascher 2020, S. 26, Ausschnitt der Originalgrafik durch eigene Darstellung erweitert)

Daran anschließend ergeben sich die folgenden Hypothesen:

H1: Inklusive Beschulung von förderbedürftigen Kindern und Jugendlichen im Rahmen der allgemeinen Bildung wirkt sich auf die Zielgruppe besonders fördernd aus und trägt zum schulisch-beruflichen Übergangsgelingen bei.

H2: Die Erfüllung der formalen Anforderungen von schulisch-beruflichen Übergängen erhöht die Chancen von Betroffenen zur ausbildungs- und beschäftigungsbezogenen Teilhabe.

In Anlehnung an Arndt (2017) scheint die Kontinuität nicht nur für die situationsfokussierten durchlässigen Bildungs- und Unterstützungsangebote, sondern auch für die Beratungs- und Begleitleistungen grundlegend zu sein (s. Abb. 38). Erfolg kann diese Kontinuität erst dann hervorrufen, wenn bestimmte Bedingungen des Übergangsverlaufs erfüllt sind. Zum einen sollen die bildungsrelevanten Inhalte, Ziele und Lernzeiten geplant und umgesetzt werden. Zum anderen setzt die Ausgestaltung derartiger Bildungsangebote den Einsatz flexibler überfachlicher bzw. inklusiver methodisch-didaktischer Lehr-Lernformen voraus, die im Rahmen der Aus-, Fort- und Weiterbildung erfahren und durch multiprofessionelle Teams umgesetzt werden können. Diese Bildungsangebote und Unterstützungsleistungen sollten über den längeren Zeitraum zusätzlich zur Berufsorientierung und der Erprobung der eigenen Potenziale in unterschiedlichen Arbeitsfeldern erfolgen. Die ganzheitliche Förderung innerhalb des Übergangssystems und vor allem während der Berufsausbildung sollte intensiviert und durch zielgerichtete pädagogische Beratungs- und Begleitangebote ergänzt werden. Außerdem erfordern Kontinuität und Verzahnung des Bildungs- bzw. Übergangsprozesses Inhalte und Strukturen, die auf die individuellen Bedürfnisse von jungen Menschen mit Förderbedarf zugeschnitten sind.

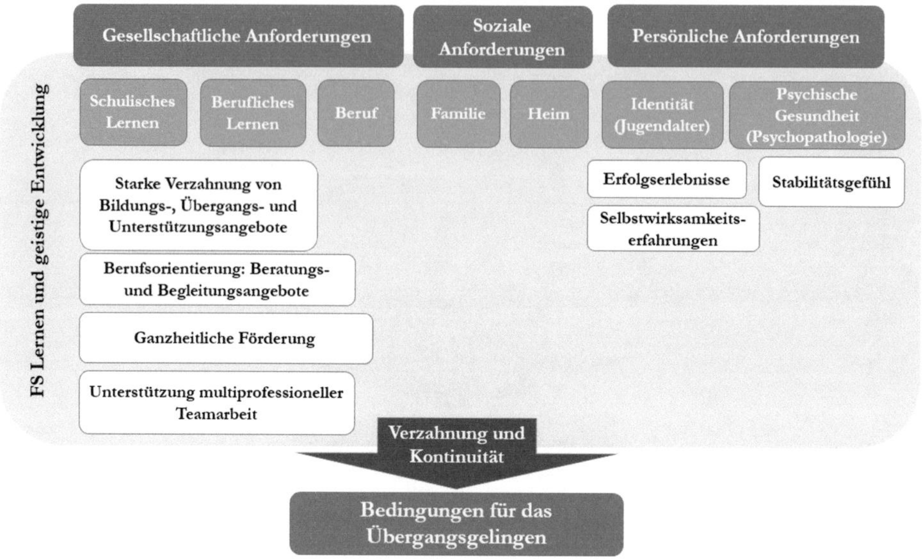

Abbildung 38: Verzahnung und Kontinuität als Bedingung für das Übergangsgelingen (Stein, Kranert und Hascher 2020, S. 26, Ausschnitt der Originalgrafik durch eigene Darstellung erweitert)

Auch wenn die Ausbildungs- und Beschäftigungsteilhabe der Betroffenen erreicht ist, ist es nach Arndt empfehlenswert, im Rahmen der Beschäftigungsnachbetreuung und Kriseninterventionen die Erwerbsarbeit auf dem ersten Arbeitsmarkt langfristig abzusichern, wodurch die wirtschaftliche Unabhängigkeit der jeweiligen Person gesichert werden kann. Die Verzahnung der Bildungsangebote und die Kontinuität der überregionalen Unterstützungsleistungen soll den Betroffenen das Empfinden der bleibenden Stabilität ermöglichen. Darüber hinaus soll die angemessene Begleitung die jungen Menschen mit Förderbedarf zu Erfolgserlebnissen und Selbstwirksamkeitserfahrungen führen (HHS – Hermann-Hesse-Schule 2016, S. 4).

Ausgehend von diesen Überlegungen kann die folgende Hypothese formuliert werden:

H3: Je stärker die Bildungs- und Unterstützungsangebote inhaltlich bzw. strukturell und überregional miteinander vernetzt sind und je kontinuierlicher sie erfolgen, desto höher sind die Chancen für das Gelingen von Menschen mit Förderbedarf, nach dem Schulabschluss in eine Ausbildung bzw. Beschäftigung überzugehen und am ersten Arbeitsmarkt teilzuhaben.

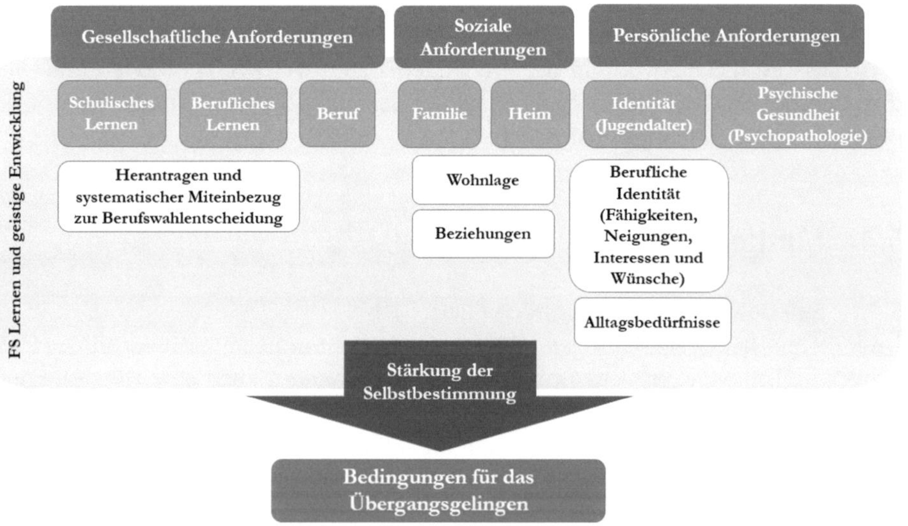

Abbildung 39: Stärkung der Selbstbestimmung als Bedingung für das Übergangsgelingen (Stein, Kranert und Hascher 2020, S. 26, Ausschnitt der Originalgrafik durch eigene Darstellung erweitert)

Arndts Konzept des Übergangsgelingens konzentriert sich auf die persönlichen, beruflichen und überfachlichen Potenziale. Um die eigene Berufswahlentscheidung treffen zu können, sollen förderbedürftige Menschen zur Bestimmung des eigenen Berufsweges hingeführt bzw. miteinbezogen werden (s. Abb. 39). Ebenso sollen die Betroffenen in die Lage versetzt werden, auch in anderen Lebensbereichen wie persönliche Wohnlage, Pflege von sozialen Beziehungen und eigene Bedürfnisse im Alltag selbstbestimmt und aktiv zu agieren.

Hieraus lässt sich die folgende Hypothese ableiten:

H4: Durch das Vermeiden einer beruflichen Zuweisung und die Stärkung der selbstbestimmten Berufswahlentscheidung kann das Gelingen von schulisch-beruflichen Übergängen sichergestellt werden.

Die erwähnten bzw. erwarteten Bedingungen für das Gelingen am schulisch-beruflichen Übergang betonen die Notwendigkeit des Forschungsanliegens und dienen als Ausgangsbasis für den empirischen Teil des Forschungsprojektes.

Um die beschriebenen theoretischen Konstrukte empirisch anwenden zu können, soll eine Operationalisierung anhand bestimmter Erlebnisse der Untersuchungsgruppe erfolgen, um die theoriegeleiteten Hypothesen rekonstruierbar und überprüfbar zu machen.

Sowohl das erweiterte Modell belastbarer Faktoren misslungener bzw. gelungener schulisch-beruflicher Übergänge (s. Abb. 29) als auch die theoretischen Konstrukte der abgeleiteten Gründe für das Übergangsscheitern bzw. für die gelungenen Übergänge werden für die Erhebungsaufbereitung und zur Generierung von Zielbereichen der Analyse anhand ausgewählter Forschungsmethoden eingesetzt. Im Anschluss an die Auswertung der erhobenen Daten werden das Modell und diese theoretischen Konstrukte unter Anwendung der entwickelten Hypothesen mit den Analyseergebnissen verglichen und diskutiert.

5.4 Methode der Datenerhebung

5.4.1 Episodisches Interview nach Flick

Im Mittelpunkt des Forschungsprojektes stehen nicht nur schulisch-berufliche Übergänge von Interviewpartnern und -partnerinnen, sondern auch deren Bedingungen für das Gelingen zu erfolgreichen beruflichen Übergängen und die möglichen Ursachen für das Übergangsscheitern. Da diese Forschungsschwerpunkte als biografische Bestandteile angesehen werden können, lassen sie sich im Rahmen der Biografieforschung erheben.

Das narrative Interview ist zwar ein bewährtes Instrument zur Erhebung von subjektiven Lebenserfahrungen anhand biografischer Selbstreflexion, es wird jedoch aufgrund von Sprachschwierigkeiten von Interviewpartnern und -partnerinnen das episodische Interview nach Flick mit narrativ-episodischem Grundgerüst bevorzugt.

Flick nimmt an, dass jedes Subjekt über eigenes Erfahrungswissen verfügt, das abgespeichert und abrufbar bleibt. Dabei unterscheidet er zwischen dem situationsbedingten narrativ-episodischen und dem semantischen Wissen. Die narrative und episodische Art des Wissens wird nicht nur auf der Grundlage von Erfahrungen, sondern auch auf der Basis von spezifischen Situationen und Umständen aufgebaut, an welche sich der jeweilige Interviewpartner erinnert. Das zentrale Bindeglied der erstgenannten Wissensart ist der Entwicklungskontext einer Situation, um das herum sich Wissen bildet. Im Gegensatz dazu impliziert die zweite Wissensart keine konkreten, sondern eher verallgemeinerte, vergleichbare Annahmen, Argumente und Zusammenhänge sowie Begriffe und deren Beziehungen (Flick 2017, S. 238 f.).

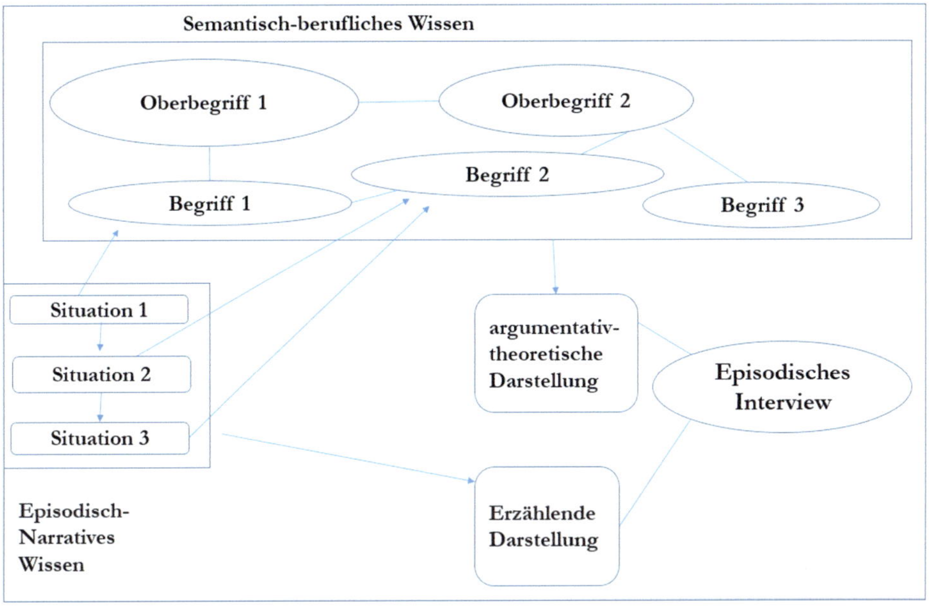

Abbildung 40: Wissensbereiche des Alltagswissens im episodischem Interview (Flick 2011, S. 274, eigene Darstellung)

Im episodischen Interviewverfahren sind die beiden Wissensarten kombiniert. Sie setzen ihre systematische Verknüpfung voraus und können als eine methodeninterne Triangulation wahrgenommen werden. (ebd.)

Über bestimmte umstandsbezogene kontextreiche Erzählungen wird das narrativ-episodische Wissen erhoben bzw. analysiert. Das semantische Wissen kann man über konkrete, zielgerichtete und somit forschungsgegenstand-bezogene Fragen erschließen. (Flick 2017, S. 239) Das semantische Wissen lässt sich anhand von Frage-Antwort-Sequenzen am besten erheben (ebd., S. 245 sowie Flick 2011, S. 273).

Die kontextbezogenen Erfahrungsdarstellungen verdeutlichen die Prozesse der Wirklichkeitskonstruktion der Interviewpartner wesentlich besser als andere Vorgehensweisen, die auf abstrakten Begriffen, Konzepten und Antworten im engeren Zusammenhang beruhen (Flick 2017, S. 239).

Das episodische Interview lässt sich für Untersuchungen empfehlen, die sich auf das Erfahrungswissen und Wandlungen aus der Sicht der Interviewpartner und -partnerinnen beziehen, ohne jedoch klaren und ausschließlichen Bezug auf biografische Vorgänge zu nehmen (Flick 2011, S. 278).

> „Die Erfahrungen mit der Anwendung der Methode zeigen, dass ein entscheidender Schritt die Erläuterung und Verinnerlichung des Prinzips der Erzählung von Situationen darstellt – sowohl auf der Seite des Interviewers, als auch beim Interviewten. Trotzdem wird es nicht in jedem Fall gelingen, zu allen Bereichen Erzählungen zu konkreten Situationen zu stimulieren. Häufig werden Situationen nur genannt oder es werden regelmäßig wiederkehrende Situationen geschildert (sog. Repisoden – Niesser 1981, z. B.: ‚immer

> wenn ich…' oder auch Beispiele geschildert (die nicht auf selbst erlebte Situationen bezogen sind)." (Flick 2011, S. 278 f.)

Im Rahmen des episodischen Interviews differenziert Flick erhobenes Datenmaterial nach verschiedenen Datensorten. Darauf bezogen lassen sich Situationserzählungen von Repisoden, Stereotypen, Beispielschilderungen, subjektiven Definitionen und argumentativen Aussagen abgrenzen. Diese Datensorten ermöglichen den Einblick in verschiedene Komponenten der Ansichten und Erfahrungen der Interviewten (ebd., S. 279).

Bei der Durchführung des episodischen Interviews wird der jeweilige Interviewpartner regelmäßig aufgefordert, von erlebten Situationen zu erzählen. Damit der Interviewer während des Interviews mit den Erzählaufforderungen zurechtkommen kann, wird empfohlen, im Vorfeld der Interviewdurchführung einen Leitfaden aus den thematischen Bereichen zusammenzustellen (Flick 2017, S. 240).

Das episodische Interview beginnt in der Regel mit einer einführenden Erläuterung, wie zum Beispiel: „In diesem Interview werde ich immer wieder bitten, mir Situationen zu erzählen, in denen Sie bestimmte Erfahrungen […] gemacht haben" (ebd., S. 241).

Bei der Fortführung des episodischen Interviews orientiert sich der/die Befragende an thematischen Leitfadenbereichen, formuliert hierfür die Erzählaufforderungen und stellt gegenstandsbezogene Fragen. Der überwiegende Anteil des episodischen Interviews stellt die Erzählaufforderungen dar. Wie in anderen Interviews ist der flexiblere Umgang mit der Reihenfolge der thematischen Bereiche und mit vorab formulierten Fragen möglich (Flick 2011, S. 275).

> „Das generelle Problem erzählungsgenerierenden Interviews – dass manche Menschen größere Schwierigkeiten haben zu erzählen als andere – besteht auch bei diesem Verfahren. Es relativiert sich allerdings dadurch, dass nicht – wie im narrativen Interview – eine umfassende Erzählung, sondern mehrere umgrenzte Erzählungen erbeten werden. Die Vermittlung des Prinzips der Erzählung von bestimmten Situationen an den Interviewpartner ist sorgfältig anzugehen, um zu vermeiden, dass Situationen (in denen bestimmte Erfahrungen gemacht wurden) lediglich benannt, jedoch nicht erzählt werden. Ähnlich wie bei anderen Interviews ist eine wesentliche Voraussetzung, dass der Interviewer das Prinzip des Interviews verinnerlicht hat." (Flick 2017, S. 244)

Aus diesem Grund ist auch eine sorgfältige Vorbereitung auf das Interview mit konkreten Beispielen notwendig. Ein gründliches Interviewtraining konzentriert sich auf die Verwendung des Leitfadens und vor allem darauf, wie die Erzählung angeregt wird und gegebenenfalls tiefergehende Fragen gestellt werden (Flick 2017, S. 244).

Auch wenn das episodische Interview keinen Zugang zum konkreten Situationshandeln und mangelnde Interaktionen bietet, kann beides im Hinblick auf die Beteiligten rekonstruiert und die Gruppenunterschiede in solchen Erfahrungsmodi geklärt werden (ebd., S. 245).

Dabei soll zunächst diskutiert werden, wie solche Erfahrungen aus Sicht der Betroffenen rekonstruiert werden können.

5.4.2 Interaktive Vorbereitung auf die Interviewsituation

Die schulisch-beruflichen Übergänge betreffen einen überwiegenden Teil des Lebens eines Menschen und beziehen sich auf seine Biografie. Um lebensgeschichtliche Ereignisse von bildungs- und berufsbiografischen Übergangsverläufen der Probanden zu erforschen und ein geeignetes Forschungsinstrument zu entwickeln, ist es notwendig, die zwei Prinzipien der Konstruktion biografischer Prozesse nach Schulze (1993) nachzuvollziehen.

Biografie kann einerseits als ein Bildungsprozess begriffen werden, der die subjektiven lebensweltlichen Daten des Individuums umfasst. Andererseits kann Biografie als ein Konglomerat aus Erzählungen, Zielen und Selbstwahrnehmungen desselben über das eigene Leben verstanden werden. Darüber hinaus können Selbstkonzepte bzw. einige subjektive (alltägliche) Theorien in dem Fall von Menschen mit den Förderschwerpunkten Lernen und geistige Entwicklung erfasst werden (Lindmeier 2013, S. 11 ff.).

Im Rahmen des theoretischen Ansatzes von Schulze werden zwei „Gestaltungsprinzipien biografischer Prozesse“ (ebd., S. 14 f.) thematisiert, die sich einerseits im Lebenslauf und andererseits in der Lebensgeschichte wiederfinden (ebd., S. 14 f.). Während der Begriff Lebenslauf die äußeren Daten eines menschlichen Lebens erfasst, umreißt der Begriff Biografie die innere Seite, die – mündlich oder schriftlich überlieferte – subjektiv empfundene eigene Lebensgeschichte (Schulze 1993, S. 190 sowie Behrens-Cobet und Reichling 1997).

Nach Schulze zeichnen sich Lebensgeschichten durch Erfolge oder Misserfolge, durch gescheiterte Versuche, Zumutungen, Enttäuschungen, Krisen, Unsicherheiten und Verzweiflung aus. Dabei werden Versuche unternommen, in diesen Lebensgeschichten etwas Gutes zu sehen und in bestimmte Gewinne umzuwandeln. In Lebensläufen scheinen Laufbahnen und Rollen einerseits als normal und gleichzeitig isoliert sowie voneinander losgelöst. Andererseits überschneiden sie sich, verbinden sich oder gehen ineinander über. In Lebensgeschichten wird es offensichtlich, dass Laufbahnen nicht einer geraden Linie folgen, sondern sich häufig wenden, biegen, voll von Brüchen und Unterbrechungen, erfolglosen Versuchen und Misserfolgen sind. Darüber hinaus kann eine Laufbahn nicht das Ergebnis einer ersten Wahl sein (Schulze 1993, S. 190).

Die oben genannten Aspekte der Lebensgeschichte sollten bei der Erstellung des Erhebungsinstruments berücksichtigt werden. Im Mittelpunkt dieses Forschungsprojektes steht ein Personenkreis, der wegen der auf ihren Förderschwerpunkt bezogenen Merkmale eine spezifische Vorgehensweise bzw. Flexibilität, ein reflexives und emphatisches Hinterfragen sowie den Einsatz von hilfreichen Methoden während der Interviewdurchführung erfordert.

Beispielsweise ist Bader der Auffassung, dass es den meisten Menschen mit (geistiger) Behinderung an zeitlicher Orientierung mangelt. Er meint, dass die Betroffenen ein geschichtsloses Leben führten. Kaum ein Mensch mit Behinderung kann Jahres- oder Altersdaten unterscheiden und korrekt erinnern. Häufig ordnen Menschen mit Behinderung bestimmte Wohninstitutionen bestimmten Lebenszeiträumen zu. Daher ist die zeitliche Wahrnehmung einer Person sehr unterschiedlich. Lange Zeiträume können als kürzer empfunden werden. Das eigene Alter wird als falsch eingestuft, d. h. falsch im Verhältnis zum Alter anderer Menschen (Bader 1996, S. 282).

> „Die vom Bader beschriebenen und als ‚geschichtsloses Leben' abgewerteten zeitlichen Perspektiven geistig behinderter Erwachsener lassen sich ohne weiteres den von Schulze herausgearbeiteten Kennzeichen lebensgeschichtlicher Äußerungen zuordnen, während es Bader nur um lebenslaufbezogene Äußerungen zu gehen scheint." (Lindmeier 2013, S. 19)

Schulze unterscheidet lebenslaufbezogene und lebensgeschichtliche Äußerungen in Bezug auf drei Aspekte.

(1) Während Aussagen mit dem Lebenslaufbezug für einen bestimmten Zweck bestimmt sind und in verwaltungstechnischen Handlungskontexten und therapeutischen Zusammenhängen präsentiert werden, sind Aussagen mit dem lebensgeschichtlichen Charakter ein Selbstzweck.

(2) Die Gegensätze zwischen dem jeweiligen Lebenslauf und lebensgeschichtlichen Aussagen sind nicht nur in sprachlichen Formulierungen vorhanden, sondern beeinflussen auch die Lebensgestaltung. Daher müssen Lebenslauf und Lebensgeschichte auch als zwei verschiedene Arten der Wahrnehmung des individuellen Lebens verstanden werden (Schulze 1993, S. 189 sowie Pfahl 2011, S. 69).

(3) Sowohl Lebenslauf als auch Lebensgeschichte werden durch verschiedene Denkmuster und Handlungspläne bestimmt. Obwohl die Lebensläufe im Hinblick auf Qualifikationen und Rollen geplant sind, werden die Lebensgeschichten von den Bemühungen um die Schaffung und Erhaltung von Identität geprägt (Schulze 1993, S. 192).

Lebensgeschichten setzen den konzipierten Lebenslauf voraus, dem im Prozess einer produktiven Leistung der konkreten Person im Zuge der Herstellung der neuen Konzeption ein anderer Sinn gegeben wird. Diese bewusste Auseinandersetzung mit der persönlichen Lebensgeschichte ist eine produktive Leistung, die in Bezug auf den Lebenslauf gar nicht zustande kommt, jedoch den Charakter des didaktisch-methodischen Ansatzes des biografischen Lernens trägt (Lindmeier 2013, S. 21 ff.).

Der didaktisch-methodische Ansatz biografischen Lernens basiert auf dem Prinzip einer offenen Didaktik und soll insbesondere die folgenden Aspekte beachten:

- Es soll ein weitgehend realistisches Bild der Lebenswelt dargestellt werden.
- Auf der Grundlage von bestimmten Lebensphasen und Lebensereignissen im Sinne der Normalbiografie sollen Themenbereiche wie „Geburt, Kind sein, Einschulung, Ausbildung, Prüfungen, Partnerschaft, Berufskarriere, [...] kritische Lebensereignisse" (ebd., S. 30) etc. identifiziert werden.
- Im Laufe der Biografiearbeit, die Momente der Vertiefung und Verlangsamung während der Erzählung erlaubt, sollten handlungsorientierte Formen verwendet werden.

- Aufgrund der Unvorhersehbarkeit bei der Planung einzelner biografischer Aktivitäten sollte eine offene Didaktik angewendet werden. Es ist unmöglich, eine didaktische Planung zu entwickeln, die auf den Erfahrungen in Biografien basiert. In der Regel finden im Prozess der biografischen Untersuchung thematische Veränderungen oder Transformationen statt (ebd., S. 30 f.).

Was die methodische Umsetzung betrifft, so kann biografisches Lernen auf sehr unterschiedliche Weise stattfinden. Nach Gereben, Kopinitsch-Berger (1998) kann das biografische Lernen nicht nur in Form von Malerei und kreativer, aktivitätsorientierter Biografiearbeit, sondern auch in gesprächsorientierter Form – etwa im Rahmen von Erzählungen oder durch die archivarische Dokumentation von Erinnerungen – erfolgen (Lindmeier 2013, S. 32).

Eine weitere, jedoch nicht weniger entscheidende Rolle spielt die Auswahl der richtigen Sozialform, da biografische Arbeit in Form von Gruppenarbeit nicht mit jeder Person durchgeführt werden kann. Indem die Einzelarbeit die Arbeit mit schwer erreichbaren Menschen ermöglicht und eine vertrauliche Atmosphäre geschafften wird, werden Hemmungen leichter überwunden und eine größere Flexibilität in Bezug auf Zeit, Raum, Inhalt und individuelle Gestaltung geboten. Entsprechend effektiver ist die Einzelarbeit als Sozialform für die Durchführung des episodischen Interviews. Allerdings erfordert diese Sozialform ein hohes Maß an Zuverlässigkeit, Offenheit und Einfühlungsvermögen des Befragenden (Lindmeier 2013, S. 73 ff.).

Stellt sich allerdings heraus, dass ein Proband aufgrund gewisser Einschränkungen enorme Schwierigkeiten beim Erzählen der eigenen Geschichte hat oder auch die eigene Lebensgeschichte unter der Berücksichtigung von biografischen Verläufen nicht darstellen kann, so sollte nach Sensibilisierungsmöglichkeiten gesucht werden, die das Lernen der eigenen biografischen Ereignisse einleitet, Erinnerungen weckt und zum Nachdenken anregt. Im Hinblick auf die Förderschwerpunkte Lernen und geistige Entwicklung erfordern diese Prozesse einen hohen Zeitaufwand.

In diesem Zusammenhang kann festgestellt werden, dass die methodische Umsetzung eine bestimmte moderierte Lehr-Lern-Situation – ein biografisches Lernsetting für die zur Verfügung stehende Gruppe an Interviewten – erfordert, bevor es zu einzelnen Interviewsituationen kommen kann.

Die Rolle des moderierenden Begleiters biografischer Lernprozesse im Rahmen eines biografischen Lernsettings umfasst bestimmte verantwortungsbewusste methodisch-didaktische Entscheidungen darüber, wie der Lernprozess initiiert werden kann und zu halten ist. Hierbei ergeben sich Herausforderungen insbesondere hinsichtlich einer stimulierenden Einleitung, der angemessenen Thematisierung der Lebensgeschichte des Probanden und eines angemessenen Einwirkens zur Aufrechterhaltung des Erzählflusses. Besonders hilfreich und anregend können impulsgebenden Fragen während des Lernsettings sein, etwa:

- Können Sie sich noch an Ihre Kindheit, Schulzeit erinnern?
- Woran können Sie sich nach der Schulzeit erinnern? (ebd., S. 36)

Bei der Entwicklung einer offenen didaktischen Detailplanung zum biografischen Lernsetting sollte nach Petzold (1999) Folgendes beachtet werden:

- Die Aufgabe der Moderation besteht in der Ausgestaltung der angemessenen biografischen Kommunikation, die sich in der stellvertretenden Deutung als Probedeutung in den immer thematisch wiederkehrenden Verstehens- und Verständnisprozessen äußert und anhand dieser Interpretationsversuche zugleich zu den Korrekturen am entworfenen Bild beiträgt.
- Das Verstehen der Lebensgeschichten anderer scheint umso erfolgreicher zu sein, je mehr es sich auf die lebensgeschichtliche Selbstreflexion der Moderierenden verlassen kann.
- Nicht weniger wichtig ist die Bereithaltung eines Methodenrepertoires: Je flexibler das Methodenrepertoire des biografischen Lernsettings eingesetzt werden kann, desto angemessener kann die Vorbereitung zum Erzählen der Lebensgeschichte erfolgen.
- Um gemeinsam mit anderen diskursive Situationen herbeiführen zu können, ist eine allgemeine soziale Kompetenz notwendig. In der biografischen Arbeit ist nach Petzold (1999) ohne soziale Kompetenz keine dialogoffene und freie Atmosphäre möglich (Lindmeier 2013, S. 36 ff.).
- In der Regel ist das Anknüpfen an bekannte Geschichten auch ein hilfreicher Impuls:

  > „Wenn wir dabei an alte, gute Geschichten anknüpfen können, ist das sehr hilfreich und wenn wir schlechte Geschichten aufnehmen müssen, weil sie uns präsentiert werden, dann nehmen wir sie an, aber wir graben nicht nach Traumata. Wenn wir auf schlimme Geschichten stoßen oder auf Traumata, können wir diese emphatisch wahrnehmen und dem Klient vermitteln, für ihn ein ‚significant caring other' – ein sorgender mitfühlender Mensch – zu sein, denn dann werden wir zu einem 'projektiven Faktor'. Außerdem kann es für den Klienten sehr hilfreich sein, wenn wir mit ihm ‚alternative Erfahrungen' zu schaffen suchen." (Petzold 1999, S. 56)

- Die Grundvoraussetzungen für eine moderate Rolle sind nicht nur die Information, Aufmerksamkeit, Neugier und das Taktgefühl, sondern auch eine Abstraktions- und Verbalisierungsfähigkeit. Die moderierende Person sollte in der Lage sein, sich auf die wechselseitige Spannung sowohl zwischen rekonstruktiver und konstruktiver als auch retrospektiver und prospektiver Biografiearbeit einzustellen. Der Erzähler und der Zuhörer bilden nach Ruhe (2003, S. 12) eine Arbeitsgemeinschaft, in der der Zuhörer sich mit Fragen an den Erzähler wendet und sein Interesse an dessen Lebenswirklichkeit zum Ausdruck bringt. Da viele Dinge im Leben unbewusst geschehen und der Erzähler nichts davon bewusst wahrnimmt, sollte der Zuhörer den Erzähler auch als Fragesteller betrachten (Lindmeier 2013, S. 39).

Auf Grundlage der bisher genannten Aufgabenstellungen wurde eine offene didaktische Detailplanung zusammengestellt. Sie ist zugleich eine Voraussetzung für die Entwicklung eines flexiblen biografischen Lernsettings. Ursprünglich wurde davon ausgegangen, dass das biografische Lernsetting in drei zeitlich grob umrissenen Blöcken mit Interviewpartnern und -partnerinnen durchgeführt werden kann.

Nach der Anpassung des Lernsettings entstand eine geeignete Vorgehensweise bei der Interviewdurchführung. Zu erwarten waren zwei Gruppen von Interviewpartnern und -partnerinnen mit den Förderschwerpunkten Lernen und geistige Entwicklung. Eine Gruppe umfasste die Absolventen einer überbetrieblichen Ausbildungsstätte, die anschließend eine anerkannte Berufsausbildung absolvierten und die Möglichkeit erhalten haben, auf dem ersten Arbeitsmarkt tätig zu werden. Zur zweiten Gruppe gehörten jene Interviewten, die keine anerkannte Berufsausbildung absolvierten und auf dem zweiten Arbeitsmarkt beschäftigt sind.

Die Interviewpartner und -partnerinnen der ersten Gruppe konnten an einem Tag ohne zeitaufwendige Vorbereitung interviewt werden.

Bei den Interviewpartnern und -partnerinnen der zweiten Gruppe bestand Bedarf, die Besprechung und die Vorbereitung auf das Interview von der eigentlichen Interviewdurchführung zu trennen.

Für die Durchführung des Vorhabens waren zwei Treffen geplant.

Während des ersten Treffens wurden die Besprechung und die moderierende Vorbereitung auf das Interview mit starkem Fokus auf die folgenden thematischen Bereiche durchgeführt. Das Treffen erfolgte unter der Zuhilfenahme von Visualisierungselementen wie „Mein Lebensbaum“[38] und dem „Zeitstrahl meines Lebens“[39]:

- Schule,
- Berufsorientierung,
- Beruf,
- Praktikum,
- Berufsberatung,
- BVJ,
- BGJ,
- Ausbildung und
- deren Übergänge.

Zum Einstieg waren die Erläuterungen der Gruppenregeln vorgesehen. Die Interviewpartner und -partnerinnen wurden darauf hingewiesen, dass sie zum nächsten Termin den eigenen Lebenslauf und eigene Fotoalben freiwillig mitbringen könnten. Anhand dieser Lebenslaufdaten konnten die Erinnerungen ihres Lebensweges festgehalten und während des Interviews eingesetzt werden.

Für das zweite Treffen wurde eine Terminreihe innerhalb von zwei Tagen vereinbart.

Vor der Interviewdurchführung wurde eine kurze Smalltalk-Situation geplant, um eine möglichst entspannte Atmosphäre zu erzeugen (Bortz und Döring 2006, S. 310). Nach dem Überreichen des Informationsblattes und dem Erhalt der Einwilligungserklärung – Einwilligung zur Verarbeitung von Daten und zur Tonaufzeich-

38 Darstellung einer persönlichen Lebensübersicht mit dem Fokus auf schulisch-berufliche Ereignisse
39 Lebensereignisse in zeitlicher Abfolge

nung – wurde der Ablaufplan dargestellt. Die Probanden wurden darauf eingestellt, gemeinsam mit der Interviewerin oder auch in eigenständiger Arbeit die Dokumentation der eigenen Lebensgeschichte – Mein Lebensweg – auszugestalten. Alle dazugehörigen Materialien einschließlich der Bildkarten wurden zur Verfügung gestellt. Es wurde die Möglichkeit zur Klärung entstandener Fragen, Anmerkungen und von entsprechenden Vorschlägen gegeben. Um in das Interview einzuleiten, wurde das Untersuchungsanliegen (Thema der ersten Sitzung) zunächst wiederholt. Während der Wiederholung wurden die bereits im ersten Treffen genutzten Abbildungen verwendet. Um das Erzählen so wenig wie möglich zu beeinflussen und das Interview ausreichend offen zu gestalten, wurden die biografieorientierten Bildkarten vorgelegt. Gleichzeitig wurde empfohlen, die Karten nach eigenem Wunsch in beliebiger Reihenfolge auszusuchen, um die eigene Lebensgeschichte zu visualisieren. Die Interviewten erhielten Unterstützung von der Interviewerin, wenn ihnen wesentliche für sie wichtige Themen nicht in den Sinn kamen.

In besonders schwierigen Fällen, in denen gar kein Erzählfluss zustande kommen konnte, sollte der vorgesehene Leitfaden (s. Kap. 5.3.2) verwendet werden. Nach den erfolgten Interviews wurde ein Hinweis gegeben, dass es hilfreich ist, nach der Analyse über die Ergebnisse der Untersuchung mit den Interviewten zu sprechen.

5.4.3 Entwicklung des Erhebungsinstrumentes

Um das Erfahrungswissen bestehend aus dem situationsbedingten narrativ-episodischen und semantischen Wissen von Interviewpartnern und -partnerinnen erheben zu können, wurde die Verortung des Forschungsgegenstandes in die Wissensbereiche mithilfe des episodischen Interviews vorgenommen (s. Abb. 41).

Das abgebildete Verortungsschema wurde als Ausgangsgrundlage für die Entwicklung des Interviewleitfadens genutzt.

Da im Vorfeld die Entscheidung getroffen wurde, anhand des Erfahrungswissens die gegenstandsbezogenen Daten zu erheben, sind zwei Erhebungsverläufe entstanden. Dementsprechend wurden zwei Erhebungsverläufe durchgeführt.

Eine Gruppe von Interviewten gehörte zu den fortgeschrittenen jungen Menschen mit Förderbedarf und bestand aus den Absolventen und Absolventinnen einer überbetrieblichen Ausbildungsstätte, die eine anerkannte Berufsausbildung im Anschluss an BVJ und eine BvB-Maßnahme im Rahmen einer gestuften Berufsausbildung oder Fachpraktikerausbildung absolvierten. Ihnen ist also die Möglichkeit gegeben, auf dem ersten Arbeitsmarkt tätig zu werden. Diese Gruppe konnte ohne zeitaufwendige Vorbereitungen interviewt werden. Für die Einleitung wurde die Verwendung von im Vorfeld vorbereiteten Abbildungen vorgesehen. Eingeleitet wurde das Gespräch wie folgt:

> „Es ist dir gut *(motivierende Wirkung)* gelungen von der Schule mit dem Förderschwerpunk Lernen oder geistige Entwicklung in eine Berufsausbildung und in eine Beschäftigung überzugehen. Das besondere Interesse besteht darin, wie gut dir der Übergang von deiner (Förder-) Schule in eine Ausbildung sowie in eine Beschäftigung gelungen ist. Also, diese Übergänge werden jetzt thematisiert." (Bestandteil des Interviewleitfadens)

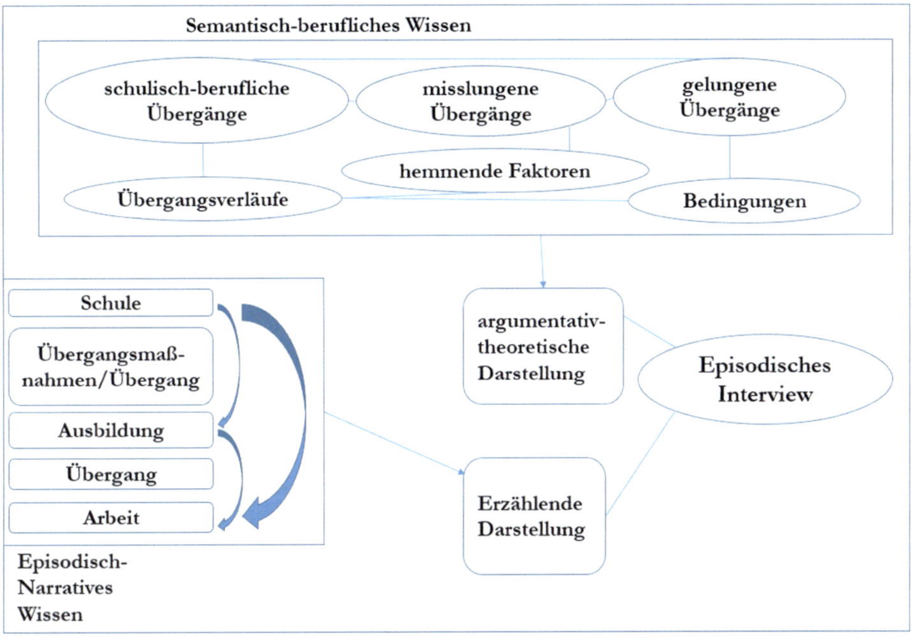

Abbildung 41: Verortung der Aspekte schulisch-beruflicher Übergangsforschung in die Wissensbereiche im episodischen Interview (Flick 2011, S. 274, eigene Darstellung)

Danach wurde das Gespräch unter Bezug auf die einzelnen Übergangssituationen vertieft:

> „Hier siehst du diese Baum-Äste mit Überschriften wie Schule, Berufsorientierung, Berufsvorbereitung, Praktika, Beruf, Berufsausbildung, Beschäftigung und speziell deine Übergangs-Verläufe Schule-Berufsausbildung-Beschäftigung *(Bestandteil des Leitfadens)*. Die Abbildung deines Lebensweges kann dich beim Erzählen genauso unterstützen. Ich werde dich immer wieder bitten, mir über deine Lebenssituationen zu diesen Themenbereichen (*Abbildungen zu den ausgewählten Themen*) zu erzählen.“ (Bestandteil des Interviewleitfadens)

Da die zweite Gruppe der Interviewten Schwierigkeiten beim freien Erzählen aufwies und aufgrund der Erzählaufforderungen leicht überfordert werden konnte, schien es sinnvoller zu sein, eine interaktive Vorbereitung vor der Interviewdurchführung (s. Kap. 5.4.2) zu initiieren. Die zweite Gruppe setzte sich aus den Interviewten zusammen, denen keine anerkannte Berufsausbildung zugänglich war. Sie sind auf dem zweiten Arbeitsmarkt beschäftigt.

Einleitend sollte im Gegensatz zur ersten Gruppe der Bezug zur interaktiven Vorbereitungssitzung (s. Kap. 5.4.2.) hergestellt und danach wie bereits vorgestellt weitergeführt werden.

> „Aus den vorherigen Sitzungen, weißt du schon, aus welchem Grund ich dich unbedingt interviewen möchte. Ich erwähne dies noch mal. Es ist dir gut *(motivierende Wirkung)* gelungen, von der Schule mit dem Förderschwerpunkt Lernen, geistige Entwicklung in eine Berufsausbildung und/oder in eine Beschäftigung überzugehen.“ (Ebd.)

Im Rahmen des Interviews sollten die Interviewpartner und -partnerinnen aufgefordert werden, ihre situationsfokussierten Lebensgeschichten zu erzählen. Um den Erzählfluss von Interviewten zu unterstützen und Erinnerungshilfen anzubieten, wurden die bewährten Visualisierungsmethoden der Biografiearbeit mit geistig behinderten Menschen genutzt (Lindmeier 2013, S. 56 f., 89 ff.). Zur Darstellung einer thematischen Übersicht wurde ein Stammbaum genutzt, dessen Äste bestimmte forschungsrelevante Themen zeigen. Zur Dokumentation der Lebensgeschichte wurde während der Erzählung ein Lebensweg-Poster mit diversen forschungsrelevanten Abbildungen ausgestaltet.

Unter der Zuhilfenahme dieser Visualisierungsmittel wurde den Interviewten vorgeschlagen, mit dem Interview zu starten. Begonnen wurde die narrativ-episodische Erzählung mit einem durch die Interviewten selbst ausgewählten Abschnitt ihres Lebens (unter Nutzung der aufbereiteten Abbildungen oder anderen wichtigen Situationserfahrungen).

Im Rahmen des episodischen Interviews wird nicht nur das narrativ-episodische Wissen mittels der situationsbedingten Erzählaufforderungen, sondern auch das semantische Wissen auf der Grundlage der vertieften Frage-Antwort-Sequenzen erhoben. Von besonderer Bedeutung sind, wie in Abbildung 41 dargestellt, die Schul-, Ausbildungs- und Beschäftigungssituation sowie die schulisch-berufliche Übergangssituationen. Entsprechend den Grundlagen des episodischen Interviews nach Flick wurde der folgende Interviewleitfaden[40] in Anlehnung an Döling (2014) entwickelt.

Bei der Durchführung des episodischen Interviews dient der Interviewleitfaden nur als Orientierungsgrundlage. Grundsätzlich wird wie folgt vorgegangen:

- Als Erstes werden die forschungsfokussierten Erzählaufforderungen gestellt.
- Danach werden diese Erzählaufforderungen in den narrativ-episodischen Interviewteil integriert.
- Bei Bedarf werden die gegenstandsbezogenen Fragen (zu den Übergangsverläufen) und die Nachfragen zur Klärung der Unklarheiten bzw. zur Vertiefung des Erzählten gestellt.

Tabelle 8: Interviewleitfaden (Döling 2014, eigene erweiterte Darstellung)

Schulsituation	
Erzählaufforderung: Erzähle bitte über deine Schulsituation.	
Schule	In welche Schulen bist du gegangen? Was fandest du gut daran? Was fandest du nicht so gut?
Unterstützung	Wer und wie hat man dich unterstützt? Wer und wie hat man dir bei der Lebens- und Berufsplanung geholfen? Hast du selbst nach Unterstützung gesucht?

40 Der Interviewleitfaden wurde in Anlehnung an Döling (2014) „Interviewleitfaden für Menschen mit geistiger Behinderung" weiterentwickelt.

(Fortsetzung Tabelle 8)

Unterstützung	Wer sollte dabei sein? Und warum? Weißt du noch, welche Pläne ihr für deine Zukunft gemacht habt? Würdest du so eine Unterstützung gerne noch mal wiederholen? Was fandest du gut daran? Was fandest du nicht so gut?
Praktikum	Hast du ein Praktikum während des Schulbesuchs gemacht? Wo hast du das Praktikum gemacht? Wie gefiel dir das Praktikum? Was hat dir Spaß gemacht? Was hast du in diesem Praktikum nicht so gerne gemacht? Weißt du noch, was vor dem Praktikum war?
Übergangssituation in eine Ausbildung	
Erzählaufforderung: Erzähle bitte über deine Lebenssituation nach der Schule, beim Übergang in die Ausbildung und über die Situation während der Ausbildung.	
Übergangsereignisse	Was hast du gemacht, bevor du die Ausbildung begonnen hast? Weißt du noch, wie du darauf gekommen bist, dass du in diesem Beruf ausgebildet werden wolltest/als ... arbeiten möchtest?
Berufsbildungssituation	
Berufsbildung	Wo läuft deine Berufsausbildung im Moment? Wie lange bist du schon dabei? Wie lange lernst/arbeitest du schon dort? Wie hast du dich gefühlt, als du angefangen hast, dort zu lernen/arbeiten? Du hast erzählt, dass du bei der Firma ... eine Ausbildung durchläufst. Mich würde interessieren, was du genau da machst. Wie gefällt dir die Ausbildung in der Berufsschule/dem Betrieb? Was machst du besonders gerne? Was machst du nicht so gerne? Wie lange bist du in der Woche in der Schule? Wie viele Stunden arbeitest du in der Woche im Betrieb?
Vergütung	Weißt du, wie viel du verdienst? Bis du zufrieden damit?
Mitschüler/Kollegen	Mit wem lernst/arbeitest du zusammen? Wie gefällt es dir, mit deinen Mitschülern/Kollegen zu arbeiten? Hast du Freunde in der Berufsschule/Firma gefunden? Hast du auch mal Probleme mit Mitschülern/Kollegen?
Unterstützung	Wenn du Schwierigkeiten in der Berufsschule/auf der Arbeit hast, wem sagst du das? Wer und wie unterstützt dich dabei?
Zukunftsaussichten	Wo möchtest du gerne später mal arbeiten?

(Fortsetzung Tabelle 8)

Beschäftigungssituation	
Erzählaufforderung: Erzähle bitte über deine Lebenssituation in deiner Beschäftigung und wie du in deine Beschäftigung gekommen bist.	
Arbeit	Wo arbeitest du im Moment? Wie lange bist du in deiner jetzigen Einrichtung tätig? Wie hast du dich gefühlt, als du angefangen hast, dort zu arbeiten? Du hast erzählt, dass du bei der Firma ... arbeitest. Mich würde interessieren, was du genau da machst! Wie gefällt dir die Arbeit? Was machst du besonders gerne? Was machst du nicht so gerne? Wie viele Stunden arbeitest du in der Woche? Weißt du, wie viel du verdienst? Bis du zufrieden damit?
Freunde/Kollegen	Mit wem arbeitest du zusammen? Wie gefällt dir die Arbeit mit deinen Kollegen? Hast du Freunde in der Firma gefunden? Hast du auch mal Probleme mit Kollegen?
Unterstützung	Wenn du Schwierigkeiten auf der Arbeit hast, wem sagst du das? Lässt du dich parallel zu deiner Beschäftigung von einem externen Dienst beraten bzw. begleiten?
Zukunftsaussichten	Wo möchtest du gerne später mal arbeiten?
Ergänzung	
Berufsalternative(n)[41]	Was ist dein Wunschberuf?
Berufliche Eignung	Passt du zu deinem Beruf?
Angemessenheit des Berufsfeldes	Passt der Beruf zu dir?
Beruflicher Stolz[42]	Bist du stolz auf deinen Beruf? Sprichst du mit deinen Freunden und Freundinnen über deine Tätigkeit?
Berufliche Zukunft	Möchtest du in Zukunft in deinem Beruf tätig sein?
Erzählaufforderung: Gibt es noch etwas Wichtiges, was du noch erzählen möchtest?	
Schluss/Danksagung	

Die Interviewdurchführung setzt die Vorbereitungsphase voraus. Demzufolge werden im nächsten Kapitel nicht nur die organisatorische Interviewvorbereitung und -durchführung, sondern auch die Nachbereitung der Erhebungsphase dargestellt.

41 Im Rahmen der Selbstkonzeptentwicklung findet eine Eingrenzung von beruflichen Alternativen statt (Gottfredson 1981, S. 554 ff.).

42 Der Erfolg einer entsprechenden beruflichen Qualifizierung kann durch die Identifikation mit einer bestehenden Qualifikation erreicht werden. Äußert eine beschäftigte Person ihren beruflichen Stolz und empfindet eigene Sinnhaftigkeit, hat sie positive Auswirkungen auf ihre Leistungsbereitschaft (Grundmann 2001, S. 286).

5.4.4 Vorbereitung, Durchführung und Nachbereitung der Datenerhebung

Organisatorische Vorbereitung

Neben dem Kontakt zu den Interviewten und Terminabsprachen zählt auch die sorgfältige Aufbereitung des Interviewmaterials zur organisatorischen Vorbereitung (Aufnahmegerät zur Tonaufnahme, Interviewleitfaden, visuelle Darstellungen, Bildkarten, Visitenkarten, Prospekte, Informationsmaterial über das Forschungsprojekt etc.). Die organisatorische Vorbereitung ist abgeschlossen, sobald der Interviewer startklar ist und genau weiß, wann und wo die Interviews durchgeführt werden (Bortz und Döring 2006, S. 310).

Wie in der Einleitung bereits angedeutet, gestaltete sich der Zugang zu den Interviewten höchst problematisch: erfolglose Telefonate, keine Resonanz auf E-Mails oder Aufrufe in sozialen Medien (Facebook).

Insbesondere der bereits fünf Jahre andauernde persönliche Kontakt zu Mitarbeitern einer außerbetrieblichen Bildungseinrichtung sicherte eine hinreichende Anzahl an Interviewpartnern. Durch direkte Ansprache einer Gatekeeperin wurden vier Interviewte ausgewählt, die sich zur Teilnahme bereit erklärten.

Da der Anteil der Interviewten sich lediglich auf vier Personen beschränkte, wurde, wie bereits erläutert, die Entscheidung getroffen, weitere Probanden aus einer WfbM zu gewinnen. Die Kontaktaufnahme gestaltete sich dabei komplikationslos. Der zuständige Gatekeeper der WfbM stand jederzeit zur Verfügung und ermöglichte es, Einblicke in die Lebenswelt von Menschen mit Behinderung zu gewinnen, führte kritisch-konstruktive Gespräche in Bezug auf die Kommunikation und die Nutzung der Leichten Sprache. Dank der Initiative des Gatekeepers wurden zwei Besuche in mehreren Werkstätten und die Bekanntgabe der Forschungsinitiative organisiert, sodass das Kennenlernen von potenziellen Interviewten, deren Gruppenleitern und -leiterinnen, der Verantwortlichen des Berufsbildungsbereiches sowie der Arbeitsumgebung bereits im Vorfeld der Untersuchung erfolgen konnte. Dies ergab positive Effekte sowohl im Kommunikationshandeln der Forscherin als auch im Aufbau des Vertrauens. Bereits zum Pretest wurden die 13 Beteiligten aus der WfbM identifiziert, Termine festgelegt, Räumlichkeiten reserviert und die hierfür nötigen Absprachen getroffen.

Bis zum Pretest wurden alle nötigen Materialien vorbereitet und Forschungsinstrumente entwickelt. Für die Tonaufnahme wurde ein Mobiltelefon im Flugmodus verwendet. Anschließend wurde die Tonaufnahme auf einer externen Festplatte gespeichert.

Nach dem Pretest wurden die entwickelten Erhebungsinstrumente angepasst.

Durchführung der Datenerhebung

Im Vorfeld des geplanten Interviews wurde der Pretest inklusive interaktiver Vorbereitung mit einer Beschäftigten der WfbM durchgeführt. Das ursprünglich geplante berufsbiografischen Lernsetting war sehr zeitaufwendig und wurde wegen Medikamentenannahme etc. in flexibler Form kürzer gehalten. Außerdem wurde das vorbereitete Lernsetting in Kombination mit dem Interview durchgeführt. Die Verwendung von Dreamcards zur Beschreibung von Wünschen und Träumen in verschiedenen Lebensbereichen wurde im Rahmen des Pretests nur kurz aufgegriffen. Auf die weitere Anwendung des Dreamcards-Spiels wurde während der interaktiven Interviewvorbereitung in der Gruppe verzichtet, weil das Spielen viele nicht forschungsrelevante Lebensbereiche umfasst und eine ablenkende Wirkung hat.

Die vier Interviews mit den Absolventen und Absolventinnen einer außerbetrieblichen Ausbildungsstätte unterschieden sich stark vom Pretest. Der freie Erzählfluss und die selbstständigere Ausgestaltung des Posters zum eigenen Lebensweg waren hierfür die ausschlaggebenden Faktoren.

Die zwölf weiteren Beschäftigten der WfbM haben an dem geplanten interaktiven berufsbiografischen Lernsetting teilgenommen und zeigten großes Interesse daran, über deren Erfahrungen und Erlebnisse zu erzählen.

Während der Interviewsituation hat sich die interaktive Vorbereitung im Vorfeld des Interviews bewährt. Die Interviewten konnten sich an die schulisch-berufliche Übergangsthematik im berufsbiografischen Kontext erinnern.

Alle Interviews wurden problemlos durchgeführt. Jede interviewte Person hat die Möglichkeit erhalten, in einer nicht bedrängenden, sondern ermutigenden Situation über eigene Erlebnisse und Erfahrungen zu berichten. Den Erzählfluss beizubehalten, fiel nicht jedem Probanden leicht. Allerdings haben die anschauliche Darstellung und viele thematische Abbildungen die notwendigen Erinnerungshilfen geleistet. Anhand gestellter Fragen, nach denen der Hinweis auf ausreichend Bedenkzeit gegeben wurde, konnte der Erzählfluss in dem jeweiligen Themenbereich aufrechterhalten werden.

Eine schriftliche Mitteilung an der Interviewraumtür hat geholfen, die Störfaktoren während der Interviewdurchführung zu beseitigen. Aufgrund der Datenschutzbestimmungen wurde mit allen Interviewten die Einwilligungserklärung ausgefüllt und von ihnen unterschrieben. Es wurden außerdem Informationsblätter vorgelegt. Während der Interviewdurchführung wurden Kurzprotokolle zum jeweiligen Interview ausgefüllt und nach dem Interview noch am selben Tag ergänzt.

Insgesamt wurden 17 Interviews mit 4 Abgängern und Abgängerinnen einer überbetrieblichen Bildungseinrichtung (davon zwei Frauen) und mit 13 Beschäftigten einer WfbM (davon fünf Frauen sowie eines der Interviews im Rahmen des Pretests) durchgeführt.

Nachbereitung des erhobenen Datenmaterials

Mit den Interviewten wurde das weitere Treffen im Zusammenhang mit der Analyse der erhobenen Daten und der Vorstellung von Ergebnissen in der Nach-Covid-Zeit zum Zweck der kommunikativen Validierung vereinbart.

Die Interviews wurden vollständig transkribiert, mehrmals überprüft und nach der qualitativen Inhaltsanalyse nach Mayring ausgewertet. Auf welcher Grundlage dabei die Auswertung der erhobenen Daten erfolgte, wird im nächsten Kapitel vorgestellt.

5.5 Methode der Datenauswertung

5.5.1 Qualitative Inhaltsanalyse nach Mayring

5.5.1.1 Theoretische Grundlagen der qualitativen Inhaltsanalyse nach Mayring

Inhaltsanalysen wurden in den Kommunikationswissenschaften mit dem Ziel entwickelt, eine systematische Verarbeitung von Kommunikationsdaten zu gewährleisten (Mayring 1995, S. 209).

Seit über 30 Jahren hat sich die qualitative Inhaltsanalyse als eine geeignete sozialwissenschaftliche Methode der Auswertung erwiesen. Obwohl die qualitative Forschung zeigt, dass intersubjektive Rückverfolgbarkeit, klassische Gütekriterien wie Objektivität und Reliabilität nicht eingehalten werden können und die Ergebnisse nicht ausreichend verallgemeinerbar sind, nimmt die qualitative Inhaltsanalyse in diesem Zusammenhang eine Zwischenstellung ein (Mayring 2010, S. 7 ff.).

> „Die Ergebnisse der Analysen werden meist quantitativ weiterverarbeitet (z. B. Kategorienhäufigkeiten), die Intercoderreliabilität spielt eine wichtige Rolle (wenn auch nicht ganz so streng wie in quantitativer Inhaltsanalyse angewandt). Die eigentliche Zuordnung von Textmaterial zu inhaltsanalytischen Kategorien bleibt aber ein (wenn auch durch inhaltsanalytische Regeln kontrollierter) Interpretationsvorgang." (Ebd., S. 8)

Darüber hinaus bietet sich die qualitative Inhaltsanalyse zur Bildung theoretischer Konstrukte an, insbesondere in Bereichen, in denen wenig spezifisches Wissen vorhanden ist (ebd.).

Das Konzept und die Techniken einer qualitativen Inhaltsanalyse konstruierte und gestaltete Mayring für ein Forschungsvorhaben zur subjektiven Verarbeitung eines Untersuchungsgegenstandes (Mayring 1995, S. 210).

Eine reduktive, systematische Zusammenfassung des Materials sieht strategisch sechs Reduktionsprozesse vor: Auslassen und Generalisation, Konstruktion und Integration, Selektion und Bündelung. (1) Beim Auslassen wird der forschungsfragefremde Inhalt des jeweiligen Datensatzes weggelassen. (2) Die Generalisation hat das abstraktere Zusammenfassen von deutlichen und zusammenhängenden Sinngehalten zum Ziel. (3) Auf Grundlage der Abfolge von auf den Forschungsgegenstand fokussierten Textausschnitten soll die Konstruktion von textabwesenden umfangreicheren, allgemeineren (Makro-)Aussagen erfolgen. (4) Bei der Integration soll auf die textbasierten Aussagefolgen zurückgegriffen und die Aussage als Ganzes in einem Gefüge betrachtet werden. (5) Während der Selektion sollen die inhaltstragenden Textabschnitte identifiziert werden, die weder durch Konstruktion noch durch Generalisierungen berücksichtigt wurden. (6) Die Bündelung soll den Sinngehalt des Untersuchungsgegenstandes für eine konkrete Person oder Menschengruppe und deren Umwelt widerspiegeln. Darüber hinaus soll in diesem Reduktionsprozess die Zusammenführung der inhaltlich zusammengehörenden Passagen im Ganzen vorgenommen werden (Mayring 1995, S. 44 ff.).

Auf der Basis von 15 Grundsätzen erfolgt in der Regel eine qualitative Inhaltsanalyse. Die Analyse soll nicht nur systematisch (1) und regelgeleitet nach einem Forschungsgegenstand fokussierten Kommunikationsmodell[43] (2) bzw. nach einem festgelegten Ablaufmodell erfolgen und die Kategorien (3) im Mittelpunkt haben, sondern auch nach Gütekriterien geprüft (4) werden. Darüber hinaus soll die Analyse neben der Beschreibung der Ausgangsbedingungen (5) des erhobenen Datenmaterials, der Erläuterungen des Vorverständnisses (6) und der verborgenen Bedeutung (7) die Grundlagen des kontextnahen alltäglichen Verstehens und Interpretierens (8) mitberücksichtigen. Die forschende Person sollte nicht nur in der Lage sein, sich in andere hineinzuversetzen (9) und mehrere Re-Interpretationen (10) durchzuführen, die Regeln der Interpretation (11) zu definieren und die Grundsätze der Textverarbeitung (12) zu beherrschen, sondern sich auch mit zeichentheoretischen Basisbegriffen (13) und anwendungsbezogenen Bedeutungstheorien (14) auskennen sowie Makrooperatoren für Zusammenfassungen (15) festlegen (ebd., S. 47).

Da eine qualitative Inhaltsanalyse keine standardisierte Methode ist, soll das erhobene Datenmaterial regelgeleitet am konkreten Forschungsgegenstand bzw. auf die bestimmte Forschungsfrage hin angepasst werden. Die regelgeleitete Interpretation soll in dem jeweiligen Analyseschritt in jeder Auswertungsentscheidung auf begründeten bzw. überprüften Regeln beruhen, um anderen inhaltsanalytisch Forschenden die Analysenachvollziehbarkeit abzusichern und regelgeleitet Analyseergebnisse zu erlangen. Für eine qualitative Inhaltsanalyse sind sowohl ein Kategoriensystem als Analyseergebnis als auch die Kategorienbegründung ausschlaggebend (ebd., S. 49 f.).

Der Kerngedanke dieses Ansatzes beruht darauf, das System der qualitativen Inhaltsanalyse ohne vorzeitige quantitative Bestimmungen aufrechtzuerhalten, ohne jedoch den Weg zur quantitativen Erfassung zu versperren (ebd., S. 210). In dieser Hinsicht erfolgen die möglichen quantitativen Analyseschritte anhand der Erfassung von Kategorienhäufigkeiten bei qualitativ begründeter Kategorienzuordnung in der Phase der Generalisierung von Analyseergebnissen (Mayring 2010, S. 51). So werden im Rahmen einer Häufigkeitsanalyse während der Interpretationsphase bestimmte Textabschnitte durch ein Kategoriensystem ausgewählt und die Aussagen über deren Häufigkeit getroffen (ebd., S. 64).

Die Anwendung der qualitativen Inhaltsanalyse bedarf einer gründlichen Auseinandersetzung mit den theoretischen Grundlagen dieser Auswertungsmethode.

Bei der Inhaltsanalyse ist die Kommunikation eine wichtige Grundlage. Dabei ist es unerheblich, in welcher Form die Kommunikation stattfindet, ob in textlicher, verbaler oder nonverbaler Form, wenn sie auf eine bestimmte Art und Weise aufgezeichnet wird (z. B. durch Audio- oder Video-Aufzeichnung oder durch Transkription). Im Rahmen der Inhaltsanalyse wird ein systematisches Verfahren angewandt, das durch einen explizit regelbasierten Prozess sichergestellt wird. Dies gewährleistet die intersubjektive Rückverfolgbarkeit und Verifizierbarkeit (Mayring 2010, S. 12 f.).

43 Mayring verbindet die einzelne Analyseschritte wie Bestimmung des Ausgangsmaterials (bestehend aus Festlegung des Materials, Analyse der Entstehungssituation und Formale Charakteristika des Materials) und Fragestellung der Analyse (bestehend aus Richtung der Analyse und Theoriegeleitete Differenzierung der Fragestellung) zu einem inhaltsanalytischen Kommunikationsmodell miteinander.

Die Auswertung der Erkenntnisse erfolgt auf einer geeigneten theoretischen Grundlage, wobei sich die einzelnen Analyseschritte auch an theoretischen Überlegungen orientieren. Theoriegemäß ist es nicht nötig, bestimmtes Material in unklaren Bereichen zu zeigen, sondern die Erfahrungen anderer Personen mit dem Untersuchungsobjekt in Beziehung zu setzen (ebd., S. 13).

Zweck der Inhaltsanalyse ist es, am Ende der Auswertung Schlussfolgerungen zu ermöglichen, bestimmte Aussagen über den Untersuchungsgegenstand zu treffen und Wirkungsmechanismen abzuleiten (ebd.).

Aus den drei grundlegenden Analyseverfahren ist für das hier vorliegende Material die Zusammenfassung am besten geeignet. Diese Analyseart lässt sich nicht nur forschungsgegenstandzentriert und inhaltlich argumentativ aus dem Alltag ableiten, sondern erfordert mindestens einen Pretest mit der dazugehörigen reflexiven Dokumentation. Es bedarf jedoch einer großen Anzahl von Auswertungsphasen und mehreren Rücklaufschleifen, bis die Auswertung ihr Ziel erfüllt und vervollständigt werden kann (ebd., S. 50 f.).

Im Rahmen der qualitativen Inhaltsanalyse fängt der Auswertungsvorgang mit der Bestimmung des Ausgangsmaterials an, welcher aus drei Analyseschritten besteht. Zuerst wird das Forschungsmaterial in seiner Grundgesamtheit, dem Stichprobenumfang und der Eingrenzung der Interviewpartnerauswahl festgelegt. Im nächsten Schritt erfolgt die Analyse der Ausgangssituation und der organisatorischen Aspekte in Bezug auf die forschende Person, den Interviewpartnerkreis sowie den Untersuchungsort etc. Danach wird das zu erhebende Datenmaterial bezüglich der Interviewaufnahme und der Transkription nach einem bestimmten Design (einschließlich der festgehaltenen Transkriptionslegende) formal beschrieben (ebd., S. 52 ff.).

Nach der Bestimmung des Ausgangsmaterials soll die Analyse der Forschungsfragestellung vollzogen werden. Ohne die Formulierung einer spezifischen Fragestellung und damit einer Analyserichtung bzw. theoriegeleiteter Differenzierung der Forschungsfrage kann keine qualitative Inhaltsanalyse inklusive Interpretation der Analyseergebnisse erfolgen. Darüber hinaus besteht die Möglichkeit, in verschiedene Analyserichtungen zu gehen (Mayring 2010, S. 56).

> „Man kann den im Text behandelten Gegenstand beschreiben, man kann etwas über den Textverfasser oder die Wirkungen des Textes bei der Zielgruppe herausfinden. Dies muss vorab bestimmt werden." (Ebd., S. 56)

Das Datenmaterial in der Transkriptionsform soll teilweise als eine Kommunikationskette betrachtet und „in ein inhaltsanalytisches Kommunikationsmodell" (ebd.) eingeordnet werden.

Eine qualitative Inhaltsanalyse erfolgt nicht nur regelgeleitet, sondern folgt auch einer expliziten „theoretisch begründeten inhaltlichen Fragestellung" (ebd., S. 57) und setzt die Auseinandersetzung mit der Gegenstandstheorie bzw. die theoriegeleitete Interpretation voraus. Darüber hinaus besteht die Theoriegeleitetheit einer qualitativen Inhaltsanalyse in der Annahme von subjektiven gegenstandsbezogenen Erfahrungen anderer Menschen. Sie knüpft an die erlangten Erfahrungen aus früheren

Untersuchungen an, um neue Erkenntnisse zu gewinnen. Nach der Formulierung einer Forschungsfrage und der Vervollständigung ihrer theoretischen Ausdifferenzierung durch Unterfragen werden ein Ablaufmodell der qualitativen Inhaltsanalyse festgelegt und die Entscheidung hinsichtlich der konkreten Analysetechnik oder sogar mehrerer Analysetechniken getroffen (ebd., S. 57 f.).

Zwar sind die drei grundlegenden und voneinander unabhängigen Analysetechniken Zusammenfassung, Explikation und Strukturierung mit deren sieben Analyseformen je nach Eignung und Auswahl anzuwenden. Wie bereits angedeutet, wird im Rahmen dieses Forschungsprojektes die qualitative inhaltsanalytische Technik in Form der Zusammenfassung anhand der induktiven Kategorienbildung bevorzugt. Die zusammenfassende Inhaltsanalyse zielt auf die Reduktion des Datenmaterials bis hin zu den zentralen Gegenstandsinhalten. Die protokollierten Daten werden ausreichend abstrakt gehalten, um ein überschaubares theoretisches und gleichzeitig empirisch fundiertes Gegenstandskonstrukt des erhobenen Ganzen zu schaffen (ebd., S. 65 f.).

Die Herausarbeitung einzelner Analyseschritte inhaltsanalytischer Zusammenfassungen hängt in hohem Maße von den Vorarbeiten ab (ebd., S. 67).

Die zusammenfassende Analyse geschieht nach einem Ablaufmodell anhand sieben vorab festgelegter Schritte (s. Abb. 42).

Nachdem das Datenmaterial in den ersten Analysephasen ausführlich beschrieben und die Forschungsfrage bestimmt wurde, sollten die Analyseeinheiten festgelegt werden (ebd., S. 69). Bei der Definition von inhaltsanalytischen Einheiten sind insbesondere die Kodier-, Kontext- und Auswertungseinheit zu beachten. Unter der Kodiereinheit wird ein kleiner Textabschnitt verstanden, der als eine Kategorie betrachtet werden kann. Ein größerer Textteil ist als eine Kontexteinheit zu verstehen. Die Interviewpassagen, die je nacheinander ausgewertet werden können, werden anschließend einer Auswertungseinheit zugeordnet (ebd., S. 59 f.).

Die qualitative Inhaltsanalyse folgt während der Interpretation den Z-Regeln (Z1: Paraphrasierung, Z2: Generalisierung des reduzierten Datenmaterials auf das Abstraktionsniveau sowie erste (Z3) und zweite (Z4) Reduktion) (Mayring 2010, S. 65 ff.).

Im Anschluss werden die einzelnen Kodier-Einheiten umgeschrieben und inhaltlich in Paraphrasen begrenzt (Paraphrasierung). In diesem Fall werden die noch nicht aussagekräftigen Textabschnitte verworfen. Die Paraphrasen müssen auf demselben Sprachniveau formuliert werden. Zum Schluss sollten diese Paraphrasen (in Anlehnung an die zunächst dargestellte Regel Z1) in einer sprachlichen Kurzfassung vorliegen (ebd., S. 69).

„Z1: Paraphrasierung
Z1.1: Streiche alle nicht (oder wenig) inhaltstragenden Textbestandteile wie ausschmückende, wiederholende, verdeutlichende Wendungen!
Z1.2: Übersetze die inhaltstragenden Textstellen auf eine einheitliche Sprachebene!
Z1.3: Transformiere sie auf eine grammatikalische Kurzform!“ (ebd., S. 70)

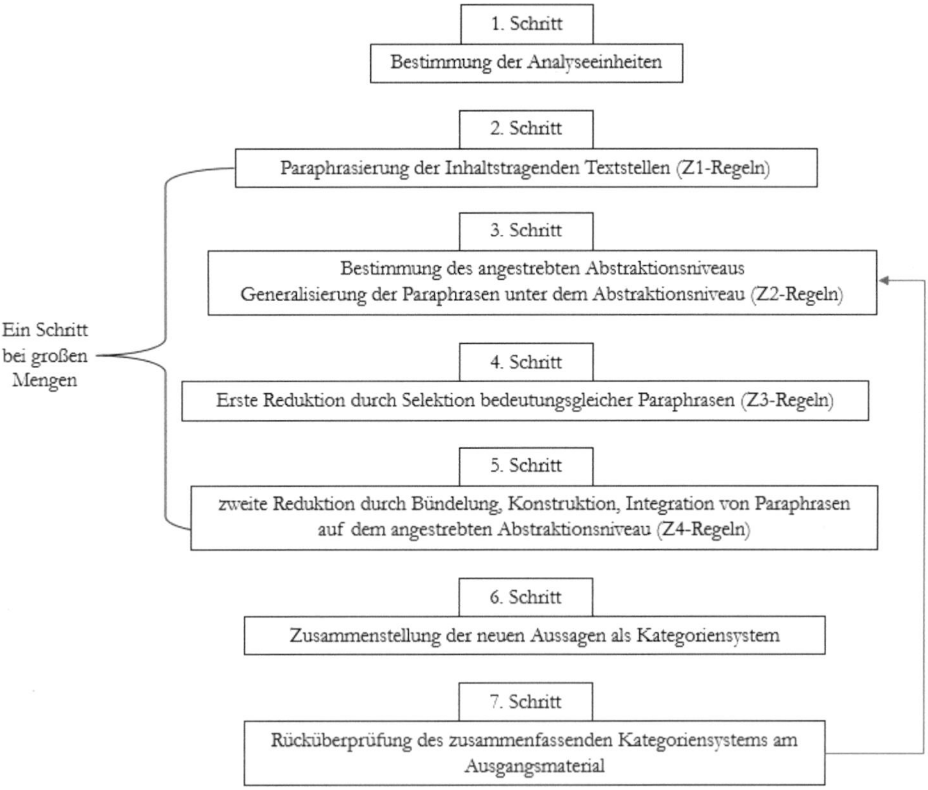

Abbildung 42: Ablaufmodell zusammenfassender Inhaltsanalyse (Mayring 2010, S. 68)

Wenn die Materialmenge verarbeitet werden kann, werden diese Umschreibungen vollständig ausgeführt. Da dies mit z.T. großen Zeitaufwand verbunden ist und zu lange dauern kann, werden die nächsten beiden Analyseschritte gleichzeitig durchgeführt.

Zunächst wird das Abstraktionsniveau der ersten Reduktion auf der Grundlage des verfügbaren Materials bestimmt. Die gesamten Paraphrasen unterhalb dieser Ebene müssen anschließend verallgemeinert werden (Makrooperator Generalisation). In diesem Schritt wie auch in den folgenden Schritten der Reduktion sollten im Zweifelsfall theoretische Annahmen verwendet werden. Die Paraphrasen oberhalb dieses Abstraktionsniveaus bleiben (laut Regel Z2) übrig (ebd., S. 69).

> „Z2: Generalisierung auf das Abstraktionsniveau
> Z2.1: Generalisiere die Gegenstände der Paraphrasen auf die definierte Abstraktionsebene, sodass die alten Gegenstände in den neu formulierten impliziert sind!
> Z2.2: Generalisiere die Satzaussagen (Prädikate) auf die gleiche Weise!
> Z2.3: Belasse die Paraphrasen, die über dem angestrebten Abstraktionsniveau liegen!
> Z2.4: Nimm theoretische Vorannahmen bei Zweifelsfällen zu Hilfe!“ (ebd., S. 70)

Das Auslassen der oberhalb der Abstraktionsebene gebliebenen Paraphrasen führt zu einigen inhaltsanalytischen Paraphrasen, die entfernt werden können. Analog dazu können die unwesentlichen und bedeutungslosen Umschreibungen (Makrooperatoren Auslassen und Selektion) entfallen (siehe Z3-Regeln) (ebd., S. 69).

„Z3: Erste Reduktion
Z3.1: Streiche bedeutungsgleiche Paraphrasen innerhalb der Auswertungseinheiten!
Z3.2: Streiche Paraphrasen, die auf dem neuen Abstraktionsniveau nicht als wesentlich inhaltstragend erachtet werden!
Z3.3: Übernehme die Paraphrasen, die weiterhin als zentral inhaltstragend erachtet werden (Selektion)!
Z3.4: Nimm theoretische Vorannahmen bei Zweifelsfällen zu Hilfe!“ (Mayring 2010, S. 70)

In der zweiten Stufe der Reduktion werden mehrere Paraphrasen, die aufeinander verweisen und häufig über das Datenmaterial verteilt sind, kombiniert und mit einer neuen Aussage (Makrooperatoren Bündelung, Konstruktion, Integration) in Anlehnung an Z4-Regeln dargestellt (ebd., S. 69).

„Z4: Zweite Reduktion
Z4.1: Fasse Paraphrasen mit gleichem (ähnlichem) Gegenstand und ähnlicher Aussage zu einer Paraphrase (Bündelung) zusammen!
Z4.2: Fasse Paraphrasen mit mehreren Aussagen zu einem Gegenstand zusammen (Konstruktion/Integration)!
Z4.3: Fasse Paraphrasen mit gleichem (ähnlichem) Gegenstand und verschiedener Aussage zu einer Paraphrase zusammen (Konstruktion/Integration)!
Z4.4: Nimm theoretische Vorannahmen bei Zweifelsfällen zu Hilfe!“ (ebd., S. 70)

Zu Abschluss der Reduktionsphase muss sorgfältig geprüft werden, ob die neuen Aussagen als Kategoriensystem noch das Datenmaterial darstellen. Alle Originalparaphrasen der ersten Materialpassagen sollten in das Kategoriensystem aufgenommen werden. Der erste Teil der Zusammenfassung endet mit der Rückprüfung der Zusammenfassungsergebnisse aus dem Datenmaterial (ebd., S. 69).

Oftmals ist allerdings eine zusätzliche Zusammenfassung erforderlich. Dies kann leicht erreicht werden, indem die Abstraktionsebene auf ein noch höheres Niveau gesetzt wird und die nächsten Schritte der Interpretation noch einmal durchgeführt werden. Zum Schluss des Verfahrens wird ein neues allgemeineres und kürzeres Kategoriensystem geschaffen, das nach der Rücküberprüfung wiederum überarbeitet werden muss. Dieser zirkuläre Prozess kann so lange stattfinden, bis die Ergebnisse der Zusammenfassung entsprechend dem Datenmaterial die gewünschte Reduzierung erreichen (Mayring 2010, S. 69, 83).

Insbesondere bei umfangreichen Materialmengen ist es oftmals nicht mehr so einfach, sämtliche inhaltlichen Textpassagen zu paraphrasieren (ebd., S. 69).

Das Grundmodell der zusammenfassenden qualitativen Inhaltsanalyse kann auch zur Bildung induktiver Kategorien auf der Grundlage von Techniken der Zusammenfassung verwendet werden. Der Vorteil der induktiven Kategorienbildung besteht in der direkten Ableitung der Kategorien aus dem Datenmaterial. Dabei läuft ein inhaltsanalytischer Verallgemeinerungsprozess, ohne den Bezug auf zuvor formulierte theoretische Konzepte zu nehmen. Der Ansatz der induktiven Kategorienbildung ist für die qualitative Inhaltsanalyse sehr produktiv. Dabei wird versucht, den Gegenstand in der Sprache des Datenmaterials so natürlich und so nahe wie möglich an den Erfahrungen und Erlebnissen von Interviewpartnern und -partnerinnen darzustellen (Mayring 2010, S. 83 f.).

Im Rahmen der qualitativen Inhaltsanalyse kann dieser Prozess der Kategorienbildung jedoch systematischer erfasst werden, wobei dieselben Reduktionsprozesse eingesetzt werden, die auch bei der zusammenfassenden Inhaltsanalyse zur Anwendung kommen (s. Abb. 43) (ebd., S. 84).

Innerhalb der Logik der Inhaltsanalyse muss das Thema der Kategorienbildung zunächst theoretisch definiert werden, d. h. es muss ein Auswahlkriterium eingeführt werden, das festlegt, welches Datenmaterial der Ausgangsbasis für die Kategoriendefinition herangezogen werden soll. Damit ist das gegenstandslose, unbedeutende und abweichende Datenmaterial vom Thema ausgenommen. Die Forschungsfrage der Analyse verweist auf diese Richtung. Außerdem sollte die Abstraktionsebene der zu erstellenden Kategorien im Sinne der zusammenfassenden Inhaltsanalyse definiert werden. Dabei ist es notwendig, im Voraus festzulegen, wie spezifisch oder abstrakt die Kategorien sein sollen. Nach dieser Definition wird das Datenmaterial Ziel für Ziel erarbeitet. Beim nächsten Mal, wenn das Auswahlkriterium erfüllt ist, wird die Entscheidung getroffen, ob die Textteile unter eine bereits gebildete Kategorie (Subsumption) fallen oder eine neue Kategorie gebildet werden soll (Mayring 2010, S. 85).

Es ist zu prüfen, ob die Kategorien dem Zweck der Analyse, der Gültigkeit des Auswahlkriteriums und der Abstraktionsebene nahekommen. Wenn es Änderungen gibt, muss die Materialanalyse neu begonnen werden. Anderenfalls wird die Analyse fortgesetzt, um jetzt das entwickelte Kategoriensystem durch die ausschließlich neuen Kategorien zu ergänzen (Mayring 2010, S. 85).

Das Endprodukt der zusammenfassenden Inhaltsanalyse ist ein Kategoriensystem zu einem konkreten Forschungsgegenstand in Kombination mit bestimmten Textpassagen. Die weiterführende Analyse kann nun auf verschiedenen Wegen erfolgen. Das gesamte System der Kategorien kann im Sinne einer Forschungsfrage interpretiert werden. In diesem Fall können im Rahmen der zusammenfassenden Inhaltsanalyse die Hauptkategorien induktiv gebildet und regelgeleitet interpretiert werden. Im Anschluss daran besteht die Möglichkeit, eine quantitative Analyse wie zum Beispiel die kategoriale Häufigkeit anzugeben (ebd.).

Als Nächstes soll eine Bewertung der Aussagekraft der Analyse mithilfe inhaltsanalytischer Gütekriterien durchgeführt werden (ebd., S. 59). Anhand welcher Gütekriterien eine solche Bewertung erfolgen kann, wird im nächsten Kapitel diskutiert.

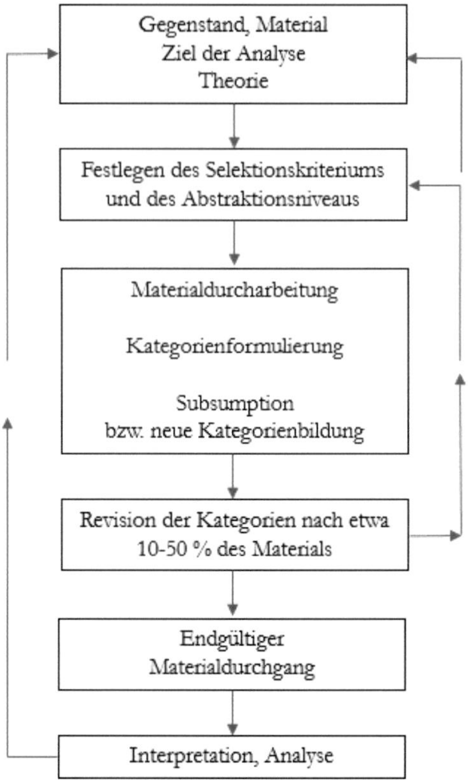

Abbildung 43: Prozessmodell induktiver Kategorienbildung (Mayring 2010, S. 84)

5.5.1.2 Auswertung des episodischen Interviews

Die Auswertung des erhobenen Datenmaterials im Umfang von 17 episodischen Interviews beginnt mit den ersten drei Schritten der qualitativen Inhaltsanalyse nach Mayring (1) Festlegung des Materials, (2) Analyse der Entstehungssituation und (3) formale Charakteristika des Materials. Die episodischen Interviews werden in einheitlicher Weise durchgeführt bzw. dokumentiert.

1. Schritt: Bestimmung des Datenmaterials

Im Rahmen der qualitativen Inhaltsanalyse wird das komplette erhobene Forschungsmaterial ausgewertet. Insgesamt wurden 17 Transkriptionen episodischer Interviews verfasst. Das Ausgangsmaterial für die Transkription besteht aus schriftlich dokumentierten Interviews mit Menschen mit Förderbedarf zum Thema „Bedingungen für das Gelingen und Gründe für das Scheitern im Übergang von Menschen mit Förderbedarf von der Schule in eine Beschäftigung" und dient dazu, sowohl deren schulisch-berufliche Übergänge zu erfassen als auch die Gründe für das Scheitern eines beruflichen Übergangs sowie die Bedingungen für das Gelingen eines erfolgreichen beruflichen Übergangs in Anlehnung an die Erfahrungen und Erlebnisse von Betroffenen zu identifizieren.

Einen Zugang zu den Probanden und Probandinnen zu bekommen, gestaltete sich langwierig und kompliziert. Die Auswahl der Studienteilnehmer und -teilnehmerinnen sowie die weitere Kontaktpflege wurden hauptsächlich über Gatekeeper vorgenommen. Darüber hinaus wurde mit der Schneeballmethode die Suche nach weiteren Interviewpartnern und -partnerinnen kontinuierlich fortgesetzt.

Im Rahmen der Stichprobe wurden zwei weibliche und zwei männliche Absolventen und Absolventinnen einer überbetrieblichen Ausbildungsstätte (gesamt 4) sowie vier weibliche und neun männliche Beschäftigte einer WfbM (gesamt 13) interviewt.

Allen Interviewpartnern und -partnerinnen wurde in der Vergangenheit Förderbedarf im Lernbereich attestiert, häufig auch in Kombination mit einer leichten geistigen Entwicklungsstörung oder einer psychischen Beeinträchtigung.

Die Interviewpartner und -partnerinnen haben eine BvB-Maßnahme kombiniert mit einer Ausbildung entweder an einer überbetrieblichen Ausbildungsstätte absolviert oder von Fall zu Fall eine duale Ausbildung angeschlossen. Die Probanden stehen dementsprechend kurz vor einer betrieblichen Übernahme und beginnen ihr Erwerbsleben auf dem ersten oder zweiten Arbeitsmarkt.

So hat beispielsweise die Interviewpartnerin IP2w eine Ausbildung zur Fachpraktikerin im Gastgewerbe[44] (2- bzw. 3-jähriger Ausbildungsberuf für Menschen mit Behinderung nach § 66 BBiG/§ 42 m HwO) absolviert und ist heute in einem Hotel als Zimmermädchen tätig.

Zwei der befragten Partner und Partnerinnen, IP3w und IP4m, stehen kurz vor dem Abschluss der zweiten Stufe einer Stufenausbildung[45] im Maler- und Lackierergewerbe. Seit Herbst 2019 sind die beiden Interviewten auf dem ersten Arbeitsmarkt in ihren Ausbildungsbetrieben tätig.[46]

Interviewpartner IP5m hat eine Ausbildung zum Fachpraktiker für Metallbau[47] (3- bzw. 3,5-jähriger Ausbildungsberuf für Menschen mit Behinderung nach § 66 BBiG/§ 42 m HwO) absolviert und ist in einem Fenster- und Türen-Montageservice beschäftigt (Zöller, Srbeny und Jörgens 2016, S. 19).

Der überwiegende Anteil der befragten Beschäftigten einer WfbM ist in einem technischen Bereich tätig. Die meisten Interviewpartner und -partnerinnen haben nach dem Eingangsverfahren den Berufsbildungsbereich einer WfbM zwei Jahre lang besucht und sowohl einen Grundkurs zum Werkzeuggebrauch als auch einen praxisorientierten Aufbaukurs absolviert.

Drei der Befragten (IP1w, IP6m, IP7m) arbeiten als Elektro-Demonteure. Sieben weitere Interviewpartner und -partnerinnen (IP9w, IP10m, IP12m, IP13w, IP14m,

44 Die Ausbildung zum Fachpraktiker oder zur Fachpraktikerin im Gastgewerbe ist vom anerkannten Ausbildungsberuf Fachkraft im Gastgewerbe abgeleitet (Zöller, Srbeny und Jörgens 2016, S. 10, 19).

45 Eine Stufenausbildung im Maler- und Lackierergewerbe dauert 24 Monate in der ersten Stufe zum Ausbildungsberuf Bauten- und Objektbeschichter/Bauten- und Objektbeschichterin. Die zweite Stufe zum Ausbildungsberuf Maler/Malerin baut darauf auf und verläuft weitere 12 Monate. Absolvierten die Auszubildenden ein schulisches Berufsgrundbildungsjahr vor der Stufenausbildung, kann gemäß § 27a Abs. 1 der HwO das erste Berufsbildungsjahr angerechnet werden und die betriebliche Ausbildung ab dem zweiten Ausbildungsjahr anfangen (MalerLackAusbV 2003, o. S.).

46 Das Verbleiben aller Beschäftigten im ersten Arbeitsmarkt wurde nach der erneuten Nachfrage der Gatekeeperin im Januar 2021 bestätigt.

47 Die Ausbildung zum Fachpraktiker/zur Fachpraktikerin für Metallbau ist vom anerkannten Ausbildungsberuf zum Metallbauer/zur Metallbauerin abgeleitet (Zöller, Srbeny und Jörgens 2016, S. 10, 19).

IP15 m und IP17 m) führen eine Gerätedemontagetätigkeit durch. In der Montage sind zwei Interviewpartner (IP8 m, IP16 m) eingesetzt. Lediglich eine interviewte Person (IPw11) ist als Bänderin an einer Montagewerkstatt beschäftigt.

2. Schritt: Analyse der Ausgangssituation

Alle interviewten Personen haben sich freiwillig für die Teilnahme an den Interviews entschieden.

Vor allem die Beschäftigten einer WfbM zeigten großes Interesse am Forschungsprojekt. Sie waren sehr offen und positiv gestimmt. Die Absolventen und Absolventinnen einer überbetrieblichen Ausbildungsstätte schauten stolz auf die eigenen beruflichen Fortschritte zurück und berichteten mit Freude über ihre Erfolge.

Die episodischen Interviews wurden von der Autorin persönlich geführt.

Um die bildungs- und berufsbiografischen Übergangsverläufe von Menschen mit Förderbedarf sowie die Bedingungen für das Gelingen und Gründe für das Scheitern der Übergänge zu rekonstruieren, wird im Rahmen dieses Forschungsprojektes der Fokus auf die subjektiven lebensgeschichtlichen Ereignisse der Betroffenen gelegt.

Nachdem die Interviewten in das Untersuchungsthema eingeführt wurden, erfolgten regelmäßige Aufforderungen, über die ausgewählten bildungs- und berufsbiografischen Situationen zu berichten. Dabei richtet sich der Fokus des episodischen Interviews nicht nur auf die situativen Erlebnisse und Erfahrungen, sondern auch auf die stichwortartig visualisierten thematischen Leitfadenbereiche (wie Schule, Berufsorientierung, Beruf, Praktikum, Berufsberatung, BVJ, BGJ, Ausbildung, schulisch-berufliche Übergänge), zu denen bestimmte Erzählaufforderungen und Fragen in der Vorbereitungsphase der Interviewdurchführung formuliert wurden. Je nachdem, ob Erzählblockaden auftreten, konnten diese als weiterführender Erzählstimulus verwendet werden.

Für die Interviewdurchführung wurden unterschiedliche Standorte genutzt. Der Pretest fand an der Otto-von-Guericke-Universität Magdeburg statt. Die Interviewpartnerin wurde zu dem Interviewort und auch während der Interviewdurchführung von der Kontaktperson begleitet. Während des Pretests wurde die Beschäftigte einer WfbM aus dem technischen Bereich interviewt. Weitere Standorte der Interviewdurchführung waren dabei die Räumlichkeiten einer überbetrieblichen Ausbildungsstätte und einer WfbM. Mehrere Befragungen (gesamt 4 von 13) der Beschäftigten einer WfbM wurden in der Anwesenheit einer dritten Person – ihres Begleiters – durchgeführt.

3. Schritt: Formale Charakteristika des Materials

Die Interviews wurden auf Tonträger aufgezeichnet und in schriftlicher Form auf einem Computer festgehalten. Außerdem wurden sie vollständig transkribiert.

Zum Einsatz kam das gesprächsanalytische Transkriptionssystem (GAT) nach Lieser (2012, S. 76 f.). Dieses Transkriptionssystem ist zum schriftlichen Festhalten der gesprochenen Sprache im Rahmen der Datenauswertung am besten geeignet. Da der

Analysefokus inhaltlicher Natur ist, wurden nonverbale Zeichen oder auch Tonhöhenbewegungen ausgelassen. Darüber hinaus wurde die Transkriptionslegende in vereinfachter bzw. leicht angepasster Form dargestellt.

4. Schritt: Fragestellung der Analyse

Diese Analysephase beinhaltet sowohl die Festlegung der Analyserichtung als auch die theoriegeleitete Differenzierung der Forschungsfragestellung.

Im Rahmen dieses Forschungsprojektes konzentrierte sich die Analyse auf die Beantwortung der folgenden Forschungsfragen:

- Welche schulisch-beruflichen Übergänge erfolgen bei Menschen mit den Förderschwerpunkten Lernen und geistige Entwicklung?
- Welche Gründe für das Scheitern von schulisch-beruflichen Übergängen können aus der Perspektive der interviewten Personen identifiziert werden?
- Welche Bedingungen für das Gelingen erfolgreicher schulisch-beruflicher Übergänge können aus der Perspektive der interviewten Personen identifiziert werden?

Auf der Grundlage des transkribierten Datenmaterials wurden Erkenntnisse erzielt, die vor allem über die subjektiv erlebten schulisch-beruflichen Übergänge, über die Bedingungen für das Gelingen eines Überganges und auch über die misslungenen schulisch-beruflichen Übergänge der 17 interviewten Menschen mit Förderbedarf Auskunft geben.

Während der episodischen Interviews wurden alle möglichen gegenstandsbezogenen Erfahrungen und Erlebnisse der Menschen mit Förderbedarf auditiv und dokumentarisch erfasst.

5. Schritt: Festlegung des Ablaufmodells unter der Bestimmung von Analysetechnik

Im Rahmen des Forschungsprojektes wurde das erhobene Datenmaterial anhand der inhaltsanalytischen Zusammenfassung als Analysetechnik in Kombination mit induktiven Kategorienbildungen nach Mayring (2010) ausgewertet. Diese Analysekombination ist für die Beantwortung der zentralen Forschungsfragen nach der Rekonstruktion der schulisch-beruflichen Übergangsverläufe, nach den Bedingungen für das Gelingen dieser Übergänge und nach den Gründen der misslungenen Übergänge besonders geeignet.

Um die Genauigkeit der qualitativen Analyseergebnisse zu verbessern, wurde bei der Festlegung der Untersuchungseinheiten vor allem der Zusammensetzung von Beurteilungs- bzw. Kontexteinheiten große Aufmerksamkeit gewidmet.

Nach dem Auslassen von gegenstandsfremden Interviewinhalten wurden die inhaltstragenden Interviewpassagen paraphrasiert. Darüber hinaus wurde das reduzierte Datenmaterial auf die Abstraktionsebene verdichtet und generalisiert. Auf der Grundlage des verfügbaren Transkriptionsmaterials wurden im ersten Durchgang Auswertungseinheiten für einzelne Transkriptionen durch Verallgemeinerung, aber im Lichte spezifischer Aussagen oder Erfahrungen ermittelt. Im zweiten Durchlauf wurden dann die Kontexteinheiten des gesamten Datenmaterials zusammengestellt. Vor der Festlegung der Auswertungseinheiten wurden die kleinsten inhaltstragenden Interviewpassagen – Kodiereinheiten – in Analysekategorien überführt.

Mit den beiden Reduktionsdurchgängen wurde der Materialbestand von 17 Interviewtranskripten in kürzere und präzisere Fassungen komprimiert. Dieser Reduktionsprozess ist in der Regel komplex und sehr aufwendig. Im Rahmen dieses Forschungsprojektes wurde dieser Reduktionsprozess in tabellarischer Form dokumentiert.

6./7. Schritt: Bestimmung der Analyseeinheiten bzw. Analyse des Materials

Die tabellarische einzelfallzentrierte Analysedarstellung umfasst nicht nur die Angaben von Transkriptnummern durch Zeilen und Paraphrasennummerierung, sondern auch die inhaltstragenden Interviewpassagen und die entsprechenden Paraphrasen hierzu. Im Anschluss folgt die erste und zweite Reduktion hin zur induktiven Bildung von Kategorien.

Während der Auswertung des Datenmaterials kam es häufig zur Konstruktion von allgemeineren (Makro-)Aussagen, die indirekt im Datenmaterial vorhanden waren und anhand der Folge von forschungsgegenstand-fokussierten Textausschnitten abgeleitet werden konnten.

Noch häufiger fand die Integration der textbasierten Aussagefolgen in eine Kategorie statt.

Alle in diesem Schritt beschriebenen Prozesse unter Anwendung der Z-Regeln können dem tabellarisch dargestellten Auswertungsmaterial in der Gesamtheit entnommen werden.

Die Bündelung – die reduzierende Zusammenführung des ganzen Datenmaterials mit dem gesamten Kategoriensystem – zeichnete sich je nach Forschungsfrage durch mehrere Rücküberprüfungen und Umformulierungen (Unterordnung sowie erneute Kategorienbildung) aus. Diese sich mehrmals wiederholenden Reflexionsschleifen machten auch deutlich, dass die forschende Person das subjektive Erlebnis der theoriegeleiteten Interpretation im Rahmen der induktiven Kategorienbildung differenziert betrachten muss.

Parallel zur Analyse erfolgt die Interpretation der Ergebnisse. Diese werden im Anschluss anhand inhaltsanalytischer Gütekriterien bewertet.

5.5.2 Gütekriterien der Datenauswertung

Im Rahmen der klassischen Testtheorie haben sich Objektivität, Reliabilität und Validität als die grundlegenden Gütekriterien der quantitativen Forschung etabliert. Diese Ansätze werden in abgewandelter Form auch in der qualitativen Forschung verwendet, obwohl die Termini Objektivität und Reliabilität nur bedingt zutreffen. In der Regel wird stattdessen von unterschiedlichen Validitätskriterien gesprochen, die garantieren sollen, dass die paraphrasierten Daten tatsächlich das ausdrücken, was sie zu behaupten scheinen oder was eine Person beispielsweise beim Erzählen gemeint hat (Bortz und Döring 2006, S. 326).

Oft werden die klassischen Kriterien der Reliabilität und Validität auch von Inhaltsanalytikern in Zweifel gezogen. Demzufolge werden häufiger die spezifischen inhaltsanalytischen Gütekriterien (s. Abb. 44) verwendet (Mayring 2010, S. 116).

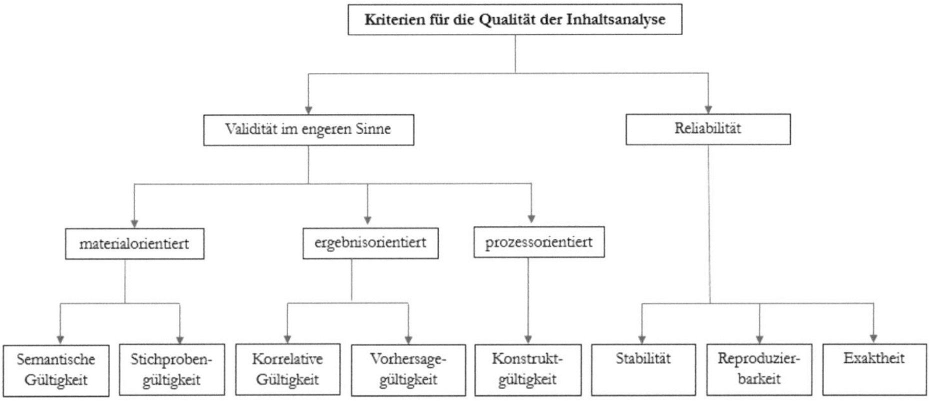

Abbildung 44: Inhaltsanalytische Gütekriterien (Mayring 2010, S. 119, eigene Darstellung)

In Anlehnung an Kvale verweist die Inhaltsvalidität auf das Qualitätsniveau bei der inhaltlichen Darstellung im Rahmen eines Forschungsprojektes (Kvale 1995, S. 427).

Die Validität im engeren Sinne kann nicht nur in Bezug auf das Datenmaterial und die Auswertungsprozesse, sondern auch hinsichtlich der Forschungsergebnisse überprüft werden. Unter der Betrachtung der Validitätsmakroebene richtet sich die Gültigkeit einer Stichprobe nach den üblichen Kriterien einer exakten Stichprobenziehung, d. h. der exakten Bestimmung der Grundgesamtheit bzw. dem entsprechenden Stichprobenumfang. Auf das Datenmaterial bezogen kann neben der Stichprobengültigkeit auch die semantische Gültigkeit geprüft werden, womit Aussagen über die Genauigkeit der Deutungskonstruktion getroffen werden können. Dies drückt sich in der Konsistenz der Definition der Kategorien ausgehend von der definitorischen Bestimmung unter der Eingabe von geeigneten Ankerbeispielen und des Einhaltens der Kodierregeln aus. Die Auswertung der semantischen Gültigkeit findet auf der Grundlage der Ermittlung aller signifikanten Textpassagen und des Analogieschlusses zum theoretischen Konstrukt statt. In der Regel werden diese Textausschnitte in Anlehnung an Krippendorff (1980) auf die gleichwertigen Textpassagen aus der theoretischen Konstruktion kontrolliert (Mayring 2010, S. 119 f.).

Da das Auswertungsverfahren zunächst deduktiv angelegt und durch induktiv gebildete Kategorien geprägt ist, ist es im Rahmen dieses Forschungsprojektes möglich, das empirische Konstrukt mit dem theoretischen zu vergleichen. In diesem Zusammenhang lässt sich auch die prozessorientierte Validität der Konstruktgültigkeit überprüfen. Außerdem kann die Konstruktgültigkeit ergebnisorientiert beleuchtet werden, indem die erhobene Empirie die bereits vorliegenden theoretischen Erkenntnisse miteinbezieht und interpretationswürdige Schlussfolgerungen trifft.

Die korrelative Gültigkeit ist hauptsächlich für den Vergleich bereits verfügbarer Forschungsergebnisse geeignet (ebd., S. 119). Das Fehlen gegenstandsbezogener Erkenntnisse macht es in diesem Fall schwierig, die korrelative Validität zu überprüfen.

Da die Vorhersagegültigkeit im Zusammenhang mit diesem Forschungsvorhaben kaum Anwendung findet, wird auf die Überprüfbarkeit dieser Validitätsart ebenso verzichtet.

Bei der kommunikativen Validierung wird die Gültigkeitsbewertung auf Grundlage der Verständigung zwischen der forschenden der und interviewten Person als sachkundigen, kompetenten Experten oder auf der Basis der Übereinstimmung der Analyseergebnisse erfolgen. Das bedeutet, dass die Validität der Ergebnisse anhand einer kommunikativen Validierung nachgewiesen werden kann. Nach der Datenerhebung und -analyse werden die empirischen Ergebnisse mit den interviewten Personen auf gleicher Augenhöhe fruchtbar abgestimmt und somit als gültig betrachtet (Mayring 2010, S. 120).

Um die Gültigkeit der Analyseergebnisse nicht nur auf subjektive semantische Konstruktionen zu beziehen und eine gewisse Objektivität zu wahren, sind die folgend zitierten und fortgeschrittenen Interpretationsprozesse wichtig.

> „Objektivität meint nicht ‚höhere Wahrheit', sondern interpersonalen Konsens, d. h., unterschiedliche Forscher müssen bei der Untersuchung desselben Sachverhalts mit denselben Methoden zu vergleichbaren Resultaten kommen können. Dieses erfordert eine genaue Beschreibung des methodischen Vorgehens (Transparenz) und eine gewisse Standardisierung. Objektivität ist verletzt, wenn der Forscher sich nur auf seine ‚langjährige Erfahrung' beim Befragen beruft, ohne genau angeben zu können, wie er eigentlich vorgeht. Objektivität (hinsichtlich der Tätigkeit des Forschers) verhindert keineswegs, dass die subjektive Weltsicht der Befragten erfasst wird." (Bortz und Döring 2006, S. 326)

In Anlehnung an Bortz und Döring ist es zweifelhaft, ob qualitative Forschungsmethoden „reliabel" sein sollten. Gerade die Betonung von Individualität, Situativität und kontextbezogenen Deutungen kann ein hohes Maß an zuverlässiger Wiederholbarkeit ausschließen (Bortz und Döring 2006, S. 327).

> „Insgesamt ist festzuhalten, daß Zuverlässigkeit auch in der qualitativen Sozialforschung angestrebt wird, daß aber Methoden der der Zuverlässigkeitsprüfung der quantitativen Forschung aus grundsätzlichen methodologischen Gründen zurückgewiesen werden, daß aber eigene Methoden der Zuverlässigkeitsprüfung nicht entwickelt wurden. Denn wegen der besonderen Berücksichtigung des Objektbereiches, der Situationen und der Situationsbedeutungen in Erhebung und Auswertung verbietet sich geradezu die oberflächliche und nur scheinbare Vergleichbarkeit von Instrumenten, wie sie durch die abgelehnte Standardisierung in der quantitativen Sozialforschung hergestellt werden." (Bortz und Döring 2006, S. 327)

Es ist zu beachten, dass die Reliabilität qualitativer Daten festgehalten werden soll. Letztlich sind die Ergebnisse der qualitativen Studien auch mit Maßnahmen oder Interventionen verbunden, die geeignet und für die Zielgruppe bindend sind (ebd.).

In diesem Zusammenhang soll die Überprüfbarkeit der Reliabilität im Rahmen qualitativer Inhaltsanalyse nach Mayring und in Anlehnung an Krippendorff anhand der Bewertung von Stabilität, Reproduzierbarkeit und Exaktheit erfolgen (Mayring 2010, S. 120).

Die Stabilität bezieht sich als ein weiteres Gütekriterium auf die inhaltsanalytische Intercoderreliabilität, womit die wiederholte Anwendbarkeit des Auswertungsinstruments auf das erhobene Datenmaterial gemessen wird (ebd.).

> „Eigentlich wird mit diesem Vorgehen *Objektivität* gemessen, als die Unabhängigkeit der Ergebnisse von der untersuchenden Person. Reliabilität im engeren Sinne wäre, wenn der gleiche Inhaltsanalytiker am Ende der Analyse nochmals das Material (oder relevante Ausschnitte) kodiert, ohne seine ersten Kodierungen zu kennen (Intracoderreliabilität)." (Mayring 2010, S. 117)

Im Prinzip besteht die Überprüfung der Stabilität und somit der Reproduzierbarkeit anhand der inhaltsanalytischen Intercoderreliabilität also darin, dass mehrere Forschende eine komplette Analyse oder deren Inhaltsabschnitte mit den gleichen Analysewerkzeugen durchführen und die Analyseergebnisse vergleichen (Mayring 2010, S. 51, 120).

> „Besonders in der Pilotphase ist eine solche Suche nach Fehlerquellen besonders wichtig, da sie zu einer Modifikation der Analyseinstrumente führen kann, also die Analyse begleitende Suche nach Argumenten für Reliabilität und Validität statt ausschließlich einer einmaligen Einschätzung am Ende der Analyse" (ebd., S. 51 f.).

Zwar ist das Verfahren der Intercoderreliabilität sehr nützlich, allerdings wird es nur sehr selten praktiziert (ebd., S. 117 ff.). Im Rahmen dieses Forschungsprojektes findet die Intercoderreliabilität sowohl in der Pretestform als auch am Abschluss der Analyse Anwendung.

Die Überprüfung der Reliabilität anhand der Exaktheit bedeutet das Ausmaß, in dem die Analyse einen gewissen fachlichen Standard erfüllt. Sie erfordert Stabilität und Reproduzierbarkeit des Instruments und ist das stärkste Maß für Zuverlässigkeit. Dennoch ist es in der Praxis oft kompliziert, die Genauigkeit zu überprüfen (Mayring 2010, S. 121).

Die Voraussetzungen für eine systematische Überprüfung der Analyseergebnisse anhand von inhaltsanalytischen Gütekriterien sind ein gründliches Befassen und die Reflexion.

Für dieses Forschungsprojekt sind die in Abbildung 45 aufgeführten inhaltsanalytischen Gütekriterien nach Mayring in präziser Form relevant.

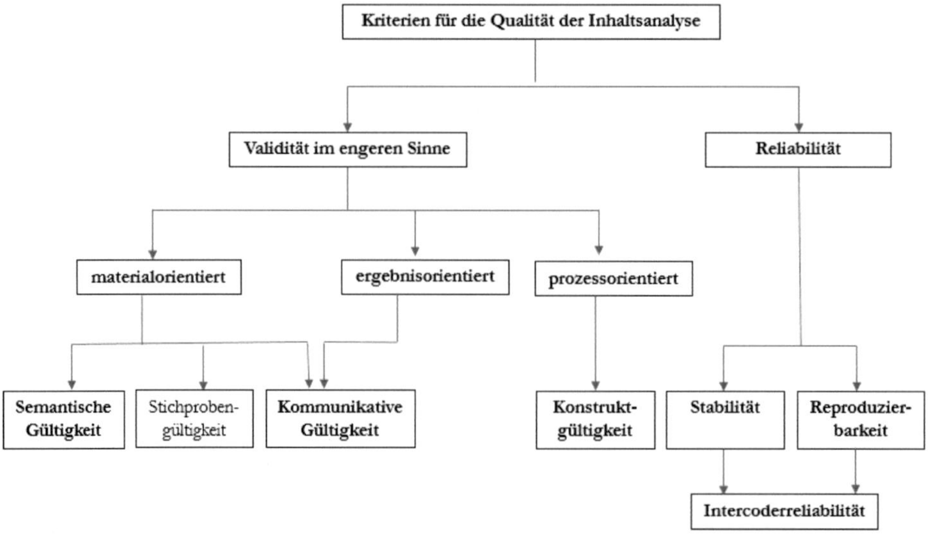

Abbildung 45: Inhaltsanalytische Gütekriterien des Forschungsprojektes (eigene Darstellung)

Die Bewertung der Forschungsergebnisse anhand dieser inhaltsanalytischen Gütekriterien erfolgt im Anschluss an die Darstellung und Interpretation der Forschungsergebnisse im Kapitel 7.2.

6 Darstellung der Forschungsergebnisse

Die Auswertung der Analyseergebnisse wird im Rahmen dieses Forschungsprojektes nach drei thematischen Bereichen Schritt für Schritt dargestellt.

Im Kern der Analyse befinden sich hauptsächlich drei Forschungsfragen. Die erste Frage bezieht sich auf die Beschreibung der stichprobebezogenen schulisch-beruflichen Übergänge. Nachdem die Bedingungen für das Gelingen eines erfolgreichen Übergangsgeschehens und Übergangsergebnisses erfasst werden, werden die Gründe für einen misslungenen Übergangsverlauf dargestellt.

Im ersten Schritt der Analyse erfolgt die Auswertung der ersten Forschungsfrage, die sich primär mit den schulisch-beruflichen Übergängen beschäftigt.

Die erste Forschungsfrage lautet:

Welche schulisch-beruflichen Übergänge erfolgen bei Menschen mit den Förderschwerpunkten Lernen und geistige Entwicklung?

6.1 Schulisch-berufliche Übergänge anhand des fallübergreifenden Kategoriensystems

Unter der Berücksichtigung aller thematisch relevanten Interviewpassagen ist eine umfangreiche tabellarische Übersicht aus den paraphrasierten und anschließend mehrmals zusammengefassten Interviewinhalten entstanden. Die forschungsfrage-fokussierten Interviewinhalte wurden auf Grundlage mehrerer regelgeleiteter Reduktionsrunden und zielgerichteter Rücküberprüfungen den induktiv gebildeten Kategorien und deren Struktur zugeordnet. Darüber hinaus wurden paraphrasierte Formulierungen in einer kleinen Auswertungsgruppe diskutiert.

Die Auswertungsergebnisse stützen sich auf die Erfahrungen der interviewten Personen und sind im Rahmen der Stichprobe aussagekräftig.

Das Kategoriensystem der schulisch-beruflichen Übergänge von Menschen mit Förderbedarf umfasst die folgenden neun Kategorien:

- K1: Intraschulische Übergänge (Grundschule/Sekundarschule-Förderschule-Übergang/Förderschule – Sekundarschule/IGS-Übergang)
- K2: Übergangsvorbereitung (1. Schwelle): unter anderem berufsorientierendes Praktikum als Vorbereitung des Übergangs Schule – Beruf (Ausbildung)
- K3: Übergang von Förderschule/IGS oder Sekundarschule in überbetriebliche Ausbildung
- K4: begleitete Übergänge (vom Wohnen in eigener Familie/Sonderschulheim in das betreute und danach in das selbstständige Wohnen)
- K5: Übergang von überbetrieblicher Ausbildung in Stufenausbildung/Fachpraktiker-Ausbildung

- K6: Übergang Förderschule – WfbM (interne qualifizierte Berufsbildung/ Beschäftigung)
- K7: Übergang von einer Berufsausbildung in eine Berufstätigkeit
- K8: Übergang von überbetrieblicher Ausbildung ohne Abschluss in WfbM ohne Aufstiegsabsichten
- K9: Streben nach weiteren Übergängen (von WfbM in eine Beschäftigung des ersten Arbeitsmarktes; von bestehender Beschäftigung in Traum-/Wunschberuf)

Bevor ein zielgerichteter Blick auf die Analyseergebnisse zu den schulisch-beruflichen Übergängen der ersten Schwelle (Übergang 1) erfolgt, werden die intraschulischen Übergänge der Interviewpartner und -partnerinnen mit Förderbedarf in den Vordergrund gerückt.

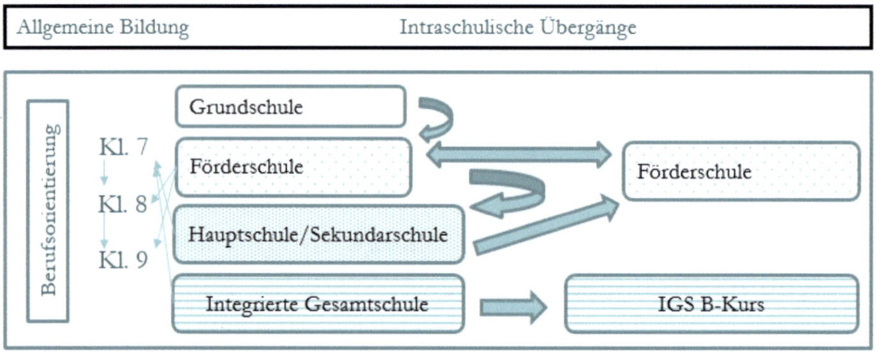

Abbildung 46: Intraschulische Übergänge (eigene Darstellung)

Die Abbildung zeigt die zwei ersten Kategorien (K1 und K2).

K1: Intraschulische Übergänge (Grundschule/Sekundarschule-Förderschule-Übergang/ Förderschule – Sekundarschule/IGS-Übergang)

In Anlehnung an die Forschungsergebnisse (s. Abb. 46) kann festgehalten werden, dass durch das selektive deutsche Bildungssystem verschiedene Übergänge innerhalb des Schulsystems (Kategorie 1) besonders die hier untersuchte Personengruppe betreffen. In Bezug auf die interviewten Menschen mit Förderbedarf kann der Übergang aus dem regulären Schulsystem in den Förderschulbereich sowohl während der Grundschulzeit (bei mind. 5 von 17 interviewten Personen: IP2w, IP4 m, IP5 m, IP6 m, IP10 m) als auch während des Besuchs der Sekundarschule (mind. bei Interviewpartner IP6 m) nach der Feststellung des Förderbedarfs erfolgen. Diese schulischen Übergänge der Interviewten sind überwiegend von Lernproblemen beim Erwerb von Basiskompetenzen wie Lesen, Schreiben, Verstehen und Rechnen (IP4 m: Zeilen 18–19; IP5 m: Zeilen 188–193; IP6 m: Zeile 130; IP10 m: Zeilen 191, 228; IP14 m: Zeilen 233–260) oder mit Hyperaktivität und Konzentrationsmangel (IP2w: Zeilen 256–257, 259–260) gekennzeichnet. Verbesserten sich die Leistungen während der Förderschulzeit nicht, besuchten Betroffene bis zum Abschluss ihrer Schulzeit diese Schulform und erzielten den Hauptschulabschluss (IP2w: Zeilen 459–463; IP4m: Zeilen 367–369 (erweiterter Hauptschulabschluss); IP10 m: Zeile 133). Zwei der Befragten ist es gelungen, von einer Förderschule in eine Sekundarschule überzugehen und den Hauptschulabschluss zu erlangen (IP5 m: Zeilen 182–186; IP6 m: Zeile 453). Unter den übrigen Befragten erfolgten die Übergänge innerhalb der Förderschulen. Diese Personengruppe erreichte lediglich ein Abgangszeugnis (IP1w: Zeile 928; IP9w: Zeilen 465, 467; IP11w: Zeilen 243, 245; IP12 m: Zeilen 254–257; IP13w: Zeilen 288–293; IP14 m: Zeilen 233–260; IP16 m: Zeile 219) oder – in seltenen Fällen – einen Hauptschulabschluss (IP7 m: Zeilen 150, 152, 154; IP8 m: Zeile 184).

Lediglich eine der interviewten Personen ist trotz starker Lernschwierigkeiten in einer integrierten Gesamtschule (IP3w: Zeile 195) geblieben.

> „Ach, wir waren damals so ne Versuchskaninchen unser Jahrgang, jetzt mit diesen A- und B-Kursen. [IP3w: Zeilen 181–182] Na, das war halt furchtbar. Und das waren dann halt die A-Kurse für die Schüler die ein bisschen besser jestellt warn die auch ein bisschen mehr/ naha die es leichter hatten beim Lernen, als die die vielleicht ein bisschen länger jebraucht haben um irgendwas zu verstehen. (..2..) Ja und da war ich halt bei den B-Schülern." (IP3w: Zeilen 185–188)

Innerhalb der Stichprobe ist IP3w die einzige Interviewprobandin, die nicht zwischen den allgemeinbildenden Schulen wechselte. Mithilfe einer angemessenen Unterstützung im Rahmen eines B-Kurses für lernschwache Schüler und Schülerinnen erwarb sie einen erweiterten Hauptschulabschluss (IP3w: Zeilen 180–181, 188–193).

K2: Übergangsvorbereitung (1. Schwelle): unter anderem berufsorientierendes Praktikum als Vorbereitung des Übergangs Schule – Beruf (Ausbildung)

Der Übergang in das Ausbildungssystem wird in der Regel im Rahmen der Berufsorientierung, Berufsberatung oder während eines Praktikums vorbereitet. Diese berufliche Vorbereitungsphase beginnt einige Jahre vor dem Schulabschluss (s. Abb. 47). In Anlehnung an das erhobene Material wurde die Kategorie 2 – Übergangsvorbereitung (1. Schwelle) entwickelt, die sich unter anderem auf das berufsorientierende Praktikum als Vorbereitung des Übergangs Schule – Beruf (Ausbildung) bezieht.

Fast alle Interviewten (ausgenommen IP11w, IP15 m, IP16 m und IP17 m) hatten, so ist es den Interviewtranskripten zu entnehmen, auf der Suche nach einem geeigneten Beruf mehrere Praktika absolviert (IP2w: Zeilen 174–177, 449, 451–453, 511; IP5 m: Zeilen 534–535, 537–539, 541–543; IP7 m: Zeile 209–211, 305; IP8 m: Zeilen 627–628, 632–633, 635, 637, 639; IP9w: Zeilen 367, 369, 371; IP10 m: Zeilen 233–234, 238, 240; IP12 m: Zeilen 264–265, 267, 269–270, 272–273, 312–313, 499–501, 503–505, 511–512; IP13w: Zeilen 146, 148–149; IP14 m: Zeilen 189–217).

Dabei wird deutlich, dass das berufsorientierende Praktikum nicht nur während der Schulzeit seinen Einsatz findet, sondern auch während der Nachschulzeit, und zwar so lange, bis die betroffene Person den geeigneten Beruf und eigene Beschäftigungsteilhabe findet.

Nur zwei der Interviewten berichteten vom Absolvieren des Berufsvorbereitungsjahres (IP3w: Zeilen 717–718; IP14 m: Zeilen 181–189).

Die vier Interviewten, die bei der Wiedergabe ihrer Lebensgeschichten nichts über ein betriebliches Praktikum erzählten, absolvierten mehrere Praktika in der WfbM. In diesem Kontext kann festgehalten werden, dass alle Werkstattbeschäftigten mithilfe von Praktika den Zugang zum passenden Beschäftigungsbereich erhalten.

Häufig berichteten die Interviewten von der Unterstützung durch Berufsberatungskräfte der Bundesagentur für Arbeit während der Berufsorientierung. Nach einem Praktikum im geeigneten Beruf erfolgte die Vermittlung der Interviewten in eine verzahnte BvB Maßnahme und darüber hinaus in die Fachpraktiker-Ausbildung (IP2w und IP5 m) oder in die duale Ausbildung und den zweiten bzw. seltener den ersten Arbeitsmarkt (IP2w: Zeilen 97, 309–314, 434–436; IP3w: Zeilen 379–385, 743–750, 753–764; IP4 m: Zeilen 195–201; IP5 m: Zeilen 348–354, 356–357, 361–366, 374–380, 509, 511, 513–514; IP6 m: Zeilen 258–259, 618; IP8 m: Zeilen 624–625; IP10 m: Zeilen 349–350, 356–357; IP13w: Zeilen 151, 153–155).

Einige Interviewte berichteten von der Übergangsvorbereitung durch die eigenen Eltern (IP9w: Zeile 56; IP14 m: Zeilen 307–308) oder ihre Schullehrkräfte (IP9w: Zeilen 361–362; 371; IP12 m: Zeilen 312–313, 315–316; IP14 m: Zeile 310).

Ausgangsbasis für die Rekonstruktion der schulisch-beruflichen Übergänge ist der Übergang der ersten Schwelle vom Schulsystem zum Ausbildungssystem (Übergang 1).

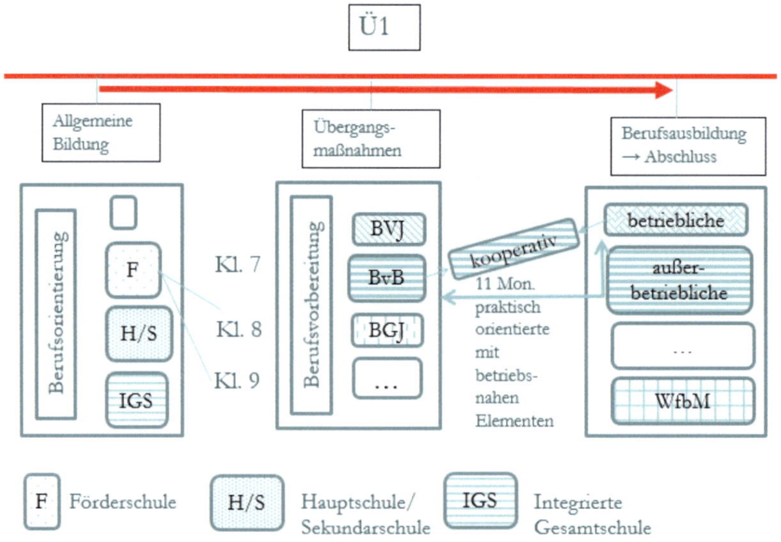

Abbildung 47: Die erhobenen Übergänge Schule – Überbrückungsmaßnahme(n) – Ausbildung (eigene Darstellung)

K3: Übergang von Förderschule/IGS oder Sekundarschule in überbetriebliche Ausbildung

Die dritte Kategorie (Kategorie 3) – Übergang von Förderschule/in Ausnahmefällen von IGS oder Sekundarschule in überbetriebliche Ausbildung – ist als Vorstufe des Übergangs der ersten Schwelle oder als Bindeglied zwischen Schule und der Berufsausbildung zu verzeichnen. Zusammenfassend kann dieser Prozess als Übergang: Schule – Überbrückungsmaßnahme(n) – Ausbildung bezeichnet werden.

Darüber hinaus sind über die Hälfte der Interviewten vor der beruflichen Qualifizierung in den berufsvorbereitenden Übergangsmaßnahmen geblieben. Aufgrund dessen verlief deren Übergang der ersten Schwelle prekär.

In der Darstellung der gesamten Übergangsprozesse können die Aussagen und Verläufe der direkten und prekären Übergänge nachverfolgt werden (s. Abb. 48).

Diejenigen, die in einer kooperativen BvB-Maßnahme eingegliedert waren, konnten vom direkten Übergang in die beruflich qualifizierte betriebliche Ausbildung oder in die teilqualifizierte Fachpraktiker-Ausbildung profitieren.

Drei Absolventen und Absolventinnen einer überbetrieblichen Ausbildungsstätte berichteten von einem direkten Übergang von einer Förderschule – in Ausnahmefällen von IGS oder Sekundarschule – in eine überbetriebliche Bildungseinrichtung (IP2w: Zeile 470; IP4m: Zeilen 473–495, IP5m: Zeilen 526,528, 530) und darüber hinaus in die betriebliche Ausbildung (IP3w: Zeilen 809–815; IP4m: Zeilen 195–201) oder in die Fachpraktiker-Ausbildung (IP2w: Zeilen 491–492; IP5m: Zeile 248).

Von einem langen Weg, bis der Wunschberuf identifiziert werden konnte (folglich einem prekären Übergang in eine betriebliche Ausbildung), berichtete nur die befragte Person IP3w (Zeilen 590–596):

> „Hm. (.) Auch wenn ich mir das so angucke, vom BVJ, was ich mir da so ähm/und denn diese Verkaufs und Koch Dings da/die Kochausbildung. Ich konnte mich da ausprobier'n. Ich konnte in so viele Bereiche reingucken. Was die Zeit/so viel Zeit wie ich jekriegt habe, die mir geschenkt wurde, eigentlich durch das/das alles. Äh, mich auszuprobieren. Was jefällt mir? Was jefällt mir nich? Und dann auch/vor allem auch von ner Küche auf die Baustelle. Also das ist ja nun/da liegen ja Welten zwischen. Und, ich fühl mich einfach nur mal wohl auf der Baustelle. Das ist (.) mein Ding."

Vier der interviewten Personen berichteten von einer psychotherapeutischen Behandlung in einer geschlossenen psychotherapeutischen Klinik. Diese Aufenthalte stehen im engen Zusammenhang mit Stress in Übergangsphasen.

> „Ja. (..2..) Isch habe eine Lernschwäsche. (..3..) Deswegen, äh (.) wo isch an andere Schule gekommen bin (..2..) naja (..2..) kam isch nisch das erste Mal klar (.) mit den anderen Schülern, (.) mit den Lehrern. (.) Und dadursch bin isch in so ne Klinik gekommen. (..2..) Na habe isch da Tabletten bekommen (.) und dann wurde isch immer ruhiger. (..4..) Ja. (..4..) [...] Ein halbes Jahr. (..5..) Isch durfte an den Wochenenden nach Hause. (..3..) Ja." (IP2w: Zeilen 620–624, 628)

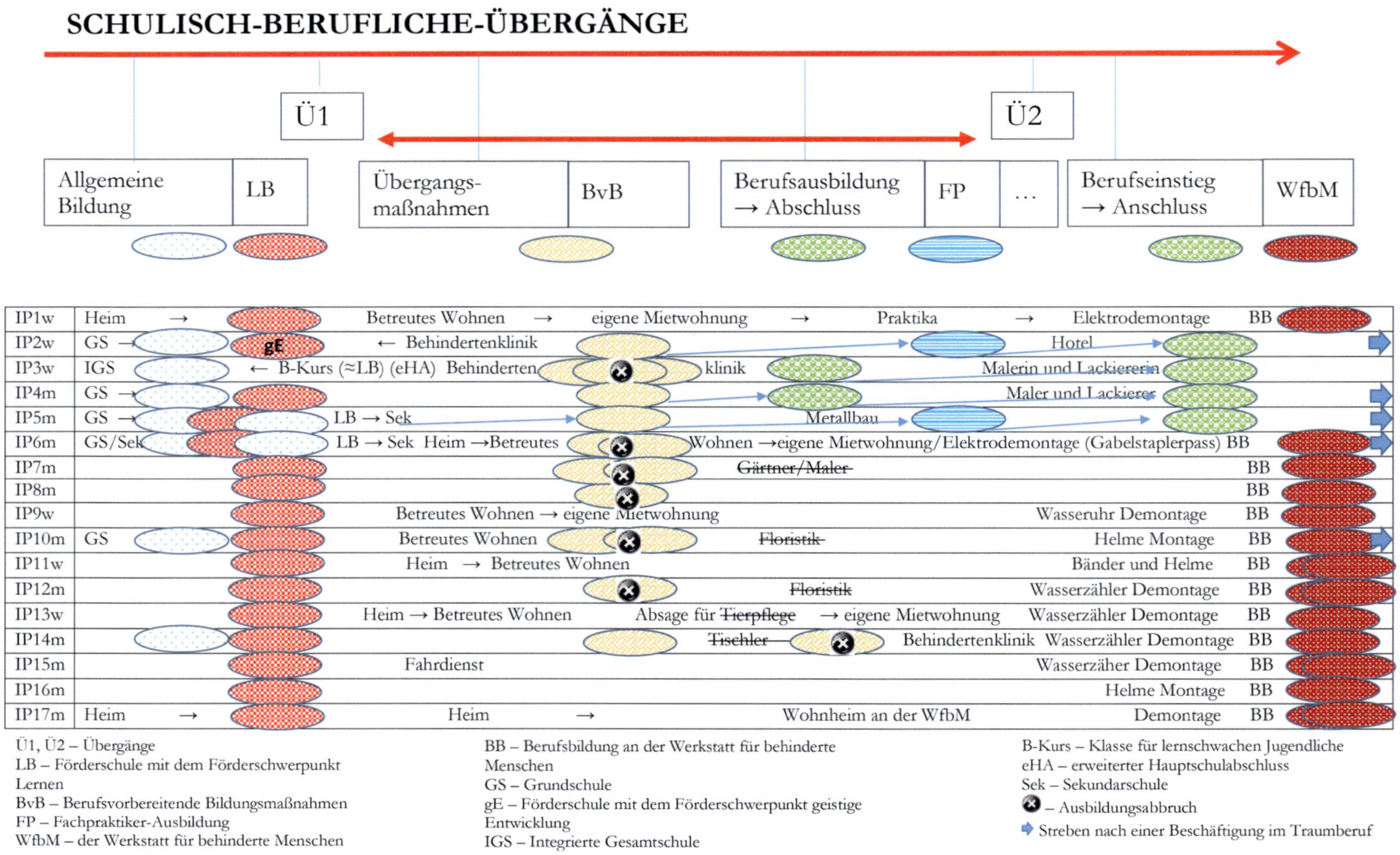

Abbildung 48: Stichprobenbezogene Gesamtdarstellung der schulisch-beruflichen Übergänge (eigene Darstellung)

Probleme mit Mitschülern und Mitschülerinnen, Lehrkräften und Gruppenleitern und -leiterinnen bereiteten nicht nur während der Schulzeit und der außerbetrieblichen Ausbildungszeit Kummer, sondern auch während der Beschäftigung in einer WfbM.

> „Hm, denn n gab's och Stress, dann mit'm Gruppenleiter. [...] Ja, na, wollt ich dann nich mitmachen (..4..) und denn (.) n wurdes denn (.) soweit, dass ich dann inne s (ich soll's nich aussprechen) in inne inne Psycho-Anstalt (.) verschleppt wurde. [...] Im praktischen Sinne. Nervenanstalt. Wegen meinem Verhalten. (..3..) Ham die mich wirklich äh für drei Monate verschleppt, sag ich mal. [...] Hm. Für für ungefähr. Ich globe drei oder dreieinhalb. Ich weeß es jetzt gar nich genau. (..2..) Ja, und und dann äh und dann musste/da gab's dann so'n Heft, so'n/na praktisch wie hier dieses bisschen oder wie hier jetzt gesehen. So so'n Heft, wo wo wo dann Punkte drinne war'n." (IP8 m: Zeilen 716, 718–719, 722–723, 725–728)

> „Die LB oder so:, wie sich die nannte. Das ist schon eine Weile her, weiß isch nischt jenau. (..2..) Da war das Problem (.) hm: äh:: (..2..) isch hatte zwar (.) fleißisch immer mitgelernt aber: (.) da gabs Menschen, die misch da jemoppt hamen, (.) die misch immer provoziert hamen. (..2..) So dass isch, auf gut Deutsch, gesacht hatte (.) ma: (.) mise: und schieße jeworden immer dort. (..2..) Aber: dann haben sie später mitgekriegt, dass ich so eine Behinderung habe. Dann war das komplett abgebrochen. (..3..) Da hamen: (.) war isch aber nisch so: gleisch, nisch gleisch nach *Werkstatt für behinderte Menschen* anjeschult worde. (.) Dann hamen, dann bin isch erstmal (..5..) in eine:, wie soll isch jetzt es am besten nennen, (..2..) in so eine äh:/äh: (.) behinderte Klinik jekommen." (IP14 m: Zeilen 169–177)

> „Und nach 2 Wochen, bin isch dann nachher nach *Werkstatt für behinderte Menschen* jekommen. (.) Da kam isch erstmal in diese:. (..2..) Wie nennt sisch da, wo man anfägt (.) bei *Werkstatt für behinderte Menschen*? (..2..) Vorbereite: 2 Jahre Vorbereitungsjahr bei: (..3..) *Werkstatt für behinderte Menschen* äh:. Da hatte isch Werkstatt, Prüfung gehabt. Und noch was zugehort an rischtigen Beruf jetzt zu haben. (..3..) Da: bin isch aus irgendwelschen Gründen (.) nochmal während dessen Zeiten gehabt und noch mal in die Klinik gelandet. (..2..) Noch mal für ganze 12 Wochen. Da habe isch noch ein zusätzliches Jahr bekommen, weil: das 2. Jahr gefehlt hat. (..2..) Da war isch, auf gut Deutsch gesagt, drei *Name eines Berufsvorbereitungsleiters*. Das war mein Schef bei Berufsvorbereitungsjahr." (IP14 m: Zeilen 181–189)

Zur Trauerbewältigung um ihren verstorbenen Mann griff die befragte Person IP3w während des Aufenthalts auf einen Besuch in einer psychotherapeutischen Klinik zurück.

> „Ich war ja noch 8 Wochen, bevor ich auf der Langzeit jegangen bin, war ich das erste Mal 8 Wochen in ner Tagesklinik. Das war eigtl. nur zur Trauerbewältigung für mein Mann." (IP3w: Zeilen 510–512)

> „Und denn bin ich von da an erstma in die jeschützte Station jekomm, also das ist die geschlossene Station, sacht man halt umgangssprachlich. Und da war ich dann 14 Tage und von da aus bin ich dann auf die offene jekomm. Das war denn ne Langzeittherapie, das war 12 Wochen und das ist das Beste, was mir in meinem ganzen Leben je passieren konnte." (IP3w: Zeilen 375–379)

K4: begleitete Übergänge (vom Wohnen in eigener Familie/Sonderschulheim in das betreute und danach in das selbstständige Wohnen)

Bei der Betrachtung der schulisch-beruflichen Übergänge kann eine Parallelität zu den begleiteten Übergängen (Kategorie 4) beobachtet werden (s. Abb. 49).

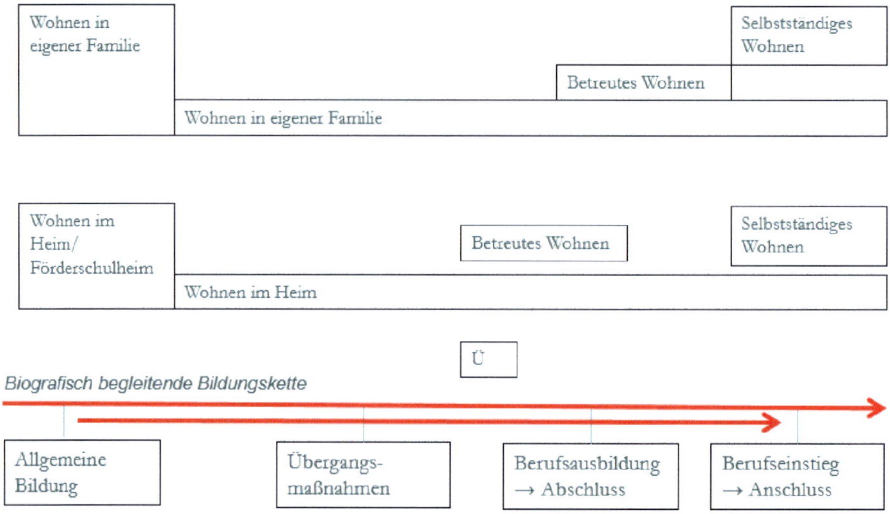

Abbildung 49: Begleitete Übergänge: von dem Wohnen in eigener Familie/Förderschulheim in das betreute und danach in das selbstständige Wohnen (eigene Darstellung)

Fünf der befragten Beschäftigten haben, während sie in einer WfbM arbeiteten, überwiegend in Heimen gewohnt (IP1w: Zeilen 677, 679–680, 925–926; IP6 m: Zeilen 351, 978–980; IP11w: Zeilen 14–45; IP13w: Zeilen 215–224, 226–228; IP17 m: Zeilen 99–100, 102–107, 149–176). Nach der Erlangung ihres Schulabschlusses gingen sie in eine betreute Wohnform über (IP1w: Zeile 1018; IP6 m: Zeile 393; IP9w: Zeile 338; IP10 m: Zeilen 406, 414–415; IP11w: Zeilen 14–45; IP13w: Zeilen 373, 375–376, 382–383). Jahre später wechselten einige der Betroffenen unter der Aufsicht gesetzlicher Betreuer (IP1w: Zeilen 1031, 1051–1052; IP6 m: Zeile 911; IP7 m: Zeilen 111, 168, 170, 218; IP9w: Zeilen 184, 189–190; IP10 m: Zeilen 421, 423; IP11w: Zeilen 14–45; IP13w: Zeilen 196, 198–203; IP14 m: Zeilen 233–260; IP17 m: Zeilen 342–351) in das selbstständige Wohnen (IP1w: Zeilen 987, 989, 991, 993, 1091–1092; IP2w: Zeilen 528–529; IP3w: Zeilen 308–410; IP4 m: Zeilen 626, 628; IP6 m: Zeilen 405, 407, 411; IP9w: Zeilen 175–177, 182, 186; IP13w: Zeile 371).

K5: Übergang von überbetrieblicher Ausbildung in Stufenausbildung/Fachpraktiker-Ausbildung

Im Rahmen der Befragungen zeigten sich unter den Interviewten insgesamt vier Übergänge der Kategorie 5, wonach die Betroffenen nach ihrer Förderschule/IGS von einer überbetrieblichen Ausbildung in eine Stufen- (IP3w: Zeilen 809–815; IP4 m: Zeilen 199–201, 538–545) bzw. Fachpraktiker-Ausbildung (IP2w: Zeilen 162–163, 171–172; IP5 m: Zeilen 279; 281–284) wechselten (s. Abb. 50).

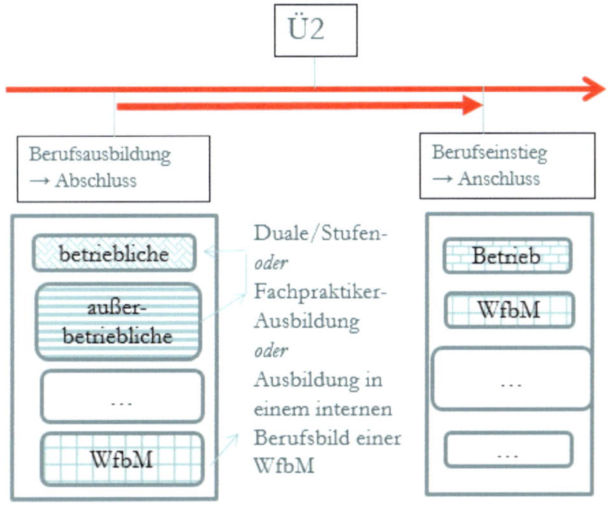

Abbildung 50: Der erhobene Übergang Ausbildung – Berufseingliederung (eigene Darstellung)

Bei allen Fällen liegen die Schulabschlüsse vor. Nach einer praktisch orientierten und verzahnten Berufsvorbereitung (BvB) an einer überbetrieblichen Bildungseinrichtung mit Praktikumsbestandteilen in ausgewählten Betrieben wählten die Interviewten zwischen Stufen- oder Fachpraktiker-Ausbildungen (ebd.).

So gelang es den Interviewpartnern IP3w und IP4m nach dem Modell der Stufenausbildung, den Übergang nach der 2-jährigen Berufsausbildung zum Bauten- und Objektbeschichter oder zur Bauten- und Objektbeschichterin und in das 3. Ausbildungsjahr zum Maler und Lackierer oder zur Malerin und Lackiererin zu schaffen (IP3w: Zeilen 308–410, 412–415, 551–553, 555, 807,809–815, 817–821; IP4m: Zeilen 198–201).

Die Interviewpartnerin IP3w ging einen Schritt weiter und strebte nach dem Bestehen ihrer Gesellenprüfung den Erhalt eines Stipendiums der Handwerkskammer zur Meister-Fortbildung an. Dabei erhielt sie allseitige Unterstützung ihres Beschäftigungsbetriebes.

> „Ja, auch bloß noch'n paar Monate, dann ist das Ding auch schon wieder durch. Ja (.) und ich hab dann von der Handwerkskammer, mein Chef der kam dann an und meinte so, *Vorname der IPw3*, setz dich hin. Ich sach, ich sitze schon, ich mach grad Pause. Du wirst es mir nich glauben, aber du hast ein äh äh Stipendium versprochen bekommen von der Handwerkskammer, wenn du deine Prüfung mit 2 bestehst, kriegst du ein Stipendium zum Meister. (.) Den kann ich hinten dran häng. Ich bin so stolz." (IP3w: Zeilen 415–421)

Der Interviewproband IP5 m setzte seine Ausbildung mit dem gleichen Ziel nach der berufsvorbereitenden Bildungsmaßnahme (BvB) zum Fachpraktiker im Bereich Metallbau fort.

„Fachpraktika für Metallbau. [...] Zum Metallbauer [...] Weil ich, weil ich gerne handwerklich tätig bin. Ich mach/ich mag gerne große Sachen (.) in die Hand zu nehmen, als solche kleinen Sachen. Büro is auch nich so meins. Bin lieber draußen tätig so an der/kannste mehr machen und ist schon cool, was du mit (.) Material alles so fertig stellst. [...] Dreieinhalb Jahre." (IP5m: Zeilen 279, 324, 326–329, 412)

Die Interviewpartnerin IP2w dagegen wählte den Beruf der Fachpraktikerin Hauswirtschaft.

„Äh (.) Hauswirtschaft (..7..) [...] Fachpraktikerin für Hauswirtschaft. (..11..) [...] U:::h (..2..) Hauswirtschaft hat misch halt interessiert. (..2..) Und deswegen habe isch das auch gemacht, (.) weil das/das Einzige, was isch machen konnte." (IP2w: Zeilen 160, 162–163, 171–172; auch Zeilen: 309–314, 329, 331–332, 334, 336–337, 491–492, 499, 501–502)

Beide erreichten einen teilqualifizierten Abschluss.

K6: Übergang Förderschule – WfbM (interne qualifizierte Berufsbildung/Beschäftigung)

In Anlehnung an die Ergebnisse der zusammenfassenden Inhaltsanalyse konnte Kategorie 6 zum Übergang von der Förderschule in eine WfbM (interne qualifizierte Berufsbildung/Beschäftigung) gebildet werden.

Die vier Interviewten haben ihre Förderschulen ausschließlich mit einem Abgangszeugnis verlassen (IP1w: Zeile 928; IP11w: Zeilen 243, 245; IP13w: Zeilen 288–293; IP16m: Zeile 219).

Im Laufe der Zeit sind diese Interviewpartner in eine WfbM übergegangen. Nachdem sie ein Praktikum in einem geeigneten Berufsfeld absolvierten, qualifizierten sich vier der interviewten Personen zum Bearbeiter für Wertstoffe in einer WfbM. Eine der befragten Personen erlangte im selben Haus die Qualifizierung zur Monteurin. Im Anschluss daran erfolgte sowohl die Eingliederung als auch Weiterbeschäftigung der interviewten Personen in ihrem jeweiligen Beschäftigungsbereich.

K7: Übergang von einer Berufsausbildung in eine Berufstätigkeit

Den Übergang von einer Berufsausbildung in eine Berufstätigkeit (Kategorie 7) absolvierten insgesamt vier Interviewpartner und -partnerinnen.

Sowohl IP3w als auch IP4m sind nach Abschluss der Stufenausbildung von ihren Ausbildungsbetrieben übernommen worden und sind nach wie vor dort tätig.[48] Während des Interviews berichteten beide interviewten Personen über die Bereitschaft der Betriebe, sie zu übernehmen. Die Übernahmezusage erfolgte noch vor der letzten Prüfung.

„Ich hab mir als Ziel vorjestellt, direkt nach der Ausbildung (.) n festen Job zu haben. (..3..) Und das hat funktioniert. (..2..) Die Zusage hab ich ja heute schon. Also mein Chef will mich unbedingt behalten. Er ist ja sowas von begeistert. (..3..) Joa (..14..) [...] Also ich muss

48 Die Übernahme in die Betriebe erfolgte nach der Interviewdurchführung und wurde durch die Interview-Gatekeeperin bestätigt.

> sagen, das ist wirklich Glück pur, dass ich diese Chance jekriegt habe. (.) Wozu das alles gut war, wie's passiert is. (..2..) Und jetzt so ein Aufstieg." (IP3w: Zeilen 579–581, 586–587)

> „Is jetzt schon ja. (..2..) [...] Ja. Also (.) dursch mein Schef/mein Schef meinte. (.) Er würde misch gern übernehmen, (..3..) wenn isch (.) die Prüfung schaffe. (..3..) Habe isch misch erstmal so sehr gefreut über, (.) da er misch übernehmen würde, habe isch misch schon ein paar Schritte geschpart (..3..) zum Beispiel neue Firma suchen und so weiter. (..2..) So habe isch es schon meine eigene, wenn isch in der Firma meine (.) Arbeitskollegen, die isch kenne, (.) mit denen isch gut klarkomme, gut zurescht komme und das finde isch schon gut (..3..)." (IP4m: Zeilen 519, 521–526)

Zwei Absolventen und Absolventinnen der Fachpraktiker-Ausbildung (IP2w, IP5m) haben im Anschluss an die Berufsausbildung ihre Arbeitsplätze gefunden. Die Absolventin der Fachpraktiker-Ausbildung im Bereich Hauswirtschaft ist in einem Hotel tätig (IP2w: Zeilen 372–373, 546).

IP5m ist seit dem Ausbildungsabschluss zum Fachpraktiker Metallbau in einem Betrieb beschäftigt, der sich mit dem Einbau und der Reparatur von Fenstern und Türen befasst (IP5m: Zeilen 260–262).

K8: Übergang von überbetrieblicher Ausbildung ohne Abschluss in WfbM ohne Aufstiegsabsichten

Vier der interviewten Personen (IP7m, IP8m, IP12m und IP14m) versuchten, eine überbetriebliche Ausbildung abzuschließen. Der Interviewte IP7m setzte sich zum Ziel, zuerst den Gärtner- und dann den Malerberuf zu erlernen (IP7m: Zeilen 209–211). IP8m entschied sich dagegen während seiner überbetrieblichen Ausbildung für einen Beruf im hauswirtschaftlichen Bereich (IP8m: Zeilen 643–645, 647–648, 650–651, 653, 657–658, 662–663, 669, 671, 680). IP12m durchlief eine überbetriebliche Ausbildung als Gärtner und Florist (IP12m: Zeilen 398, 400–404). An der überbetrieblichen Ausbildung zum Tischler versuchte sich IP14m (Zeilen 281–289, 297–298, 316, 323).

Aufgrund des erhöhten Förderbedarfs der Interviewten IP8m und IP14m und des von ihnen empfundenen ständigen Mobbings brachen sie ihre überbetriebliche Ausbildung ab (IP8m: Zeilen 697–700, 704; IP14m: Zeilen 326–327). Infolgedessen wechselten sie von der überbetrieblichen Ausbildung ohne Abschluss in eine WfbM.

Alle vier Interviewten fanden Sicherheit und Zuversicht in der WfbM. Von Plänen, eine Weiterbildung zu besuchen oder einen Berufswechsel vorzunehmen, wurde nicht berichtet.

K9: Streben nach weiteren Übergängen (von WfbM in eine Beschäftigung des ersten Arbeitsmarktes; von bestehender Beschäftigung in Traum-/Wunschberuf)

Zwei der im ersten Arbeitsmarkt Tätigen (IP2w und IP4m) sowie drei der Beschäftigten einer WfbM (IP5m, IP6m und IP10m) beabsichtigen einen Berufswechsel.

Die Interviewerin IP2w ist zwar mit der abgeschlossenen Ausbildung und der Beschäftigung im Hotel sehr zufrieden, möchte aber nach dem Erwerb eines Führerscheines Postdienstleistungen ausführen.

„Pakete ausfahren. (..3..) [...] M:h (.) seit 2 Jahren. (..2..) Aber dafür brauche isch, braucht man halt Führerschein. (..3..) [...] Führerschein (.) später irgendwann. (.) Falls isch ma was Anderes machen möchte. (..3..) Ja. (..6..) [...] Ja. Das wollte isch schon öfters mal Machen." (IP2w: Zeilen 585, 587, 592–593, 595)

IP4m ist seit seinem Abschluss einer Stufenausbildung im Maler- bzw. Lackiererbereich beschäftigt. In seiner Freizeit engagiert er sich in einem Fitnesszentrum als Trainer und ungelernter Ernährungsberater.

„Ja. (..6..) Das wäre schon (.) so (.) mein Traum gewesen (.) so Fitness oder so (.) allgemein so (.) Ernährungs sa/so Thema Ernährung. (..20..) [...] Halt da habe isch eigentlich so mein Traum auch so/so (..2..) selbständig zu sein, (..2..) sein Hobby halt (.) zum Beruf zu Machen. Bei mir wäre es natürlich Fitness, Schport, (.) auch schportmäßig, (..2..) äh: auch mit Ernährung anderen Leuten bei der Ernährung zu beraten, (.) was Gutes für sein Körper, was:/was ein fit hält, (.) was nicht so gut sein soll (.) [...] Das halt schon (..2..) so der gute Weg (.) da: schon rein zu kommen, (.) mehr Fachwissen aufzubauen. (.. 3..) Ja ist halt nischt so rischtiger Beruf, sage isch mal, für misch. Noch ist zwar besetzt (.) noch ein guter Beruf für misch, aber mein Ziel ist halt wirklisch (.) mein (.) Hobby zum Beruf zu machen. (..3..) Ja (.) und das sind halt schon meine große Träume gewesen." (IP4 m: Zeilen 255–256, 260–264, 271–275)

Parallel hierzu vermarktet er Lebensmittel und vegane Produkte.

„Isch mache schon (.) was nebenberuflich. (..2..) So Art (.) Ernährung, (..2..) Thema Ernährung, (.) Ernährungsmittel, (.) auch vegan." (IP4m: Zeilen 289–290)

Dem Befragten ist bewusst, dass ihn seine Arbeit mit Chemikalien und die körperlichen Anstrengungen irgendwann an seine gesundheitlichen Grenzen führen werden. Aus diesem Grund möchte er sich seinen Traum erfüllen, sein Hobby zum Beruf zu machen:

„um: dein Körper damit kaputt zu machen, (.) in disch irgendwelsche Chemikalien da rei zu schmeisen, (.) die dein Körper kaputt machen, (..4..) sondern so (.) auf dem gesunden Wege zu leben. Dein Leben wirklisch zu leben sein (.) äh:, was von der Welt zu sehen. (..2..) Das ist zurzeit heute schon gut möglisch mit (.) nur mit dem Smartphon Geld zu verdienen, sagen wir mal. (..2..) Und das nisch grade wenisch. (..5..) Ja." (IP4m: Zeilen 653–658).

Ähnliche Gedanken äußert IP5m. Er ist davon überzeugt, dass er aufgrund des Tragens schwerer Teile irgendwann aus seinem Beruf als Metallbauer ausscheiden wird:

„Mh (.) naja. (..2..) Ich trag (.) ich mach halt viel auch gerne damit (.) aber (.) irgendwann haste auch den Zeitpunkt äh und ich bin Metallbau/ähm bau halt Fenster und Tür'n ein und von denen ja auch nicht wenig. Und dann machste irgenwann/unsere Berufs/äh siehste so etwas älteren (.) ab vierzig kannste kaum noch äh dich bücken, werden alle operiert und so. (.) Deswegen ist das auch nich mehr mein Berufsziel so lange in der Firma zu bleiben. Mit vierzig hab ich kein Bock mehr äh Scheiben von äh zweihundert Kilo hin und her zu wuchten. [...] Naja, bisschen, aber du musst ja meistens Treppen hoch und da hilft ja nicht viel Technik. [...] Ja, viel Gewicht schleppen. (..2..) Ja." (IP5 m: Zeilen 727–733, 736–737, 739)

Seinen Traumberuf möchte er jedoch nicht aufgeben, weshalb er in seiner Freizeit Schritt für Schritt seinen Quereinstieg in die Landwirtschaft vorbereitet:

> „Oah, wenn's gut aussieht Landwirtschaft, weiter äh da reinzugehen. Mach ja auch jetzte schon so Urlaubzeiten, Wochenende, arbeite ich auch da in der Landwirtschaft bisschen mit. Da beim Kumpel mit. (.) Ja. [...] Naja, ich kenn mich/ja, was ich jetzt mache, seit dem einen Jahr, kenn ich mich jetzt auch aus, aber (.) da du lernst halt immer wieder weiter für lern/du lernst ja nicht aus im Leben. [...] Immer was Neues. [...] Ich hab ja äh äh handwerklichen Beruf erlernt und (.) kenne trotzdem alles was Schrauben und so alles kann [...] ich ja und das was jetzte noch so mit mache, kann ich alles. [...] Hm, na doch. Brauchst ja Landwirtschaft schon, aber öh, kannst ja auch als Quereinsteiger einsteigen und naja. [...] Und ich kenn mich ja schon einigermaßen in der Richtung gut aus." (IP5 m: Zeilen 746–748, 753–755, 757, 760–761, 763, 765–766, 768)

Während IP6 m in einer WfbM beschäftigt ist, träumt der Interviewte von einer Beschäftigung auf einem Handelsschiff.

> „Damals war's was mit Autos, heute tendier ich eher zu Schiffe. [...] Hm. (..3..) Na, ich möcht ja mal auf See fahr'n [...] Und mit so'n Handelsschiffen möchte ich mitfahr'n. [...] Zumindest möchte ich mal auf See fahren. (.) Mit Handelsschiffe. (..2..) So Container. (.) oder Öl-Tanker." (IP6 m: Zeilen 294, 297, 708, 718–719)

Dabei zeigt er ein besonderes Interesse an der Arbeit mit Motoren.

> „Na, da wollt ich was mit Motoren machen" (IP6 m: Zeile 1117).

Mit seiner Freizeitbeschäftigung im Spiel „Minecraft" in einer Schiffbau-Community festigt er sein Interesse, hat aber nach wie vor Schwierigkeiten mit dem Praktikums- und Ausbildungsplatz zum Seefahrer.

> „Hab ich schon einiges für gemacht. Muss nur noch'n Praktikumsplatz finden. Also ne Ausbildungsstätte. [...] Besonders wenn du in der Landesmitte wohnst, ja./lachend/ (..2..) Das ist ja schlecht. [...] Nee, das war erst kürzlich. Als ich da in der Schiffbau-Com/also weil ich hab ja da ne Schiffbau-Community kennjelernt. Ne Minecraft-Schiffbau-Community. (.) Ja, da sind über hundert Mann drinne./lachend/Ja. [...] Erst muss ich gucken, wo'n Ausbildungsplatz ist, ja. (.) Das wird schwierig in der Landesmitte. [...] Na (.) Handelsschiff./lachend/Den man dafür braucht. [...] Na, äh (.) Is ja eher so'ne seemännische Ausbildung." (IP6 m: Zeilen 299, 302, 305–307, 1173–1174, 1176, 1180)

Während des Interviews wurde die Notwendigkeit der ordentlichen Bewerbung thematisiert.

IP10 m äußerte den Wunsch, in der Lagerlogistik tätig zu werden.

> „Ja. (.) Abe:r (.) isch sage mal so äh: (..2..) isch werde es versuchen, aber lieber (.) werde isch im Lager arbeiten, weil das (.) auch sicherer is:. (..3..) [...] Also Floristik, Gärtnerei passt eigentlich zu mir, aber äh: (..2..) da isch schon äh: (..2..) abgeschlossen (.) mit der Gärtnerei (..2..) und äh: im Lager (.) äh: werde isch mir (.) vorstellen (.) oder. (..2..) [...] Genau. (.) Ja." (IP10 m: Zeilen 590–592, 602–604, 617)

Während der Beschäftigung in einer WfbM möchte er den Gabelstaplerschein erwerben und ein längeres Praktikum im Großhandel absolvieren.

> „Ne. Dafür brauchst du eigentlisch nur äh: (.) den (..4..) Gabelschtapplerpass. [...] Und äh: den Schtapplerpass. (.) Also den Führerschein. (..3..) [...] Muss isch noch hier machen. (.) [...] Genau. (..6..) Hier kann isch das machen“ (IP10 m: Zeilen 484, 486, 488; auch Zeilen: 490–491, 493–495). „Und dazwischen dursch will isch noch ein Praktikum (.) machen, (.) vielleischt im Lager (.) so: Lagerarbeiten, (..3..) wo isch noch kucken, äh: wo isch arbeiten (.) bei IKEA (.) oder äh: bei METRO.“ (IP10 m: Zeilen 449–451; auch Zeilen: 453, 455, 460, 462, 465, 467, 469–471, 474, 478, 509, 524–525, 527–530, 555–556, 558–559, 567)

Seine Eltern würden ihn durchaus dabei unterstützen, die Initiative zu ergreifen und selbstständiger und planvoller sein berufliches Ziel zu verfolgen (IP10 m: Zeilen 457–458, 511–515, 519, 521–522, 646–648). Optional könne er sich eine Beschäftigung als Landschafts- und Gartenbauer vorstellen (IP10 m: Zeilen 586–588, 631).

Die beschriebenen schulisch-beruflichen Übergänge sind nicht immer gelungen. Im nächsten Unterkapitel sind die hindernden Übergangsfaktoren dargestellt, die aus dem vorhandenen empirischen Datenmaterial abgeleitet werden können.

6.2 Hindernisse am Übergang Schule – Beruf

Jeder der förderbedürftigen Interviewten berichtete über eigene schulisch-berufliche Lern- und Übergangsprobleme. Während des Übergangs erlebten die Interviewten in verschiedenen Bereichen ihres Lebens zahlreiche Umbruchsituationen, Misserfolge und Versagen.

Auf der Basis des gesamten empirisch erhobenen Datenmaterials lassen sich die folgenden, hier stark zusammengefassten Kategorien ableiten:

- K1: Misserfolge in sozialen Interaktionen wegen Mobbings bzgl. des abweichenden Verhaltens oder Aussehens
- K2: Fehlende Voraussetzungen für die Erfüllung von Zugangsbeschränkungen zu einer regulären Berufsausbildung
- K3: Begegnung mit Gleichgültigkeit einer Vielzahl der Menschen im sozialen Umfeld (Betrieb, Personalverantwortliche)
- K4: misslungene Berufsorientierung
- K5: misslungene Ausbildungsversuche
- K6: misslungene Beschäftigungsversuche
- K7: Fehlendes oder gestörtes berufliches Selbstkonzept (fehlende Entwicklung eigener beruflicher Identität, Inanspruchnahme bestehender Berufsmöglichkeiten, fehlende berufliche Zielstrebigkeit, fehlendes Streben nach Weiterentwicklung)
- K8: Fehlende oder unzureichende Bereitschaft der Betriebe, beeinträchtigte Menschen auszubilden
- K9: Unausgereifte Befähigung zum selbstständigen Leben, Wohnen und Handeln

K1: Misserfolge in sozialen Interaktionen wegen Mobbings bzgl. des abweichenden Verhaltens oder Aussehens

Der überwiegende Anteil der interviewten Personen (11 von 17) berichtete insbesondere hinsichtlich sozialer Interaktion vom eigenen unsicheren Verhalten seit dem Kindesalter (IP1w, IP2w, IP3w, IP6m, IP7m, IP8m, IP11w, IP12m, IP13w, IP14m, IP17m). Unabhängig davon, in welchem Umfeld sich die Betroffenen bewegten, wurden sie Opfer von Beleidigungen oder Demütigungen. Von derartigen Mobbingerlebnissen berichteten die betroffenen Interviewten sowohl während der Praktika, der Berufsvorbereitung, bei Ausbildungsbeginn, bei Heimeintritt als auch bei Schul- und Heimwechsel (IP12m: Zeilen 507–508). Die Feststellung eines bestimmten Förderbedarfs und die damit einhergehenden Abweichungen waren ursächlich für ihren Schulwechsel (IP2w: Zeilen 620–624; IP7m: Zeilen 85–86, 88–89, 91, 161; IP14m: Zeilen 166–177, 326–327).

In einem Fall fiel das Mobbing (IP1w) in einem Sonderschulheim mit einem kritischen Ereignis im eigenen Leben zusammen. Infolge eines Hundebisses konnte ihr ursprüngliches Aussehen trotz mehrerer Operationen nicht wiederhergestellt werden. Die Betroffene fiel daraufhin zahlreichen Mobbingangriffen zum Opfer. Ihr geringes Selbstbewusstsein infolge des Mobbings prägte sich tief in die Erinnerungen der Betroffenen ein. Doch die befragte Person erinnerte sich auch an positive Erlebnisse. So blieb ihr etwa eine besonders warmherzige Lehrerin im Gedächtnis, die sie beschützte und ihr abweichendes Aussehen den Mitschülern und Mitschülerinnen erklärte.

Auch IP13w wurde aufgrund ihres Sprachfehlers gemobbt. Sie stotterte im Förderschulheim (Zeilen 241–250). Wie im oben beschriebenen Fall wurde die Interviewte durch einen Lehrer in Schutz genommen (Zeilen 254–256).

In derartigen Mobbingsituationen war die soziale Interaktion der Betroffenen mit den Mitschülern und Mitschülerinnen (IP2w: Zeilen 620–624; IP3w Zeilen: 171–183; IP7m: Zeilen 85–86, 88–89, 91, 161; IP14m: Zeilen 166–177, 326–327), Lehrkräften (IP2w: Zeilen: 620–624), Mitauszubildenden und anderen Menschen im außerschulischen Kontext beeinträchtigt. Die Betroffenen zogen sich daraufhin zurück und beschränkten ihre Interaktionen auf nur wenige Menschen im engeren Bekanntenkreis. Nur wenige der interviewten Personen berichteten vom Vorhandensein vieler Freunde zum Zeitpunkt der Mobbingerlebnisse (IPw1: Zeilen: 952,954; IP3w: Zeilen 171–183). Die Erfahrungen von Misserfolgen und die Sorge der Interviewten über mangelnde Anerkennung innerhalb der jeweiligen Menschengruppe führten sehr häufig zu starken psychischen Belastungen und emotionalen oder sozialen Krisen. In mehreren Fällen konnten die Betroffenen diese Krisen erst während des Aufenthaltes in einer psychotherapeutischen Klinik unter Zuhilfenahme einer medikamentösen Behandlung bis zu einem gewissen Grad bewältigen (IP2w: Zeilen: 620–624, 626, 628, 630; IP8m: Zeilen 718–720, 722–723; IP14m: Zeilen 176–177, 181–187).

Mit der Feststellung einer Behinderung wechselte IP14m in eine Förderschule mit Förderschwerpunkt Lernen (ab 6. Klasse) über. Nach dem Abschluss der 9. Klasse besuchte der Interviewte eine Berufsvorbereitungsmaßnahme an einer außerbetrieblichen Ausbildungsstätte (Zeilen 166–169). Trotz seiner Lernanstrengungen wichen seine Lernleistungen von anderen Auszubildenden ab (Zeilen 170–173). Damit wurde seine Lernbehinderung für alle erkennbar (Zeilen 173–174).

> „Unterstützt, (.) isch glaube von meiner Liebe als Tischler habe isch keine Unterstützung so rischtisch jehabt" (ebd. Zeilen 303–304). „Na ja. Dieser abge/abgebrochen (.) z: dieser Abbruch na: sch: Berufsschule kam, weil isch imma: gehänselt wolle, weil sie meine Behinderung später festgestellt haben." (ebd. Zeilen 326–327)

Ständiges Mobbing führte nicht nur zum Abbruch seiner Berufsvorbereitungsmaßnahme und der außerbetrieblichen Ausbildung zum Tischler, sondern machte auch eine psychotherapeutische Behandlung (Zeilen 174–177, 303–304) notwendig.

Aufgrund des häufigen Streits mit dem Gruppenleiter an einer überbetrieblichen Bildungseinrichtung brach IP8 m seinen Lehrgang ab (IP8 m: Zeilen 697–700, 704, 716). Der Interviewte berichtet während des Interviews außerdem von seiner Straftat (ebd.). Da seine Mutter keine Zeit hatte, ihn zu seiner Ausbildungsstätte, die in einer anderen Stadt lag, zu bringen und der Bus sich häufig verspätete, traf er öfter unpünktlich bei seiner Ausbildungsstätte ein (ebd. und Zeilen 706–707, 709–710, 712). Der ständige Streit mit dem Gruppenleiter und die Hilflosigkeit infolge der Verspätungen führten zu einer starken psychischen Belastung des Betroffenen. Auch er begab sich schließlich in psychotherapeutische Behandlung (ebd. und Zeilen 716, 718–720, 722–723).

Die Mobbingerlebnisse des Interviewten IP12 m führten zum Abbruch des Ausbildungsversuchs als Gärtner bzw. Florist in einer Bildungseinrichtung (Zeilen 400-404). Er wechselte anschließend in eine WfbM (Zeilen 209-213).

> „Isch war mit den Leuten im Raum drinne, die misch nisch leiden konnten. Die misch. Über misch gehänselt haben und dann was jesacht haben. Isch war da öfters auf der Straße (.) auch gehänselt. Also isch bin öfters auf der Straße (..2..) äh: in der Straßenbahn immer so. Wenn immer, isch mache öfters so was, weil isch nischt stehen kann, singe, immer sagten, immer hin na, damit ‚Bekloppte da' und so was unt: (.) ja. Hm: (..4..)." (IP12 m: Zeilen 424–428)

Aufgrund seines abweichenden Verhaltens, das auf die häufigen Angstzustände zurückzuführen ist und von häufigem Körperschütteln, Singen und lautem Atmen begleitet wird, erlebt IP12 m Mobbing in sämtlichen Bereichen (ebd.). Diese Erscheinungen abweichenden Verhaltens waren auch während des Interviews zu erkennen: Obwohl sich der Interviewte in bequemer Sitzposition befand, kam es zu körperlichen Begleiterscheinungen und Spracheffekten, wann immer besondere psychisch belastende Erinnerungen berichtet wurden. Sobald die Stresssituation vorüber war, fand der Interviewte zurück in einen ruhigeren Erzählfluss.

In eigenen Fällen führten die Berufsvorbereitungs- bzw. Ausbildungsabbrüche zum Übergang in ein Praktikum oder in eine Ausbildung. Einige interviewte Personen fanden anschließend eine Beschäftigung an einer WfbM (IP8 m: Zeilen 761–763, IP12 m: Zeilen 209–213).

IP11w berichtete daüber, das sie dabei mit anderen Beschäftigten und den Gruppenleitern der WfbM nicht zurechtkam (IP11w: Zeilen 185–203).

Kompliziert und konfliktreich gestalteten sich auch die Beziehungen von IP14m zu anderen Beschäftigten der Werkstatt (Zeilen 233–238, 394–396). Der Interviewte wünschte sich nicht nur bessere Arbeitsabläufe, sondern auch ein besseres Arbeitsklima (Zeilen 390–392).

Drei Männer haben ihr abweichendes Verhalten während der Kindheit und Schulzeit beschrieben. Sie erzählten darüber, dass sie häufig ungehorsam waren und Unfug getrieben haben (IP6 m: Zeilen 197, 201–202; IP12 m: Zeilen 339–342; IP17 m: Zeilen 296–300, 302–303, 305–309, 311–318, 323–324).

Zusammenfassend kann festgehalten werden, dass die interviewten förderbedürftigen Menschen sowohl vor dem Schulabschluss am Übergang Schule – Berufsausbildung (Ü1) als auch in einer Beschäftigung am zweiten Arbeitsmarkt (Ü2) Erfahrungen mit Mobbing machten. Diese Erfahrungen äußern sich in Misserfolgen in sozialen Interaktionen. Dabei isolieren sich die betroffenen Personen. Oft führen Misserfolge zur Isolation nicht nur vor dem Freundes- und Bekanntenkreis, sondern auch vor der berufsvorbereitenden und außerbetrieblichen Ausbildungseinrichtung und Werkstätten.

K2: Fehlende Voraussetzungen für die Erfüllung von Zugangsbeschränkungen zu einer regulären Berufsausbildung

Weit über die Hälfte der interviewten Personen (11 von 17) haben indirekt fehlende Voraussetzungen für eine (reguläre) Berufsausbildung zur Sprache gebracht.

Am häufigsten wurden der fehlende Förderschulabschluss und das Abgangszeugnis ohne Benotung erwähnt (IP1w: Zeile 928; IP2w: Zeilen 237–238; IP9w: Zeile 465; IP11w: Zeile 243; IP12 m: Zeilen 249–250; IP13w: Zeilen 288–293; IP14m: Zeilen 242–243; IP16 m: Zeile 219; IP17 m: Zeile 198).

IP2w entschied sich bewusst dafür, ihren Schulabschluss nachzuholen. Nach einem Praktikum konnte IP2w in einem Bildungs- und Freizeitzentrum anfangen. Statt ein Bildungs- und Freizeitzentrum zu besuchen, wollte die Interviewte unbedingt einen Hauptschulabschluss erwerben, um eine Ausbildung anzuschließen.

> „Isch hätte auch (.) mit der ä:hm (.) nach Praktikum (.) hätte isch, also nach der Schule (.) hätte isch auch (.) bei de:r (.) Bildung- und Freizeitzentrum anfangen könne. (.) Abe:r (.) das wollte isch nisch, weil (.) isch wollte unbedingt (.) eine Ausbildung machen, damit isch mein Hauptschulabschluss hab. (..2..) So kommt man weiter im Leben. (..2..) Ohne einen Hauptschulabschluss ist das nichtz (..6..).“ (IP2w: Zeilen 459–463)

Diese Textstelle macht deutlich, dass IP2w einen Hauptschulabschluss als eine Voraussetzung für den Zugang zu einer Berufsausbildung erkennt.

Als ein weiteres Zugangskriterium für eine Berufsausbildung und einen Beruf stellen IP7 m und IP12 m eine berufliche Eignung heraus, die beide Probanden jedoch nicht erfüllen.

IP7m etwa erkennt den Grund für seine fehlende berufliche Eignung in seiner mangelnden Kommunikationsfähigkeit:

> „Da wollte isch Busfahrer werden. […] Aber daraus wird nichts, (.) weil bei mir ein wichtiges Teil fehlt (.) nähmlisch die Kommunikation (..3..).“ (IP7m: Zeilen 269, 271–272)

IP12m versuchte vergeblich, bei einer Bildungseinrichtung den Beruf des Gärtners zu erlernen. Wegen seiner fehlenden beruflichen Eignung wurde er gezwungen, seine Ausbildung abzubrechen:

> „Nur. Da kommt man nisch mit so lange. Wir mussten von Gärtner, wäiß auch nisch da. Da habe isch zu früh als hier äh:. (.) Floristen. Isch wollte Florist damals werden. Also isch wollte damals Florist lernen. (..2..) Aber. Da haben sie misch rausgeschmissen, weil isch eigentlisch unfähisch sein wu/sollte. So war isch eigentlisch unfähisch unt äh: (.) ja war ja unfähisch (.) ja. (..3..) Da haben die misch rausgeschmissen da (..3..).“ (IP12 m: Zeilen 400–404)

Auch formale Zugangsvoraussetzungen, etwa ein Gesundheitspass, stehen hin und wieder einer Ausbildung bzw. Beschäftigung im Wege, so beispielsweise beim Versuch von IP9w, eine Beschäftigung als Köchin zu finden (IP9w: Zeile 290).

IP15m betonte seine Schwierigkeiten, die er beim Lernen in sämtlichen Schulfächern hatte. In Zusammenhang mit der Erfüllung von Zugangsvoraussetzungen zu einer (regulären) Berufsausbildung kann Lernunfähigkeit als Berufsbildungshindernis betrachtet werden (IP15m: Zeilen 130, 132, 135).

K3: Begegnung mit Gleichgültigkeit einer Vielzahl der Menschen im sozialen Umfeld (Betrieb, Personalverantwortliche)

IP3w kritisiert das Desinteresse vieler Menschen für die Probleme anderer.

> „Nicht jeder will das aber auch wissen was einmal passiert ist, warum das so lange jedauert hat, warum man den Weg nicht gefunden hat, warum es vielleicht schwieriger war als für manch andere. Es gibt viele Leute die wollen das gar nich wissen.“ (IP3w: Zeilen 121–123)

Wie IP3w zu bedenken gibt, denken viele Menschen, auch Personalverantwortliche und Betriebsleiter, gar nicht darüber nach, worin die Gründe für langwierige Übergangswege mancher Bewerber liegen. Bei der Entscheidung von Personalverantwortlichen über die Kündigung oder ausbildungsbezogene Weiterbeschäftigung in einem Betrieb werden häufig keine schwerwiegenden Lebensereignisse und Probleme von Betroffenen berücksichtigt.

> „Also Bau- und Objekttechniker, das ist das was ich ja auch schon jemacht hatte. Während dessen ist dann aber halt mein Mann jestorben und das alles und ähm, das kommt ja alles mit dazwischen. (.) Und meine Chefin damals wollte mich dann nicht mehr behalten. Die hatte jesacht, ich hab meinen Arsch einfach nich mehr hoch jekriecht und das alles. Die hat das nich verstanden, die hatte jesacht äh, das kommt in jeder Familie mal vor, ich sollte

mir das nicht so zu Herzen nehm und ach, die war einfach nur schlimm. Die war so alt wie ich. Die hat überhaupt kein Respekt jehabt vor irgendwas, was so übermenschliche Sachen sind oder sowas oder jefühlsmäßig oder wie auch immer. Ah, es war schlimm. Die Frau, also ehrlich. Emotional (.) null. Ja und mein Ausbilder der wollte mich behalten. Der hatte schon damals jesacht, ach, schick doch *Vorname der IPw3* in ne äh äh Therapie, die fängt sich schon wieder und dann holen wir sie wieder zurück und denn macht sie ihre Ausbildung fertig. Nein, ich will die nicht mehr tragen und so weiter. Die könn wir nicht brauchen und so. Weg mit ihr. Und dann kam die Kündigung." (IP3w: Zeilen 385–398)

IP3w äußert die Meinung, dass die Betriebsverantwortlichen die Personalentscheidungen zu rational und emotionslos treffen.

K4: Misslungene Berufsorientierung

Fast alle Interviewten (14 von 17) haben von ihren misslungenen Berufsorientierungserlebnissen erzählt.

Seit mehreren Jahren gehört die Berufsorientierung von Schülern während der Schulzeit zum Werdegang. Frühestens ab der 7. Klasse werden durch das Lehrpersonal (IP9w: Zeilen 361–362, 371) und das Beratungspersonal der Bundesagentur für Arbeit berufsvorbereitende Gespräche, Projekte und Maßnahmen durchgeführt (IP5 m: Zeilen 384–354; IP8 m: Zeilen 624–625, 627–628; IP10 m: Zeilen 347, 349–350, 356–357; IP13w: Zeilen 151, 153–155). Nach Abschluss der Schule folgen Vermittlungsvorschläge (IP9w: Zeilen 379, 381, 384) und Unterstützungsangebote, etwa beim Übergang in eine WfbM (IP6 m: Zeile 657; IP10 m: Zeilen 432; IP11w: Zeilen 355–358; IP12 m: Zeilen 209–213; IP13w: Zeilen 157–159; IP13w: Zeilen 168–175; IP14 m: Zeilen 175–177; IP15 m: Zeilen 140, 144; IP16 m: Zeile 163; IP17 m: Zeile 217). Dabei geht es nicht nur um eine angemessene Berufswahl, sondern auch um praktische Erprobungen in unterschiedlichen Berufsfeldern. IP17 m erhielt indes keine derartigen Angebote und Gespräche hinsichtlich seiner beruflichen Zukunft (ebd. 213–214).

Die Bewerbungsphase zum Übergang von der Schule in eine Berufsbildung beginnt idealerweise noch vor dem Schulabschluss. Erfolglose Bewerbungsversuche um Ausbildungsstellen, die häufig an fehlenden Rückmeldungen oder Absagen scheiterten (IP4 m: Zeilen 473–484; IP5 m: Zeilen 384–354; IP6 m: Zeilen 313–320; IP), definieren die jeweilige Berufsorientierung als Fehlschlag. Auch eine unausgeprägte Selbstständigkeit beim Bewerben oder das Fehlen eines Internetzugangs (IP6 m: Zeilen 464–465) können die Bewerbungsversuche untergraben (ebd. 458, 460, 462, 467–468).

Wird ein Praktikum als langweilig und uninteressant empfunden (IP3w: Zeilen 236–246; IP12 m: Zeilen 628–630), so läuft die Berufsorientierung Gefahr, von der jeweiligen Person abgebrochen zu werden. Obwohl auch förderbedürftige Menschen ihren Werdegang reflektieren und mit diversen Praktika auch während der Schulzeit eine Berufsorientierung unternehmen, kann die Orientierung im regulären Berufsbildungs- und Beschäftigungsbereich nicht immer ihrem Zweck gerecht werden (IP6 m: Zeilen 324, 328–329, 331,335, 340, 344–345, 347; IP9w: Zeilen 367, 369; IP15 m: Zeile 138).

Nach dem Schulabgang absolvieren mehrere der Interviewten berufsvorbereitende Maßnahmen in unterschiedlichen Berufsfeldern (IP6 m: Zeilen 473–474, 476,

478–479, 485, 493–494; IP10 m: Zeilen 359, 364; IP14 m: Zeilen 166–175). IP12 m versuchte vergeblich, über eine berufsvorbereitende Maßnahme in den Floristikberuf hineinzukommen (ebd. 198–204, 206–207, 209–213). Im Bereich der Lagerlogistik durchlief IP6 m eine zweijährige Berufsvorbereitung, ohne danach einen Abschluss in der Hand zu haben (IP6 m: Zeilen 498, 505, 513, 517, 519, 574). Nach der erfolglosen Berufsvorbereitung besuchte er vier berufliche Rehabilitationsmaßnahmen (ebd. 521, 525, 576, 578, 652, 655), nur um danach in mehrere WfbM überzugehen (ebd. 550–551, 557, 560, 657) und unterschiedliche Tätigkeiten auszuführen. Im Rahmen einer berufsvorbereitenden Maßnahme (ebd. 623, 627, 630, 632, 635, 640–642, 644–646, 648–649) und einer beruflichen Rehabilitationsmaßnahme versuchte IP6 m, praktische Erfahrungen im Kfz-, Umbau- und Reinigungsbereich zu sammeln, um Anregungen für mögliche Ausbildungen und Beschäftigungen zu finden (ebd. 582–583, 585, 605, 607–608, 612, 614, 618).

Die Interviewte IP3w berichtete, dass Berufsorientierungserfolge sehr wichtig seien. Blieben sie aus, könnte ein Berufseinstieg scheitern (IP3w Zeilen 691–695).

K5: Misslungene Ausbildungsversuche

Fast die Hälfte aller Interviewten (8 von 17) berichtete von misslungenen Ausbildungsversuchen (IP1w, IP3w, IP6 m, IP7 m, IP8 m, IP10 m, IP12 m, IP14 m).

Da die Ausbildungsbemühungen von IP1w (Zeile 1121), IP6 m (Zeilen 313–320, 1173–1174, 1176, 1180), IP7 m (Zeilen 269, 271–272), IP8 m (Zeilen 761–763), IP10 m (Zeilen 273–276, 278) und IP12 m (Zeilen 209–213, 398) sowie IP14 m (Zeilen 166–177) in einem anerkannten Beruf nicht erfolgreich waren, ist deren Teilhabe nur in einer WfbM möglich.

IP3w hatte eine Ausbildung zur Köchin nach dem ersten Jahr abgebrochen. Aufgrund seiner Neurodermitis wurde ihr Sohn im Kindergarten nicht angenommen. Eltern anderer Kindern des Kindergartens hatten sich darüber beschwert, dass das Kind blutige Schuppenflechte habe. Kindergartenmitarbeiter behaupteten, dass diese Hautkrankheit ansteckend sei. Auch ein ärztliches Attest über die nicht bestehende Ansteckungsgefahr hatte nicht geholfen. Die Probandin war aus diesem Grund gezwungen, über einen längeren Zeitraum bei ihrem Kind zu Hause zu bleiben oder es zu diversen Kuraufenthalten zu begleiten. (IP3w: Zeilen 272–300) Nach dem psychischen Zusammenbruch infolge des Todes ihres Mannes und der fehlenden Bereitschaft ihrer Chefin, die Auszubildende in einer kritischen Lebenssituation zu unterstützen, erfolgte der nächste Ausbildungsabbruch. Nach einer psychotherapeutischen Behandlung wechselte IP3w den Ausbildungsbetrieb und blieb im gleichen Beruf. Sie ließ sich zur Bauten- und Objektbeschichterin ausbilden, was sie allerdings nach der bestandenen Zwischenprüfung abermals abbrach (IP3w: Zeilen 355–406, 385–398).

An einer überbetrieblichen Ausbildungsstätte versuchte IP8 m sowohl im hauswirtschaftlichen Bereich als auch im Küchenbereich einen beruflichen Einstieg zu finden (Zeilen 657–658, 662–663, 669, 671–680). Aufgrund von häufigen Verspätungen im öffentlichen Personen- und Nahverkehr erschien der Interviewte des Öfteren unpünktlich in der Ausbildungsstätte (Zeilen 706–707, 709–710). Der Interviewte brach schließlich seinen Lehrgang ab (Zeilen 697–700, 704) und besuchte eine psychotherapeutische Behandlung (Zeilen 718–720, 722–723). Wie auch anderen seiner Kolleginnen und Kollegen blieb ihm nichts anderes übrig, als eine Beschäftigung in einer WfbM aufzunehmen (Zeilen 761–763).

Während einer berufsvorbereitenden Maßnahme besuchte IP10 m ein zweiwöchiges Praktikum in einem Blumenladen. Aus finanziellen Gründen konnte der Inhaber dem Interviewten jedoch weder eine Ausbildung anbieten noch ihn weiter beschäftigen. Infolgedessen wechselte IP10 m in eine WfbM (Zeilen 273–276, 278).

IP12 m versuchte sein Glück als Florist im Rahmen einer berufsvorbereitenden Maßnahme. Doch aufgrund Mobbings (siehe Kategorie 1) bzgl. seiner Behinderung verließ er die Bildungseinrichtung und wechselte in eine WfbM. (IP12 m: Zeilen 198–204, 206–207, 209–213, 398, 400–404)

Ähnlich erging es IP14 m. Seine außerbetriebliche Ausbildung zum Tischler brach er ab (Zeilen 166–177, 179, 294, 297–298, 300, 303–304, 307–308, 310, 312, 316, 320–321, 323–324, 326–327, 330–331).

K6: Misslungene Beschäftigungsversuche

7 von 13 der befragten Beschäftigten einer WfbM berichteten von ihren misslungenen Beschäftigungsversuchen (IP1w, IP6 m, IP7 m, IP8 m, IP9w, IP10 m, IP13w). Auch innerhalb der Werkstatt war die Beschäftigung in bestimmten Arbeitsgruppen aus bestimmten Gründen nicht möglich (IP1w, IP6 m, IP8 m, IP9w).

Der Wunschberuf von IP1w war ihre Beschäftigung in der Gärtnerei an der Grünanlage, in der sie arbeitete. Ihre zunehmenden Rückenprobleme führten zum Verlassen der Werkstattgruppe (Zeilen 1134, 1168–1169, 1171, 1279).

Obwohl die Beschäftigung in der Fahrradwerkstatt IP6 m Spaß bereitete, war er gezwungen, die Arbeitsgruppe zu verlassen, weil die Gruppenleiter seine Arbeitskraft nicht weiter gebrauchen konnten (Zeile 777).

IP7 m träumte davon, einmal Busfahrer zu werden (Zeile 269). Doch aufgrund seiner Kommunikationsschwierigkeiten sei es seiner Meinung nach für ihn ausgeschlossen, als Busfahrer tätig zu werden (Zeilen 271–272). Sein Versuch, sich mit Autos zu beschäftigen, blieb erfolglos (Zeile 305).

Da IP8 m sich in der Arbeitsgruppe Wasserzählerdemontage verletzte (Zeilen 783–784, 808–810), verließ er die Werkstatt.

Um in der Werkstattküche tätig zu werden, brauchte IP9w einen Gesundheitspass (Zeile 290). Da die Interviewte jedoch über keinen Gesundheitspass verfügte, konnte sie auch nicht in der Küche arbeiten (Zeile 294).

IP10 m wollte in dem Blumenladen, in dem er ein Praktikum absolvierte, als Florist und Gärtner arbeiten. Allerdings, so seine Auffassung, sei die Floristikbranche zu unsicher, weil derartige Läden häufig schließen und ihren Mitarbeitern kündigen würden (Zeilen 611–612). Er jedoch sehne sich nach Stabilität (Zeile 615). Er wechselte schließlich in eine WfbM (Zeilen 575–577, 609).

Weil ihr Hund gestorben war, träumte IP13w von einer Beschäftigung in einem Tierheim. Aufgrund ihrer Lernbehinderung (Schwierigkeiten beim Lesen und Sprechen) erhielt sie jedoch eine Absage (Zeilen 298, 300–310, 312–314).

K7: Fehlendes oder gestörtes berufliches Selbstkonzept (fehlende Entwicklung eigener beruflicher Identität, Inanspruchnahme von bestehenden Berufsmöglichkeiten, fehlende berufliche Zielstrebigkeit, fehlendes Streben nach Weiterentwicklung)

Die erhobenen Daten im Rahmen des Forschungsprojektes implizieren in mehreren Interviewfällen entweder fehlende oder gestörte berufliche Selbstkonzepte. Erkennbar wird dies etwa in den Interviews der Befragten IP1w, IP7m, IP12m und IP13w.

IP1w erklärt, dass die derzeitige Werkstattbeschäftigung bzw. Elektrodemontage kein Wunschberuf, sondern die alternative Beschäftigung sei (Zeile 1275). Eigentlich wolle die Interviewte Gärtnerin werden, weil diese Arbeit ihrem Interesse an elektronisch-technischen Gerätschaften entsprechen würde (Zeilen 1279, 1281, 1283). IP1w wolle weiterhin in der WfbM tätig sein (Zeile 1389). Jedoch möchte sie ihre Arbeitsbedingungen verbessern (Zeile 1380) und etwas anspruchsvollere, schwierigere Aufgaben erledigen (Zeilen 1382, 1386).

IP7m wünschte sich, Busfahrer zu sein (Zeile 269). Er interessiert sich auch für Fahrzeuge (Zeilen 302–303). Allerdings ist er davon überzeugt, dass er für seinen Wunschberuf nicht geeignet sei, weil er Kommunikationsschwierigkeiten hat. Seine jetzige Tätigkeit, Elektrodemontage (Zeile 238), passe auch zu ihm und er sei dafür besser geeignet (Zeilen 278, 298).

> „Irgendwo ander tätig. Isch bin mit meiner Arbeit vollkom zufrieden. [...] Da bin isch auf jeden Fall geeignet (..4..).“ (Zeilen 296, 298)

Gerne möchte IP7m seine Tätigkeit weiterhin ausführen (Zeilen 284, 296). Doch über seine Tätigkeit spricht IP7m nur ungern (Zeile 291). Der Interviewte äußerte sich über die Beschäftigung in der Werkstatt sehr positiv und möchte dort weiterhin beschäftigt werden (Zeile 284). Sein gestörtes berufliches Selbstkonzept wird hier offenkundig.

> IP12m erlebte den sehr schweren Verlust seines Vaters. Er erinnert sich gern an die Tätigkeiten seines Vaters und stellt diese als seine eigenen Berufswünsche heraus.
>
> „Ja. Isch wurde damals noch/isch wurde damals noch mir /isch wurde auch (.) als Kind wollte isch Gärtner, nisch Gärtner, so was wie, was mit Teschnik machen. Also so was wie aufschrauben unt ausbauen oder so (.) oder an Fahrzeugen, was weiß isch, dass schwer is:. Ja. Dann habe isch jesagt. Ja. (.) [Zeilen 578–581] Ja. Isch glaub mein Vater. Der hat/der hat/der hat damals älso in der Arme. Hat er mir darüber erzählt. Der hat wohl erzählt, daß er alle Autos rumgeschraubt hat. Der konnte jut, der konnte jut al:. Wo er noch gelebt hat, äh: ging isch eine Halle machen. Äh: und da konnte er ja jut (.) und alles so was. Der konnte alles (.) auch gut malern. (..2..) [Zeilen 583–587] Als isch klein war, wollte isch auch noch ein Maler werden. [Zeile 616]“

IP12 m ist am Malerberuf interessiert (Zeile 603). Der Beruf sei für ihn aber zu schwer (Zeilen 605–606). Er könne nur simple Rechenoperationen durchführen, aber keine komplexeren Aufgaben wie die Umrechnung von Einheiten vornehmen. Sein Freund, ein gelernter Maler, erledige solche Aufgaben in nur drei Minuten (Zeilen 610–613). Aus diesem Grund möchte IP12 m in der Demontage verbleiben (Zeile 632). Er ist stolz darauf, dass er auch in diesem Beruf ein Einkommen erzielen könne (Zeile 618).

IP13w wollte in einem Tierheim arbeiten (298). Aufgrund ihrer Lernbehinderung (Lese- und Sprachschwäche) hat sie eine Absage erhalten (300–310, 312–314). In ihrem Tätigkeitsfeld fühlt sie sich allerdings wohl (334–336). Weil sie sich daran gewöhnt hat, will sie keine andere Beschäftigung ausführen (361–362). Sie fühle sich in ihrem Arbeitsbereich gut aufgehoben (364–366). Während der Heimerziehung habe sie einen solchen familiären und freundlichen Kontakt zu Bezugspersonen vermisst.

Bei sieben der interviewten Personen (IP8 m, IP9w, IP11w, IP14 m, IP15 m, IP16 m, IP17 m) ist ein fehlendes Selbstkonzept daran zu erkennen, dass sie keine eigenen beruflichen Interessen, Neigungen und Werteinstellungen erwähnen. Sie sind mit ihrer Beschäftigung in der WfbM größtenteils zufrieden (IP8 m, IP9w, IP11w, IP14 m, IP15 m, IP16 m, IP17 m). Die Entwicklung beruflicher Identität an der WfbM ist nicht erkennbar. Sie nehmen lediglich die bestehenden Berufsmöglichkeiten in Anspruch. Auch ein klares Bild ihrer beruflichen Ziele, Interessen und Talente fehlt. Gleiches gilt für den Wunsch nach Weiterentwicklungsmöglichkeiten.

Die beruflichen Vorstellungen von IP8 m haben sich bedarfsorientiert vom Ausbildungsversuch im Küchenbereich (Zeilen 671, 680) hin zur Montagetätigkeit (Zeilen 826–827) geändert. Während des Interviews nennt der Interviewte keine bevorzugten Berufe. Er äußerte lediglich den Wunsch, die derzeitige Werkstatt zu verlassen (Zeilen 846–847) und in eine andere überzugehen (Zeilen 849–850). Dabei verzichtet er darauf, die Gründe für solche Überlegungen zu nennen. Das Einzige, was er betont, ist die Dauer seiner Beschäftigung – drei Jahre –, was durchaus als Wunsch nach einem Wechsel der Tätigkeit gedeutet werden kann.

> „/laut ausatmend/och schon drei Jahre jetzt. Bin ich och schon drei Jahre jetzt knapp in der Gruppe.“ (Zeilen 826–827)

Für IP9w ist das Vorhandensein von Freunden entscheidend. Der Vergleich der Anzahl an Freunden in ihrer Schulzeit und an der WfbM macht die Wichtigkeit für die Interviewte, Freunde zu haben, deutlich (Zeilen 430, 432). In Zukunft möchte IP9w weiter in der Arbeitsgruppe der WfbM bleiben (Zeilen 519, 524). Zwar führt IP9w ihre Montagearbeit gerne aus (Zeilen 485, 487), doch, so betont die Befragte, sie sei auch anstrengend (Zeile 517).

IP11w erzählte über ihre derzeitige Beschäftigung an der WfbM ohne besonderen Enthusiasmus (Zeile 318). Das Einzige, was für sie wichtig ist, ist, dass sie auch an diesem Beschäftigungsort mit ihrem Kindheitsfreund zusammenbleiben könne. Sowohl mit den Kollegen als auch mit ihrem Gruppenleiter gestalteten sich die Beziehungen problematisch (Zeilen 185–203).

IP14m hatte keinen Berufswunsch (Zeilen 355–356). Die Demontage von Wasserzählern gefiel ihm gut (Zeile 359). Der Interviewte betont, auch weiterhin dieselbe Tätigkeit ausführen zu wollen (Zeile 368). Doch besonders gut beherrsche er seinen Beruf nicht (Zeile 371). Für ihn ist sein Beruf nichts Besonderes (Zeile 373). Über seine Beschäftigung spricht er mit seinen Freunden gerne (Zeilen 378–379). Der Interviewte kann sich nicht vorstellen, in einem anderen Beruf tätig zu sein (Zeilen 382). Die Arbeitsabläufe sind gut. Verbesserungswürdig sei jedoch das Arbeitsklima (Zeilen 390–392).

In einer anderen WfbM gefiel es IP15 m gar nicht (Zeile 220). Er will auch weiterhin in der Arbeitsgruppe für Wasserzähler-Demontage beschäftigt bleiben (Zeile 223).

Für IP16 m sind die Freunde von größerer Bedeutung (Zeile 173) als die Beschäftigung in der Demontage-Arbeitsgruppe der WfbM (Zeile 152).

Die Arbeitsgruppe Demontage der WfbM gefällt auch IP17 m (Zeile 271).

K8: Fehlende oder unzureichende Bereitschaft der Betriebe, beeinträchtigte Menschen auszubilden

Anhand von sieben Interviews (IP3w, IP6m, IP7m, IP10m, IP12m, IP13w, IP14m) kann die vorhandene oder fehlende Bereitschaft, eine Ausbildung aufzunehmen, analysiert werden. Nach der Aufnahme in eine Ausbildung kann auch die Stabilität der Zulassungsentscheidung nachverfolgt werden.

IP3w merkt an, dass nicht viele Personalverantwortliche und Betriebsleiter dazu bereit sind, in Lebenskrisen und nach anderen schwerwiegenden Lebensereignissen ihre Auszubildenden zu behalten und sie nicht zu kündigen. Sie selbst, so berichtet sie, habe es während einer Phase intensiver psychischer Beeinträchtigung, begleitet von Lernschwierigkeiten, erleben müssen (Zeilen 385–398).

Auch innerhalb der WfbM gibt es bedarfsbedingte Ablehnungen von Mitarbeitenden.

> „Fahrradwerkstatt? Da war ich auch vier Wochen. [...] Da hat's mir auch gut gefallen, aber die wollten keine. /lachend/." (Zeilen 775, 777)

Obwohl die Beschäftigung IP6m Spaß bereitete, brauchten die Gruppenleiter ihn nicht. In der Arbeitsgruppe (Fahrradwerkstatt) war kein freier Arbeitsplatz verfügbar.

Aufgrund der Kommunikationsschwierigkeiten wurde IP7m der Weg zum Busfahrerberuf verwehrt (Zeilen 269, 271–272, 305).

Wegen einer fehlenden Auszubildendenstelle und einer schwierigen finanziellen Situation des Geschäfts konnte IP10m seine Ausbildung in dem Blumenladen, in dem er auch ein Praktikum absolvierte, nicht antreten. Obwohl er sich sehr wohl gefühlt habe, konnten ihn die Inhaber nicht übernehmen (Zeilen 273–276).

IP12m wurde während der berufsvorbereitenden Maßnahme seitens der Bildungseinrichtung und des Praktikumsbetriebes im Floristikbereich als unfähig und ungeeignet bewertet und sogar wegen seiner Lernbehinderung gemobbt (Zeilen 209–213, 400–404, 507–508).

Auch IP13w berichtete von einer Absage seitens des Tierheims, in dem sie sich auf eine Ausbildungsstelle bewarb. Die Befragte hatte sich korrekt beworben und wurde zunächst auch für eine Ausbildung angenommen, doch noch während der Probezeit abgelehnt.

> „Mal in Tierheim zu gehen. Mit Hunden was Gutes zu tun oder Katzen, oder pflegen, (.) sa:auber machen, damit die rischtisch wieder die äh:/die äh:/die auch schreien, weiß de, dieser gu:uter Mensch. (..2..) Isch liebe Tiere. Bei (.) unser Hund ist dieses Wochenende geschtorben. (..3..) Der muss/der is:/der is: Zuhause geschtorben (..2..) und äh: (.) das/das/das war mir auch/auch nahe und dann (.) habe isch so überlegt, w/w/weil die gesagt haben: „Wir werden uns es überlegen." Das war früher. Da habe isch das überlegt. Früher war, heute isch doch urgendwie mal fra:a:a (.) was mit Tieren machen. (.) Aber das habe i:isch nisch gescha:aft, weil isch behindert bin (.) und weil isch nischt lesen kann, weil isch nisch rischtisch schpreschen kann. (.) Ha: ha: isch hab misch schon mal angemeldet aber dann (.) abgesagt, weil isch, (.) weil isch behindert bin und nisch rischtisch schprechen kann. (..2..) [Zeilen 300–310] Habe isch Absage gekrischt da (.) von. (.) Ja. Und dann wa:/wa:/wa:/war eigenlisch mein Traum/mein Traum dann aus. (..2..) Dann habe isch gesagt: „Okay." Dann bewirbt man sisch im Heim und dann (..2..) wirst du (..2..) anders umdenken dann. (..5..) [Zeilen 312–314]."

Die Absage wurde eindeutig mit ihrer Lernbehinderung (Lese- und Sprachschwäche) begründet.

Von ähnlichen Erlebnissen berichtet IP14m. Während der berufsvorbereitenden Maßnahme wurde er gemobbt (Zeilen 166–177). Dank der Unterstützung seiner Mutter und seiner Lehrerin bei der Bewerbung um eine außerbetriebliche Ausbildung erhielt er eine Ausbildungsstelle zum Tischler (Zeilen 294, 303–304, 307–308, 310, 312, 316, 320–321, 323–324, 330–331). Das ständige Mobbing aufgrund seiner Lernbehinderung führte allerdings zum Ausbildungsabbruch und zur psychotherapeutischen Behandlung (Zeilen 326–327).

K9: Unausgereifte Befähigung zum selbstständigen Leben, Wohnen und Handeln

13 der befragten Personen (IP1w, IP6m, IP7m, IP8m, IP9w, IP10m, IP11w, IP12m, IP13w, IP14m, IP15m, IP16m und IP17m) beschreiben indirekt ihre nicht ausgeprägte Fähigkeit, selbstständig zu leben, zu wohnen und zu handeln.

IP1w berichtet von der Entwicklung ihrer Wohnsituation vom Schulheim (Zeilen 1087, 1089), über betreutes Wohnen (Zeile 1018, 1091–1092) bis hin zur gemeinsamen Mietwohnung mit ihrem Freund (Zeilen 987, 989, 1084). Neben dem Vorhandensein einer gesetzlichen Betreuerin, die die rechtlichen Angelegenheiten und Finanzen der Interviewten verwaltete (Zeilen 1026–1027, 1029, 1031, 1051–1052), wird die interviewte Person regelmäßig von einer Pflegekraft besucht (Zeilen 1034–1035, 1039, 1043–1044, 1067–1069). So leidet IP1w unter anderem an epileptischen Anfällen, was eine Kontrolle der Medikamenteneinnahme erfordert (Zeilen 1047–1048). Die Interviewte verspürte regelmäßig Gesprächsbedarf mit dem Gruppenleiter (Zeile 1406): Gerne würde sie mit ihm über anspruchsvollere Arbeitsaufgaben unter Berücksichtigung der verkürzten Arbeitszeit verhandeln (Zeilen 1380, 1382, 1386, 1411, 1426, 1428). Allerdings traut sie sich nicht, mit ihm ins Gespräch zu kommen.

Da die Eltern des interviewten IP6 m weder zeitlich noch finanziell für ihn sorgen konnten, wohnte er zunächst in einem Heim (Zeilen 919, 938, 940). Seitdem er das Heim verlassen hatte, vertrat ein gesetzlicher Betreuer seine Interessen (Zeilen 911, 915). Zurzeit verfügt er über eine Mietwohnung (Zeile 411).

Die Mutter IP7 m ist gleichzeitig seine Betreuerin, die sich um seinen Übergang in eine WfbM kümmerte (Zeilen 76, 79, 109, 111, 113, 115, 168, 170, 175–176, 178, 186, 188, 218). Gemeinsam mit ihren Geschwistern wohnt IP7 m heute in einer Wohngemeinschaft (Zeile 107).

IP8 m bewohnt gegenwärtig gemeinsam mit seiner Mutter eine Wohnung (Zeilen 836–837). Der Interviewte war nicht selbstständig dazu in der Lage, aus einer anderen Stadt pünktlich zu einer außerbetrieblichen Ausbildung zu kommen. Infolgedessen brach er seine Ausbildung ab und kam in psychotherapeutische Behandlung (Zeilen 706–707, 709–710, 712). Da seine Mutter aus Altersgründen bald nicht mehr in der Lage sein wird, sich um ihn zu kümmern, soll er in ein Wohnheim ziehen (Zeilen 836–837, 839).

Die Eltern IP9ws sind verstorben (Zeilen 175–177, 206). Nach dem Tod der Mutter begann ihr Vater sehr viel zu trinken. Aufgrund dieses Alkoholismus war es der Interviewten unmöglich, bei ihrem Vater unterzukommen (Zeilen 321–323, 325, 331). Aufgrund dessen wohnte sie zunächst im betreuten Wohnen (Zeilen 195, 197, 199, 338, 342, 344). Erst seit Kurzem bewohnt IP9w allein eine Mietwohnung in der Nähe der WfbM (Zeilen 179–180, 182, 186, 201). Jedoch hat IP9w einen gesetzlichen Betreuer, der die rechtlichen Interessen der Interviewten vertritt.

Derzeit wohnt IP10 m im betreuten Wohnen (Zeilen 406, 408). Seine Eltern sind seine gesetzlichen Betreuer. Sie kümmern sich um sämtliche administrative Angelegenheiten (Zeilen 423, 425) und versuchen dabei, seine Persönlichkeitsentwicklung zu fördern. Zur berufsorientierenden Maßnahme etwa begibt er sich selbstständig mit öffentlichen Verkehrsmitteln (Zeilen 359, 364).

Die Mutter der Interviewten IP11w hatte viele Kinder. Nach dem Tod der Mutter wohnte IP11w drei bis vier Jahre in einem Heim. Danach verzweifelte sie und wusste nicht, was und wo sie noch lernen könne. Ungefähr sieben Jahre lang wohnt IP11w bereits selbstständig im betreuten Wohnen. Dabei stand ihr ein Betreuer zur Seite. Sie und ihr Freund unterstützen einander finanziell sowie die anderen Bedürftigen bei alltäglichen Dingen wie Kochen oder Haushaltsführung (Zeilen 14–45).

IP12 m ist in ihrem Elternhaus aufgewachsen (Zeilen 235–238). Alle Familienmitglieder kümmern sich um IP12 m (Zeilen 367–379).

Nach der Geburt wurde IP13w von ihrer Mutter verlassen und kam in die Obhut ihrer Großmutter. Seit dem 6. Lebensjahr wohnte IP13w in einem Heim und begann zu stottern. Ihre Großmutter organisierte einen Umzug ins Heim (Zeilen 226–228). Zunächst wohnte IP13w im betreuten Wohnen (Zeilen 375–376, 382–383) und wechselte dann in eine Mietwohnung (Zeile 371).

In der Arbeitsgruppe Wasserzähler-Demontage kommt IP14 m mit der Arbeit sehr gut zurecht, allerdings nicht mit seinen Arbeitskollegen. Seine Mutter ist Bezugsperson und gleichzeitig Betreuerin. Sie verwaltet sein monatliches Einkommen.

(Zeilen 233–242) Der Interviewte wohnt immer noch bei seiner Mutter (Zeilen 386, 388).

IP15 m wohnt auch bei seiner Mutter (Zeilen 106,114) und wird von einem speziellen Fahrdienst zur Werkstatt gefahren (Zeilen 203, 205, 207).

IP16 m wohnt im Elternhaus (Zeile 273) und erreichte keine Ablösung von der Familie hin zu einem selbstständigen Leben, wie andere seiner Kollegen.

IP17 m bewohnt das Werkstatt-Heim (Zeilen 117–124) und hat eine gesetzliche Betreuerin (Zeilen 342–351).

Zusammenfassend kann festgehalten werden, dass für die Beschreibung der unausgereiften Befähigung des selbstständigen Lebens, Wohnens und Handelns solche Kriterien wie fehlende Ablösung vom Familienhaus oder Heim, das Vorhandensein von gesetzlichen Betreuern und passive Unterstützungsannahme verwendet wurden.

Die formulierten Kategorien der Hindernisse und Bedingungen des Gelingens am Übergang Schule – Beruf bedingen sich gegenseitig. Deswegen kann nicht ausgeschlossen werde, dass die übergangshindernden Faktoren bei deren Bewältigung zu den Bedingungen des Übergangsgelingens umgewandelt werden können.

6.3 Bedingungen des Gelingens am Übergang Schule – Ausbildung – Erwerbsleben

An zahlreichen Stellen des empirischen Datenmaterials sind mehrere der folgenden Kategorien zu erkennen, die Bedingungen des Übergangsgelingens beleuchten. Die Interviewten teilten stolz ihre Erfolgserlebnisse mit. Auf Grundlage des vorliegenden Materials ergeben sich elf Kategorien, die für einen gelingenden Übergang Schule – Ausbildung – Erwerbsleben identifizierbar sind:

- K1: effektive Berufsorientierung, begleitende berufliche Beratung
- K2: förderliche Unterstützung
- K3: Schaffung von Autonomiespielräumen: Streben nach selbstständigem Leben, Wohnen und Handeln
- K4: Erfüllung von Zugangsvoraussetzungen für eine überbetriebliche/betriebliche Berufsausbildung und Zugang zur Ausbildung
- K5: Akzeptanz und Bereitschaft der Betriebe zur Ausbildung und Beschäftigung von Menschen mit Förderbedarf
- K6: Bewältigung von/Unterstützung bei Prüfungsschwierigkeiten
- K7: Zugang zur Beschäftigung
- K8: Prävention gegen Mobbing und berufliche Benachteiligung
- K9: zufriedenstellendes Arbeitsklima, gutes Verhältnis zu den Kolleginnen und Kollegen im Betrieb und deren Vorgesetzten (Betriebsinhaber, Produktionsleiter, Werkstattmeister etc.)
- K10: Erfolgserlebnisse
- K11: Entwicklung eigener beruflicher Identitätskonstruktion, Streben nach Weiterbildung

K1: effektive Berufsorientierung, begleitende berufliche Beratung

Alle Absolventen und Absolventinnen einer außerbetrieblichen Ausbildung und anschließender Fachpraktiker- bzw. Stufenausbildung (4 von 17) berichteten über die Erlebnisse einer effektiven beruflichen Orientierung, Beratung und Begleitung (Interviewten IP2w, IP3w, IP4m, IP5m). Zurzeit sind diese Interviewten auf dem ersten Arbeitsmarkt tätig.

Von einer Berufsberaterin der Bundesagentur für Arbeit erfuhr die IP2w von überbetrieblichen Ausbildungsstätten (Zeile 304). Nach dem Bestehen des Berufseignungstests hat die Interviewte freiwillig die Entscheidung getroffen, in eine überbetriebliche Ausbildungsstätte überzugehen (Zeile 296–300, 302). Außerdem dauerte die Betreuung der Berufsberaterin bis zum Ausbildungsabschluss der IP2w fast vier Jahre (Zeile 481).

> „Hilfreisch. (..2..) Also (.) man konnte, Gott sei Dank, hatte Schons hier äh eine Ausbildung zu machen, (.) weil wenn isch dann den Test nisch bestanden hätte, (.) denn musste isch an den so ne/so ne Werkstatt arbeiten (..2..) für Menschen mit Behinderung, (.) aber das wollte isch nisch. (..2..) Deswegen habe isch mir Mühe gegeben (.) eine Ausbildung zu Machen. (..9..) Weil es gibt halt Leute, die da/die da so was nisch schaffen (..3..) auf nen normalen Arbeitsmarkt. (..11..)." (Zeile 309–314)

Die hilfreiche Beratung der Berufsberaterin der Bundesagentur für Arbeit trug nicht nur zur Vermeidung des Übergangs von IP2w in eine WfbM, sondern zum Ausbildungsabschluss und zur Integration auf dem ersten Arbeitsmarkt bei (ebd.).

Noch vor dem Tod ihres Mannes hat IP3w ihre Ausbildung zur Bauten- und Objektbeschichterin begonnen, ein Lehrjahr abgeschlossen und ihre Zwischenprüfung bestanden. Als ihr Mann starb, wollte die Chefin von IP3w sie nicht weiter ausbilden lassen. Die Chefin hatte kein Verständnis dafür. Auch wenn der Ausbilder dafür war, IP3w zu halten, entschied sich die Chefin dagegen, weshalb die IP3w ihre begonnene Ausbildung nicht weiterverfolgen konnte. Der verständnisvolle Arbeitsvermittler vermied, die Interviewte während der drei Jahre dauernden psychotherapeutischen Behandlung zu bedrängen, bis IP3w selbst sich zu einem weiteren Schritt bereit erklärte und ihre Ausbildung abschließen wollte (IP3w: Zeilen 379-400).

> „Joa, mein Arbeitsvermittler damals, vom Amt, der hat mich auch janz lange in Ruhe gelassen, keine Vermittlungsvorschläge, nix, gar nichts bis ich mich jefangen hatte und das alles. Das war wirklich, also Mensch, kein bürokratischer oder so was, so'n Typ der in seinem Büro sitzt und sagt, ja hier du musst. Der hat jesacht nee, du hast die Zeit die du brauchst. Ja und da hab ich jesacht, so, ich bin bereit. Sach, ich kann wieder. Ich will meine Ausbildung wieder haben." (IP3w: Zeilen 379–384)

Ihr Arbeitsvermittler empfahl, die Ausbildung von vorne zu beginnen, was dazu führte, dass IP3w ihren Abschluss mit 1,1 erreichte (IP3w: Zeilen 379–410, 743–750).

Mithilfe eines Tests wurden die Stärken und Schwächen von IP4m festgestellt, um Aussagen darüber treffen zu können, in welchen Berufsbereichen eine Eignung vorliegt (IP4m: Zeilen 195–199). Da er auf seine Bewerbungen keine Rückmeldungen oder Absagen erhielt, wurde er durch die Agentur für Arbeit in eine überbetriebliche Ausbildung zum Bauten- und Objektbeschichter vermittelt. IP4m freute sich über seinen direkten Übergang in eine Ausbildung zum Maler und Lackierer (IP4m: Zeilen 199–201) und darüber, dass er nicht wie andere beeinträchtigte Jugendliche ratlos lange zuhause geblieben ist (IP4m: Zeilen 473–495).

> „Da hatte isch auch das zum Glück das Glück gehabt, dass die Agentur mir so (.) tatkräftig geholfen hat und mir halt den (.) Weg ge:zeischt hat (.) und dank ihnen bin isch dann auch zu der *der außerbetrieblichen Ausbildungsstätte* gekommen also ehemaliges *Berufsbildungszentrum.* (..2..) Und (.) das (.) dann war isch halt da also hier (.) und habe hier meine dreijährige Ausbildung als Bau- und Objektbeschichter angefangen. (..2..) und dann dank *der außerbetrieblichen Ausbildungsstätte,* dank der Agentur habe ich es sogar jetzt geschafft. (..2..) Mein/meine Ausbildung zu erweitern (.) zum Maler und Lackierer. Also isch hänge so ein Jah Maler, Lackierer dranne. Das wird ja dieses Jahr fertisch (..3..) und (.) ja (..2..) alles (.) dank der Agentur und der *der außerbetrieblichen Ausbildungsstätte* bin isch jetze so weit gekommen. Das hätte isch ohne den/ohne/ohne (.) nischt geschafft. Dann wäre isch bestimmt genauso wie die Meisten jetzt Zuhause, und wusste nisch womit isch anfangen sollte. (..4..).“ (IP4m: Zeilen 484–495)

Praktika haben ihn dabei unterstützt, mehr über seine eigenen Stärken und Schwächen und über seine berufliche Eignung herauszufinden. Hierdurch entdeckte IP4m sein schwach ausgeprägtes Interesse am Malerberuf. Dieses Interesse begründet IP4m damit, dass diese Ausbildung es ihm möglich machte, durch sein Fachwissen ein eigenes Zuhause aufzubauen und ohne externe Hilfe seinen eigenen Vorstellungen entsprechend auszugestalten (IP4m: Zeilen 206–218)

> „Genau (.) Praktikum. (..2..) Da gings auch rischtisch los (.) mit dem Praktikum, mit den Praktikas, (..2..) so mit dem Reinschnuppern, wie sie vorhin gesagt hatten. (..5..) Da: habe isch eine (.) auch (.) noch mehr herausgefunden, was so meine Stärken sind, (..5..) wo meine Schwächen besser liegen, was isch kann, was isch nischt kann, (..2..) wo isch für geeignet bin, für was isch nischt geeignet bin, (..5..) was Neues getestet, (..2..) was mir lag, was mir nischt so lag. (..2..) Ja da hatte isch halt herausgefunden, dass Maler bis jetzt (.) einz von vielen Dingen is, was misch so ein bisschen interessiert, (..2..) zwar nischt wirklisch doll, aber (.) etwas, (..2..) wo auch so meine Stärken mit vorhanden sind. (..2..) Als isch bei anderen Sachen zum Beispiel nischt habe. (..3..) Wo man sisch besser den besse:r Auskennen tut, (.) wo man auch Lernen tut, wenn man alleine steht, (..2..) sisch selber, eigen Zuhause aufzubauen und nisch (..2..) also Hilfe benötigt, weil man selber schon (.) Fachwissen zu hat (.) und sein/seine Wohnung, Haus selber zu gestalten, wie man es haben möschte.“ (Ebd.)

Demzufolge besucht IP4m jetzt einen Ausbildungsbetrieb (IP4m: Zeilen 530–545). Während der Ausbildung beantragte er Nachhilfe bzw. den Nachteilsausgleich zur Prüfungsvorbereitung bei der Agentur für Arbeit (IP4m: Zeilen 203–204).

K2: förderliche Unterstützung

Weit über zwei Drittel der Stichprobe – insgesamt 13 Interviewte (13 von 17) – haben von hilfreicher Unterstützung erzählt (IP1w, IP2w, IP3w, IP4m, IP5m, IP6m, IP7m, IP8m, IP9m, IP10m, IP11w, IP13w und IP14m). Je nach Situation erhielten sie Unterstützung von ihren Berufsberatern der Bundesagentur für Arbeit, Lehrkräften, Ausbildern, Chefs und Bezugspersonen.

Viele der Interviewten wuchsen in einem Heim auf. Nachdem sie es verließen, was in aller Regel mit dem Förderschulabschluss bzw. Förderschulabgang zusammenfiel, wurden die Interviewten (IP1w, IP6 m, IP9 m, IP11w und IP13w) zum selbstständigeren Leben und Wohnen angeregt. Sie wurden an das betreute Wohnen herangeführt und erhielten Begleitung (IP1w: Zeilen 969, 971, 973, 984; IP6 m: Zeilen 393; IP9 m: Zeilen 195, 197, 199; IP11w: Zeilen 26–28; IP13w: Zeilen 382–383). Nachdem sie das betreute Wohnen verließen, bezogen sie eine eigene Mietwohnung, jedoch unter rechtlicher Betreuung (IP1w: Zeilen 987, 989; IP6 m: Zeilen 415; IP9 m: Zeilen 186; IP13w: Zeilen 371).

Zwar hat IP10 m seine Kindheit und Jugend im Elternhaus verbracht, doch wurde auch er von seinen Eltern an ein selbstständigeres Leben im betreuten Wohnen herangeführt (IP10 m: Zeilen 406, 408).

Wie bereits beschrieben (K1: effektive Berufsorientierung, begleitende berufliche Beratung), wurde IP2w bei der Berufsorientierung, der Berufswahl unter Berücksichtigung der Selbstbestimmung (Zeile 296–300, 302) und beim Übergang in eine überbetriebliche Ausbildung (Zeile 304) unterstützt. Beinahe vier Jahre bis zum Ausbildungsabschluss wurde sie durch Betreuer begleitet (Zeile 481). Die Interviewte berichtet nicht nur von der Unterstützung der Amtsberatenden, sondern auch über die Unterstützung ihrer Mutter, die immer mit einem Rat für sie verfügbar gewesen sei (Zeile 533).

Die Ausbildung zur Bauten- und Objektbeschichterin der Befragten IP3w kam als Vorschlag von der Bundesagentur für Arbeit. Bei der Vermittlung wurde sie von der Agentur unterstützt. Sie hatte nicht erwartet, dass ihr dieser Beruf so viel Spaß bereiten würde. IP3w will keinen anderen Beruf mehr ausführen – es ist ihr Traumberuf geworden (IP3w: Zeilen 743–750). Auch während und nach der Zeit ihrer traumatischen Erlebnisse hat das Beratungspersonal der Bundesagentur für Arbeit viel Verständnis und Geduld für ihren Fall bei der Vermittlung in eine Ausbildung und Beschäftigung aufgebracht (ebd.: Zeilen 379–410).

Der Lehrmeister des Interviewten IP4 m wurde für die Person gleichermaßen zur Bezugsperson. Er gab hilfreiche Ratschläge zu Fragen und unterstützte IP4 m umfassend. Die meisten Schwierigkeiten und Anstrengungen während der Berufsausbildung bereiteten die Arbeitszeiten. Im Gegensatz zur Schulzeit ging alles wesentlich zügiger. (IP4 m: Zeilen 218–224) Während der Ausbildung finanzierte die Bundesagentur für Arbeit die Nachhilfe bzw. den Nachteilsausgleich zur Prüfungsvorbereitung von IP4 m (ebd.: Zeilen 203–205). Nicht nur sein Lehrmeister und das Beratungspersonal der Bundesagentur für Arbeit unterstützten IP4 m während seiner Ausbildung, sondern auch seine Familie und Freunde (ebd.: Zeilen 226–232).

Wie auch andere Teilnehmer der Befragung wurde IP5 m bei der Vermittlung in seine außerbetriebliche Ausbildung durch die Bundesagentur für Arbeit unterstützt (IP5 m: Zeilen 232–246). An der überbetrieblichen Bildungseinrichtung durchlief er eine sehr gute Vorbereitung für die Beschäftigung (IP5 m: Zeilen 270–274). Während der Ausbildungszeit erhielt der Interviewte aufgrund mehrerer Praktika den Zugang zu seinem Beschäftigungsbetrieb. Dabei profitierte er nicht nur von einem geduldigen Ausbilder, der ihn trotz seines schlechten Verhaltens und Abmahnungen ausbildete (IP5 m: Zeilen 232–246), sondern auch von seinem einflussreichen Chef. Die Gespräche mit seinem Chef trugen zu einer regelrechten Verhaltensänderung bei. Er wurde pünktlicher und wesentlich aktiver (IP5 m: Zeilen 596–605). Nur noch selten schien ihm seine Beschäftigung eintönig und langweilig. Ansonsten bereitete sie ihm Spaß (ebd.: Zeilen 270–274).

Die Mutter von IP7 m unterstützte ihn nach Bedarf insbesondere in finanziellen Angelegenheiten (IP7 m: Zeilen 113, 257, 259). Sie führte mit ihm Gespräche über seine Bedürfnisse (ebd.: Zeilen 261) und das Ziel, Schritt für Schritt selbstständiger zu werden (ebd.: Zeilen 115).

Auch IP8 m wurde von seiner Mutter unterstützt. Sie versuchte, ihm bei der Suche nach einem Praktikumsplatz behilflich zu sein (IP8 m: Zeilen 632–633).

IP10 m gehörte zu den stärkeren Teilnehmern der berufsvorbereitenden Bildungsmaßnahme. Gemeinsam mit den stärkeren Schülern und Schülerinnen unterstützte er die Schwächeren (IP10 m: Zeilen 310–315).

Die Eltern von IP10 m unterstützten den Interviewten während seiner Ausbildungszeit nicht nur (IP10 m: Zeilen 519, 521–522), sondern förderten ihn auch mit gezielter Hilfestellung. Zwar fuhr IP10 m stets selbstständig zum Ausbildungsort, doch die Eltern begleiteten ihn zu den Haltestellen der öffentlichen Verkehrsmittel (IP10 m: Zeilen 379). IP10ms Eltern bereiteten den Interviewten darauf vor, sich selbstständig um einen Praktikumsplatz zu kümmern. Hilfestellung beim Schreiben der Bewerbung boten ihm die Mitarbeiter der WfbM (IP10 m: Zeilen 511–515, 517).

K3: Schaffung von Autonomiespielräumen: Streben nach selbstständigen Leben, Wohnen und Handeln

Wie bereits unter Kategorie 2 angedeutet, lernten viele Heimabgänger das selbstständigere Leben und Wohnen. Sehr gerne erzählten die Interviewten darüber (IP1w, IP6 m, IP9 m, IP11w, IP13w), wie sie, nachdem sie das Heim verlassen hatten und ihren Schulabschluss erhielten, in das betreute Wohnen übergingen und dort zu zweit oder zu dritt unter Betreuung lebten (IP1w: Zeilen 969, 971, 973, 984, 987, 989; IP6 m: Zeilen 393; IP9 m: Zeilen 195, 197, 199; IP11w: Zeilen 26–28; IP13w: Zeilen 382–383), bis sie schließlich in eine eigene Mietwohnung umzogen (IP1w: Zeilen 987, 989; IP6 m: Zeilen 415; IP9 m: Zeilen 186; IP13w: Zeilen 371). Dieses selbstständige Leben in einer eigenen Mietwohnung erfüllt alle betreffenden Interviewten mit Stolz.

Auch die Eltern des Interviewpartners IP10 m führten ihren Sohn an ein selbstständigeres Leben im betreuten Wohnen heran (IP10 m: Zeilen 406, 408).

Während seiner unabgeschlossenen Ausbildung beim Frachtspeditionsdienst ist IP10 m selbstständig zum Ausbildungsort gefahren (IP10 m: 359, 364, 379). Allerdings wurde er von den Eltern zu den öffentlichen Verkehrsmitteln begleitet (ebd.: 379). Nach einem Gespräch mit seinen Eltern, wonach sie irgendwann nicht mehr in der

Lage seien, ihn zu unterstützen, wechselte er in eine Beschäftigung an einer WfbM (ebd.: Zeilen 411–412).

Um seinen Haushalt möglichst eigenständig führen zu können, eignete sich IP1w u.a. die Bedienung von Kaffeemaschine, Wasserkocher, Geschirrspüler und Mikrowelle an (IP1w: Zeilen 1340–1341, 1347, 1350).

Die Interviewte IP2w träumte von einem eigenen Führerschein (IP2w: Zeilen 525–526). Nachdem sie das Elternhaus verließ, zog sie in eine eigene Mietwohnung (ebd.: Zeilen 528–529). Gemeinsam mit ihrem Freund plante sie, nach dem Ausbildungsabschluss ihres Freundes ein Kind zu bekommen (ebd.: Zeilen 536–537).

Mit 14 Jahren zog die Befragte IP3w zu ihrem damaligen Freund in eine Mietwohnung (IP3w: Zeilen 161–163, 258–265). Am Übergang Schule – BVJ gründeten sie eine Familie und bekamen einen Sohn (ebd.: Zeilen 218–223, 258–265).

IP3w fragt sich, wie es überhaupt so kommen konnte. Sie glaubt daran, dass die furchtbaren Erlebnisse und Lebensphasen nicht umsonst waren.

> „Den kann ich hinten dran häng. Ich bin so stolz. (.) Wenn ich mir das alles angucke, wie steinich und schwer und anstrengend eigentlich mein Leben verlaufen ist und das jetzte so schön ist, wie's jetzte is, mit meinem Sohn, es läuft alles. Der geht inne Schule, der steht alleine morgens auf. Ich bin ja schon auf Arbeit, wenn er aufsteht. Er geht alleine inne Schule und der kommt alleine nach Hause und macht sich sein Mittagessen und das alles drum und dran. Ich bin so stolz auf das, was ich erreicht habe, was ich mit meinem Kind jeschafft habe. Es ist das Beste, was mir jemals passieren konnte." (IP3w: Zeilen 421–427)

IP3w ist froh, so viel erlebt zu haben. Außer dem Tod ihres Freundes würde sie nichts ändern wollen. Sie arbeitet und bildet sich auch weiter. Ihr Sohn ist selbstständiger geworden, kümmert sich um haushaltsnahe Aufgaben, geht allein zur Schule und versucht so viel wie möglich selbstständig zu verantworten. Sie ist davon überzeugt, dass alles Schlimme in ihrem Leben dazu diente, dass ihr Gutes widerfahre. Entsprechend stolz ist sie auf sich und ihren lernbehinderten Sohn (IP3w: Zeilen 421–427).

IP3w ist auch stolz darauf, dass sie eine ganz normale, branchenübliche Vergütung erhält (ebd.: Zeilen 825–826).

IP4m hatte es sich zum Ziel gesetzt, eigene Autonomiespielräume zu schaffen. Neben seinem Schulabschluss suchte er nach einer Anstellung, für die er vernünftig entlohnt werden wollte, um unabhängiger von seinen Eltern und dem Rest seiner Familie zu werden. Von seinen mündigen Freunden erhielt er Ratschläge und Hilfestellung bei der Jobsuche. (IP4m: Zeilen 174–189) Er bewohnt gemeinsam mit seiner Freundin eine Mietwohnung (ebd.: Zeilen 626, 628, 255–283). Da er aus Neugier auch die Welt bereisen möchte (ebd.: Zeilen 255–283), betont er die Wichtigkeit, die englische Sprache zu beherrschen (ebd.: Zeilen 406–408).

> „Schule her, was kann dazu sagen. (..5..) Also (.) Englisch habe isch natürlisch nischt wirklisch in der Schule gelernt, das habe isch natürlisch (.) mir als sel/habe isch mir selber beigebracht." (ebd.).

IP4 m berichtet darüber, dass er sich die englische Sprache nicht in der Schule, sondern autodidaktisch aneignete.

Auch IP5 m strebte danach, statt einen Realschulabschluss an einer Abendschule zu machen, gleich in eine Beschäftigung überzugehen, um finanziell unabhängiger zu werden (IP5 m: Zeilen 182–186). Mehrmals betont er, wie wichtig es sei, sein eigenes Geld zu verdienen (ebd.: Zeilen 398–402). Seine Freundin mache ihm keine Vorwürfe darüber, dass er häufig am Arbeitsplatz verbleibt (ebd.: Zeilen 396, 398–402).

Bis zu den Schulabschlussprüfungen wohnte der Interviewte IP6 m noch im Elternhaus (IP6 m: Zeile 362). Danach zog er in die Nähe der WfbM in ein Wohnheim für betreutes Wohnen (ebd.: Zeile 393). Zurzeit bewohnt er eine eigene Zwei-Raum-Wohnung (IP6 m: Zeile 415) und verdient etwas mehr als die anderen (IP6 m: Zeile 790).

Bei IP7 m ist die Fähigkeit zum selbstständigen Wohnen noch nicht derart fortgeschritten. Aus diesem Grund bewohnt er gemeinsam mit seinen Geschwistern eine Wohngemeinschaft, in der er ein eigenes Zimmer besitzt (IP7 m: Zeilen 107, 109).

Wie viele andere seiner Kollegen an der WfbM wohnte IP9w zunächst im betreuten Wohnen, bis er schließlich in eine Mietwohnung in der Nähe seines Beschäftigungsortes zog (IP9w: Zeilen 186, 195, 197, 199).

IP11w wohnt nach dem Heimabgang noch immer im betreuten Wohnen (IP11w: 16–21, 26–28).

Einen Schritt weiter ging die Interviewte IP13w. Vom betreuten Wohnen zog sie kürzlich in eine Mietwohnung (IP13w: Zeilen 382–382, 371).

Zusammenfassend kann festgehalten werden, dass alle 17 Interviewten aufgrund ihrer Teilhabe am ersten bzw. am zweiten Arbeitsmarkt einen gewissen Grad an autonomer Lebensführung erreichten.

K4: Erfüllung von Zugangsvoraussetzungen für eine überbetriebliche/betriebliche Berufsausbildung und Zugang zur Ausbildung

Alle Interviewten sind beschäftigt und haben eine Stufenausbildung (IP3w, IP4 m), eine Fachpraktiker-Ausbildung (IP2w, IP5 m) oder eine meist zweijährige Ausbildung nach der Feststellung der praktischen Eignung in einem angemessenen Berufsbildungsbereich an einer WfbM (IP6 m-IP17 m: z. B. IP6 m: Zeile 660, 662; IP10 m: Zeile 434; IP16 m: Zeilen 163, 171) absolviert. Die 13 Interviewten (IP6 m bis IP17 m) berichteten von Praktika in mehreren Arbeitsgruppen ihrer Werkstatt und von der eigenen Entscheidung in einer Arbeitsgruppe zu arbeiten, in der sie gebraucht werden (z. B. IP1w: Zeile 1331; IP6 m: Zeilen 652, 655, 657; IP10 m: Zeile 432). Dies bedeutet, dass diese Gruppe der Interviewten die Zugangsvoraussetzungen einer WfbM erfüllte und den Zugang zu einem der zur Verfügung stehenden Berufsbereiche erhielt.

IP3w und IP4 m erfüllten die Zugangsvoraussetzungen für eine Stufenausbildung zum Maler und Lackierer. Da IP3w vor ihrer langwierigen Reha-Maßnahme einen einjährigen Ausbildungsversuch zur Malerin und Lackiererin mit bestandenen Zwischenprüfungen nachwies und auch praktische Erfahrungen vorweisen konnte, wurde sie für eine dreijährige Ausbildung zur Bauten- und Objektbeschichterin und anschließend zur Malerin und Lackiererin angenommen (IP3w 385–386, 403–405, 409–410, 743–750).

IP4m hat seine Stärken, seine berufliche Eignung und sein schwach ausgeprägtes Interesse am Malerhandwerk mithilfe eines Berufswahltests und im Rahmen diverser Schnupperpraktika entdeckt. Neben seinen ausgeprägten handwerklichen Fähigkeiten macht der Interviewte gern auch Gebrauch von seinem umfassenden Fachwissen, was ihm auch im Privatleben nützlich ist (IP4m: Zeilen 206–218). Gemeinsam mit IP3w absolvierte IP4m nach der BvB seine Ausbildung zum Bauten- und Objektbeschichter und die darauf aufbauende Ausbildung zum Maler und Lackierer (IP4m: Zeilen 469, 471, 473–495, 497, 499–500).

IP2w interessierte sich für die Fachpraktiker-Ausbildung im hauswirtschaftlichen Bereich, nachdem sie im Rahmen des Berufswahltests der Bundesagentur für Arbeit und eines Schnuppertages ihre Eignung in diesem Bereich erkannte (IP2w: Zeilen 171–172, 174–177, 296–300, 318, 320, 322). IP2w ist strebsam und sehr fleißig. Um die Zugangsvoraussetzungen für die Fachpraktiker-Ausbildung zu erfüllen und einen Zugang zur Ausbildung zu erreichen, holte IP2w während der Bildungsmaßnahme an einer überbetrieblichen Einrichtung ihren Hauptschulabschluss mit guten Leistungen nach (ebd.: Zeilen 231–233). Die Berufsschule endete eine Woche vor der überbetrieblichen Ausbildung, was zur Folge hatte, dass IP2w eine Woche am Stück arbeitete, bis es Zeugnisse gab. Alle Lehrlinge ihres Jahrgangs bestanden die Abschlussprüfung (IP2w: Zeilen 358–362).

Im Rahmen der überbetrieblichen Ausbildung machte IP5m ein Praktikum und ist dadurch in seinen derzeitigen Betrieb gekommen. Dieser Betrieb war bereit, ihn zu übernehmen. Seit etwa einem Jahr[49] schon ist er in Festanstellung. Dank der Erfüllung der Zugangsvoraussetzungen, einem geduldigen Ausbilder (IP5m: Zeilen 232–246) und einem motivierenden Betriebsleiter (IP5m: Zeilen 596–605) qualifizierte er sich für eine Fachpraktiker-Ausbildung zum Metallbauer (ebd.: Zeile 248).

K5: Akzeptanz und Bereitschaft der Betriebe zur Ausbildung und Beschäftigung von Menschen mit Förderbedarf

Über die Hälfte der Interviewten (9 von 17) erzählten direkt oder indirekt über die Akzeptanz der beeinträchtigten Interviewten und über die Bereitschaft der Angehörigen der Ausbildungsstätten und Betriebsverantwortlichen, sie auszubilden oder einzustellen.

In Bezug auf die indirekten Aussagen der erhobenen Daten kann festgehalten werden, dass alle Interviewten bei gelungener Ausbildung und Beschäftigung von den Ausbildungs- und Betriebsverantwortlichen akzeptiert und unterstützt wurden. So assoziieren beispielsweise IP1w, IP6m, IP7m, IP11w und IP13w ihre WfbM als Beschäftigungsort, an dem sie ausgebildet wurden (z. B. IP1w: Zeile 1130; IP6m: Zeilen 664, 667, 684; IP7m: Zeilen 221–222; IP11w: Zeilen 167–178; IP13w: Zeilen 179–182, 184–194), weil sie in der Werkstatt als Mitarbeitende wahrgenommen und vergütet werden.

49 Seit 2018

Nach dem Ausbildungsabschluss meldete sich die Interviewte IP2w zunächst arbeitssuchend, weil sie noch keine Beschäftigung hatte. Nach fast drei Monaten unterzeichnete sie einen Arbeitsvertrag in einem Hotel. Die Probezeit dauerte zwei Monate. (IP2w: Zeilen 364–367) Da die Interviewte fest angestellt wurde und ihre Kollegen, ihren Chef und die abwechslungsreiche Arbeitsweise sehr schätzte, bereitete ihr die Arbeit großen Spaß. Sie stieß in dem Betrieb außerdem auf große Akzeptanz der Angestellten (ebd.: Zeilen 372–373, 375, 378–379, 381, 386).

Auch IP3w fand einen Betrieb, der sie als Lehrling einstellte und bereit war, sie zu übernehmen sowie zur Gesellin auszubilden (IP3w: Zeilen 414–415, 809–815, 817–821). IP3w erhält für ihre Arbeit, die sie leistet, die übliche Vergütung (ebd.: Zeilen 825–826) und ist zurzeit fest angestellt.

Dank der Arbeit des Beratungspersonals der Bundesagentur für Arbeit wurde IP4m an eine außerbetriebliche Bildungsstätte in Kooperation mit einem Betrieb im Rahmen einer Stufenausbildung vermittelt (IP4m: Zeilen 530–545).

Auch IP5m wurde in einer überbetrieblichen Ausbildungsstätte und einem Ausbildungsbetrieb akzeptiert. Infolgedessen wurde er in einem Betrieb als anerkannter Metallbau-Facharbeiter fest angestellt (IP5m: Zeilen 241–246, 248, 281–284).

K6: Bewältigung von Prüfungsschwierigkeiten

Fast ein Drittel aller Interviewten (6 von 17) berichteten von eigenen Prüfungsschwierigkeiten (IP2w, IP3w, IP4m, IP5m, IP7m, IP10m).

So rechnete zum Beispiel IP2w zunächst nicht damit, dass sie Angst vor der Abschlussprüfung des Vorbereitungsjahres haben würde. Sie war sich unsicher, ob sie die Prüfung bestehen könne. (IP2w: Zeilen 146–147, 149–150, 152) Während der Prüfungssituation stellte IP2w dann fest, dass sie auf einige Fragen nicht die richtigen Antworten kannte. Allerdings schrieb sie langsam alles auf, was ihr einfiel, sodass sie schließlich die theoretische und die praktische Prüfung zur Fachpraktikerin für Hauswirtschaft bestand (IP2w: Zeilen 155–158, 160, 165–169, 222–226).

Um mathematische Operationen zu verstehen, muss IP3w eine Aufgabe mindestens drei Mal wiederholen. Wenn sie in der Berufsschule Probleme hatte, ist sie oft länger geblieben, um Hilfe in Anspruch zu nehmen (IP3w: 675–687).

Im Rahmen der Ausbildung nahm IP4m die Nachhilfe bzw. den Nachteilsausgleich zur Prüfungsvorbereitung der Agentur für Arbeit in Anspruch (IP4m: Zeilen 203–204, 226–231). Sowohl Praktika als auch Prüfungen verlangten IP4m große Anstrengungen ab (ebd.: Zeilen 226–231). Mit seinen Leistungen und Prüfungsnoten zeigte sich IP4m schließlich zufrieden (ebd.: Zeilen 546, 549–550, 552). Es war schwierig, für die Prüfungen zu lernen, obwohl IP4m nach einem zweiwöchigen Auftakt an einer Schule und einer vierwöchigen Praxisphase an einer Baustelle sich genau den Stoff aneignete, der in den Prüfungen abgefragt wurde. Sehr hilfreich, so berichtet es IP4m, war, dass er bereits einmal bei einer Prüfungssituation dabei gewesen war und daher wusste, wie eine Prüfung abläuft. (ebd.: Zeilen 499–508) Er hat nicht nur die Berufsausbildung absolviert, sondern wurde vom gleichen Betrieb auch übernommen. IP4m ist froh, dass er nicht nach einem weiteren Arbeitsplatz suchen muss und dass er Arbeitskollegen hat, mit denen er gut klarkommt (ebd.: Zeilen 521–526).

Im Rahmen der Prüfungsvorbereitung wurde IP5 m an der überbetrieblichen Bildungseinrichtung beispielsweise beim Lösen von Mathematikaufgaben unterstützt und trainiert (IP5 m: Zeilen 270–274). Vor der Zwischenprüfung gestalteten sich die Beziehungen zu seinem Lehrmeister schwierig. Es kam gar zu Abmahnungen. Häufig schwänzte er Klausuren. Als IP5 m seine Ausbildung nach einem Gespräch mit seinem Chef ernst nahm, bereitete er sich für die Zwischen- und Abschlussprüfungen vor und bestand sie. IP5 m ist stolz darauf, dass er im Gegensatz zu seiner Schulzeit die Prüfung auch ohne Nachhilfe erfolgreich absolvierte (IP5 m: Zeilen 218–225, 232–246, 596–605).

Einige Prüfungen bestand IP7 m, andere nicht (IP7 m: Zeile 141–142). Darunter fanden sich sowohl schwere und anstrengende als auch leichte Prüfungen (ebd.: Zeilen 137, 139, 146). Das Bestehen der Prüfungen verbindet der Interviewte mit Glück (ebd.: Zeile 144).

IP10 m tat sich schwer mit Prüfungen, insbesondere in Form des Diktats. Für die Erledigung derartiger Aufgaben brauchte IP10 m wesentlich mehr Zeit (IP10 m: Zeilen 25–28).

K7: Zugang zur Beschäftigung

Wie bereits erwähnt, stehen alle 17 Interviewten in einem Arbeitsverhältnis. 13 der befragten Teilnehmer sind in einer WfbM tätig (IP1w, IP6 m-IP17 m).

IP1w (Zeilen 1121, 1134, 1195, 1235–1236), IP6 m (Zeilen 692, 694, 698) und IP7 m (Zeile 238) sind in der Arbeitsgruppe Elektrodemontage eingestellt. Sowohl IPw1 als auch IP6 m (Zeilen 795, 803–804, 806, 808) und IP7 m (Zeile 241) können und dürfen einen Gabelstapler bedienen.

In der Arbeitsgruppe Demontage sind auch die Interviewten IP13w (Zeile 211) und IP17 m (Zeilen 271, 273) tätig.

Mit der Demontage von Wasserzählern sind die Interviewten IP12 m (Zeilen 473, 392–395), IP14 m (Zeilen 222–229) und IP15 m (Zeile 223) beschäftigt.

Die Interviewten IP8 m (Zeilen 826–827, 831–832), IP9w (Zeilen 404–405, 407, 416, 517), IP10 m (Zeilen 551, 445) und IP16 m (Zeile 152) sind in der Montagegruppe eingestellt.

Nur IP11w arbeitet im Bereich (Montage) Nieten, Einfädeln und Knüpfen von Bändern (Zeilen 182–183, 185–203, 318).

Die Teilnehmerinnen IP2w und IP3w sowie die Teilnehmer IP4 m und IP5 m sind auf dem ersten Arbeitsmarkt beschäftigt. Den bildungspolitisch erwünschten Klebeeffekt erreichten IP3w, IP4 m und IP5 m dadurch, dass sie in den jeweiligen Ausbildungsbetrieben übernommen wurden.

Nur IP2w stand nach dem Fachpraktiker-Abschluss eine dreimonatige Stellensuche bevor, die sie erfolgreich hinter sich ließ: Nachdem sie drei Monate Probezeit bestand, wurde sie in einem Hotel angestellt (IP2w: Zeilen 364–367, 381, 519).

IP3w wurde von ihrem Ausbildungsbetrieb übernommen und bildete sich zur Gesellin weiter (IP3w: Zeilen 577, 579–581, 414–415).

Ebenso startet IP4m in sein Berufsleben mit der erfolgreichen Übernahme in seinem Ausbildungsbetrieb (IP4m: Zeilen 232–239, 519, 521–526).

Auch IP5m wurde in seinem Ausbildungsbetrieb nach dem Abschluss als Metallbauer fest angestellt (IP5m: Zeilen 279, 281–284, 202–205, 245–246, 410). Er arbeitet gern an Maschinen (Drehmaschine, Fräsmaschine etc.), hat aber in Zukunft keine Lust, den ganzen Tag in einer Werkstatt zu arbeiten. Er bevorzugt die Beschäftigung an der frischen Luft und hat dabei viel gelernt. (ebd.: Zeilen 252–258) IP5m ist derzeit mit dem Fenster- und Türen-Einbau und Reparaturen aller Art (Automatiktüren, Glasduschen, Sauna, Gewächshäuser) beschäftigt (ebd.: Zeilen 260–262).

K8: Prävention gegen Mobbing und berufliche Benachteiligung

Lediglich drei Interviewte, die unter Mobbing litten, berichteten über ihren passiven Widerstand der psychisch belastenden Mobbingsituationen (IP1w, IP3w und IP13w) und über den Schutz durch ihre Lehrkräfte (IP1w, IP13w) und Freunde (IP3w).

Wegen ihres ungewöhnlichen Aussehens und ihrer Brille wurde IP1w in dem Sonderschulheim ständig gemobbt. Die Lehrerin unternahm immer wieder Versuche, den Mitschülern zu erklären, was mit ihr passiert sei, um das Mobbing zu beenden (IP1w: Zeilen 883–885).

Von der fünften bis zur zehnten Klasse litt auch IP3w unter Mobbing. Die einzige Person, die sie unterstützte, war ihre Freundin (IP3w: Zeilen 173–180).

Da die Teilnehmerin IP13w weder gut lesen noch rechnen konnte und außerdem stotterte, wurde sie von den Mitschülern ausgelacht. Da ihr Lehrer sie vor Mobbing schützte, fand sie ihre Schulzeit trotzdem gut (IP13w: Zeilen 241–250, 254–256).

K9: zufriedenstellendes Arbeitsklima, gutes Verhältnis zu den Kolleginnen und Kollegen und den Vorgesetzten

Über das zufriedenstellende Arbeitsklima und gute Beziehungen zu ihren Kollegen und Chefs berichteten die Interviewten IP2w, IP4m, IP9w und IP13w.

IP2w machte nicht nur die Arbeit im Hotel Spaß, sondern lobte besonders das Klima unter den Kollegen (IP2w: Zeilen 372–373, 375, 386).

IP4m begann sein Berufsleben mit der Umstellung seiner Lebensgewohnheiten. Fortan achtete er auf die Arbeitszeit, hielt sich an die Betriebsregeln und versuchte, ein gutes Verhältnis zu seinen Kollegen zu pflegen (IP4m: Zeilen 232–239, 521–526).

Weil sie in der WfbM vor allem unter Freunden arbeitet, fühlte sich IP9w auf Arbeit besonders wohl (IP9w: Zeile 432).

Die schlechten familiären Beziehungen ersetzte IP13w mit guten Beziehungen zu ihren Arbeitskollegen in der WfbM (IP13w: Zeilen 364–366).

K10: Erfolgserlebnisse

6 der 17 Befragten (IP1w, IP2w, IP3w, IP4m, IP5m, IP7m) sind der Auffassung, dass Erfolge im Berufsleben von entscheidender Bedeutung sind.

Ihr Lernerfolg, so berichtet es IP1w, sei höher, wenn sie wiederholt und unter Anleitung den Lernstoff gezeigt und erklärt bekäme. Danach sei sie in der Lage, Aufgaben selbstständig zu lösen (IP1w: Zeilen 1352–1354, 1356, 1360–1361).

IP2w ist der Meinung, dass ein Hauptschulabschluss die Basis für das Berufsleben bildet und Erfolgserlebnisse hervorrufen könne. Es sind derartige Werte, die dazu beitragen, dass der direkte Übergang von der Förderschule in eine überbetriebliche Ausbildungseinrichtung oder der Abschluss der Fachpraktiker-Ausbildung gelingt. Ihre Lernbemühungen zahlten sich aus: Um multiplizieren und dividieren zu lernen, fragte sie immer wieder nach Lernaufgaben und Hausaufgaben (IP2w: Zeilen 407–412). IP2w ist davon überzeugt, dass, wenn der nötige Willen dazu vorhanden ist, es leichter falle, seine Ziele zu erreichen (ebd.: Zeilen 414–415).

Infolge des Todes ihres Mannes und der zerrütteten Beziehung zu ihrer Mutter durchlief IP3w nach einem Nervenzusammenbruch eine mehrjährige psychotherapeutische Behandlung. IP3w berichtete stolz von ihrer Heilung und der damit verbundenen Fähigkeit, eigenverantwortlich für sich und ihren Sohn sorgen zu können. (IP3w: Zeilen 416–432) Das Besondere am Nachteilsausgleich, so erzählt es IP3w, sei das Erfolgserlebnis. Während der Nachhilfe können nicht nur Extrapunkte gesammelt, sondern auch eigene Zeugnisnoten verbessert werden. Solche Erfolgserlebnisse seien von großer Wichtigkeit (IP3w: Zeilen 922–945, 947).

10.000 Euro kostet die Ausbildung zum Handwerksmeister. Der Betriebsleiter IP3w sei bereit, 3.000 in ihre Weiterbildung zu investieren. 7.000 Euro würde die Handwerkskammer übernehmen. Ein solches Angebot[50] sei einmalig. Für IPw3 bedeutete das eine Aufstiegsmöglichkeit, was sie sehr glücklich mache (ebd.: Zeilen 557–560, 562, 564, 566, 568–573).

> „So ein Anjebot kriegt man nur ein einziges Mal. (.) Und das grade ich das bin. Das is'n Aufstieg. Ich weiß gar nich wohin mit dem äh mit den Glücksjefühlen. (.) Also, das läuft einfach nur so prima. (.) Da bräucht ich gleich zwanzig Stück von. Ha ha ha ha. [IP3w: Zeilen 571–573] Nee. (.) Das ist unbeschreiblich. Also (..6..) [ebd. Zeile 575]."

IP3w fehlen die Worte, um ihr Glücksgefühl zu beschreiben (ebd.: Zeile 575).

Mit dem, was IP4m beruflich erreichte, ist er zufrieden. Er glaubt aber, dass alles, wovon er träumt, noch kommen könne. (IP4m: Zeilen 255–283) IP4m hatte eine Lese-Rechtschreibschwäche. Auch seine Fähigkeiten zu rechnen sind nur schwach ausgeprägt. Seine Misserfolge machten ihn antriebslos. Etwas leichter fiel ihm das Lernen, wenn er sich für einen bestimmten Lernstoff interessierte. (ebd.: Zeilen 315–342) Hatte er kein Interesse am Stoff, musste er sich ausgesprochen anstrengen, sich ans Lernen zu machen. Als ein Erfolgserlebnis nannte auch IP4m die Unterstützung der Bundesagentur für Arbeit beim direkten Übergang in seine Ausbildung. Er hebt insbesondere hervor, dass er nicht – wie viele andere beeinträchtigte Altersgenossen –

50 Ob die Interviewte bereits Meisterin geworden ist, ihre Meisterprüfung bestanden und eine entsprechende betriebliche Position übernommen hat, konnte aufgrund des fehlenden Kontaktes nicht bestätigt werden. Angelehnt an die Information der Gatekeeperin hat die Interviewte ihre Stufenausbildung abgeschlossen und ist in demselben Betrieb tätig geblieben.

sein Erwerbsleben mit andauernder Arbeitslosigkeit zubringen wollen würde. (ebd.: Zeilen 473–495, 534–545) Als ausgebildete Fachkraft ist er heute auf dem ersten Arbeitsmarkt tätig. Es gelang ihm, seine schulischen Ziele zu erreichen und seine Gewohnheiten auf die Rahmenbedingungen des Berufslebens umzustellen. Auch mit seinen Kollegen hat er ein gutes Auskommen. (ebd.: Zeilen 231–239) Dabei ist ihm auch bewusst, dass die Arbeit ihn Freizeit kostet. Allerdings hat IP4m sein Hobby zum Beruf gemacht: Von der Online-Plattform YouTube ließ er sich inspirieren, eigene Videos zu produzieren und auf die Plattform hochzuladen (ebd.: 694–701).

Seit seiner Kindheit bzw. Jugend interessiert sich IP5m für Landwirtschaft, für große Maschinen, für Reparaturen und handwerkliche Tätigkeiten. Dies begründet er damit, dass am Ende das Produkt seiner Arbeit erkennbar ist, was seine Erfolgserlebnisse sichtbar mache. Besonders von der Arbeit an der frischen Luft zeigt er sich begeistert (ebd.: Zeilen 334–341).

Die besondere Freude bereitete dem Interviewten IP6m das Erlangen seines Gabelstapler-Führerscheines nach einem dreitägigen Kurs. IP6m glaubte nicht daran, dass er die schriftliche und praktische Prüfung bestehen würde (ebd.: Zeilen 854, 856, 862–864).

K11: Entwicklung eigener beruflichen Identitätskonstruktion, Streben nach Weiterbildung

Über ein Drittel der Interviewten (7 von 17) äußerten den Wunsch nach einem Berufswechsel oder die Motivation, eine Weiterbildung zu besuchen, um ihre Aufstiegschancen zu erhöhen (IP2w, IP3w, IP4m, IP5m, IP6m, IP8m, IP10m). Dabei konnte die laufende Entwicklung ihrer beruflichen Identitätskonstruktion nachverfolgt werden.

Zwar erkannte die Interviewte IP2w ihre berufliche Eignung im hauswirtschaftlichen Bereich, dennoch schaute sie sich nach einem weiteren beruflichen Beschäftigungsfeld um. Wie ihre Mutter möchte die Interviewte in Zukunft als Postbotin arbeiten (IP2w: Zeilen 581, 583, 585). Seit zwei Jahre macht sich IP2w Gedanken, wie sie ihr Ziel erreichen könnte. Dafür braucht sie einen Führerschein (ebd.: Zeilen 587, 592–593, 595).

IP3w hatte einen längeren Weg, bis sie erkannte, welcher Beruf zu ihr passen könnte. An einer Berufsschule versuchte sie sich während des BVJs an der Ausbildung zur Köchin, dann zur Verkäuferin und danach an einer Ausbildung auf der Baustelle (IP3w: Zeilen 590–596).

Eine Aufstiegsmöglichkeit – die Chance, sich nach der Gesellenprüfung zur Meisterin weiterzubilden – bot sich der Befragten IP3w (IP3w: Zeilen 414–420, 551–553).

IP4m wurde während der Schulzeit bewusst, dass er mit jeder Klasse, die er aufstieg, noch mehr Stunden in der Schule verbringen und früher aufstehen müsse. Er ist Langschläfer. Das hatte ihn auf die Idee gebracht, freiberuflich sein Hobby zum Beruf zu machen und über das Internet Geld zu verdienen. Er sieht wenig Sinn in einer Arbeit, bei der er mit Chemikalien zu tun hätte, was seinen Körper kaputtmache. (IP4m: Zeilen 641–658) Da er selbstständig arbeitet, könne er über seine Arbeitszeit gleichermaßen frei entscheiden wie über seine Urlaubstage (ebd.: Zeilen 511–516). Nebenberuflich ist er als Fitnesstrainer und Vermarkter im veganen Lebensmittelbereich tätig (ebd.: Zeilen 289–290).

Zwei Wochen nach der Abschlussprüfung hat der Interviewte IP5 m seine Beschäftigung im Betrieb begonnen (IP5 m: Zeilen 614–621). Der jetzige Beruf mache IP5 m Spaß (IP5 m: Zeilen 716–717). Im nächsten oder übernächsten Jahr würde er seinen Meisterbrief machen, um später den Nachwuchs ausbilden zu können. Der Betrieb ist dazu bereit, die Weiterbildung zu bezahlen. Diese Ausbildung möchte er zwei Jahre lang in Berlin absolvieren. (IP5 m: Zeilen 614–621, 623–624, 626–627, 629–635) Allerdings ist sich IP5 m unsicher, ob er diese Weiterbildung tatsächlich durchführen und danach im Betrieb in eine Meisterposition aufsteigen wolle. Denn dies hättte für ihn eine betriebliche Bindung bedeutet, wonach er wenigstens ein Jahr lang als Ausbilder in diesem Betrieb tätig sein muss (IP5 m: Zeilen 637–644).

IP5 m ist Metallbauer und beschäftigt sich mit dem Einbau von Fenstern und Türen. Mit zunehmendem Alter würde er jedoch nicht mehr in der Lage sein, seinen Beruf auszuüben, da er viele schwere Gegenstände zu tragen habe. Aus diesem Grund sucht er nach beruflichen Alternativen (IP5 m: Zeilen 727–733).

> „Mh (.) naja. (..2..) Ich trag (.) ich mach halt viel auch gerne damit (.) aber (.) irgendwann haste auch den Zeitpunkt äh und ich bin Metallbau/ähm bau halt Fenster und Tür'n ein und von denen ja auch nicht wenig. Und dann machste irgenwann/unsere Berufs/äh siehste so etwas älteren (.) ab vierzig kannste kaum noch äh dich bücken, werden alle operiert und so. (.) Deswegen ist das auch nich mehr mein Berufsziel so lange in der Firma zu bleiben. Mit vierzig hab ich kein Bock mehr äh Scheiben von äh zweihundert Kilo hin und her zu wuchten." (IP5 m: Zeilen 727–733)

Zwar gäbe es bestimmte Techniken, um der physischen Belastung des Tragens schwerer Gegenstände standzuhalten (ebd.: Zeilen 736–737), doch könnte dies eben nicht ein Leben lang den Körper vor Schäden bewahren (ebd.: Zeile 739). Genau aus diesem Grund entschloss sich der Befragte mit der Zeit die Metallbaubranche zu verlassen (ebd.: Zeile 705). Er ist lediglich mehr oder weniger stolz auf seinen Beruf (ebd.: Zeilen 723, 725), doch Landwirt ist sein eigentlicher Wunschberuf, den er in Zukunft anstrebt (ebd.: Zeilen 552, 707). Schon heute arbeite er am Wochenende und während der Urlaubszeiten bei einem Freund in einem Landwirtschaftsbetrieb (ebd.: Zeilen 746–748). Seit einem Jahr kennt IP5 m sich in dem Arbeitsbereich aus und lernt immer noch etwas dazu (ebd.: Zeilen 753–755, 757, 768). Auch als Quereinsteiger könne er in der Landwirtschaft tätig sein (ebd.: Zeilen 765–766).

Im Verlauf des Interviews verneint IP5 m, dass er den Beruf für das Leben gefunden habe (ebd.: Zeilen 771, 783). IP5 m kann sich gut vorstellen, bei der Feuerwehr tätig zu sein (ebd.: Zeile 778).

IP6 m ist in einer WfbM angestellt und träumt von einer Arbeitsstelle auf einem Handelsschiff. Er ist sich sicher, dass er nicht nur zum Vergnügen mit Handelsschiffen fahren möchte, sondern dort arbeiten will (IP6 m: Zeile 729).

Seine Beschäftigung in einer WfbM plant IP8 m auch weiterhin auszuführen. Parallel hierzu besucht er einen Weiterbildungskurs zum Umgang mit digitalen Medien (IP8 m: Zeilen 532–533, 539, 541–543, 548).

Neben seiner Beschäftigung in der WfbM interessiert sich IP10 m für eine Beschäftigung in der Lagerlogistik und möchte ein Praktikum im Lagerbereich von IKEA oder METRO machen (IP10 m: Zeilen 449–451, 453, 455, 460, 462). Um die WfbM zu verlassen, benötige er zunächst einen Praktikumsplatz bei IKEA (IP10 m: Zeilen 498, 500, 507). Wenn er die Möglichkeit erhielte, ein Praktikum bei IKEA zu machen, würde er es zunächst verlängern und im Anschluss nach einem Arbeitsvertrag fragen (IP10 m: Zeilen 474,476, 478). Bei einer mündlichen Empfehlung würde er auch eine Bewerbung schreiben (ebd.: Zeile 480). Um eingestellt zu werden, braucht er einen Gabelstapler-Führerschein (ebd.: Zeilen 484, 486). Deswegen plant er, die nächstmögliche Qualifizierung in seiner Werkstatt zu besuchen, um den Schein zu erwerben (ebd.: Zeilen 488, 490–491, 502, 504). Die Kosten des Führerscheines trägt die WfbM. IP10 m fühlt sich in der Lage, die mündliche und praktische Prüfung dafür zu bestehen (ebd.: Zeilen 493–495). Seine Eltern haben IP10 m darauf vorbereitet, selbstständig zu versuchen, den Praktikumsplatz zu organisieren. Sollte vom Arbeitgeber verlangt werden, eine schriftliche Bewerbung einzureichen, wird sich IP10 m an die Mitarbeiter der WfbM wenden und um deren Unterstützung bitten. (ebd.: Zeilen 457–458, 511–515) Vorerst möchte er allerdings selbstständig versuchen, den Praktikumsplatz zu bekommen (ebd.: Zeile 509). Er weiß, wie er mit der Straßenbahn zu IKEA kommen kann (ebd.: Zeilen 465, 467). Sollte es nicht bei IKEA klappen, wird IP10 m es bei METRO versuchen (ebd.: Zeilen 555–556). Bei METRO würde er gern den elektrischen Hubwagen bedienen (ebd.: Zeilen 558–559). Sein Traumberuf war die Floristik. Von jenem Blumenladen, in dem er als Praktikant arbeitete, hoffte er, übernommen zu werden. Da dies jedoch nicht möglich war, wechselte er in die WfbM (ebd.: Zeilen 575–577).

7 Diskussion der Ergebnisse

Der Diskussionsteil dieses Forschungsprojektes umfasst die Auslegung der Ergebnisse, den Vergleich mit den bisherigen Studienerkenntnissen und die Reflexion des analytischen Vorgehens. Dabei werden die fallbezogenen Ergebnisse zusammengeführt und auf den allgemeinen Kontext fokussiert. Die Analyseergebnisse dieser Studie sollen mit den bisherigen Forschungserkenntnissen zusammengeführt werden, um den Geltungsbereich und die Aussagekraft der Ergebnisse zu bewerten. Auf der Grundlage des Modells nach Stein, Kranert und Hascher (2020, S. 26) hat die Autorin theoriegeleitet und empirisch belastbare Faktoren bei misslungenen bzw. gelungenen schulisch-beruflichen Übergängen neu konzipiert. Dabei soll auch das analysemethodische Vorgehen reflektiert werden.

Im nächsten Schritt wird nicht nur geprüft, inwieweit die formulierten Hypothesen bestätigt oder widerlegt werden können. Es soll außerdem der Vergleich zwischen den Analyseergebnissen der Studie und bereits erforschten Erkenntnissen gezogen werden.

7.1 Interpretation der Forschungsergebnisse und deren Einbindung in den aktuellen Forschungsstand

Das Ziel des Forschungsprojektes war es, die schulisch-beruflichen Übergänge der Befragungsteilnehmer und -teilnehmerinnen, denen ein Attest zum Förderschwerpunkt Lernen oder geistige Entwicklung vorlag, zu rekonstruieren. Insbesondere sollen Gründe für misslungene Übergänge identifiziert und Bedingungen für gelungene Übergänge erfasst werden. Aus den Ergebnissen der Inhaltsanalyse sollen zudem Schlussfolgerungen für die gesellschaftliche und soziale Unterstützung von Menschen mit Förderbedarf abgeleitet werden, die bei der Teilhabe am Ausbildungs- und Arbeitsmarkt hilfreich und gleichzeitig förderlich sein können. Auf der Ebene der gesellschaftlichen Anforderungen soll der Mehrwert des Forschungsprojektes für angehende und bestehende Lehrkräfte in den Empfehlungen zur Gestaltung des förderlichen Umgangs mit förderbedürftigen Menschen liegen. Sowohl auf der gesellschaftlichen als auch auf der sozialen Ebene unter Auswirkung auf die persönliche Ebene können aus den Forschungsergebnissen dieses Projektes unterstützende Empfehlungen herleitet werden.

Zu den genannten Forschungsfragen wurden verschiedene theoretische und praktische Erkenntnisse zusammengeführt und schließlich auf Basis der im vorstehenden Kapitel dargestellten empirischen Ergebnisse interpretiert.

Die Analyseergebnisse beruhen auf den Erfahrungen der interviewten Personengruppe und sind im Rahmen der Untersuchung aussagefähig.

Schulisch-berufliche Übergänge

Die Rekonstruktion der gruppenspezifischen schulisch-beruflichen Übergänge stellt die erlebten Übergänge der ersten Schwelle zwischen den Förderschulen/IGS in eine Berufsausbildung (Übergang 1: Übergang Schule – Ausbildungssystem) und der zweiten Schwelle in eine Beschäftigung (Übergang 2: Übergang Ausbildungssystem – Beschäftigungssystem) dar.

Im Rahmen des Forschungsprojektes konnten die Übergänge innerhalb entweder des allgemeinbildenden Schulsystems (durch den Wechsel zwischen den unterschiedlichen Schularten) oder des Berufsbildungssystems (durch Ausbildungsgangwechsel) nachverfolgt werden. Die Übergänge innerhalb des Schulsystems der Schulbildung sind aufgrund ihrer starken Selektion infolge der Feststellung des Förderbedarfs und nach Leistungsfortschritt (Schröder 2002, S. 36) logisch und nachvollziehbar. Wechsel innerhalb des Ausbildungssystems können unterschiedlich begründet werden. Gemäß den erhobenen Daten liegen die Gründe insbesondere in der mangelnden Eignung der Auszubildenden, in ihrer Förderbedürftigkeit und ihren Mobbingerlebnissen. Im Folgenden soll auf diese Gründe vertiefend eingegangen werden.

Da viele junge Menschen mit Förderbedarf schulisch-berufliche Übergangsprobleme erleben, bedarf es einer gründlichen Übergangsvorbereitung. Die meisten Probanden nennen auf die Frage nach Übergangsvorbereitung berufswahlorientierende und berufsvorbereitende Praktika, Beratungsgespräche und Berufseignungstests der Bundesagentur für Arbeit sowie Gespräche mit Eltern. Auch der berufswahlbezogene Austausch mit Freunden wird immer wieder angeführt. Anzumerken ist, dass Praktika sowohl schulzeitbegleitend als auch nach Abschluss der Schullaufbahn zum Einsatz kommen. Im besten Fall erkennen junge Menschen während dieser Praktika ihre berufliche Eignung und erhalten unmittelbaren Zugang zur Berufsbildung.

Beim Übergang der ersten Schwelle lassen sich zwei Wege der Berufsausbildung aus dem Datenmaterial erkennen. Diese Unterteilung ist auf die zwei Gruppen von Interviewten zurückzuführen.

Die erste Gruppe von Absolventen und Absolventinnen einer außerbetrieblichen Bildungseinrichtung besteht aus vier Personen, die unter denselben Rahmenbedingungen ihren Ausbildungsabschluss erlangten.

Der Berufsbildungsbereich umfasste bei dieser Gruppe eine verzahnte Kombination aus berufsvorbereitenden Bildungsmaßnahmen und einer außerbetrieblichen Ausbildung mit einem reibungslosen Übergang in eine Fachpraktiker-Ausbildung oder in eine Stufenausbildung. Eine klassische duale Ausbildung ist zwar nicht zum Tragen gekommen, allerdings nicht auszuschließen. So berichtete beispielsweise IP5 m, dass er wegen der Entfernung des ausgewählten Betriebes zum Wohnort und den damit verbundenen finanziellen Belastungen auf eine duale Ausbildungsmöglichkeit verzichtete (IP5 m: Zeilen 361–366). Drei Personen der Gruppe konnten der gleichen Altersgruppe (bis 25 Jahre alt) zugeordnet werden. Nach den erfolglosen Bewerbungsversuchen wurden die Interviewten von den Reha-Berufsberatenden der Bundesagentur für Arbeit in eine bewährte berufsvorbereitende Bildungsmaßnahme eines außerbetrieblichen Bildungsträgers vermittelt. Während dieser Maßnahme holte IP2w ihren Hauptschulabschluss nach (IP2w: Zeilen 459–463) und verbesserte sogar ihre Lernleistungen. Die Übergänge dieser Personen können im weitesten Sinne als direkte Übergänge bezeichnet werden, weil sie an einem Stück gut organisiert und ohne große Wartezeiten verliefen. IP3w war ca. zehn Jahre älter als ihre Kollegen der außerbetrieblichen Ausbildungsstätte. Ihr Übergang an der ersten Schwelle gestaltete sich prekär.

Diejenigen, die eine berufsanschlussfähige Fachpraktiker-Ausbildung absolvierten, können wegen des gekürzten theoretischen Teils der Ausbildung als teilqualifizierte Fachkräfte betrachtet und als Praktiker nach den betrieblichen Bedürfnissen weitergebildet werden. Dieser Weg wurde beispielsweise IP5 m vorgeschlagen: In seinem Beschäftigungsbetrieb wurde ihm die Weiterbildung zum Ausbilder offeriert (IP5 m: Zeilen 614–621). Dieses Beispiel zeigt, dass auch Absolventen einer Fachpraktiker-Ausbildung als beruflich qualifizierte Fachkräfte wahrgenommen werden.

Die zweite Gruppe sind Berufsbildungsabsolventen und -absolventinnen sowie Beschäftigte einer WfbM. Beim Übergang an der ersten Schwelle absolvierten die Befragungsteilnehmer nach der praktischen Erprobung und der Feststellung ihrer Eignung für unterschiedliche Arbeitsbereiche eine zweijährige berufsbildende Qualifizierungsmaßnahme im Berufsbildungsbereich ihrer Werkstatt. Diese berufliche Teilqualifizierung befähigt die Absolventen im Sinne des Sozialgesetzbuches IX § 219 Absatz 1 für eine Festanstellung sowohl innerhalb einer WfbM wie auch auf dem ersten Arbeitsmarkt. Einige der Arbeitskräfte der jeweiligen WfbM sind nach dem Förderschulabschluss (und von Fall zu Fall, nach dem Verlassen ihres Wohnheims) direkt in eine Werkstatt übergegangen (8 von 13 Interviewten: IP1w, IP6 m, IP8 m, IP9w, IP11w, IP15 m, IP16 m und IP17 m). Manche Interviewten, die in einer WfbM tätig sind, wiesen holprige und prekäre Übergangsverläufe auf. Hierbei sind insbesondere voneinander losgelöste berufsvorbereitende Übergangsmaßnahmen mit Warteschleifen und mehrfachen Abbrüchen außerbetrieblicher Berufsbildungen zu nennen. Auf diesem Weg gelangten sie (IP7 m, IP10 m, IP12 m, IP13w und IP14 m) schließlich über die Träger beruflicher Rehabilitationsmaßnahmen in ihre Werkstatt.

Hiernach kann zunächst die aus den Studienergebnissen des Instituts für Regionale Innovation und Sozialforschung (2001, S. 4 ff.) abgeleitete Hypothese bestätigt werden. Die Hypothese H1 des ersten Überganges (Ü1): des Übergangs Schule – Ausbildungssystem, wonach Menschen mit den Förderschwerpunkten Lernen bzw. geistige Entwicklung drei Typen von Übergangsverläufen (direkte und prekäre (1), teilqualifizierte (2) und beruflich qualifizierte (3)) aufweisen, stellt sich als richtig heraus. Dabei ist hervorzuheben, dass ein direkter Übergangsverlauf differenziert betrachtet werden muss. Denn es macht durchaus einen Unterschied, ob nach dem Schulabschluss ein direkter Übergang in eine Berufsausbildung am Stück (im engeren Sinne) oder in eine verzahnte kooperative BvB-Maßnahme mit anschließender außerbetrieblicher Ausbildung und einem fließenden Wechsel in eine andere anerkannte Berufsbildungsform (im weiteren Sinne) erfolgt. Die Ausbildungsverzahnung und Entwicklung der praktisch orientierten kooperativen Ausbildung kann auf die „BOA – durchgängige Förderung am Übergang Schule-Beruf" (Schwager, Zink und Schörner 2017) und Optimierungsfortschritte des Übergangssystems zurückgeführt werden (Interne Dokumentation des Rehabereiches SBH Südost Magdeburg o. J.).

Über den Übergang an der zweiten Schwelle berichteten alle Interviewten. Die Befragten der WfbM und Absolventen einer verzahnten kooperativen Ausbildung (IP3w, IP4m und IP5m) wurden je nach Arbeitsbereich entweder in ihrer Werkstatt weiterbeschäftigt oder vom jeweiligen Ausbildungsbetrieb des ersten Arbeitsmarktes direkt übernommen. Damit lässt sich die Hypothese 2 (Ü1: *H2*) bestätigen. Ein direkter Übergang von der Schule in eine (teilqualifizierte und/oder beruflich qualifizierte) Ausbildung führt häufig dazu, dass die Betroffenen direkt von der Ausbildung in eine Beschäftigung übergehen, und zwar sowohl auf dem ersten wie auch auf dem zweiten Arbeitsmarkt. Hierbei muss angemerkt werden, dass es sich bei den Absolventen einer verzahnten kooperativen Ausbildung um einen direkten Übergang im weitesten Sinne handelt. Dies gelingt deutlich weniger ausgeprägt den Absolventen und Absolventinnen der ersten Gruppe: Nur IP2w fand innerhalb von drei Übergangsmonaten nach Abschluss ihrer Fachpraktiker-Ausbildung im hauswirtschaftlichen Bereich einen Anschluss auf dem ersten Arbeitsmarkt.

Sowohl anhand der Befragten einer WfbM, IP7m, IP10m, IP12m, IP13w und IP14m, als auch anhand der Beschäftigten am ersten Arbeitsmarkt, IP3w, kann die dritte Hypothese verifiziert werden (Ü1: H3). Demnach bestätigt sich, dass Menschen mit den Förderschwerpunkten Lernen und geistige Entwicklung prekäre Übergangsverläufe erfahren, die sie zum Verbleiben im Übergangssystem und zu den berufsvorbereitenden Warteschleifen führen.

Im Rahmen des Forschungsprojektes gab es keine Interviewten, die ohne Qualifizierung in eine Beschäftigung am zweiten oder ersten Arbeitsmarkt übergegangen sind (Übergang 3 – Ü3: Übergang Schule – Beschäftigungssystem). Außerdem konnte keine Verlagerung der Teilhabeversuche auf andere Lebensbereiche infolge der Langzeitarbeitslosigkeit beobachtet werden. Dies wiederum widerlegt im Rahmen der Stichprobe die Hypothesen 4 und 5 (Ü3: *H4, H5*). Allerdings kann die erwähnte Teilhabeverlagerung auf andere Lebensbereiche in Bezug auf Orthmann (2005, S. 139) und Ginnold (2008, S. 180) nicht ausgeschlossen werden.

Alle Befragten berichteten von ihren Erlebnissen in Bezug auf ihre Wohnsituation. Im Rahmen der Studie wurden diese Ergebnisse im Bereich der schulisch-beruflichen Übergänge unter Kategorie 4 als begleitete Übergänge erfasst. Hierzu gehören die Übergänge vom Elternhaus in eine eigene Mietwohnung oder der ausgedehnte Übergang vom Sonderschulheim zunächst in das betreute und danach – je nach Entwicklungsstand – in das selbstständige Wohnen. Jedoch werden förderbedürftige Menschen einer WfbM, wie die Interviewten es selbst darlegten, mit Unterstützung durch gesetzliche Betreuer bei einem selbstständigeren Leben begleitet.

Zu betonen ist auch das Streben nach weiteren Übergängen. Dieses Streben wurde unter Kategorie 9 dargestellt. Dabei geht es nicht nur um die Übergangsabsichten, die WfbM zu verlassen und in eine Beschäftigung des ersten Arbeitsmarktes überzugehen, sondern auch um Pläne, den Berufsweg in einen weiteren Beruf selbstbestimmt zu verlagern.

Bedeutungstragend ist, wie auch Ginnold (2008, o. S.) angemerkt hat, der Besuch einer allgemeinbildenden regulären Schule (z. B. Besuch einer integrierten Gesamtschule speziell des B-Kurses für lernschwache Schüler und Schülerinnen), obwohl

i. d. R. ein intensiver Förderbedarf wegen großer Lernprobleme besteht (IP3w: Zeile 195). Am Beispiel von IP3w kann nachverfolgt werden, wie diese dadurch einen erweiterten Hauptschulabschluss erreichen konnte (IP3w: Zeilen 180–181, 188–193).

Im Verlauf der weiteren Interpretationsvorgänge soll an mehreren Stellen das erweitere Modell von Stein, Kranert und Hascher einbezogen werden (s. Abb. 29).

Hindernisse am Übergang Schule – Beruf

Auf der Basis der empirischen Analyseergebnisse konnten die nachfolgend dargestellten Gründe für die misslungenen Übergänge identifiziert werden.

Vielen Interviewten war es wichtig, über die traumatischen Ereignisse in ihrem Leben zu berichten, da sie sich von ihren psychisch belastenden und verletzenden Erinnerungen gefangen fühlten. Das Erzählte kann unter Misserfolgen in sozialen Interaktionen und deren Verwirklichung wegen Mobbings im Kontext des abweichenden Verhaltens und Aussehens zusammengefasst werden (Kategorie 1). Die Misserfolgserlebnisse in sozialen Interaktionen und die damit zusammenhängende Resignation können anhand des Etikettierungsansatzes beschrieben werden. Im Hinblick auf die Devianz-Definition, Integration und Reaktion auf die dargestellten Verhaltensweisen sowie deren interaktive Auswirkungen (Rüther 1975, S. 23) können diese Misserfolgserlebnisse sozialer Interaktionen der Interviewten gedeutet werden.

Bereits seit Kindesalter erlebten viele der Befragten Mobbingsituationen und zeigten infolgedessen sozial unsicheres Verhalten. Menschen, die gegen allgemeingültige Gesellschaftsregeln verstoßen oder sich durch ihr abweichendes Verhalten infolge ihrer Beeinträchtigung und, wie im Fall von IP1w, auch durch abweichendes Aussehen von ihrer Mitschülerschaft unterscheiden, werden häufiger gemobbt und damit unter psychisch belastenden Druck gesetzt (s. Abb. 51). Zu diesem Umfeld zählen sowohl Mitschüler und Mitschülerinnen, Mitbewohner und Mitbewohnerinnen des Heimes, Lehrkräfte, Ausbilder und Ausbilderinnen, Betriebsverantwortliche, Praktikumsmentoren und -mentorinnen, beeinträchtigte Beschäftigte einer WfbM sowie Menschen in Alltagsbegegnungen. Das heißt, dass diese Etikettierungserscheinungen regelmäßig und systematisch über einen längeren Zeitraum sowohl während des ersten schulisch-beruflichen Überganges als auch beim Übergang in eine Beschäftigung erfolgen.

Der Fall IP3w ausgenommen, konnten die Mobbingsituationen durchweg auf die Feststellung eines bestimmten Förderbedarfs, den damit zusammenhängenden Schulwechsel und auf ihre Abweichungen innerhalb der Peer-Gruppe zurückgeführt werden. Bereits nach der Feststellung des Förderbedarfs und während des Schulwechsels erlebten die Betroffenen Stress. Neue Schule, neue Lehrkräfte und unbekanntes Schülerumfeld spitzten die ohnehin schon angespannte psychische Situation der Mobbingopfer weiter zu. Es folgten mobbingbedingte Nervenzusammenbrüche vieler Betroffener. Infolgedessen verbrachten sie viel Zeit in einer psychotherapeutischen Behandlung, nicht selten in geschlossenen psychotherapeutischen Kliniken.

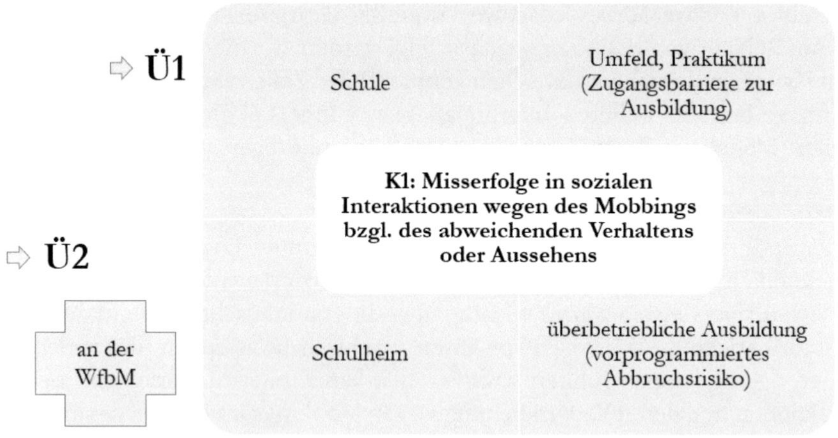

Abbildung 51: Verortung der Misserfolge in sozialen Interaktionen und deren Verweigerung (N = 17, eigene Darstellung)

Auch IP3w berichtete über ihre Mobbingerlebnisse. Zwar erlebte sie keine Feststellung ihrer Förderbedürftigkeit. Dennoch wurde sie an ihrer integrierten Gesamtschule ohne Schulwechsel der Gruppe der förderbedürftigen Schüler und Schülerinnen im Lernbereich zugeordnet. Aufgrund des Mobbings bewertet die Interviewte ihre Schulzeit heute als furchtbar und schlimm. Dieser Fall kann als ein Beispiel für primäre Devianz gedeutet werden. Zwar wurde die Betroffene aufgrund ihrer Abweichung im Lernen von der Schülerschaft gemobbt, doch sie hielt es aus, wurde durch ihre beste Freundin unterstützt und erreichte schließlich einen erweiterten Hauptschulabschluss. Das Zusammenfallen einer fehlgeschlagenen Mutter-Tochter-Beziehung mit dem Mobbing in der Schule führte zur instabilen sozialen Interaktion der Interviewten. Frühzeitig verließ sie ihr Elternhaus, begann ein eigenständiges Leben mit ihrem Freund in einer Mietwohnung und brachte ihren Sohn zur Welt. Aus den daraus resultierenden Herausforderungen ging sie zunehmend gestärkt hervor, sodass sie ihre Probleme kontinuierlich bewältigen konnte. Um das tragische Schicksal – Tod ihres Freundes und eigene Schuldzuschreibungen mit begleitenden Selbstmordgedanken – psychisch verarbeiten und weiterhin für ihren Sohn sorgen zu können, entschied sich die Interviewte für eine zeitintensive psychotherapeutische Behandlung. Während dieser Behandlung reflektierte sie schwerwiegende Probleme und Krisen ihres Lebens. Viele pädagogisch-psychologische Methoden wie Tagebuchführung, Rollenspiel etc. halfen bei der Bewältigung ihrer traumatischen Erlebnisse. Das tägliche Führen eines Therapietagebuches (Schuy 2020, o. S.) kann in Anlehnung an die Beschreibung der Interviewten als individuelle Lebens- bzw. Berufswegplanung interpretiert werden. Dabei reflektiert die Interviewte ihre schriftlich verfassten Probleme und Bewältigungsstrategien. Ihre Zukunftspläne formuliert sie mittlerweile selbstständig. Dabei nimmt sie die kritischen Ereignisse ihres Lebens als Anstoß zu mehr Eigenständigkeit als Fundament für ihre Erfolge wahr. Dieser Fall und eine derartige Interpretation der Tagebuchführung ist im Hinblick auf die Methodenanwendung nicht nur vielversprechend. Für viele Menschen mit oder ohne Beeinträchtigung wie auch für Lehr- und Begleitpersonal kann der Fall als ein Beispiel für die Herstellung der Eigenverantwortung in der Lebensführung herangezogen werden.

Obwohl manchen förderbedürftigen Interviewten die Aufnahme in eine berufsvorbereitende Maßnahme oder in eine außerbetriebliche Ausbildung gelang, war der Ausbildungsabbruch vorprogrammiert. Zu den Ausbildungsabbrüchen führte nicht nur die Wahrnehmung der Förderbedürftigkeit der Betroffenen durch ihre Mitschüler und Mitschülerinnen, Lehrkräfte oder Praktikumsbetreuer und -betreuerinnen. Infolgedessen erfuhren die interviewten Personen mangelnde Anerkennung und fehlende Geduld ihrer Ausbilder, die entstandenen Mobbingprobleme zu lösen und Kompromisse zu schließen. Die Mobbingerlebnisse beeinträchtigten die Ausbildungsteilhabe der Betroffenen im nachschulischen Bildungsbereich und führten in vielen Fällen zu einer psychotherapeutischen Behandlung. An dieser Stelle sind die negativen Auswirkungen in Form der sekundären Devianz auf die optimale soziale Interaktion der förderbedürftigen Menschen erkennbar. Erreichten die Betroffenen ihre Belastungsgrenzen, hatten sie ihre aktive Beteiligung an der jeweiligen Bildungseinrichtung abgebrochen, die soziale Interaktion mit ihrer Umgebung auf sehr wenige Kontakte im engeren Bekannten- und Verwandtenkreis begrenzt oder sich von der Außenwelt abgeschottet. Infolgedessen erfolgte der Übergang in eine WfbM.

Die weiterführenden Mobbingerlebnisse an einer WfbM, die Konfliktsituationen mit den Kollegen und der fehlende Beschäftigungsbedarf in einer bestimmten und gewünschten Arbeitsgruppe verschärften die Erscheinungen der sekundären Devianz und wirkten negativ auf die weiterführende soziale Interaktion der Betroffenen.

Auf Basis der vorliegenden Studienergebnisse (Abb. 34) wurden in Anlehnung an Düggeli und Kinder (2013, S. 211), Lenzen, Brunner und Resch (2016, S. 103) und HHS – Hermann-Hesse-Schule (2016, S. 3 f.) negative Erfahrungen, Mobbingerlebnisse, Misserfolge und Versagen von Menschen mit Behinderung bei der Auswertung hervorgehoben. Alle diese negativen Erfahrungen lassen bereichernde Kontexterweiterungen erkennen. Auf Grundlage sowohl der zuvor genannten Autoren wie auch der empirischen Befunde im Rahmen der Untersuchung kann gesagt werden, dass sich diese Erfahrungen auf die Übergangsprozesse negativ auswirken und zu einem Abbau der Selbstwirksamkeit, Hoffnung und Motivation führen. Frustration und psychische Belastung sowie die Beeinträchtigung des leistungsfähigen und persönlichen Verwirklichungskonstrukts sind die Folgen. Es kann festgehalten werden, dass negative Erfahrungen, Misserfolge und Versagen zum Übergangsscheitern führen (Übergangsscheitern: Hypothese 6). Bestätigt werden konnte auch, dass die Feststellung des Förderbedarfs, die Aussonderung in eine Förderbeschulung und Statuszuweisungen etc. den schulisch-beruflichen Übergangsabbruch vorprogrammieren (Übergangsscheitern: Hypothese 5).

Anhand der Forschungsergebnisse konnte die fehlende Erfüllung von Zugangsvoraussetzungen für eine (reguläre) Berufsausbildung (Übergangsscheitern: Kategorie 2) der beeinträchtigten Interviewten nachgewiesen werden (s. Abb. 52). Thematisiert wurden dabei neben dem fehlenden Förderschulabschluss die mangelnde berufliche Eignung und fehlende formale Zugangsvoraussetzungen wie etwa ein Gesundheitspass.

In Bezug auf die hervorgehobene fehlende berufliche Eignung und das damit begründete Übergangsscheitern kann eine Diskrepanz im Spannungsfeld zwischen den Berufsanforderungen und der verlangten Befähigung (Stein, Kranert und Hascher 2020, S. 19) erkannt werden (Übergangsscheitern: Hypothese 3).

Fehlende Erfüllung von Zugangsvoraussetzungen für eine (reguläre) Berufsausbildung aufgrund der Abwesenheit eines Schulabschlusses wird in Anlehnung an Walther und Pohl (2006) als stigmatisierende Zuschreibung gedeutet (Walther 2013, S. 16). Demzufolge kann davon ausgegangen werden, dass die gesellschaftlich definierten stigmatisierenden Zuschreibungen die Zugangsbarrieren für die förderbedürftigen Menschen weiterhin aufrechterhalten werden (Übergangsscheitern: Hypothese 8). Dies lässt sich mit mehreren Beispielen belegen; teilweise reagieren die Betroffenen auch darauf: IP2w wurde das Erfordernis eines Schulabschlusses für den Zugang zu einer Ausbildung bewusst. Infolgedessen holte die Interviewte ihren Hauptschulabschluss noch während der berufsvorbereitenden Maßnahme nach.

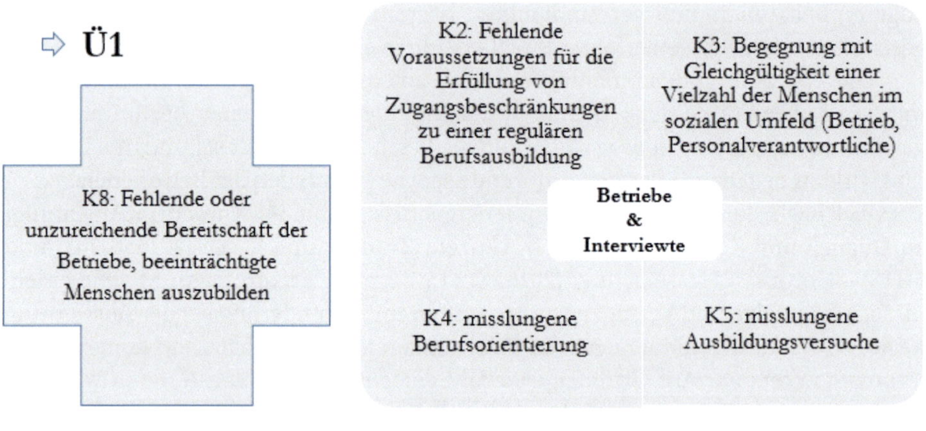

Abbildung 52: Persönliche und betriebliche Hindernisse am Übergang Schule – Beruf der ersten Schwelle (N = 17, eigene Darstellung)

Nur eine Person, IP3w, berichtet von der Gleichgültigkeit der Mehrheit der Menschen im sozialen Umfeld (Übergangsscheitern: Kategorie 3). Aus der Perspektive der Interviewten betreffe dies vor allem die Betriebs- und Personalverantwortlichen, die die Entscheidungen für die Zulassung zu einer Ausbildung bzw. Beschäftigung treffen. Deren rationales und bedarfsorientiertes Kalkül, wonach nur das Kompetenzprofil des Kandidaten in Betracht gezogen werde, biete der Interviewten keinerlei Chance, einen Job zu bekommen. Im Fall der Befragten IP3w sei die Chefin nicht bereit gewesen, die nötige Geduld aufzubringen und die psychotherapeutische Behandlung zu unterstützen. Die Chefin kündigte infolgedessen die Berufsausbildung der Interviewten.

Befragte, die Bewerbungen um eine Ausbildungsstelle allein oder mit Unterstützung schrieben, berichteten von Misserfolgen. Die meisten Bewerber erhielten entweder keine Rückmeldung oder Absagen. Ihre Berufsorientierung kann somit als misslungen bezeichnet werden (Übergangsscheitern: Kategorie 4). Auch der fehlende Internetzugriff wurde als Hindernis erwähnt. Und auch dass ein Praktikum als langweilig und uninteressant empfunden wurde, kann als Grund dafür benannt werden, dass die Berufsorientierung fehlschlug. Ein erwartbarer Klebeeffekt (Ginnold 2008, S. 105) zum jeweiligen Praktikumsbetrieb konnte nicht erzielt werden.

Erfolglos verliefen bei einigen Interviewten auch berufsvorbereitende Maßnahmen und Maßnahmen der beruflichen Rehabilitation. Die Betroffenen wechselten anschließend zumeist in eine WfbM.

Die Aussage von IP3w, wonach die Erfolge der Berufsorientierung entscheidend sind, ist somit zutreffend. Eine Berufsorientierung kann fehlschlagen, wenn deren Erfolge nicht erlebt werden.

Über die Hälfte der Interviewten erlebte misslungene Ausbildungsversuche (Übergangsscheitern: Kategorie 5). Erreichten die Interviewten keinen Zugang zu einer anerkannten Berufsausbildung, landeten sie in einer WfbM. Das Fehlen der Ausbildungsplätze und Geldmangel sind weitere Faktoren, die einen Ausbildungseinstieg verhindern können.

Aufgrund der behinderungsbedingten Mobbingerlebnisse wurden die Ausbildungsversuche mehrerer Interviewten, wie bereits beschrieben, abgebrochen.

Über misslungene Beschäftigungsversuche (Übergangsscheitern: Kategorie 6) an der zweiten Schwelle (s. Abb. 53) berichteten die Beschäftigten einer WfbM. Der Grund hierfür lag zumeist daran, dass die Interviewten entweder aufgrund ihres gesundheitlichen Zustandes oder wegen des fehlenden Bedarfs in den Arbeitsgruppen abgelehnt wurden. Auf dem ersten Arbeitsmarkt können die Beschäftigungsabsagen von Betroffenen auf die fehlende praktische Eignung, mangelnde Kompetenzen oder die Beeinträchtigung zurückgeführt werden.

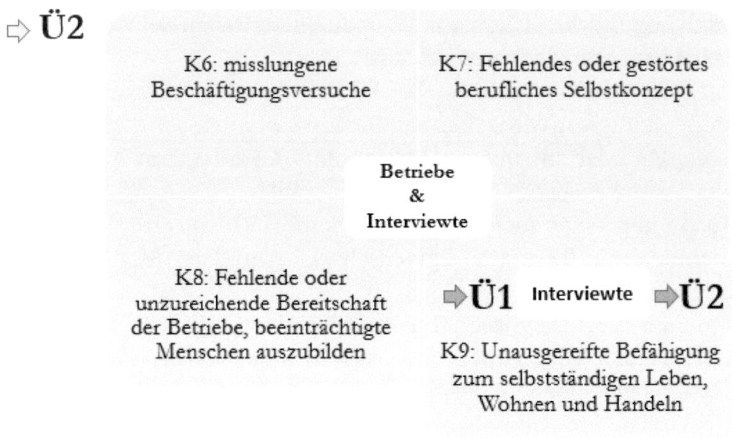

Abbildung 53: Persönliche und betriebliche Hindernisse am Übergang Ausbildung – Erwerbstätigkeit (N = 17, eigene Darstellung)

Auch fehlende oder gestörte berufliche Selbstkonzepte (Übergangsscheitern: Kategorie 7) weisen viele Interviewte auf. Ein gestörtes berufliches Selbstkonzept konnte auf Grundlage der Inanspruchnahme einer angemessenen alternativen Beschäftigung nachverfolgt werden. Dabei berichteten die Betroffenen über ihre Wunschberufe und über das Streben, danach einen Einstieg in den Beruf zu finden.

Die Hypothese (Übergangsscheitern: Hypothese 9) darüber, dass eine fehlende oder fehlgetroffene Berufswahlentscheidung (Walther 2013, S. 16), eingeschränkte Berufswahlmöglichkeiten (Thielen, Katzenbach und Schnell 2013, S. 9) und die Inanspruchnahme der „Second-choice-Optionen" (Stauber und Walther 2004, S. 60) zu einem frühzeitigen Ausbildungsabbruch führen, konnte nicht nachgewiesen werden.

Manche Interviewte haben ihre Berufsausbildung („Second-choice-Optionen") abgeschlossen und befinden sich bereits in Festanstellung. Spürbar bleibt jedoch deren Streben zum Wunschberuf.

Manche der Befragungsteilnehmer freuten sich sehr darüber, dass sie viele Freunde haben und keinerlei Mobbing in ihrer Werkstatt ausgesetzt seien. Sie sind stolz darauf, dass sie einen Beruf haben und ihr eigenes finanzielles Auskommen verantworten. Deswegen möchten sie auch weiterhin in der WfbM angestellt sein. Bei fehlender beruflicher Identität innerhalb des Selbstkonzeptes haben Interviewte gar keinen Wunschberuf, kein berufliches Interesse und keine Neigung, keine berufliche Zielstrebigkeit und auch kein Streben nach Weiterentwicklungsmöglichkeiten. Ein gestörtes berufliches Selbstkonzept der Interviewten ist daran erkennbar, dass sie das Streben nach ihrem Wunschberuf aufgegeben haben.

Sowohl in Abb. 52 als auch in Abb. 53 ist die fehlende oder instabile Bereitschaft der Betriebe zur Ausbildung von beeinträchtigten Menschen (Übergangsscheitern: Kategorie 8) abzulesen. Die Gründe dafür sind darin zu suchen, dass ein fehlender Zugang zu einer Ausbildung oder ein fehlgeschlagener Ausbildungsversuch (abgebrochene Ausbildung) am Übergang Schule – Beruf (Ü1) den Zugang zu den ausgewählten Beschäftigungsbereichen am Übergang der zweiten Schwelle von einer Ausbildung in eine Erwerbstätigkeit ausschließt.

Die Instabilität der betrieblichen Ausbildungsbereitschaft kann anhand der fehlenden Unterstützung von Menschen mit Beeinträchtigung beim Abbruch der begonnenen Ausbildung oder anhand der Betriebsentscheidung, den Auszubildenden zu kündigen, nachverfolgt werden (vgl. bspw. die geschilderte Lebenssituation von IP3w).

Die Ablehnung einer Ausbildung in einem Tierheim erfuhr IP13w aufgrund ihrer Lernbehinderung (Lese- und Sprachschwäche) und des Stotterns. Einige Interviewte wurden aufgrund der fehlenden Eignung und der Feststellung deren Beeinträchtigung in der Einstiegsphase ihrer Ausbildung abgelehnt (z. B. IP12m, IP14m). Sowohl auf dem ersten Arbeitsmarkt wie auch in WfbM werden geeignete Menschen mit Förderbedarf bei fehlendem Personalbedarf und Geldmangel abgelehnt.

Auf der Basis der erzählten Lebensgeschichten wurden die unausgereiften Befähigungen von Interviewten zum selbstständigen Leben, Wohnen und selbstständigen Handeln (Übergangsscheitern: Kategorie 9) deutlich. Die Interviewten, die ihr Heim nach dem Förderschulabschluss bzw. Abgang verließen, wurden sowohl während des

Übergangs der ersten als auch der zweiten Schwelle zuerst in das betreute Wohnen in kleinen Gruppen und danach je nach Selbstständigkeitsfortschritt in eine Mietwohnung überführt. Jedoch war in allen Fällen der Heimabgänger das selbstständige Wohnen nur durch die Unterstützung eines gesetzlichen Betreuers möglich. Manche Betroffene benötigten zusätzliche Unterstützung durch Pflegekräfte.

Generell erfuhren die Befragungsteilnehmer und -teilnehmerinnen eine breit angelegte Unterstützung von verschiedenen Seiten, was durchaus Unselbstständigkeit zur Folge hat. Anhand des Beispiels IP8 m wird diese Aussage offenkundig: Während seiner außerbetrieblichen Ausbildung hat der Interviewte keinen Versuch unternommen, sein Verspätungsproblem zu lösen; dies führte ihn zum Ausbildungsabbruch. Da seine Mutter aus Altersgründen bald nicht mehr für ihn sorgen kann, soll nunmehr ein Heimplatz für ihn gefunden werden. An dieser Stelle kann also ein geplanter Übergang aus dem Elternhaus nicht in das selbstständige Wohnen, sondern in ein Heim nachverfolgt werden.

Einige der Studienteilnehmer verließen das Elternhaus und zogen entweder in eine Wohngemeinschaft oder eine Wohnung im betreuten Wohnen. Je nach Entwicklungsstand wechselten die Bewohner des betreuten Wohnens nach einiger Zeit in eine Mietwohnung, die sie selbstständig oder mithilfe elterlicher Unterstützung bewohnten. Manche der befragten Interviewten leben nach wie vor im betreuten Wohnen (wie z. B. IP11w), wiederum andere Teilnehmer und Teilnehmerinnen verblieben im Elternhaus. Ein Proband wurde durch einen Fahrdienst zur Werkstatt gefahren und abgeholt.

Beachtenswert sind die Versuche der Eltern, ihre Kinder bei einer selbstständigeren Lebensführung zu fördern. So brachten zum Beispiel die Eltern des Befragten IP10 m ihren Sohn lediglich zur Haltestelle des öffentlichen Nahverkehrs. Den Weg zur Bildungsstätte musste er allein nehmen.

Sämtliche Interviews zeigen, dass eine unausgereifte Befähigung zum selbstständigen Leben, Wohnen und Handeln auf eine fehlende Ablösung vom Elternhaus oder vom Heim zurückzuführen ist. In derlei Fällen besteht die Notwendigkeit, dass die Betroffenen von gesetzlichen Betreuern und anderweitigen Maßnahmen unterstützt werden.

Keiner der Interviewten erzählte von komplexen, parallel verlaufenden Übergängen, die zu Überforderung und zum Scheitern der schulisch-beruflichen Übergänge führen könnten (Übergangsscheitern: Hypothese 1).

Auch die zweite Hypothese (Übergangsscheitern: Hypothese 2), wonach Menschen mit Förderbedarf keine gekoppelten Krisen des Jugendalters selbstständig bewältigen können und dadurch deren schulisch-berufliche Übergänge scheitern, konnte im Rahmen dieses Forschungsprojektes nicht bestätigt werden.

Nur eine befragte Person über 40 Jahre berichtete über eine fehlende Berufsorientierung. Selbstständig zu leben lernte die Person auch im betreuten Wohnen nicht. Nach wie vor lebt die Person im Heim. Aus diesem Grund kann ihre fehlende Berufsorientierung nicht auf eine unangemessene und diskontinuierliche amtliche

Unterstützung während der Bewerbungsphase zurückgeführt werden. Damit kann die Hypothese 4 (Übergangsscheitern) nicht bestätigt werden.

Da mehrere Befragungsteilnehmer das Angebot der beruflichen Rehabilitation in Anspruch nahmen, konnte kein Verbleiben der Interviewten in den Warteschleifen des Übergangssystems nachgewiesen werden (Übergangsscheitern: Hypothese 7).

Zwar sind die Betroffenen aus dem regulären Ausbildungs- und Beschäftigungsbereich exkludiert worden, doch es konnte kein Übergangsscheitern in den zweiten Arbeitsmarkt festgestellt werden.

Bedingungen des Gelingens am Übergang Schule – Ausbildung – Erwerbsleben

Auf Grundlage der Analyseergebnisse konnten die nachfolgend dargelegten Bedingungen der gelungenen Übergänge erfasst werden.

Aufgrund von Bewerbungsabsagen nahmen alle vier Interviewten das Angebot der Bundesagentur für Arbeit wahr, eine verzahnte kooperative Berufsbildung abzuschließen. Im Rahmen eines Verfahrens der beruflichen Rehabilitation erfuhren sie eine effektive Berufsorientierung und Beratung (Übergangsgelingen: Kategorie 1) (s. Abb. 54). Die Interviewten wurden während des Übergangs in eine Ausbildung und auch nach Abschluss dieser Ausbildung durch eine Begleitung förderlich unterstützt. Da diese Aussagen den Alltag und die Qualität der Unterstützungsangebote der Bundesagentur für Arbeit widerspiegeln, sind diese Erkenntnisse nicht neu. Allerdings verweisen sie auf eine Qualitätssteigerung der beruflichen Rehabilitationsmaßnahmen der Arbeitsagentur.

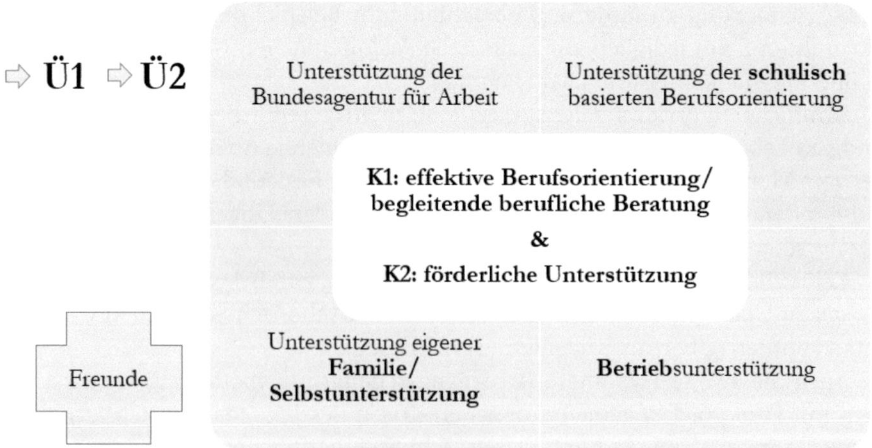

Abbildung 54: Bedingungen des Übergangsgelingens im Hinblick auf die Berufsorientierung und Unterstützung (eigene Darstellung)

Einige Berater der Bundesagentur zeigten sich besonders geduldig. Sie betreuten die Befragte IP3w bis zu ihrer selbstbestimmten Entscheidung, die Ausbildung zur Bauten- und Objekttechnikerin erneut zu beginnen. Auf Grundlage dieser Schlussfolgerung kann nur für diesen Fall die vierte Hypothese bestätigt werden. Anhand des

IP3w-Falls wird deutlich, dass durch das Vermeiden einer beruflichen Zuweisung und die Stärkung der selbstbestimmten Berufswahlentscheidung das Gelingen von schulisch-beruflichen Übergängen größtenteils sichergestellt werden kann.

Diese förderliche Unterstützung (Übergangsgelingen: Kategorie 2) erstreckte sich bspw. im Falle IP3w vom Abbruch einer Ausbildung zur Köchin (infolge der lang anhaltenden Krankheit ihres Sohnes) bis zur Begleitung während einer psychotherapeutischen Behandlung zur Trauerbewältigung (infolge des Todes ihres Mannes). Anzumerken bleibt, dass die Interviewte aufgrund ihrer Lernprobleme keineswegs ausgesondert wurde, sondern an einer integrierten Gesamtschule verblieb. Sie wurde im Rahmen des B-Kurses für lernschwache Schüler und Schülerinnen förderlich unterstützt. Dadurch konnte sie einen erweiterten Hauptschulabschluss erlangen.

An dieser Stelle kann die Hypothese (Übergangsgelingen: Hypothese 1) bestätigt werden, dass sich eine inklusive Beschulung von förderbedürftigen Kindern und Jugendlichen im Rahmen der allgemeinen Bildung auf die Zielgruppe besonders fördernd auswirkt und zum schulisch-beruflichen Übergangsgelingen beiträgt. Auch in den Analyseergebnissen dieser Studie spiegelt sich die Aussage Ginnolds (2008, o. S.) wider, wonach die Beschulung von Menschen mit dem Förderschwerpunkt Lernen an den Integrationsschulen besonders förderlich ist.

Auch die von Arndt (2017, o. S.) thematisierte Kontinuität und Verzahnung der durchlässigen Bildungs- und Unterstützungsangebote spiegelt sich in den Analyseergebnissen dieser Studie wider. Diese Kontinuität und Verzahnung zeichnet sich im Rahmen dieses Forschungsprojektes in Form der verzahnten kooperativen berufsvorbereitenden Bildungsmaßnahme mit fließendem Übergang entweder in eine Stufenausbildung an einer außerbetrieblichen Ausbildungsstätte oder in eine Fachpraktiker-Ausbildung durch eine förderliche Unterstützung aus. Damit kann auch die dritte Hypothese bestätigt werden: Je stärker die Bildungs- und Unterstützungsangebote inhaltlich, strukturell und ggf. auch überregional miteinander vernetzt sind und je kontinuierlicher sie erfolgen, desto höher ist die Wahrscheinlichkeit eines gelingenden Übergangs nach dem Schulabschluss in eine Ausbildung und Beschäftigung.

Die Bundesagentur für Arbeit finanziert nach Bedarf auch Nachhilfe bzw. Nachteilsausgleich. Da die Berufsorientierung noch während der Schulzeit startete, lief diese Unterstützung bei den Studienteilnehmern und -teilnehmerinnen kontinuierlich ab. 13 der 17 Teilnehmer und Teilnehmerinnen berichteten über die förderliche Unterstützung der Bundesagentur. Sowohl die Eltern der Interviewten als auch deren Freunde, die Mitarbeiter und Mitarbeiterinnen der Praktikumsbetriebe und die Ausbilder und Ausbilderinnen sowie Betriebsverantwortliche förderten die Menschen mit den Förderschwerpunkten Lernen und geistige Entwicklung bis zur Erlangung ihrer beruflichen Teilhabe.

Zwar beruht die Kategorie förderliche Unterstützung auf dem Konzept Hilfe zur Selbsthilfe, doch kommt sie im Rahmen der Analyseergebnisse als Differenzierung der Betreuungs- und Begleitungsintensität je nach Beeinträchtigungsgrad zum Ausdruck. Demzufolge kann die Bestätigung dieser Kategorie nur zum Teil als eine neue Erkenntnis betrachtet werden.

Die Eltern von IP10 m brachten ihn zu den Haltestellen öffentlicher Verkehrsmittel und unterstützten ihn dadurch, dass sie ihn allein zum Ort seiner außerbetrieblichen Ausbildung fahren ließen. Inzwischen ist er in einer WfbM angestellt. Sie geben nicht auf und führen weiterhin förderliche Gespräche mit ihm. Gern möchte der Interviewte in eine Beschäftigung am ersten Arbeitsmarkt, genauer noch: im Bereich Lagerlogistik, übergehen. Er berichtet von seinen fast vollständig durchdachten Übergangsstrategien. Dabei betont der Interviewte, dass er, wie es ihm auch seine Eltern empfehlen, selbstständig nach einem Praktikumsplatz anfragen möchte. Nun hängt vieles von ihm ab.

Laut Kastl (2017, S. 230 f.) sind förderbedürftige Menschen mit unerreichbarer Ausbildungs- und Beschäftigungsteilhabe stets darum bemüht, wenigstens ein eigenes Zuhause (eine Mietwohnung) mit einem privaten Lebensbereich zu besitzen, um dadurch eine Form der gesellschaftlichen Anerkennung zu erreichen.

Im Rahmen der Datenanalyse hatte das Streben nach einer eigenen Wohnung somit eine doppelte Bedeutung. Die im Schulheim lebenden Interviewten waren nach dem Verlassen des Wohnheims nicht bereit, selbstständig zu leben und zu wohnen. Deswegen sollten sie zum selbstständigeren Leben und Wohnen unter Betreuung befähigt werden. Indirekt wurde das auch durch die Heimabgänger und -abgängerinnen beschrieben. Auch im Elternhaus erzogene Interviewte wurden je nach Machbarkeit an das selbstständigere Wohnen und Leben unter der Betreuung von Bezugspersonen herangeführt. Andererseits kann ein derartiges Streben als Zeichen der Autonomie, Unabhängigkeit und der Ablösung von Eltern im Rahmen der Adoleszenzphase (Kauz, Uphoff und Schellong 2013, S. 147) interpretiert werden. Dies legen die Aussagen derjenigen Probanden nahe, die am ersten Arbeitsmarkt beschäftigt sind. Demnach kann die Kategorie „Schaffung von Autonomiespielräumen: Streben nach selbstständigem Leben, Wohnen und Handeln“ als ein neue Erkenntnisse bringendes Ergebnis gewertet werden.

4 der 13 Probanden sind nicht nur in einer Werkstatt für Menschen mit Behinderung beschäftigt, sondern auch Abgänger eines Heimes. Da sie nach dem Verlassen ihrer Förderschulen mit dem Schwerpunkt Lernen oder geistige Entwicklung auch ihre Heime verlassen sollten, wurden sie über das betreute Wohnen je nach Fortschritt zum selbstständigeren Wohnen in einer Mietwohnung vorbereitet. Jedoch war dies nur unter einer kontinuierlichen gesetzlichen Betreuung möglich.

Auch diejenigen Interviewten, die im Elternhaus erzogen wurden und nicht in der Lage waren, eigenständig in eine Mietwohnung überzugehen, gingen zunächst in das betreute Wohnen, um erste Selbstständigkeitserfahrungen zu sammeln. Ein junger Mann wohnt beispielsweise in einer Wohngemeinschaft mit seinen Geschwistern. Betreut wird diese Gruppe von Bezugspersonen, i. d. R. den Eltern.

Die Schaffung von Autonomiespielräumen (Übergangsgelingen: Kategorie 3) hat im Zusammenhang mit dem Streben nach selbstständigem Leben, Wohnen und Handeln (s. Abb. 55) viele Erscheinungsformen.

Diejenigen, die eine Mietwohnung haben, betrachten ihr selbstbestimmteres Leben in ihrer eigenen Wohnung als individuellen Erfolg. Zwar sind sie dazu nur in der

Lage, weil die gesetzliche Betreuung die Lebens- und Wohnsituation genauestens verwaltet und überwacht, dennoch empfinden sie ihr bewusstes oder unbewusstes Streben nach Autonomiespielräumen damit als erfüllt.

Jene vier der befragten Probanden, die derzeit auf dem ersten Arbeitsmarkt tätig sind, besitzen eine eigene Mietwohnung. Alle wollten von ihren Eltern unabhängiger sein, haben eine Lebenspartnerschaft und planen, in der Zukunft auch Kinder zu bekommen. Die Probandin IP3w hatte bereits einen Sohn geboren. Das Streben nach einer eigenen Familie und nach Kindern kann auch als eine Schaffung von Autonomiespielräumen und eigenem Verantwortungsbereich betrachtet werden.

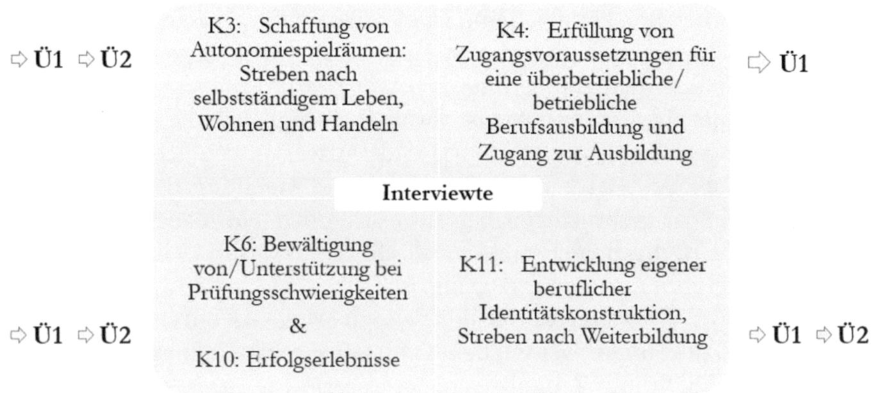

Abbildung 55: Bedingungen des Übergangsgelingens im Hinblick auf die persönlichen Anforderungen (eigene Darstellung)

Dass auch beeinträchtigte Menschen die Zugangsvoraussetzungen für eine überbetriebliche oder betriebliche Berufsausbildung erfüllen können (Übergangsgelingen: Kategorie 4), zeigen jene Studienteilnehmer, die zum Zeitpunkt des Interviews bereits einen Ausbildungsabschluss besaßen. Je nach Entwicklungsstand erlangten die Interviewten im Rahmen einer berufsvorbereitenden Bildungsmaßnahme an einer außerbetrieblichen Ausbildungsstätte ihre Stufenausbildung (IP2w, IP5m) und Fachpraktiker-Ausbildung (IP3w, IP4m). IP1w, IP6m-IP17m qualifizierten sich in einem Berufsbildungsbereich einer WfbM. Mithilfe mehrerer Praktika konnten die Interviewten ihre praktische Eignung für den Zugang zum jeweiligen Beruf nachweisen. Da mehrere Interviewte über einen Hauptschulabschluss verfügten, gab es in formaler Hinsicht keine großen Einschränkungen für den Übergang in eine Ausbildung. Zudem setzt der Zugang zum Berufsbildungsbereich einer WfbM keinen Schulabschluss voraus. Hiermit lässt sich die Hypothese über die Erfüllung der formalen Anforderungen (Übergangsgelingen: Hypothese 2) verifizieren: Erfüllen die Betroffenen diese formalen Anforderungen, erhöht sich deren Chance auf ausbildungs- und beschäftigungsbezogene Teilhabe an schulisch-beruflichen Übergängen. Diese Hypothese wurde in Anlehnung an Ginnold (2009, S. 11) formuliert. Dabei betont sie vor allem das Vorhandensein eines Schul- und Ausbildungsabschlusses. Im Rahmen der Übergangsforschung wurde diese Kategorie bereits diskutiert.

Die Bewältigung von Prüfungsschwierigkeiten (Übergangsgelingen: Kategorie 6) konnte als eine von mehreren Bedingungen des Übergangsgelingens bestimmt werden. Die Interviewten berichteten von ihren Prüfungsängsten, damit verbundenen Anstrengungen und Nachteilsausgleich. Dabei betonten sie das langsame Tempo bei der Bewältigung von Prüfungsaufgaben. Übungen müssten z. T. mehrmals wiederholt werden und fast immer ist die Unterstützung durch Nachhilfemaßnahmen notwendig. IP4m berichtete, dass die unverbindliche Konfrontation mit Prüfungssituationen hilfreich war. Dadurch konnte er einschätzen, wie Prüfungen ablaufen, sodass er sich darauf vorbereiten konnte. Somit ist diese Kategorie als eine neue Erkenntnis einzustufen. Außer Empfehlungen zum Nachteilsausgleich liegen mangelnde Erkenntnisse im Kontext der Behinderung.

Fast die Hälfte aller Interviewten ist davon überzeugt, dass die Erfolgserlebnisse (Übergangsgelingen: Kategorie 10) motivierende Auswirkungen haben und eine wesentliche Rolle spielen. Dabei führen die langsame Anleitung bestimmter Bedienungsweisen und das mehrmalige Üben zum Lernerfolg. Für manche der Befragten (z. B. IP2w) ist der nachgeholte Hauptschulabschluss ein Ausdruck ihres Lernerfolges und der Schlüssel zum Ausbildungszugang.

Die Interviewte IP3w hob die Nachhilfe als ein Erfolgserlebnis hervor. Neben der Möglichkeit, sich noch intensiver mit dem Lernstoff auseinanderzusetzen, konnte sie mithilfe der Nachhilfe ihre Zeugnisnoten verbessern. Die Bewältigung eines tragischen Lebensereignisses, ein regulärer Ausbildungsabschluss im Rahmen einer Stufenausbildung, die Übernahme durch den Ausbildungsbetrieb und die eigenverantwortliche Erziehung ihres lernbeeinträchtigten Sohnes sind für die Interviewte berufliche bzw. private Errungenschaften, die sie stolz machten.

Wie IP5m anmerkt, werden Erfolgserlebnisse auch in den Produkten der Arbeit sichtbar.

Einige Angestellte der WfbM verbinden ihre Erfolgserlebnisse mit dem Erwerb eines Staplerführerscheines, den sie innerhalb von drei Tagen unter der Berücksichtigung ihres Förderschwerpunktes im Lernbereich absolvierten.

Ergänzend berichtet HHS – Hermann-Hesse-Schule (2016, S. 4), dass eine passgenaue Begleitung der förderbedürftigen Menschen Erfolgserlebnisse und Selbstwirksamkeitserfahrungen hervorruft. Da die Erfolgserlebnisse bislang nur in Bezug auf die Begleiterperspektive thematisiert wurden, können die Aussagen der Interviewten als neue Erkenntnis betrachtet werden.

Der Interviewte IP4m erzählte, dass ein Lernerfolg erst dann erzielt wurde, als sein Interesse am Lernstoff geweckt wurde. Als Erfolgserlebnis betrachtet er auch die Unterstützung der Bundesagentur für Arbeit beim direkten Übergang in seine Ausbildung, seinen Berufsausbildungsabschluss und die Übernahme im Ausbildungsbetrieb. IP4m ist Langschläfer und sein Berufsleben lässt ihm weniger Freizeit, als er es gern hätte. Zwar gefällt ihm seine Beschäftigung, doch zielt er bewusst darauf, als Freiberufler tätig zu werden. Die Erfolgsgeschichten von Personen, die ihr Hobby zum Beruf machten, und die Unterstützung, die ihm durch sein Fitnesscenter und seine Mentoren dabei in Aussicht gestellt werden, motivieren ihn, künftig in der Tat als freiberuflicher Promoter für vegane Lebensmittel tätig zu werden. Anhand dieses Beispiels kann die Entwicklung der beruflichen Identitätskonstruktion, des Strebens nach Weiterbildung (Übergangsgelingen: Kategorie 11) als neue Erkenntnis aufgezeigt werden.

Obwohl die Interviewte IP2w ihre hauswirtschaftliche Fachpraktiker-Ausbildung absolvierte und in einem Hotel bereits als Zimmermädchen beschäftigt ist, ist ihr berufliches Identitätskonstrukt nur unvollständig erreicht. Da die Interviewte vom Beruf ihrer Mutter – Postbotin – begeistert ist, entwickelt sie den Wunsch, später als Postbotin zu arbeiten. Den Gedanken, den dafür notwendigen Führerschein zu besitzen, findet die Probandin attraktiv.

Die reale Aufstiegsmöglichkeit erlebte die Interviewte IP3w. Neben dem Abschluss ihrer Stufenausbildung schlug die Befragte den Weg zum Meisterbrief ein.

Unvollendet ist die Entwicklung der beruflichen Identitätskonstruktion bei IP5 m. Ihm ist bewusst, dass der derzeit ausgeführte Beruf des Metallbauers wegen der starken körperlichen Belastung nicht ein Leben lang ausgeführt werden kann. Aus diesem Grund wünscht er sich immer wieder, im landwirtschaftlichen Bereich zu arbeiten. In seiner Freizeit sammelt er praktische Erfahrungen im Landwirtschaftsbetrieb seines Bekannten. Seine Bestrebungen, Landwirt als Quereinsteiger zu werden, sind dementsprechend ernst zu nehmen.

Der Wunsch des Interviewten IP6 m, auf einem Handelsschiff tätig zu werden, wird sich wegen fehlender Umsetzungsaktivitäten voraussichtlich nicht erfüllen.

Wenngleich IP8 m an seinem beruflichen Leben in einer WfbM nicht viel verändern kann, nimmt er an einem Weiterbildungskurs zum Umgang mit digitalen Medien teil. Dabei ist er vor allem am Umgang mit Computern interessiert.

Den Plan, den Beruf als Lagerist am ersten Arbeitsmarkt einzuschlagen, hatte der Befragte IP10 m mit seinen Eltern erarbeitet. Bevor er dafür die Unterstützung seiner Eltern und der Betreuer an der WfbM erhielt, sollte er Eigeninitiative zeigen und den Kontakt mit den Betrieben herstellen, um dort nach Praktika zu fragen. Zunächst möchte er den Gabelstapler-Führerschein machen. Sollte dies funktionieren, würde er selbstständiger werden.

Fast alle Studienteilnehmer sahen im Rahmen des Berufswahlverfahrens von ihren Wunschberufen ab. Hierbei kann eine starke Flexibilisierung der Berufswünsche identifiziert werden. Die Betroffenen akzeptierten die verfügbaren beruflichen Vorschläge, um wenigstens in irgendeinem Beruf ausgebildet und beschäftigt zu werden. Im Anschluss an die Deutung von Stauber und Walther (2000, S. 30), Heinz u. a. (1987) und Bojanowski, Eckardt und Ratschinski (2004, S. 13) wählten die Betroffenen ihren Beruf ausbildungs- und arbeitsmarktbedingt aus. Sie reflektierten das Erreichte bereits beim Eintritt in die Beschäftigung ungeachtet dessen, dass sie sich nicht selbst für den Beruf entschieden (Ginnold 2008, S. 179).

Da die Interviewten IP1w, IP6 m und IP17 m in einer WfbM arbeiteten, erfuhren sie in ihren Arbeitsgruppen Akzeptanz und die Bereitschaft, sie auszubilden und ggf.

zu übernehmen (Übergangsgelingen: Kategorie 5, s. Abb. 56). Häufig wird von der Akzeptanz beeinträchtigter Menschen durch die Betriebe und Werkstätten gesprochen. Die Beschreibung dieser Akzeptanz aus der Perspektive der Betroffenen ist allerdings ein Novum. In Anlehnung an Cloerkes (2014, S. 131) wurden bisher lediglich die fehlende Akzeptanz und die daraus resultierende weitgehende Isolation beschrieben (Kastl 2017, S. 199 f.).

Auch die Interviewten, die auf dem ersten Arbeitsmarkt arbeiteten, wurden im Fall einer gelungenen Ausbildung und Beschäftigung seitens ihrer Ausbilder und Betriebsverantwortlichen akzeptiert und angemessen unterstützt.

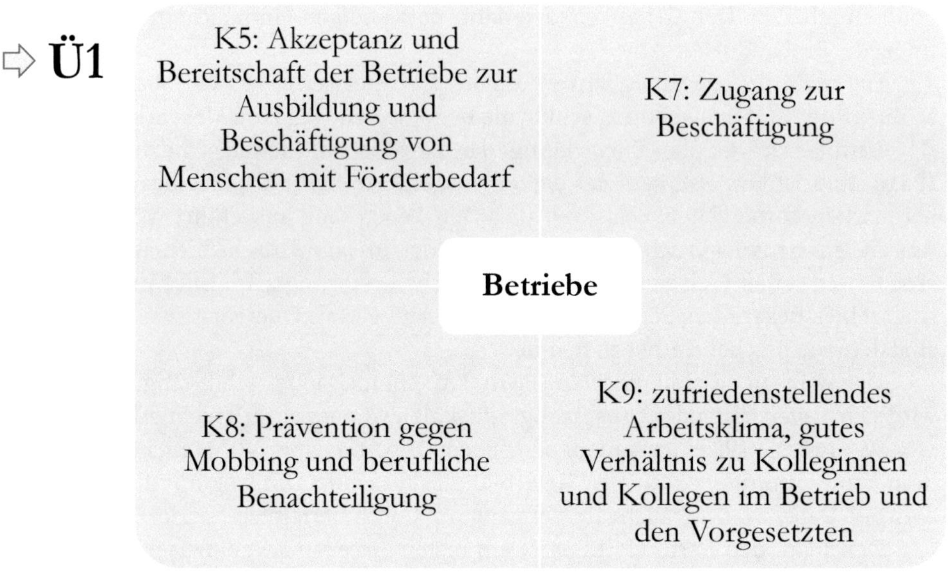

Abbildung 56: Bedingungen des Übergangsgelingens im Hinblick auf die betrieblichen Anforderungen (eigene Darstellung)

Sowohl die Abgänger einer WfbM als auch Absolventen einer Stufenausbildung bzw. Fachpraktiker-Ausbildung wurden in die beabsichtigten Arbeitsbereiche übernommen. Die Voraussetzung für den Zugang zur Beschäftigung (Übergangsgelingen: Kategorie 7) in eine WfbM ist das Bestehen der praktischen Erprobung im entsprechenden Bereich, die praktische Eignung und das Absolvieren einer internen beruflichen Qualifizierung. Wie die Betriebsverantwortlichen des ersten Arbeitsmarktes betonten, erlangen die Absolventen der Stufenausbildung bzw. Fachpraktiker-Ausbildung den Zugang zur Beschäftigung (Übergangsgelingen: Kategorie 7) und werden erst nach dem Bestehen ihrer Prüfungen in ihre Ausbildungsbetriebe übernommen. Die Schlussfolgerung, dass der Zugang für förderbedürftige Menschen über die verzahnte Ausbildung auch in eine betriebliche Ausbildung erfolgt, scheint sich nur selten zu realisieren.

Da sich mehrere Probanden als Opfer von Mobbing herausstellten, ist es sinnvoll, verletzende Lebenserfahrungen im Hinblick auf ihre Bewältigung zu betrachten. Immer dann, wenn eine Person in einer ungünstigen Atmosphäre sich nicht in einer Gruppe behaupten kann, kann Mobbing beobachtet werden. Derartige Mobbingsituationen sind keine Seltenheit beim Übergang in eine neue Schule, beim Eintritt in eine Ausbildung bzw. Beschäftigung oder in Alltagssituationen (Begus 2021, o. S.; Mirian 2020, S. 6 ff.). Vor allem für auf die Menschen mit Beeinträchtigung, die hoch emotional auf Aggressivität ihres sozialen Umfeldes reagieren, ist das Vorbeugen gegen Mobbing und berufliche Benachteiligung (Übergangsgelingen: Kategorie 8) entscheidend. Die Analyseergebnisse zeigen, dass die Inschutznahme durch Ausbilder und Lehrkräfte, Kollegen und Vorgesetzte Mobbing verhindern kann. Diese Erkenntnisse sind ebenso gewinnbringend.

Vertrauensaufbau zu Personen mit Mobbingerfahrungen, problemzentrierte Gespräche mit potenziellen Mobbern und Mobbingopfern sowie Erarbeitung von langfristigen Mobbing-Ausschluss-Maßnahmen sind dabei von großer Bedeutung. Nur auf diesem Weg kann die Abschottung von betroffenen Menschen verhindert werden und die Offenheit für schulisch-berufliche Übergänge in gewünschte Berufsbereiche gelingen.

In Bezug auf die Teilhabe am Arbeitsmarkt sind für viele Interviewte ein zufriedenstellendes Arbeitsklima sowie ein gutes Verhältnis zu Kollegen und Vorgesetzten (Übergangsgelingen: Kategorie 9) von großer Bedeutung. Dies kann als neue Erkenntnis angeführt werden. Infolgedessen entwickeln die Beschäftigten Freude an der Arbeit. Sie knüpfen freundschaftliche Beziehungen untereinander und kompensieren das z. T. fehlende familiäre Umfeld, was als eine weitere Bedingung für das Übergangsgelingen herangezogen werden kann.

7.2 Kritische Reflexion des Forschungsprozesses mittels inhaltsanalytischer Gütekriterien

Das Forschungsmaterial bietet die Möglichkeit, mehrere Sekundäranalysen unter anderen gegenstandsbezogenen Fokussierungen anzuschließen. So ist es denkbar, dass die hoch emotionalen Lebensgeschichten der Befragten die forschende Person vom Forschungsgegenstand ablenken. Es war aus diesem Grund unabdingbar, sich stets auf das Forschungsziel zurückzubesinnen, um die zentralen Fragen fokussiert klären zu können.

Das erhobene Datenmaterial wurde systematisch reduktiv bearbeitet und anhand von inhaltsanalytischen Regeln nach Mayring (gemäß Kap. 5.5) kontrolliert. Die Bewertung der Forschungsergebnisse findet anhand der in Abb. 45 aufgeführten inhaltsanalytischen Gütekriterien nach Mayring statt. Die präzisierte Übersicht umfasst die Validitäts- und Reliabilitätsüberprüfung. Die inhaltsanalytischen Gütekriterien im engeren Sinne der Validität gliedern sich in

- die materialorientierte semantische, kommunikative und stichprobenbezogene Gültigkeit,
- die ergebnisorientierte kommunikative Gültigkeit und
- die prozessorientierte Konstruktvalidität.

Die Reliabilitätsüberprüfung beschränkt sich im Rahmen des Forschungsprojektes auf die Stabilität und Reproduzierbarkeit über die Intercoderreliabilität.

Die Kategorienhäufigkeit sowie die Intercoderreliabilität anhand der intersubjektiven Rückverfolgbarkeit und Verifizierbarkeit spielten im Rahmen der qualitativen Inhaltsanalyse eine entscheidende Rolle. Die Sinngehalte wurden fundiert, indem sie zu begründeten Kategorien zusammengefasst, reduziert und zugeordnet wurden. Dies ist den Analyseergebnissen zu entnehmen.

Durch den ausreichenden Stichprobenumfang können die gewonnenen Erkenntnisse im Rahmen des Forschungsprojektes als hinreichend gültig betrachtet werden.

Auch die semantische Gültigkeit konnte anhand der Genauigkeit der Deutungskonstruktion durch mehrmalige Überprüfungen und Anpassungen der Analyseaussagen und der Definition der Kategorien nachgewiesen werden. Durch die Eingabe von signifikanten Textpassagen als geeignete Ankerbeispiele war es möglich, die Kodierregeln einzuhalten.

Weder das Auslassen von forschungsfremden Inhalten noch die Generalisierung der zusammenhängenden Sinngehalte stellten eine Hürde dar. Gleichermaßen unkompliziert verliefen die Integration der textbasierten Aussagenfolgen, die Selektion der nicht berücksichtigten inhaltstragenden Textabschnitte und die personen-, gruppen- und umweltbezogene Bündelung der Aussagen. Die besonderen Herausforderungen im Analyseprozess bildeten an einigen Stellen die kurzen Erläuterungen und Betonungen des jeweiligen Lebensereignisses, die inhaltstragend waren und die eigentliche Bedeutung verbargen. Dies machte die umfangreiche Rekonstruktion der textbezogenen, jedoch nur im globalen Kontext erkennbaren Aussagen unausweichlich.

Der Vergleich der theoretischen Konstrukte mit dem aussagekräftigen Datenmaterial brachte in den meisten Fällen übereinstimmende Ergebnisse hervor. Besonders deutlich wurden im Rahmen der Erforschung der schulisch-beruflichen Übergänge die Hindernisse, die sich den Betroffenen während des Übergangs in den Weg stellen. Die theoretischen Konstrukte der zentralen Fragestellungen basierten größtenteils auf den theoretischen Überlegungen, den erfolgreichen Übergangsrahmenbedingungen, normativen Inklusionsanforderungen und der Optimierung der jeweiligen institutionalisierten Abläufe. Damit sind beispielsweise die Dienstleistungen der Bundesagentur für Arbeit (Berufsberatung, berufliche Rehabilitation) und deren Kooperation mit den regionalen, überwiegend außerbetrieblichen Bildungseinrichtungen gemeint. Im Rahmen dieser Kooperation spielen die Kontinuität und Verzahnung der unterschiedlichen Bildungsgänge mit den ausbildenden Betrieben eine zentrale Rolle.

Da die im Vorfeld dieses Forschungsprojektes bekannten Erkenntnisse zum größten Teil aus der Expertenperspektive entweder empirisch oder theoretisch fundiert betrachtet wurden, ergeben sich mehrere Unterschiede des Konstrukts zu der jeweiligen Fragestellung. Die Studienteilnehmer geben ihre Erlebnisse aus eigener Wahrnehmungsperspektive wieder. Jedoch konnten viele theoretisch fundierte Hypothesen im Rahmen dieser Untersuchung auch verifiziert werden.

Beim Vergleich des theoretischen Konstrukts mit den rekonstruierten Kategorien sollte berücksichtigt werden, dass der komplexe Forschungsgegenstand in Bezug auf die Bedingungen von gelungenen Übergangsverläufen immer noch als ein blinder Fleck mit wenig spezifischem Wissen gilt. Hinsichtlich der theoretischen Überlegungen und der Analyseergebnisse konnten die Forschungsanstöße von mehreren Autoren bestätigt werden. Die mittelhohe Übereinstimmung mit dem theoretischen Konstrukt weist auf eine semantische Validität der Studie hin und legt die Gültigkeit der Konstruktvalidität in Bezug auf die erforschten Bedingungen für gelungene bzw. misslungene schulisch-berufliche Übergangsverläufe nahe. Außerdem stellen die induktiv generierten Kategorien der gesammelten Daten eine Erweiterung des theoretischen Konstrukts dar.

Die Stichprobe hat sich in Bezug auf die Zielgruppe der Studie als brauchbar erwiesen. Obwohl die Interviewten größtenteils Sprach- und Erzählschwierigkeiten hatten, ist es gelungen, die gestellten Forschungsfragen zu beantworten.

Zur besseren Nachvollziehbarkeit der Lebensereignisse der befragten Menschen mit Förderbedarf im Lernbereich und in der geistigen Entwicklung wurden im Vorfeld der Interviews zahlreiche Gespräche mit den koordinierenden Betreuern an den betreffenden WfbM durchgeführt. Werkstattbesuche und Kennenlerngespräche mit den Studienteilnehmern im Vorfeld des Studienbeginns unterstützten den Aufbau von Vertrauen und sicherten eine angemessene Kommunikation in Leichter Sprache. Die Gespräche mit

- den koordinierenden und praktizierenden (Bildungs-)Akteuren aus dem Berufsbildungsbereich der ausgewählten WfbM,
- den Arbeitsgruppenleitern dieser Werkstatt sowie
- den außerbetrieblichen Koordinatoren der verzahnten und aufeinander aufbauenden Ausbildungen

verschafften eine standortübergreifende Vorstellung aller Übergangsabläufe.

Wiederholtes Nachfragen während des Interviews – wahlweise durch die forschende oder durch die betreuende Person – dienten zur Sicherung der kommunikativen Validierung und auch der Aufrechterhaltung der Objektivität. Die subjektiv gebildete Bedeutungskonstruktion der Lebensgeschichte konnte somit kontinuierlich kommunikativ validiert werden. Auch die Visualisierung der Lebensgeschichte während des Interviews unterstützte die Überprüfung des grundlegenden Sinngehaltes der Erzählung. Zur Vergewisserung des Verbleibs von Beschäftigten im ersten und zweiten Arbeitsmarkt wurde der erneute Kontakt zu den jeweiligen Ansprechpartnern aufgenommen. Somit konnten alle wiedergegebenen Ereignisse validiert werden.

Die Analyseergebnisse wurden während der angebotenen akademischen Forschungswerkstätten in Bezug auf die Überprüfung des sprachlich korrekten Ausdrucks und der Intercoderreliabilität diskutiert. Aus diesem Grund wurden das gesamte Material und die Analyseergebnisse mit einer weiteren forschenden Person hinsichtlich des Sinngehalts der gegenstandsbezogenen Passagen in der natürlichen Sprache kritisch hinterfragt. Auch die Kategorienbezeichnungen wurden zur Diskussion gestellt. Es kann somit festgehalten werden, dass die Stabilität und Reproduzierbarkeit der Forschungsergebnisse anhand des vorliegenden Datenmaterials im Sinne des Intercoderreliabilität-Konzepts grundlegend gewährleistet ist.

Auch im Rahmen eines Methodenworkshops wurden das forschungsmethodische Vorgehen und die Forschungsergebnisse analysiert und in Bezug auf den hohen Interpretationsgehalt innerhalb des entwickelten Kategoriensystems kritisch reflektiert. Aus diesem Grund und im Rahmen der vorgesehenen inhaltsanalytischen Überprüfungsrunden erfolgte ein zirkulärer Prozess, in dessen Rahmen zahlreiche Rücklaufschleifen und Auswertungsphasen schrittweise aneinandergereiht wurden. Mit diesem Prozess konnten nicht nur die erforderliche Revision garantiert, sondern auch die Vervollständigung und gewünschte Reduzierung gewährleistet werden. Die Interpretation wurde – je nach Analyseschritt und Auswertungsentscheidung – durch die betreffenden Interviewpassagen regelgeleitet ausgearbeitet und begründet. Diese regelgeleitete Vorgehensweise sicherte die Überprüfbarkeit und Nachvollziehbarkeit der Analyse für künftige Forschungsvorhaben.

8 Schlussfolgerungen und Ausblick

8.1 Zusammenfassung

Im Zentrum dieser Arbeit stehen gelungene und misslungene schulisch-berufliche Übergangsverläufe von Menschen mit den Förderschwerpunkten Lernen und geistige Entwicklung. Hintergrund der Arbeit sind neben der besonderen Beschulung von förderbedürftigen Kindern und Jugendlichen an Förderschulen die eingeschränkten Zugänge dieser Zielgruppe zum regulären Ausbildungssystem und zum regulären Arbeitsmarkt. Statt die Entwicklung von mündigen, reifen und erwerbstätigen Persönlichkeiten bei Menschen mit Beeinträchtigung zu forcieren und damit den Auftrag des deutschen Bildungssystems (Pfahl 2011, S. 42) einzulösen, sind für die Betroffenen häufig die Zugänge aufgrund ihrer persönlichen Defizite erschwert. Verschärft werden die erschwerten Beschäftigungschancen durch den tiefgreifenden Wandel des Arbeitsmarktes mit seinem kontinuierlichen Weiterbildungsbedarf, der das lebenslange Lernen voraussetzt. Diesem Credo kann eine Person mit eingeschränkter Lernfähigkeit auch nach dem Schul- oder Ausbildungsabschluss nur schwer gerecht werden – eine eingeschränkte Lernfähigkeit bleibt bestehen, ganz gleich, was der Arbeitsmarkt einfordert.

Infolge der fehlenden Zugänge zu einer Ausbildung verbleiben die Betroffenen oft in einer oder mehreren Maßnahmen des sogenannten Übergangssystems, werden häufig in Reha-Berufen (Euler und Severing 2014, S. 11 ff.) oder im Bildungsbereich einer Werkstatt für behinderte Menschen qualifiziert und überwiegend im zweiten Arbeitsmarkt beschäftigt. Beeinträchtigte Menschen haben schlechtere Chancen, auf dem ersten Arbeitsmarkt ihren beruflichen Einstieg zu schaffen (ebd.). Die komplexen berufsbiografischen Entwicklungen von Betroffenen sind durch zahlreiche Wendepunkte und Ausbildungsabbrüche gekennzeichnet. Die aktuelle Problemstellung besteht demzufolge in den prekären schulisch-beruflichen Übergängen von Betroffenen.

Dieser Problemaufriss steht in engem Zusammenhang mit Inklusion (mit der Ratifikation der UN-Behindertenrechtskonvention in Anlehnung an Bergs und Niehaus 2016, S. 3) und mit dem Anspruch aller auf die inklusive Berufsbildung und Beschäftigung. Dieser Anspruch ist im nachschulischen Bereich nach wie vor lediglich normativ bestimmt (Thielen, Katzenbach und Schnell 2013, S. 7 f.), also gesetzlich geregelt.

Aufgrund der zahlreichen genannten Problemfelder wurde das übergeordnete Forschungsinteresse zum Gelingen der schulisch-beruflichen Übergänge der ausgewählten Zielgruppe geweckt.

Das Forschungsvorhaben ist insofern relevant, als es Befunde insbesondere zur Gruppe beeinträchtigter Jugendlicher liefert. Da sich die Befunde der letzten Jahre meistens auf Benachteiligte oder auf Jugendliche mit Migrationshintergrund und -herkunft richten, ließen sich daraus weitere Anstöße für die vorliegende Untersuchung ableiten. Vor allem Bedingungen für das Gelingen schulisch-beruflicher Übergänge von Menschen mit den Förderschwerpunkten Lernen und geistige Entwicklung wurden bislang kaum untersucht.

Bisherige Untersuchungen widmen sich beinahe ausschließlich der Perspektive von Experten (Biermann 2015). Dabei bleiben bislang Erfahrungen und Erlebnisse beeinträchtigter Menschen nach dem Schulabgang auf dem Weg zur Berufstätigkeit in der Forschung unberücksichtigt (Sari, Kenner 2017, S. 114–121).

Zu einer vertieften Auseinandersetzung mit den besonderen erwerbsbezogenen Potenzialen der Zielgruppe trug die Entwicklungssituation des Ausbildungs- und Arbeitsmarktes bei, bedingt durch die prognostizierten deutschlandweiten Engpässe bei qualifizierten Fachkräften mit einem mittleren Bildungsabschluss vor allem in handwerklich-technischen Berufen (Gutensohn 2020). Derartige Engpässe könnten zum gewissen Teil beispielsweise durch Angebote wie die Fachpraktiker-Ausbildung für Menschen mit den Förderschwerpunkten Lernen und evtl. geistige Entwicklung kompensiert werden.

Diese Ausgangslage begründete die besondere Relevanz der Erforschung gelungener und misslungener Übergangsverläufe insbesondere von jungen Menschen mit den Förderschwerpunkten Lernen und geistige Entwicklung.

Insgesamt wurden mit betroffenen Personen dieser Zielgruppe 17 Interviews durchgeführt. Davon wurden 16 Personen mit dem Förderschwerunkt Lernen und eine Person mit Förderschwerpunkt geistige Entwicklung einbezogen. Vier der befragten Personen sind die Absolventen (zwei Personen) und Absolventinnen (zwei Personen) einer überbetrieblichen Bildungsstätte. 13 weitere Interviewpartner und -partnerinnen sind in einer WfbM beschäftigt.

Wie die Statistiken des IAB nahelegen (Reims, Tisch und Tophoven 2016, S. 5 ff.), helfen besonders BvB-Maßnahmen in Kombination mit einer überwiegend außerbetrieblichen integrativen Ausbildung dabei, in den ersten Arbeitsmarkt überzugehen und auch nach einem Jahr dort zu verbleiben. Vier Absolventen einer derartigen verzahnten kooperativen Ausbildung wurden im Rahmen der Studie interviewt. Dabei konnte das Gelingen der schulisch-beruflichen Übergänge festgestellt werden: Seit 2018/2019 sind sie auf dem ersten Arbeitsmarkt in ihren erlernten Berufen tätig.[51]

Im Rahmen der forschungsgegenstandbezogenen Einleitung wurden insbesondere handwerklich-technische Berufe und damit in Zusammenhang stehende Arbeitsmarktengpässe in den Fokus gestellt. Innerhalb der Stichprobe wurden folgende Fachpraktiker-Auszubildende identifiziert: ein Auszubildender zum Metallbauer (IP5 m), neun Qualifizierungsfälle für die Wertstoff-Verwertung[52] (IP1w, IP6 m, IP7 m,

51 Eine erneute Überprüfung des Verbleibs der interviewten Personen in der Beschäftigung wurde im Januar 2021 vorgenommen. Erfreulicherweise berichtete die Gatekeeperin über die weiterhin feste Beschäftigungsintegration der Absolventen und Absolventinnen in ihren Ausbildungsbetrieben.

52 Das Berufsbildungsangebot einer WfbM besteht aus Bildungs- und Qualifizierungsmaßnahmen im Sinne der beruflichen Grundqualifizierung in ausgewählten Berufsbildungsbereichen gemäß § 4 WVO. Zu diesen Bildungs- und Qualifizierungsmaßnahmen zählen berufliche Teilqualifizierungen auf der Grundlage anerkannter Ausbildungsberufe bzw. Qualifizierungsbausteine nach § 69 BbiG. (Institut der deutschen Wirtschaft Köln, REHADAT o. J.)

IP9w, IP12 m-IP15 m, IP17 m) und vier Monteure (IP8 m, IP10 m, IP11w, IP16 m) an einer WfbM.

Zwei weitere Studienteilnehmer (eine Frau IP3w und ein Mann IP4 m) absolvierten eine Stufenausbildung, die sich aus einer zweijährigen Berufsausbildung zum Bauten- und Objektbeschichter bzw. zur Bauten- und Objektbeschichterin und einer einjährigen zum Maler und Lackierer bzw. zur Malerin und Lackiererin zusammensetzt. Eine weitere Teilnehmerin absolvierte eine Fachpraktiker-Ausbildung im hauswirtschaftlichen Bereich.

Hier lässt sich zunächst festhalten, dass viele Menschen mit Beeinträchtigung durchaus in der Lage sind, einen handwerklich-technischen Beruf zumindest im Rahmen einer Fachpraktiker-Ausbildung oder einer Qualifizierungsmaßnahme in einer WfbM zu erlernen bzw. auszuüben.

Da die Rehabilitationsfälle mit Mehrfachbeeinträchtigungen zunehmend komplexer werden, ist, angelehnt an die Beobachtungen der deutschen Rehabilitationseinrichtungen, die Trennschärfe zwischen den einzelnen Förderschwerpunkten schwierig. So kann zum Beispiel neben einer Lernbeeinträchtigung eine psychische Einschränkung diagnostiziert werden (Reims et al. 2020, S. 43).

Bei nahezu der Hälfte aller Interviewten konnten Mehrfachbeeinträchtigungen in einer derartigen Kombination aufgenommen werden. Dabei ist anzumerken, dass auch leichte geistige Entwicklungsstörungen, so Vollmer und Frohnenberg (2014, S. 30), nicht einwandfrei von einer weniger ausgeprägten Lernbehinderung zu unterscheiden sind. Im Rahmen der Studie konnte ein derartiger Fall identifiziert werden.

Das Ziel des vorliegenden Forschungsprojektes war es, auf die folgenden Forschungsfragen Antworten zu erlangen:

- Welche schulisch-beruflichen Übergänge erfolgen bei Menschen mit den Förderschwer-punkten Lernen und geistige Entwicklung?
- Welche Gründe für das Scheitern von schulisch-beruflichen Übergängen können aus der Perspektive der interviewten Personen identifiziert werden?
- Welche Bedingungen für das Gelingen erfolgreicher schulisch-beruflicher Übergänge sind aus Perspektive der interviewten Personen festzustellen?

Um diese Forschungsfragen gemeinsam mit der übergeordneten Fragestellung beantworten zu können, wurden zunächst die theoretischen Gegenstandsgrundlagen vertieft.

Im Kontext der normativen Anforderungen wurden, nachdem das Forschungsanliegen in Bezug auf die inklusive allgemeine (im Sinne der UN-BRK Artikel 24 (2)) und berufliche Bildung (ebd. (5)) sowie Beschäftigung (ebd., Artikel 27) theoretisch fundiert wurde, die rechtlichen Rahmenbedingungen und die Teilhabegrundsätze erörtert.

Im Zuge der Unterzeichnung der UN-BRK wurde die Entscheidung darüber getroffen, eine umfassende schulpolitische Reform im Sinne der Inklusion vorzunehmen und in das deutsche Schulsystem zu implementieren (Blanck et al. 2012, 2013). Zur Umsetzung der Inklusion wurden gesetzliche Rahmen für Schuleinrichtungen, Lehrerbildung und Weiterbildung geschaffen.

Tenorth merkt an (2013, S. 9), dass die Inklusion aus der pädagogischen Perspektive als „gemeinsame Beschulung aller“ zu verstehen ist (Euler und Severing 2014, S. 8). Booth (2008) differenziert Inklusion in drei Ebenen: persönliche Teilhabe, Systemteilhabe (in Bezug auf die Barrieren unter anderem im (Berufs-)Schulsystem und auf dem Arbeitsmarkt) und die Verinnerlichung von inklusiven Werten (Hinz 2012, S. 3 f.). Er schlussfolgert, dass eine inklusive Perspektive die Umsetzung aller drei Ebenen in ihrer Gesamtheit erfordert. Das Gelingen der Teilhabe hängt davon ab, ob die betroffenen Personen in die beabsichtigten, für sie wichtigen Lebensbereiche (zum Beispiel in eine allgemeinbildende Schule, eine reguläre Berufsbildung und eine reguläre Beschäftigung) gelangen und dort in ihrer Lebensweise (Bartelheimer et al. 2020, S. 32 f.) akzeptiert werden. Bartelheimer et al. sind davon überzeugt, dass in bestimmten Lebensabschnitten und im gesamten Werdegang sehr viel von den in freier Wahl getroffenen Entscheidungen, teilhabebezogenen Handlungsergebnissen und überwundenen Teilhabebarrieren abhängig ist.

Die besonderen Fortschritte in Richtung Inklusion zeigen sich in der zunehmend barrierefreien allgemeinen Bildung (Eikötter und Küstermann 2014, S. 237 f.). Beeinträchtigte erhalten einen diskriminierungsfreien und chancengleichen Zugang zum allgemeinbildenden Bildungssystem. Immer mehr beeinträchtigte Kinder und Jugendliche beanspruchen eine Bildung, die die vielfältigen individuellen Bedürfnisse und Voraussetzungen berücksichtigt (ebd.). Gegenwärtig nehmen auch Förderschulen mit dem Förderschwerpunkt Lernen die betroffenen Kinder und Jugendlichen aufgrund des wesentlichen Förderbedarfes erst ab dem 5. Schuljahrgang auf (Eikötter und Küstermann 2014, S. 263). Dadurch erhalten betroffene Kinder die Möglichkeit, sich im inklusiven Bildungsumfeld zu entwickeln. So kann etwa in Bayern beobachtet werden, wie die Verantwortung der sonderpädagogischen Förderung zunehmend auf allgemeinbildende Schulen übertragen wurde. Förderschulen laufen damit jedoch Gefahr, sich in Bildungseinrichtungen ohne Schüler und Schülerinnen zu verwandeln (Blanck, Edelstein und Powell 2014, S. 102). Diese Veränderungen im Sinne der UN-BRK machen die allgemeine Schulbildung besser zugänglich.

Von besonderer Bedeutung ist es, inklusive Schul- und Übergangswege bzw. Arbeitswelten zu schaffen (Unger 2015, S. 180). Als Ersatz für Inklusion im Rahmen der Berufsbildung und Beschäftigung am zweiten Arbeitsmarkt kommt für die Zielgruppe das Rehabilitationssystem zum Einsatz (Riecken und Jöns-Schneider 2014, S. 152). Unter Angabe triftiger Gründe können beeinträchtigte Menschen in sogenannten Reha-Berufen (gemäß BBiG § 66 und HwO § 42) ausgebildet werden, obwohl eine reguläre Ausbildung in anerkannten Ausbildungsberufen (BBiG § 65) vorgesehen ist. Um die derzeitige Situation mit dem eingeschränkten Zugang zur regulären beruflichen Bildung und Beschäftigung zu bewältigen, wurde zwischen den Bundesländern und den Sozialpartnern der Ausbildungspakt zur „Allianz für Aus- und Weiterbildung“ im Rahmen der Koalitionsvereinbarung geschlossen (Koalitionsvertrag 2013, S. 23 f.). Im Rahmen des Paktes wurden nicht nur die Gewährleistung der Ausbildungsgarantie, sondern auch die Vorbeugung von Warteschleifen und Ausbildungsabbrüchen als Ziele beschlossen.

Unter Bezugnahme auf junge Menschen mit Förderschwerpunkt wie auch Behinderung, die Zielgruppe der Inklusion im engeren Sinne, wurden zunächst aktuelle gesellschaftliche wie wissenschaftliche Diskurse nachgezeichnet: Während Kapitel 3.4.2 näher auf die Diskussion des Behinderungsbegriffes eingeht und in Kapitel 3.4.2.2 durch die Lupe des Etikettierungsansatzes betrachtet wurde, widmet sich Kapitel 3.4.3 den verschiedenen relevanten Arten an Behinderungen. Der Fokus lag hierbei auf den Förderschwerpunkten Lernen, geistige Entwicklung und beide Arten in Kombination mit kurzfristigen psychischen Beeinträchtigungen.

Im Rahmen der genannten Diskussionen richtet sich das Augenmerk auf die Bezeichnung beeinträchtigter Menschen. So liegt der derzeitige Konsens bei der Bezeichnung der Sonderschulbedürftigkeit als Förderschwerpunkt und der Behinderten als Menschen mit Behinderung. Damit verfolgt die KMK das Ziel, die Diskriminierung der Betroffenen zu vermeiden, mindestens aber zu reduzieren (Powell und Wagner 2014, S. 180).

Die ICF-Definition der Behinderung verweist auf die Gesamtheit der vielfältigen Lebensbedingungen unter sozialen, ökonomischen und psychologischen Gesichtspunkten (Kastl 2010, S. 125). Degener (2006) merkt an (Schoenberg 2013, S. 21 ff.), dass das Behinderungskonzept sozial bedingt ist.

Behinderungen, so Degener, unterliegen dem Einfluss von Umweltveränderungen wie Mangel-, Risiko- und Belastungssituationen oder gesellschaftlichen Faktoren (Kastl 2010, S. 129 f.). Nach Kastl (ebd., S. 118 ff.) ist eine Behinderung „eine Kategorie des Leben-Könnens“ (ebd., S. 118), eine bereits bestehende oder vorerst entstandene Lebensordnung oder auch eine Abweichung von Wahrnehmungs- und Verhaltensanforderungen (ebd.).

Dem lebensweltorientierten Etikettierungsansatz zufolge können beeinträchtigte Personen aufgrund ihrer abweichenden Verhaltensweisen als deviant Etikettierte betrachtet werden. So können diejenigen Interviewten, die trotz behinderungsbezogenen Mobbings ihren schulisch-beruflichen Übergang meisterten und mit dem sozialen Umfeld nach wie vor interagieren, im Rahmen der primären Abweichung beschrieben werden. Viele Studienteilnehmer ließen in ihren Lebensgeschichten die Spuren der sekundären Devianz erkennen. Die Mobbingsituationen und das stabilisierende abweichende Verhalten der Betroffenen wurden durch die Reaktionen der Menschen in der Umgebung, genauer deren Behinderungszuschreibungen, verursacht. Aufgrund dieser Fremdbestimmung erfolgt eine Selbstdefinition der Person als Person mit Behinderung, was z. T. eine gravierende Abschottung von der Umwelt zur Folge haben kann. Nach Cloerkes ist diese pathologische soziale Situation durch Steifheit, Angst, Peinlichkeit oder fingierte Heiterkeit begleitet (Kastl 2017, S. 199 f.).

Im vierten Kapitel der Arbeit wurde der wissenschaftliche Erkenntnisstand zu schulisch-beruflichen Übergängen erarbeitet. Einerseits erfolgten dabei die dokumentaranalytische Rekonstruktion der gegenwärtigen Situation im schulischen und nachschulischen Übergangsbereich sowie die Darstellung der Fortschritte der Übergangsforschung und der angebotenen Unterstützungsmöglichkeiten sowohl im Rahmen der Benachteiligtenförderung als auch im Rahmen der beruflichen Rehabilitation. Dabei sicherte die Darstellung bildungspolitischer Fortschritte durch die Initiative Bildungsketten die Nachvollziehbarkeit der gegenwärtigen Ausgestaltung der berufsvorbereitenden Maßnahmen. Sie diente außerdem als theoretischer Anstoß für die Rekonstruktion von schulisch-beruflichen Übergängen der ersten Schwelle. Im Rahmen der Explikation der theoretischen Bezugsrahmen zum Übergang Schule–Beruf und zu den gelungenen und misslungenen schulisch-beruflichen Übergängen wurden auch die vorhandenen Erklärungsansätze erörtert. Währenddessen ließen sich an mehreren Stellen die aus dem Forschungs- und Erkenntnisstand abgeleiteten Defizite innerhalb der geschilderten theoretischen Konstrukte erkennen. Die meisten Forschungs- und Erkenntnisdefizite sind zur Zielgruppe der Menschen mit Behinderungen und insbesondere den Menschen mit den Förderschwerpunkten Lernen und geistige Entwicklung zu verzeichnen. Auch die Perspektive der Betroffenen in Bezug auf die existierenden Forschungserkenntnisse ist bislang weitgehend unberücksichtigt geblieben.

Viele Jugendliche, die keinen direkten Übergang erzielten, werden in der Regel im Übergangssystem aufgehalten (Nigges-Gellrich und Schmidt 2013, S. 307). Außerdem besteht das Problem, dass nicht alle Förderschulabgänger und -abgängerinnen über einen Schulabschluss verfügen (Autorengruppe Bildungsberichterstattung 2020, S. 167). Daher beteiligen sich die Betroffenen an Berufsvorbereitungsmaßnahmen des Übergangssystems mit dem Ziel, zumindest einen Hauptschulabschluss nachzuholen (ebd.). Auf dem Weg zur beruflichen Teilhabe nehmen beeinträchtigte Jugendliche viele Hürden in unübersichtlichen Übergangsstrukturen (Ginnold 2008, S. 110). Das Übergangssystem, das sich im Zuge der mangelnden Aufnahmefähigkeit des dualen Berufsbildungssystems entwickelte (Schmidt 2011, S. 32 f.), wurde somit zum eigenständigen Teilsystem (Konsortium Bildungsberichterstattung 2006, S. 20). Da benachteiligte Jugendliche überwiegend außerbetrieblich ausgebildet werden, fehlt es ihnen an praktischer Erfahrung und betrieblicher Bindung (Müller 2008, S. 13 f.).

Aufgrund der mangelnden persönlichen Bildungsvoraussetzungen erhalten gering qualifizierte Jugendliche keinen Zugang zu den anerkannten Ausbildungsberufen (Nigges-Gellrich und Schmidt 2013, S. 307 f.). Sie geben die Ansprüche an eine inklusive berufliche Bildung und Beschäftigung häufig auf oder werden einer WfbM zugewiesen.

Aufbauend auf die in der Literatur ausgearbeiteten Forschungserkenntnisse aus verschiedenen Studien der letzten 20 Jahre und der inklusionspädagogischen Perspektive ausgewählter Experten wurden die theoretischen Konstrukte zu misslungenen bzw. gelungenen Übergängen für die Erhebung von empirischen Daten aufbereitet.

Das grundlegende Verständnis eines erfolgreichen Überganges in den Arbeitsmarkt bietet Abbildung 57 mit der Gegenüberstellung misslungener und gelungener schulisch-beruflicher Übergänge im Kontext der Inklusion. Demnach zeichnet sich ein gelungener Übergang an der ersten Schwelle über einen erfolgten Zugang in das reguläre Ausbildungssystem und das Erreichen des beruflichen Abschlusses im ausgewählten Ausbildungsberuf aus. Aufbauend darauf gelingt der Übergang der zweiten Schwelle, wenn die dauerhafte Erwerbsteilhabe im ersten Arbeitsmarkt erlangt wurde.

Im Rahmen der qualitativen Studie können schulisch-berufliche Übergänge als misslungen betrachtet werden, wenn weder ein Zugang zum regulären Ausbildungssystem (der Übergang der ersten Schwelle) noch zum ersten Arbeitsmarktes (der Übergang der zweiten Schwelle) erlebt wurde. Außerdem gelingt ein Übergang nicht, wenn eine reguläre Ausbildung am ersten schulisch-beruflichen Übergang abgebrochen wurde und/oder eine Teilqualifizierung vorliegt. Ebenso misslingt der Übergang der zweiten Schwelle, wenn im Anschluss an eine Teilqualifizierung lediglich eine Beschäftigung des zweiten Arbeitsmarktes erzielt wurde.

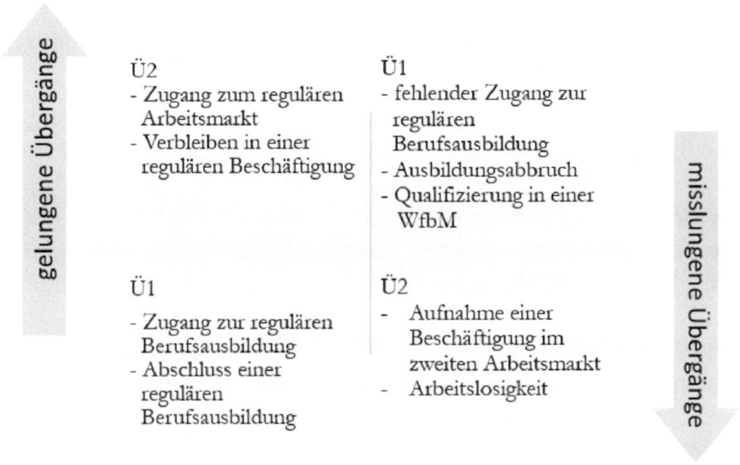

Abbildung 57: Misslungene vs. gelungene schulisch-berufliche Übergänge im Kontext der Inklusion (eigene Darstellung)

Unter Berücksichtigung von sprachlichen und erzählerischen Schwierigkeiten der Interviewten wurden die empirischen Daten mit der Methode „Episodisches Interview" mit einem narrativ-episodischen Rahmen nach Flick erhoben. Ausgehend vom Ziel des Forschungsprojekts, die gegenstandsbezogenen theoretischen Konstrukte auf Basis des wenig erforschten spezifischen Wissens und grundlegenden Verständnisses eines misslungenen sowie gelungenen schulisch-beruflichen Überganges zu bilden, wurde zur Auswertung eine qualitative Inhaltsanalyse nach Mayring (Zusammenfassung und induktive Kategorienbildung) verwendet.

Im Forschungsverlauf wurden zunächst Hypothesen qualitativer Art deduktiv mit der Funktion einer Vorannahme oder Arbeitshypothesen gebildet. Die theoriegeleiteten Hypothesen sind nach Meinefeld (1997, S. 22 ff.) auch im Rahmen einer qualitativen Sozialforschung unverzichtbar. Neben der Kontrolle des analytischen, fachlichen Forschervorwissens dienen forschungsleitende Vorannahmen der orientierten und systematischen Vorgehensweise. Im Rahmen der qualitativen Studie trug das bewusste hypothesenleitende Orientieren zur strukturierten und systematischen Differenzierung der Expertenperspektive bei. Theoretische gegenstandsbezogene Konstrukte konnten dabei vor dem Hintergrund subjektiver Erfahrungen und Erlebnisse der ausgewählten Zielgruppe gespiegelt werden. Die gebildeten qualitativen Hypothesen wurden während der Auswertung im Forschungsfokus behalten und die entstandenen Vorannahmen entlang der Forschungsergebnisse diskutiert.

Die Analyseergebnisse wurden anschließend dargestellt, interpretiert und anhand inhaltsanalytischer Gütekriterien ausgewertet. Durch die biografisch-narrativen Anteile des episodischen Interviews bietet das Forschungsmaterial mehrere Analysemöglichkeiten entlang verschiedener thematischer Fokussierungen. So besteht eine Analysemöglichkeit beispielsweise im Rahmen der Biografiearbeit mit dem besonderen Fokus auf hochemotionale und wirkungsvolle Lebensgeschichten. Die spannenden und emotional agilen Lebensgeschichten lenkten am Anfang den Analysefokus vom Forschungsgegenstand ab. Die zielorientierte Umgangsweise mit dem Datenmaterial sicherte die regelgeleiteten Analysevorgänge.

Während der Interviews wurden die Studienteilnehmer, deren Aussagen undeutlich waren oder die vom Gesprächsgegenstand abwichen, immer wieder zur Konkretisierung angehalten. Eine Visualisierung der Lebensgeschichte half dabei, sich gegenseitig besser zu verständigen und den zum Teil unbeholfenen Erzählungen besser folgen zu können. Außerdem konnte damit die subjektiv gebildete Sinnkonstruktion der erzählten Lebensgeschichten kontinuierlich kommunikativ begründet bzw. validiert werden.

Die Ergebnisse der Analyse wurden im Rahmen der Forschungswerkstätten kritisch reflektiert. Anhand des Analysevorgangs durch eine weitere Person mit wissenschaftlichem Hintergrund wurden einige Analysestellen diskutiert und sprachlich angepasst. Dadurch wurden die Intercoderreliabilität und somit die Reproduzierbarkeit der Forschungsergebnisse gesichert.

Die Ergebnisse der Analyse wurden im Hinblick auf den hohen Interpretationsgehalt innerhalb des entwickelten Kategoriensystems kritisch reflektiert. Im Rahmen eines zirkulären Überprüfungsprozesses während der Auswertungsphase wurden so lange Rücklaufschleifen durchgeführt, bis die Vervollständigung und die gewünschte Reduzierung der Kategoriensysteme erreicht wurden.

Die Validität der theoretischen Konstrukte stimmt in den meisten Fällen überein. Kennzeichnende, allerdings teils abweichenden Merkmale, die den Kern der theoretischen Konstrukte bilden, sind die verschiedenen Perspektiven. Im Gegensatz zu den im Vorfeld der Untersuchung dargestellten theoretischen Konstrukten aus der Perspektive diverser Experten wurden anhand des Datenmaterials die Sichtweisen, Erlebnisse und Erfahrung von Menschen mit den Förderschwerpunkten Lernen und geistige Entwicklung dargelegt.

Die hier vorgetragenen Ergebnisse sind jedoch nur innerhalb der Stichprobe gültig. An vielen Stellen tragen die nachfolgenden Forschungsergebnisse zu neuen Erkenntnissen bei. Außerdem sind im Rahmen des Forschungsprojektes empirisch fundierte theoretische Konstrukte entstanden. Das vorliegende Forschungsprojekt hat explorativen Charakter und kann während der Vorstellung der Analyseergebnisse Impulse für die weiterführende Forschung geben.

8.2 Empirische Erkenntnisse

8.2.1 Schulisch-berufliche Übergänge bei Menschen mit den Förderschwerpunkten Lernen und geistige Entwicklung

Die zusammengefassten Ergebnisse zur Rekonstruktion schulisch-beruflicher Übergänge beziehen sich auf Übergänge innerhalb der allgemeinbildenden Schularten (Grundschule/Sekundarschule – Förderschule/Förderschule – Sekundarschule/IGS), des Übergangssystems und des Berufsbildungssystems (überbetriebliche Ausbildung in Stufenausbildung oder Fachpraktiker-Ausbildung) ab. Der Übergangsprozess, der noch vor dem Schulabschluss beginnt und sich überwiegend in den berufsorientierenden Praktika äußert, konnte als Übergangsvorbereitung (K2) erfasst werden.

Es ließen sich auch die Übergänge von der Förderschule in eine WfbM (K6), genauer in eine interne qualifizierende Berufsbildung und Beschäftigung, ausfindig machen. Diejenigen, die eine überbetriebliche Ausbildung abbrachen, wechselten in eine WfbM (K8), meist ohne Aufstiegsabsichten zu verfolgen. Auch Übergänge von einer Berufsausbildung in eine Berufstätigkeit (K7) sind im Rahmen der Untersuchungsergebnisse zu verzeichnen.

Manche Werkstatt-Beschäftigten streben nach weiteren Übergängen (K9). Sie wechseln von ihrer Arbeitsgruppe an der WfbM in eine Beschäftigung des ersten Arbeitsmarktes oder auch von bestehender Beschäftigung in ihren Traum- oder Wunschberuf. Zwar ist zu erwarten, dass die qualifizierten Werkstattabgänger nach eigenem Entwicklungsfortschritt in den ersten Arbeitsmarkt übergehen können, doch entspricht dies eher der Ausnahme als dem Regelfall. Im Rahmen dieser Arbeit konnte während der Werkstattbesuche nur eine Person mit einem derartigen biografischen Sprung in der Übergangsphase ausgemacht werden. Die entsprechende Person zeigte sich sehr glücklich im Rahmen der Gespräche. Leider lief das Gespräch in großer Eile ab, weshalb der Fall nicht per Tonaufzeichnung dokumentiert werden konnte. Dennoch bleibt zu erwähnen, dass es denkbar wäre, in einer weiteren Längsschnittstudie mehr zu den Übergängen von WfbM in reguläre Beschäftigungen oder den Verbleib in der gewählten Beschäftigung zu erfahren. Dabei empfiehlt es sich, die Entfaltung der Selbstbestimmung und Selbstwirksamkeit, des Selbstwertgefühls und der Selbstverwirklichung näher zu untersuchen.

Besonderes Augenmerk im Rahmen der Analyse galt den begleitenden Wohn-Übergängen (K4) (Kap. 6.1, Abb. 49). Unter den Befragungsteilnehmern konnten zwei dieser begleiteten Übergänge beobachtet werden. Diese charakterisieren sich durch zwei grundlegende Entwicklungsvorgänge, wie beispielsweise die Ablösung von der eigenen Familie oder vom Wohnheim. Innerhalb des jeweiligen Entwicklungsvorgangs ließen sich jeweils drei Wohnformen identifizieren. Diejenigen, die in ihrer eigenen Familie aufwuchsen, sind entweder im Elternhaus verblieben oder sie bezogen eine eigene Mietwohnung. Letztere wohnten, bevor sie in eine eigene Wohnung zogen, meist in Wohnungen des betreuten Wohnens. Studienteilnehmer, die in Förderschulheimen lebten, wechselten entweder in ein anderes altersgerechtes Heim oder gingen in das betreute Wohnen über. Dort verblieben sie oder schafften es, in eine eigene Mietwohnung unter der Aufsicht einer gesetzlichen Betreuungsperson überzugehen. Dass diese Kategorie als eine Begleiterscheinung schulisch-beruflicher Übergänge betrachtet werden kann, ist als ein Novum der Forschung zu betrachten, das weiterführender Erkenntnisse bedarf. Von besonderem Interesse könnte hierbei die weitergehende Überprüfung der folgenden Hypothese sein: Je schneller der Übergang in das selbstständige Wohnen erfolgt, desto schneller verläuft die Persönlichkeitsentwicklung und desto höher sind die Chancen der förderbedürftigen Menschen, berufliche Teilhabe zu erreichen.

Im Rahmen der Hypothesenüberprüfung zu den schulisch-beruflichen Übergängen ließe sich die erste Hypothese zu drei Typen an Übergangsverläufen bestätigen.

H1: Bei Menschen mit den Förderschwerpunkten Lernen und geistige Entwicklung können drei Typen von Übergangsverläufen erkannt werden: direkte und prekäre (1), teilqualifizierte (2) und beruflich qualifizierte (3).

Innerhalb der Stichprobe konnten sowohl direkte und prekäre (1), teilqualifizierte (2) als auch beruflich qualifizierte (3) Übergangsverläufe nachverfolgt werden. Auch die zweite Hypothese konnte bestätigt werden.

H2: Erfolgt ein direkter Übergang von der Schule in eine (teilqualifizierte und/oder beruflich qualifizierte) Ausbildung, kann auch ein Übergang von der Ausbildung in eine Beschäftigung im regulären Arbeitsmarkt geschehen.

Beim Erreichen eines direkten Übergangs Schule – Ausbildung (teilqualifizierte und/oder beruflich qualifizierte) durch Menschen mit den Förderschwerpunkten Lernen und geistige Entwicklung kann ein direkter Übergang Ausbildung – Beschäftigung sowohl auf dem zweiten als auch auf dem ersten Arbeitsmarkt erfolgen.

Bestätigt werden konnte auch die dritte Hypothese.

H3: Bei Menschen mit den Förderschwerpunkten Lernen und geistige Entwicklung führen prekäre Übergänge zum Verbleiben im „Übergangssystem" bzw. in „berufsvorbereitenden Warteschleifen" (Thielen, Katzenbach und Schnell 2013, S. 7).

Demnach erleben Menschen mit den Förderschwerpunkten Lernen und geistige Entwicklung prekäre Übergangsverläufe, wenn sie länger im Übergangssystem verbleiben oder sich in den berufsvorbereitenden Warteschleifen ihrer Erwerbszeit befinden.

Da sich die Gruppe der Studienteilnehmer aus Beschäftigten mit Qualifizierung zusammensetzte, konnte die vierte Hypothese über die Möglichkeit des Übergangs in eine Beschäftigung mit fehlender Qualifizierung zwar widerlegt, jedoch in Bezug auf die Zielgruppe außerhalb der Stichprobe nicht ausgeschlossen werden.

H4: Bei Menschen mit den Förderschwerpunkten Lernen, geistige Entwicklung und psychische Beeinträchtigung kann ein Übergang in eine Beschäftigung im regulären Arbeitsmarkt auch ohne Qualifizierung funktionieren.

Nicht bestätigt werden konnte die fünfte Hypothese.

H5: Erfolgt kein Übergang von der absolvierten Schule in eine Ausbildung bzw. in eine Beschäftigung, werden die Betroffenen langzeitarbeitslos und verlagern ihre Teilhabeversuche in andere Lebensbereiche (z. B. Haushalt, Kultur, Freizeit, Mutter- oder Vaterschaft etc.) (Ginnold 2008, S. 180; Orthmann 2005, S. 139).

Zwar konnte die Teilhabeverlagerung auf andere Lebensbereiche in Bezug auf die untersuchte Beschäftigtengruppe nicht identifiziert werden, allerdings kann sie ebenso wenig ausgeschlossen werden.

8.2.2 Gründe für das schulisch-berufliche Übergangsscheitern der Zielgruppe

Bei der Frage nach den Gründen für das Scheitern von schulisch-beruflichen Übergängen bieten sich im Rahmen der Studie die folgenden Ergebnisse an:

Hinsichtlich Kategorie 1 (Misserfolge in sozialen Interaktionen und deren Verwirklichung wegen des Mobbings im Kontext des abweichenden Verhaltens und Aussehens) kann festgehalten werden, dass die vorliegende Studie nur bedingt neue Erkenntnisse hervorbringen konnte, da sämtliche Befunde sich mit dem längst existierenden Etikettierungsansatz bereits erklären lassen. Die genannten Misserfolge in sozialen Interaktionen erlebten die Interviewten in sämtlichen Anforderungsebenen (s. Abb. 57): sowohl in Heimen, während der Schulzeit, den Ausbildungsversuchen, in Festanstellung als auch in verbaler oder auch nonverbaler Kommunikation mit fremden Menschen. Manche der interviewten Personen berichteten gar von Problemen im Elternhaus. Die fehlgeschlagenen Interaktionen hatten sowohl Auswirkungen auf die Persönlichkeitsentwicklung der Betroffenen wie auch auf die Entwicklung der beruflichen Identität. Gab es für die Studienteilnehmer keine Möglichkeit, ihre beruflichen Ziele zu verfolgen (Beschäftigungsteilhabe im Wunschberuf), so trat eine Störung des beruflichen Selbstkonzeptes (Kategorie 7) ein. Die Folge dieser Misserfolge war der Verlust der Selbstwirksamkeit der Betroffenen. Sie verloren an Motivation und Hoffnung, trotz häufig empfundenen Mobbings weiter am Ausbildungsort bleiben zu können.

Die kursiv markierten Kategorien und deren Auswirkungen (Abb. 57) verweisen auf den Mehrwert dieser Studie durch einen neu gefundenen oder erweiterten Erkenntnisstand.

Dass auch die Begegnung mit der Gleichgültigkeit von Menschen im sozialen Umfeld für Probleme bei den Betroffenen sorgen kann (Kategorie 3), ist ein Novum, das der Ebene der gesellschaftlichen und sozialen Anforderungen zuzuordnen ist.

Die fehlende oder instabile Bereitschaft der Betriebe, beeinträchtigte Menschen (Kategorie 8) auszubilden, ist eine gleichermaßen neue Erkenntnis. Manche Praktikumsbetriebe stellen gar keine Ausbildungsplätze für beeinträchtigte Menschen zur Verfügung. Auch finanzielle Gründe, wie das Beispiel eines Blumenladens zeigt, können einer Berufsausbildung im Weg stehen. Wird die Beeinträchtigung einer Person in der Einstiegsphase einer betrieblichen Ausbildung deutlich, so ist, wie der Fall der Befragungsteilnehmerin IP13w zeigt, eine Absage seitens des Ausbildungsbetriebs zu befürchten. Solche Absagen frustrieren die Betroffenen und führen zu psychischer Belastung, die sich in der Beeinträchtigung einer leistungsfähigen Selbstverwirklichung der Persönlichkeit äußert. Erfahren die Menschen mit Beeinträchtigung fehlende Bereitschaft von außerbetrieblichen Ausbildungsstätten, sie in Mobbingsituationen zu unterstützen, brechen sie die Ausbildung ab. Häufig folgt dann eine psychotherapeutische Behandlung.

Auch die unausgereifte Befähigung zum selbstständigen Leben, Wohnen und Handeln (Kategorie 9) als Ursache für misslungene Übergänge wurde bislang nicht thematisiert. Jedoch sind entsprechende Forderungen im Sinne der Sozialpädagogik in den bestehenden Bildungskonzepten verankert. Alle Menschen sollten zu einer mündigen Person erzogen und ausgebildet werden. Wenn auch die Menschen mit Beeinträchtigung in den Berufsbildungsbereichen in einer theoriereduzierteren Form an einer WfbM ausgebildet werden, ist es immer noch nicht dasselbe, wie im Rahmen einer dualen Ausbildung mit anderen Auszubildenden und Beschäftigten des regulären Arbeitsmarkts in der Handlungskompetenz gefördert zu werden.

Auf der Basis der Analyseergebnisse lassen sich die theoriegeleiteten Hypothesen im Sinne der qualitativen Forschung sowohl bestätigen als auch widerlegen.

H1: Die Fülle von komplexen, parallel laufenden Übergängen und Wechselprozessen überfordert Menschen mit den Förderschwerpunkten Lernen, geistige Entwicklung und führt wegen Bildungs- und Entwicklungsverzögerung dieser Zielgruppe häufig zum Scheitern des schulisch-beruflichen Übergangs.

Die Aussagen zur ersten Hypothese können in den Analyseergebnissen nicht identifiziert werden.

H2: Da Menschen mit Förderbedarf nicht immer in der Lage sind, die gekoppelten Krisen des Jugendalters selbstständig zu bewältigen, können deren schulisch-berufliche Übergänge scheitern.

Auch die zweite Hypothese findet in subjektiven Äußerungen der Interviewten keine Bestätigung.

H3: Ist die Diskrepanz im Spannungsfeld zwischen den Berufsanforderungen (gesellschaftliche Herausforderungen) und vorausgesetzten Fähigkeitspotenzialen sowie persönlichen Eigenschaften (persönliche Herausforderungen) zu verzeichnen (s. Abb. 32), ist das Übergangsscheitern absehbar.

In den Analyseergebnissen ist eine Diskrepanz im Spannungsfeld zwischen den Berufsanforderungen und der verlangten Befähigung erkennbar.

H4: Eine unangemessene und diskontinuierliche amtliche Unterstützung der Betroffenen während der Bewerbungsphase führt zum Scheitern der Ausbildungsplatzsuche.

Die vierte Hypothese konnte aufgrund der fehlenden Bestätigung im Rahmen des erhobenen Datenmaterials verifiziert werden.

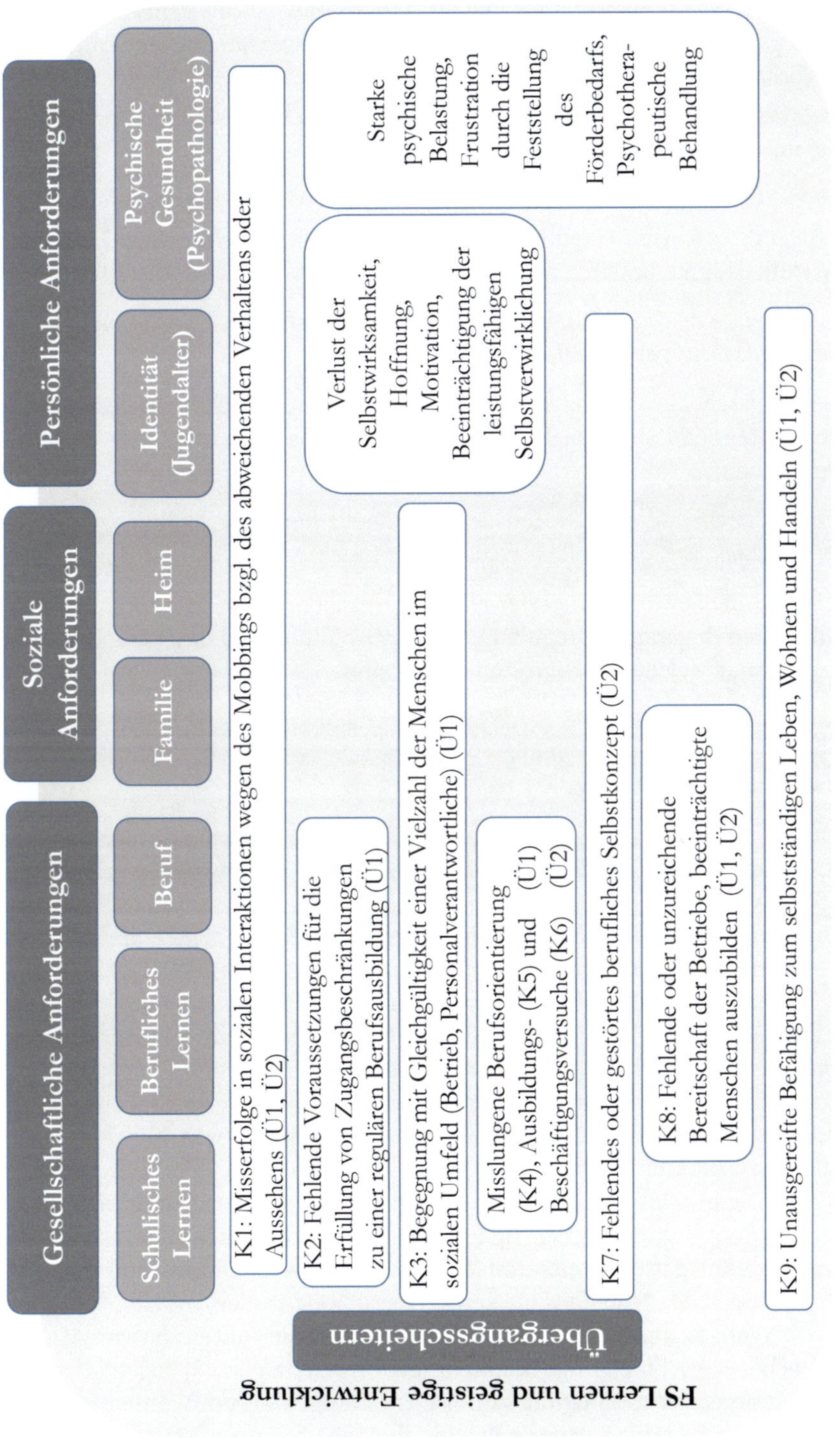

Abbildung 58: Kategoriensystem des Übergangsscheiterns (N = 17, eigene Darstellung)

H5: Die Feststellung des Förderbedarfs und die Aussonderung in eine Förderbeschulung sowie weitere psychologische Gutachten und Statuszuweisungen programmieren den schulisch-beruflichen Übergangsabbruch vor.

Die Ausführungen der fünften Hypothese finden sich in Lebensereignissen mehrerer Befragter und gelten damit als bestätigt.

H6: Negative Erfahrungen, Misserfolge und Versagen führen zum Übergangsscheitern.

Die Aussage der sechsten Hypothese lässt sich im mehreren Interviewfällen erkennen und kann dadurch bestätigt werden.

H7: Das Verbleiben in Warteschleifen des Übergangssystems führt zur Exklusion und ist ein Anzeichen für das Übergangsscheitern.

Das Übergangsscheitern in das Beschäftigungssystem lässt sich nicht bestätigen, da alle Interviewten tätig sind. Im Rahmen der Stichprobe kann die siebte Hypothese widerlegt werden.

H8: Werden die stigmatisierenden Zuschreibungen weiterhin gesellschaftlich definiert, werden die Zugangsbarrieren für die förderbedürftigen Menschen weiterhin existieren.

Die meisten Interviewten schilderten ihre stigmatisierenden Lebensereignisse und eingeschränkten Zugänge zur regulären Berufsausbildung und Beschäftigung außerhalb der WfbM, in welcher die Betroffenen tätig sind.

H9: Fehlende oder fehlgetroffene Berufswahlentscheidungen, eingeschränkte Berufswahlmöglichkeiten und die Inanspruchnahme der Second-choice-Optionen resultieren in einem frühzeitigen Ausbildungsabbruch.

Die neunte Hypothese konnte anhand des erhobenen Datenmaterials nicht bewiesen werden, da die häufige fremdbestimmte Zuweisung in eine Ausbildung nicht zum frühzeitigen Abbruch ihrer Qualifikation führte.

Hemmende Übergangsfaktoren und fördernde Bedingungen am Übergang Schule – Ausbildung – Erwerbsleben können in engem Zusammenhang zueinander stehen: Bewältigte Übergangshindernisse können schnell in Bedingungen für einen erfolgreichen Übergang umschlagen. So wird beispielsweise die fehlende Erfüllung von Zugangsvoraussetzungen für eine reguläre Berufsausbildung (Übergangsscheitern: Kategorie 2) im Hinblick auf Bedingungen des Übergangsgelingens zur Erfüllung von Zugangsvoraussetzungen für eine überbetriebliche, betriebliche und schulische Berufsausbildung und zum Zugang zur Ausbildung (Übergangsgelingen: Kategorie 4). Die misslungene Berufsorientierung (Übergangsscheitern: Kategorie 4) wird zur effektiven Berufsorientierung und begleitenden beruflichen Beratung (Übergangsgelingen: Kategorie 1). Misserfolgen in sozialen Interaktionen und deren Verwirklichung wegen des Mobbings im Kontext des abweichenden Verhaltens und Aussehens (Übergangsscheitern: Kategorie 1) kann durch die Prävention von Mobbing und beruflicher Benachteiligung (Übergangsgelingen: Kategorie 8) begegnet werden. Auch die unausgereifte Befähigung zum selbstständigen Leben, Wohnen und Handeln (Übergangsscheitern: Kategorie 9) kann der Schaffung von Autonomiespielräumen dienen: Es steht dem Streben nach selbstständigem Leben, Wohnen und Handeln (Übergangsgelingen: Kategorie 3) gegenüber. Das Gegenteil des fehlenden oder gestörten beruflichen Selbstkonzeptes (Übergangsscheitern: Kategorie 7) ist die Entwicklung eigener beruflicher Identitätskonstruktion und das Streben nach Weiterbildung (Übergangsgelingen: Kategorie 11).

Den Überblick darüber, welche Bedingungen für das Gelingen erfolgreicher schulisch-beruflicher Übergänge aus der Perspektive der interviewten Personen identifiziert werden können, bieten folgende Studienergebnisse.

Wie in Abbildung 59 dargestellt, koppeln sich mehrere Bedingungen gelungener Übergänge an die gesellschaftlichen Anforderungen des schulisch-beruflichen Bereiches. Das zeigt, dass nicht nur die persönlichen Bildungsvoraussetzungen eine entscheidende Rolle für das berufliche Gelingen spielen.

Sehr viel hängt von der Effektivität des schulischen Berufsorientierungskonzeptes und von koordinierenden Berufsberatern der Bundesagentur für Arbeit und deren Vermittlungsleistungen ab. Viele der interviewten Personen berichteten von einer sehr hilfreichen Berufsberatung bzw. begleitenden beruflichen Beratung (Kategorie 1), dank welcher ihre schulisch-beruflichen Übergänge gelangen. Die Effektivität der Berufsorientierung seitens der Bundesagentur für Arbeit lässt sich mit deren starkem Einsatz bei der Entwicklung der Bildungsketten-Konzeption, mit dem gelungenen Einsatz der Bildungslotsen-Auftragsbeteiligung sowie mit der kontinuierlichen Abstimmung der Umsetzungsqualität erklären (Thiele 2011, S. 7).

Hierbei ist eine Qualitätssteigerung der Vermittlungsdienstleistungen erkennbar. Dies zeigt sich in der Möglichkeit der beeinträchtigten Menschen, die Entscheidung für eine Ausbildung selbstbestimmt zu treffen, ohne beruflich zugewiesen zu werden.

H4: Durch das Vermeiden einer beruflichen Zuweisung und die Stärkung der selbstbestimmten Berufswahlentscheidung kann das Gelingen von schulisch-beruflichen Übergängen sichergestellt werden.

Hypothese 4 kann somit als zutreffend bestätigt werden.

In Abhängigkeit des jeweiligen Falles kann eine Berufsorientierung und -begleitung entlang der Übergangsschwellen einige Zeit in Anspruch nehmen.

Eine förderliche Unterstützung erwies sich als eine entscheidende Bedingung für das Übergangsgelingen. Diese Unterstützung bezieht sich auch auf verzahnte Bildungsangebote im Sinne der dritten Hypothese.

H3: Je stärker die Bildungs- und Unterstützungsangebote inhaltlich bzw. strukturell und überregional miteinander vernetzt sind und je kontinuierlicher sie erfolgen, desto höher sind die Chancen für das Gelingen von Menschen mit Förderbedarf, nach dem Schulabschluss in eine Ausbildung bzw. Beschäftigung überzugehen und am ersten Arbeitsmarkt teilzuhaben.

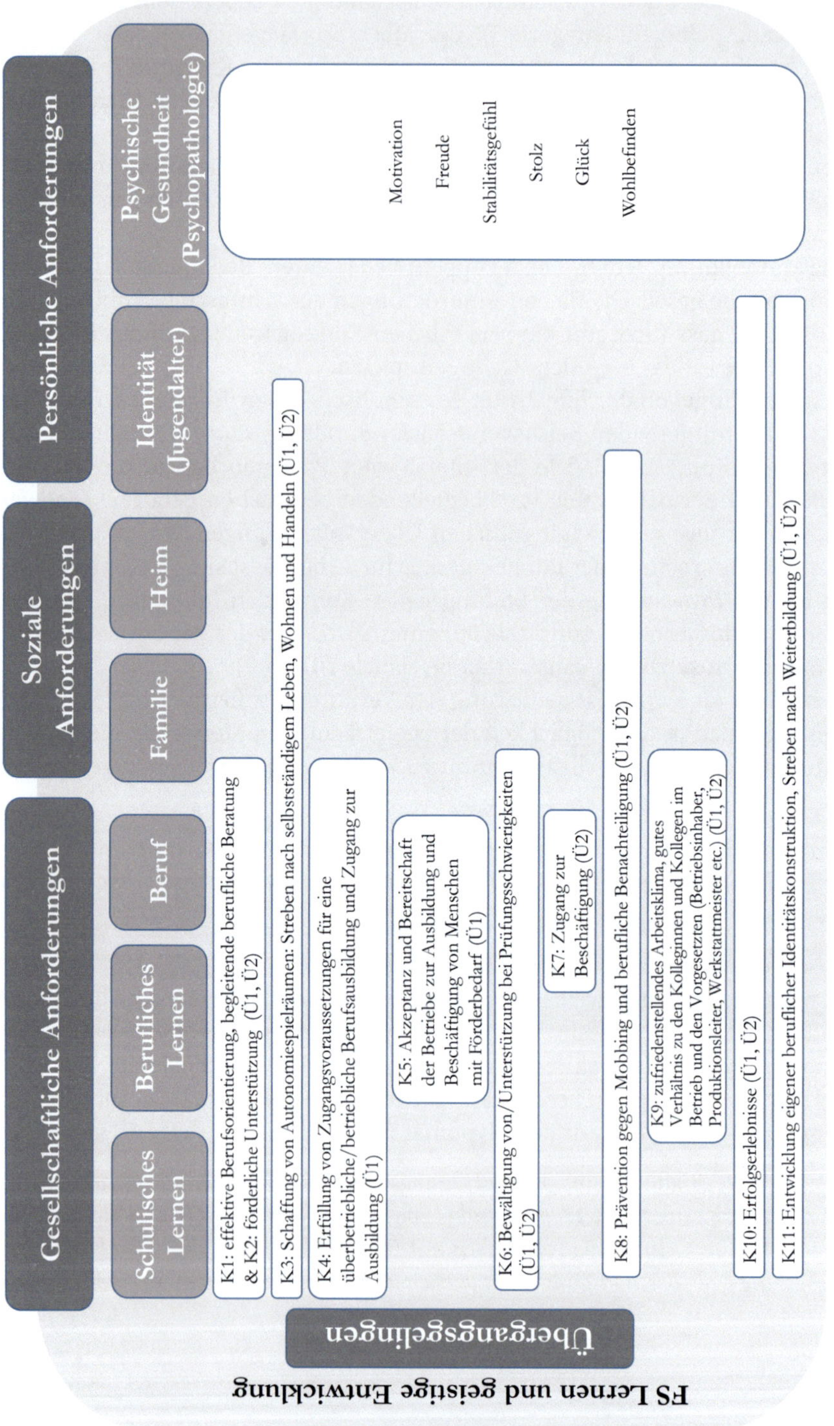

Abbildung 59: Kategoriensystem des Übergangsgelingens (N = 17, eigene Darstellung)

Eine inklusive Beschulung an einer integrierten Gesamtschule beispielsweise im Rahmen eines B-Kurses kann bei Kindern und Jugendlichen mit dem Förderschwerpunkt Lernen dazu beitragen, einen erfolgreichen schulisch-beruflichen Übergang zu ermöglichen. Diese Schlussfolgerung bestätigt die erste Hypothese.

H1: Inklusive Beschulung von förderbedürftigen Kindern und Jugendlichen im Rahmen der allgemeinen Bildung wirkt sich auf die Zielgruppe besonders fördernd aus und trägt zum schulisch-beruflichen Übergangsgelingen bei.

Den Übergangserfolg sichert auch die Vermittlung von beeinträchtigten Menschen ausgehend von der beruflichen Potenzialanalyse in eine thematisch gebundene, verzahnte BvB-Ausbildung. Über diesen Weg erlangen beeinträchtigte Menschen die Aufnahme beispielsweise in eine Fachpraktiker-Ausbildung oder sogar in eine reguläre Berufsausbildung. Damit ist auch die dritte Hypothese bestätigt.

Die bedarfsorientierte Nachhilfe und der Nachteilsausgleich im Rahmen einer Ausbildung unterstützen die Betroffenen besonders. Auch jene Eltern, die ihre fast erwachsenen Kinder nicht nur unterstützen, sondern fördern, tragen zur Steigerung der Selbstständigkeit von Betroffenen bei.

Zusammenfassend kann die Kategorie förderliche Unterstützung trotz gewisser konzeptioneller Nähe zur Hilfe zur Selbsthilfe jedoch im Zusammenhang mit den Studienbeispielen als eine neue Erkenntnis angesehen werden.

Als besonders erfolgversprechend bei schulisch-beruflichen Übergängen zeigte sich die Schaffung von Autonomiespielräumen: Streben nach selbstständigem Leben, Wohnen und Handeln. Diejenigen, die unmittelbar nach ihrem Schulabschluss selbstständiger, unabhängiger vom Elternhaus wurden, erlangten nicht nur den Übergang in eine kooperativ integrative und im Anschluss in eine betriebliche Ausbildung, sondern auch in eine Beschäftigung im regulären Arbeitsmarkt. Jene förderbedürftigen Personen, die Schritt für Schritt selbstständiger lebten und wohnten, erreichten zwar eine berufliche Qualifizierung und Beschäftigung, doch schafften sie nur den Übergang in eine WfbM am zweiten Arbeitsmarkt. Im Rahmen der Untersuchung konnte festgestellt werden, dass viele Werkstattbeschäftigten förderungswürdig sind. Beim Verfolgen ihrer beruflichen Ziele könnten sie – unter Einsatz der entsprechenden Unterstützung und der kontinuierlichen Begleitung durch ihre Betreuer – eigene berufliche Teilhabe auch am regulären Arbeitsmarkt erlangen. Diese Schlussfolgerungen wurden in der Wissenschaft bislang kaum diskutiert und sind somit als neue Erkenntnis einzustufen.

Mehrere Interviewte verfügten nicht nur über Schulabschlüsse, sondern über den Beschäftigtenstatus. Dies weist darauf hin, dass sie die Zugangsvoraussetzungen für eine überbetriebliche/betriebliche Berufsausbildung erfüllten und in der Vergangenheit einen Zugang zu der jeweiligen Ausbildung erlangten (Kategorie 4). Damit kann auch die zweite Hypothese zur Erfüllung der formalen Anforderungen für einen Ausbildungszugang als bestätigt betrachtet werden.

H2: Die Erfüllung der formalen Anforderungen von schulisch-beruflichen Übergängen erhöht die Chancen von Betroffenen zur ausbildungs- und beschäftigungsbezogenen Teilhabe.

Als förderliche Bedingung schulisch-beruflicher Übergänge kann die Bewältigung von Prüfungsschwierigkeiten (Kategorie 6) eingestuft werden. Als besonders hilfreich erwiesen sich die Beobachtungen von Prüfungssituationen. Konnten beeinträchtige Personen eine Prüfung anderer im Voraus beobachten, ohne selbst an der Prüfung teilnehmen zu müssen, eröffnete sich ihnen die Möglichkeit, sich im Nachhinein gezielt auf die Prüfungssituation vorzubereiten. Diese Erkenntnis kann ebenfalls als neu eingestuft werden.

Bei einigen, in ihrer Berufslaufbahn besonders fortgeschrittenen Studienteilnehmern zeigte sich, dass ihre Erfolgserlebnisse (Kategorie 10) für ihre weiteren Errungenschaften an schulisch-beruflichen Übergängen entscheidend waren. Die Personen nannten als Beispiel für derartige Erfolgserlebnisse etwa:

- die Sammlung von Punkten zur Verbesserung der Zeugnisnote im Rahmen eines Nachhilfekurses,
- die Bewältigung der tragischen Lebensereignisse und Probleme und die Erziehung eines eigenverantwortlichen, jedoch lernbeeinträchtigten Sohnes oder
- die Möglichkeit, das Produkt ihrer eigenen Arbeit zu sehen.

Wie sehr diese Erfolgserlebnisse eine tragende Rolle spielen, kann als neue Erkenntnis eingestuft werden.

Wie die statistischen Daten zu den Verlaufsübergängen der Förderschulabsolventen und -absolventinnen im Zeitraum von 2011/2012 bis 2016/2017 zeigen, gab es keine Fälle eines Aufstiegs durch eine berufliche Weiterbildung (Autorengruppe Bildungsberichterstattung 2020, S. 167). Daher zeigt sich die Entwicklung der beruflichen Identitätskonstruktion und des Strebens nach beruflicher Weiterbildung (Kategorie 11) im Hinblick auf die Jugendlichen mit den Förderschwerpunkten Lernen und geistige Entwicklung als neuer Einblick in die Realität des Übergangsgelingens. Ist die berufliche Identitätskonstruktion wegen der Annahme der Second-Choice-Optionen unvollendet geblieben, wird sie weiterhin konstruiert. Für weitere Forschungen könnte es dabei von Interesse sein, die Berufswahlabsichten junger beeinträchtigter Menschen näher zu untersuchen.

Die Akzeptanz und die Bereitschaft der Werkstätten bzw. Betriebe zur Ausbildung und Beschäftigung von Menschen mit Beeinträchtigung (Kategorie 5) tragen als fördernde Bedingung zum schulisch-beruflichen Übergangsgelingen bei. Dass sich Betriebe grundlegend als bereit dazu zeigen müssen, förderbedürftige Menschen auszubilden, sie auf dem ersten Arbeitsmarkt fest zu integrieren (Kategorie 7) und diese nicht scheitern zu lassen, kann als neue Einsicht in der Forschung erfasst werden.

Das Gelingen der Übergänge in eine Ausbildung und darüber hinaus in eine Beschäftigung hängt häufig von der Bewältigung und der Prävention des Mobbings (Kategorie 8) ab.

Die Arbeit konnte außerdem zeigen, dass sich ein zufriedenstellendes Arbeitsklima und ein gutes Verhältnis zu Kolleginnen und Kollegen wie auch zu den Vorgesetzten (Kategorie 9) sehr günstig auf schulisch-berufliche Übergänge auswirken.

8.3 Bildungspolitische Konsequenzen und Empfehlungen für die Unterstützung der Zielgruppe

Eine Betrachtung der bildungspolitischen Forderung zur Wertschätzung jedes Individuums in ihrer Einzigartigkeit verlangt die Eröffnung einer allseits zugänglichen Bildungs- und Beschäftigungsteilhabe. Die untersuchten erfolgreichen schulisch-beruflichen Übergänge weisen darauf hin, dass Restriktionen für die die Umsetzung des normativen Inklusionsanspruchs in der Realität bestehen. Mit der Aufnahme beeinträchtigter Personen in das reguläre (Aus-)Bildungssystem und den ersten Arbeitsmarkt sollten sich zukünftig auch die Begriffsgrenzen der Behinderung nicht medizinischer Art verschieben. Durch die nötige Wandlung der Wirklichkeitskonstruktion in Bezug auf beeinträchtigte Menschen mit eingeschränkter beruflicher Leistungsfähigkeit und Produktivität, mit der Anerkennung ihrer Einzigartigkeit sowie ihrem Einsatz im regulären Arbeitsmarkt können sich Förderschwerpunkte zukünftig mehr auf die Ausgestaltung von Lernprozessen im schulischen und nachschulischen Bereich konzentrieren.

Zurzeit bestehen bundesweit gravierende Unterschiede in der Inklusionsumsetzung. Vor allem in Sachsen-Anhalt tragen (Aus-)Bildungsangebote in Anlehnung an die Erkenntnisse dieser Studie mit wenigen Außnahmen noch recht integrativen Charakter. Häufig erlebten die interviewten Personen zudem Mobbingsituationen unterschiedlicher Art an verschiedenen Einrichtungs- und Lebensorten.

Bildungspolitisch gesehen und aus Sicht des Etikettierungsansatzes ist es zwingend notwendig, einen gesellschaftlich-sozialen Wandel herbeizuführen, um Mobbing gegenüber förderbedürftigen Menschen weiter zurückzudrängen. Dadurch wird die soziale Interaktion beeinträchtigter Personen stabilisiert. Solange ein überwiegender Anteil des sozialen Umfelds nicht bereit ist, mit der menschlichen Vielfalt respekt- und verantwortungsvoll umzugehen, werden eine Aussonderung und die Selbstsegregation der Betroffenen vom inklusiven Umfeld existieren. Dabei ist zu betonen, dass aus der übergeordneten Forschungsperspektive die Umsetzung der normativen Inklusionsanforderung in Bezug auf die neuen Erkenntnisse der Studie als zentrale Bedingung des schulisch-beruflichen Übergangsgelingens betrachtet werden kann. Die untersuchten hinderlichen Bedingungen verletzen den Rechtsanspruch beeinträchtigter Menschen auf die inklusive Berufsbildung und Beschäftigung. Die Bedingung des schulisch-beruflichen Übergangsgelingens beschreiben wiederum die Toleranz und die Sensibilisierung von Verantwortlichen für eine berufliche und sogar betriebliche inklusive Ausbildung bzw. Beschäftigung. Auch die Arbeitsweise der Berufsberatung trägt aus systemischer Sicht zur Qualitätssicherung der Dienstleistungen auf dem Weg der Ausbildungs- und Erwerbsteilhabe bei.

Um das Gelingen schulisch-beruflicher Übergänge zu unterstützen, ist es erforderlich, den Zugang der Zielgruppe zum regulären Ausbildungssystem und zum regulären Arbeitsmarkt zu ermöglichen sowie inklusive schulische Angebote und insbesondere Berufsbildungsangebote zu erweitern.

Die besondere Beschulung von Kindern und Jugendlichen mit besonderem Förderbedarf ausschließlich an segregierenden Förderschulen stellt nicht nur eine UN-BRK-Vertragsverletzung dar, sondern bietet ihren Absolventen und Absolventinnen kaum Chancen auf dem regulären Ausbildungs- und Arbeitsmarkt. Statt das Sonder- und Förderschulwesen einzustellen, schlägt Wrase (2015, S. 45 ff.) einen Kompromiss mit inklusiver Schulbildung vor. Seine Idee besteht darin, vorläufige Doppelstrukturen aus Förderschulen und integrativen allgemeinen Schulen zu schaffen und damit die vorhandenen Ressourcen der sonderpädagogischen Einrichtungen sowie der Fachexperten an den allgemeinbildenden Schulen zu nutzen. In manchen Bundesländern ist dies nach Wrase (ebd.) zur Realität geworden. Die Anbindung der inklusiven Bildungsstrukturen an Sonder- und Förderschulen sollte intensiviert werden, um die Zugänglichkeit förderbedürftiger junger Menschen zu forcieren. Einerseits können die im Einzelfall zugewiesenen Kinder und Jugendlichen entsprechend gefördert werden. Andererseits können die bestehenden Sonderpädagoginnen und -pädagogen im Austausch mit den allgemeinbildenden Lehrkräften beeinträchtigten Kindern und Jugendlichen eine bedarfsorientierte individuelle Förderung im Rahmen einer inklusiven Beschulung anbieten. Vor dem Hintergrund des Lehrkräftemangels spielt diese Humanressource eine entscheidende Rolle. Auch aus diesem Grund kann sich die Beibehaltung der Doppelstrukturen lohnen.

Die weiteren Überlegungen zur Förderschulveränderung bewegen sich entlang der Entwicklung kooperativer überbetrieblichen Berufsbildungsangebote an den bestehenden vernetzten Förderschulstandorten.

Die besonders ruhige und friedliche Atmosphäre der WfbM fasziniert und stellt den überwiegenden Anteil der Werkstattbeschäftigten zufrieden. Gleichwohl ist es empfehlenswert, die Bestrebungen mancher Entwicklungswilliger, sich beruflich im Rahmen anderer Beschäftigungen weiterzuentwickeln, förderlich zu unterstützen, bis sie ihre Teilhabe am ersten Arbeitsmarkt erreicht und sich dort fest integriert haben. Außerdem sollten die bestehenden Arbeitsgruppenbereiche modernisiert und Berufsbildungsbereiche in WfbM erweitert werden. Der grundlegende Impuls hierfür könnte von jenen Branchen ausgehen, denen in Zukunft ein eklatanter Fachkräftemangel vorhergesagt wird.

In Zusammenhang mit den Studienergebnissen ist auch die Weiterentwicklung des Berufsbildungsbereiches einer WfbM von einer Qualifizierungsmaßnahme hin zur kooperativen (außer-) betrieblichen Ausbildung besonders relevant. Die Verzahnung regionaler Berufsbildungsangebote aller vorhandenen schulischen und berufsbildenden Bildungseinrichtungen kann zur Inklusionsumsetzung im Bereich der Ausbildungs- und Erwerbsteilhabe schrittweise beitragen und dadurch das Gelingen schulisch-beruflicher Übergänge unterstützen.

Die genannten bildungspolitischen Aspekte sollen zukünftig weiterhin im Fokus der wissenschaftlichen Untersuchungen stehen und sowohl wissenschaftliche als auch praktische Folgerungen systematisch rekonstruieren, weiterentwickeln und reflektieren.

8.4 Empfehlungen für pädagogische Fachkräfte

Die vorliegenden Studienergebnisse bieten künftigen und gegenwärtig tätigen pädagogischen Fachkräften (insbesondere für das Lehramt an berufsbildenden Schulen) einen spezifischen Überblick über die hinderlichen und förderlichen Bedingungen von schulisch-beruflichen Übergängen junger Menschen mit den Förderschwerpunkten Lernen und geistige Entwicklung.

Bei der Arbeit mit beeinträchtigten Menschen ist es grundlegend, die Inklusionserfahrungen der Regelschulen des allgemeinbildenden Schulsystems zu nutzen und das interdisziplinäre Wissen aufzubauen. Nicht weniger wichtig ist es, das Übergangsmanagement in Bezug auf vielfältige Ausbildungsstrukturen und individuelle Bedürfnisse der Beeinträchtigten Menschen zu beherrschen. Sowohl schulinterne als auch externe netzwerkbasierte Erfahrungen und Ressourcen sollen stärker genutzt werden, um die förderliche Unterstützung förderbedürftigen Menschen anbieten zu können.

Empfehlenswert sind eine vertiefte Auseinandersetzung mit den sonderpädagogischen Förderschwerpunkten und Grundlagen zum Nachteilsausgleich für behinderte Auszubildende im Rahmen der Ausbildungs- und Prüfungspraxis (Vollmer und Frohnenberg 2014). Ebenso empfehlenswert ist die Auseinandersetzung mit Studien von Ursula Bylinski zur Gestaltung individueller Wege in den Beruf (Bylinski 2014) und mit diversen Beiträgen zur Professionalisierung in der ersten Phase des Lehramtsstudiums (Münk und Scheiermann 2020). Im Rahmen der Sicherung einer angemessenen (Berufs-)Bildungs- und Beschäftigungsteilhabe kommt es nicht nur auf präventive Arbeit an, um Mobbing und beruflicher Benachteiligung vorzubeugen. Besonderes Augenmerk sollte darüber hinaus auf der Nutzung pädagogisch-psychologischer Methoden wie Tagebuchführung (Schuy 2020, o. S.) liegen. Der Schilderung einer Studienteilnehmerin zufolge ist die regelmäßige Pflege eines Therapietagebuches im Alltag – auch nach der psychotherapeutischen Behandlung – zum nachhaltigen und individuellen Teil der Lebens- und Berufswegplanung geworden. Mithilfe des Tagebuchs reflektiert die befragte Person kontinuierlich den Weg zur Erfüllung ihrer Ziele.

Die bestehenden vernetzten Ausbildungsstrukturen und der gesicherte Zugang zu ihrem Angebotkönnen zum Gelingen schulisch-beruflicher Übergänge von beeinträchtigten Jugendlichen und damit zu ihrer Beschäftigungsteilhabe beitragen. Jedoch bleiben Teilhabewille und -aktivitäten der Betroffenen ausschlaggebend. So äußerte sich Konfuzius: „Es kann Dir jemand die Tür öffnen, aber hindurchgehen musst Du selbst“ (Schmelter 2021, o. S.). Damit der selbständige Teilhabeschritt von förderbedürftigen Menschen gelingt, soll dieser im inklusivem Umfeld förderlich unterstützt werden.

8.5 Perspektiven für weitergehende Forschung

Die vorliegende systematische Untersuchung junger Menschen mit den Förderschwerpunkten Lernen und geistige Entwicklung am Übergang kann als eine explorative Studie betrachtet werden und Impulse für zukünftig notwendige Untersuchungen geben. Damit können die weiterführenden offen gebliebenen Fragen untersucht werden.

Die Erweiterung der Zielgruppe im Rahmen einer systematischen Untersuchung kann die bestehenden Forschungserkenntnisse verfeinern und spezifizieren. Um die Übertragbarkeit der empirischen Erkenntnisse zu überprüfen, sollten junge Menschen mit Förderschwerpunkten unterschiedlicher Art untersucht werden.

Dadurch, dass die empirischen Ergebnisse fast ausschließlich auf Förderschulabgänger und -abgängerinnen fokussiert waren, scheint eine Längsschnittstudie zum Übergangsgelingen beeinträchtigter Jugendlichen nach dem Abschluss der inklusiven Allgemeinschulbildung sinnvoll zu sein. Nicht nur das forschungsmethodische Neuland, sondern auch die Erkenntnisse können dadurch erweitert werden. Zu erwarten sind dabei neben dem Anstieg der Fälle mit erfolgreichen schulisch-beruflichen Übergängen die Erweiterung des Feldzuganges. Da im Rahmen der qualitativen Studie das Berufswahlhandeln um erfolgreiche Übergänge nur bedingt diskutiert und reflektiert wurde, kann eine Studie zur Berufswahlabsichten junger beeinträchtigter Menschen die bestehenden Forschungslücken füllen. Die gewonnenen Erkenntnisse lenken die Aufmerksamkeit vor allem auf die berufswahltheoretischen Aspekte wie das berufliche Selbstkonzept und dessen Verwirklichung sowie die berufliche Kompromissbildung und die Berufswahl im Lebenskontext sowohl unter der Berücksichtigung von Fern- und Naheinflussfaktoren. Das erhobene Datenmaterial kann sekundäranalytisch die Grundlage für eine Vorstudie anbieten. In einer solchen Studien können Wohnheimbiografien und das Aufwachsen in Familie differenziert betrachtet werden.

Vor dem Hintergrund der Erkenntnisse dieses Forschungsprojektes können unerforscht gebliebenen Auswirkungen dualer Berufsbildung auf die Entwicklung des selbstständigen Lebens, Wohnens und Handelns von Heimabgängern und -abgängerinnen beim Übergang in eine Beschäftigung des ersten Arbeitsmarktes untersucht werden. Außerdem ist die studienbegleitende Weiterentwicklung des Berufsbildungsbereiches einer WfbM von einer Qualifizierungsmaßnahme hin zur kooperativen (außer-)betrieblichen Ausbildung nicht nur empfehlenswert, sondern auch im Kontext des schulisch-beruflichen Übergangsgelingens erforderlich. Auch die Erforschung des Übergangs der Beschäftigten einer WfbM in den ersten Arbeitsmarkt unter der Berücksichtigung von gegenwärtigen Entwicklungen des Qualifikationsbedarfs und der Arbeitsmarktsituation kann die Forschungslücken füllen und Erkenntnisse erweitern.

Literaturverzeichnis

Ahrbeck, B. (2014): *Inklusion. Eine Kritik.* 2. Auflage. Kohlhammer. Stuttgart.

Ahrens, D. (2014): Und täglich grüßt das Murmeltier ... Reformen im Übergangssystem. *Zeitschrift für Berufs- und Wirtschaftspädagogik*, 2014 (2), S. 274–289.

Aichele, V. (2010): *Behinderung und Menschenrechte. Die UN-Konvention über die Rechte von Menschen mit Behinderungen.* Abrufbar unter: https://www.bpb.de/apuz/32709/behinderung-und-menschenrechte-die-un-konvention-ueber-die-rechte-von-menschen-mit-behinderungen?p=all. Zugriff: 07.12.2018, 16:44 MEZ.

Aktion Mensch (o. J.): *Inklusionsquoten in Deutschland.* Abrufbar unter: https://www.aktion-mensch.de/inklusion/bildung/hintergrund/zahlen-daten-und-fakten.html. Zugriff: 12.05.2020, 14:14 MEZ.

Alberto (2019): *Jobmarkt-Studie: Fachkräftemangel in technischen Berufen nimmt zu.* Abrufbar unter: https://ap-verlag.de/jobmarkt-studie-fachkraeftemangel-in-technischen-berufen-nimmt-zu/57357/. Abrufbar unter: https://www.wbs-gruppe.de/presse/jobmarkt-studien/#c1719. Zugriff: 04.06.2020, 08:10 MEZ.

Altman, B. M. (2001): Disability Definitions, Models, Classification Schemes and Applications. In G. L. Albrecht; K. D. Seelman und M. Bury (Hrsg.), Handbook of Disability Studies. London et al. (S. 97 ff.).

American Psychiatric Association (2015): Diagnostisches und Statistisches Manual psychischer Störungen DSM-5. P. Falkai und Wittchen, U. (Hrsg.), deutsche Ausgabe. Hogrefe. Göttingen.

Anger, Ch.; Kohlisch, E.; Schüler, R. M. (2020): *MINT-Frühjahrsreport 2020.* Abrufbar unter: https://www.iwkoeln.de/studien/gutachten/beitrag/christina-anger-enno-kohlisch-oliver-koppel-axel-pluennecke-ruth-maria-schueler-mint-fruehjahrsreport-2020.html. Zugriff: 04.06.2020, 08:25 MEZ.

Arndt, I. (2017): *Inklusion im Übergangsprozess Schule-Beruf. Überlegungen für ein inklusionspädagogisches Rahmenkonzept.* Ein Fachportal des Bundesinstituts für Berufsbildung. Abrufbar unter: https://www.ueberaus.de/wws/9.php#/wws/inklusion_im_uebergangsprozess.php?sid=20709722750433573660409200920900. Zugriff: 30.10.2020, 22:44 MEZ.

Arnold, R.; Pachner, A. (Hrsg.) (2000): *Lernen im Lebenslauf.* Hohengehren. Schneider. Baltmannsweiler.

Autorengruppe Bildungsberichterstattung (2014): *Bildung in Deutschland 2014. Ein indikatorengestützter Bericht mit einer Analyse zur Bildung von Menschen mit Behinderungen* (S. 158–203). Bertelsmann. Bielefeld. Abrufbar unter: https://www.bildungsbericht.de/de/bildungsberichte-seit-2006/bildungsbericht-2014/pdf-bildungsbericht-2014/bb-2014.pdf. Zugriff: 04.08.2017, 11:05 MEZ.

Autorengruppe Bildungsberichterstattung (2016): *Bildung in Deutschland 2016. Ein indikatorengestützter Bericht mit einer Analyse zu Bildung und Migration.* Bertelsmann. Bielefeld. S. 102–167. Abrufbar unter: http://www.bildungsbericht.de/de/bildungsberichte-seit-2006/bildungsbericht-2016/pdf-bildungsbericht-2016/bildungsbericht-2016. Zugriff: 04.08.2017, 13:10 MEZ.

Autorengruppe Bildungsberichterstattung (Hrsg) (2020): *Bildung in Deutschland 2020. Ein indikatorengestützter Bericht mit einer Analyse zu Bildung in einer digitalisierten Welt* (S. 151–176). Abrufbar unter: https://www.bildungsbericht.de/static_pdfs/bildungsbericht-2020.pdf. Zugriff: 19.10.2020, 13:06 MEZ.

Bader, I. (1996): Entwicklung von Identität und Partnerschaftsbeziehungen im Lebenslauf älterer geistesbehinderter Menschen. In J. Walter (Hrsg.), *Sexualität und geistige Behinderung* (4. erweiterte Aufl., S. 277–287). Universitätsverlag. Heidelberg.

Baethge, M.; Solga, H.; Wieck, M. (2007): *Berufsbildung im Umbruch: Signale eines überfälligen Aufbruchs.* Friedrich-Ebert-Stiftung. Berlin. Abrufbar unter: http://library.fes.de/pdf-files/stabsabteilung/04258/studie.pdf. Zugriff: 18.10.2020, 18:50 MEZ.

Baethge, M. (2016): Berufsbildung für Menschen mit Behinderungen. Perspektiven des nationalen Bildungsberichts 2014. In A. Zoyke; K. Vollmer (Hrsg.), *Inklusion in der Berufsbildung: Befunde – Konzepte – Diskussionen. Hinführung, Überblick und diskursive Zusammenführung* (S. 43–59). Bertelsmann. Bielefeld. Bonn.

Balz, H.-J. (2010): Berufswahl, Übergang Schule-Beruf, benachteiligte Jugendliche. In R. Grassinger; S. Bieg (Hrsg.), *Enzyklopädie Erziehungswissenschaft Online* (S. 38 ff.). Beltz Juventa. Weinheim, München.

Banse, G.; Meier, B. (2013): *Inklusion und Integration. Theoretische Grundfragen und Fragen der praktischen Umsetzung im Bildungsbereich.* Ergebnisse der 6. Jahrestagung der Leibniz-Sozietät der Wissenschaften zu Berlin am 31. Mai 2013 an der Universität Potsdam. Band 13. Gesellschaft und Erziehung 13. Internationaler Verlag der Wissenschaften. Frankfurt am Main.

Bartelheimer, P.; Henke, J. (2018): *Vom Leitziel zur Kennzahl. Teilhabe messbar machen.* FGW-Publikationen. Düsseldorf.

Bartelheimer, P. et al. (2020): *Teilhabe – eine Begriffsbestimmung*, Beiträge zur Teilhabeforschung. Springer Fachmedien. Wiesbaden. Abrufbar unter: https://doi.org/10.1007/978-3-658-30610-6_1. Zugriff: 12.11.2020, 11:30 MEZ.

Basendowski, S.; Werner, B. (2010): Die unbeantwortete Frage offizieller Statistiken: Was machen Förderschülerinnen und -schüler eigentlich nach der Schule? Ergebnisse einer regionalen Verbleibstudie von Absolventen mit sonderpädagogischem Förderbedarf Lernen. In *Empirische Sonderpädagogik* (2, S. 64–88). Abrufbar unter: https://www.pedocs.de/volltexte/2014/9345/pdf/ESP_2010_2_Basendowski_Werner_Die_unbeantwortete_Frage.pdf. Zugriff: 21.10.2020, 08:06 MEZ.

Basener, D. (2011): *Auf dem Weg zum Sozialunternehmen.* Das Beispiel gpe Mainz. Wie Werkstätten ihr Angebot erweitern. 53° Nord. Hamburg.

BASS – Bereinigte Amtliche Sammlung der Schulvorschriften NRW (2016): *13–41 Nr. 2.1. Verordnung über die sonderpädagogische Förderung, den Hausunterricht und die Schule für Kranke (Ausbildungsordnung sonderpädagogische. Förderung – AO-SF)*. Abrufbar unter: https://bass.schul-welt.de/6225.htm. Zugriff: 25.02.2021, 17:38 MEZ.

Bäcker, G.; Naegele, G.; Bispinck, R.; Hoefmann, K.; Neubauer, J. (Hrsg.) (2010): *Sozialpolitik und soziale Lage in Deutschland.* Band 1. Grundlagen, Arbeit, Einkommen und Finanzierung (5. durchgesehene Aufl. S. 389 ff.). Verlag für Sozialwissenschaften. Wiesbaden.

Batzel, G. (2017): *Berufsbildungsbegriffe Deutsch-Englisch. Terminologiesammlung für Berufsbildungsfachleute* (3. überarbeitete und erweiterte Aufl., S. 34 ff.) Bundesinstitut für Berufsbildung. Bonn. Abrufbar unter: https://www.bibb.de/veroeffentlichungen/de/publication/show/8376. Zugriff: 06.08.2020, 18:30 MEZ.

Beauftragte der Bundesregierung für die Belange behinderter Menschen (2009): *Alle inklusive! Die neue UN-Konvention – Übereinkommen über die Rechte von Menschen mit Behinderung.* Bonn.

Beck, I. (2013): Partizipation – Aspekte der Begründung und Umsetzung im Feld von Behinderung. *Teilhabe* (52), S. 4–11.

Beck, I.; Nieß, M.; Siller, K. (2018): Partizipation als Lebenschancen. In G. Dobslaw (Hrsg.), *Partizipation – Teilhabe – Mitgestaltung: Interdisziplinäre Zugänge.* Budrich, Opladen. Berlin, Toronto.

Becker, R. (2009): Entstehung und Reproduktion dauerhafter Bildungsungleichheiten. In R. Becker (Hrsg.), *Lehrbuch der Bildungssoziologie* (1. Aufl., S. 85–131). VS Verlag für Sozialwissenschaften. Wiesbaden. Abrufbar unter: https://books.google.de/books?id=gCW8SFjrgaQC&pg=PA114&dq=boudon+modell&hl=de&sa=X&ved=2ahUKEwiN5-WfkM_sAhXHGuwKHZCmASMQ6AEwAHoECAAQAg#v=onepage&q=boudon%20modell&f=false. Zugriff: 25.10.2020 08:32 MEZ.

Becker H. S. (2014): *Außenseiter. Zur Soziologie abweichenden Verhaltens.* Neue Bibliothek der Sozialwissenschaften (2. Aufl.). Springer Fachmedien. Wiesbaden.

Becker, U. (2015): *Die Inklusionslüge. Behinderung im flexiblen Kapitalismus.* X-Texte zur Kultur und Gesellschaft (S. 37–40, 77–81, 125–158). Transcript. Bielefeld.

Becker, M.; Labruier, M.; Bader, M. (2011): Eine wichtige Brücke. Komplettangebot inklusiver Beschäftigung auch für Menschen mit psychischer Beeinträchtigung. In *Impulse* (59, Ausgabe 4, S. 16–21). Eigenverlag. Hamburg.

Begus, W. (2021): *Warum werden behinderte SchülerInnen so häufig gemobbt?* Abrufbar unter: www.integration-tirol.at. https://www.integration-tirol.at/warum-werden-behinderte-schuelerinnen-so-haeufig-gemobbt.html. Zugriff: 14.01.2021, 23:30 MEZ.

Behrens-Cobet, H.; Reichling, N. (1997): *Biographische Kommunikation.* Lebensgeschichten im Repertoire der Erwachsenenbildung. Luchterhand. Neuwied.

Benner, I. (2020): *Übergang Schule-Beruf. Sozialnet Lexikon.* Abrufbar unter: https://www.socialnet.de/lexikon/Uebergang-Schule-Beruf. Zugriff: 18.10.2020 17:15 MEZ.

Bergs, L.; Niehaus, M. (2016): Bedingungsfaktoren der Berufswahl bei Jugendlichen mit einer Behinderung. Erste Ergebnisse auf Basis einer qualitativen Befragung. In H.-H. Kremer; K. Büchter; U. Buchmann (Hrsg.), *bwp@-Format: Berichte & Reflexionen. Inklusion in der beruflichen Bildung* (Ausgabe 30, S. 1–14). Abrufbar unter: http://www.bwpat.de/ausgabe30/bergs_niehaus_bwpat30.pdf. Zugriff: 22.08.2016, 15:20 MEZ.

Bernstorff, J. (2007). Menschenrechte und Betroffenenrepräsentation: Entstehung und Inhalt eines UN-Antidiskriminierungsübereinkommens über die Rechte von behinderten Menschen. *Zeitschrift für ausländisches öffentliches Recht und Völkerrecht*, 2007 (67, S. 1041–1063).

BGBL – Bundesgesetzblatt (2008): *Übereinkommen über die Rechte von Menschen mit Behinderung vom 13. Dezember 2006.* II. Abrufbar unter: https://www.bgbl.de/xaver/bgbl/start.xav?startbk=Bundesanzeiger_BGBl&start=//*%5B@attr_id=%27bgbl208s1419.pdf%27%5D#__bgbl__%2F%2F*%5B%40attr_id%3D%27bgbl208s1419.pdf%27%5D__1614020189701. Zugriff: 18.03.2017, 16:55 MEZ.

BIBB (2019): *Bildungsketten: Die Initiative.* Abrufbar unter: https://www.bildungsketten.de/die-initiative. Zugriff: 06.06.2020, 07:50 MEZ.

BIBB (2020a): *BIBB-Qualifizierungsbausteine.* Abrufbar unter: https://www.bibb.de/de/11087.php. Zugriff: 30.10.2020, 03:26 MEZ.

BIBB (2020b): *BIBB – Neue Perspektiven in der beruflichen Benachteiligtenförderung?* Abrufbar unter: https://www.bibb.de/de/16652.php. Zugriff: 21.10.2020, 13:07 MEZ.

BIBB (2020c): *Übergänge in Ausbildung und Beruf.* Abrufbar unter: https://www.bibb.de/de/44.php. Zugriff: 06.08.2020, 18:15 MEZ.

Bickenbach, J. E.; Chatterji, S.; Badley, E. M.; Üstün, T. B. (1999): Models of disablement, universalism and the international classification of impairments, disabilities and handicaps. In *Social Science & Medicine* 48 (9), S. 1173 ff.

Bieker, R. (2005): Individuelle Funktionen und Potentiale der Arbeitsintegration. Werkstätten für behinderte Menschen – Berufliche Teilhabe zwischen Marktanpassung und individueller Förderung. In R. Bieker (Hrsg.), *Teilhabe am Arbeitsleben. Wege der beruflichen Integration von Menschen mit Behinderung.* Stuttgart. Kohlhammer. S. 12–335. VS Verlag für Sozialwissenschaften. Wiesbaden.

Biermann, H. (2013): Inklusiver Ausbildungs- und Arbeitsmarkt oder: Benachteiligt durch Förderung. In M. Thielen; D. Katzenbach; I. Schnell (Hrsg.), *Prekäre Übergänge? Erwachsenwerden unter den Bedingungen von Behinderung und Benachteiligung* (S. 37–65). Julius Klinkhardt. Bad Heilbrunn.

Biermann, H. (2015): *Inklusion im Beruf.* 1. Auflage. Inklusion in Schule und Gesellschaft. 3. Kohlhammer. Stuttgart.

Biermann, H. (2008): *Pädagogik der beruflichen Rehabilitation.* Kohlhammer. Stuttgart.

BIH Integrationsämter (o. J): *Finanzielle Leistungen an Arbeitgeber. Behinderung & Beruf.* Abrufbar unter: https://www.integrationsaemter.de/Leistungen-An-Arbeitgeber/507c/index.html. Zugriff: 27.10.2020, 00:49 MEZ.

Bildungsketten Journal (2019): *Den Übergangsbereich erfolgreich gestalten.* Bildungsketten Journal, 2019 (5). Abrufbar unter: https://www.bmbf.de/upload_filestore/pub/Bildungsketten_Journal_5_2019.pdf. Zugriff: 18.10.2020, 17:23 MEZ.

Bildungsklick (2014): *Inklusion? Förderschüler finden selten Ausbildungsplatz.* Abrufbar unter: https://bildungsklick.de/aus-und-weiterbildung/meldung/foerderschueler-finden-selten-ausbildungsplatz/. Zugriff: 04.08.2017, 16:31 MEZ.

Bilndl, A.-K.; Thielen, M. (2013): Von der Praxisklasse in die Arbeitswelt? Übergangsverläufe von Absolventinnen und Absolventen der Fördermaßnahme „SchuB". In M. Thielen; D. Katzenbach; I. Schnell (Hrsg.), *Prekäre Übergänge? Erwachsenwerden unter den Bedingungen von Behinderung und Benachteiligung* (S. 65–93). Klinkhardt. Bad Heilbrunn.

Blanck, J. M.; Edelstein, B.; Powell, J. J. W. (2012): *Der steinige Weg zur Inklusion. Schulreformen in Deutschland und die UN-Behindertenrechtskonvention. WZB-Mitteilungen 2012* (138), S. 17–20.

Blanck, J. M.; Edelstein, B.; Powell, J. J. W. (2013): Persistente schulische Segregation oder Wandel zur inklusiven Bildung? Die UN-Behindertenrechtskonvention und Reformmechanismen in den deutschen Bundesländern. *Schweizerische Zeitschrift für Soziologie* 39 (2), S. 267–292.

Blanck, J. M.; Edelstein, B.; Powell, J. J. W. (2014): Auf dem Pfad zur inklusiven Bildung? Schulreformen in Deutschland und die UN-Behindertenrechtskonvention. In S. Schuppener; M. Hauser; N. Bernhardt; F. Poppe (Hrsg.), *Inklusion und Chancengleichheit. Diversity im Spiegel von Bildung und Didaktik.* S. 97–105. Klinkhardt. Bad Heilbrunn.

BLBS (2015): *Die berufsbildende Schule. Inklusion. Zeitschrift des Bundesverbandes der Lehrerinnen und Lehrer an beruflichen Schulen.* Die berufsbildende Schule (BbSch) 67 (2015) 10.

Blum, V.; Diegelmann, E. (2014): *So kann Inklusion an Schulen gelingen! Praxisberichte aus unterschiedlichen Perspektiven* (Ergänzungsband für die Bezieher der schulischen Sammlungen (6)). Link – Grundkurs Schulmanagement. Kronach.

BMAS – Bundesministerium für Arbeit und Sozialordnung (2011): *Unser Weg in eine inklusive Gesellschaft.* Der Nationale Aktionsplan der Bundesregierung zur Umsetzung der UN-Behindertenrechtskonvention (S. 39 ff.).

BMAS Meldungen (2015): *Wir machen Deutschland zusammen stark. Bildungsketten bis zum Ausbildungsabschluss.* Rehadat. Lexikon. Meldungen. Abrufbar unter: http://www.bmas.de/DE/Presse/Meldungen/2015/initiative-bildungsketten-gestartet.html. Zugriff: 19.03.2017, 19:57 MEZ.

BMBF (o. J.): *Berufsorientierungsprogramm.* Abrufbar unter: https://www.bmbf.de/de/berufsorientierungsprogramm-in-ueberbetrieblichen-und-vergleichbaren-1082.html. Zugriff: 06.08.2020 23:25 MEZ.

BMBF – Bundesministerium für Bildung und Forschung (2005): *Berufliche Qualifizierung Jugendlicher mit besonderem Förderbedarf – Benachteiligtenförderung* (S. 61–259). BMBF. Berlin. Abrufbar unter: https://www.inbas.com/fileadmin/user_upload/veroeffentlichungen/2005/2005_Handbuch_BNF_Winter600dpi.pdf. Zugriff: 04.12.2020, 23:33 MEZ.

BMBF -Internetredaktion (2017): *Berufliche Bildung. Bildungsketten.* Abrufbar unter: https://www.bmbf.de/de/abschluss-und-anschluss-bildungsketten-bis-zum-ausbildungsabschluss-1074.html. Zugriff: 18.03.2017, 07:55 MEZ.

Boban, I.; Hinz, A. (2008): Inclusive Education – Annäherungen an Praxisentwicklung und Diskurs in verschiedenen Kontexten. In G. Biewer; M. Luciak; M. Schwinge (Hrsg.), *Begegnung und Differenz: Menschen – Länder – Kulturen. Beiträge zur Heil- und Sonderpädagogik* (S. 314–329). Bad Heilbrunn. Klinkhardt.

Boban, I.; Hinz, A. (2009a): Inklusive Pädagogik zwischen allgemeinpädagogischer Verortung und sonderpädagogischer Vereinnahmung – Anmerkungen zur internationalen und zur deutschen Debatte. In S. Börner; A. Glink; B. Jäpelt; D. Sanders; A. Sasse (Hrsg.), *Integration im vierten Jahrzehnt. Bilanz und Perspektiven* (S. 220–228). Klinkhardt. Bad Heilbrunn.

Bojanowski, A. (2008): Benachteiligte Jugendliche – Strukturelle Übergangsprobleme und soziale Exklusion. In A. Bojanowski; M. Mutschall; A. Meshoul (Hrsg.), *Überflüssig? Abgehängt? Produktionsschule: Eine Antwort für benachteiligte Jugendliche in den neuen Ländern* (S. 33–46). Waxmann. Münster, New York, München.

Bojanowski, A.; Ratschinski, G. (2010): Lernvoraussetzungen und Lernschwierigkeiten Jugendlicher in der beruflichen Bildung. In R. Nickolaus; G. Pätzold; H. Reinisch; T. Tramm (Hrsg.), *Handbuch Berufs- und Wirtschaftspädagogik* (S. 84–87). Bad Heilbrunn. Klinkhardt.

Bojanowski, A. (2012): „Moratorium 2.0". Oder: Wie das Übergangssystem in Sozialisations- und Individuationsprozesse eingreift. In G. Ratschinski; A. Steuber (Hrsg.), *Ausbildungsreife. Perspektiven eines kontrovers diskutierten Konstrukts* (S. 115–132). Springer. Wiesbaden.

Bojanowski, A.; Eckert, M. (Hrsg.) (2012): Einleitung: Black Box Übergangssystem. In A. Bojanowski; M. Eckert (Hrsg.), *Black Box Übergangssystem* (S. 7–19). Waxmann. Münster.

Bojanowski, A.; Eckardt, P.; Ratschinski, G. (2004): Forschung in der Benachteiligtenförderung. Sondierungen in einer unübersichtlichen Landschaft. In *bwp@ – Berufs- und Wirtschaftspädagogik online.* 2004 (6), S. 13 ff. Abrufbar unter: http://www.bwpat.de/ausgabe6/bojanowski_eckardt_ratschinski_bwpat6.pdf. Zugriff: 02.02.2021, 17:30 MEZ.

Bonner Erklärung zur inklusiven Bildung in Deutschland (2014): Bonner Erklärung zur inklusiven Bildung in Deutschland verabschiedet von den Teilnehmenden des Gipfels „Inklusion – Die Zukunft der Bildung" am 20. März 2014 in Bonn. In K. D. Schuck; W. Rath; U. Bleidick (Hrsg.), H. Wocken (2014), *Im Haus der inklusiven Schule. Grundrisse – Räume – Fenster* (Band 16, 1. Aufl. S. 248 ff.). Feldhaus, Ed. Hamburger Buchwerkstatt. Lebenswelten und Behinderung. Hamburg.

Booth, T. (2008): Ein internationaler Blick auf inklusive Bildung: Werte für alle? In A. Hinz; I. Körner; U. Niehoff (Hrsg.), *Von der Integration zur Inklusion. Grundlagen – Perspektiven – Praxis* (S. 53–73). Lebenshilfe. Marburg.

Booth, T. (2013): *Ausschnitte der deutschen Übersetzung seines Vortrags am 17.06.2013 im Rahmen der nationalen Konferenz zur Inklusiven Bildung in Berlin.* Abrufbar unter: http://www.konferenz-inklusion-gestalten.de/dokumentation.html. Zugriff: 22.08.2016, 16:40 MEZ.

Bortz, J.; Döring, N. (2006): *Forschungsmethoden und Evaluation für Human- und Sozialwissenschaftler. Qualitative Forschung als eigene Disziplin.* Qualitative Datenerhebungsmethoden (4. überarbeitete Aufl., S. 306–347). Springer Medizin Verlag. Heidelberg.

Boundon, R. (1974): *Education, Opportunity, and Social Inequality.* Wiley. New York.

Böhm, S. A.; Buaumgärtner, M. K.; Dwertmann, D. J.G. (2013): *Berufliche Inklusion von Menschen mit Behinderung. Best Practices aus dem ersten Arbeitsmarkt.* Springer. Berlin, Heidelberg.

Brokamp, B. (2011): *Inklusion vor Ort. Der kommunale Index für Inklusion; ein Praxishandbuch.* Eigenverlag des Dt. Vereins für öffentliche und private Fürsorge. Berlin.

Brümmer, U.; Fischer, A.; Nullmeier, F.; Rulff, D.; Schroeder, W.; Wiesenthal, H. (Hrsg.) (2011): *Wege in eine inklusive Arbeitsgesellschaft* (Band 7 der Reihe Wirtschaft und Soziales, S. 49–55). Heinrich-Böll-Stiftung. Berlin. Abrufbar unter: https://digital.zlb.de/viewer/metadata/15507705/1/. Zugriff: 12.10.2020, 07:25 MEZ.

BSZ Regensburger Land (2015): *Modellversuch – Inklusive Berufliche Bildung.* Abrufbar unter: http://www.bsz-regensburg.de/modellversuch-inklusive-berufliche-bildung.html. Zugriff: 30.11.2015, 10:12 MEZ.

Bylinski, U. (2014): *Gestaltung individueller Wege in den Beruf. Eine Herausforderung an die pädagogische Professionalität. Berichte zur beruflichen Bildung.* BIBB (Hrsg.). Bertelsmann. Bielefeld.

Bylinsky, U.; Rützel, J. (Hrsg.) (2016): *Inklusion als Chance und Gewinn für die differenzierte Berufsbildung.* Berichte zur beruflichen Bildung. BIBB. Bonn.

Buber, M. (1986): *Reden über Erziehung.* Schneider. Heidelberg.

Bundesagentur für Arbeit (Hrsg.) (2014): *Kurzinformation: Der Arbeitsmarkt in Deutschland – Der Arbeitsmarkt für schwerbehinderte Menschen. Veröffentlichung der Arbeitsmarktberichterstattung.* Nürnberg. Abrufbar unter: https://statistik.arbeitsagentur.de/Statischer-Content/Arbeitsmarktberichte/Personengruppen/generische-Publikationen/Kurzinfo-Die-Arbeitsmarktsituation-schwerbehinderter-Menschen-Nov-2014.pdf. Zugriff: 05.01.16, 12:48 MEZ.

Bundesministerium für Arbeit und Soziales (BMAS) (2011): *Nationaler Aktionsplan der Bundesregierung zur Umsetzung des Übereinkommens der Vereinten Nationen über Rechte von Menschen mit Behinderungen. Referentenentwurf nach Ressortabstimmung.*

Bundesministerium für Arbeit und Soziales (Hrsg.) (2013): *Teilhabebericht der Bundesregierung über die Lebenslagen von Menschen mit Beeinträchtigungen. Teilhabe – Beeinträchtigung – Behinderung. Bildung und Ausbildung. Berufsausbildung.* Bonn. Abrufbar unter: https://www.bmas.de/SharedDocs/Downloads/DE/PDF-Publikationen/a125-13-teilhabebericht.pdf?__blob=publicationFile. Zugriff:30.11.2015, 11:03 MEZ.

Bundesministerium für Bildung und Forschung (2016): *Bildungsketten: Die Initiative*. Abrufbar unter: https://www.bildungsketten.de/die-initiative. Zugriff: 19.03.2017, 20:37 MEZ.

Bundesamt für Justiz (o. J.a): *Grundgesetz für die Bundesrepublik Deutschland*. Abrufbar unter: http://www.gesetze-im-internet.de/gg/. Zugriff: 19.05.2021, 15:02 MEZ.

Bundesamt für Justiz (o. J.b): *Gesetz zur Gleichstellung von Menschen mit Behinderungen (Behindertengleichstellungsgesetz – BGG)*. Abrufbar unter: https://www.gesetze-im-internet.de/bgg/. Zugriff: 19.05.2021, 15:03 MEZ.

Bundesamt für Justiz (o. J.c): *Gesetz zur Ordnung des Handwerks (Handwerksordnung)*. Abrufbar unter: https://www.gesetze-im-internet.de/hwo/. Zugriff: 19.05.2021, 15:06 MEZ.

Bundesamt für Justiz (o. J.d): *Sozialgesetzbuch (SGB) Drittes Buch (III) – Arbeitsförderung – (Artikel 1 des Gesetzes vom 24. März 1997, BGBl. I S. 594). § 19 Behinderte Menschen*. Abrufbar unter: https://www.gesetze-im-internet.de/sgb_3/__19.html. Zugriff: 25.02.2021, 22:28 MEZ.

Bundesamt für Justiz (2005): *Berufsbildungsgesetz (BBiG)*. Abrufbar unter: https://www.gesetze-im-internet.de/bbig_2005/. Zugriff: 19.05.2021, 15:10 MEZ.

Bundesinstitut für Arzneimittel und Medizinprodukte (2020): *ICD-10-GM Version 2021. Internationale statistische Klassifikation der Krankheiten und verwandter Gesundheitsprobleme. 10. Revision*. German Modification. Version 2021. Mit Aktualisierung vom 11.11.2020. Abrufbar unter: https://www.dimdi.de/static/de/klassifikationen/icd/icd-10-gm/kode-suche/htmlgm2021/. Zugriff: 25.02.2021, 03:18 MEZ.

BUZER.DE (o. J.a): Sozialgesetzbuch (SGB) Drittes Buch (III). Abrufbar unter: https://www.buzer.de/SGB_3.htm. Zugriff: 19.05.2021, 15:40 MEZ.

BUZER.DE (o. J.b): Neuntes Buch Sozialgesetzbuch (SGB IX). Abrufbar unter: https://www.buzer.de/gesetz/12357/index.htm. Zugriff: 19.05.2021, 15:47 MEZ.

BUZER.DE (o. J.c): *Teil 2 Besondere Regelungen zur Teilhabe schwerbehinderter Menschen (Schwerbehindertenrecht). Kapitel 11 Integrationsprojekte. § 132 Begriff und Personenkreis*. Abrufbar unter: https://www.buzer.de/gesetz/5856/b15753.htm. Zugriff: 23.02.2021, 14:15 MEZ.

BUZER.DE (o. J.d): *Artikel 2 – Bundesteilhabegesetz (BTHG). Artikel 2 Änderung des Neunten Buches Sozialgesetzbuch (Übergangsrecht zum Jahr 2017)*. Abrufbar unter: https://www.buzer.de/gesetz/12358/a203011.htm. Zugriff: 24.02.2021, 15:07 MEZ.

Burtscher, R.; Ditschek, E. J.; Ackermann, K.-E.; Kil, M.; Kronauer, M. (Hrsg.) (2014): *Zugänge zu Inklusion. Erwachsenenbildung, Behindertenpädagogik und Soziologie im Dialog. Theorie und Praxis der Erwachsenenbildung* (S. 11–68). Bertelsmann. Bielefeld.

Cedefop; Tissot, P. (2004): *Terminology of vocational training policy – A multilingual glossary for an enlarged Europe*. Luxembourg.

Cedefop (2008): *CEDEFOP Terminologie der europäischen Politik der allgemeinen und beruflichen Bildung (DE, EN, ES, FR, IT, PT)*, S. 100–192. Luxembourg. Abrufbar unter: https://www.bibb.de/dokumente/pdf/cedefop_terminology_100-terms.pdf. Zugriff: 06.08.2020, 18:41 MEZ.

Cloerkes, G. (1997): *Soziologie der Behinderten. Eine Einführung.* Heidelberg: Universitätsverlag Winter.

Cloerkes, G. (2007): *Soziologie der Behinderten.* Heidelberg. Universitätsverlag Winter. 3. Auflage.

Cloerkes, G. (2014): Die Problematik widersprüchlicher Normen in der sozialen Reaktion auf Behinderte. In J. M. Kastl; K. Felkendorff (Hrsg.), *Behinderung, Soziologie und gesellschaftliche Erfahrung. Im Gespräch mit Günter Cloerkes* (S. 8–140). Springer VS. Wiesbaden.

Dannenbeck, C. (2011): *Inklusion – Anspruch und Wirklichkeit.* Anmerkungen zum pädagogischen und politischen Inklusionsdiskurs. In Forum sozial I, S. 17–20.

Dannenbeck, C. (2014): Vielfalt neu denken. Behinderung und Migration im Inklusionsdiskurs aus der Sicht Sozialer Arbeit. In G. Wansing; M. Westphal (Hrsg.), *Behinderung und Migration. Inklusion, Diversität, Intersektionalität.* Springer VS. Wiesbaden.

Dechow, G.; Reents, K.; Tews-Vogler, K. (2014): *Inklusion Schritt für Schritt. Chance für Schule und Unterricht.* Sekundarstufe I. (2. Aufl., S. 7 ff.). Cornelsen Scriptor. Inklusion in der Praxis. Berlin.

Dederich, M. (2009): Behinderung als sozial- und kulturwissenschaftliche Kategorie. In M. Dederich; W. Jantzen (Hrsg.), *Anerkennung und Behinderung* (Bd. 2., S. 15–40). Kohlhammer. Stuttgart.

Dederich, M. (2013): Gibt es Grenzen der Inklusion von Menschen mit geistiger Behinderung? In P. Buttner (Hrsg.), *Inklusion in der Diskussion. Archiv für Wissenschaft und Praxis der sozialen Arbeit* (44. Jg. Nr. 3/2013, S. 58–69). Lambertus. Berlin.

Degener, T. (2006): The Definition of Disability in German and Foreign Discrimination Law. In *Disability Studies Quarterly* 26 (2).

Degener, T. (2009): *Die UN-Behindertenrechtskonvention als Inklusionsmotor.* RdJB (2, S. 200–219).

Degener, T. (2012): *Das Recht auf inklusive Bildung als Menschenrecht.* In KJ 45 (4, S. 405–419).

Deutscher Bundestag (2018): *Abschlussbericht zu den rechtlichen Wirkungen im Fall der Umsetzung von Artikel 25a § 99 des Bundesteilhabegesetzes (ab 2023) auf den leistungsberechtigten Personenkreis der Eingliederungshilfe.* Unterrichtung durch die Bundesregierung. Bundestagsdrucksache (19/4500 vom 13.09.2018, S. 84 f.) Abrufbar unter: http://dip21.bundestag.de/dip21/btd/19/045/1904500.pdf. Zugriff: 28.11.2020, 17:15 MEZ.

Dietze, T. (2011): Sonderpädagogische Förderung in Zahlen – Ergebnisse der Schulstatistik 2009/10 mit einem Schwerpunkt auf der Analyse regionaler Disparitäten. *Zeitschrift für Inklusion,* 2011 (2). Abrufbar unter: https://www.inklusion-online.net/index.php/inklusion-online/article/view/88. Zugriff: 27.12.2018, 13:23 MEZ.

DIMDI – Deutsches Institut für Medizinische Dokumentation und Information (2020): *ICD-10-GM Version 2015. Kapitel V. Psychische und Verhaltensstörungen* (F00-F99). Intelligenzstörung (F70-F79). Abrufbar unter: https://www.dimdi.de/static/de/klassifikationen/icd/icd-10-gm/kode-suche/htmlgm2015/block-f70-f79.htm. Zugriff: 08.06.2020, 16:45 MEZ.

Dittrich, T. (2005): *Integrationsprojekte – Chancen auf Teilhabe durch Arbeit?* In E. Wacker; I. Bosse; T. Dittrich; U. Niehoff; M. Schäfer; G. Wansing & B. Zalfen (Hrsg.), *Teilhabe. Wir wollen nur dabei sein* (S. 129–142). Lebenshilfe. Marburg.

Dobischat, R.; Kühnlein, G.; Schurgatz, R. (2012): *Ausbildungsreife – Ein umstrittener Begriff beim Übergang Jugendlicher in eine Berufsausbildung* (S. 12 ff.). Hans-Böckler-Stiftung Arbeitspapier 189. Düsseldorf. Abrufbar unter: http://www.boeckler.de/pdf/p_arbp_189.pdf. Zugriff: 16.08.2015, 13:45 MEZ.

Doose, S. (2013): Neue Wege zur Inklusion durch Persönliche Zukunftsplanung, Sozialraumorientierung und personenzentrierte Dienstleistungen. In M. Thielen; D. Katzenbach; I. Schnell (Hrsg.), *Prekäre Übergänge? Erwachsenwerden unter den Bedingungen von Behinderung und Benachteiligung* (S. 93–119). Klinkhardt. Bad Heilbrunn.

Dorrance, C. (2015): Die UN-BRK – ein Menschenrechtsdokument und seine Herausforderungen für die Gestaltung des Bildungssystems – oder: Warum die Berücksichtigung der UN-BRK kein Zukunftsprojekt ist, sondern unmittelbar geltendes Recht. In G. Geiger; M. Lengsfeld (Hrsg.), *Inklusion, ein Menschenrecht. Was hat sich getan, was kann man tun?* (S. 53–74). Barbara Budrich, Opladen. Berlin, Toronto.

Došen, A. (2018): Psychische Störungen und Verhaltensauffälligkeiten bei Menschen mit intellektueller Beeinträchtigung. In: K. Hennicke; M. Seidel (Hrsg.), *Ein integrativer Ansatz für Kinder und Erwachsene* (2., überarbeitete Aufl., S. 23 ff.). Hogrefe. Göttingen.

Dokumentation Nr. 223 KMK (2020): *Statistische Veröffentlichungen der Kultusministerkonferenz. Sonderpädagogische Förderung in Schulen 2009 bis 2018. Bearbeitet im Sekretariat der Kultusministerkonferenz.* Abrufbar unter: https://www.kmk.org/fileadmin/Dateien/pdf/Statistik/Dokumentationen/Dok223_SoPae_2018.pdf. Zugriff: 01.05.2020, 09:15 MEZ.

Döling, K. (2014): *Inklusion beim Übergang von der Schule in den Beruf.* Personenbezogene Planung und Selbstbestimmung. Disserta-Verlag. Hamburg.

DUK-Deutsche UNESCO-Kommission (2014): *Inklusion: Leitlinien für die Bildungspolitik* (3. erweiterte Aufl.). Bonn. Abrufbar unter: https://www.unesco.de/sites/default/files/2018–05/2014_Leitlinien_inklusive_Bildung.pdf. Zugriff: 25.03.2017, 25:03 MEZ.

Düggeli, A.; Kinder, K. (2013): Wissen aufbauen, Selbstwirksamkeit fördern und Sinnfindung begleiten – auf dem Berufswahlweg mit Schülerinnen und Schülern. In T. Brüggemann; S. Rahn (Hrsg.), *Berufsorientierung. Ein Lehr- und Arbeitsbuch* (S. 211–219). Waxmann. Münster.

Eichner, K. (2011): Sozialraumorientierung – Herausforderungen und Entwicklungschancen für die WfbM. In E. Fischer; M. Heger; D. Laubenstein (Hrsg.), *Perspektiven beruflicher Teilhabe. Konzepte zur Integration und Inklusion von Menschen mit geistiger Behinderung* (S. 143–155). Athena. Oberhausen.

Eikötter, M.; Küstermann, B. (2014): Rechtliche Grundlagen inklusiver Bildung und Arbeit. Die UN-BRK und ihre Auswirkungen auf das deutsche Recht. In G. Hensen; B. Küstermann; S. Maykus; A. Riecken; H. Schinnenburg; S. Wiedebusch (Hrsg.), *Inklusive Bildung. Organisations- und professionsbezogene Aspekte eines sozialen Programms* (S. 237–279). Unter Mitwirkung von Anneka Beck und Anne Lohmann. Beltz Juventa. Weinheim, Basel.

Ellinger, S. (2013): Einführung in die Pädagogik bei Lernbeeinträchtigungen. In Ch. Einhellinger; S. Ellinger; O. Hechler; A. Köhler; E. Ullmann (Hrsg.), *Studienbuch Lernbeeinträchtigungen.* Band 1, Grundlagen. Lehren und Lernen mit behinderten Menschen (Band 29, 1. Aufl., S. 17–100). Athena. Oberhausen.

Engels, D. (2006): *Lebenslagen und Exklusion.* Thesen zur Reformulierung des Lebenslagenkonzepts für die Sozialberichterstattung. Sozialer Fortschritt (55, S. 109–117).

Enggruber, R.; Rützel, J.; (2014): *Berufsausbildung junger Menschen mit Behinderungen. Eine repräsentative Befragung von Betrieben.* Bertelsmann Stiftung (Hrsg.) Abrufbar unter: https://www.bertelsmann-stif-tung.de/fileadmin/files/BSt/Publikationen/GrauePublikationen/GP_Berufsbildung_junger_Menschen_mit_Behinderungen.pdf. Zugriff: 13.06.16, 22:29 MEZ.

Enggruber, R.; Rützel, J. (2016): Berufsausbildung junger Menschen mit Behinderungen. Ausgewählte Ergebnisse einer repräsentativen Befragung von Ausbildungsbetrieben. In A. Zoyke; K. Vollmer (Hrsg.), *Inklusion in der Berufsbildung: Befunde – Konzepte – Diskussionen. Hinführung, Überblick und diskursive Zusammenführung* (S. 79–99). Bertelsmann. Bielefeld. Bonn.

Enggruber, R.; Ulrich, J. G. (2016): Was bedeutet „inklusive Berufsausbildung“? Ergebnisse einer Befragung von Berufsbildungsfachleuten. In A. Zoyke; K. Vollmer (Hrsg.), *Inklusion in der Berufsbildung: Befunde – Konzepte – Diskussionen. Hinführung, Überblick und diskursive Zusammenführung* (S. 59–77). Bertelsmann. Bielefeld, Bonn.

Erdsiek-Rave, U. (2010): Zwischen Integration und Inklusion: Die Situation in Deutschland. In Wernstedt, R.; John-Ohnesorg, M. (Hrsg.), *Inklusive Bildung. Die UN-Konvention und ihre Folgen.* Schriftenreihe des Netzwerk Bildung (1. Aufl., S. 39–49). Abrufbar unter: http://library.fes.de/pdf-files/studienfoerderung/07621.pdf. Zugriff: 27.12.2018, 22:15 MEZ.

Erikson, R.; Jonsson, J. O. (1996): Explaining Class Inequality in Education: T Test Case. In R. Erikson; J. O. Jonsson (Hrsg.), *Can Education Be Boulder* (S. 1–63). Westview Press. Boulder.

Ernst, K.-F.; Morr, B. (2014): *Vorschriftensammlung Behinderung und Arbeit. Rehabilitation und Inklusion behinderter Menschen.* Mit Empfehlungen und Vereinbarungen zum SGB IX, Einführung und Sachregister (S. 289–390). Boorberg. Stuttgart, München, Hannover, Berlin, Weimar, Dresden.

Euler, D. (2016): Inklusion in der Berufsausbildung. Bekenntnisse – Erkenntnisse – Herausforderungen – Konsequenzen. In A. Zoyke; K. Vollmer (Hrsg.), *Inklusion in der Berufsbildung: Befunde – Konzepte – Diskussionen. Hinführung, Überblick und diskursive Zusammenführung* (S. 27–43). Bertelsmann. Bielefeld, Bonn.

Euler, D.; Severing, E. (2014): Inklusion in der Berufsbildung. *Zeitschrift für Berufs- und Wirtschaftspädagogik,* 2014 (Band 110, Heft 1), S. 11–132. Steiner. Stuttgart.

Euler, D.; Severing, E.; Bertelsmann Stiftung (Hrsg.) (2014): *Inklusion in der beruflichen Bildung. Position beziehen.* Politische Forderungen der Initiative „Chance Ausbildung" Abrufbar unter: https://www.unesco.de/fileadmin/medien/Dokumente/Bildung/140616_BST_Inklusion_Position_final_bf.pdf. Zugriff: 19.05.16, 19:30 MEZ.

Evans, K. (2002): *Taking Control of their Lives?* Agency in Young Adult Transitions in England and the New Germany 5 (3), S. 245–269.

Evans, K.; Heinz, W. R. (Hrsg.) (1994): *Becoming adult in England and Germany.* Anglo-German Foundation. London.

Netzwerk Menschenrechte (2013): *Fakultativprotokoll zum Übereinkommen über die Rechte von Menschen mit Behinderungen.* Abrufbar unter: https://www.behindertenrechtskonvention.info/fakultativprotokoll-zum-uebereinkommen-ueber-die-rechte-von-menschen-mit-behinderungen-3117/. Zugriff: 24.02.2021, 08:08 MEZ.

Ferchhoff, W.; Peters, F. (1981): *Die Produktion abweichenden Verhaltens. – Zur Rekonstruktion und Kritik des Labeling Approach.* Zur Theoriegeschichte des Labeling Approach (S. 5–16). C AJZ. Bielefeld.

Feuser, G. (2001): *Prinzipien einer inklusiven Pädagogik.* In *Behinderte in Familie, Schule und Gesellschaft* (Nr. 2/2001; Reha Druck Graz, S.25–29). Abrufbar unter: http://bidok.uibk.ac.at/library/beh2-01-feuser-prinzipien.html. Zugriff: 19.05.16, 19:05 MEZ.

Feuser, G. (2013): Inklusive Bildung – ein pädagogisches Paradoxon. Die Inklusionslüge. In G. Banse; B. Meier (Hrsg.), *Inklusion und Integration. Theoretische Grundfragen und Fragen der praktischen Umsetzung im Bildungsbereich* (Band 13. Gesellschaft und Erziehung, S. 25 ff.). Ergebnisse der 6. Jahrestagung der Leibniz-Sozietät der Wissenschaften zu Berlin am 31. Mai 2013 an der Universität Potsdam. Lang-Ed. Frankfurt am Main.

Fischer, E.; Heger, M.; Laubenstein, D. (Hrsg.) (2011): *Perspektiven beruflicher Teilhabe. Konzepte zur Integration und Inklusion von Menschen mit geistiger Behinderung* (S. 274 ff.). Athena. Oberhausen.

Flick, U. (2011): Das Episodische Interview. In *Empirische Forschung und Soziale Arbeit* (S. 273–280). VS Verlag für Sozialwissenschaften. Wiesbaden.

Flick, U. (2017): *Qualitative Sozialforschung. Ein Handbuch.* 14 Erzählungen als Zugang. Das episodische Interview. Erzählungen zwischen Biographie und Episode (12. Aufl., S. 252–264.). Flick, U.; Kardorff, E. v.; Steinke, I. (Hrsg.). Rowohlt Taschenbuch. Reinbek bei Hamburg.

Flick, U.; Kardorff, E. v.; Steinke, I. (2017): *Was ist qualitative Forschung? Einleitung und Überblick* (12. Aufl., S. 14 ff.). Flick, U.; Kardorff, E. v.; Steinke, I.; König, B. (Hrsg.). Rowohlt Taschenbuch. Reinbek bei Hamburg.

Flieger, P.; Melter, C.; Melter, F.; Schönwiese, V. (2014). Barrieren, Diskriminierung und Widerstand. Erfahrungsbezogene intersektionale Analysen und Handlungspraxen in Bezug auf Behindert-Werden und Rassismus. In G. Wansing; M. Westphal (Hrsg.), *Behinderung und Migration. Erkundungen in einem neuen Forschungsfeld* (S. 337–356). VS Verlag für Sozialwissenschaften. Wiesbaden.

Foucault, M. (1999): *Die Geburt der Klinik* (5. Aufl.). Fischer. München.

Frick-Salzmann, A. (2020): *Denktraining mit geistig behinderten Menschen. Eine Anleitung für Pädagogen und Pflegefachpersonen* (S. 3–6). „Geistige Behinderung" nach ICD-10. Springer. Wiesbaden.

Frommberger, D. (2010): Ausbildungsreife/Ausbildungsfähigkeit beim Übergang von der Allgemeinbildung in die Berufsbildung. In D. Frommberger (Hrsg.), *Magdeburger Schriften zur Berufs- und Wirtschaftspädagogik* (H. 1). Otto-von-Guericke-Universität Magdeburg. Abrufbar unter: https://www.bwp.ovgu.de/bwp_media/Neu_Magdeburger+Schriften/Jahrgang+2010/Heft+1+_+2010-p-328.pdf. Zugriff: 24.02.2021, 16:25 MEZ.

Galiläer, L.; Ufholz, B. (2016): Ausbildung besonders förderbedürftiger Jugendlicher in und mit Betrieben. Erfahrungen aus dem Projekt TrialNet. In A. Zoyke; K. Vollmer (Hrsg.), *Inklusion in der Berufsbildung: Befunde – Konzepte – Diskussionen. Hinführung, Überblick und diskursive Zusammenführung* (S. 99–123). Bertelsmann. Bielefeld, Bonn.

GEBIFO (2019): *GEBIFO – Forschung Beratung Vernetzung* (S. 5 ff.). Bildungsketten: Basisseminar 2019. Abrufbar unter: https://www.gebifo.de/news-detail/Basisseminar_Berlin_2019.html. Zugriff: 30.10.2020, 13:57 MEZ.

Gennep, A. van (1986): *Übergangsriten* (Les rites de passage 1908). Campus. Frankfurt am Main, New York.

Gereben, C.; Kopinitsch-Berger, S. M. (1998): *Auf den Spuren der Vergangenheit – Anleitung zur Biographiearbeit mit älteren Menschen.* Maudrich. Wien, München, Bern.

Gericke, T. (2001a): *Betriebe als Ausbildungsort für Benachteiligte. Jugendberufshilfe als Akquisiteur und Dienstleister.* DJI-Arbeitspapier 3/2001. DJI. München, Leipzig.

Gericke, T. (2001b): *Förderung benachteiligter Jugendlicher in privatwirtschaftlichen Betrieben.* Praxismodell Band 9. DJI. Leipzig.

Gericke, T. (2003a): Der Betrieb als Ausbildungsort für Jugendliche mit schlechten Startchancen. In G. Bonifer-Dörr; R. Vock (Hrsg.), *Berufliche Integration junger Menschen mit besonderem Förderbedarf. Entwicklung – Stand – Perspektiven* (S. 137–149). Hiba. Darmstadt.

Gericke, T. (2003b): *Duale Ausbildung für Benachteiligte. Eine Untersuchung zur Kooperation von Jugendsozialarbeit und Betrieben. Gefälligkeitsübersetzung: Dual training for disadvantaged persons. A study of the cooperation between youth social workers and firms* (Übergänge in Arbeit Bd. 3). DJI. München.

Gersdorff, A. (2020): *Inklusives Arbeiten in Zeiten von Corona.* JOBinklusive. Abrufbar unter: https://jobinklusive.org/2020/03/26/inklusives-arbeiten-in-zeiten-von-corona/. Zugriff: 12.05.2020, 20:15 MEZ.

Gewerkschaft Erziehung und Wissenschaft (2015): *Berufsbildende Schulen auf dem Weg zur Inklusion – GEW Positionen zu einer inklusiven beruflichen Bildung.* Beschluss des Hauptvorstands der GEW vom 26.06.2015. Frankfurt am Main.

Giarini, O.; Liedtke, P. M. (1998): *Wie wir arbeiten werden.* Der neue Bericht an den Club of Rome. Hamburg.

Gilman, B. (2018): *Fachkräfte: Risiko für den Arbeitsmarkt – Rekordmangel bei technischen Berufen.* Abrufbar unter: https://www.handelsblatt.com/politik/deutschland/fachkraefte-risiko-fuer-den-arbeitsmarkt-rekordmangel-bei-technischen-berufen/23678770.html?ticket=ST-3629799-PktnHAvRnvtlNeoPBHVE-ap5. Zugriff: 04.06.2020, 08:00 MEZ.

Ginnold, A. (2008): *Der Übergang Schule – Beruf von Jugendlichen mit Lernbehinderung. Einstieg – Ausstieg – Warteschleife.* Julius Klinkhardt. Kempten.

Ginnold, A. (2009): *Übergänge von Schülerinnen und Schülern mit dem Förderschwerpunkt Lernen aus Sonder- und Integrationsschulen in Ausbildung und Erwerbsleben.* Abrufbar unter: http://www.inklusion-online.net/index.php/inklusion-online/article/view/173/173. Zugriff: 28.08.2016, 13:48 MEZ.

Gomolla, M.; Radtke, F.-O. (2009): *Institutionelle Diskriminierung. Die Herstellung ethnischer Differenz in der Schule* (3. Aufl., S. 59–82). VS Verlag für Sozialwissenschaften, GWV Fachverlage. Wiesbaden.

Gottfredson, L. S. (1981): Circumscription and compromise: A developmental theory of occupational aspirations. *Journal of Counseling Psychology Monograph,* 28(6), S. 545–579.

Granato, M.; Milde, B.; Ulrich, J.-G. (2018): *Passungsprobleme auf dem Ausbildungsmarkt – Eine vertiefende Analyse für Nordrhein-Westfalen* (S. 3 ff.). FGW-Studie Vorbeugende Sozialpolitik 08. Forschungsinstitut für gesellschaftliche Weiterentwicklung e. V. Düsseldorf.

Gruber, D.; Rauch, A.; Reims, N. (2016): Wiedereingliederung von Rehabilitanden der Bundesagentur für Arbeit. Zeitpunkt, Nachhaltigkeit und Einflussfaktoren für den Wiedereinstieg. In A. Zoyke; K. Vollmer (Hrsg.), *Inklusion in der Berufsbildung: Befunde – Konzepte – Diskussionen. Hinführung, Überblick und diskursive Zusammenführung* (S. 143–161). Bertelsmann. Bielefeld, Bonn.

Grundmann, H. (2001): *Wie viel Deutschunterricht brauchen Berufsschüler? Die Geschichte eines umstrittenen Unterrichtsfaches* (S. 286 ff.). Beiträge zur Geschichte des Deutschunterrichts. Band 46. Peter Lang, Internationaler Verlag der Wissenschaften. Frankfurt am Main.

Grünke, M.; Grosche, M. (2014): Lernbehinderung. In G. W. Lauth; M. Grünke; J. C. Brunstein (Hrsg.), *Intervention bei Lernstörungen. Förderung, Training und Therapie in der Praxis. Lernstörungen: Arten, Klassifikation und Entstehungsbedingungen* (2. überarbeitete und erweiterte Aufl., S. 76–89). Hogrefe. Göttingen et al.

Gudehus, Ch.; Wessels, S. (2018): Sozialpsychologien. Symbolischer Interaktionismus. S. 93–106. In Decker, O. (Hrsg.), *Sozialpsychologien und Sozialtheorie* (Band 1: Zugänge, S. 97 f.). Springer VS. Wiesbaden.

Gutensohn, D. (2020): *Fachkräftemangel: So sagt man nicht willkommen.* ZEIT ONLINE Arbeit. Abrufbar unter: https://www.zeit.de/arbeit/2020–02/fachkraeftemangel-auslaendische-arbeiter-fachkraefteeinwanderungsgesetz-arbeitsmarkt. Zugriff: 01.05.2020, 02:44 MEZ.

Hartmann, H. (1967): Stand und Entwicklung der amerikanischen Soziologie. In H. Hartmann (Hrsg.), *Moderne amerikanische Soziologie. Neuere Beiträge zur soziologischen Theorie* (S. 1–92). Ferdinand Enke Verlag. Stuttgart.

Heinz, W. R. u. a. (1987) (Hrsg.): *„Hauptsache eine Lehrstelle". Jugendliche vor den Hürden des Arbeitsmarktes* (2. Aufl.). Beltz Juventa. Weinheim.

Heinz, W. R. (2000): Selbstsozialisation im Lebenslauf. Umrisse einer Theorie biografischen Handelns. In Hoerning E. M. (Hrsg.), *Biografische Sozialisation* (S. 165–187). Lucius und Lucius. Stuttgart.

Hensen, G. et al. (2014): Inklusive Bildung – Teilhabe als Handlungs- und Organisationsprinzip. Eine Matrix zur Analyse von Implementierungsprozessen inklusiver Praxis. In *Inklusive Bildung. Organisations- und professionsbezogene Aspekte eines sozialen Programms.* Beltz Juventa. Weinheim, Basel.

Herkner, V. (2013): Berufspädagogische Aspekte zu einem Recht auf berufliche Ausbildung –Anspruch, Realität und Umsetzung. In *bwp@ Berufs- und Wirtschaftspädagogik – online* (Ausgabe 25/2013).

HHS – Hermann-Hesse-Schule (2016): *Projektbeschreibung. Gelingende Übergänge in das Leben und in den Beruf* (S. 3 f.). Unveröffentlichtes Manuskript.

Hinz, A. (2012): *Aktuelle Erträge der Debatte um Inklusion – worin besteht der ‚Mehrwert' gegenüber Integration?* Abrufbar unter: https://www.bdja.org/files/hinz-aktuelle_ertr__ge_der_debatte_um_inklusion.pdf. Zugriff: 30.11.2015, 11:05 MEZ.

Hinz, A. (2013): Inklusion – von der Unkenntnis zur Unkenntlichkeit!? – Kritische Anmerkungen zu einem Jahrzehnt Diskurs über schulische Inklusion in Deutschland. *Zeitschrift für Inklusion,* 2013 (1). Abrufbar unter: http://www.inklusion-online.net/index.php/inklusion-online/article/view/26/26. Zugriff: 02.12.2017, 12:35 MEZ.

Hinz, A. (2018): Inklusion und ihre Bedeutung für die berufliche Bildung. In I. Arndt; F. Neises; K. Weber (Hrsg.), *Inklusion im Übergang von der Schule in Ausbildung und Beruf. Hintergründe, Herausforderungen und Beispiele aus der Praxis* (1. Aufl., S. 15–26). Budrich. Leverkusen.

Hirsch, S. (2006): Weiterentwicklung und Verbesserung der beruflichen Erst-(aus-) Bildung in der Werkstatt für behinderte Menschen. Die Organisation einer binnendifferenzierten beruflichen Bildung in der Werkstatt für behinderte Menschen. In C. Lindmeier; S. Hirsch (Hrsg.), *Berufliche Bildung von Menschen mit geistiger Behinderung: Neue Wege zur Teilhabe am Arbeitsleben* (S. 128–145). Belz. Weinheim.

Hirsch, S.; Lindmeier, Ch. (Hrsg.) (2006): *Berufliche Bildung von Menschen mit geistiger Behinderung. Neue Wege zur Teilhabe an Arbeitsleben.* Beltz Juventa. Weinheim, Basel.

Hirschberg, M. (2009): *Behinderung im internationalen Diskurs* (S. 299–308). Die flexible Klassifikation der Weltgesundheitsorganisation. Campus. Frankfurt, Main.

Hoffmann, H. (2004): Berufliche Rehabilitation. In W. Rössler (Hrsg.), *Psychiatrische Rehabilitation* (S. 333–346). Springer. Heidelberg.

Hofmann-Lun, I. (2011): *Förderschüler/-innen im Übergang von der Schule ins Arbeitsleben. Beruflich- soziale Integration durch gesonderte Förderung?* Robert-Bosch-Stiftung. Deutsches Jugendinstitut e. V. Abrufbar unter: http://www.dji.de/fileadmin/user_upload/bibs/883_13177_broschure_forderschulen.pdf. Zugriff: 28.08.2016, 11:11 MEZ.

Hofmann, J.; Steffen, C. (2013): Die neue Arbeitswelt: Herausforderungen und Chancen. In A. Papmehl; H. J. Tümmers (Hrsg.), *Die Arbeitswelt im 21. Jahrhundert. Herausforderungen, Perspektiven, Lösungsansätze* (S. 149–174). Springer-Gabler. Wiesbaden.

Hotarek, I. (2015): *Zwei Beispiele gelebter Inklusion – ein Praxisbericht aus Österreich* (3/2015, Heft 119, S. 111–115). lernen & lehren. Abrufbar unter: http://lernenundlehren.de/heft_dl/Heft_119.pdf. Zugriff: 20.02.2021, 12:10 MEZ.

Höchst, T.; Masyk, T. (2013): *Inklusion ist möglich! Erfahrungen und praktische Unterrichtsbeispiele aus dem Schulalltag einer inklusiven Gesamtschule. [5. – 10. Klasse]* (1. Aufl., S. 8–13). Persen, Bergedorfer® Grundsteine Schulalltag. Hamburg.

Hötten, R.; Hirsch, T. (2014): *Jobcoaching. Die betriebliche Inklusion von Menschen mit Behinderung gestalten. Behinderungsverständnis im Jobcoaching* (S. 37–56). Balance Buch + Medien. Köln.

IGS List (2017): *Abschlüsse/IGS List*. Abrufbar unter: https://www.igslist.de/gewusst-wie/infos/abschluesse. Zugriff: 23.01.2021, 01:50 MEZ.

Institut Arbeit und Qualifikation der Universität Duisburg-Essen (2020): *Neuzugänge in die drei Sektoren des beruflichen Ausbildungssystems 2005–2019*. Abrufbar unter: http://www.sozialpolitik-aktuell.de/files/sozialpolitik-aktuell/_Politikfelder/Arbeitsmarkt/Datensammlung/PDF-Dateien/abbIV130.pdf. Zugriff: 10.04.2021 14:54 MEZ.

Institut der deutschen Wirtschaft Köln, REHADAT (o. J.): *Qualifizierungsangebote in der WfbM*. REHADAT – Bildung Abrufbar unter: https://www.rehadat-bildung.de/de/betrieblich-ausserbetrieblich/in-wfbm/Qualifizierungsangebote_in_der_WfbM/index.html. Zugriff: 21.05.2021, 01:46 MEZ.

Institut der deutschen Wirtschaft Köln, REHADAT (2015): *Menschen mit Behinderung in der dualen Ausbildung*. REHADAT-Statistik. Abrufbar unter: https://www.rehadat-statistik.de/statistiken/bildung/ausbildung/menschen-mit-behinderung-in-der-dualen-ausbildung/. Zugriff: 08.06.2020, 21:30 MEZ.

Institut der deutschen Wirtschaft Köln, REHADAT (2020): *Wege zur beruflichen Teilhabe. Förderprojekte und Initiativen im Übergangsfeld Schule-Beruf / Sachsen-Anhalt*. Abrufbar unter: https://www.rehadat-bildung.de/de/einstieg-paedagogen/sachsen-anhalt/berufsorientierung-projekte-initiativen-sachsen-anhalt/index.html. Zugriff: 30.10.2020 21:19 MEZ.

Institut der deutschen Wirtschaft Köln, REHADAT (2020a): *Teilhabe. REHADAT*-talentplus. Abrufbar unter: https://www.talentplus.de/lexikon/Lex-Teilhabe/. Zugriff: 27.11.2020, 09:45 MEZ.

Institut der deutschen Wirtschaft Köln, REHADAT (2020b): *Lexikon zur beruflichen Teilhabe: Geistige Behinderung*. REHADAT-talentplus. Abrufbar unter: https://www.talentplus.de/lexikon/Lex-Geistige-Behinderung/. Zugriff: 08.06.2020, 12:10 MEZ.

Institut der deutschen Wirtschaft Köln, REHADAT (2020c): *Sachstandsanalyse zur Ausbildung von Menschen mit Behinderung*. REHADAT-Statistik. Abrufbar unter: https://www.rehadat-statistik.de/statistiken/bildung/ausbildung/sachstandsanalyse-zur-ausbildung-von-menschen-mit-behinderung/. Zugriff: 08.06.2020, 20:55 MEZ.

Institut der deutschen Wirtschaft Köln, REHADAT (2020d): *Berufsbildungsbericht. REHADAT-Statistik*. Abrufbar unter: https://www.rehadat-statistik.de/statistiken/bildung/ausbildung/berufsbildungsbericht/. Zugriff: 08.06.2020, 19:25 MEZ.

Institut für berufliche Aus- und Weiterbildung (o. J.): *Unsere Bildungsangebote für Schwerhörige, Gehörlose und CI-Träger*innen*. Abrufbar unter: https://ausbildung-fuer-gehoerlose.ibaf.de/unsere-ausbildungen/. Zugriff: 01.01.2021, 17:35 MEZ.

Institut für Regionale Innovation und Sozialforschung – IRIS (2001): *Institutionelle Ausgrenzungsrisiken im Übergang? Eine vergleichende Auswertung nicht beabsichtigter Effekte von Maßnahmen zur Integration junger Erwachsener in den Arbeitsmarkt in Europa* (S. 4 ff.). Kurzfassung des Berichts. Hechingen, Tübingen.

Interne Dokumentation des Rehabereiches SBH Südost Magdeburg (o. J.): *Leistungsangebot der Wohnortnahen Beruflichen Rehabilitationseinrichtung* (WBR). o. S.

Interne Dokumentation der Pfeifferschen Stiftungen Magdeburg (o. J.): *Diesen Werkstatt-Beruf lernt man bei Pfeiffers im Berufs-Bildungs-Bereich*. o. S.

Interne Präsentation der Agentur für Arbeit (2015): *Elternabend an Förderschulen für Körper- und Sinnesbehinderte* (S. 5–15). Bundesagentur für Arbeit. Agentur für Arbeit Magdeburg. RD SAT.

Interne Präsentation der Agentur für Arbeit (o. J.): *Reha-Prozess Ersteingliederung* (S. 1–30). RD SAT.

Isecke, A. (2013): *Inklusion im Bildungssystem. Situation und Entwicklungstendenzen in Deutschland und ausgewählten EU-Staaten* (S. 17 ff.). Diplomica. Hamburg.

Jacobs, K. (2013): Inklusion als menschenrechtlicher Baustein für umfassende soziale Partizipation. In G. Banse; B. Meier (Hrsg.), *Inklusion und Integration. Theoretische Grundfragen und Fragen der praktischen Umsetzung im Bildungsbereich* (Band 13. Gesellschaft und Erziehung, S. 43–57). Ergebnisse der 6. Jahrestagung der Leibniz-Sozietät der Wissenschaften zu Berlin am 31. Mai 2013 an der Universität Potsdam. Lang-Ed. Frankfurt am Main.

Jablonka, P.; Westhoff, G. (2014): „Heterogenität als Chance für die Fachkräftesicherung“ – ein Modellversuchsförderschwerpunkt geht neue Wege. In E. Severing; R. Weiß (Hrsg.), *Individuelle Förderung in heterogenen Gruppen in der Berufsausbildung. Befunde – Konzepte – Forschungsbedarf* (S. 63–80). Bielefeld. Abrufbar unter: https://www.agbfn.de/dokumente/pdf/ststfoko_agbfn-15_jablonka_westhoff.pdf. Zugriff: 04.10.2020, 12:57 MEZ.

Jantzen, W. (1987): *Allgemeine Behindertenpädagogik. Bd 1.* Beltz Juventa. Weinheim.

Jäckel, D.; Hoffmann, H.; Weig, W. (2010): *Praxisleitlinien. Rehabilitation für Menschen mit psychischen Störungen*. Psychiatrie Verlag. Bonn.

Jeger, C. (2011): Systematische Verzahnung von Schule, „Übergangssystem“ und Ausbildung. Interview mit Peter Thiele zur BMBF-Initiative „Bildungsketten bis zum Ausbildungsabschluss“. *BWP – Berufsbildung in Wissenschaft und Praxis* (Heft 2, S. 6–8).

Jochmaring, J.; Schreiner, M.; Wansing, G.; Westphal, M. (2016): Herstellungsweisen und Wirkungen von Differenzkategorien im Zugang zu beruflicher (Aus-)Bildung. In U. Bylinsky; J. Rützel (Hrsg.), *Inklusion als Chance und Gewinn für die differenzierte Berufsbildung* (S. 71–85). Berichte zur beruflichen Bildung. BIBB. Bonn.

Jochmaring, J. (2019): Übergänge von Schüler/innen mit sonderpädagogischem Förderbedarf in die Berufsausbildung: eine Auswertung von Sekundärstatistiken. *Zeitschrift für Pädagogik. – 65*, 2019 (3), S. 335–354.

Jooble (o. J.): Gehoerlos Stellenangebote. Abrufbar unter: https://de.jooble.org/stellenangebote-gehoerlos. Zugriff: 20.05.2021, 11:21 MEZ.

Justiz-ONLINE (2018): Verordnung über die sonderpädagogische Förderung, den Hausunterricht und die Schule für Kranke (Ausbildungsordnung sonderpädagogische Förderung - AO-SF). Gliederungs-Nr.: 223. Landesrecht Nordrhein-Westfalen. Justizportal Nordrhein-Westfalen. Abrufbar unter: http://www.lexsoft.de/cgi-bin/lexsoft/justizportal_nrw.cgi?t=162142245935827704&sessionID=1064762342529401861&chosenIndex=Dummy_nv_68&templateID=document&source=context&source=context&highlighting=off&xid=551110,1. Zugriff: 19.05.2021, 13:15 MEZ.

Kainz, W. J. (2012): *Drei Jahre Unterstützte Beschäftigung nach § 38a SGB IX – eine Standortbestimmung.* br 51 (6), S. 193–197.

Kalisch, C.; Jenewein, K. (2015): Inklusion – ein Themenschwerpunkt für die beruflichen Fachrichtungen Elektro-, Informations-, Metall- und Fahrzeugtechnik? *lernen & lehren* (3/2015, 119, S. 90–95). Abrufbar unter: http://lernenundlehren.de/heft_dl/Heft_119.pdf. Zugriff: 20.02.2021, 12:10 MEZ.

Kardorff, E. v. (1995): Qualitative Sozialforschung – Versuch einer Standortbestimmung. In U. Flick; E. v. Kardorff; H. Keupp; L. v. Rosenstiel; St. Wolff (Hrsg.), *Handbuch Qualitative Sozialforschung. Grundlagen, Konzepte, Methoden und Anwendungen* (2. Aufl.). Psychologie-Verlags-Union Beltz Juventa. Weinheim.

Kastl, J. M. (2010): *Einführung in die Soziologie der Behinderung* (1. Aufl., S. 37–129). VS Verlag für Sozialwissenschaften, GWV Fachverlage. Wiesbaden.

Kastl, J. M. (2017): *Einführung in die Soziologie der Behinderung* (2. völlig überarbeitete und erweiterte Aufl., S. 199–236). Springer VS. Wiesbaden.

Kauz, O.; Uphoff, G.; Schellong, Y. (2013): Einspurig in die Zukunft? Lebensperspektiven als Bildungsanlass. Außen-und Innenansichten eines Bildungsprojektes für Jugendliche mit sogenannter geistiger Behinderung. In M. Thielen; D. Katzenbach; I. Schnell (Hrsg.), *Prekäre Übergänge? Erwachsenwerden unter den Bedingungen von Behinderung und Benachteiligung. Einleitung* (S. 143–163). Klinkhardt. Bad Heilbrunn.

Keller, R. (2009): *Das interpretative Paradigma.* In D. Brock; M. Junge; H. Diefenbach; R. Keller; D. Villányi (Hrsg.), *Soziologische Paradigmen nach Talcott Parsons. Eine Einführung* (S. 56 ff.).

Kimeta.de (o. J.): *Stellenangebote Sehbehinderte Jobs, Jobbörse.* Abrufbar unter: https://www.kimeta.de/stellenangebote-sehbehinderte. Zugriff: 01.01.2021, 17:32 MEZ.

Klemm, K.; Preuss-Lausitz, U. (2011*): Auf dem Weg zur schulischen Inklusion in Nordrhein-Westfalen. Empfehlungen zur Umsetzung der UN-Behindertenrechtskonvention im Bereich der allgemeinen Schulen* (S. 11 f.). Gutachten erstellt im Auftrag des Ministeriums für Schule und Weiterbildung des Landes Nordrhein-Westfalen. Essen, Berlin.

KMK – Kultusministerkonferenz (2011): *Empfehlungen „Inklusive Bildung von Kindern und Jugendlichen mit Behinderungen in Schulen“.* Beschluss der KMK vom 20.10.2011.

KMK (2019): *Rahmenvereinbarung über die Berufsschule* (Beschluss der Kultusministerkonferenz vom 12.03.2015 i. d. F. vom 20.09.2019). Beschlusssammlung der KMK. Beschluss-Nr. 323. Abrufbar unter: https://www.kmk.org/fileadmin/veroeffentlichungen_beschluesse/2015/2015_03_12-RV-Berufsschule.pdf. Zugriff: 08.04.2021, 08:28 MEZ.

Koalitionsvertrag (2013): *Deutschlands Zukunft gestalten. Koalitionsvertrag zwischen CDU, CSU und SPD* (S. 23–80). Abrufbar unter: https://www.cdu.de/sites/default/files/media/dokumente/koalitionsvertrag.pdf. Zugriff: 12.05.2020, 20:25 MEZ.

Koch, B. (2015): Inklusion eine Illusion? Kausale Erklärung für Inklusion und Exklusion. In G. Geiger; M. Lengsfeld (Hrsg.), *Inklusion, ein Menschenrecht. Was hat sich getan, was kann man tun?* (S. 75–91) Barbara Budrich, Opladen. Berlin, Toronto.

Koch, T. (2020): *Handeln in der Corona-Krise als Ansporn für mehr Teilhabe. Anstrengungen für einen inklusiven Arbeitsmarkt und mehr Barrierefreiheit fortsetzen.* CDU. CSU. Pressemitteilung. Abrufbar unter: https://www.cducsu.de/presse/pressemitteilungen/handeln-der-corona-krise-als-ansporn-fuer-mehr-teilhabe. Zugriff: 12.05.2020, 20:40 MEZ.

Kommunalverband für Jugend und Soziales Baden-Württemberg (Hrsg.) (2008): *Teilhabeausschuss Baden-Württemberg.* Abrufbar unter: https://www.kvjs.de/der-kvjs/service/publikationen-videos/detailansicht/gemeinsame-grundlagen-zur-foerderung-von-uebergaengen-fuer-wesentlich-behinderte-menschen-zum-allgemeine/. Zugriff: 11.10.2020, 12:13 MEZ.

Konsortium Bildungsberichterstattung (Hrsg.) (2006): *Bildung in Deutschland. Ein indikatorengestützter Bericht mit einer Analyse zu Bildung und Migration* (S. 20 ff.). Bertelsmann. Bielefeld. Abrufbar unter: https://www.bildungsbericht.de/de/bildungsbericht-seit-2006/bildungsbericht-2006/pdf-bildungsbericht-2006/gesamtbericht.pdf. Zugriff: 18.10.2020, 20:54 MEZ.

Krajewski, M.; Bernhard, T. (2012): *Inklusive Schule im Freistaat Bayern?* Die Änderung des BayEUG vom 13.7.2011 aus Sicht der UN-Behindertenrechtskonvention (143 (5), S. 134–139). BayVBl.

Kranert, H.-W.; Stein, R. (2019): Der Übergang ins Berufsleben von Heranwachsenden mit psychischen Belastungen – Forschungsstand und weitere Entwicklungslinien. In S. Gingelmaier; W. Bleher; M. Hoanzl; B. Herz (Hrsg.), *ESE Emotionale und soziale Entwicklung in der Pädagogik der Erziehungshilfe und bei Verhaltensstörungen* (Heft 1 – Gemeinsam & Verschieden: Was sind die Spezifika des Faches „ESE"?), S. 210–223. Klinkhardt. Bad Heilbrunn.

Krippendorff, K. (1980): Validity in content analysis. In E. Mochmann (Ed.), *Computerstrategien für die Kommunikationsanalyse* (pp. 69–112). Campus. Frankfurt. Abrufbar unter: http://repository.upenn.edu/asc_papers/291. Zugriff: 02.02.2021, 19:52 MEZ.

Kubek, V. (2012): *Humanität beruflicher Teilhabe im Zeichen der Inklusion. Kriterien für die Qualität der Beschäftigung von Menschen mit Behinderungen* (S. 287 ff.). Springer VS. Wiesbaden.

Kultusministerkonferenz (KMK) (Hrsg.) (2010): *Pädagogische und rechtliche Aspekte der Umsetzung des Übereinkommens der Vereinten Nationen vom 13. Dezember 2006 über die Rechte von Menschen mit Behinderungen (Behindertenrechtskonvention – UN-BRK) in der schulischen Bildung.* Diskussionspapier der Kultusministerkonferenz für die Fachtagung der Kultusministerkonferenz. Bremen.

Kupfer, U. (2016): *Bildungsketten-Konferenz* 2016. BMBF. BMAS. Abrufbar unter: https://www.bildungsketten.de/konferenz2016. Zugriff: 19.03.2017, 20:58 MEZ.

Kutscha, G. (2008): Übergangsforschung im Übergang: Rückblick und ausgewählte Problemaspekte in Bezug auf die Schwellen des Übergangs in die Berufsbildung und das Beschäftigungssystem. In D. Münk, K. Breuer, Th. Deißinger (Hrsg.), *Berufs- und Wirtschaftspädagogik – Probleme und Perspektiven aus nationaler und internationaler Sicht. Neue Forschungserträge aus der Berufs- und Wirtschaftspädagogik. Schriftenreihe der Sektion Berufs- und Wirtschaftspädagogik der Deutschen Gesellschaft für Erziehungswissenschaften (DGfE)* (S. 71–90). Barbara Budrich. Warschau.

Kvale, S. (1995): Validierung: Von der Beobachtung zu Kommunikation und Handeln. In U. Flick; E. v. Kardorff; H. Keupp; L. v. Rosenstiel; S. Wolff (Hrsg.), *Handbuch Qualitative Sozialforschung. Grundlagen, Konzepte, Methoden* (2. Aufl., S. 427–431). Beltz Juventa, PsychologieVerlagsUnion. Weinheim.

Lange, V. (2017): *Inklusion in der beruflichen Bildung.* Inklusive Bildung in Deutschland. Ländervergleich (1. Aufl., S. 43–47). Friedrich-Ebert-Stiftung. Berlin.

Langenkamp, K.; Linten, M. (2018): *Übergänge: Jugendliche an der ersten und zweiten Schwelle* (S. 2–10). Zusammenstellung aus: Literaturdatenbank Berufliche Bildung (Version: 7.0), BIBB (Hrsg.).

Langenkamp, K., Linten, M. (2020): *AUSWAHLBIBLIOGRAFIE. Inklusion in der beruflichen Bildung.* Zusammenstellung aus: VET Repository (Version: 8.0). BIBB (Hrsg.).

Langner, A. (2015): *Kompetent für einen inklusiven Unterricht. Eine empirische Studie zu Beliefs. Unterrichtsbereitschaft und Unterricht von LehrerInnen* ,(S. 16–23). Springer VS. Wiesbaden.

Laroche, R. (2016): *Inklusion bewegt. Fachkräftemangel: Menschen mit Behinderung volkswirtschaftlich Notwendig.* Homepage der Beauftragten der Bundesregierung für die Belange von Menschen mit Behinderungen. Abrufbar unter: https://www.inklusions landkarte.de/SharedDocs/Pressemitteilungen/DE/2014/PM23_Arbeitsmarktveran staltung.html. Zugriff: 25.07.2017, 21:09 MEZ.

Lemert, Edwin M. (1975): Der Begriff der sekundären Devianz. In K. Luderssen; F. Sack (Hrsg.), *Seminar Abweichendes Verhalten I. Die selektiven Normen der Gesellschaft* (S. 433–476). Suhrkamp. Frankfurt am Main.

Lenzen, C.; Brunner, R.; Resch, F. (2016): *Schulabsentismus: Entwicklungen und fortbestehende Herausforderungen.* In Zeitschrift für Kinder- und Jugendpsychiatrie und Psychotherapie 44 (2). S. 101–111.

Levinas, E. (2008): *Ethik und unendliches.* In Engelmann, P. (Hrsg.). Passagen Forum Band 11. 4. überarbeitete Auflage. Passagen-Verlag. Wien.

Lieser, C. (2012): *Lernprozesse im Selbstcoaching. Eine qualitative Studie im Rahmen der Cahier-Methode. Methodisches Vorgehen* (S. 55–86). Dissertation an der Pädagogischen Hochschule Freiburg. VS Verlag für Sozialwissenschaften, Springer Fachmedien. Wiesbaden.

LIfBi (2020): NEPS Startkohorte 4, Welle 1 bis 10 (2011/12 bis 2016/17), doi:10.5157/NEPS:SC4:10.0.0, gewichtete Daten. Verlinkung mit der Excel Tabelle E4_2020 über die „Tab. E6web" (S. 167).

Lindmeier, C. (2006): Entwicklungslinien der beruflichen Bildung geistig behinderter Menschen. In C. Lindmeier; S. Hirsch (Hrsg.), *Berufliche Bildung von Menschen mit geistiger Behinderung: Neue Wege zur Teilhabe am Arbeitsleben* (S. 15–44). Beltz Juventa. Weinheim.

Lindmeier, C. (2013): *Biografiearbeit mit geistig behinderten Menschen.* Ein Praxisbuch für Einzel- und Gruppenarbeit (4. Aufl.). Beltz Juventa. Weinheim, Basel.

Linten, M.; Prüstel, S. (2013): *Übergangssystem und Übergangsmanagement: Studien, Gutachten und Forschungsbeiträge. Auswahlbibliografie.* Zusammenstellung aus: Literaturdatenbank Berufliche Bildung. Version 3.0. Abrufbar unter: https://www.bibb.de/dokumente/pdf/a1bud_auswahlbibliographie-uebergangssystem.pdf. Zugriff: 26.08.2016, 10:47 MEZ.

Linten, M.; Prüstel, S. (2015): *Übergänge: Jugendliche an der ersten und zweiten Schwelle. Auswahlbibliografie.* Zusammenstellung aus: Literaturdatenbank Berufliche Bildung. Version 5.0. Abrufbar unter: https://www.bibb.de/dokumente/pdf/a1bud_auswahlbibliographie-uebergaenge-erste-zweite-schwelle.pdf. Zugriff: 26.08.2016, 09:52 MEZ.

Lorenzen, J.-M. (2014): Aktiviert im Übergang? Bestimmung von Mentoring als Form der Beratung in aktivierungslogischem Zusammenhang. In J.-M. Lorenzen; L.-M. Schmidt; D. Zifonun (Hrsg.), *Grenzen und Lebenslauf. Beratung als Form des Managements biografischer Übergänge* (S. 140–156). Beltz Juventa. Weinheim, Basel.

Lorenzen, J.-M. (2017): *Integration durch Mentoring. Jugendliche am Übergang von Schule in Ausbildung und Studium* (S. 185 ff.). Beltz Juventa. Weinheim, Basel.

Maier, M. S.; Vogel, T. (Hrsg.) (2013): *Übergänge in eine neue Arbeitswelt? Blinde Flecke der Debatte zum Übergangssystem Schule-Beruf* (S. 9–14). Springer VS. Wiesbaden.

Maier, T.; Zika, G.; Wolter, M. I.; Kalinowski, M.; Helmrich, R. (2014): *Engpässe im mittleren Qualifikationsbereich trotz erhöhter Zuwanderung.* BIBB (Report 23/14, 8. Jahrgang). Bonn. Abrufbar unter: https://www.bibb.de/dokumente/pdf/a14_BIBBreport_2014_23.pdf. Zugriff: 11.10.2020, 13:12 MEZ.

MalerLackAusbV (2003): *MalerLackAusbV – Verordnung über die Berufsausbildung im Maler- und Lackierergewerbe.* Bundesministerium der Justiz und für Verbraucherschutz. Abrufbar unter: https://www.gesetze-im-internet.de/malerlackausbv/BJNR106400003.html. Zugriff: 03.08.2020, 23:15 MEZ.

MARLEM-SOFTWARE (o. J.): *Barrierefreie Informatik. Marlem-Software – IT-Lösungen die Brücken bauen. Barrierefreie IT schafft Arbeitsplätze.* Abrufbar unter: https://www.marlem-software.de/marlemblog/2019/01/10/barrierefreie-it-schafft-arbeitsplaetze/. Zugriff: 01.01.2021, 17:50 MEZ.

Mathe inklusiv mit PIKAS (o. J): *Lernbehinderung und sonderpädagogischer Förderbedarf. Deutsches Zentrum für Lehrerbildung Mathematik.* Ministerium für Schule und Bildung des Landes Nordrhein-Westfalen. Abrufbar unter: https://pikas-mi.dzlm.de/f%C3%B6rderschwerpunkte/f%C3%B6rderschwerpunkt-lernen/vertiefende-informationen/definitionen-und-daten-1. Zugriff: 27.05.2020, 07:01 MEZ.

Matthes, S.; Ulrich, J. G. (2014): Wachsende Passungsprobleme auf dem Ausbildungsmarkt. *Berufsbildung in Wissenschaft und Praxis* (1/2014), S. 5–7.

Matthes, S.; Ulrich, J. G. (2015): *Warum gibt es wieder mehr erfolglose Ausbildungsplatznachfrager?* (S. 108–115). WSI-Mitteilungen.

Mayring, Ph. (1995): Qualitative Inhaltsanalyse. In U. Flick; E. v. Kardorff; H. Keupp; L. v. Rosenstiel; S. Wolff (Hrsg.), *Handbuch Qualitative Sozialforschung. Grundlagen, Konzepte, Methoden* (2. Aufl., S. 44–213). Beltz Juventa PsychologieVerlagsUnion. Weinheim.

Mayring, P. (2010): *Qualitative Inhaltsanalyse. Grundlagen und Techniken. Pädagogik* (11., aktualisierte und überarbeitete Aufl., S. 7–121). Beltz Juventa. Weinheim, Basel.

Mayrhofer, H. (2009): Soziale Inklusion und Exklusion: Eine (system-)theoretische Unterscheidung als Beobachtungsangebot für die Soziale Arbeit. S*oziales_kapital. Wissenschaftliches Journal österreichischer Fachhochschulstudiengänge Soziale Arbeit,* 2009 (Heft 2), S. 1-11. Abrufbar unter: https://soziales-kapital.at/index.php/sozialeskapital/article/view/108. Zugriff: 22.05.2017, 12:35 MEZ.

Mecklenburg, H.; Storck, J. (Hrsg.) (2010): *Handbuch berufliche Integration und Rehabilitation.* Wie psychisch kranke Menschen in Arbeit kommen und bleiben. Psychiatrie-Verlag. Bonn.

Meinefeld, W. (1997): Ex-ante Hypothesen in der qualitativen Sozialforschung: zwischen „fehl am Platz" und „unverzichtbar". *Zeitschrift für Soziologie,* 1997 (Heft 1, Jg. 26), S. 22–34. Abrufbar unter: https://www.degruyter.com/document/doi/10.1515/zfsoz-1997-0102/html. Zugriff: 25.08.2021, 10:45 MEZ.

Merkens, H. (2017): *Qualitative Sozialforschung. Ein Handbuch.* Auswahlverfahren, Sampling, Fallkonstruktion. (12. Aufl., S. 286–298.). Flick, U.; Kardorff, E. v.; Steinke, I. (Hrsg.). Rowohlt Taschenbuch. Reinbek bei Hamburg.

Merz-Atalik, K. (2010): Anerkennung menschlicher Vielfalt als Normalität. Inklusion: Einige Thesen zu hartnäckigen Missverständnissen oder Fehldeutungen im Umgang mit den Forderungen nach „Inklusion" im Bildungssystem. *Bildung und Wissenschaft, 2010* (Heft Oktober), S. 22–24.

Merz-Atalik, K. (2014): Inklusiver Unterricht und migrationsbedingte Vielfalt. In G. Wansing; M. Westphal (Hrsg.), *Behinderung und Migration. Inklusion, Diversität, Intersektionalität. Schulische Bildung* (S. 159–175). Springer VS. Wiesbaden.

Mirian, N. (2020): *Mobbing und Inklusion.* Springer Fachmedien. Wiesbaden. Abrufbar unter: https://doi.org/10.1007/978-3-658-28394-0_2. Zugriff: 14.01.2021, 23:18 MEZ.

Montada, L.; Lindenberger, U.; Schneider, W. (2012): Fragen, Konzepte, Perspektiven. In W. Schneider; U. Lindenberger (Hrsg.), *Entwicklungspsychologie* (S. 37–60). Beltz Juventa. Weinheim, Basel.

MSB – Ministerium für Schule und Bildung des Landes Nordrhein-Westfalen (2020): *Lexikon der Inklusion*. Bildungsportal des Landes Nordrhein-Westfalen. Abrufbar unter: https://www.schulministerium.nrw.de/docs/Schulsystem/Inklusion/Eltern/2-Lexikon-der-Inklusion/18-Lernen-als-Foerderschwerpunkt-_LE_/index.html. Zugriff: 05.01.2016, 11:58 MEZ.

Müller, K. (2008): *Schlüsselkompetenzen und beruflicher Verbleib* (S. 13 f.). Bertelsmann. Bielefeld.

Müller, G. (2014): Durch Exklusion zur Inklusion? Was ist eigentlich „Inklusion"? In V. Blum; E. Diegelmann (Hrsg.), *Grundkurs Schulmanagement VI. So kann Inklusion an Schulen gelingen! Praxisberichte aus unterschiedlichen Perspektiven* (S. 88 f.). Carl Link. Köln, Kronach.

Müller, A. (2015): Freiheit und Inklusion. In G. Geiger; M. Lengsfeld (Hrsg.), *Inklusion, ein Menschenrecht. Was hat sich getan, was kann man tun?* (S. 11–47) Barbara Budrich, Opladen. Berlin, Toronto.

Münch, R. (2007): *Soziologische Theorie. Band 2: Handlungstheorie.* Abweichendes Verhalten als Karriere: Der Etikettierungsansatz (S. 347–360). Campus. Frankfurt, New York.

Münk, D.; Scheiermann, G. (Hrsg.) (2020): *Inklusion in der Lehrerbildung für das berufliche Schulwesen*. Eusl. Detmold.

Nau, A. (2016): *Fachkräftemangel vor allem in technischen Berufen vorausgesagt*. Abrufbar unter: https://www.easysoft.de/blog/fachkraeftemangel-vor-allem-in-technischen-berufen-vorausgesagt/. Zugriff: 04.07.2016, 12:05 MEZ.

Neukirchen, R. (2012): Menschen mit Behinderung auf dem ersten Arbeitsmarkt – es geht! In H. Schwalb; G. Theunissen (Hrsg.), *Inklusion, Partizipation und Empowerment in der Behindertenarbeit. Best-Practice-Beispiele: Wohnen – Leben – Arbeiten – Freizeit* (2. Aufl., S. 118–125). Kohlhammer. Stuttgart.

Neumann, M.; Lemske, W.; Werner, D.; Hekman, B. (2010): *Kosten und Nutzen der beruflichen Rehabilitation junger Menschen mit Behinderungen oder funktionalen Beeinträchtigungen – eine gesamtwirtschaftliche Analyse*. Institut der deutschen Wirtschaft. Köln. Abrufbar unter: https://www.lwl-bbw-soest.de/media/filer_public/b4/d4/b4d4b295-6061-40fc-b42b-d72b2d5a0cf4/100930ergebnisse_iw-studie_kosten_und_nutzen_der_beruflichen_rehabilitation.pdf. Zugriff: 14.09.2018, 12:55 MEZ.

Niehaus, M.; Kaul, T. (2012): *Zugangswege junger Menschen mit Behinderung in Ausbildung und Beruf.* (Band 14 der Reihe Berufsbildungsforschung). Bundesministerium für Bildung und Forschung (Hrsg.), Bonn. Abrufbar unter: http://docplayer.org/docview/13/24026/#file=/storage/13/24026/24026.pdf. Zugriff: 05.01.16, 12:56 MEZ.

Niemeyer, B. (2008): Professionelle Benachteiligtenförderung – eine Bestandsaufnahme. In A Kampmeier; B. Niemeyer; R. Petersen; M. Stannius (Hrsg.), *Das Miteinander Fördern – Lösungsansätze für das Professionalisierungsdilemma in der Benachteiligtenförderung* (S. 11–28). Bertelsmann. Bielefeld.

Nigges-Gellrich, A.; Schmidt, C. (2013): Inklusion, demographischer Wandel und Übergangssystem: Blinde Flecke in der Debatte zu veränderten Übergangschancen gering qualifizierter Jugendlicher. In M. S. Maier; T. Vogel, T. (Hrsg.), *Übergänge in eine neue Arbeitswelt? Blinde Flecke der Debatte zum Übergangssystem Schule-Beruf* (S. 307–321). Springer VS. Wiesbaden.

Oerter, R.; Dreher, E. (2002): Jugendalter. In R. Oerter; L. Montada (Hrsg.), *Entwicklungspsychologie* (5. vollständig überarbeitete Aufl., S. 258–273). Beltz Juventa. Weinheim et al.

Oerter, R.; Dreher, E. (2008): Jugendalter. In R. Oerter; L. Montada (Hrsg.), *Entwicklungspsychologie* (6. Aufl., S. 271–332). Beltz Juventa. Weinheim.

Oliver, M. (1996): *Understanding Disability: From Theory to Practice.* Palgrave Macmillan. Basingstoke.

Orthmann, D. (2005): Lebensentwürfe benachteiligter Jugendlicher. *Zeitschrift für Heilpädagogik* 2005 (56), S. 132–143.

Petzold, H. G. (1999): Lebensgeschichten verstehen lernen heißt, sich selbst und andere verstehen lernen. Über Biographiearbeit, traumatische Belastungen und Neuorientierung. *Behinderte in Familie, Schule und Gesellschaft*, 1999 (22), S. 41–55.

Pfahl, L. (2011): *Techniken der Behinderung. Der deutsche Lernbehinderungsdiskurs, die Sonderschule und ihre Auswirkungen auf Bildungsbiografien* (S. 42–69). Transcript. Bielefeld.

Pieper, M.; Mohammadi, J. H. (2014): Partizipation mehrfach diskriminierter Menschen am Arbeitsmarkt. Ableism und Rassismus – Barrieren des Zugangs. In G. Wansing; M. Westphal (Hrsg.), *Behinderung und Migration. Erkundungen in einem neuen Forschungsfeld* (S. 221–252). Springer VS. Wiesbaden.

Pohl, A.; Walther, A. (2006): Benachteiligte Jugendliche in Europa. *Aus Politik und Zeitgeschichte*, 2006 (B 47), S. 26–36. Abrufbar unter: http://www.bpb.de/publikationen/BKRM30,0,0,Aus_Politik_und_Zeitgeschichte.html. Zugriff: 02.02.2021, 10:54 MEZ.

Pool Maag, S.; Jäger, R. (2016): Inklusive Berufsbildung unter Berücksichtigung berufsintegrativer Kompetenzen von Auszubildenden in Lehrbetrieben des ersten Arbeitsmarktes. In H.-H. Kremer; K. Büchter; U. Buchmann (Hrsg.), *Editorial zur Ausgabe 30: Inklusion in der beruflichen Bildung.* bwp@ Berufs- und Wirtschaftspädagogik – Online (Ausgabe Nr. 30). Eigenverlag. Hamburg. Abrufbar unter: http://www.bwpat.de/ausgabe30/pool_maag_jaeger_ielenat30.pdf. Zugriff: 04.07.2016, 11:08 MEZ.

Poscher, R., Rux, J., & Langer, T. (2008). *Von der Integration zur Inklusion.* Nomos. Baden-Baden.

Powell, J. J. W.; Wagner, S. J. (2014): An der Schnittstelle Ethnie und Behinderung benachteiligt. Jugendliche mit Migrationshintergrund an deutschen Sonderschulen weiterhin überrepräsentiert. In G. Wansing; M. Westphal (Hrsg.), *Behinderung und Migration. Inklusion, Diversität, Intersektionalität. Schulische Bildung.* Springer VS. Wiesbaden.

Ramm, D. (2017): *Wege in die berufliche Bildung für Jugendliche mit Behinderung – Teil 7: Zusammenfassende Bewertung*. Abrufbar unter: http://www.reha-recht.de/fileadmin/user_upload/RehaRecht/Diskussionsforen/Forum_D/2017/D32-2017_Wege_in_die_berufliche_Bildung_fuer_Jugendliche_mit_Behinderung_%E2%80%93_Teil_7.pdf. Zugriff: 08.02.2018, 14:37 MEZ.

Redaktion: BIBB (2019): *Bildungsketten: Die Initiative*. Abrufbar unter: https://www.bildungsketten.de/die-initiative. Zugriff: 30.11.2020, 21:17 MEZ.

Reichling, J. (2003): Modernisierungsbedarf und Reformstau im dualen System – Betriebliche Ausbildung auch für Benachteiligte öffnen. In G. Bönifer-Dörr; R. Vock (Hrsg.), *Berufliche Integration junger Menschen mit besonderem Förderbedarf. Entwicklung – Stand – Perspektiven* (S. 97–108). hiba. Darmstadt.

Reis, C.; Siebenhaar, B. (2015): *Befähigen statt aktivieren. Aktueller Reformbedarf bei Zielsetzung und Aufgabenstellung im SGB II*. Friedrich-Ebert-Stiftung. Bonn.

Rehadat Lexikon (2020a): *Sonderpädagogischer Förderbedarf*. REHADAT-Bildung. Lexikon von A bis Z. Abrufbar unter: https://www.rehadat-bildung.de/de/lexikon/Lex-Sonderpaedagogischer-Foerderbedarf/. Zugriff: 21.12.2020, 22:16 MEZ.

Rehadat Lexikon (2020b): *Leichte Sprache*. Lexikon zur beruflichen Teilhabe. Abrufbar unter: https://www.rehadat.de/presse-service/lexikon/Lex-Leichte-Sprache/. Zugriff: 12.05.2021, 16:02 MEZ.

Rehadat Statistik (2019): *Statistik der schwerbehinderten Menschen. Ausgewählte Ergebnisse 2019. Behinderungsursachen 2019*. https://www.rehadat-statistik.de/statistiken/behinderung/schwerbehindertenstatistik/. 17.10.2020 09:48 MEZ.

Rehadat Verzeichnisse (2019): *Inklusionsbetriebe in Deutschland* (8. Aufl.). Abrufbar unter: https://www.rehadat.de/export/sites/rehadat-2021/lokale-downloads/rehadat-publikationen/verzeichnis-inklusionsbetriebe.pdf. Zugriff: 01.05.2020, 01:00 MEZ.

Rehadat Verzeichnisse (2020): *Inklusionsbetriebe in Deutschland* (9. Aufl.). Abrufbar unter: https://www.rehadat.de/export/sites/rehadat-2021/lokale-downloads/rehadat-publikationen/verzeichnis-inklusionsbetriebe.pdf. Zugriff: 12.10.2020, 12:49 MEZ.

Reims, N.; Tisch, A.; Tophoven, S. (2016): *Junge Menschen mit Behinderung. Reha-Verfahren helfen beim Berufseinstieg*. IAB-Kurzbericht 7/2016. IAB. Nürnberg. Abrufbar unter: http://doku.iab.de/kurzber/2016/kb0716.pdf. Zugriff: 30.11.2015, 09:15 MEZ.

Reims, N. et al. (2020): *Perspektive der Leistungserbringer*. Modul 4 des Projekts „Evaluation von Leistungen zur Teilhabe behinderter Menschen am Arbeitsleben". IAB – Institut für Arbeitsmarkt- und Berufsforschung. Die Forschungseinrichtung der Bundesagentur für Arbeit. S. 43 ff.

Riedel, E. (2010): *Gutachten zur Wirkung der internationalen Konvention über die Rechte von Menschen mit Behinderung und ihres Fakultativprotokolls auf das deutsche Schulsystem* (S. 45 ff.) Bundesarbeitsgemeinschaft Gemeinsam Leben, Sozialverband Deutschland. Dortmund, Berlin. Abrufbar unter: http://gemeinsam-leben-nrw.de/sites/default/files/gutachten_riedel.pdf. Zugriff: 07.02.2018, 22:25 MEZ.

Riecken, A.; Jöns-Schnieder, K. (2014): Berufliche Inklusion und Teilhabe am Arbeitsleben. In G. Hensen et al. (Hrsg.), *Inklusive Bildung. Organisations- und professionsbezogene Aspekte eines sozialen Programms* (S. 149–205). Beltz Juventa. Weinheim, Basel.

Rost, A. (2010): *Inklusion statt Integration. Dicke Bretter*. Frankfurter Rundschau. Abrufbar unter: http://www.fr-online.de/spezials/inklusion-statt-integration-dicke-bretter,1472874,4435158.html. Zugriff: 18.04.2017, 10:25 MEZ.

Ruhe, H. G. (2003): *Methoden der Biografiearbeit. Lebensgeschichte und Lebensbilanz in Therapie, Altenhilfe und Erwachsenenbildung*. Beltz Juventa. Weinheim. Basel.

Rundbrief Ausbildung (2011): Berufliche Integration von Menschen mit Behinderungen. BIBB (Ausgabe 3/2011, S. 9 f.). Abrufbar unter: https://www.bundesregierung.de/resource/blob/975912/779556/da805790b2e9ef7f4ed69844d94d0591/2011-11-09-rundbrief-nr-3-von-09-11-2011-data.pdf?download=1. Zugriff: 28.02.2021, 11:18 MEZ.

Rümke, M. (1969): *Psychiatrie,* deel I. Scheltema, Holkema. Amsterdam.

Rüther, W. (1975): *Abweichendes Verhalten und „labeling approach"* (S. 22–180). Heymanns. Köln et al.

Sari, D.; Kenner, M. (2017): Resilienz an der 1. Schwelle: Wahrnehmung und Verarbeitung des Übergangsprozesses aus der Sicht von betroffenen Jugendlichen. *Die berufsbildende Schule: Zeitschrift des Bundesverbandes der Lehrerinnen und Lehrer an Berufsbildenden Schulen* 2017 (69, H. 3), S. 114–121.

Schäfers, M.; Wansing, G. (2020): Vorwort des Herausgebers und der Herausgeberin zum ersten Band der Reihe. In P. Bartelheimer et al. (Hrsg.), *Teilhabe – eine Begriffsbestimmung, Beiträge zur Teilhabeforschung*. Springer Fachmedien. Wiesbaden. Abrufbar unter: https://doi.org/10.1007/978-3-658-30610-6_1. Zugriff: 12.11.2020, 11:30 MEZ.

Scheu, B.; Autrata, O. (2013): *Partizipation und Soziale Arbeit. Einflussnahme auf das subjektiv Ganze* (S. 266 f.) Springer VS. Wiesbaden.

Schefold, W. (1996): Sozialwissenschaftliche Aspekte international vergleichender Forschung in der Sozialpädagogik. In R. Treptow (Hrsg.), *Internationaler Vergleich und Soziale Arbeit* (S. 89–106).

Schlamp, K.; Schlamp-Diekmann, F. (2013): *Praxishandbuch Inklusion. Gemeinsames Lernen erfolgreich umsetzen* (S. 23–57). PRO Schule. Bonn.

Schlummer, W. (2005): Werkstattrat: Teilhabe am Arbeitsleben in Werkstätten für behinderte Menschen konsequent gestalten. In E. Wacker; I. Bosse; T. Dittrich; U. Niehoff; M. Schäfer; G. Wansing; B. Zalfen (Hrsg.), *Teilhabe. Wir wollen nur dabei sein* (S. 115–127). Lebenshilfe. Marburg.

Schmidt, C. (2011): *Krisensymptom Übergangssystem. Die nachlassende Inklusionsfähigkeit beruflicher Bildung* (S. 32 f.). Bertelsmann. Bielefeld.

Schmelter, U. R. (2021): *Erfolgsräume öffnen – durch Wandel zur Erfüllung: Eine praktische Anleitung*. Kapitel 7. Der eigene Wille. BoD – Books on Demand. Abrufbar unter: https://books.google.de/books?id=7jAWEAAAQBAJ&pg=PT69&dq=Es+kann+Dir+jemand+die+T%C3%BCr+%C3%B6ffnen,+aber+hindurchgehen+musst+Du+selbst.+Konfuzius&hl=de&sa=X&ved=2ahUKEwjB5MXmobjuAhVIuKQKHSJ-CcgQ6AEwAnoECAQQAg#v=onepage&q=Es%20kann%20Dir%20jemand%20die%20T%C3%BCr%20%C3%B6ffnen%2C%20aber%20hindurchgehen%20musst%20Du%20selbst.%20Konfuzius&f=false. Zugriff: 26.01.2021, 01:02 MEZ.

Schmillen, A.; Stüber, H. (2014): *Lebensverdienste nach Qualifikation. Bildung lohnt sich ein Leben lang.* IAB-Kurzbericht 1/2014. IAB. Nürnberg. Abrufbar unter: http://doku.iab.de/kurzber/2014/kb0114.pdf. Zugriff: 12.10.2020, 07:37 MEZ.

Schoenberg, A. M. (2013): *Ökonomische Begründbarkeit von Maßnahmen der Behindertenförderung* (S. 13–24). Springer Fachmedien (Gesundheits- und Qualitätsmanagement). Wiesbaden.

Schramme, T. (2003): Psychische Behinderung: Natürliches Phänomen oder soziales Konstrukt? In G. Cloerkes (Hrsg.), *Wie man behindert wird. Texte zur Konstruktion einer sozialen Rolle und zur Lebenssituation betroffener Menschen* (1. Aufl., S. 53–82). Universitätsverlag. Heidelberg.

Schreiner, M. (2017): *Teilhabe am Arbeitsleben: die Werkstatt für behinderte Menschen aus Sicht der Beschäftigten* (S. 23–40). Dissertation. Universität Kassel. Springer VS. Wiesbaden.

Schropp, H. (2018): Glücksförderung lohnt sich! Wer benachteiligten Jugendlichen den Weg ins Erwerbsleben erleichtern will, muss positive Impulse setzen. *IAB-Forum: das Magazin des Instituts für Arbeitsmarkt- und Berufsforschung der Bundesagentur für Arbeit.* Abrufbar unter: https://www.iab-forum.de/gluecksfoerderung-lohnt-sich-wer-benachteiligte-jugendlichegezielt-foerdern-will-muss-positive-impulse-setzen/?pdf=6530. Zugriff: 01.05.2020, 02:44 MEZ.

Schröder, U. (2002): Das Konzept der „learning disabilities" und seine Rezeption in der deutschen Sonderpädagogik. In U. Schröder; M. Wittrock u. a. (Hrsg.), *Lernbeeinträchtigung und Verhaltungsstörung. Konvergenzen in Theorie und Praxis* (S. 24–39). Kohlhammer. Stuttgart.

Schröder, G.; Schulte, M. (2019): Bildungsketten Journal – Den Übergangsbereich erfolgreich gestalten. Schwerpunktthema: Übergänge in Ausbildung. Individuelle Begleitung. Wie eine strukturschwache Region junge Menschen in Ausbildung bringt. Elternbindung: Studie zur Rolle der Eltern bei der beruflichen Orientierung. *Bildungsketten Journal, 2019 (5)*, S. 8 ff. Druck- und Verlagshaus Zarbock. Frankfurt am Main. Abrufbar unter: https://www.bmbf.de/upload_filestore/pub/Bildungsketten_Journal_5_2019.pdf. Zugriff: 30.10.2020, 13:23 MEZ.

Schöpf, Ch.; Schöpf, M. (2015): Integrative Berufsausbildung (IBA) an Tiroler Fachberufsschulen. *Lernen & lehren*, 2015 (3, Heft 119), S. 103–110. Abrufbar unter: http://lernenundlehren.de/heft_dl/Heft_119.pdf. Zugriff: 20.02.2021, 12:10 MEZ.

Sieglen, G. (2019): *Ausbildung, Beschäftigung und Arbeitslosigkeit junger Berufseinsteiger in Nordrhein-Westfalen.* Ergebnisse auf der Grundlage von Erwerbsverläufen der Geburtskohorte 1987. Institut für Arbeitsmarkt- und Berufsforschung der Bundesagentur für Arbeit. Nürnberg. Abrufbar unter: http://doku.iab.de/regional/NRW/2019/regional_nrw_0119.pdf. Zugriff: 17.08.2019, 10:55 MEZ.

Schulze, D. (1993): Lebenslauf und Lebensgeschichte. In Th. Baacke; D. Schulze (Hrsg.), *Aus Geschichten lernen: zur Einführung pädagogischen Verstehens* (S. 174–226). Springer Fachmedien. Weinheim, München.

Schuntermann, M. F. (2009): *Einführung in die ICF: Grundkurs – Übungen – offene Fragen.* Ecomed Medizin. Heidelberg.

Schulte, M. (2016): *Bildungsketten-Konferenz* 2016. BMBF. BMAS. Abrufbar unter: https://www.bildungsketten.de/konferenz2016. Zugriff: 19.03.2017, 20:58 MEZ.

Schulz, K.; Seyd, W. (2012): Verzahnte Ausbildung mit Berufsbildungswerken. In H. Biermann; B. Bonz (Hrsg.), *Inklusive Berufsbildung. Didaktik beruflicher Teilhabe trotz Behinderung und Benachteiligung* (Reihe: Berufsbildung konkret, Band 11, S. 165–172). Schneider Verlag Hohengehren. Baltmannsweiler.

Schuster, U.; Schuster, N. (2013): *Vielfalt leben – Inklusion von Menschen mit Autismus-Spektrum-Störungen. Mit praktischen Ratschlägen zur Umsetzung in Kita, Schule, Ausbildung, Beruf und Freizeit* (1. Aufl. S. 23–242). Kohlhammer. Stuttgart.

Schuy, R. (2020): *Coaching-/Therapietagebuch: Warum jeder eines führen sollte.* Abrufbar unter: https://clevermemo.com/blog/therapietagebuch-coaching-tagebuch/. Zugriff: 10.01.2020, 14:45 MEZ.

Schwager, C.; Zink, H.; Schörner, L. (2017): *BOA – durchgängige Förderung am Übergang Schule-Beruf. Kompetenzerhebung und Förderung im regionalen Netzwerk.* Abrufbar unter: http://www.vds-sachsen-anhalt.de/Boamaterialien.htm. Zugriff: 09.08.2020, 17:24 MEZ.

Sekretariat der Ständigen Konferenz der Kultusminister der Länder in der Bundesrepublik Deutschland (1994): *Empfehlungen zur sonderpädagogischen Förderung in den Schulen in der Bundesrepublik Deutschland.* Beschluss der Kultusministerkonferenz vom 06.05.1994. Abrufbar unter: https://www.kmk.org/fileadmin/veroeffentlichungen_beschluesse/1994/1994_05_06-Empfehlung-sonderpaed-Foerderung.pdf. Zugriff: 27.05.2020, 10:15 MEZ.

Sell (2011): *Wie müssen arbeitsmarktpolitische Förderinstrumente für Langzeitarbeitslose aussehen, damit sie nachhaltig integrierende Wirkung entfalten?* Vortrag vom 09.06.2011 anlässlich der arbeitsmarktpolitischen Fachtagung „Hartz war gestern! Betriebliche Integrationskonzepte für Langzeitarbeitslose" der MAG AFI.

Selter, Ch. (o. J. Modifikation 2020): Sonderpädagogischer Förderbedarf. Mathe inklusiv mit PIKAS. Deutsches Zentrum für Lehrerbildung Mathematik. Ministerium für Schule und Bildung des Landes Nordrhein-Westfalen. Technische Universität Dortmund. Fakultät für Mathematik. Abrufbar unter: https://pikas-mi.dzlm.de/f%C3%B6rderschwerpunkte/f%C3%B6rderschwerpunkt-lernen/vertiefende-informationen/definitionen-und-daten-1. Zugriff: 01.05.2020, 13:20 MEZ.

Solga, H.; Menze, L. (2013): *Der Zugang zur Ausbildung: Wie integrationsfähig ist das deutsche Berufsbildungssystem?* (S. 5–14). WSI-Mitteilungen 1/2013.

Spies, A.; Tredop, D. (Hrsg.) (2006): *„Risikobiografien": benachteiligte Jugendliche zwischen Ausgrenzung und Förderprojekten* (S. 13 ff.). VS Verlag für Sozialwissenschaften. Wiesbaden.

Statistik der Bundesagentur für Arbeit (Hrsg.) (2020): *Berufliche Rehabilitation.* Auftragsnummer 276651. Abrufbar unter: https://statistik.arbeitsagentur.de/SiteGlobals/Forms/Suche/Einzelheftsuche_Formular.html?nn=1262946&topic_f=berufliche-rehabilitation-reha. Reha-d-0-202006-xlsx.xlsx. Hinweis_Reha. Zugriff: 26.10.2020, 21:10 MEZ.

Statistische Ämter des Bundes und der Länder, Sonderauswertung der Schulstatistik (2014): Tab. H3–29web. Abrufbar unter: https://www.google.com/url?sa=t&rct=j&q=&esrc=s&source=web&cd=&ved=2ahUKEwjoi8PTspLvAhVk8-AKHTlQAUwQFjAAegQIARAD&url=https%3A%2F%2Fwww.bildungsbericht.de%2Fde%2Fbildungsberichte-seit-2006%2Fbildungsbericht-2014%2Fexcel-bildungsbericht-2014%2Fh3–2014.xlsx&usg=AOvVaw0hwn3dU0OrwIxXf1UOEzv7. Zugriff: 02.03.2021, 21:56 MEZ.

Statistisches Bundesamt (2010): *Bildung und Kultur. Berufliche Schulen. Schuljahr 2009/10* (Fachserie 11, Reihe 2). Statistisches Bundesamt. Wiesbaden.

Statistisches Bundesamt (2016): *Schulen auf einen Blick* (Ausgabe 2016, S. 34 ff.) Wiesbaden. Abrufbar unter: https://www.destatis.de/DE/Publikationen/Thematisch/BildungForschungKultur/Schulen/BroschuereSchulenBlick0110018169004.pdf?__blob=publicationFile. Zugriff: 04.08.2017, 14:57 MEZ.

Statistische Veröffentlichungen der Kultusministerkonferenz (2018): *Dokumentation Nr. 214–Juni 2018. Sonderpädagogische Förderung in Schulen 2007 bis 2016.* Abrufbar unter: https://www.kmk.org/fileadmin/Dateien/pdf/Statistik/Dokumentationen/Dok_214_SoPaeFoe_2016.pdf. Zugriff: 20.02.2021, 22:14 MEZ.

Stauber, S.; Rieger-Ladich, M.; Wanka, A. (2020): *Reflexive Übergangsforschung. Theoretische Grundlagen und methodologische Herausforderungen* (Doing Transitions, Band I, S. 5 ff.). Barbara Budrich, Opladen. Berlin, Toronto.

Stauber, B.; Walther, A. (2000): Selektion und Cooling-Out durch das Benachteiligungsprinzip: Biografische Risiken durch institutionelle Strukturen und ihre ideologischen Grundlagen. In A. Pohl; S. Schneider (Hrsg.), *Sackgassen – Umleitungen – Überholspuren? Ausgrenzungsrisiken und neue Perspektiven im Übergang in die Arbeit* (S. 17–34). Neuling. Tübingen.

Stauber, B.; Walther, A. (2004): Übergangsforschung aus soziologischer Sicht. In E. Schumacher (Hrsg.), *Übergänge in Bildung und Ausbildung. Gesellschaftliche, subjektive und pädagogische Relevanzen* (S. 47–67). Klinkhardt. Bad Heilbrunn.

Stein, R. (1999): Pädagogik bei Lernbeeinträchtigungen unter besonderer Berücksichtigung des Berufsbezugs: Perspektiven für Forschung und Lehre. *Zeitschrift für Heilpädagogik 50,* 1999 (11), S. 502–510.

Stein, R. (2009): Integration in Arbeit und Beruf bei Behinderungen und Benachteiligungen. In R. Stein; D. Orthmann Bless (Hrsg.), *Integration in Arbeit und Beruf bei Behinderungen und Benachteiligungen* (S. 16–31). Schneider. Baltmannsweiler.

Stein, R.; Kranert, H.-W.; Hascher, Ph. (2020): *Gelingende Übergänge in den Beruf. Evaluation eines modularen Schulprojekts im Förderschwerpunkt emotional-soziale Entwicklung. Teilhabe an Beruf und Arbeit 1.* Reinhard Mohn Stiftung. wbv Publikation. Bielefeld.

Steinhart, I. (2008): Praxis trifft Inklusion. *Verhaltenstherapie und psychosoziale Praxis* 40. Jg., 2008 (1, Heft 5), S. 29–34. Abrufbar unter: https://www.sozialpsychiatrie-mv.de/PDF/SteinhartPraxis_Inklusion.pdf. Zugriff: 11.10.2020, 08:56 MEZ.

Strübing, J. (2004): *Grounded Theory. Zur sozialtheoretischen und epistemologischen Fundierung des Verfahrens der empirisch begründeten Theoriebildung. Qualitative Sozialforschung* (1. Aufl.) VS Verlag für Sozialwissenschaften. Wiesbaden. Abrufbar unter: https://books.google.de/books?id=qEAdBgAAQBAJ&pg=PA7&lpg=PA7&dq=Angesichts+der+dominierenden+Pragmatik+der+Darstellung&source=bl&ots=ijd_Gq2KO9&sig=ACfU3U1ilcS3-xftJCJPRedqKF2w4x_yoA&hl=de&sa=X&ved=2ahUKEwimhryYr6juAhUQA2MBHVK_CvwQ6AEwBnoECAwQAg#v=onepage&q=Angesichts%20der%20dominierenden%20Pragmatik%20der%20Darstellung&f=false. Zugriff: 19.01.2021, 17:05 MEZ.

Tenorth, H.-E. (2013). Inklusion – Prämissen und Problemzonen eines kontroversen Themas. In J. Baumert et al. (Hrsg.), *Inklusion. Forschungsergebnisse und Perspektiven* (S. 6–14). Schulmanagement-Handbuch 146. München.

Thiele, P. (2011): *Systemische Verzahnung von Schule, „Übergangssystem" und Ausbildung. Interview mit Peter Thiele zur BMBF-Initiative „Bildungsketten bis zum Ausbildungsabschluss"*. BWP – Berufsbildung in Wissenschaft und Praxis (Heft 2, S. 6–8). Abrufbar unter: https://www.google.com/url?sa=t&rct=j&q=&esrc=s&source=web&cd=&ved=2ahUKEwis_Zm84snuAhVxRBUIHXw8D7YQFjAAegQIAhAC&url=https%3A%2F%2Fwww.bwp-zeitschrift.de%2Fde%2Fbwp.php%2Fde%2Fpublication%2Fdownload%2F6618&usg=AOvVaw2MPJr1QEMeKG-OfoGRvg0V. Zugriff: 18.12.2020, 15:15 MEZ.

Thielen, M.; Katzenbach, D.; Schnell, I. (Hrsg.) (2013): *Prekäre Übergänge? Erwachsenwerden unter den Bedingungen von Behinderung und Benachteiligung*. Einleitung (S. 7–13). Klinkhardt. Bad Heilbrunn.

Ulrich, J. G. (2013): *Regionale Unterschiede in der Integrationsfähigkeit des dualen Berufsausbildungssystems* (S. 23–32). WSI-Mitteilungen.

Unamuno, M. D. (2010): *Zitate von Miguel de Unamuno*. Abrufbar unter: https://www.zitate-online.de/literaturzitate/allgemein/19622/nur-indem-man-das-unerreichbare-anstrebt.html. Zugriff: 26.01.2021, 15:29 MEZ.

Unger, F. (2015): Wir brauchen doch alle, oder? Perspektiven einer inklusiven Arbeitswelt. In G. Geiger; M. Lengsfeld (Hrsg.), *Inklusion, ein Menschenrecht. Was hat sich getan, was kann man tun?* (S. 145–186) Barbara Budrich, Opladen. Berlin, Toronto.

UN-Behindertenrechtskonvention (2017): *Die UN-Behindertenrechtskonvention. Übereinkommen über die Rechte von Menschen mit Behinderungen.* Die amtliche, gemeinsame Übersetzung von Deutschland, Österreich, Schweiz und Liechtenstein. Abrufbar unter: https://www.behindertenbeauftragte.de/SharedDocs/Publikationen/UN_Konvention_deutsch.pdf?__blob=publicationFile&v=2. Zugriff: 15.11.2017, 13:25 MEZ.

Usarski, F. (2007): *Der Etikettierungsansatz – eine „Gegentheorie" des abweichenden Verhaltens. Studientexte Sommerkurs „Soziologische Theoriebildung"*. Pontificia Universidade Catolica de Sao Paulo, Studiengang Religionswissenschaften, GRIN. Brasilien.

Vaillant, G. E. (2003). *Mental Health. American Journal of Psychiatry*, 2003 (160), S. 1373–1384. Abrufbar unter: http://doi.org/10.1176/appi.ajp.160.8.1373. Zugriff: 08.07.2020, 09:45 MEZ.

Van der Locht, V. (2008): Wider die Inklusion und Integration – eine Expedition in die Welt der Sprache. *Newsletter Behindertenpolitik*, 2008 (5, Heft 33), S. 3 f.

Vollmer, K.; Frohnenberg, C. (2014): *Nachteilsausgleich für behinderte Auszubildende. Handbuch für die Ausbildungs- und Prüfungspraxis.* Bertelsmann. Bielefeld, Bonn.

Vollmer, K.; Heister, M. (2013): *Indikatoren zur Ausbildung im dualen System der Berufsausbildung: Inklusion – Behinderte Menschen* (S. 208–212). Datenreport zum Berufsbildungsbericht 2013: Informationen und Analysen zur Entwicklung der beruflichen Bildung. Bonn. Abrufbar unter: http://datenreport.bibb.de/html/5759.htm. Zugriff: 22.10.2018, 11:05 MEZ.

Vollmer, K. (2020): Inklusion kontrovers – Schlaglichter auf Diskussionspunkte in der Beruflichen Bildung. In R. Stein; H.-W. Kranert (Hrsg.), *Inklusion in der Berufsbildung im kritischen Diskurs.* Frank & Timme. Berlin. Abrufbar unter: https://www.bibb.de/dokumente/pdf/vollmer-inklusion_kontrovers.pdf. Zugriff: 02.05.2020, 11:05 MEZ.

Waldschmidt, A. (2004): Behinderung Revisited – Das Forschungsprogramm der Disability Studies aus soziologischer Sicht. *VHN Vol., 2004* (73), S. 365–376.

Walter, J.; Basener, D. (Hrsg.) (2012): *Mitten im Arbeitsleben (Werkstätten auf dem Weg zur Inklusion).* 53° Nord. Hamburg.

Walter, J.; Basener, D. (Hrsg.) (2013): *Umbauen und Öffnen. Werkstätten auf dem Weg zur Inklusion.* 53° Nord. Hamburg.

Walther, A. (2005): Partizipation als Weg aus dem Aktivierungsdilemma? Perspektiven subjektorientierter Unterstützung junger Frauen und Männer im Übergang in die Arbeit im internationalen Vergleich. In H.-J. Dahme; N. Wohlfahrt (Hrsg.), *Aktivierende Soziale Arbeit. Konzepte – Handlungsfelder – Fallbeispiele* (S. 44–58). 53° Nord. Hohengehren.

Walther, A. (2006): Schwierige Übergänge: die biographische Perspektive junger Frauen und Männer. In Friedrich-Ebert-Stiftung (Hrsg.), *Übergänge zwischen Schule und Beruf und darauf bezogene Hilfesysteme in Deutschland* (S. 37–48). Friedrich-Ebert-Stiftung. Bonn.

Walther, A.; Plug, W. (2006): Transitions from School to Work in Europe: Destandardization and Policy Trends. In M. du Bois-Reymond; L. Chisholm (Hrsg.), *The Modernization of Youth Transitions in Europe. New Directions for Child and Adolescent Development,* 2006 (113), S. 77–91. Jossey-Bass Duden. San Francisco.

Walther, A. (2011): *Regimes der Unterstützung im Lebenslauf. Ein Beitrag zum internationalen Vergleich in der Sozialpädagogik* (S. 78–121). Opladen, Budrich. Berlin, Toronto.

Walther, A. (2013): Schwierige Jugendliche – prekäre Übergänge? Ein biografischer und international vergleichender Blick auf Herausforderungen im Übergang vom Jugend- in das Erwachsenenalter. In M. Thielen; D. Katzenbach; I. Schnell (Hrsg.), *Prekäre Übergänge? Erwachsenwerden unter den Bedingungen von Behinderung und Benachteiligung. Einleitung* (S. 13–37). Klinkhardt. Bad Heilbrunn.

Walther, A. (2020): Wohlfahrtsstaaten — Regimes der Gestaltung von Übergängen. Rekonstruktion durch internationalen Vergleich am Beispiel von Übergängen in Arbeit. In A. Walther; B. Stauber; M. Rieger-Ladich; A. Wanka (Hrsg.), *Reflexive Übergangsforschung. Theoretische Grundlagen und methodologische Herausforderungen* (Band 1, S. 143–164). Barbara Budrich, Opladen. Berlin, Toronto.

Wansing, G. (2005): Die Gleichzeitigkeit des gesellschaftlichen „Drinnen" und „Draußen" von Menschen mit Behinderung – oder: zur Paradoxie rehabilitativer Leistungen. In E. Wacker; I. Bosse; T. Dittrich; U. Niehoff; M. Schäfer; G. Wansing; B. Zalfen (Hrsg.), *Teilhabe. Wir wollen nur dabei sein* (S. 21–33). Lebenshilfe. Marburg.

Wansing, G.; Westphal, M. (2014): Behinderung und Migration. Kategorien und theoretische Perspektiven. In G. Wansing; M. Westphal (Hrsg.), *Behinderung und Migration. Inklusion, Diversität, Intersektionalität.* Springer VS. Wiesbaden.

Watzke, S. (2005): Rehabilitation. In B. Renneberg; P. Hammelstein (Hrsg.), *Gesundheitspsychologie* (S. 265–277). Springer. Heidelberg.

Watzlawick, P.; Beavin, J. H.; Jackson, D. D. (1985): *Menschliche Kommunikation. Formen, Störungen, Paradoxien* (7. Aufl.). Huber. Bern, Stuttgart, Toronto.

Weiand, E.-C. (2005): Aufgaben und Handlungsmöglichkeiten der Berufsberatung. In R. Bieker (Hrsg.), *Teilhabe am Arbeitsleben. Wege der beruflichen Integration von Menschen mit Behinderung* (S. 117–132). Kohlhammer. Stuttgart.

Weizsäcker, V. von (2005): *Gesammelte Schriften in zehn Bänden*– 10: Pathosophie. Bearbeitet von Peter Achilles, Dieter Janz und Walter Schindler.

Welke, A. (Hrsg.) (2012): *UN-Behindertenrechtskonvention: Kommentar mit rechtlichen Erläuterungen* (K 2) (1. Aufl.). Lambertus. Freiburg im Breisgau.

Welti, F. (2011): Rechtliche Grundlagen einer örtlichen Teilhabeplanung. In D. Lampke; A. Rohrmann; J. Schädler (Hrsg.), *Örtliche Teilhabeplanung mit und für Menschen mit Behinderungen. Theorie und Praxis* (1. Aufl., S. 55–69). VS Verlag für Sozialwissenschaften, Springer Fachmedien. Wiesbaden.

Wenzel, M. (2011): Arbeiten außerhalb der Werkstatt: Außenarbeitsplätze der WfbM und in der Integrationsfirma am Beispiel der Mainfränkische Werkstätten GmbH Würzburg. In E. Fischer; M. Heger; D. Laubenstein (Hrsg.), *Perspektiven beruflicher Teilhabe. Konzepte zur Integration und Inklusion von Menschen mit geistiger Behinderung* (S. 127–141). Athena. Oberhausen.

Werning, R.; Baumert, J. (2013): Inklusion entwickeln: Leitideen für Schulentwicklung und Lehrerbildung. In J. Baumert et al. (Hrsg.), *Schulmanagement-Handbuch: Inklusion. Forschungsergebnisse und Perspektiven* (S. 38–55). Oldenbourg. München.

Wernstedt, R. (2010): ZEHN PUNKTE. In R. Wernstedt; M. John-Ohnesorg (Hrsg.), *Inklusive Bildung – Die UN-Konvention und ihre Folgen. Deutschland muss ein inklusives Bildungssystem gestalten* (1. Aufl., S. 11–20). Friedrich-Ebert-Stiftung. Berlin. Abrufbar unter: http://library.fes.de/pdf-files/studienfoerderung/07621.pdf. Zugriff: 02.08.2017, 11:12 MEZ.

Westphal, M. (2010): „Gender und Heterogenität in der politischen Bildung mit eingewanderten Frauen und Männern". In J. Hagedorn; V. Schurt; C. Steber; W. Waburg (Hrsg.), *Ethnizität, Geschlecht, Familie und Schule. Heterogenität als erziehungswissenschaftliche Herausforderung* (1. Aufl., S. 189 ff.). VS Verlag für Sozialwissenschaften, GWV. Wiesbaden. Abrufbar unter: http://books.google.de/books?id=QbbwQSpGJGgC&pg=PA188&dq=gender+heterogenit%C3%A4t&hl=de&sa=X&ei=coQKUpmJL8HStQaGgIGIDQ&ved=0CEUQ6AEwAw#v=onepage&q=gender%20heterogenit%C3%A4t&f=false. Zugriff: 04.10.2020, 12:48 MEZ.

WHO (2001): Internationale Klassifikation der Funktionsfähigkeit, Behinderung und Gesundheit. ICF. World Health Organization. Genf.

Wieland, C.; Thies, L. (2017): *Entwicklung der Berufsausbildung in Klein- und Mittelbetrieben. Beschäftigung boomt, Ausbildung bröckelt-Schlussfolgerungen aus Sicht der Bertelsmann Stiftung* (S. 5 ff.) Bertelsmann Stiftung (Hrsg.). Gütersloh. Abrufbar unter: https://www.bertelsmann-stiftung.de/fileadmin/files/BSt/Publikationen/GrauePublikationen/Entwicklung_Berufsausbildung_2017.pdf. Zugriff: 01.08.2017, 08:25 MEZ.

Winkler, M. (2014): Inklusion – Nachdenkliches zum Verhältnis pädagogischer Professionalisierung und politischer Utopie. *Neue Praxis*, 2014 (44), S. 108–123.

Wocken, H. (2014): *Im Haus der inklusiven Schule. Grundrisse – Räume – Fenster. Inklusion – warum? Motive und Argumente für gemeinsames Lernen* (1. Aufl., Band 16, S. 9–49) Schuck, K. D.; Rath, W.; Bleidick, U. (Hrsg.), Feldhaus. Hamburg.

Wrase, M. (2015): Die Implementation des Rechts auf inklusive Schulbildung nach der UN-Behindertenrechtskonvention und ihre Evaluation aus rechtlicher Perspektive. In P. Kühl; P. Stanat; B. Lütje-Klose; C. Gresch; H. A. Pant; M. Prenzel (Hrsg.), *Inklusion von Schülerinnen und Schülern mit sonderpädagogischem Förderbedarf in Schulleistungserhebungen* (S. 41–74). Springer VS, Springer Fachmedien. Wiesbaden.

Zelfel, R. C. (2007): Möglichkeiten und Grenzen von ICF-Kriterien bei der beruflichen Ersteingliederung von jungen Menschen mit Lern- und anderen Behinderungen. *Berufliche Rehabilitation. Beiträge zur beruflichen und sozialen Teilhabe junger Menschen mit Behinderungen*, 2007 (21. Jahrgang, Heft 4), S. 201–210.

Ziemen, K. (2013): *Kompetenz für Inklusion. Inklusive Ansätze in der Praxis umsetzen* (S. 23–59). Vandenhoeck & Ruprecht. Göttingen.

Zoelch, C.; Thomas, J. (2010): Identitätsentwicklung im Spannungsfeld von Berufswahl, Ausbildung und Berufseintritt. In M. Köck; M. Stein (Hrsg.), *Übergänge von der Schule in Ausbildung, Studium und Beruf. Voraussetzungen und Hilfestellungen* (S. 93–128). Klinkhardt. Bad Heilbrunn.

Zoyke, A.; Vollmer, K. (Hrsg.) (2016): *Inklusion in der Berufsbildung: Befunde – Konzepte – Diskussionen. Hinführung, Überblick und diskursive Zusammenführung* (S. 7–22). Bertelsmann. Bielefeld.

Zöller, M.; Srbeny, Ch.; Jörgens, J. (2016): *Ausbildungsregelungen nach §§ 66 BBiG/§§ 42m HwO für Menschen mit Behinderung und ReZA-Qualifikation für das Ausbildungspersonal Eine Sachstandsanalyse* (S. 10–19). Abschlussbericht. BIBB. Bonn. Abrufbar unter: https://www.bibb.de/tools/dapro/data/documents/pdf/eb_78141.pdf. Zugriff: 03.08.2020, 23:05 MEZ.

Abbildungsverzeichnis

Abb. 1 Das Verbleiben von Rehabilitandinnen und Rehabilitanden in einer sozialversicherungspflichtigen Beschäftigung zwölf Monate nach dem Rehabilitationsabschluss . . . 25

Abb. 2 Wie Teilhabe entsteht – ein Grundmodell . . . 71

Abb. 3 Sieben wesentliche Kernelemente des Teilhabebegriffs nach Bartelheimer et al. 73

Abb. 4 Komponenten der ICF nach WHO . . . 81

Abb. 5 Die Abgrenzung der primären von sekundärer Devianz . . . 88

Abb. 6 Primäre und sekundäre Devianz nach Edwin M. Lemert . . . 89

Abb. 7 Phasen einer Karriere des Abweichlers . . . 95

Abb. 8 Schematische Darstellung des Verhältnisses der Begriffe psychische Störung und geistige Entwicklung, bestehend aus Lernbeeinträchtigungen bzw. geistigen Beeinträchtigungen . . . 100

Abb. 9 Sonderpädagogisch geförderte Schülerinnen und Schüler an Schulen – Verteilung nach Förderschwerpunkten . . . 105

Abb. 10 Förderschulbesuchsquote 2009 bis 2018 . . . 107

Abb. 11 Entwicklung der Schülerinnen und Schüler mit sonderpädagogischer Förderung an allgemeinen Schulen 2009–2018 . . . 107

Abb. 12 Verteilung der Schülerinnen und Schüler mit sonderpädagogischer Förderung in allgemeinen Schulen und Förderschulen nach Förderschwerpunkten 2018 . . . 108

Abb. 13 Berufsschülerinnen und Schüler mit sonderpädagogischer Förderung im Schuljahr 2011/2012 nach Schularten und Förderschwerpunkten . . . 111

Abb. 14 Berufsschülerinnen und Schüler mit sonderpädagogischer Förderung im Schuljahr 2012/2013 nach Schularten und Förderschwerpunkten . . . 113

Abb. 15 Statistik der schwerbehinderten Menschen. Behinderungsursachen 2019 (in %) n = 7,9 Mio. . . . 116

Abb. 16 Grundstruktur des Übergangssystems mit Anbietern und Hauptlernorten . . . 118

Abb. 17 Maßnahmen für Jugendliche mit Lernschwierigkeiten im Berliner Übergangssystem ab dem Sommer 2005, Stand 30.06.2007 . . . 121

Abb. 18 Verteilung der Neuzugänge auf die drei Sektoren des beruflichen Ausbildungssystems 2005 bis 2019 124

Abb. 19 Verlaufsübergänge der Förderschulabsolventen und -absolventinnen 125

Abb. 20 Rehabilitanden und Rehabilitandinnen in Maßnahmen zur Förderung der Teilhabe von Menschen mit Lernbehinderung am Arbeitsleben 132

Abb. 21 Übersicht Gesamtkonzept der Initiative Bildungsketten 139

Abb. 22 Die Bildungsketten: von der Schulbank bis zum Berufsstart 140

Abb. 23 Die systembezogenen schulisch-beruflichen Übergänge 144

Abb. 24 Übergang Schule – Überbrückungsmaßnahme(n) – Ausbildung 146

Abb. 25 Ü2: Übergang Ausbildung – Beruf 148

Abb. 26 Ü3: Übergang Schule – Berufseingliederung 148

Abb. 27 Konstellationen von Benachteiligung nach Pohl und Walther 2006 151

Abb. 28 Grundlegendes Forschungsdesign des Projektes 162

Abb. 29 Modell belastbarer Faktoren bei den misslungenen bzw. gelungenen schulisch-beruflichen Übergängen 167

Abb. 30 Komplexe parallellaufende Wechselprozesse als Gründe für das Übergangsscheitern 168

Abb. 31 Nicht bewältigte Krisen als Gründe für das Übergangsscheitern 169

Abb. 32 Diskrepanz zwischen den Berufsanforderungen und Fähigkeitspotenzialen als Grund für das Übergangsscheitern 170

Abb. 33 Scheiternde Ausbildungsplatzsuche als Grund für das Übergangsscheitern ... 171

Abb. 34 Übergangsabbruch als Grund für das Übergangsscheitern 172

Abb. 35 Fehlender Zugang zur Ausbildung und/oder Beschäftigung als Grund für das Übergangsscheitern 173

Abb. 36 Ausbildungsabbruch als Grund für das Übergangsscheitern 174

Abb. 37 Erfüllung der formalen Anforderungen als Bedingung für das Übergangsgelingen 175

Abb. 38 Verzahnung und Kontinuität als Bedingung für das Übergangsgelingen 176

Abb. 39 Stärkung der Selbstbestimmung als Bedingung für das Übergangsgelingen ... 177

Abb. 40 Wissensbereiche des Alltagswissens im episodischem Interview 179

Abb. 41 Verortung der Aspekte schulisch-beruflicher Übergangsforschung in die Wissensbereiche im episodischen Interview 187

Abb. 42 Ablaufmodell zusammenfassender Inhaltsanalyse 197

Abb. 43 Prozessmodell induktiver Kategorienbildung 200

Abb. 44 Inhaltsanalytische Gütekriterien 205

Abb. 45 Inhaltsanalytische Gütekriterien des Forschungsprojektes 208

Abb. 46 Intraschulische Übergänge 210

Abb. 47 Die erhobenen Übergänge Schule – Überbrückungsmaßnahme(n) – Ausbildung 212

Abb. 48 Stichprobenbezogene Gesamtdarstellung der schulisch-beruflichen Übergänge 214

Abb. 49 Begleitete Übergänge: von dem Wohnen in eigener Familie/Förderschulheim in das betreute und danach in das selbstständige Wohnen 216

Abb. 50 Der erhobene Übergang Ausbildung – Berufseingliederung 217

Abb. 51 Verortung der Misserfolge in sozialen Interaktionen und deren Verweigerung . 256

Abb. 52 Persönliche und betriebliche Hindernisse am Übergang Schule – Beruf der ersten Schwelle 258

Abb. 53 Persönliche und betriebliche Hindernisse am Übergang Ausbildung – Erwerbstätigkeit 259

Abb. 54 Bedingungen des Übergangsgelingens im Hinblick auf die Berufsorientierung und Unterstützung 262

Abb. 55 Bedingungen des Übergangsgelingens im Hinblick auf die persönlichen Anforderungen 265

Abb. 56 Bedingungen des Übergangsgelingens im Hinblick auf die betrieblichen Anforderungen 268

Abb. 57 Misslungene vs. gelungene schulisch-berufliche Übergänge im Kontext der Inklusion 279

Abb. 58 Kategoriensystem des Übergangsscheiterns 285

Abb. 59 Kategoriensystem des Übergangsgelingens 288

Tabellenverzeichnis

Tab. 1 Förderquoten Schülerinnen und Schüler mit sonderpädagogischer Förderung in allgemeinen Schulen und Förderschulen nach Förderschwerpunkten 2018 gesamt ... 106

Tab. 2 Schülerinnen und Schüler in Förderschulen und Förderschulbesuchsquote nach Förderschwerpunkten 2018 ... 106

Tab. 3 Abgänger und Abgängerinnen, Absolventen und Absolventinnwn mit sonderpädagogischer Förderung in Förderschulen nach Abschlussqualifikationen 2018 ... 108

Tab. 4 Anteil an allen Schülern und Schülerinnen im Schwerpunkt 2018 ... 109

Tab. 5 Schülerinnen und Schüler mit und ohne sonderpädagogische Förderung an beruflichen Schulen 2011/2012 nach Schularten und Geschlecht ... 110

Tab. 6 Schülerinnen und Schüler mit und ohne sonderpädagogische Förderung an beruflichen Schulen 2012/2013 nach Schularten und Geschlecht ... 112

Tab. 7 Mögliche Übergangsverläufe zwischen Schule und Arbeitswelt ... 138

Tab. 8 Interviewleitfaden ... 188

Autorin

Dr.in phil. Yuliya Nepom'yashcha (Jg. 1979) ist wissenschaftliche Mitarbeiterin im Arbeitsbereich Internationale Kooperationen des Lehrstuhls Ingenieurpädagogik und Technische Bildung am Institut Bildung, Beruf & Medien der Otto-von-Guericke-Universität Magdeburg. Derzeit ist sie für die Koordinierung des Studiengangs International Technical and Vocational Education and Training zuständig.

Nach ihrem Studium der Bildungswissenschaft (B.A.) und dem Abschluss des Studiengangs Betriebliche Berufsbildung und Berufsbildungsmanagement (M.Sc.) befasste sie sich mit der Fachdidaktik technischer Fachrichtungen und der gewerblich-technischen Berufsbildung. Sie war überwiegend in internationalen Projekten tätig.